De twee belangrijkste ingrediënten voor
een onvergetelijk gastronomisch

*Les deux ingrédients le
plus importants pour une
expérience culinaire
inoubliable.*

LEBEAU – COURALLY

MANUFACTURE D'ARMES DE LUXE · FONDÉE EN 1865

WWW.LEBEAU-COURALLY.COM

Pure driving pleasure à la carte.

Gault&Millau

2012
b e l u x

Inhoud – Légende

België - Belgique

Grand-Duché de Luxembourg
Groothertogdom Luxemburg

DOMAINE D'AUSSIÈRES

L'élégance côté sud

Noblesse de caractère et richesse des saveurs.

Belgique & Luxembourg : VASCO NV / SA Tél : 02 583.57.51

www.lafite.com - www.vascogroup.com

© Antoine Kralik

Vaarwel El Bulli

In 2011 was het markantste feit in de culinaire wereld ontegensprekelijk de sluiting van het illustere restaurant el Bulli… Nadat hij het mooie weer maakte in de wereldwijde moleculaire keuken, besliste de creatieve paus van de gastronomie om zijn schort (tijdelijk?) aan de haak te hangen.

Deze gebeurtenis voedt het debat tussen de voorstanders van de keuken van de alginaten en de aanhangers van Noma en zijn "local food" die nu het nieuwe model is waar velen zich op richten. Dat bewijst dat de gastronomie meer dan ooit blijft evolueren en boeien. Het Spaanse huis verandert de vorm, de structuur en de samenstelling en combineert producten afkomstig van alle continenten. Het Deense restaurant stelt zijn borden ludiek en origineel samen, maar altijd op basis van een zo natuurlijk mogelijk product dat systematisch afkomstig is uit een regio in een straal van minder dan 80 kilometer rond het restaurant. Een geslaagde aanpak die de verdedigers van aardbeien in de winter in de rede valt. GaultMillau volgt deze evoluties op de voet, maar respecteert verschillende kookstijlen, en elke restauranthouder wordt in eer en geweten beoordeeld zonder vooroordelen met betrekking tot zijn kookstijl.

Wie is in dit uitvoerige debat de ketter en wie de heilige? Deze vraag zullen wij niet beantwoorden, want GaultMillau wil in de eerste plaats een gids opstellen, of beter nog, een barometer van de Belgische keuken. Elke restauranthouder heeft hierin zijn plaats en bekleedt een positie die wij hem in eer en geweten hebben toegekend, zo objectief mogelijk.

Het feit dat gastronomie meer dan ooit leeft, evolueert en brede lagen in onze maatschappij boeit, wordt ook geïllustreerd door het grote succes van de reality,- en andere televisieprogramma's. Zij maken dat gastronomie meer dan ooit aandacht krijgt. Een positieve evolutie, maar die ook niet vrij is van gevaren. Het is niet omdat je regelmatig naar reality programma's op TV kijkt, dat je noodzakelijk een kenner bent die meteen het recht heeft de hard werkende en ervaren vakmensen die onze restauranthouders zijn op een verwaande manier de les te spellen. Want als er nu een land is waar men fier mag zijn op de gastronomie en het globale niveau van de restaurants, dan is dat wel degelijk bij ons. We zeggen het dan ook luid en duidelijk: ja, België biedt, ook mondiaal gesproken, een uitzonderlijk hoog culinair niveau!

Het is nu nog aan de overheid om zich daarvan bewust te worden en om de horeca eindelijk een echte coherente en veelbelovende structuur te bieden in termen van fiscaliteit, opleiding en tewerkstelling. Wij zullen – op onze bescheiden manier – onze spotlights blijven richten op nieuwe talenten en deze smaakvolle adressen, of het nu is via onze verschillende gidsen of via onze nieuwe website.

Wij wensen u alvast een schitterend culinair 2012!

Namens het redactiecomité
Philippe Limbourg
Directeur

Et après El Bulli ?

En 2011, le fait le plus marquant dans le monde de la haute gastronomie fut incontestablement la fermeture de l'illustrissime El Bulli… Après avoir fait les beaux jours de la cuisine moléculaire mondiale, le pape de la créativité culinaire a décidé de rendre (momentanément ?) son tablier.

Cet événement alimente le débat entre les apôtres de la cuisine de laboratoire et les prosélytes du Noma et de ses "aliments du terroir", lequel se dessine aujourd'hui comme le nouveau modèle vers lequel tout le monde se tourne. Ceci prouve bien que la gastronomie est plus que jamais vivante, ne cesse d'évoluer et de captiver. Tandis que la célèbre enseigne espagnole déformait, déstructurait, décomposait et associait des produits issus de tous les continents, le restaurant danois construit ses assiettes de manière ludique, originale, mais toujours sur la base d'un produit le plus naturel possible, systématiquement issu d'un terroir distant de moins de 80 kilomètres. Un pari réussi qui interpelle les défenseurs des fraises en hiver. GaultMillau suit de près ces évolutions, dans le respect des différents styles culinaires.

Dans ce vaste débat, qui est l'hérétique, qui est le saint ? La question reste ouverte, car GaultMillau souhaite avant tout dresser un guide, ou mieux, un baromètre de la cuisine belge. Chaque restaurateur y a sa place et occupe une position que nous lui avons attribuée en notre âme et conscience, le plus objectivement possible, sans préjugé stylistique aucun.

La gastronomie est plus que jamais vivante, évolue et passionne de larges strates de la société. Preuve en est, le franc succès des émissions de téléréalité culinaire et autres programmes du genre. Grâce à eux, la gastronomie est plus que jamais sous le feu des projecteurs. Une évolution positive certes, mais non dénuée de dérives. Le fait que vous soyez un inconditionnel de la téléréalité culinaire ne fait pas nécessairement de vous un connaisseur pouvant s'arroger le droit de donner des leçons de manière hautaine aux professionnels expérimentés et travailleurs que sont nos restaurateurs. Car s'il est bien un pays où l'on peut être fier du niveau culinaire des restaurants, c'est chez nous. Nous le clamons haut et fort : oui, la Belgique offre une cuisine de très haut vol, y compris à l'échelle mondiale !

Reste aux pouvoirs publics à en prendre conscience et à octroyer, enfin, une réelle structure cohérente et porteuse à l'Horeca en termes de fiscalité, mais aussi et surtout de formation et d'emploi. De notre côté, nous continuerons en toute modestie à braquer nos projecteurs sur les nouveaux talents et les adresses hautes en saveurs. Que ce soit au travers de nos différents guides ou de notre nouveau site web.

En vous souhaitant une formidable année gastronomique 2012 !

Pour le comité de rédaction
Philippe Limbourg
Directeur

GaultMillau beoordeelt en bespreekt in volledige onafhankelijkheid het kruim van onze restaurants. Wij doen hiervoor ondermeer beroep op een netwerk van inspecteurs die vrij van elk belangenconflict restaurants bezoeken, op anonieme wijze. Zij worden gehouden aan discretieplicht en betalen steeds hun rekening, zoals iedere klant. Dat maakt deel uit van het ethisch charter dat hen wordt voorgelegd.Hun bevindingen worden verwerkt door een ploeg redacteurs met een grondige kennis van het Belgisch en Luxemburgs culinaire landschap.

Onze bedoeling is een selectie te maken van de betere huizen in de Belux, en elk weerhouden restaurant verdient dan ook het etiket "aanbevolen". Dat de teksten soms kritische noten bevatten, doet hier geen afbreuk aan. Het zijn ieder jaar immers ook ten dele momentopnames, en een kritische instelling vergroot de geloofwaardigheid en helpt de quoteringen verklaren. Deze weerspiegelen in essentie het huidige niveau van het bord, zoals onze ploeg die inschat. Productkwaliteit, technische degelijkheid, coherentie en uiteraard smaak, zijn basiscriteria waarop wordt geoordeeld.

Goede keuken kan zowel klassiek als inventief zijn, en elk type moet op zijn eigen kwaliteiten beoordeeld worden, met zijn eigen smaakassociaties en texturen.Als we de parallel trekken met de muziek, Bach, Stravinsky of de Red Hot Chilli Peppers staan niet in competitie, maar brengen kwaliteit die elk op hun manier kunnen boeien. Ook dit jaar worden zowel heel inventieve als meer klassieke restaurants in de bloemen gezet. Met bijzondere aandacht volgen wij de evolutie van jonge talenten, dat maakt deel uit van het DNA van GaultMillau

Naast de grote eettempels wordt ook veel aandacht geschonken aan "kleinere" huizen, waar een smakelijke kwaliteitskeuken wordt geboden tegen zeer accessibele prijzen. De beschikbaarheid van goede lunches zodat je snel en budgetvriendelijk kan eten, krijgt ook een bijzondere vermelding. Via onze thematieken (onze "laureaten van het jaar") brengen we de lezer op frisse ideeën.

Wij streven transparantie na op alle niveau's, en onze ploeg staat regelmatig in contact met restaurateurs om onze beoordelingen te duiden en te motiveren. Want onze gids is ook in geruime mate hun, en vooral Uw gids.

Marc Declerck	**Justin Onclin**	**Steve Stevaert**
Bestuurder	*Gedelegeerd Bestuurder*	*Voorzitter*

goud, wierook en mirre.
L'or, la myrrhe et l'encens.

Graanjenever 5 jaar 38% vol.:
Fruitig, pittig, soepel en strokleurig.
Genièvre 5 ans 38% vol.:
Fruité, corsé, souple aux reflets de paille.

Graanjenever Vintage 1992:
Complex en spiritueel, vanille-
toets, lange afdronk, goudgeel.
Genièvre Vintage 1992:
Complexe et spirituel, une
touche vanillée, jaune doré avec
une longue fin de bouche.

Graanjenever 8 jaar 50% vol.:
Mollig, krachtig en lichtbruin.
Genièvre 8 ans 50% vol.:
Moelleux, robuste,
de couleur brun clair.

fILLIERS

info@filliers.be - www.filliers.be

CHARTE
DE L'ÉDITEUR

GaultMillau évalue et critique la fine fleur de nos restaurants en toute indépendance. Pour ce faire, nous faisons notamment appel à un réseau d'inspecteurs qui se présentent anonymement dans les restaurants, libres de tout conflit d'intérêts. Ils respectent le devoir de discrétion et paient toujours l'addition, comme n'importe quel client. Tout ceci s'inscrit dans le cadre de la charte éthique qui leur est soumise. Leurs conclusions sont traitées par une équipe de rédacteurs disposant d'une connaissance approfondie de la scène culinaire belge et luxembourgeoise.

Nous nous sommes fixé comme objectif de sélectionner les meilleures maisons du Belux. Chaque restaurant retenu mérite donc la mention "recommandé". Une mention que les éventuelles critiques des chroniques ne discréditent en aucun cas. Il s'agit en effet d'observations partielles et ponctuelles. Qui plus est, une attitude critique est un gage de crédibilité et permet d'expliquer les notes. Celles-ci reflètent par nature le niveau actuel de l'assiette, tel qu'évalué par notre équipe. La qualité des produits, la maîtrise technique, la cohérence et, bien entendu, les saveurs constituent les critères de base de l'évaluation.

La bonne cuisine peut être classique ou créative et chacune doit être jugée sur les qualités, les associations gustatives et les textures qui lui sont propres. Établissons la comparaison avec le monde de la musique : Bach, Stravinsky et les Red Hot Chilli Peppers ne sont pas en concurrence, mais ils ont chacun un style de qualité, qui séduit à sa manière. Cette année encore, nous mettons à l'honneur des restaurants très inventifs et des adresses plus classiques. Fidèles à la nature de GaultMillau, nous gardons un œil particulièrement attentif sur l'évolution des jeunes talents.

Outre les grandes maisons, nous nous intéressons également de près aux établissements "plus modestes", qui proposent une cuisine savoureuse et de qualité à des prix tout à fait abordables. Nous accordons par ailleurs une mention spéciale aux lunchs qui permettent de manger sur le pouce sans se ruiner. Nos thématiques (nos "lauréats de l'année") donnent quant à elles de nouvelles idées au lecteur.

Nous misons sur la transparence à tous les niveaux et notre équipe est régulièrement en contact avec les restaurateurs : elle leur communique les notes et les justifie. Après tout, notre guide est en grande partie le leur et, surtout, le vôtre.

Marc Declerck
Administrateur

Justin Onclin
Administrateur délégué

Steve Stevaert
Président

'T OVERHAMME  *Lotus Root*

APRIORI LE COR DE CHASSE

LES ELEVEURS RADIS NOIR

HOSTELLERIE SAINT NICOLAS

CULINAIR *Vivendum* ANETH

HIPPOCAMPUS VIN PERDU

CHÂTEAU DE STRAINCHAMPS

LA GLORIETTE *La Croustade*

DE ZUIDKANT LE CORIANDRE

JEUNES
RESTAURATEURS
D'EUROPE®

LUCANA *la Table de Maxime*

Jaloa VERTIGE DES SAVEURS

VOUS LÉ VOUS 'T TRUFFELTJE

L'IMPERATIF *Jardin Tropical*

Kijk Uit VERSION ORIGINALE

DU FOUR À LA TABLE FIDALGO

DIDIER GALET DE FAKKELS

Ô DE VIE *La Fleur de Thym*

www.jre.be

ANTWERP
WINE EVENT

Antwerp Wine Event 2012 edition
WINE WORLD TASTER OF THE YEAR

THEMAWEDSTRIJD voor wijnliefhebbers (14de editie)
en **GASTRONOMISCHE WIJNBEURS**

Een project van GAULTMILLAU en WINE WORLD.

ZONDAG 18 MAART 2012 van 11.00 - 17.00 uur
PIVA - Desguinlei 244 -2018 Antwerpen

CONCOURS Thémathique pour Oenoloques amateurs
(14ième édition) et **Grande Dégustation DE VINS**

Un projet de GAULTMILLAU et WINE WORLD

DIMANCHE 18 MARS 2012
PIVA - Desguinlei 244 -2018 Anvers

WWW.WINEWORLD.BE

Gault&Millau

Handleiding
Mode d'emploi

Koksmutsen
Toques

Stijgt
En hausse

Sluitingsdagen Diner
Jours de fermeture Dîner

Sluitingsdagen Lunch
Jours de fermeture Déjeuner

Keuken open tot
Cuisine ouverte jusqu'à

Vakantie
Vacances

 Matar pale

Tulukmitir 9 - 1000 Palaka
① 02 851 53 24 📠 02 851 5
info@matar.be - www.mata
🍴 23:00 🔒 zo/di 🔒 zo/di
🗓 24-25 déc. / 24-25 dec.
🍴 26-42 🍴 7-35 🍴 40-40

Et ipis atem laborib eatur, vereper
tem faccatis nia iur modi ium fu
tatem sedia nimin estio. Obit, au
ullaute mporrum quuntis nos and
Doluptatio. Os repereped quia de
core si aut qui cus aces ium quib
cimpore velique nonet quatem as
ssinvendae same vent.Ximinciliti
fugitat atempera eos maiorat pla
persped itatendel inulpar ciassim
Luptas pra verit id quia sitiam in
modis magnitur repe pori ut

Et ipis atem laborib eatur, vereper
tem faccatis nia iur modi ium fu
tatem sedia nimin estio. Obit, au
ullaute mporrum quuntis nos and
Doluptatio. Os repereped quia de
core si aut qui cus aces ium quib
cimpore velique nonet quatem as
ssinvendae same vent.Ximinciliti
fugitat atempera eos maiorat inu

Toques / Koksmutsen

	Aanbevolen restaurant Restaurant recommandé
	Goede tafel Bonne table
	Chefs tafel Table de chef
	Grote tafel Grande table
	Zeer grote tafel Très grande table
	Uitzonderlijke tafel Table exceptionnelle

 Matar palek

Palopida 25 - 1000 Rotolu
☎ 02 333 44 55 📠 02 333 4
info.@matarhotel.com - htt
🔒 0:00 7/7
🗓 Jour de Noël / Kerstdagen
🛏 247 🛏 -840 🛏 129-84

Aantal kamers
Nombre de chambres

Prijs van de kamers
Prix des chambres

Prijs kamers ontbijt inbegrepen
Prix des chambres avec petit-déjeuner

Aantal suites
Nombre de suites

Half pension
Demi-Pension

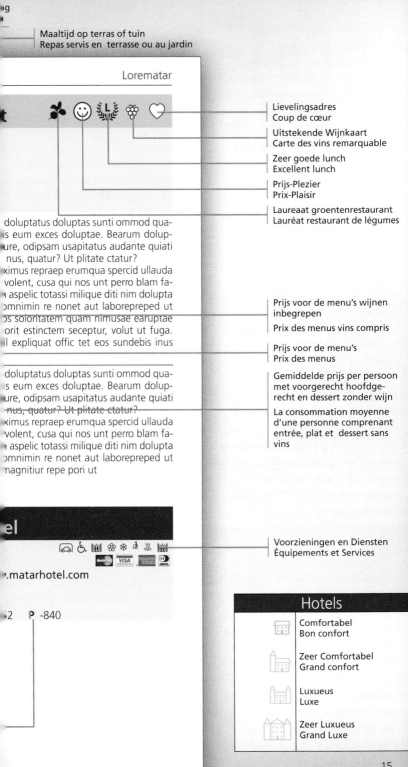

g

Maaltijd op terras of tuin
Repas servis en terrasse ou au jardin

Lorematar

Lievelingsadres
Coup de cœur

Uitstekende Wijnkaart
Carte des vins remarquable

Zeer goede lunch
Excellent lunch

Prijs-Plezier
Prix-Plaisir

Laureaat groentenrestaurant
Lauréat restaurant de légumes

doluptatus doluptas sunti ommod qua-
s eum exces doluptae. Bearum dolup-
ure, odipsam usapitatus audante quiati
nus, quatur? Ut plitate ctatur?
ximus repraep erumqua spercid ullauda
volent, cusa qui nos unt perro blam fa-
a aspelic totassi milique diti nim dolupta
omnimin re nonet aut laborepreped ut
os soloritatem quam nimusae earuptae
orit estinctem seceptur, volut ut fuga.
il expliquat offic tet eos sundebis inus

Prijs voor de menu's wijnen
inbegrepen

Prix des menus vins compris

Prijs voor de menu's
Prix des menus

doluptatus doluptas sunti ommod qua-
s eum exces doluptae. Bearum dolup-
ure, odipsam usapitatus audante quiati
nus, quatur? Ut plitate ctatur?
ximus repraep erumqua spercid ullauda
volent, cusa qui nos unt perro blam fa-
a aspelic totassi milique diti nim dolupta
omnimin re nonet aut laborepreped ut
nagnitiur repe pori ut

Gemiddelde prijs per persoon
met voorgerecht hoofdge-
recht en dessert zonder wijn

La consommation moyenne
d'une personne comprenant
entrée, plat et dessert sans
vins

el

Voorzieningen en Diensten
Équipements et Services

.matarhotel.com

2   P -840

Hotels

	Comfortabel Bon confort
	Zeer Comfortabel Grand confort
	Luxueus Luxe
	Zeer Luxueus Grand Luxe

HORECA EXPO 20 12

July						
M	T	W	T	F	S	S
						1
2	3	4	5	6	7	8
9	10	11	12	13	14	15
16	17	18	19	20	21	22
23	24	25	26	27	28	29
30	31					

August						
M	T	W	T	F	S	S
		1	2	3	4	5
6	7	8	9	10	11	12
13	14	15	16	17	18	19
20	21	22	23	24	25	26
27	28	29	30	31		

September						
M	T	W	T	F	S	S
					1	2
3	4	5	6	7	8	9
10	11	12	13	14	15	16
17	18	19	20	21	22	23
24	25	26	27	28	29	30

October						
M	T	W	T	F	S	S
1	2	3	4	5	6	7
8	9	10	11	12	13	14
15	16	17	18	19	20	21
22	23	24	25	26	27	28
29	30	31				

November						
M	T	W	T	F	S	S
			1	2	3	4
5	6	7	8	9	10	11
12	13	14	15	16	17	18
19	20	21	22	23	24	25
26	27	28	29	30		

December						
M	T	W	T	F	S	S
					1	2
3	4	5	6	7	8	9
10	11	12	13	14	15	16
17	18	19	20	21	22	23
24	25	26	27	28	29	30
31						

FLANDERS EXPO GENT
18 → 22 NOVEMBER 2012

Uw jaarlijkse afspraak met de horecasector
Votre rendez-vous annuel avec le secteur de l'horeca

www.horecaexpo.be

organised by artexis

DE PASTORALE
LAARSTRAAT 22
2840 RUMST-REET

P. 537

BART DE POOTER

CHEF DE L'ANNÉE
CHEF VAN HET JAAR

Architect of stedelijke vormgever! Indien Bart De Pooter niet voor het ambacht van keukenchef had gekozen, zou hij naar eigen zeggen toch ook in een creatief beroep terecht zijn gekomen. Vormgeven houdt hem echter al vele jaren bezig. Zowel op als rond het bord. Ook zijn carrière lijkt hij minutieus vorm en inhoud te geven. Zijn restaurant Pastorale is een schoolvoorbeeld van hoe een zaak stap voor stap evolueert en steeds meer bezieling uitstraalt. Bart De Pooter leeft professioneel onder het mantra "a work in progress". Hij maakt ook dagelijks aan zichzelf en zijn medewerkers duidelijk dat hij het niet bij mooie inspirerende woorden wil laten. Gezond rusteloos timmert hij aan de weg. Hij kijkt daarbij niet op een inspanning. Het resultaat is een verfrissende, zachte keukensignatuur die eigentijds en geraffineerd is en met de jaren meer en meer identiteit heeft verworven. Zijn internationale contacten in de vier windstreken hebben hem daarbij geholpen. Naarmate zijn gerechten meer aan smaakversmelting wonnen, kreeg ook zijn restaurant meer karakter. Pastorale werd een schoolvoorbeeld van totaalbelevenis. Zijn gezonde nieuwsgierigheid en zelfkritiek zijn kenmerken die hij met een aantal topchefs in ons land deelt. Met die eigenschappen kan en zal de Belgische keuken in het mondialiserende culinaire gebeuren een meer markante en betekenisvolle plaats opeisen. Een groeiend kransje van topchefs wekt daarmee tot ver buiten onze grenzen verdiend aandacht. Onze Chef van het Jaar draagt daartoe bij. Zijn belang overstijgt dat van zijn restaurant. Samen met een aantal andere topchefs geeft hij vorm aan onze unieke en hoogstaande eetcultuur. Vandaag en hopelijk nog meer in de toekomst.

Architecte ou designer urbain! Si Bart De Pooter n'avait pas choisi la gastronomie, il se serait quand même tourné vers une profession créative. Il s'intéresse au design depuis de nombreuses années, que ce soit dans l'assiette ou en dehors. Il s'emploie à façonner et enrichir à sa carrière avec beaucoup de minutie. Avec son restaurant, De Pastorale, il montre comment faire évoluer progressivement une activité en faisant preuve d'une ferveur sans cesse renouvelée. Bart De Pooter mène une vie professionnelle régie par le mantra "a work in progress". Au quotidien, il fait clairement comprendre à ses collaborateurs, mais aussi à lui-même, qu'il ne veut pas se contenter de belles paroles. Il s'active sans relâche. Dans ce contexte, il est loin d'être partisan du moindre effort. Résultat : une signature gastronomique contemporaine, raffinée, empreinte de fraîcheur et de douceur, qui s'est forgé une identité au fil des années. Ses contacts aux quatre coins du monde l'ont d'ailleurs beaucoup aidé. Le caractère de son restaurant s'est affirmé à mesure que ses plats ont gagné en harmonie gustative. De Pastorale est devenu un exemple d'expérience intégrale. Curiosité bien placée et autocritique sont deux qualités qu'il partage avec quelques grands chefs belges. Forte de ces atouts, la gastronomie nationale est en mesure de revendiquer une place de choix dans un paysage culinaire qui n'échappe pas à la mondialisation. Et elle ne manquera pas de le faire. Un cercle de plus en plus large de grands chefs suscite un intérêt amplement mérité bien au-delà de nos frontières. Notre Chef de l'Année n'y est pas étranger. Sa valeur surpasse celle de son restaurant. Épaulé par d'autres chefs de renom, il façonne la culture culinaire de haut vol et d'exception qui est la nôtre. Nous espérons qu'il en sera encore ainsi demain.

« A Beautiful wine! Brilliant! »
92-94 *rouge*, 93-95 *blanc*

Robert Parker.

LES GRANDS DE DEMAIN
DE JONGE TOPCHEFS

Débusquer les jeunes chefs et leur donner un coup de pouce : tel a toujours été le credo de GaultMillau. À la lecture de notre palmarès des dernières années, force est de constater que nous avons souvent fait œuvre pionnière. Nombre de ces jeunes talents sont en effet devenus les références de leur génération. Cette année, nous vous présentons trois brillants lauréats, un par région. Chez GaultMillau, nous entretenons un rapport intense avec le vin. Nous sommes donc fiers que de grandes maisons nous aient réitéré leur confiance cette année. Pour cette rubrique, Malartic-Lagravière, aux mains de la famille belge Bonnie, est un partenaire de prestige. Ses vins blancs et rouges d'un grand raffinement et d'une rare subtilité s'accordent à merveille avec la cuisine épurée de nos jeunes lauréats.

Jonge chefs ontdekken en hen een steuntje in de rug geven, is altijd één van de doelstellingen geweest van GaultMillau. Wie ons palmares van de jongste jaren bekijkt, zal vaststellen dat wij vaak pioniers zijn geweest. Vele van deze jongeren zijn doorgegroeid tot de sterren van hun generatie. Dit jaar stellen we u drie schitterende laureaten voor, één per gewest. Wij hebben bij GaultMillau een heel intense relatie met wijn, en zijn trots dat nog enkele andere toonaangevende crus ons dit jaar opnieuw hun vertrouwen hebben geschonken. Met Malartic-Lagravière, in handen van de Belgische familie Bonnie, hebben we ook voor deze rubriek een prestigieuze partner. Deze loepzuivere en fijne wijnen in wit en rood, passen goed bij de subtiele keuken van onze jonge laureaten.

MAGIS
HEMELINGENSTRAAT 23
3700 TONGEREN

P. 576

DIMITRY LYSENS

DE JONGE TOPCHEF VAN VLAANDEREN
GRAND DE DEMAIN POUR LA FLANDRE

Dimitry Lysens was een chef met een late roeping. De magie van het koken kreeg hij in een Italiaanse pizzeria waar hij als student werkte. Pas na zijn graduaat marketing trok hij naar de Hasseltse hotelschool. Overdag werkte hij bij de Tongerse traiteur Carpe Diem en bekroonde zijn opleiding in Clos St. Denis in Kortessem waar hij 1 jaar bleef. Vervolgens trok hij als keukenchef naar het Kasteel van Rullingen. Daarna ging het voor zes maanden naar een hotel in Sardinië en nog eens voor anderhalf jaar naar Hoeve St. Paul in Lummen. Met voldoende bagage op zak opende hij in 2005 met zijn vrouw Aagje het restaurant Magis op de Tongerse Grote Markt. Hij liet er zich opmerken door gerechten met doordachte smaakcomposities. Het oogde toen al veelbelovend. Vier jaar later verhuisde het restaurant naar het nabijgelegen historische 14de-eeuwse Biessenhuys. In dat majestueuze pand zette de keuken van Dimitry Lysens stappen met zeven mijl laarzen. De smaakopbouw van zijn gerechten is zeer boeiend. Hij speelt met afwisselende smaken en texturen, voegt voldoende frisse toetsen toe om lichtheid te garanderen en weet op die manier het evenwicht te baren. Bovendien staat hij technisch sterk en beheerst de individuele gaartijden van elk ingrediënt tot in de perfectie. In 7 jaar tijd is Dimitry Lysens op een indrukwekkende manier gegroeid tot een topchef van Vlaanderen.

Dimitry Lysens s'est découvert une vocation pour la gastronomie sur le tard. La magie de la cuisine a opéré dans une pizzeria italienne où il travaillait comme étudiant. Ce n'est qu'après un graduat en marketing qu'il rejoint l'école hôtelière d'Hasselt. La journée, il travaille chez le traiteur Carpe Diem de Tongres. Il termine sa formation au Clos St. Denis de Kortessem, où il officiera pendant un an. Il coiffe alors la casquette de chef de cuisine au Kasteel van Rullingen. Il passe ensuite six mois dans un hôtel sarde et un an et demi au Hoeve St. Paul de Lummen. Armé d'un bon bagage, il ouvre le Magis en 2005 avec son épouse Aagje. Le restaurant se dresse sur la Grand-Place de Tongres. Il signe des envois articulés autour de compositions gustatives bien pensées. Voilà qui promet ! Quatre ans plus tard, il transfère son restaurant dans un bâtiment historique (XIVe siècle) tout proche : le Biessenhuys. Dans cette majestueuse bâtisse, Dimitry Lysens chausse ses bottes de sept lieues. Ses plats traduisent une intelligence gustative épatante. Il alterne les saveurs et les textures et ajoute juste ce qu'il faut de fraîcheur pour assurer la légèreté de ses créations. Autant d'éléments gage d'équilibre. Fort d'une solide technique, il maîtrise à la perfection les temps de cuisson de tous les ingrédients. En 7 ans, Dimitry Lysens a rejoint le cercle des grands chefs flamands. Impressionnant !

CHAI GOURMAND
Chaussée de Charleroi 74
5030 Gembloux

P. 334
PIERRE MASSIN

GRAND DE DEMAIN WALLONIE
JONGE TOPCHEF VAN WALLONIE

La trentaine bien tassée, Pierre Massin fait partie de cette génération "qui en veut". Après un passage dans plusieurs maisons tant en Belgique (dont l'incontournable Eau Vive), il ouvre, voici près de 5 ans, le chai gourmand avec son "pote" Michaël et l'aide d'un financier. Sans cesse à la recherche d'une cuisine goûteuse plus qu'innovante, il allie toutefois des notes contemporaines à des préparations qui peuvent sembler classiques. Si l'intitulé parfois surprend, on se réjouit de retrouver des saveurs connues en bouche, mâtinées çà et là de touches subtiles tantôt acides tantôt sucrées, qui magnifient les produits utilisés sans pour autant les écraser. Ou quand la témérité affronte la sagesse sans pour autant prendre le dessus. De beaux produits, de beaux équilibres mais une explosivité commune en bouche avec un respect de chacun. Quel gourmand demanderait plus ?

Pierre Massin, die de dertig intussen al een tijdlang voorbij is, behoort tot een generatie die ambitieus is. Na zijn passage in meerdere Belgische huizen (waaronder het onomzeilbare Eau Vive) opende hij bijna 5 jaar geleden Chai Gourmand samen met zijn "maat" Michaël en de hulp van een financier. Hij is constant op zoek naar een keuken die eerder smaakvol dan innovatief te noemen is, maar hij combineert toch eigentijdse accenten met bereidingen die klassiek kunnen lijken. De benaming is soms verrassend, maar het verheugt ons toch gekende smaken terug te vinden in de mond, hier en daar doorspekt van subtiele nu eens zure en dan weer zoete accenten die de gebruikte producten verheerlijken zonder ze evenwel te verpletteren. Of als stoutmoedigheid het hoofd biedt aan gematigdheid zonder echter de bovenhand te nemen. Mooie producten, mooie evenwichten, maar een gezamenlijke explosiviteit in de mond met respect voor elk product. Wat kan een lekkerbek nog meer verlangen?

BISTRO MARGAUX
Dorpsplein 3
1700 Sint-Martens-Bodegem

P. 269

THOMAS LOCUS

GRAND DE DEMAIN BRUXELLES ET ENVIRONS
JONGE TOPCHEF VAN BRUSSEL EN OMSTREKEN

Thomas Locus is nog maar 27 jaar en geeft nochtans blijk van een verrassende maturiteit. Zijn cv wijst op een parcours rijk aan ervaringen in prachtige huizen. Van een klassieke erfenis (Chez Michel en Bruneau) onthoudt hij het beste waarop hij zich vandaag grotendeels inspireert op zijn kaart. Om nog maar te zwijgen van de modernere en eigentijdsere ervaring die hij opdeed tijdens zijn jaren in Oud Sluis en bij Berasategui, waardoor hij erin slaagt zijn "klassiekers" te doorspekken met lichtere en subtiele inspiraties. We betrappen hem erop dat hij regelmatig vlees en vis combineert in één gerecht, en dit zelfs bij mooie klassiekers zoals varkenspoot of ossenstaart waarvoor hij een bijzondere voorliefde heeft. Zijn Bistro Margaux die twee jaar geleden de deuren opende, heeft meer van "Margaux" dan van een bistro, en dit ondanks een zeer jonge brigade (de 4 jonge medewerkers hebben een gemiddelde leeftijd van 24 jaar). We konden dit jonge talent dit jaar niet onopgemerkt voorbij laten gaan.

Thomas Locus n'a que 27 ans et pourtant il affiche une surprenante maturité. Il faut dire que son CV fait état d'un parcours riche en expériences au sein de belles maisons. D'un héritage classique pour débuter (Chez Michel et Bruneau), il retient le meilleur dont il s'inspire en majeure partie sur sa carte aujourd'hui. Sans oublier les expériences plus modernes et contemporaines que sont ses années au Oud Sluis et chez Berasategui grâce auxquels il mâtine ses "classiques" d'inspirations plus légères et en finesse. On le surprend à associer viandes et poissons régulièrement dans un plat et ce, même sur les beaux classiques comme les pieds de porc ou la queue de bœuf qu'il affectionne particulièrement. Son Bistro Margaux, ouvert il y a deux ans, tient plus du "Margaux" que du bistro et ce malgré une brigade jeunissime (les quatre As qui manient les cartes ici, affichent une moyenne d'âge 24 ans). On ne pouvait passer sous silence ce jeune talent cette année.

Starpack

All in one

Mobile

Tel

TV

Internet

www.mobistar.be

GASTHEER VAN HET JAAR
HÔTE DE L'ANNÉE

2012

GONTRAN BUYSE - VA DOUX VENT
P. 249

Offert par Mobistar, ce trophée consacre un propriétaire ou maître d'hôtel qui s'est distingué par la qualité de son accueil, sa chaleur humaine, ses conseils, sa compétence et sa gentillesse. Les restaurants à quatre toques sont exclus du concours.

Aangeboden door Mobistar, brengt deze trofee hulde aan een eigenaar(es) of zaalmeester(es) die zich dit jaar bijzonder heeft onderscheiden door de kwaliteit van de ontvangst en bediening, door zijn (haar) bekwaamheid en vriendelijkheid.
De restaurants met 4 mutsen zijn uitgesloten.

ITALIEN DE L'ANNÉE
ITALIAAN VAN HET JAAR

2012

SENZA NOME - BRUXELLES
P. 244

Du soleil du Sud dans l'assiette, ils sont beaucoup à vous le proposer. Et pour cause, "ceux qui savent" profitent de produits gorgés de chaleur, d'un service typé, ou de senteurs et de reliefs gustatifs qui n'ont pas leur pareil. Parmi ceux-ci toutefois, nous tentons, au travers du Trophée Selezione Vini Italiani de mettre en avant le meilleur ambassadeur culinaire de cette région.

De zon van het zuiden in uw bord, ze zijn met velen die het u voorstellen. Heerlijk, maar niet altijd even gemakkelijk. Zij die het kunnen laten u meegenieten van zonovergoten producten en van een typische service waar geuren en smaken haast uniek zijn. Voor zij die u meenemen op culinaire reis naar het zuiden is er Troffe Selezione Vini Italiani, een beloning voor de beste culinaire ambassadeur van deze regio.

Selezione Vini Italiani
www.svi.be

Meesters in verandabouw
Maître constructeur en vérandas

VERANDA | ORANJERIE | PERGOLA | HORECAUITBREIDING | ZWEMBADOVERDEKKING

Contacteer ons vrijblijvend voor een kennismaking met onze aanpak en service,
en een gratis offerte. Tel. 055 21 85 31 (van 8u30 tot 18u), of via onze website.
Voor een bezoek aan onze showrooms, raadpleeg onze website.

VÉRANDA | ORANGERIE | PERGOLA | PROJET HORECA | COUVERTURE DE PISCINE

Renseignez-vous sur notre approche et service et demandez une offre gratuite,
sans engagement de votre part. Tél. 055 21 85 31 (de 8h30 à 18h), ou via notre site web.
Consultez notre site web pour visiter l'une de nos salles d'exposition.

Willems NV – Industriepark 'Klein Frankrijk' 29, 9600 Ronse
Willems SA – Parc Industriel 'Petite France' 29, 9600 Renaix

www.verandaswillems.be

HET MOOISTE TERRAS
LA PLUS BELLE TERRASSE

2012

GASTHOF HALIFAX - DEINZE
P. 308

Een uitstekende maaltijd wordt in openlucht nog sneller onvergetelijk moment. En het zicht op een mooie tuin of terras brengt, bij slecht weer, de hoop op mooie dagen. De Willems Verandas trofee eert huizen die een mooi terras en tuin aanbieden…

Lorsque le ciel le permet, la terrasse peut sublimer un apéritif ou un excellent repas en une fête inoubliable. Par mauvais temps, la vue d'une belle terrasse nous fait rêver de lendemains plus cléments. Le trophée Willems Veranda honore les maisons qui proposent cette parcelle de rêve et de charme…

Tritan®
International
patent

SCHOTT
ZWIESEL

Perfecte glans. Gegarandeerd.
Uw voordeel : 3 jaar glansgarantie met Tritan

Perfecte vorm, stralende glans. Deze eigenschappen maken de glazen van Schott Zwiesel zo bijzonder. Vervaardigd uit internationa
gepatenteerd Tritan-kristalglas verenigen ze stabiliteit, design en ee
blijvende glans, die wij garanderen in onze **3 jaar-glansgarantie**.

Tritan-kristalglas :
- absoluut zuiver en **blijvend glanzend** (3 jaar garantie)
- uitzonderlijk **breukvast**
- absoluut **vaatwasmachinebestendig**
- lood- en bariumvrij
- vervaardigd in Duitsland
- gecertifieerd volgens de ISO 14001:2004 milieunormen

Eclat parfait sous garantie, avec Tritan.
Votre avantage : 3 ans de garantie de brillanc

Une forme parfaite, un éclat incomparable. Les verres Schott Zwies
sont des verres d'exception. Le verre de cristal Tritan, un procéd
internationalement breveté, possède un joli design, est solide
bénéficie d'un éclat durable que **nous garantissons 3 ans**.
Le verre de cristal Tritan
- une pureté absolue et un **éclat durable** (3 ans de garantie)
- exceptionnellement **solide**
- résiste au **lave-vaisselle**
- sans plomb, ni baryum
- fabriqué en Allemagne
- certifié selon les normes ISO 14001 : 2004 norme environnementa

TÜVRheinland®
CERT
Zertifizierter
Managementsystem gemäß
ISO 9001:2000 / ISO 14001:2004

Info & verkooppunten:
Infos & points de vente:

MEYHUI
home & table decoration

Damkaai 13   8500   KORTRIJ
tel. 056 36 17 50 - fax 056 36 17 9
info@meyhui.be - www.myhome.b

DE WIJNKAART VAN
LA CARTE DES VINS DE

2012

FOLLIEZ - MECHELEN
P. 469

Deze trofee, aangeboden door de firma Meyhui, de specialist voor de gedekte tafel en decoratie, bekroont de wijnkaart die door een combinatie van kwaliteit, originaliteit, presentatie, prijszetting onze jury ditmaal het meest hebben getroffen. Restaurants met 4 mutsen nemen niet deel, hun kaart is al haast per definitie uitzonderlijk.

Ce trophée, gracieusement offert par la firme Meyhui, le spécialiste des tables dressées et de la décoration, couronne la carte des vins qui a remporté le plus de suffrages au sein de notre jury. Les critères d'évaluation étaient la qualité, l'originalité, la présentation et la tarification. Les restaurants à 4 toques sont exclus du concours, leur carte étant, par définition, proche de la perfection.

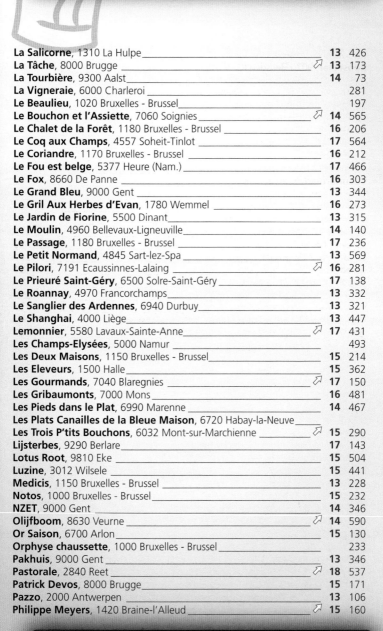

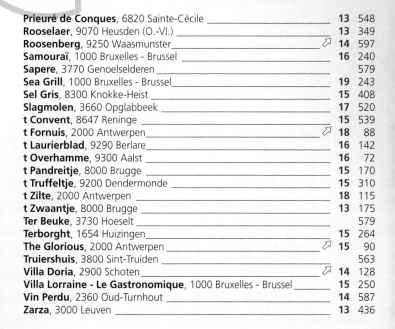

DE SOMMELIER VAN
LE SOMMELIER DE

2012

MARC LEVEAU, LE PILORI - ECAUSSINES
P. 281

Connaître les vins est une chose. Savoir les associer aux envois, créatifs ou non, du chef, en est une autre. Lorsque le tout se fait tant en harmonie qu'en véritable tremplin gustatif pour les plats qu'ils accompagnent, cela se commue en art. Le Trophée Winefit récompense le talent du sommelier qui nous a le plus ébloui par son audace et sa connaissance technique non seulement des vins mais aussi et surtout des arômes qu'ils développent lorsqu'ils s'unissent à la cuisine qu'ils escortent

Wijnen kennen, dat is een ding. Ze weten te combineren met gerechten, creatief of niet, dait is iets anders. Maar wanner dit een harmonisch geheel vormt en zowel de wijn al het gerecht er beter van wordt, dat is een kunst. De Winefit Trofee beloont het talent van de sommelier die ons het meest wist te fascineren met zijn durf en zijn technische kennis, niet alleen op wijngebied maar ook en vooral op gebied van smaken en aroma's die hij perfect weet te verenigen met wat de keuken brengt.

Quality wine dispenser

37

INVINCIBLE - ANTWERPEN
P. 95

We hebben niet altijd zin om uitgebreid gastronomisch te tafelen met kaviaar, kreeft of truffel. Welke verademing is het niet om regelmatig ook nog een heerlijke tartaar van rund, een cassoulet of een pratige gevulde varkenspoot te vinden. En die te begeleiden met een lekker landwijntje, of zelfs met een goede pint. Hulde aan de chefs die met vakkennis en liefde simpele maar goede producten op ons bord brengen… en soms nog iets meer.

Nous n'avons pas tous les jours envie de festoyer avec du caviar, du homard ou de la truffe. Quel plaisir de retrouver un vrai bon steak tartare, un cassoulet savoureux ou un onctueux pied de porc farci. Et de les accompagner d'un petit vin malin, ou, pourquoi pas, d'une bonne bière. Notre hommage aux chefs qui nous proposent des produits simples mais bons… et parfois même un peu plus.

39

neuhaus

Créateur chocolatier

1857

Pour une fin de soirée savoureuse…
De perfecte afsluiter van je avond…

LES FLÂNERIES GOURMANDES - BRUXELLES
P. 217

Ce trophée décerné par Neuhaus vient consacrer l'établissement où nous avons, cette année, dégusté le meilleur dessert. Ne dit-on pas qu'un bon dessert termine en apothéose un vrai repas de fête ? Depuis plusieurs années, le dessert tend à évoluer dans le sens de plus de finesse et de complexité. Notre lauréat figure parmi les porte-drapeaux de cette innovation.

Deze trofee wordt aangeboden door Neuhaus en bekroont het restaurant waar we dit jaar de lekkerste desserten hebben geproefd. Een mooi dessert vormt immers het sluitstuk van een echte feestmaaltijd. Het dessert evolueert al een aantal jaren sterk in de richting van nog meer finesse en complexiteit gewonnen. Onze laureaat behoort tot de vaandeldragers van deze vernieuwing.

neuhaus

Créateur chocolatier

1857

WALLONIE : PHILIPPE FAUCHET P. 452
VLAANDEREN : IN DE WULF P. 318

Het blijft moeilijk om op restaurant origineel, lekker en veel groenten te bekomen binnen een juist gestructureerd gerecht en/of menu. De Groentekok, Living Tomorrow en GaultMillau starten een Benelux zoektocht naar restaurants die het wel menen met dit basisingrediënt. Want, dit is wat groenten zijn! Aan deze wedstrijd kunnen alle restaurants van de Benelux deelnemen.

Il reste toujours peu évident de trouver un restaurant où l'on vous servira un plat ou un menu original et correctement structuré, riche en légumes, bon et sain à la fois. Le Chef des Légumes, Living Tomorrow et Gault Millau vont à la recherche de restaurants dans le Benelux qui croient aux légumes, ces ingrédients de base essentiels.....qui en doute encore? Tous les restaurants du Benelux peuvent participer à ce concours.

43

*Makro, al 40 jaar leverancier voor horeca
(en voor hobbykoks met ambitie)*

*Makro, depuis 40 ans déjà fournisseur de l'horec
(et des cuisiniers amateurs ambitieux)*

www.makro.be

DE NIEUWE 18
LES NOUVEAUX 18

2012

BELGIË — BELGIQUE

Deutsche Bank
DB Personal

Weet wat
u kunt
verwachten.
Ook van uw
geld.

Sachez à
quoi vous
attendre.
Aussi pour
votre argent.

Met DB Personal beheert u uw persoonlijke financiën in alle sereniteit, dankzij een betere risico-opvolging.

Meer weten?
Surf naar www.deutschebank.be/dbpersonal
of bel 078 15 11 11.

Avec DB Personal, vous gérez vos finances personnelles en toute sérénité grâce à un meilleur suivi des risques.

En savoir plus ?
Surfez sur www.deutschebank.be/dbpersonal
ou appelez le 078 15 22 22.

Deutsche Bank

LE PRIX-PLAISIR
DE PRIJS-PLEZIER

2012

 VLAANDEREN : VITRINE P. 347

 BRUXELLES - BRUSSEL : LÉONOR P. 225

 WALLONIE : CUISINÉMOI P. 494

De crisis, de BTW, het personeel, de producten… elk jaar zien we de rekening stijgen. In het slechtste geval gaat dat gepaard met een vermindering van kwaliteit. Toch zijn er ook meesters in de kunst die een creatieve, genereuze en smaakvolle keuken brengen en die formules uitdokteren waar u niet voor verrassingen komt te staan. Hoedje af voor hen! Diegene die daat dit jaar opmerkelijk in slaagde bedachten we met de Trofee Deutsche Bank voo de beste prijs-plezierverhouding.

La crise, la TVA, le personnel, les produits… tout nous oblige, chaque année, à voir l'addition gonfler. Sous peine de voir se réduire la qualité. Il est toutefois des maîtres dans l'art de pratiquer une cuisine créative, généreuse et goûteuse tout en proposant des formules sans surprises. À ceux-là aussi, nous souhaitions cette année tirer notre chapeau en les mettant à l'honneur au travers du trophée Deutsche Bank du meilleur prix-plaisir.

Deutsche Bank

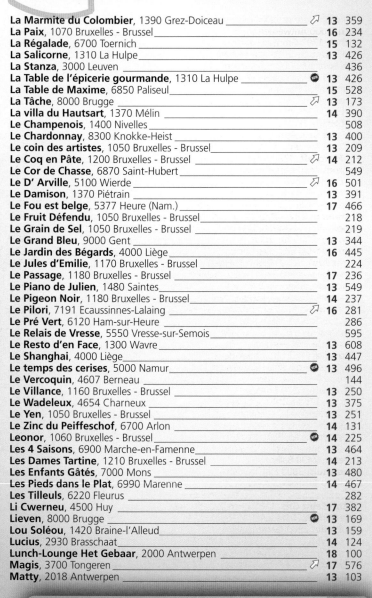

LES 3 NOUVEAUTÉS REMARQUABLES DE L'ANNÉE
DE 3 ONTDEKKINGEN VAN HET JAAR

NEW ! 2012

2012

VLAANDEREN-FLANDRE

VOLTA
Nieuwewandeling 2b
9000 Gent

P. 346

BRUXELLES-BRUSSEL

LE NEPTUNE
Rue de Lesbroussart 48
1050 Bruxelles

P. 231

WALLONIE-WALLONIË

FRUITS DE LA PASSION
Chaussée de Charleroi 6
1360 Thorembais-les-Béguines

P. 529

DIVINE GRAIN BUBBLES

 Istria
Green Mediterranean.

 +385 52 880088

 www.istra.com

Unforgettable tastes of Istria

Known among travellers as Terra Magica, Istria is a land of many wonders, uniting rich cultural heritage with delicious food and stunning natural beauties.

Istria is a unique blend of sea and continent, each of them offering 4 elements of the culinary magic.

Seafood is prepared in abundance, using fresh fish and crabs from the blue Adriatic sea. The most notable are lobster, scallops, sole fish and much-adored prawns (shrimps).

The olive oil of Istria is world class, a true elixir of life. Its specific taste and highest quality have launched it to the very top of the current Mediterranean production. The excellent white truffle of Istria is served with home made pasta, eggs or meat, offering a superb experience to those in search of new gastronomic horizons. Locally produced dried ham, called pršut, is a favourite delicacy of distinctive fragrance, while indigenous wines make magic of their own.

Istria is a pictoresque lifestyle destination for exciting journeys through the most wonderful tastes and fragrances. Its magic is best experienced in the following restaurants:
in Rovinj: MONTE, WINE VAULT, PUNTULINA
in Pula: MILAN, VALSABBION, konoba BATELINA
in Novigrad: DAMIR E ORNELA, PEPENERO, konoba COK,
in Brtonigla: SAN ROCCO, MORGAN,
in Umag: MARE E MONTI, GOLF
in Livade: ZIGANTE
in Porec: SVETI NIKOLA
in Rabac: VILLA ANNETTE
in Fazana: ALLA BECCACCIA
in Savudrija: VILLA ROSETTA

Istria
Green Mediterranean.

GOLDEN TREASURE

999,9 GOLD

1 KILO

Istria
HOT IN GASTRONOMY

De consument verdient elke dag heerlijk, maar ook veilig voedsel!

Al meer dan 10 jaar zorgt het FAVV ervoor dat wat u op uw bord krijgt, kwaliteitsvol is en voldoet aan de Belgische en Europese normen. Het agentschap geniet dan ook van een hoge waardering en de werking wordt als doeltreffend beschouwd door de Belgische consument.

Meldpunt

De beroepssectoren, professionele partners van het FAVV!

Het Agentschap helpt u de wettelijke voorschriften met betrekking tot de veiligheid van de voedselketen na te leven.
zie: http://www.favv-afsca.be/beroepssectoren/

U wilt alles te weten komen over de autocontrole, de invoering van het systeem,audits, financiële voordelen : 2 muisklikken brengen u naar www.favv.be/autocontrole

U wilt goed voorbereid zijn op een controle door het FAVV ? De "checklists Inspecties" kunt u inkijken op : www.favv.be/checklists-nl

U wenst **uw eigen dossier** te raadplegen :

Raadpleeg **Foodweb** het **private** gedeelte

U wenst na te kijken of **uw leverancier** geregistreerd is bij het FAVV ?

Raadpleeg **Foodweb** het **publieke** gedeelte

De controleur die bij u langskomt heeft zich ertoe verbonden zich integer en objectief op te stellen. Hij heeft het **Charter** van de controleur ondertekend :
http://www.favv-afsca.fgov.be/thematischepublicaties/Charter-controleur.asp

U wilt alles weten over de   http://www.favv-afsca.fgov.be/smiley/

Speciaal opgericht voor U : de VOORLICHTINGSCEL

http://www.favv-afsca.be/voorlichtingscel/

Hebt u nog vragen ? Wenst u een medewerker van het FAVV te contacteren ?
Op de pagina « Provinciale controle-eenheden (PCE): www.favv.be/pce

Tot slot nog dit : u wenst een klacht in te dienen over de werking van het FAVV of het gedrag van een van zijn personeelsleden : de ombudsdienst staat tot uw dienst www.favv.be/ombudsdienstoperatoren of bel het gratis nummer .
0800.13.445

Dit alles en nog veel meer vindt u op www.favv.be

Gratis nummer: 0800.13.550

Het FAVV
tot uw dienst

Le consommateur mérite chaque jour de se régaler, en toute sécurité !

Voilà plus de 10 ans déjà que l'AFSCA veille à ce que le contenu de vos assiettes soit de qualité et qu'il réponde aux normes belges et européennes. L'Agence jouit dès lors d'une haute estime et son travail est perçu comme efficace par le consommateur belge.

Les secteurs professionnels, des partenaires de l'AFSCA !

L'Agence vous aide à respecter les prescriptions légales en matière de sécurité de la chaîne alimentaire. Voir : http://www.favv-afsca.be/professionnels/

Pour tout savoir sur l'autocontrôle, l'instauration d'un tel système, les audits, les avantages financiers : 2 clics de souris suffisent
http://www.afsca.be/autocontrole-fr/

Vous souhaitez être bien préparé à un contrôle de l'AFSCA ? Vous pouvez consulter les « check-lists d'inspection » au lien suivant :
http://www.favv.be/checklists-fr/

Pour consulter **votre propre dossier** : Rendez-vous dans la partie **privée** de

Foodweb

Pour vérifier que **votre fournisseur** est bien enregistré auprès de l'AFSCA :

Rendez-vous dans la partie **publique** de **Foodweb**

Le contrôleur qui se rend chez vous s'est engagé à adopter une conduite intègre et objective. Il a signé la **charte** du contrôleur :
http://www.favv-afsca.fgov.be/publicationsthematiques/Charte-controleur.asp

Pour tout savoir sur le   http://www.favv.be/smiley/index_fr.html

Créée spécialement pour vous :

La cellule de vulgarisation

http://www.favv-afsca.be/celluledevulgarisation/

Certaines de vos questions restent sans réponse ? Vous souhaitez contacter un collaborateur de l'AFSCA ? Rendez-vous sur la page « Unités provinciales de Contrôle (UPC) » : http://www.favv.be/upc/

Une dernière chose : si vous souhaitez déposer une plainte concernant le fonctionnement de l'AFSCA ou la conduite d'un de ses agents, vous pouvez contacter le service de médiation
http://www.favv.be/servicemediationoperateurs/ ou appeler gratuitement le numéro 0800.13.445.
Vous retrouverez toutes ces informations et beaucoup d'autres encore sur :
www.afsca.be

Point de contact

Numéro gratuit: 0800.13.550

L'AFSCA à votre service

PALM BREWERIES EXCELS AT BEER & FOOD PAIRINGS

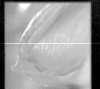

www.palmbreweries.com

DE TOP CHEFS VAN BELGIË
LES GRANDS DE BELGIQUE

Matthys Wijnimport nv

Gistelsesteenweg 228 • B-8200 BRUGGE

T 050-386380 • M 0475-433087

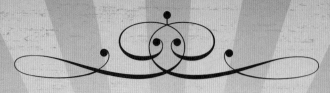

Meer dan

50 jaar vakmanschap...

1957

GS60

plus de

50 ans d'expertise...

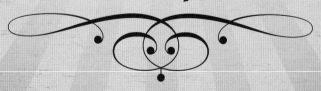

Wat staat er op ons
Qu'y a-t-il au

Mnu:

Tal van verrassende concepten voor team- en klantenevents!

Mnu: is een grensverleggende samenwerking tussen Peter Goossens, Sergio Herman en Roger van Damme voor exclusieve events. Een hyper-creatieve workshop, showcooking tijdens een klantenhappening, een galadiner voor duizend genodigden? Gegarandeerd een prestigieuze zintuigelijke ervaring voor al uw gasten!

Des concepts surprenants pour vos événements d'entreprise!

Mnu: est une collaboration inédite entre Peter Goossens, Sergio Herman et Roger van Damme pour des événements exclusifs. Un atelier hyper-créatif, un show cooking pour votre clientèle, un dîner de gala pour des milliers de visiteurs? Sûrement une expérience sensorielle prestigieuse pour tous vos invités!

Voor meer info:
Pour de plus amples informations: **www.mnuweb.com**

de Jager

Your partner
in fresh fish!

Aalbeke ▷ Kortrijk

Aalst

 Brasserie Blomme

Gentsestwg. 100 - 9300 Aalst
☏ 053 60 89 35
info@brasserieblomme.be - http://www.brasserieblomme.be
🛏 21:45 🔒 ma/lu di/ma za/sa 🔒 ma/lu di/ma
🧳 19 - 26 fév, 22 août - 4 sept / 19 - 26 feb, 22 aug - 4 sept
🍴 13-50 🍷 33-57

 Het Verschil

Gentstr. 70 - 9300 Aalst
☏ 0474 98 16 98 🖨 053 70 60 86
peter@hetverschil.com - http://www.hetverschil.com
🛏 0:00 🔒 wo/me zo/di 🔒 wo/me za/sa zo/di
🍴 21-35 🍷 28-61

 De Kapelaan

zwarte zusterstraat 6A - 9300 Aalst
☏ 053 41 66 34
info@dekapelaan.be
🛏 0:00 🔒 ma/lu zo/di 🔒 ma/lu zo/di
🍴 50 🍷 35-45 🥂 65

Het restaurant is ondergebracht in een historische kloosterkapel en eigentijds en comfortabel ingericht. De gastvrouw ontvangt charmant en de chef kookt lekker en origineel. De hapjes zijn een perfecte start: praline van kreeft, gerookte paling, grijze garnalen, en daarbij een sausje van rode biet. Wij kiezen voor de specialiteit van het huis: tapalaantjes. Met drie of vier van die gerechtjes heb je een maaltijd. Het eerste is al meteen een smaakontdekking: carpaccio van noordzeekrab, sardientje, krulmosterd, rode biet, koriander en limoensap. Dan zijn er drie gamba's, gebakken in hoeveboter, met tomaat, krokant van basilicum, lente-ui en limoen. Opnieuw limoen, maar toch een heel ander mondgevoel en opnieuw zeer lekker. Het derde tapalaantje bestaat uit drie minitournedos van ree, die mooi rosé zijn, met een puree van nectarines, rodekool met een mousse van ganzenlever, aardappel met kaasvulling, bolletjes peer en een saus op basis van sjalot. Met nog twee dessertjes hebben wij ruim voldoende en smakelijk gegeten. De wijnkaart heeft een zeer goede prijs-kwaliteitverhouding.

Alliant modernité et confort, ce restaurant a été aménagé dans une chapelle de couvent historique. La maîtresse de maison gratifie les convives d'un accueil charmant et le chef signe des envois tant originaux que savoureux. Les mises en bouche constituent une entrée en matière parfaite: praline de homard, anguille fumée, crevettes grises, le tout accompagné d'une petite sauce à la betterave rouge. Nous avons choisi la spécialité de la maison: les tapalaantjes. Trois ou quatre de ces petits plats constituent un repas. Le premier est d'emblée une découverte gustative: carpaccio de crabe de la mer du Nord, sardinelle, moutarde plume, betterave rouge, coriandre et jus de limon. Ensuite, trois gambas, rôties au beurre fermier, à la tomate, croquant de basilic, cébette et limon. Encore du limon, certes, mais créant une tout autre impression sur le palais, tout en restant délicieux. Le troisième tapalaantje se compose de trois mini-tournedos de chevreuil, joliment rosés, servis avec une purée de nectarines, chou rouge et une mousse de foie gras d'oie, pommes de terre avec farce au fromages, billes de poire et une sauce à l'échalote. Ajoutez-y encore deux desserts et nous sommes largement rassasiés et ravis. La carte des vins présente un excellent rapport qualité/prix.

Kelderman

Parklaan 4 - 9300 Aalst

℡ 053 77 61 25   📠 053 78 68 05
info@visrestaurant-kelderman.be -
http://www.visrestaurant-kelderman.be
🕤 21:00   🔒 wo/me do/je za/sa   🔒 wo/me do/je
🍽 40-80   🍷 62-122   🍴 56

Dit visrestaurant par excellence behoudt zijn naam en faam in de streek (om niet te zeggen in heel Vlaanderen). De productkennis van vader Hubert en zoon Emiel is fenomenaal. Als je die kennis combineert met superieure producten, dan krijg je perfecte smaak evenwichten, zelfs in op het eerste gezicht overdadige, bonte gerechten zoals gebakken Deense kabeljauw met pastinaak, cantharellen in hazelnootolie, Ratte-aardappel, gepocheerde turbotin, witloof, wortel, en sabayon van Jerez Domecq. Kwaliteit, daar hoort een prijs bij, en vooral aan de kaart zijn die prijzen vrij pittig. Maar daar krijg je dan wel heel veel voor terug.

Ce restaurant de poisson par excellence s'est forgé et conserve une excellente réputation dans la région (pour ne pas dire dans toute la Flandre). La connaissance des produits du père Hubert et du fils Emiel est tout bonnement phénoménale. Si vous la combinez avec des produits de qualité supérieure, vous obtenez alors un équilibre gustatif d'une rare perfection, même dans des plats hauts en couleur, qui semblent pourtant d'emblée trop exubérants, comme ce cabillaud danois poêlé entouré de panais, de chanterelles à l'huile de noisette, de rattes, de turbotin poché, witloofs, carottes et sabayon de xérès Domecq. La qualité a un prix, et si vous prenez des plats à la carte, ne vous étonnez pas si votre note ne manque pas de… sel. Mais force est de reconnaître que vous en avez pour votre argent.

 t Overhamme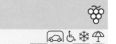

Brusselsestwg. 163 - 9300 Aalst
℡ 053 77 85 99
overhamme@skynet.be - http://www.toverhamme.be
🕤 21:00   🔒 ma/lu za/sa   🔒 ma/lu zo/di
📅 prem mardi du mois, 1 sem janv, 1 sem Pâcques, 15 juil - 15 août /
1ste dinsdag van de maand, 1 week jan, 1 week pasen, 15 juli - 15 aug
🍽 40-70   🍷 57-81   🍴 82

Wij beginnen met een bordje dat opvalt door zijn intelligente smaakopbouw. Er is het zoet-zuur-zoute van gepekelde paling, met paprikachips en salade van appel. Een heel mooie opener. De zeebaars, op het vel gebakken, heeft een perfecte cuisson. De kalfsjus erbij is zeer smakelijk, maar de zoete ui overheerst enigszins. Koriander als extra kruid blijkt een smaakbommetje en geeft nog meer cachet aan het gerecht. Wat volgt is een superlekkere rosé gebakken eend, met eendenlever, knolletjes, wortel, paddenstoelen en koffie. Vlees én groenten zijn perfect gegaard, en het vlees smaakt goed door. Er komt nog een juist gekruide vleesjus bij. Pure smaken aan de top! De kaasschotel is daarna een afknapper: de kaas wordt te koud opgediend, waardoor de smaak verloren gaat. Beter scoort de wijnkaart, die een schoolvoorbeeld is van een goede prijs-kwaliteitverhouding.

Nous entamons les hostilités avec une dégustation qui séduit par l'intelligence des saveurs. Le sucré-salé-acide de l'anguille saumurée, chips de poivrons et salade de pomme offre une belle entrée en matière. Le bar cuit sur peau est parfait. Le jus de veau est très savoureux, mais l'oignon doux prend un peu l'ascendant. La coriandre, véritable bombe gustative, apporte encore plus de cachet au plat. Le repas se poursuit avec le canard rosé, foie gras, petits navets, carotte, champignons et café. La cuisson de la viande et des légumes est impeccable. La viande est savoureuse. Elle est escortée d'un jus relevé. Une véritable explosion de saveurs. Le plateau de fromages déçoit: les fromages, servis trop froids, ont perdu leur goût. La carte des vins est mieux lotie. Bel exemple de bon rapport qualité-prix.

Tang's Palace

Korte Zoutstr. 51 - 9300 Aalst
📞 053 78 77 77   📠 053 71 09 70
tangkoonhay@hotmail.com - http://www.tangspalace.be
🔓 23:00   🔒 do/je   🔒 do/je
🍴 33-54   🍷 14-65   🍽 47

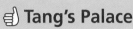 La Tourbière

Albrechtlaan 15 - 9300 Aalst
📞 053 76 96 10   📠 053 77 25 44
info@latourbiere.be - http://www.latourbiere.be
🔓 21:00   🔒 di/ma wo/me za/sa   🔒 di/ma wo/me zo/di
🚪 Carnaval, 15 - 31 août / Krokus, 15 - 31 aug.
🍴 35-77   🍽 53-53

Het luxeuze decor van La Tourbière is helemaal afgestemd op comfortabel genieten. Zowel voor zakelijke lunches als voor familiediners heeft Luc Van Lierde een uitgebreid pallet aan bereidingen. Met zijn meer dan 20 jaar ervaring weet hij waar goede producten te vinden zijn. Hij geeft ze een natuurlijke bereiding en omringt ze met goed gekozen garnituren die de smaakbalans versterken. Vorig jaar steeg hij een trapje hoger op de ladder met een punt extra. Dat kunnen we dit jaar alleen maar bevestigen.

Le décor luxueux de La Tourbière est parfaitement en phase avec une dégustation confortable. Luc Van Lierde dispose d'une large palette de plats pour satisfaire à la fois une clientèle d'affaires et des dîners familiaux. Fort de plus de vingt ans d'expérience, il sait où dénicher les meilleurs produits. Il leur consacre une préparation naturelle et les entoure de garnitures bien choisies qui renforcent l'équilibre gustatif. L'année dernière, il avait gravi un échelon de plus. Nous ne pouvons que le confirmer cette année.

Keizershof hotel

Korte Nieuwstr. 15 - 9300 Aalst
📞 053 77 44 11   📠 053 78 00 97
info@keizershof-hotel.com - http://www.keizershof-hotel.com
🔓 0:00   7/7
🛏 70   🔑 100-182   🅿 72-164   🍴 164   ⭐ 1   💲 400

Erembodegem (Aalst)

 Albatros

Geraardsbergsestwg 15 - 9320 Erembodegem (Aalst)
📞 053 83 00 78 🖨 053 83 97 57
info@restoalbatros.be - http://www.restoalbatros.be
🕤 21:30 🔒 wo/me za/sa 🔒 di/ma wo/me
📅 24 déc - 4 jan, 19 juil - 8 août / 24 dec - 4 jan, 19 jul - 8 aug.
🍴 38-46 🍷 18-30 🍴 50

Albatros vond onderdak in een aantrekkelijke, mooie villa. Het onthaal is oprecht vriendelijk en innemend. Wij starten met een escabeche van sardienen uit de Middellandse Zee. Daarbij komen tomaten, zalfje van paprika en een fijne zuiderse salade. Uitstekend. Het tweede gerecht is intenser van smaak: soep van pistou, met spek, prei, pesto en geraspte oude parmezaan in een koekje. Dan komt pieterman met zandasperges van topkwaliteit uit de Camargue. De asperges zijn boterzacht. Er hoort nog een essence van bouillabaisse bij, een topper! En daarna hebben we nog een perfect rosé gebakken lendenstuk uit de Aubrac tegoed, met een smaakvolle bordelaisesaus, ratatouille van groene en rode paprika en tomaten, en een aligot-puree met look en kaas (naar aloud recept uit de Aubrac). Wij hebben superlekker gegeten. Chef Lieven De Troyer is op de goede weg. Zeer vriendelijk onthaal.

L'Albatros s'est posé dans une jolie villa accueillante. L'accueil y est sincèrement amical et charmant. Nous commençons par une escabèche de sardines de Méditerranée. Elle s'accompagne de tomates, d'une crème de poivron et d'une salade du Sud. Excellent ! Le deuxième envoi mise sur des saveurs plus intenses: soupe au pistou, lard, poireaux, pesto et tuile de vieux parmesan râpé. S'ensuit la vive à la Célestine de Camargue. Les asperges fondent dans la bouche. Sans oublier l'essence de bouillabaisse. Un coup de cœur ! Nous dégustons ensuite un aloyau d'Aubrac. La cuisson rosée est parfaite. En accompagnement: sauce bordelaise savoureuse, ratatouille de poivrons rouges et verts et de tomates, aligot à l'ail (selon la recette traditionnelle de l'Aubrac). Nous nous sommes régalés. Le chef, Lieven De Troyer, est sur la bonne voie. Accueil très chaleureux.

Aalter

Bacchus 🍇

Aalterweg 10 - 9880 Aalter
📞 09 375 04 85 🖨 09 375 04 95
restaurantbacchus@mail.be - http://www.restaurantbacchus.be
🕤 21:30 🔒 wo/me 🔒 di/ma wo/me zo/di
🍴 35-57 🍷 16-32 🍴 50

Bacchus kon ons in de vorige editie niet echt verleiden. Daarvoor noteerden we te veel schoonheidsfoutjes. Aan de consistentie wordt gelukkig gewerkt zodat de vrolijke god van de wijn terug op het goede spoor zit. De wijnkaart was hier trouwens altijd al een toonbeeld van kennis en passie. Gelukkig kunnen we dat ook weer van de keuken en bediening zeggen. Over de garnaalkroketten hadden we dit keer geen aanmerkingen te maken. Tenzij dat ze naar meer smaakten. Ook de fijne bouchotmosselen waren een toonbeeld van garing en smaakexpressie. Bacchus toont opnieuw zijn potentieel voor een hogere quotering.

Lors de notre précédente édition, Bacchus n'était pas arrivé à nous séduire… Nous avions en effet noté un trop grand nombre d'imperfections. Fort heureusement, la maison s'est penchée sur la cohérence, de sorte que le dieu du vin a retrouvé son aplomb et est à nouveau sur la bonne voie. Quoi qu'il en soit, le cellier a toujours été un modèle de connaissance et de passion. Fort heureusement, ce compliment peut à nouveau s'adresser à la cuisine et au service. Les croquettes aux crevettes ne prêtaient pas le flanc à la critique cette fois. Nous avions même un petit goût de trop peu... Quant aux délicieuses moules de bouchot, elles étaient aussi un exemple de cuisson réussie et d'expression gustative. Bacchus montre à nouveau son potentiel pour atteindre une note plus élevée...

 ## Calla's

Stationsstraat 250 - 9880 Aalter
℡ 09 328 52 09
info@restaurant-callas.be - http://www.restaurant-callas.be
🏠 21:30 🔒 ma/lu di/ma za/sa 🔒 ma/lu di/ma
🍽 30-55 🍷 45-60 🥂 50

Na acht jaar aan de zijde van Lieven Lootens van 't Aards Paradijs openden Niels De Landtsheer en zijn vrouw Lien hun restaurant in een modernistische notariswoning uit de jaren dertig. Vorig jaar kwam hij meteen met een koksmuts binnen in de gids. Dit jaar bevestigt hij zijn status. De wat schuchtere ontvangst wordt goedgemaakt met een reeks lekkere hapjes waaronder een muntsoepje, maatjesharing met een vleugje Ricard en toastje met geitenkaas. Het eerste voorgerecht was makreel van een uitstekende kwaliteit met radijs, zeekraal en artisjok. Het miste een beetje schwung. Daarna kraakverse scholfilet met salsa van olijven en gepoft buikspek en als hoofdgerecht superzacht en smaakvol Duroc-varkensvlees met handgerolde couscous, beukenzwammen en puree van courgette. Chocoladeganache fris gecombineerd met limoensorbet en afgewerkt met crumble cake sloot de maaltijd af. Evenwicht en degelijke smaakcomposities zijn de troeven van deze jonge chef.

Après avoir passé 8 ans aux côtés de Lieven Lootens de 't Aards Paradijs, Niels De Landtsheer et son épouse Lien ont ouvert leur restaurant dans une maison de notaire de style moderniste des années trente. L'année dernière, il était entré dans le guide et coiffant directement une toque. Cette année, il a confirmé son statut. L'accueil un peu timoré est vite oublié avec une série de mises en bouche succulentes dont un potage à la menthe, un maatje rehaussé d'une touche de Ricard et un petit toast de fromage de chèvre. La première entrée était un maquereau d'excellente qualité avec du radis, de la salicorne et de l'artichaut. L'ensemble manquait un peu d'allant, il faut le reconnaître. Ensuite un filet de limande d'une très grande fraîcheur avec une salsa d'olives et une poitrine de porc soufflée et, en plat de résistance, une pièce de porc Duroc d'un goût et d'une tendreté inouïs avec du couscous roulé main, des shimejis et une purée de courgette. Le repas se termine en beauté avec une ganache au chocolat fraîchement secondée par un sorbet au limon et un crumble cake. Ce jeune chef dispose de deux atouts: l'équilibre et le sens des combinaisons gustatives réussies.

Stationstraat 149-151 - 9880 Aalter
℡ 09 374 10 29 🖨 09 374 77 15
info@hotelcapitole.be - http://www.hotelcapitole.be
🏠 0:00 ⅞
📅 1 - 12 janv. / 1 - 12 jan
🛏 30 🛏 70 🛏 60-90

Bellem

☝ Den Duyventooren ☺

Bellemdorpweg 68 - 9881 Bellem
(09 371 97 23
info@denduyventooren.be - http://www.denduyventooren.be
🕒 21:00   🔒 wo/me za/sa   🔒 di/ma wo/me
☐ 2 sem. Pâques, 15 - 31 août / 2 wek. Pasen, 15 - 31 aug.
🍽 35-39   🍷 38-53   🍴 50

Aarschot

☝ Bistro Ter Bogaerde aan de molen ☺

Diestsesteenweg 12 - 3200 Aarschot
(016 60 67 87   🖷 016 60 67 87

terbogaerde@gmail.com - http://www.terbogaerde.be
🕒 0:00   🔒 ma/lu di/ma za/sa   🔒 ma/lu di/ma
🍽 38-52   🍷 15-26

⌂ Kasteel van Nieuwland

Beemdenstr. 61 - 3200 Aarschot
(016 56 58 46   🖷 016 56 58 38

info@kasteelvannieuwland.be -
http://www.kasteelvannieuwland.be
🕒 0:00   7/7
🛏 23   🛏 85-120   🅿 119   📶 190   🚗 1

Aartselaar ▷ Antwerpen

Affligem

🍺 Anobesia ♡

Brusselbaan 216 - 1790 Affligem
(053 68 07 69   🖷 053 66 59 25
anobesia@skynet.be - http://www.anobesia.be
🕒 21:00   🔒 ma/lu di/ma za/sa   🔒 ma/lu di/ma zo/di
☐ 1 sem. vac. de Pâques, 15 août - 7 sept. / 1 week paasvak.,
15 aug. - 7 sept.
🍽 40-75   🍴 55

Geert Gheysels kreeg vorig jaar zijn tweede koksmuts voor de stijgende verfijning en smaak die hij in zijn gerechten legt. In het viergangenmenu Culinaire Ontdekking start hij met twee frisse bereidingen: zeetong met zoetzuur van komkommer en limoen en oester met appel en gin fizz. Vervolgens luchtig gebakken kabeljauw met kokkels, een crème van butternut pompoen en frisse parfums van venkel en anijs. In het hoofdgerecht bakt hij een sappige filet pur van Salers rund op correcte wijze en serveert er creme van witte selder en licht gestoofde hoorn des overvloeds bij. Het dessert komt in twee bewegingen: eerst peer met melkchocolade gecombineerd met veenbes en parfum van rozenbottel en vanille en tot slot een geslaagde moelleux van bittere chocolade.

L'an dernier, Geert Gheysels a décroché sa deuxième toque ; ses plats avaient gagné en raffinement et en saveurs. Intitulé "Découverte culinaire", le menu quatre services s'ouvre sur deux préparations rafraîchissantes: sole au concombre aigre-doux et citron vert et huître aux pommes et au gin fizz. S'ensuit un cabillaud léger aux coques et une crème de courge butternut. Le tout fraîchement parfumé au fenouil et à l'anis. En guise de plat principal, le chef propose un filet pur de Salers fondant et bien tourné. Il l'agrémente d'une crème de céleri blanc et d'une trompette de la mort braisée. Le dessert se décline en deux volets: poire au chocolat au lait, airelles, senteurs de cynorhodon et de vanille d'une part, moelleux au chocolat amer d'autre part. Une réussite !

Afsnee ▷ Gent

Alle ▷ Bouillon

Alsemberg ▷ Bruxelles environs - Brussel omstreken

Amay ▷ Huy

Amel ▷ Saint-Vith

Andrimont ▷ Verviers

Angleur ▷ Liège

Anhée

Les Jardins de la Molignée

r. de la Molignée 1 - 5537 Anhée
☏ 082 61 33 75   🖶 082 61 13 72
reception@jardins.molignee.com - http://www.jardins.molignee.com
0:00 ⁷/₇
47   76   78-100   73-115   115   5   160

Ans ▷ Liège

Anseremme ▷ Dinant

PIVA

Sterk in bakkerij, slagerij, hotel & toerisme

OPENDEURDAG 28 APRIL '12 / INFODAG 2 JUNI'12

Het Provinciaal Instituut PIVA vormt vandaag mensen voor de horeca-wereld van morgen en is dé referentie voor horecaopleidingen.
Bakkers, banketbakkers en slagers worden hier al meer dan een halve eeuw opgeleid op deze vooraanstaande school. Ook de vrij recente toerisme-afdeling sluit naadloos aan bij het opleidingsaanbod.

Zowel het professioneel lerarenkorps als de hypermoderne infrastructuur van de school zorgen ervoor dat leerlingen de beste mogelijkheden krijgen om aansluitend aan hun studies aan de slag te gaan in gerenommeerde horecabedrijven, die dan ook vol lof zijn over de PIVA-afgestudeerden. De uitgebreide vakkennis en professionalisme is hét bewijs dat de school garant staat voor een professionele opleiding.

Het feit dat er uit deze opleidingen zoveel kwaliteit voortvloeit, is te danken aan de keuze om leerlingen steeds opnieuw te gaan stimuleren en ondersteunen op alle mogelijke specialisatie-gebieden en zo de grenzen van de horeca telkens te verleggen.

Provinciaal Instituut PIVA
Desguinlei 244
2018 Antwerpen
Tel: 03:242.26.00
Fax: 03/242.26.01
e-mail: info@piva.provant.be

Antwerpen

🏅14 L' Amitié   ♡ ☺ ⚜L⚜

Vlaamse kaai 43 - 2000 Antwerpen
☎ 03 257 50 05   📠 03 257 59 05
info@lamitie.net - http://www.lamitie.net
🔓 22:00   🔒 ma/lu za/sa zo/di   🔒 ma/lu zo/di
📅 fin juin, 24, 25 &26 dec, 31 dec - 9 janv / eind juni, 24,25&26 dec, 31 dec - 9 jan
💶 25-65   💶 50-75   🍴 35

Wij lunchen in het gezellige restaurant van chef Thomas Baeyens. De lunch kost 25 euro en wat we daarvoor krijgen, verdient een grote bravo! Er is eerst zalm, langzaam gegaard, vol van smaak en wegsmeltend in de mond. De vis krijgt een fijne begeleiding van dragonolie, espuma van schelpjes en gegrilde courgettes. Alle producten zijn van prima kwaliteit en er is smaakharmonie. De hoofdschotel is een prachtige moot dikke pladijs, perfect sappig, goed gekruid, en geserveerd met een fijne citroenboter en crème van aardappel. Naar smaak en prijs is dit een schitterende lunch. Om de vleesliefhebbers onder u niet in de kou te laten, proeven wij nog van kalfstussenribstuk met jonge erwtjes. Net als bij de visbereidingen geeft de chef ook hier aan een eenvoudig, klassiek gerecht een meerwaarde door een juiste bereiding en een fijne garnituur. De twee koksmutsen zijn niet veraf!

À l'heure du déjeuner, nous prenons place dans le charmant restaurant du chef Thomas Baeyens. Le lunch, à 25 €, mérite un grand bravo ! Riche en goût, le saumon cuit à basse température fond dans la bouche. Il est agrémenté d'huile d'estragon, d'un espuma de coquillages et de courgettes grillées. Tous les produits sont d'excellente qualité ; l'harmonie gustative est au rendez-vous. Le plat de résistance met en scène une belle darne de plie, fondante à souhait, bien assaisonnée, servie avec un beurre citronné tout en délicatesse et une crème de pomme de terre. Un lunch éblouissant, tant au niveau des prix que des saveurs. N'oublions pas les carnivores ; nous goûtons une entrecôte de veau aux petits pois. Une fois de plus, le chef signe un envoi simple et classique, qu'il sublime grâce à une présentation juste et une garniture raffinée. Les deux toques ne sont pas loin !

👍 Arte

Suikerrui 24 - 2000 Antwerpen
☎ 03 226 29 70   📠 03 226 30 48
ristorante@skynet.be - http://www.ristorantearte.be
🔓 23:30   ⁷⁄₇
💶 35-45   💶 8-26   🍴 45

🍺13 Bart-a-Vin   ♡

Lange Slachterijstr. 3 - 5 - 2060 Antwerpen
☎ 0474 94 17 86
bartavin@skynet.be - http://www.bartavin.be
🔓 21:00   🔒 za/sa zo/di   🔒 za/sa zo/di
📅 août / aug.
💶 30-36   🍴 50

Dit wijnrestaurant heeft een schare trouwe klanten. Zij komen voor de suggesties, die altijd eenvoudig zijn en toch verrassen. Ze komen ook voor de wijn. Dit is een referentieadres voor natuurlijke wijnen, al van lang vóór de hype. Wij bestellen gegrilde groentjes met stracciatella (een soort romige mozzarella), olijfolie en pijnboompitten. De kaas is bijna lopend en de olijfolie smaakt zuiver. Eenvoudig lekker. Olijfolie geeft ook, samen met basilicum, smaak aan rundertartaar. Daarbij komen groenten en gebakken aardappelen. Deze bistro biedt een uitstekende prijs-kwaliteitverhouding.

Ce restaurant à vin compte de nombreux clients fidèles. Ils viennent pour les suggestions, à la fois simples et surprenantes, mais aussi pour le vin. L'établissement était déjà l'adresse de référence pour les vins naturels bien avant que ceux-ci ne soient à la mode. Nous commandons les légumes grillés et leur stracciatella (une sorte de mozzarella onctueuse), huile d'olive et pignons de pin. Le fromage plus que fait et l'huile d'olive révèlent des saveurs authentiques. Tout simplement délicieux. L'huile d'olive se joint au basilic pour agrémenter le tartare de bœuf. En accompagnement: légumes et pommes de terre sautées. Ce bistrot offre un excellent rapport qualité-prix.

 Bernardin

Sint-Jacobsstr. 17 - 2000 Antwerpen
℡ 03 213 07 00   🖨 03 232 49 96
info@restaurantbernardin.be - http://www.restaurantbernardin.be
🕙 22:00   🔒 ma/lu za/sa zo/di   🔒 ma/lu zo/di
📅 1 - 3 janv., 1 sem. Pâques, 15 - 31 août / 1 - 3 jan., 1 week Pasen, 15 - 31 aug.
🍴 37   🍷 50-65   🍶 48

Op ons bord verschijnen drie beetgare asperges, bereid à la flamande met een krokant gefrituurd ei en coulis van peterselie. Die laatste mocht geprononceerder zijn voor deze bereiding. Asperge keert licht gekaramelliseerd terug in een mooie smaakcombinatie met fijn gerookte zalm, die ook gegaard is (en goed). Dat de chef smaken kan combineren, blijkt ook uit de smakelijke koteletjes van speenvarken met verse spinazie en eigengemaakte pickles. De aardappeltjes erbij zijn muf en melig, en lijken opgewarmd. Smaaksamenhang is ook de ervaring bij een duo van (helaas niet-krokante) kalfszwezeriken en kalfswangetjes, vergezeld van een kruidensla die wat pover uitvalt.

Nous commençons par trois asperges croquantes à la flamande, flanquées d'un œuf frit croustillant et nappées d'un coulis persillé. Pour ce plat, ce dernier aurait pu se permettre d'être plus prononcé. L'asperge revient en version légèrement caramélisée pour accompagner le saumon fumé et aussi (bien) cuit. Association gustative réussie ! Le chef sait marier les saveurs, et témoignent les délicieuses côtelettes de cochon de lait aux épinards frais et aux pickles faits maison. Les pommes de terre servies en accompagnement sont farineuses et semblent avoir été réchauffées. La cohérence gustative caractérise également le duo de ris de veau (qui manquent malheureusement de croquant) et de joues de veau, accompagné d'une salade d'herbes plutôt simple.

Bicyclette

Mechelsesteenweg 76 - 2018 Antwerpen
℡ 03 257 77 07
🕙 22:00   🔒 ma/lu za/sa zo/di   🔒 ma/lu zo/di
🍴 14   🍷 29-45

Bicyclette opende in 2010 op de plek waar meer dan een decennium lang de luxebrasserie Greens was gevestigd. Uit de keuken komen klassiekers van de Frans-Belgische keuken, zoals tomaat met handgepelde garnalen, kalfskop met gepekelde groenten, vol-au-vent met hoevekip, in ossenwit gebakken frieten en een klassieke steak tartaar. Allemaal onberispelijk bereid. Bij het ter perse gaan vernemen we dat chef Geert Weyn het restaurant verlaten heeft en een plek gevonden heeft in het Antwerpse restaurant Le Dôme. Het is afwachten hoe de nieuwe chef van Bicyclette het ervan af brengt.

Bicyclette a ouvert ses portes en 2010 sur un emplacement où était établie une brasserie de luxe (Greens) pendant dix ans. Les envois de la cuisine sont d'inspiration franco-belge comme la tomate aux crevettes épluchées à la main, la tête de veau avec les légumes et saumure, le vol-au-vent au poulet fermier, les frites cuites au blanc de bœuf et un classique steak tartare. Rien que des préparations irréprochables. Lors de la mise sous presse, nous apprenons que le chef Geert Weyn quitte le restaurant pour rejoindre le restaurant anversois Le Dôme. Nous attendons donc avec impatience de savoir quelle orientation le nouveau chef donnera au Bicyclette.

Bien Soigné ☺

Kleine Markt 9 - 2000 Antwerpen

☏ 03 293 63 18
info@bien-soigne.be - http://www.bien-soigne.be

🕐 22:00 🔒 zo/di 🔒 ma/lu di/ma wo/me za/sa zo/di
💶 24-55

Bien Soigné geniet al meerdere verschillende jaren van een stevige reputatie als eenvoudig, prijsvriendelijk en correct restaurant. De koerswijziging die de zaak recentelijk onderging, is dan ook opmerkelijk. 's Middags blijft de zaak doorlopend open tot 17 uur als lunchrestaurant en 's avonds staat de chef nog enkel op vrijdag aan het fornuis. Hiermee willen de uitbaters tijd creëren voor meer rendabele opties zoals catering, demonstraties of privéfeesten tijdens de avonduren.

Bien Soigné jouit depuis de nombreuses années déjà d'une solide réputation de restaurant simple, abordable et correct. Le récent changement d'orientation de cet établissement est aussi remarquable. À midi, il reste ouvert jusqu'à 17 heures comme « lunchrestaurant ». Par contre, le soir, le chef n'est plus aux fourneaux que le vendredi. Ce faisant, les exploitants entendent se ménager suffisamment de temps en soirée pour créer des options plus rentables comme le catering, les démonstrations ou les fêtes privées.

⤢ Bij Lam en Yin ☺

Reyndersstr. 17 - 2000 Antwerpen
☏ 03 232 88 38
http://www.lam-en-yin.be
🕐 22:00 🔒 ma/lu di/ma wo/me do/je vr/ve za/sa zo/di 🔒 ma/lu di/ma
⬜ vac. de Pâques / Paasvak.
💶 36-53

Hoeft het te verwonderen dat dit restaurantje een vaste waarde van menig gastronoom is geworden ? Het is een absoluut topadres voor een nooit gezien prijskaartje ! Het assortiment dim sum waarmee we starten, is met voorsprong het beste dat je in België kunt krijgen. De dim sum zijn vers gemaakt met klevend deeg. Zo hoort het. Gebakken kalfslever is perfect rosé gebakken. Het is een raadsel hoe je dit in een wok voor elkaar krijgt. Lekker vakwerk. Een klassieker is gelakte eend met hoisinsaus. Het vlees wordt eventjes gestoomd en blijft daardoor sappig. Dit is grote klasse. Alle aandacht gaat hier duidelijk naar het bord en zo hebben we het graag. Eén minpuntje misschien : de gerechten veranderen nauwelijks en dan ben je als vaste klant snel door de kaart. Op de wijnkaart staan stuk voor stuk eigenzinnige parels. Zeer vriendelijke bediening. Dat verdient een punt erbij.

Faut-il s'étonner que ce petit restaurant soit devenu une valeur sûre de maints gastronomes ? Une adresse de haut vol à prix plancher ! L'assortiment de dim sum se révèle, et de loin, le meilleur de Belgique. Les dim sum sont préparés frais avec une pâte collante. Dans les règles de l'art. Le foie de veau poêlé est cuit rosé, à la perfection. Mystère: comment arriver à combiner tout cela dans le wok ? Joli savoir-faire. Un classique de la maison est le canard laqué à la sauce hoisin. La chair est brièvement cuite à la vapeur et reste ainsi succulente. La grande classe ! Toutes les attentions sont ici focalisées sur l'assiette, tout ce que nous aimons. Un seul bémol: les plats ne changent quasiment jamais et les habitués ont dès lors rapidement fait le tour de la carte. La carte des vins est une parure de perles rares et originales. Service très souriant. Pour tant de perfections, un point de plus.

⑬ Bistro De Koraal

Leeuwenstr. 1 - 2000 Antwerpen
☎ 03 226 26 70   📠 03 233 99 03
lucmartine2950@hotmail.com
🕤 22:30   🔒 ma/lu zo/di   🔒 ma/lu zo/di
📅 25 juil. - 15 août / 25 juli - 15 aug.
💶 35-60   💶 45-75   🍷 43

Bistro met exquise producten waar we aanmeren om even tussendoor te genie-ten. Prima hammen en gerookte zalm bijvoorbeeld. Netjes gepresenteerd en in een handomdraai geserveerd. Na het theater of gewoon om een kleine honger te stillen. Als 'snelle' formule een boeiende aanvulling op verfijnde restaurants, waar het tijdsgebruik en de beleving uiteraard totaal anders zijn.

Ce bistro propose des produits exquis et nous aimons y accoster sur le pouce… Ses jambons et son saumon fumé valent le détour, par exemple. Présentation impeccable et service à la minute. Idéal après le théâtre ou simplement pour as-souvir une petite faim. Cette formule « rapide » est un complément passionnant des restaurants plus raffinés où l'utilisation du temps et l'expérience sont bien évidemment d'un tout autre monde.

⑬ Cuichine

Draakstraat 13 - 2018 Antwerpen
☎ 03 289 92 45
info@cuichine.be - http://www.cuichine.be
🕤 0:00   🔒 za/sa zo/di   🔒 zo/di
💶 16-35   💶 40-65

Szelim Man en Chuck Tang zijn twee jonge Chinezen die de Chinese keuken met een eigentijdse twist vorm willen geven. Inspiratie daarvoor vonden ze niet alleen in het buitenland (bijvoorbeeld in Londen, Hakkasan) maar ook dichter bij huis, Bij Lam en Yin. Ze brengen een productgedreven verskeuken met onder meer zelf-gemaakte dimsumhapjes, gyoza dumplings en verse zeebaars die ze met bosui en gember perfect stomen. Kreeft in de wok bereidt Chuck Tang met gember en look. Hij laat de kreeft wel in haar geheel terwijl ze in stukken gehakt en gewokt beter haar smaak prijsgeeft. Verder ook nog gelakte eend met flensjes, lente-ui en verrijkte hoisinsaus. Men kan aan een eettoog met zicht op de open keuken ta-felen. Vlotte Nederlandstalige bediening. Er is ook een verrassend stadstuinterras.

Szelim Man et Chuck Tang son deux jeune Chinois qui entendent donner une interprétation contemporaine de la cuisine chinoise. Ils ont puisé leur inspiration non seulement à l'étranger (p. ex. à Londres, au Hakkasan), mais également plus près de chez nous, chez Lam et Yin. Ils proposent une cuisine de produits frais avec, entre autres, des bouchées dim sum maison, des gyoza (raviolis) farcis et du bar frais à l'étouffée avec du gingembre et des cébettes, parfaitement exécuté.

Chuck Tang nous livre aussi une version du homard au wok avec du gingembre et de l'ail. Il cuit le homard et entier, le détaille ensuite en morceaux pour le passer rapidement au wok et développer ainsi tous ses arômes. Ensuite, un canard laqué avec ses petites crêpes, oignons de printemps et sauce hoisin réinterprétée. Il est possible de s'attabler au comptoir avec vue sur la cuisine ouverte. Terrasse et jardin surprenant en ville.

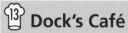 ## Dock's Café

Jordaenskaai 7 - 2000 Antwerpen
(03 226 63 30   🖷 03 226 65 72
info@docks.be - http://www.docks.be
🔓 23:00   🔒 zo/di   🔒 zo/di
📅 24 - 25 déc. / 24 - 25 dec.
🍽 26-42   🍷 7-35   🍴 41

Dock's Café staat al twee decennia aan de top van de Antwerpse brasseries. Het barokke decor van Antonio Pinto heeft in al die tijd nog niets van zijn aantrekkingskracht verloren. Dock's beschikt over een eigen boerderij Le Devant in de Franse Bresse-streek waar niet alleen Bresse-kippen worden gekweekt, maar ook parelhoen, lammeren, groenten en kruiden. Die verwerkt chef Yannick Froonickx in evergreens uit de rijke brasserietraditie. Ook de schelpdierenbar met een unieke keuze aan oesters trekt vele klanten aan. De wijnkaart is zeer uitgebreid, inclusief het aanbod wijnen per glas.

Cet établissement trône déjà depuis deux décennies au sommet des brasseries de la métropole. Le décor baroque d'Antonio Pinto n'a rien perdu de sa force d'attraction. Par ailleurs, Dock's Café possède sa propre ferme « Le Devant » en Bresse (France) où l'on élève non seulement des poulets de Bresse, mais également des pintades et des agneaux, sans oublier la culture des légumes et des herbes. Autant de produits que le chef Yannick Froonickx métamorphose en grands classiques de la généreuse tradition des brasseries. Le bar à fruits de mer, avec un choix d'huîtres unique, attirent aussi de nombreux convives. La carte des vins est très généreuse, y compris l'offre de vins au verre.

Dôme

Grotehondstr. 2 - 2018 Antwerpen
(03 239 90 03   🖷 03 239 93 90
info@domeweb.be - http://www.domeweb.be
🔓 22:00   🔒 ma/lu za/sa zo/di   🔒 ma/lu zo/di
📅 1 - 7 janv., 2 sem. août, 23 - 31 déc. / 1 - 7 jan., 2 wek. aug., 23 - 31 dec
🍽 39-78   🍷 70-90   🍴 106

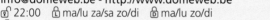

Julien Burlat, sinds vorig jaar een van onze 'driemutsers', gaat door op zijn elan. Zijn geraffineerde keuken heeft nog aan intensiteit gewonnen. Hij staat aan de top van de actuele Antwerpse gastronomie. Wij proeven met stijgend genoegen van schitterende kikkerbilletjes met zoethout en cecina-rundvlees; van sensationele quenelles van griesmeel met witte truffel; van loepzuivere féra (soort zalm) uit het meer van Genève, met quinoa en zeewier; van lamszadel en poivrade van artisjok; en ten slotte van fantastische reebok, die op natuurlijke wijze wordt gepresenteerd. De wijnkaart van topsommelier Wouter De Bakker is op zich al de verplaatsing waard. En het kader waarin je eet mag er ook zijn; het doet de naam van het restaurant alle eer aan (meer zeggen we niet, om het plezier niet te vergallen van wie er nog niet is geweest). Deze chef-kok kan zeker nog groeien. Allez Julien!

Julien Burlat, couronné de trois toques depuis l'an dernier, continue sur sa lancée. Sa cuisine raffinée a encore gagné en intensité. Il survole la gastronomie anversoise actuelle. Au menu, et pour notre plus grand plaisir: magnifiques cuisses de grenouilles à la réglisse et au cecina ; formidables quenelles de semoule à la truffe blanche ; féra (espèce de saumon) du lac Léman, quinoa et algues ; selle d'agneau et artichaut poivrade ; et enfin, chevreuil présenté au naturel. À lui seul, le livre de cave du grand sommelier Wouter De Bakker vaut déjà le déplacement. Sans parler du cadre, qui fait honneur au nom du restaurant (nous n'en dirons pas plus, pour ne pas gâcher le plaisir de ceux qui n'y sont encore jamais allés). Ce chef promet d'encore se bonifier. Allez Julien !

⑬ Dôme sur Mer ♡

Arendstr. 1 - 2018 Antwerpen
℡ 03 281 74 33   🖷 03 239 93 90
info@domeweb.be - http://www.domeweb.be
🗓 23:30   🔒 za/sa   🔓
📅 1 - 7 janv., 1 - 14 sept., 23 - 31 déc. / 1 - 7 jan., 1 - 14 sept.,
23 - 31 dec.
💶 30-70

Vis-, schaal- en schelpdierenbistro die van bij de opening een instantsucces was. Julien Bobichon koos van meet af aan ook voor een duidelijke aanpak. In bistrostijl kun je hier terecht voor een hapje of een volledig menu. Bobichon staat in zijn open keuken en in de koeltoog zie je wat hij in de aanbieding heeft. Oesters, kreeft, gamba's, krab,… Papieren onderleggers waarop alles nog eens vermeld staat, dragen bij tot de ongedwongen, informele sfeer. Transparanter kan moeilijk. Een school goudvissen zorgt op de achtergrond voor een apart cachet.

Bistro dédié aux poissons, crustacés et coquillages, dont le succès a été instantané. Julien Bobichon a opté d'emblée pour une approche très claire. Dans ce bistro typique, le client s'attable pour une bouchée sur le pouce ou pour un repas complet. Bobichon officie dans sa cuisine ouverte et le comptoir réfrigéré révèle aux invités de quoi sera faite la soirée. Huître, homard, gambas, crabe, etc. Des dessous de table en papier reprenant toutes les possibilités contribuent encore à créer une atmosphère décontractée et informelle. Difficile d'être plus transparent. À l'arrière-plan, un banc de poissons rouges confère un certain cachet à l'ensemble.

⑬ L' Epicerie du Cirque

Leopold de Waelstr. 7 - 2000 Antwerpen
℡ 03 238 05 71   🖷
info@lepicerieducirque.be - http://www.lepicerieducirque.be
🗓 21:30   🔒 ma/lu za/sa zo/di   🔓 ma/lu zo/di
📅 14 jrs. sept., 14 jrs. juin / 14 d. sept., 1ste week na nieuwjaar,
1ste week juli
🍴 35-65   💶 40-75   🍷 55

Amuses geven vaak een indicatie van wat volgen gaat: ons maatje met tomaat, lente-uitjes en artisjok is correct gemaakt, maar er is geen samenhang tussen de ingrediënten. Als eerste gerecht komen enkele dunne plakjes goed gegaarde zalm die zijn dichtgeschroeid met de bunsenbrander. De smaakmeerwaarde is nihil, ook al omdat de sojavinaigrette overheerst. Wij worden wel vrolijk van succulent en perfect gebakken varkenshaasje van Duke of Berkshire, met al even perfect gegaarde fijne tuinboontjes. Afsluiten doen wij met lekkere frambozensorbet en citroencrème. De chef heeft talent, maar verliest geregeld de samenhang van het gerecht uit het oog. Dat kost een punt. Vermeldenswaard is de wijnkaart met een mooie selectie van kwalitatieve maar minder bekende huizen tegen redelijke prijzen.

Les amuse-bouche donnent souvent un indice de ce qui va suivre. Notre maatje à la tomate, jeunes oignons et artichaut est bien exécuté, mais les ingrédients sont sans rapport. En entrée, nous avons droit à quelques fines tranches de saumon bien cuit, saisi au chalumeau. Ce traitement n'apporte rien gustativement, car c'est la vinaigrette au soja qui domine. Nous sommes en revanche très satisfaits du filet mignon de porc Duke of Berkshire, bien cuit, et des fèves des marais, à la cuisson parfaite, elles aussi. Nous terminons sur un sorbet framboise et une crème au citron de belle facture. Le chef a du talent, mais perd régulièrement la cohérence du plat. Cela coûte un point à l'établissement. Notons que la carte des vins propose une belle sélection de maisons moins connues, mais de qualité, à prix raisonnables.

 # Ferrier 30

Leopold de Waelplaats 30 - 2000 Antwerpen
✆ 03 216 50 62   📠 03 216 99 94
info@ferrier-30.be - http://www.ferrier-30.be
🕐 23:00   🔒 wo/me   🔒 wo/me
💶 35-58

In dit sfeervolle restaurant kom je voor de klassieke Italiaanse keuken en de 'typische' drukte, waardoor je je even in Italië waant. Het voorgerecht is rundertartaar, onvoldoende op smaak gebracht en niet koud genoeg. Er komt een ruime hoeveelheid schilfers van witte truffel bij, maar de truffel heeft weinig smaak en voegt dus niet veel toe. Als hoofdgerecht kiezen wij voor piccata van kalfsvlees met citroen. Het vlees is van een behoorlijke kwaliteit, maar mag iets malser zijn. Het citroensausje smaakt verfijnd. Onbegrijpelijk dat bij dit gerecht smaakloze champignons worden geserveerd! Het nagerecht zijn perfecte sebadas: met zachte pecorinokaas gevulde ravioli, net lang genoeg in olie gebakken om de kaas te doen smelten. De klassieke Italiaanse gerechten komen op het bord volgens het boekje, maar zonder creativiteit.

On vient dans ce restaurant élégant pour déguster les classiques de la cuisine italienne et se plonger dans l'animation typique de la péninsule. Nous commençons par un tartare de bœuf, pas assez assaisonné et pas assez froid. Il est parsemé d'une copieuse quantité de copeaux de truffe, mais celle-ci n'a pas beaucoup de goût et n'apporte donc rien à l'affaire. En plat, nous optons pour la piccata de veau au citron. La viande, pourtant de bonne qualité, aurait pu être plus tendre. La sauce citronnée ravit le palais. Il est cependant inconcevable qu'un tel plat soit servi avec des champignons manquant de goût. En dessert, place à des sebadas parfaites, des ravioles farcies au pecorino, frites juste ce qu'il faut dans l'huile d'olive pour faire fondre le fromage. Les classiques de l'Italie sont préparés dans les règles de l'art, mais sans grande créativité.

Finjan

Graaf Van Hoornestraat 1 - 2000 Antwerpen   ⌂ ❄
℘ 03 248 77 14
finjan@skynet.be - http://www.finjan.be
🔓 0:00 ⁷/₇
🍽 25-40

Finjan is meer dan alleen maar een pitabar. Als restaurant toont het al vele jaren hoe smaakrijk een aantal populaire gerechten uit het Midden-Oosten wel
kunnen zijn. Dagverse gemaakte hummus, baba ganoush en falafel zijn bovendien vegetarische gerechten met een hoge voedingswaarde. Ze zijn correct en
met zorg bereid en bovendien echte lekkernijen die niet duur zijn. Wat in het
Midden-Oosten allemansvrienden zijn, krijgt dus gelukkig ook in ons land op een
aantal plaatsen de aandacht die ze verdienen. Daarnaast vinden we op de kaart
van Finjan nog andere geslaagde bereidingen, zoals supersappige kip die op een
spies fijn gegrild wordt. En we zouden het bijna vergeten, maar ook de gevulde
pitabroodjes en een aantal dressings eigen aan dit adres scoren steeds meer dan
behoorlijke punten.

Finjan est un bar à pittas pas comme les autres. Depuis les nombreuses années, le
restaurant illustre toute la richesse des saveurs de ces plats populaires du Moyen-
Orient. De première fraîcheur, l'houmous, le baba ganoush ou les falafels sont des
plats végétariens à haute teneur nutritionnelle. Corrects et préparés avec soin, ce
sont aussi des mets délicieux et pas chers. Heureusement, le plat de Monsieur
Tout-le-Monde au Moyen-Orient reçoit aussi chez nous l'attention qu'il mérite
en certains endroits de notre pays. La carte du Finjan aligne d'autres préparations
bien tournées comme le poulet à la broche, succulent. Sans oublier les pains
pittas garnis et plusieurs sauces qui, à cette adresse, récoltent des points plus
qu'honorables.

👍 Fiskebar

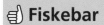

Marnixplaats 12 - 13 - 2000 Antwerpen   ♿ ⛱
℘ 03 257 13 57
info@fiskebar.be - http://www.fiskebar.be
🔓 23:00 ⁷/₇
🍽 20-40

👍 Flamant Dining

Lange Gasthuisstr. 12 - 14 - 2000 Antwerpen   ⌂ ♿ ❄ ⛱
℘ 03 227 74 41   🖷 03 227 74 48
flamantdining@flamant.com - http://www.flamantdining.com
🔓 22:00   🔒 zo/di   🔒 zo/di
🍽 38-58   🍽 45-60   🍷 58

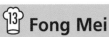

⑬ Fong Mei

Van Arteveldestr. 65 - 67 - 2060 Antwerpen
℡ 03 225 06 54   🖶 03 232 23 50
fongmei.ant@gmail.com -
🚪 0:00 ⁷/₇

Het voormalige bekende restaurant Full Sing veranderde van eigenaar, kende daardoor tijdelijk een duidelijk dipje en stond daarna heel even leeg. Sinds de zomer heropende de zaak met een nieuwe eigenaar én onder een nieuwe naam. In Fong Mei eten we nu weer op het niveau van vroeger. Gelukkig maar, want het gemiddelde restaurantniveau in het Antwerpse Chinatown daalde de afgelopen twee jaar. Full Sing was lange tijd een van de vaandeldragers van de betere Kantonese keuken. De nieuwe eigenaar lijkt met die traditie terug aan te knopen. Dimsumgerechten zijn zelf gemaakt en worden vers geserveerd. Ze komen gelukkig niet uit het diepvriesvak. Bovendien zijn ze van een zeer goed niveau omdat specifieke typische smaakmakers netjes gedoseerd worden. Sieu Mai met champignon, gebakken tofuvel met varkensvlees of rundvlees met gember proeven authentiek, ambachtelijk en rijk geschakeerd. Ook de hoofdgerechten met onder meer octopus met peper en zout of gesneden kalfskotelet met zwartebonensaus plezieren door hun rijke en vinnige smaken. Enkel de geroosterde eend, een specialiteit op zich, blijft onder het niveau.

L'ancien Full Sing a changé de propriétaire et a donc connu temporairement une baisse de fréquentation. Peu de temps après, il a même été déserté. Depuis l'été, l'établissement a rouvert ses portes sous un nouveau nom, avec, à sa tête, un nouveau propriétaire. Fong Mei a, selon nous, retrouvé son ancien niveau. Heureusement, car dans le Chinatown anversois, le niveau moyen du restaurant a périclité ces deux dernières années. Full Sing fut longtemps l'un des porte-drapeaux de la meilleure cuisine cantonaise. Le nouveau propriétaire semble renouer avec cette tradition. Les dim sum sont préparés par la maison et servis frais. Ils ne sortent heureusement pas du surgélateur. Ils sont en outre d'un excellent niveau, car les exhausteurs de goût y ont été bien dosés. Le Sieu Mai aux champignons, peau de tofu poêlée, porc ou bœuf au gingembre, traduit l'authenticité, la touche artisanale et la richesse des nuances. Les plats principaux (citons le poulpe au poivre et sel ou la côtelette de veau tranchée à la sauce aux haricots noirs) séduisent par la richesse de leurs saveurs. Seul le canard laqué, une spécialité en soi, déçoit.

 t Fornuis

Reyndersstr. 24 - 2000 Antwerpen
℡ 03 233 62 70   🖶 03 233 99 03
fornuis@skynet.be -
🕤 21:30   🔒 za/sa zo/di   🔒 za/sa zo/di
🧳 15 juil. - 16 août / 15 juli - 16 aug.
💶 80-150

Johan Segers kookt naar zijn evenbeeld. Monumentaal sterk en zonder franje maar met eigenheid en overtuiging. Zijn keuken smaakt puur en essentieel. Hij kiest daarenboven voor de eenvoud waardoor zijn hoogwaardige productgedreven bereidingen bijzonder toegankelijk zijn en blijven. Zoals een rundertartaar met truffels. Een gerecht dat ook elders kan smaken, maar dat hier qua smaak en textuur zijn definitieve versie krijgt. Indrukwekkend is de hazenrug. Zo dik als onze vuist, die Johan Segers als charmante provocateur gewoon saignant grilt en begeleidt met frietjes en even fantastische bearnaise. Leuk en lekker is baard van tarbot. Waarom serveert enkel hij deze delicatesse? Stoverij van wangetjes van wagyurund smaakt hier ook vrij uniek. Net zoals Normandische pannenkoek met ijs als afsluiter. Allemaal onderdelen van een 'eenvoudig' repertoire dat door zijn uitvoering uniciteit heeft gekregen. Segers is al die jaren dezelfde persoon gebleven, maar tegelijkertijd heeft zijn signatuur aan kracht en bezieling gewonnen. Ook zijn zenkeuken is in turbulente tijden inhoudelijk relevanter geworden. Dat verdient erkenning en een extra punt. Maar bovenal respect voor een oeuvre dat de patina van een patrimonium heeft gekregen. Voor een chef van dit eigenzinnige en uitzonderlijke formaat maakt de redactie met plezier dan ook graag nog een buiginkje.

La cuisine de Johan Segers lui ressemble comme deux gouttes d'eau. Monumentale, puissante, sans tralala, mais authentique et pleine de personnalité. Ses envois vont à l'essentiel et sont des exemples de pureté gustative. Il mise en plus sur la simplicité, ce qui rend ses préparations très accessibles et met parfaitement en évidence des produits de haut vol. Un tartare de bœuf à la truffe en est la parfaite illustration. S'il est vrai que ce plat est aussi agréable dans d'autres maisons, il n'en reste pas moins qua la texture et le goût de cette version sont supérieurs… Autre plat époustouflant, le râble de lièvre. Aussi épais que notre poing et simplement grillé saignant et accompagné de frites et même d'une extraordinaire béarnaise, une combinaison que seul un charmant provocateur comme Johan Segers pouvait proposer. Autre plat sympa et succulent: les barbes de turbot. Pourquoi est-il le seul à servir ce mets délicat ? L'estouffade de joues de bœuf wagyu se distingue aussi par un goût unique. Dito pour sa crêpe normande avec glace en finale. Autant de partitions d'un répertoire « simple », dont l'interprétation du maître a forgé le caractère unique. Segers est resté la même personne tout au long de ces années mais, parallèlement, sa signature a gagné en puissance et en âme. Sa cuisine zen est également devenue plus pertinente en ces temps de turbulences et de perte de repères. Cela mérite notre reconnaissance et un point de plus. Mais surtout tout notre respect pour une œuvre qui arbore désormais la patine d'un patrimoine. Pour un chef aussi original qu'exceptionnel, toute la rédaction se fait un plaisir de tirer son chapeau !

 Het Gerecht

Amerikalei 20 - 2000 Antwerpen
℡ 03 248 79 28   🖨 03 248 79 28
restaurant@hetgerecht.be - http://www.hetgerecht.be
🔓 21:00   🔒 ma/lu za/sa zo/di   🔒 ma/lu wo/me zo/di
📅 30 déc - 5 janv, 2 - 13 avr, 15 juil - 6 août / 30 dec - 5 jan, 2 - 13 apr,
15 juli - 6 aug
🍽 27-49   🍽 22-32   🍷 43

Wij lunchen op een weekdag in een bijna vol restaurant. Dat zie je niet vaak. Als
hapje is er een lekker blokje smeuïge kop van lamsvlees. Het eerste gerecht zijn
stukjes perfect gegaarde babykreeft, met beetgare asperges en een uitstekend
afsmakende bisque van kreeft. Als hoofdgerecht is er op lage temperatuur gegaarde entrecote met groenten. Het vlees is mooi rosé en licht rokerig van smaak
door het grillen. Zeer lekker. Ook de drie dessertjes kunnen bekoren (gratin van
aardbeien en rabarber, mousse van witte chocolade met bosvruchten, en een gebakje van sinaasappel). Chef Wim Mertens werkt met eerste klas producten (ook
op tafel staat een topolijfolie) en bereidt daar fijne gerechten mee, die vrij klassiek
blijven. De chef werkt alleen in de keuken. Zo kan hij scherpe prijzen hanteren,
maar gaat het ook traag. Onze lunch duurt twee uur en dat is te lang. Goede
wijnkaart. Vriendelijke ontvangst. Klein terras.

Nous nous attablons au Gerecht un jour de semaine, à l'heure du lunch, et l'établissement est presque complet. On ne voit pas ça tous les jours. Un délicieux
dé de tête d'agneau nous est servi en guise de mise en bouche. En entrée: baby
homard à la cuisson impeccable, asperges croquantes et bisque de homard savoureuse. Le plat principal nous réserve une entrecôte cuite à basse température et
agrémentée de légumes. La grillade a donné un subtil goût de fumée à la viande
joliment rosée. Un délice ! Les trois desserts font mouche, eux aussi: gratin de
fraises et de rhubarbe, mousse au chocolat blanc et aux fruits des bois et gâteau à
l'orange. Le chef Wim Mertens travaille des produits de premier choix (une excellente huile d'olive est à notre disposition à table) pour donner naissance à des
plats raffinés, qui restent relativement classiques. Le chef est seul aux fourneaux.
Un choix qui lui permet de pratiquer des prix serrés, mais qui ralentit la cadence.
Notre lunch a duré deux heures: c'est trop long. Bon livre de cave. Accueil cordial.
Petite terrasse.

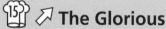 The Glorious

De Burburestr. 4A - 2000 Antwerpen
℡ 03 237 06 13
info@theglorious.be - http://www.theglorious.be
🔓 23:00   🔒 ma/lu zo/di   🔒 ma/lu zo/di
🍽 35-   🍽 48-70   🍷 45

Meesterlijk is een woord waarmee je zuinig moet zijn. Toch is het op zijn plaats
voor het eerste gerecht dat wij hier mogen proeven: quenelle van snoekbaars met langoustines en saus van schaaldieren. Het is een klassieker van chef Johan van Raes.
Ook perfect van uitvoering en met finesse gebracht, is de gegrilde zeebaars met
asperge en beurre blanc. Bij een eerder bezoek aten we ook al een patrijs van
grote klasse. Aan zoveel kwaliteit geven we graag punten. De tweede kokmuts is
binnen. The Glorious is als geesteskind van topsommelier Jurgen Lijcops wijd en
zijd bekend om zijn aandacht voor wijn ('De wijnkaart van het jaar' in onze gids
van vorig jaar). Er is een enorme keuze in alle prijscategorieën en je kunt 45 (!)
wijnen per glas krijgen. Als Johan van Raes het fornuis blijft bemannen, zullen we
ook daarvan nog lang kunnen genieten.

Glorious: voilà bien un adjectif dont il convient de faire un usage parcimonieux. Pourtant, le qualificatif est tout à fait justifié pour l'entrée: une quenelle de sandre, langoustines et sauce aux crustacés. C'est un classique du chef Johan van Raes. Le bar grillé aux asperges et beurre blanc est exécuté à la perfection et avec raffinement. Lors d'une visite précédente, nous avions dégusté du perdreau de bien belle facture. Nous octroyons bien volontiers des points pour tant de qualité. La deuxième toque est coiffée. The Glorious est l'œuvre du grand sommelier Jurgen Lijcops, réputé pour ses choix œnologiques ('Carte des vins de l'année' dans notre édition de l'an dernier). Le choix est vaste, dans toutes les catégories de prix. La maison propose ainsi pas moins de 45 vins au verre. Si Johan van Raes reste aux commandes des fourneaux, l'établissement a l'avenir devant lui.

 ## Godard

Wolfstr. 35 - 2018 Antwerpen
03 283 68 21
http://godard.awardspace.biz
21:00   ma/lu za/sa zo/di   ma/lu zo/di
38-58   9-22   60

De gastvrouw onthaalt ons vriendelijk in een klein, maar gezellig restaurant. Het eerste gerecht is een drieluik van intens smakende bisque van langoustines, iets te zoete maar perfect gegaarde ganzenlever, en mooi fijngesneden, prikkelend gekruide rundertartaar, helaas niet in het juiste gezelschap van zurig ijs van Reypenaer-kaas. Daarna komt een mooi stukje gebakken zeebaars, sappig en vers, met te fletse bloemkoolmousse. Enige diepgang komt van coulis van waterkers. Afsluiter is een smaakvolle sabayon met crémant de Loire. Wij genoten van zuivere smaken, leuke combinaties en kwalitatieve ingrediënten. Je kunt hier best wel al van gastronomie spreken. En het kan zeker nog beter, mits wat sleutelen.

La maîtresse de maison nous reçoit avec amabilité dans un petit restaurant sympathique. L'entrée prend la forme d'un triptyque: une bisque de langoustines aux saveurs intenses, du foie gras d'oie parfaitement poêlé, mais un rien trop sucré, et un beau tartare de bœuf finement tranché et bien relevé, hélas mal accompagné d'une glace aigre au fromage Reypenaer. Nous enchaînons sur une belle pièce de bar, juteuse et fraîche à souhait, avec une mousse de chou-fleur un peu terne. Seul le coulis de cresson de fontaine apporte un peu de relief. Pour terminer, un délicieux sabayon de crémant de Loire. Nous avons apprécié la pureté des saveurs, la beauté des associations et les ingrédients de qualité. On peut d'ores et déjà parler de gastronomie. Il y a encore de la marge de progression, moyennant quelques aménagements.

De Godevaart

Sint Katelijne Vest 23 - 2000 Antwerpen
03 231 89 94   03 231 92 32
info@degodevaart.be - http://www.degodevaart.org
21:30   ma/lu za/sa zo/di   ma/lu zo/di
2ère sem. jan., 1ère sem. mai, 2 1ère sem. sept. / 2e week jan.,
1e week mei, 2 eerste weken sept.
35-115   13-36   50

De amuses zetten de toon. Opvallend is vooral een kaassouffleetje van oude Reypenaer met gepofte rijst en gevriesdroogde zongedroogde tomaatjes. Creativiteit is hier duidelijk het ordewoord. Drie malse filetjes rauwe makreel en parels van oester vormen een verrassende smaakcombinatie met komkommer, zure appel, avocado en yuzu. Zuur en zoet zijn mooi in evenwicht. Wij vervolgen met tartaar van droog gerijpt staartstuk van MRIJ-rund, crème van zwarte olijven en een sausje op basis van dashi. Er zitten in de tartaar stukjes gerookte haring en kleine blokjes ganzenlever. Dit gerecht heeft iets minder diepgang dan de andere. Het hoofdgerecht zijn erg sappige en malse filets van melklam; er komt extra smaak van crumble van geroosterd vel van het lam. Het slotakkoord is een verfijnd dessert waarin het zuur van rabarber mooi samengaat met de zoete accenten van vers gedraaid ijs en schuimpjes. Dit dessert gaat nog eens voluit voor het verrassende mondgevoel, met smaken die elkaar aanvullen én accentueren. Chef Dave de Belder tast het hele smakenspectrum af, maar ontspoort nergens. De wijnen bij het menu passen naadloos. De bediening verloopt erg vlot.

Les amuse-bouche donnent le ton. Le soufflé au Reypenaer vieux, riz soufflé et tomates séchées lyophilisées, crée la surprise. Un seul mot d'ordre donc: créativité. Trois tendres filets de maquereau cru et perles d'huître créent une association gustative étonnante avec le concombre, la pomme aigrelette, l'avocat et le yuzu. Le sucré et l'acide respectent un bel équilibre. Pour suivre: tartare de queue de bœuf séché, crème d'olives noires et sauce au dashi. Le tartare mêle les morceaux de hareng fumé et les petits dés de foie gras d'oie. Cet envoi a un peu moins de relief que les autres. Le plat de résistance nous dévoile des filets d'agneau de lait tendres et fondants, que vient rehausser un crumble de peau d'agneau rôtie. Un dessert raffiné met un point final au repas. L'acidité de la rhubarbe s'accorde parfaitement aux accents sucrés de la glace minute et de la meringue. Les surprises gustatives sont encore au rendez-vous dans ce dessert riche en saveurs qui se complètent et se mettent mutuellement en valeur. Le chef Dave de Belder explore l'ensemble du spectre gustatif sans faire de faux pas. L'accord mets-vins du menu est réussi. Côté service, ça suit.

Graanmarkt 13

Graanmarkt 13 - 2000 Antwerpen
℡ 03 337 79 91   🖷 03 337 79 94
welcome@graanmarkt13.be - http://www.graanmarkt13.be
🕙 22:00   🔒 ma/lu zo/di   🔒 ma/lu zo/di
📅 1 - 22 août / 1 - 22 aug.
🍽 60-80   🍷 46-88

De keuken kent hier inmiddels een goed constant niveau. De bediening blijft af en toe een zorgenkind. Als voorgerecht nemen wij traag gegaarde makreel. Een zeer lekker gerecht, maar de portie is te klein. Pas na het voorgerecht krijgen we brood. Hoofdgerecht is côte à l'os van Belgisch witblauw rund. Het vlees is van topkwaliteit. De choronsaus is meer een bearnaise, maar is wel zeer lekker. Ook hier moet de portie groter. De wijnkaart is onevenwichtig en verschillende wijnen waren niet voorradig.

La cuisine se maintient. Le service continue quant à lui de poser problème de temps à autre. En entrée, nous optons pour le maquereau cuit à basse température. Un plat délicieux, mais des portions bien trop chiches. Le plat de résistance se compose d'une côte à l'os de Blanc Bleu Belge. La viande est d'excellente qualité. La sauce Choron ressemble plus à une béarnaise, mais n'en est pas moins délicieuse. Même remarque quant aux portions. Le livre de cave manque cruellement d'équilibre et certains crus étaient en rupture de stock.

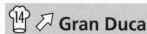 Gran Duca

De Keyserlei 28 - 2018 Antwerpen
℡ 03 202 68 87   📠 03 225 51 99
granduca@telenet.be - http://www.granduca.be
🍴 22:00   🔒 za/sa zo/di   🛏 zo/di
📅 23 - 31 déc. / 23 - 31 dec.
🍽 35-65   🍷 40-60   ◆ 65

Dit is een klassieker onder de Italianen van de Scheldestad en die status is verdient: er is altijd kwaliteit in het bord. Wij starten met een perfecte spaghetti met
zeebaars en bottarga. Hij is perfect omdat alles goed zit: ingrediënten, garing,
kruiding en evenwicht. Onze tafelgenoot krijgt een prima carpaccio, mooi gepresenteerd ook. De hoofdschotel wordt een couscous van vis: drie soorten, op de
seconde juist gegaard en opgediend in een subtiele bouillon. Mooie wijnkaart en
goed advies van de sommelier. Gran Duca krijgt een punt bij.

Adresse désormais classique parmi les Italiens de la cité scaldienne, et un statut amplement mérité: la qualité est présente dans chaque assiette. Nous avons
commencé par un plat de spaghettis au bar et à la poutargue. Une perfection,
chaque élément y jouant parfaitement son rôle : les ingrédients, l'assaisonnement
et l'équilibre. Notre vis-à-vis a reçu un carpaccio parfaitement préparé et présenté.
Le plat principal est un couscous de poissons: trois espèces, cuites à la seconde
près et servie dans un bouillon délicat. Beau cellier et conseils judicieux du sommelier. Gran Duca reçoit un point de plus.

Hofstraat 24

Hofstr. 24 - 2000 Antwerpen
℡ 03 225 05 45   📠 03 225 05 44
hofstraat24@skynet.be - http://www.hofstraat24.be
🍴 22:00   🔒 wo/me zo/di   🛏 wo/me zo/di
📅 vac. de Pâques, 1 - 15 août, vac. de Noël. / Paasvak., 1 - 15 aug.,
Kerstvak.
🍽 35   🍷 46-60

In dit restaurant kom je niet om verrast te worden. De gerechten zijn smakelijk,
maar missen soms afwerking en presentatie. Zo is het ook met onze rosbief van
verse tonijn met koriander, salade van komkommer en sojascheuten, en jasmijn-
vinaigrette. Wij krijgen daarna enkele mooi krokant gebakken langoustines met
stukjes bloemkool in een nage van smakelijke bisque. De presentatie kon toch
beter. Als hoofdgerecht is er gebakken kalfsribstuk (ietsje te gaar) met asperges,
dragonsaus en aardappel in de schil. Je proeft niet zoveel van de asperges door
de sterke bruine dragonsaus. Vooral dure wijnen op de kaart. Zeer vriendelijke
ontvangst.

Si vous cherchez les surprises culinaires, passez votre chemin. Par contre, si vous
voulez des plats savoureux, qui, il est vrai, manquent parfois de finition et de
dressage, cette maison pourra vous satisfaire. Ce constat s'applique à notre pavé
de thon frais à la coriandre, accompagné d'une salade de concombre et de jets
de soja mis en valeur par une vinaigrette au jasmin. Le plat suivant se compose
de belles langoustines poêlées cuites croquantes secondées par des bouquets de
chou-fleur dans une nage de bisque savoureuse. Il conviendrait tout de même
d'améliorer la présentation des plats. En plat de résistance, une entrecôte de veau
poêlée (un peu trop cuite) aux asperges, sauce à l'estragon et pommes de terre
en robe des champs. Le goût des asperges passe totalement au second plan en
raison de la prédominance de la sauce brune à l'estragon. La carte fait la part belle
aux flacons assez chers. Par contre, l'accueil est on ne peut plus sympathique.

Hungry Henrietta ☺

Lombardenvest 19 - 2000 Antwerpen
℡ 03 232 29 28

http://www.hungryhenrietta.be
🕐 21:00   🔒 za/sa zo/di   🔒 za/sa zo/di
📅 15 juil. - 15 août, vac. de Noël / 15 juli - 15 aug., Kerstvak.
💶 38-48

De kaart is beperkt tot vijf à zes voor- en hoofdgerechten, maar in ruil krijg je een smakelijke kwaliteit tegen redelijke prijzen. Perfect gebakken scampi's krijgen gezelschap van een flinke portie rucola. Ook de kalfszwezeriken zijn perfect krokant gebakken. Het gerecht blijft licht dankzij een frisse dillevinaigrette. Grote culinaire vernieuwing moet je hier niet zoeken, wel keurige noordzeetongetjes met verse grijze garnalen en een smeuïge olijfoliepuree. Of dunne plakjes gegrilde Ierse rundfilet, goed gekruid door de begeleiding van warme olijfolie met rozemarijn, look en citroen (die voor frisheid zorgt). In september 2012 viert deze hongerige dame haar veertigste verjaardag. Al die tijd bleef de zaak in dezelfde familiehanden.

La carte se limite à cinq ou six entrées et plats, mais en contrepartie, la qualité et les prix serrés sont au rendez-vous. Les scampis parfaitement sautés s'adjoignent une portion généreuse de roquette. Les ris de veau sont croquants à souhait. Tout en fraîcheur, la vinaigrette à l'aneth assure la légèreté du plat. Ne vous attendez pas à de grandes découvertes culinaires. Vous dégusterez de bonnes solettes de la mer du Nord aux crevettes grises, purée onctueuse à l'huile d'olive. À moins que vous ne préfériez goûter le filet de bœuf irlandais grillé, assaisonné comme il se doit: huile d'olive chaude, romarin, ail et citron pour la touche de fraîcheur. En septembre 2012, "Henrietta l'affamée" fêtera ses quarante printemps. Pendant tout ce temps, l'établissement est resté aux mains de la même famille.

 # Il Macho

Graaf Van Egmontstraat 19 - 2000 Antwerpen
℡ 03 293 63 81

info@ilmacho.be - http://www.ilmacho.be
🕐 22:00   🔒 ma/lu za/sa zo/di   🔒 ma/lu zo/di
💶 13-24

 # ↗ Invincible 🍇 ♡ ☺ 🌿L🌿

Haarstraat 9 - 2000 Antwerpen
℡ 03 231 32 07
reservaties@invicible.be - http://www.invincible.be
🕐 22:00   🔒 zo/di   🔒 zo/di
📅 1 - 10 janv. / 1 - 10 jan.
💶 35

Invincible is het feel-goodrestaurant van Kenny Burssens. Hij ontvangt de gasten en ondersteunt hun wijnkeuze. Zijn broer zorgt mee voor de bediening. In de keuken staat Nicolas Van Caesbroeck, de chef van zijn vorige restaurant Magma. De kaart bevat een vijftal voor- en hoofdgerechten en drie desserts waaruit je voor een vaste prijs van € 35 zelf een driegangenmenu kunt samenstellen. We aten er krokant gebakken kwartel met zacht vlees geserveerd met een crème van bloemkool en groene asperge. Als hoofdgerecht gebakken pladijs met een perfecte tartaarsaus, met een slaatje en kasteelaardappelen, en als dessert, met een kleine meerprijs, uitstekende sabayon. Het zijn stuk voor stuk eenvoudige gerechten vol smaak, met een hoge toegevoegde waarde en klantvriendelijk geprijsd. Kenny Burssens is een horeca vakman en wijnconnaisseur met veel expertise én buikgevoel. Hij staat vaak in zijn zaak aanstekelijk te glunderen en ontvangt duidelijk met intens plezier zijn gasten. Goed begrijpend wat hij voor zijn klanten kan betekenen, geeft hij aan dit concept met veel gevoel inhoud. Hij verdient een extra punt én is ook onze laureaat voor de trofee Brasserie/Bistro van het jaar..

Invincible est le restaurant « bien-être » de Kenny Burssens. Il reçoit personnellement les convives et les guide dans le choix de leurs vins. Son frère l'aide en salle. En cuisine, Nicolas Van Caesbroeck, le chef de son précédent restaurant, Magma, est aux commandes. La carte reprend cinq entrées et plats principaux et trois desserts, à partir desquels vous pouvez composer vous-même un menu à trois plats pour la somme de 35 euros. Nous y avons dégusté une caille cuite croquante dont la chair était tendre à souhait, accompagnée d'une crème de chou-fleur et d'asperges vertes. En plat de résistance, une plie poêlée avec une sauce tartare parfaite, une petite salade et des pommes château. En dessert, pour quelques euros de plus, un délicieux sabayon d'excellente facture. Au menu : rien que des plats simples et riches en saveurs, dotés d'une très grande valeur ajoutée et proposés à des prix raisonnables. Kenny Burssens est un professionnel de l'horeca et un œnologue aguerri. Son intuition et son savoir-faire ne le trahissent jamais. Fort d'un enthousiasme communicatif, il accueille ses hôtes avec un plaisir non dissimulé. Conscient de ce qu'il représente aux yeux de ses clients, il donne vie à ce concept avec tout son cœur. Il mérite un point supplémentaire et décroche le titre de Brasserie/Bistro de l'Année

 Izumi

Beeldhouwerstr. 44 - 2000 Antwerpen
℡ 03 216 13 79 📠 03 216 13 79
izumi@resto.be - http://www.izumi.be
🍴 22:15 🔒 ma/lu zo/di 🔒 ma/lu zo/di
📅 25 juil - 20 août / 25 juli - 20 aug.
💶 38-60 💶 30

We gaan lunchen met een dubbel gevoel na onze strenge woorden van vorig jaar. Izumi bezoek je nog altijd niet voor het kader, maar dat geldt voor veel Japanse restaurants in België. We bekijken de kaart en zijn het interieur meteen vergeten. Onze keuze gaat naar een selectie sashimi en sushi. Het visassortiment is supervers en loepzuiver. Het brengt ons in de stemming om enkele bereidingen uit de warme keuken te kiezen. De gelakte paling smelt smakelijk weg in de mond, hij is op de plaat (à point) gebakken en krijgt ook een lekkere saus mee. Niets dus dan positieve noten (in het bord). Izumi wint zo het vorig jaar verloren punt terug. wijnkaart kan beter, maar de selectie sakés biedt een waardig alternatief.

Nous nous y rendons avec un double sentiment après notre sévère mise en garde de l'année dernière. On ne se rend toujours pas chez Izumi pour le cadre, mais ce constat se pose aussi pour de nombreux restaurant japonais en Belgique. Il a suffi d'un coup d'œil sur la carte pour oublier l'intérieur. Nous choisissons une sélection de sashimi et de sushi. L'assortiment de poisson est d'une grande fraîcheur et pureté. Nous sommes maintenant en appétit pour poursuivre avec quelques préparations chaudes. L'anguille laquée est très agréable en bouche, elle est cuite en teppanyaki, à point, et est soutenue par une délicieuse sauce. Rien que des notes positives donc (dans l'assiette). Le point est de retour cette année. Si la carte des vins peut être améliorée, la sélection de sakés constitue une solution de remplacement plus que valable.

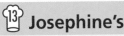 Josephine's

Gentplaats 1 - 2000 Antwerpen
℡ 03 248 95 95   🖷 03 244 01 41
info@josephines.be - http://www.josephines.be
🕐 23:00   ma/lu zo/di   ma/lu zo/di
34-61

Josephine's is een nostalgisch huiskamerrestaurant dat verrijkt werd met een hoogstaande cocktailbar. Vinylplaten, koekoeksklokken, tweedehands fauteuils en esthetisch verantwoorde bric-à-brac maken het plaatje van ondernemer Kasper Stuart compleet. Hier meer je aan voor een smakelijke pitstop of een ongedwongen avondje onder vrienden. Informele gerechten die correct bereid worden en juist op smaak zijn gebracht, sieren de kaart. Prima hand gesneden tartaar van rundvlees, verse linguine met coquilles en traag gegaarde kalfsfilet met chorizo en rode portosaus zijn maar een paar van de laagdrempelige items op de kaart.

Ce restaurant-salon nostalgique a été enrichi d'un bar à cocktails de haut vol. Vieux vinyles, pendules à coucou, fauteuils de seconde maison et bric-à-brac agencé esthétiquement constituent le décor complet de l'entrepreneur Kasper Stuart. Vous y accosterez pour y manger sur le pouce ou pour une soirée décontractée entre amis. La carte brille de plats informels correctement préparés et assaisonnés. Superbe tartare de bœuf coupé à la minute, linguines fraîches avec des coquilles et un filet de veau cuit à basse température au chorizo et sauce au porto rouge ne sont qu'un extrait des nombreux plats très accessibles à la carte.

👍 De Kleine Zavel

Stoofstr. 2 - 2000 Antwerpen
℡ 03 231 96 91   🖷 03 231 79 01
info@kleinezavel.be - http://www.kleinezavel.be
🕐 22:30   ma/lu za/sa   ma/lu
🗓 22 - 28 déc. / 22 - 28 dec.
24-70   14-38   ⏷70

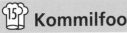 Kommilfoo

Vlaamsekaai 17 - 2000 Antwerpen
℡ 03 237 30 00   🖷 03 237 30 00
info@restaurantkommilfoo.be - http://www.resto.be/kommilfoo
🕐 22:00   ma/lu za/sa zo/di   ma/lu zo/di
🗓 1 - 21 juil. / 1 - 21 juli
55-65   60-80   ⏷80

Zou dit nog altijd één van de beste restaurants van het Antwerpse Zuid zijn, vragen wij ons af? Het menu 'gastronomische wandeling' zal ons het antwoord geven. Het eerste gerecht is al een toonbeeld van harmonieuze smaken: een mals stukje inktvis krijgt het gezelschap van brandade van kabeljauw, crème van avocado, waterkersmayonaise en drie verrassende texturen van inkt. De smaakharmonie zet zich door met rolletjes koningskrab, tagliatelli van groene asperges, erwtjes, quinoa en consommé van krab. Ook lekker is de combinatie van schartongfilet met gekarameliseerd buikspek van pata negravarken, asperges en tuinboontjes. Het hoofdgerecht is op lage temperatuur gegaarde en lichtjes gerookte Australische picanha (staartstuk). Een heerlijk stukje kwaliteitsvlees! De geglaceerde jonge venkel erbij is onvoldoende gegaard. De harmonie in het bord gaat mee tot op het einde van de maaltijd, met lauwwarme rabarber en gemberkaramel. De wijnen bij het menu zijn met kennis uitgekozen. Wij zijn onder de indruk. Ja, Kommilfoo behoort nog altijd tot de beste restaurants van het Antwerpse Zuid. Een nieuw en bijzonder geslaagd interieur bevestigt de ambitie om verder te groeien.

Nous nous demandions si ce restaurant comptait encore parmi les meilleurs du Zuid anversois. Le menu "Promenade gastronomique" nous apporte la réponse. La première entrée offre un exemple d'harmonie gustative. La seiche nous arrive en compagnie d'une brandade de cabillaud, d'une crème d'avocat, d'une mayonnaise au cresson et de trois textures d'encre surprenantes. On poursuit sur cette lancée harmonieuse avec les rouleaux de crabe royal, tagliatelles d'asperges vertes, petit pois, quinoa et consommé de crabe. L'association du filet de limande et du lard caramélisé de pata negra fait mouche, elle aussi. En accompagnement: asperges et fèves des marais. Le plat de résistance mise sur la picanha (croupe) d'Australie cuite à basse température et légèrement fumée. Une délicieuse viande de qualité ! Le fenouil glacé servi pour l'accompagner n'est pas assez cuit. L'harmonie de l'assiette sert de fil rouge de l'entrée au dessert, composé de rhubarbe laquée au caramel de gingembre. Les vins qui accompagnent le menu sont sélectionnés de main de maître. Nous sommes impressionnés. Pas de doute, le Kommilfoo fait toujours partie des meilleurs restaurants du Zuid anversois. Le nouvel intérieur, des plus réussis, traduit une volonté d'évoluer encore et encore.

Krua Thai

Pelgrimstraat 13 - 2000 Antwerpen ❄ ⛱
☎ 03 225 18 88
info@kruathairestaurant.be - http://www.kruathairestaurant.be
🍴 23:00 🔒 ma/lu di/ma wo/me do/je vr/ve za/sa zo/di 🔒 di/ma
💶 29-42

No-nonsense Thais restaurant waar men goed zit voor lenterolletjes, saté en een hele reeks kipbereidingen die de keuken van het voormalige Siam alle eer bewijzen. Lap Kai is altijd een graadmeter voor de expertise in de keuken en de versie van Krua Thai voldoet geheel aan onze hoge verwachtingen. Ook de basisschotels zoals basmatirijst of noedels zijn van een behoorlijk niveau.

Restaurant thaï qui va droit au but : rouleaux de printemps, saté et toute une série de préparations de poulet qui rendent un vibrant hommage à l'ancien Siam. Le Lap Kai est toujours un baromètre de l'expertise en cuisine et la version de Krua Thai répond parfaitement à nos attentes. Les plats de base comme le riz basmati ou les nouilles atteignent ici un niveau très honorable.

Lamalo - Mediteranean Kosher

Appelmansstr. 21 - 2018 Antwerpen ♿ ❄
☎ 03 213 22 00 🖨 03 234 22 26
info@lamalo.com - http://www.lamalo.com
🍴 22:00 🔒 vr/ve za/sa 🔒 vr/ve za/sa
🧳 août / aug.
💶 16-57

Dit restaurant richt zich op de liefhebber van de keuken en de sfeer van het Midden-Oosten. Vooral de mezze is hier een aanrader. Het zijn eenvoudige, correcte bereidingen. Wij proeven onder meer van hummus, tahin en een frisse tomaat-komkommersalade. Feest aan tafel! De andere gerechten missen wat verfijning en creativiteit. In de salade met gerookte eend zijn de reepjes eend wel mals, maar de sla met sliertjes appel is helemaal niet fris. Een sappige lamsschenkel krijgt een verrassend Belgische garnituur mee van boontjes, worteltjes, erwtjes en broccoli. Daar gaat de Midden-Oosterse sfeer!

Ce restaurant s'adresse aux inconditionnels de la cuisine et de l'ambiance du Moyen-Orient. On recommande le mezzé. Les plats sont simples et de bonne facture. Nous goûtons notamment le houmous, le tahin ainsi qu'une salade de tomates et de concombres. Un véritable festin ! Les autres envois manquent quelque peu de raffinement et de créativité. Un exemple avec la salade de canard fumé: les lamelles de canard sont tendres, mais la salade et ses pommes manquent de fraîcheur. Le jarret d'agneau fondant s'adjoint une étonnante garniture à la belge: haricots, carottes, petits pois et brocolis. Bienvenue au Moyen-Orient !

⑬ Liang's Garden

Markgravelei 141 - 2018 Antwerpen
📞 03 237 22 22   📠 03 248 38 34
Liangsgarden@skynet.be - http://www.liangsgarden.be
🔒 22:30   🔒 zo/di   🔒 zo/di
🍽 26-70   🍴 32

Meer dan drie decennia reeds serveert Liang's Garden verfijnde Kantonese verskeuken. Specialiteiten zijn onder meer dim sum en gelakte eend. Ook met een ruime wijnkaart en attente bediening lokt dit huis van vertrouwen al jarenlang een publiek van fijnproevers dat een vlotte service extra op prijs stelt.

Cela fait plus de trois décennies que Liang's Garden propose une cuisine cantonaise très raffinée. Au nombre des incontournables, citons les dim sum et le canard laqué. Ajoutez-y une carte des vins généreuse et un service attentionné et vous comprendrez pourquoi cette maison de confiance attire depuis de nombreuses années un public de gourmets qui apprécie énormément le service rapide.

👍 Loncin

Markgravelei 127 - 2000 Antwerpen
📞 03 248 29 89   📠 03 248 38 66
info@loncinrestaurant.be - http://www.loncinrestaurant.be
🔒 0:00   🔒 za/sa zo/di   🔒 zo/di
🍽 25-85   🍽 20-120   🍴 46

⑭ ↗ La Luna

Italiëlei 177 - 2000 Antwerpen
📞 03 232 23 44   📠 03 232 24 41
info@laluna.be - http://www.laluna.be
🔒 22:00   🔒 ma/lu za/sa zo/di   🔒 ma/lu zo/di
🍽 55-68   🍽 55   🍴 96

Bij het aperitief komen drie smakelijke amuses die de honger aanscherpen. Een gevuld rolletje gerookte zalm heeft wel al wat van zijn frisheid verloren. Als voorgerecht is er een perfect uitgevoerde tataki van rode tonijn met een frisse Matsuhisa-dressing en een verrassende combinatie van daikon en zure appel. Geroosterde wilde rijst geeft samen met de zachte tonijn een geweldig mondgevoel. Over dit gerecht is nagedacht! Ons hoofdgerecht is zonnevis, heerlijk gegaard op de plancha, met crème van erwtjes, krokant gebakken eringy-paddenstoeltjes, malse tuinbonen en knapperig gestoofde lamsoor. Alles is juist afgekruid, à la minute bereid en mooi in harmonie. Het dessert is een erg romige panna cotta met een overvloed van mooie vruchten, die puur natuur op het bord komen. Chef Dirk de Koninck kookt creatief, puur en weldoordacht. De bediening verloopt zeer vlot én in alle rust. Dat verdient een extra punt.

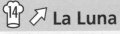

L'apéritif est servi avec trois savoureuses mises en bouche qui aiguisent notre appétit. La roulade de saumon fumé a cependant déjà un peu perdu de sa fraîcheur. En entrée, place à un tataki de thon rouge parfaitement exécuté, sauce Matsushisa pour la note de fraîcheur et une surprenante association de daïkon et de pomme aigrelette. Le riz sauvage grillé et le thon mettent les papilles en émoi. Ce plat a fait l'objet d'une réflexion. En plat de résistance, un filet de saint-pierre 'a la plancha', crème de petits pois, champignons eringii, fèves de marais et épinard de mer à l'étuvée. Tout est idéalement assaisonné, préparé à la minute et en parfaite harmonie. En dessert, une panna cotta crémeuse sous une avalanche de fruits: toute la nature chante dans l'assiette. Le chef Dirk de Koninck orchestre des envois créatifs, authentiques et bien pensés. Le service est très rapide mais reste zen. Voilà qui mérite un point supplémentaire.

 Lunch-Lounge Het Gebaar ♡ ☺

Leopoldstr. 24 - 2000 Antwerpen
℡ 03 232 37 10
info@hetgebaar.be - http://www.hetgebaar.be
🕐 17:00 🔒 ma/lu zo/di 🔒 ma/lu di/ma wo/me do/je vr/ve za/sa zo/di
🍽 29-35

Roger Van Damme blijft doorgaan op het elan dat hem twee jaar geleden de titel 'Kok van het Jaar' opleverde. Starten doen wij met een duo van langoustines: de ene gebakken, de andere in een zalvend zoete carpaccio, geserveerd met een frisse salade van avocado, appel en koningskrab. Alle smaken staan op zich maar vullen elkaar ook perfect aan. Ook de hoofdgerechten zijn toppers. Er is, als suggestie van de dag, een combinatie van sint-jakobsvrucht en rundwangetjes. Ontroerend lekker! Op het andere bord komt een gebakken tongfilet, dik en sappig, met handgerolde couscous, frisse crème van groene curry, gerookte oosterscheldepaling en gemarineerde makreel. Top! Probeer vooral ook een van de desserts. Ze zijn zonder overdrijven van de beste die er momenteel in binnen- en buitenland te vinden zijn. Intelligente wijnkaart. De topscore voor Het Gebaar is dubbel en dik verdiend. Hier is een smaakmaker van de actuele keuken aan het werk, een absolute topchef. Roger Van Damme krijgt die waardering niet alleen van zijn klanten en de critici, maar ook van zijn collega's.

Roger Van Damme garde le cap qui lui a valu le titre de "Chef de l'année" il y a deux ans. Nous entrons dans le vif du sujet avec un duo de langoustines: l'une sautée, l'autre en carpaccio sucré et fondant. Le tout servi avec une salade d'avocat, de pomme et de crabe royal. Toutes les saveurs se suffisent à elles-mêmes, mais se complètent à merveille. Les plats de résistance volent eux aussi très haut. Le plat du jour associe la Saint-Jacques aux joues de bœuf. Renversant ! L'assiette de l'autre convive présente un filet de sole généreux et fondant, accompagné de couscous roulé à la main, de crème de curry vert, d'anguille de l'Escaut oriental fumée et de maquereau mariné. Grandiose ! Laissez-vous également tenter par l'un des desserts. Sans exagérer, ils comptent parmi les meilleurs du moment, que ce soit en Belgique ou à l'étranger. Le livre de cave est intelligemment choisi. Het Gebaar mérite son excellente note. Et plutôt deux fois qu'une. Roger Van Damme se pose en précurseur sur la scène gastronomique actuelle. Un grand chef s'il en est ! Il a gagné l'estime de ses clients et des critiques, mais aussi de ses collègues.

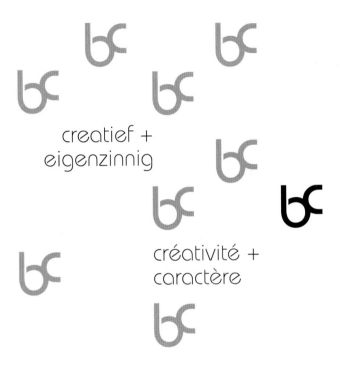

creatief +
eigenzinnig

créativité +
caractère

belgocatering
a chef's taste

www.belgocatering.com

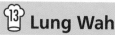 # Lung Wah

Van Wesenbekestraat 38 - 2060 Antwerpen
℡ 03 297 82 58
🕐 21:00   🔒 vr/ve   🔒 vr/ve

Net zoals in Hongkong of andere grote Chinese steden profileert een aantal Chinese restaurants in het Antwerpse Chinatown zich met één bepaalde stijl of specialiteit. Liever dan te focussen op alle lekkernijen die de enorm geschakeerde Chinese keuken kenmerkt, zoekt de chef zich te specialiseren in een aantal gerechten. Zo is in deze wijk Lung Wah met voorsprong het beste restaurant voor geroosterd vlees. De gelakte eend of het geroosterd varkensbuikspek scoort hier door zijn sappigheid en krokante karakter aanzienlijk hoger dan elders. De kaart van de chef concentreert zich voornamelijk op Kantonees geroosterd varkensvlees (spek, ribben, haasje of speenvarken in zijn geheel vooraf te bestellen) en gevogelte (kip en eend). Al verdient ook de bereiding van inktvis met peper en zout én de gebakken rijst een bijzondere vermelding. Het sobere interieur versterkt de lokale kleuring.

Comme à Hong Kong ou dans d'autres villes chinoises, plusieurs restaurants chinois du Chinatown anversois affichent une spécialité ou un style particulier. Plutôt que de se fourvoyer dans la diversité des mets qui caractérise une cuisine chinoise aux multiples facettes, le chef met l'accent sur quelques plats. Dans ce quartier, le Lung Wah est de loin la meilleure table pour les grillades. Le canard grillé et le lard de poitrine grillé y sont succulents et nettement plus croustillants qu'ailleurs. La carte fait la part belle au porc laqué cantonais (lard, côtes, filet ou cochon de lait entier sur commande) et à la volaille (poulet et canard). Le poulpe au poivre et sel et le riz méritent cependant aussi le détour. Le décor tout en sobriété renforce le côté couleur locale.

 # Marcel

Van Schoonbekeplein 13 - 2000 Antwerpen
℡ 03 336 33 02   🖷 03 336 33 02
info@restaurantmarcel.be - http://www.restaurantmarcel.be
🕐 0:00   🔒 za/sa zo/di   🔒 zo/di
🍽 35-65   🍴 65

Dave De Croebele en Lieze Drowart ruilden hun restaurant Rimbaud aan de Hessenbrug in tegen de voormalige Engelse zeemanskerk vlakbij het nieuwe Museum Aan de Stroom (MAS). In Rimbaud werd enkel een driegangenmenu geserveerd dat wijzigde naargelang het marktaanbod. Hier is de keuze uitgebreider. De chef heeft zijn klassiekers in de vingers en brengt ze met krachtige smaken op het bord. We aten er drie keer en onthouden gegrilde jakobsschelpen van goede kwaliteit met gebakken pladijs, met ham gevulde ravioli en erwtencrème; sappig en gelatineus vlees van gebraiseerde lamsschouder met krokant gegaarde wortelgroenten; en een haantje op de barbecue met licht gestoofde prei, ragout van kip met paddenstoelen en romige aardappelpuree.

Dave De Croebele et Lieze Drowart ont troqué leur restaurant Rimbaud du Hessenbrug pour l'ancienne église Engelse zeemanskerk, à proximité du Museum Aan de Stroom (MAS). Le service chez Rimbaud se limitait à trois services qui variaient au gré du marché. Ici, le choix est plus vaste. Le chef maîtrise ses classiques et fait exploser les saveurs dans l'assiette. De nos trois passages, nous avons retenu des coquilles Saint-Jacques grillées de bonne qualité accompagnées de la plie meunière, des raviolis au jambon et une crème de pois ; de l'épaule d'agneau braisée juteuse et gélatineuse et sa suite de légumes racines croquants ; enfin, du coquelet au barbecue, sa fondue de poireaux, fricassée de poulet aux champignons et purée de pommes de terre onctueuse.

Matty ☺

Brederodestr. 23 - 2018 Antwerpen
📞 03 293 54 41   📠 03 293 54 41
info@restaurantmatty.be - http://www.restaurantmatty.be
🕤 21:30   🔒 ma/lu za/sa zo/di   🔒 ma/lu zo/di
📅 3 prem sem d'août / eerste 3 weken van aug
💶 30-50   💶 20-32   🍴 45

Matty Van den Brande blijft zelf low profile, maar kookt high profile. De bescheiden chef verzamelde in drie jaar tijd een hechte klantengroep die zijn restaurant op handen dragen. Zijn gerechten zijn eenvoudig maar zeer smaakvol, zonder poespas. Hij heeft bovendien een neus voor goede producten. Terwijl zijn vrouw Katrien de klanten bedient, kookt Matty in zijn eentje. Om het te kunnen bolwerken beperkt hij zijn kaart. We kiezen voor een carpaccio van green zebra-tomaten die wordt gecombineerd met een licht gegrild maatje, afgewerkt met ganzenlever en shiso. Als hoofdgerecht kiezen we voor stoverij van Engelse lamsschouder geparfumeerd met rozemarijn, een machtig gerecht met diepe smaken dat de tijd kreeg voor een lange bereiding. Het tweegangenmarktmenu voor € 30 biedt veel eetplezier voor zijn prijs.

Matty Van den Brande est discret, certes, mais sa cuisine attire les projecteurs. Ce chef modeste a pu séduire et l'espace de trois ans un groupe d'habitués qui portent son restaurant à bras le corps. Ses plats sont simples, mais très goûteux, sans tralala ni fanfreluches. De plus, il a le don de trouver les bons produits. Pendant que son épouse assure le service et salle, Matty cuisine en solo. Pour y arriver, il a dû limiter sa carte. Nous avons commencé par un carpaccio de tomates zébrées vertes combiné à un maatje légèrement grillé et rehaussé de foie gras d'oie et de shiso. En plat de résistance, nous avons choisi une estouffade d'épaule d'agneau anglais parfumé au romarin, un plat puissant avec des goûts virils, résultat d'une longue et patiente préparation. Le menu du marché à deux plats pour 30 euros offre une bonne dose de plaisir pour le prix.

Mich ☺

Waalsekaai 10 - 2000 Antwerpen
📞 03 248 45 40
http://www.restaurantmich.be
🕤 22:00   🔒 ma/lu za/sa zo/di   🔒 zo/di
💶 25-50

Minerva ♡

Karel Oomsstr. 36 - 2018 Antwerpen
📞 03 216 00 55   📠 03 216 00 55
info@restaurantminerva.be - http://www.restaurantminerva.be
🕤 21:30   🔒 za/sa zo/di   🔒 za/sa zo/di
📅 22 juil. - 15 août, 2 sem. Noël et Nouvel An / 22 juli - 15 aug., 2 wek. Kerst en Nieuwjaar
💶 38-60   💶 50-80   🍴 48

Hier kom je voor een klassieke Franse keuken, in alle opzichten. Er is veel aandacht voor de klant en veel gerechten worden afgewerkt in de zaal. Dat laatste is vooral een showelement. Het voegt weinig toe aan de kwaliteit van de gerechten. Tijdens het versnijden blijft het vlees kort nagaren in de saus. Een melklamsbout met rozemarijn is dan nog wel zacht, maar niet meer rosé. Klassiek zijn ook de garnaalkroketten, met voldoende verse garnalen, maar de vulling is een beetje droog. Wel juist gegaard zijn de sint-jakobsschelpen en noordzeetong in cassoulet met bospaddenstoelen. Er is een lunch (drie gangen) en een menu (vier gangen), maar die worden niet voorgesteld. De kaart bevat vrijwel uitsluitend klassiekers uit de Franse keuken. De prijzen zijn pittig. Dat geldt ook voor de wijnen.

Venez-y pour y déguster une cuisine française classique. Le classicisme est omniprésent : beaucoup d'attention pour le client et de nombreux plats sont terminés en salle, quoique cela relève plutôt du spectacle. En effet, cela n'ajoute pas grandchose à la qualité des plats. Pendant la découpe, la viande continue ainsi à cuire dans la sauce. Un gigot d'agneau de lait au romarin est alors tendre, mais plus rosé… Les croquettes aux crevettes sont également des classiques, avec suffisamment de crevettes fraîches, quoique la farce soit un peu sèche. Les Saint-Jacques sont quant à elles parfaitement cuites et côtoient de la sole de mer du Nord dans un cassoulet aux champignons des bois. Il y a un lunch (trois plats) et un menu (quatre plats), mais ils ne nous ont pas été présentés. La carte se borne presque exclusivement à des classiques de la cuisine française. Les prix sont salés. Idem pour les vins.

 # Mise en place

Door Verstraeteplaats 4 - 2018 Antwerpen
℡ 03 294 78 77
http://www.mise-en-place.be
🕒 22:00   🔒 ma/lu di/ma wo/me do/je vr/ve za/sa zo/di   🔒 ma/lu zo/di
🪑 35

Pretentieloos maar wel gedreven door kwaliteit. Zo kunnen we dit verdienstelijke buurtrestaurant in de Antwerpse wijk Zurenborg nog het beste typeren. Chiara Van Emrik staat in de keuken, haar zakenpartner Hans Stuer zorgt voor het onthaal en de bediening. Het moet inderdaad niet altijd dezelfde rolverdeling zijn. Hans is een vlotte en aangename prater die de gerechten van Chiara aan tafel komt toelichten. Beiden zijn zich er duidelijk van bewust dat horecaondernemers op vele vlakken meerwaarde kunnen creëren. En dat doen ze dus netjes in harmonie. De menuformule tegen een vaste prijs met keuze uit meerdere gerechten is logisch opgebouwd. Chiara werkt hier en daar met iets duurdere producten waarvoor een klein supplement wordt gevraagd. De prijszetting blijft desondanks zeer redelijk. Goed bereid en origineel is een hamburger van eendenlever afgewerkt met een sinaasappeltoets. Ook met rougetfilet toont de ladychef haar visie en 'vakmanschap'. De combinatie met fijne tabouleh en een zachte bisque van garnalen verhoogt aanzienlijk het smaakplezier.

Un établissement sans prétention mais ayant un réel souci de la qualité: c'est ainsi qu'on pourrait décrire ce restaurant du quartier anversois de Zurenborg. Chiara Van Emrik est aux fourneaux, son associé Hans Stuer assure l'accueil et le service. Il faut parfois un peu varier la répartition traditionnelle des rôles ! Sympathique, Hans a du bagout et vient présenter à table les plats de Chiara. Le tandem a bien compris que, dans la restauration, il faut pouvoir proposer de la valeur ajoutée à bien des égards. Et ils s'acquittent harmonieusement de cette tâche. Le menu proposé à prix fixe propose le choix entre plusieurs plats. Il est composé avec logique. Chiara travaille parfois des produits un peu plus chers, moyennant supplément. Le prix reste cependant très raisonnable. Bien tourné et original, le hamburger de foie gras est relevé d'un soupçon d'orange. Le filet de rouget illustre la philosophie et le savoir-faire de la ladychef. L'association taboulé et bisque de crevettes fait chanter les papilles.

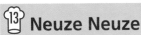 Neuze Neuze ☺

Wijngaardstr. 19 - 21 - 2000 Antwerpen
📞 03 232 27 97   🖨 03 225 27 38
neuzeneuze@telenet.be - http://www.neuzeneuze.be
🕤 21:30 🔒 wo/me za/sa zo/di 🔒 wo/me zo/di
🍽 26-48 🍷 195-395 🥄 47

In deze gids focussen we vooral op het bord, maar voor dit restaurant willen we toch vermelden dat het ondergebracht is in vijf kleine huisjes uit de zestiende eeuw. Het is een nostalgische plek. Waarom wij dat nu vermelden? Omdat de keuken er perfect bij aansluit: die is gezellig klassiek, een stapje terug in de tijd. Een beetje verrassing kan dan geen kwaad en wij opteren voor het viergangen-menu 'volgens de inspiratie van de chef'. Het eerste gerecht is een mooie rundertartaar met iets te veel kappertjes. Volgt: een zacht smakend vissoepje met enkele vlezige mosselen en beetgare groenten. Het soepje had zijn voordeel gedaan met een beetje meer frisse kruiden. Het hoofdgerecht gaat voort op de klassieke toer: speenvarken met Belle de Fontenay-aardappeltjes. Het vlees is goed gegaard en sappig, maar taai (dus van mindere kwaliteit). Wij sluiten af met een weinig creatieve moelleux van fondantchocolade met fruit en sorbet van kokos. De chef besteedt veel zorg aan zijn bereidingen. De kwaliteit van de ingrediënten laat soms te wensen over. Uitgebreide wijnkaart.

Si ce guide se concentre essentiellement sur l'assiette, nous voudrions, dans ce cas précis, quand même préciser que le restaurant a pris ses quartiers dans cinq maisonnettes du XVIe siècle. L'endroit respire la nostalgie. Pourquoi tenions-nous à le signaler ? Parce que la cuisine est en parfait accord avec le cadre. Classique et empreinte de charme, elle invite à remonter le temps. Comme un peu de surprise ne peut pas faire de mal, nous nous laissons tenter par le menu quatre services intitulé "Selon l'inspiration du chef". La première entrée nous dévoile un beau tartare de bœuf aux câpres (un peu trop nombreux). S'ensuit une soupe de poisson tout en douceur, où nagent quelques moules charnues et des légumes croquants. La soupe aurait gagné à être agrémentée d'un peu plus d'herbes fraîches. Le plat principal reste dans le registre classique: cochon de lait et pommes de terre Belle de Fontenay. La viande est fondante et cuite comme il se doit, mais un peu coriace (et donc de qualité inférieure). Un moelleux original au chocolat noir, escorté par des fruits et un sorbet à la coco, marque le tomber de rideau. Le chef élabore ses préparations avec énormément de soin, mais la qualité des ingrédients laisse parfois à désirer. Livre de cave étoffé.

Het Nieuwe Palinghuis

Sint-Jansvliet 14 - 2000 Antwerpen   🏠 ❄
📞 03 231 74 45   🖨 03 231 50 53
hetnieuwepalinghuis@skynet.be -
http://www.hetnieuwepalinghuis.be
🕤 21:30 🔒 ma/lu di/ma 🔒 ma/lu di/ma
📅 15 janv. - 7 fév., juin, 25 sept. - 7 oct. / 15 jan. - 7 feb., juni,
25 sept. - 7 okt.
🍽 39-110 🍷 45-125 🥄 55

Nog steeds een pleisterplaats voor visliefhebbers die er hun vertrouwde bereidingen terugvinden. Van gerookte paling met mierikswortelsaus over garnaalkroketten en een klassieke bouillabaisse over paling in 't groen, zeetong op Normandische wijze en zeebaars in zoutkorst. De bediening gaat wel eens op routine over, maar de rijke bereidingen maken veel goed.

Escale incontournable pour les amoureux de poissons qui y retrouveront leurs préparations familières. De l'anguille fumée à la sauce au raifort et des croquettes aux crevettes à l'anguille au vert, en passant par une bouillabaisse classique, une sole à la normande et le bar en croûte de sel. S'il est vrai que le service semble parfois « automatique », la générosité des envois le compense très largement.

⑬ Non Solo Tè

Riemstraat 2 - 2000 Antwerpen
℡ 0485 61 51 31
joris@nonsolote.be - http://www.nonsolote.be
🕒 20:30 ma/lu zo/di ma/lu zo/di
📅 1 - 3 janv., 14 - 28 juil., 24 - 31 déc. / 1 - 3 jan., 14 - 28 juli, 24 - 31 dec.
🍽 38 🍷 35-40 💶 50

Hier kom je voor eenvoudige, smakelijke gerechten op basis van verse kwaliteits-producten. Maar de chef kan ook origineel uit de hoek komen, met bijvoorbeeld tartaar van verse makreel, gemengd met mierikswortel en zure room. De smaak is raak, maar een beetje vlak. Een bordje smeuïge bresaola wordt ook al origineel gepresenteerd met twee zacht gebakken kwarteleitjes. Leuk voor het oog en smakelijk. Er is ook nog zeebaars (mooi, maar niet al te groot stuk), met courgettes en volsmakende kerstomaatjes. De prijzen zijn zeer correct. Interessant zijn de wijnen per glas.

Ici, on vient déguster des plats simples et délicieux, préparés à base de produits frais et de qualité. Mais le chef peut aussi jouer la carte de l'originalité, en proposant par exemple un tartare de maquereau, raifort et crème aigre. Le goût est percutant, mais manque un peu de relief. Un envoi de bresaola ultra tendre trouve aussi une présentation originale avec ses deux œufs de caille à la coque. Les yeux et les papilles se régalent. Citons encore le bar (un beau tronçon, pas trop copieux) aux courgettes et tomates cerises savoureuses. Les prix sont très corrects. Les vins au verre sont intéressants.

👍 Oriental Delight

Van Wesenbekestr. 46 - 52 - 2060 Antwerpen
℡ 03 232 15 83 📠 03 232 15 83
orientaldelight1@hotmail.com - http://www.orientaldelight.be
🕒 22:30 ma/lu ma/lu
🍽 13-88 🍷 30-40

⑬ Pazzo

Oude Leeuwenrui 12 - 2000 Antwerpen
℡ 03 232 86 82 📠 03 232 79 34
pazzo@skynet.be - http://www.pazzo.be
🕒 23:00 za/sa zo/di za/sa zo/di
📅 16 juil. - 15 août, 2 sem. Noël et Nouvel An / 16 juli- 15 aug., 2 wek. Kerstmis en Nieuwjaar
🍽 20

De sympathieke gastheer (en topsommelier) William Wouters ontvangt elke klant persoonlijk… én met een aperitief van het huis. Qua entree kan dat tellen. Carpaccio van ganzenlever is puur en krijgt een mooi zoet-zuur tintje door de kwaliteit van de aceto balsamico. Tataki van zalm lijkt meer op sashimi door de ultrakorte gaartijd. Maar de zalm is voldoende mals, van goede kwaliteit en vers. Top reuzengamba's in tempura zijn pittig van smaak en romig. Een mooie moot zeer sappige kabeljauw krijgt gezelschap van ravioli met een vulling van zongedroogde tomaten, maar te veel olijfolie doet de pure smaken verloren gaan. Wij proeven nog van gelakte Bresseparelhoen met risotto van kers. De parelhoen lijkt weinig gelakt, maar het vlees is mals en rijk van smaak. De kersen geven onvoldoende zuren. Chef Ingrid Neven mocht wat creatiever en soms wat preciezer werken. Dat is dubbel spijtig, want ze gebruikt verse ingrediënten van uitstekende kwaliteit. Maar we moeten streng zijn: er gaat een punt af. De wijnkaart is een van de leukste die er bestaan in dit land: no-nonsense, maar met verstand samengesteld.

William Wouters, maître d'hôtel sympathique (et sommelier hors pair), reçoit personnellement chaque client avec l'apéritif de la maison. Quelle belle entrée en matière ! Le carpaccio de foie gras d'oie est pur et se voit relevé d'une touche aigre-douce par la qualité du vinaigre balsamique. Le tataki de saumon a plutôt des airs de sashimi du fait de son temps de cuisson, ultracourt. Mais le poisson est tendre, de bonne qualité et d'une grande fraîcheur. Les gambas géantes en tempura sont relevées et onctueuses. Une darne de cabillaud se voit escortée de ravioles farcies aux tomates séchées, mais l'abondance d'huile d'olive fait perdre la pureté du goût. Nous dégustons encore une pintade de Bresse laquée et son risotto aux cerises. Le laquage est fort discret, mais la viande est tendre et riche en goût. Les cerises n'apportent pas assez d'acidité. La chef Ingrid Neven manque un peu de créativité et parfois de précicion. C'est d'autant plus dommage qu'elle utilise des ingrédients frais d'excellente qualité. Mais nous devons nous montrer sévères: l'établissement perd un point dans l'aventure. La carte des vins est l'une des plus sympas du pays: elle va droit au but, mais toujours à bon escient.

👍 Het Pomphuis

Siberiastr. (voormalig droogdok 7) z/n - 2030 Antwerpen
📞 03 770 86 25   🖨 03 770 86 10
info@hetpomphuis.be - http://www.hetpomphuis.be
🍴 22:30   7/7
🍽 28-45   🍷 45-65   🍽 51

⑬ Puur Personal Cooking

Edward Pecherstr. 51 - 2000 Antwerpen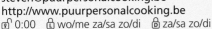
📞 0495 83 24 87
steven@puurpersonalcooking.be -
http://www.puurpersonalcooking.be
🍴 0:00   🔒 wo/me za/sa zo/di   🔒 za/sa zo/di
📅 15 - 31 juil., 24 - 31 déc. / 15 - 31 juli, 24 - 31 dec.
🍽 30-50   🍷 43

In dit piepkleine, gemoedelijke restaurant staat de chef er alleen voor, maar hij tracht alles tot in de puntjes te verzorgen. Er is één menu, dat goed begint met een stoofpotje met coquilles, witlof, girollen en een beetje crème van witte truffel. Lekker, maar niet beklijvend. Daarna krijgen we een mooie portie sappige Belgische kalfslende, met twee discreet smakende sausjes, eentje met rode wijn en sjalot, en een tweede op basis van pastinaak. Sober en zuiver van smaak. In het menu zit ook nog een voortreffelijk dessert op basis van chocolademousse, banaan en ijs. Dit is een adres dat we kunnen aanbevelen, zowel voor een zakenlunch als voor een intiem etentje. Correcte prijzen.

Dans ce restaurant minuscule, le chef est seul aux fourneaux, mais s'emploie à soigner le moindre détail. Il n'y a qu'un seul menu, qui commence en force avec un pot-au-feu de coquilles Saint-Jacques, chicons, girolles et une crème de truffe blanche. C'était bon, sans être transcendant. Nous poursuivons avec une belle portion de côte de veau belge et ses deux sauces aux goûts discrets, l'une au vin rouge et à l'échalote, l'autre au panais. Les saveurs sont sobres et authentiques. Pour terminer ce repas, nous dégustons un fantastique dessert à base de mousse au chocolat, banane et glace. C'est une adresse que nous pouvons recommander pour un lunch d'affaires ou une soirée en tête-à-tête. Prix corrects.

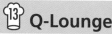 ## Q-Lounge

Van Schoonbekeplein 15 - 2000 Antwerpen
℡ 03 288 19 22
🕐 23:00   🔒 ma/lu za/sa zo/di   🔒 ma/lu
💶 7-50

Thaise restaurants zijn in ons land intussen zo populair dat een aantal onder hen zich zonder de traditionele sjablonen durft te presenteren. Q-Lounge is zo'n Thaise eetgelegenheid die het exotische en voorspelbare interieur handig heeft laten vervellen tot een eigentijdse aanmeerplaats. In de keuken krijgt de Thaise eetcultuur de aandacht die ze verdient zodat het typische rijke en frisse aromatische palet aangenaam tot zijn recht komt. Zo smaken onder meer kipgerechten (Pho Pier en Laab Kai) en scampi met nootjes (Kung Klob) zuiver en intens. Wie schrik heeft voor te pikant eten, hoeft zich geen zorgen te maken. Hete engerds zijn minimaal aanwezig en wie toch volle kracht wil gaan, hoeft dat maar aan de attente bediening te signaleren.

Les restaurants thaïlandais sont devenus tellement populaires dans notre pays que certains osent sortir du cadre traditionnel. Q-Lounge est un établissement de cet acabit, qui a troqué le décor exotique convenu pour une ambiance contemporaine. En cuisine, la gastronomie thaïe reçoit l'attention qu'elle mérite. Sa riche palette aromatique et sa fraîcheur s'expriment dès lors pleinement. Nous avons mangé du poulet (Pho Pier et Laab Kai) et des scampi aux noix (Kung Klob). Les saveurs sont authentiques et intenses. Pas de panique si vous n'aimez pas les plats trop relevés, les épices ne sont pas trop présentes. Par contre, si vous ne craignez pas d'avoir le palais en feu, il vous suffit de le signaler au personnel de salle très prévenant.

Radis Noir

Desguinlei 186 - 2018 Antwerpen
℡ 03 238 37 70
radisnoir@skynet.be - http://www.radisnoir.be
🕐 21:30   🔒 wo/me za/sa zo/di   🔒 wo/me zo/di
💼 vac. de Pâques, 21 juil. - 15 août, vac. de Noël / Paasvak.,
21 juli - 15 aug., Kerstvak.
🍽 30-100   💶 54-90   🍷 75

Radis Noir heeft zich in een paar jaar tijd opgewerkt tot een succesadres. Dat heeft te maken met chef Jo Bussels, die prettig eigenzinnig is en niet van zijn lijn afwijkt. Het heeft ook te maken met de prijs-plezierverhouding, die zich goed toont in de lunch. Die krijgt de nodige aandacht. De lunchklant is hier geen tweederangsklant. Bravo! Felicitaties gaan ook naar het bladerdeegje met schitterende gepocheerde kalfstong, gebakken zwezerik, en een beetje zwarte truffel om het af te maken. Daarna volgt een mooie moot verse schelvis (een onderschatte vis), correct gegaard, met prei, enkele brokjes gerookte paling die het gerecht oppeppen, en een lichte jus op basis van olijfolie. Er zijn enkele (lekkere) wijntjes per glas te krijgen, maar de wijnkaart kan nog wat groeien.

En quelques années, le Radis Noir est devenu une excellente table. Son succès, l'établissement le doit à son chef Jo Bussels, un homme opiniâtre, qui ne dévie pas de sa trajectoire. Le rapport prix-plaisir n'y est pas non plus étranger. C'est au lunch qu'il prend toute sa mesure. Le repas de midi bénéficie de toute l'attention nécessaire. Le client 'lunch' n'est pas un convive de seconde zone. On dit bravo ! Nous sommes aussi conquis par le feuilleté de langue de veau magnifiquement pochée, le ris de veau et le soupçon de truffe noire qui vient parfaire l'ensemble. Le repas se poursuit avec une belle darne d'aiglefin (un poisson sous-estimé), cuit comme il se doit, poireaux, quelques dés d'anguille fumée qui donne du peps au plat, et un jus léger à base d'huile d'olive. Beau choix de vins au verre, mais la carte des vins gagnerait à encore s'étoffer.

⑭ Raven

Grote Markt 14 - 2000 Antwerpen
☎ 03 233 28 33   🖷 03 233 29 33
info@restaurant-raven.be - http://www.restaurant-raven.be
🕐 22:00   🔒 ma/lu zo/di   🔒 ma/lu zo/di
📅 31 janv - 12 fév., 24 juil. - 12 août / 31 jan - 12 feb., 24 juli - 12 aug.
🍽 33   Ⓒ 45-70   🍷 65

Een vakman verleert zijn kennis niet. Jan Raven werd gelauwerd in de Prosper Montagné en de Bocuse d'Or en werkte meer dan dertig jaar als executive chef in tophotels van het land. In zijn eigen restaurant brengt hij een synthese van de klassiekers uit zijn carrière in zijn eigen rustige stijl vol pure natuurlijke smaken. We starten met lauwe tonijn in een consommé van grijze garnalen met oosters smaakparfum van koriander en gember. En als hoofdgerecht kozen we een rijke bereiding van superverse, perfect gegaarde duif met smeltende ganzenlever en stoemp van spitskool. Meer moet dat niet zijn.

Un professionnel n'oublie jamais la chanson. Jan Raven a été encensé dans le Prosper Montagné et le Bocuse d'Or, et a travaillé plus de 30 ans en qualité de chef exécutif dans des hôtels de haut vol du pays. Dans son propre restaurant, il propose une synthèse des classiques de sa carrière dans son style caractéristique, pondéré et empli de goûts authentiques. Nous avons commencé par un thon tiède dans un consommé de crevettes grises aux arômes orientaux de coriandre et de gingembre. En plat de résistance, une riche préparation de pigeonneau collectionnant les superlatifs en termes de fraîcheur et de cuisson, d'accompagnement aussi: foie gras d'oie fondant et stoemp de chou pointu. Que demander de plus ?

⑬ De Reddende Engel

Torfbrug 3 - 2000 Antwerpen
☎ 03 233 66 30   🖷 03 233 73 79
de.reddende.engel@telenet.be - http://www.de-reddende-engel.be
🕐 21:30   🔒 di/ma wo/me za/sa   🔒 di/ma wo/me
📅 vac de Carnaval, 16 août - 15 sept. / krokusvak., 16 aug. - 15 sept.,
🍽 28-34   Ⓒ 24-52   🍷 42

De Reddende Engel serveert Zuid-Franse klassiekers op een eenvoudige wijze én in correcte porties. Wij nemen bouillabaisse en krijgen mooie moten dorade en staartvis en twee langoustines in een smakelijke visbouillon. De chef komt vertellen dat hij de bouillabaisse aanpast aan de vis die hier te krijgen is. Daarna is er een dampend schoteltje gegratineerde cassoulet met een rijke mengeling van gekonfijte eend, worstjes (te droog) en schapenvlees (iets te taai). Voor culinaire vernieuwing moet je hier niet zijn, wel voor smakelijke klassiekers uit de Zuid-Franse keuken bereid met goede ingrediënten. De wijnkaart is zwak. Correcte, routineuze ontvangst.

Le Reddende Engel sert des classiques du Midi, agrémentés simplement et servis dans des proportions correctes. Nous jetons notre dévolu sur la bouillabaisse: de beaux tronçons de dorade et de lotte ainsi que deux langoustines nagent dans un succulent bouillon de poisson. Le chef vient préciser qu'il adapte sa bouillabaisse au poisson d'ici. Le cassoulet gratiné et fumant mêle le canard confit, les saucisses (trop sèches) et le mouton (un peu trop coriace). Ne vous attendez pas à des innovations culinaires ; ici, la brigade utilise de bons ingrédients pour concocter des classiques savoureux venus du Sud de l'Hexagone. Point faible: la carte des vins. Accueil correct, routinier.

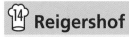

⑭ Reigershof

Reigersbosdreef 2 - 2040 Antwerpen
☎ 03 568 96 91   📠 03 568 71 63
reigershof@scarlet.be - http://www.hetreigershof.be
🕐 21:00   🔒 ma/lu di/ma za/sa   🔒 ma/lu di/ma zo/di
📅 24 déc - 10 janv., 3 sem en juil / 24 dec - 10 jan., 3 weken in juli
🍽 30-62   🍷 51-71   🥄 40

Aan onze maaltijd vorig jaar houden we een goed herinnering. Het fijne keukenwerk manifesteert zich ook dit jaar in een uitgebalanceerde menu waardoor de chef blijft bevestigen. Hij speelt graag met diverse texturen maar overdrijft nooit en houdt van afwisseling. Bij een tartaar van zeebaars serveert hij bijvoorbeeld smaakversterkende gelei van limoen en zilte crème van oester. Smeuïge ossenstaart krijgt het gezelschap van schuim van gerookte aardappel die de truffel aangenaam ondersteunt. Ook in het kaasgerecht toont hij zijn technisch vermogen. Knap is de compositie met onder meer walnoten en abrikozen bij een mousse van zachte kaas en heerlijk lopend roomijs van esdoornsiroop.

Nous gardons un bon souvenir de notre repas de l'année dernière. La finesse du travail en cuisine se manifeste aussi cette année dans un menu équilibré. Le chef confirme donc le bien qu'on pensait de lui. Il aime à jongler avec les textures, mais n'exagère jamais et joue la carte de la variété. Il accompagne ainsi un tartare de bar d'une gelée de limon et d'une crème d'huîtres iodée, qui agissent comme exhausteurs de goût naturels. Une queue de bœuf onctueuse se voit flanquée d'un espuma de pommes de terre fumées qui sont agréablement soutenues par la truffe. Le plat de fromage témoigne aussi des compétences techniques de notre chef. La composition comprend, entre autres, des noix et des abricots et du fromage à pâte molle et une crème à la glace au sirop d'érable servie à l'italienne.

⑭ Sir Anthony Van Dijck

Oude Koornmarkt 16 - 2000 Antwerpen
☎ 03 231 61 70   📠 03 225 11 69
http://www.siranthonyvandijck.be
🕐 21:00   🔒 zo/di   🔒 zo/di
🍽 36-47   🍷 65-85

Chef Marc Paesbrugghe speelt de laatste tijd duidelijk op veilig. In de oerklassieke gerechten die hij serveert, is er weinig plaats voor verrassende of verfrissende accenten. Het gastronomisch viergangen menu opent met een salade van dagverse garnalen met Mechelse asperges en kruidenvinaigrette. De garnalen zijn van goede kwaliteit, maar liggen al iets te lang op een bedje van verwelkte sla. Het tweede voorgerecht is ook klassiek bereid en oubollig gepresenteerd, maar wel lekker: op het vel gebakken zeebaars met lamsoor en een sausje op basis van sherry. Het hoofdgerecht biedt meer van hetzelfde: twee malse en juist gegaarde lamskoteletjes met een goed smakende jus en een aardappel - knolselderpuree. Het dessert is een soepje van aardbeien met sinaasappelpartjes en vanille-ijs. De bediening verloopt vlot, maar afstandelijk.

Ces derniers temps, le chef Marc Paesbrugghe a résolument joué la carte de la sécurité. Les grands classiques qu'il sert laissent peu de chance aux accents surprenants et rafraîchissants. Le menu gastronomique quatre services s'ouvre sur une salade de crevettes aux asperges de Malines, vinaigrette aux herbes potagères. Les crevettes sont de bonne qualité, mais sont restées un peu trop longtemps sur leur lit de salade. Elle aussi de facture classique, la deuxième entrée verse dans le dressage vieillot. Elle n'en reste pas moins délicieuse: bar cuit sur peau, lavande de mer et sauce à base de xérès. Le plat de résistance continue sur cette lancée: les deux côtelettes d'agneau tendres et bien cuites sont nappées d'un jus goûteux et agrémentées d'une purée de pomme de terre et de céleri-rave. En dessert: soupe de fraises, zestes d'orange et glace à la vanille. Service rapide, mais distant.

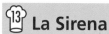

La Sirena

Statiestraat 7 - 9 - 2018 Antwerpen
℡ 03 233 01 02   📠 03 226 06 38
🕘 21:00   🔒 za/sa   🔒
🗓 août / aug.
💶 50-65

Traditioneel Italiaans restaurant waar Fausto Prantoni al bijna een halve eeuw en steeds piekfijn uitgedost zijn gasten charmant ontvangt. Prima bereidingen met kalfsvlees, waaronder een verleidelijke ossobuco. Maar ook de meer volkse ragù bij een al dente gekookte portie pasta is van een uitstekende kwaliteit. Eveneens prima wildbereidingen.

Italien traditionnel où Fausto Prantoni, toujours sur son 31, reçoit depuis bientôt un demi-siècle ses invités avec une classe et un charme naturels. Très belles préparations avec du veau, dont un osso buco à damner un saint. Les plats plus populaires, comme le ragù accompagné d'une part de pâtes cuites al dente, sont également d'excellente qualité. Citons également de superbes préparations de gibier.

The Best

Van Wesenbekestraat 57 - 2060 Antwerpen
℡ 03 295 75 25
7/7

De naam is enigszins misplaatst maar The Best is in ieder geval een restaurant dat voor een aantal typische Chinese gerechten meer dan behoorlijk scoort. Cheung fun gemaakt van rijstdeeg is bijvoorbeeld een bereiding die maar zelden in dit land geserveerd wordt. Gevuld met garnalen, rundvlees of varkensvlees zijn ze een ode aan de Chinese keuken waar het tactiele bijna evenveel belang heeft als het smaaktechnische aspect van een gerecht. Ze zorgen in de eerste plaats voor een heerlijk glibberig mondgevoel. The Best is ook goed voor met zorg opgevoerde groentebereidingen gaande van aubergines tot diverse soorten seizoenkolen. Voor de liefhebbers zijn ook de authentieke bereidingen met ingewanden warm aanbevolen. Authenticiteit troef.

Un nom un rien surfait, mais The Best est en tous les cas un restaurant plus que correct pour les plats de la cuisine chinoise. Le cheung fun à la pâte de riz est un plat rarement servi dans notre pays. Ces roulades farcies aux crevettes, au bœuf ou au porc sont une ode à la cuisine chinoise, où l'aspect tactile du plat a presque autant importance que le gustatif. Elles fondent littéralement en bouche. The Best est aussi idéal pour les belles préparations à base de légumes, des aubergines aux choux de saison. Avis aux amateurs: les plats authentiques aux abats sont chaudement recommandés. Un atout authenticité.

⑭ Au Vieux Port 🍇♡

Napelsstr. 130 - 2000 Antwerpen 🏠 ♿
☎ 03 290 77 11　📠 03 290 77 11　
vieuxport@telenet.be🍴 21:30　🔒 za/sa zo/di　🔒 za/sa zo/di
🗓 dern sem juillet - 2 prem sem août, 24 - 31 déc. / laatste week van juli
2 eerste weken aug., 24 - 31 dec
💶 16-36

Om te beginnen, bestellen wij een terrine van paling in 't groen. Wat een schitterend gerecht! Je proeft de pure stukken paling en je krijgt ook echt de smaaksensatie van een paling in 't groen. Zo mogelijk nog beter is de carpaccio van simmenthal, lichtjes gerookt. Zonder overdrijven is dit één van de beste carpaccio die we ooit aten. Wij gaan verder op de klassieke toer met een mooi smeuïge kroket van zwezerik in een jus op basis van lekkere morilles. Heerlijke kalfstong in madeira. Lekker is ook de tartaar met verse frietjes. Liefhebbers zullen het jammer vinden dat de tartaar gemalen wordt en niet gesneden. Hij is iets te droog. Afsluiter is een goede degelijke dame blanche. Schitterende wijnkaart. De sfeer is die van een gezellige Franse bistro. De bediening is top.

En entrée, nous jetons notre dévolu sur la terrine d'anguille au vert. Un envoi magnifique ! On croque les morceaux d'anguille et on retrouve la sensation gustative de l'anguille au vert. Le carpaccio de Simmenthal légèrement fumé fait encore mieux, si tant est que cela soit possible. Sans exagérer, nous avons rarement mangé meilleur carpaccio.Fabuleuse langue de veau au madère. Nous poursuivons la route des classiques avec une succulente croquette de ris de veau en jus de morilles. Le tartare et ses frites fraîches sont de la même trempe. Les amateurs regretteront toutefois que le tartare soit moulu et non coupé au couteau. Il est aussi un peu trop sec. Une dame blanche préparée comme il se doit ferme la marche. La carte des vins est exceptionnelle. L'ambiance conviviale rappelle les bistrots français. Le service est irréprochable.

⑭ Yamayu Santatsu

Ossenmarkt 19 - 2000 Antwerpen 🏠 ❄
☎ 03 234 09 49　　　　　　　　　　
http://www.santatsu.be
🍴 22:00　🔒 ma/lu zo/di　🔒 ma/lu
💶 25-53　💶 40　🍷 50

Chef Kurasawa streek in de Antwerpse universiteitswijk in 1988 neer en zorgt sindsdien voor de beste sushi en sashimi in de Scheldestad. Zijn veeleisendheid inzake kwaliteit en fijne snijtechnieken maakten hem van in den beginne eveneens geliefd bij de Japanse gemeenschap die in en om Antwerpen resideert. Ook de bereide gerechten tonen een hand die puurheid en versheid belangrijker vindt dan uiterlijk vertoon. Met zijn hoge sushistandaards zet Kurasawa op dat vlak ongewild het ijkpunt in de Antwerpse regio.

Le chef Kurasawa s'est installé dans le quartier universitaire de la métropole en 1988 et y propose depuis lors les meilleurs sushi et sashimi. Son intraitabilité en

bracelet Lucca Collection - cognac diamonds

matière de qualité et de techniques de tranchage et de découpe fines a eu tôt fait de séduire la communauté japonaise résidant dans et en dehors de la cité scaldienne. Les plats préparés traduisent aussi l'importance accordée à la pureté et à la fraîcheur, et la mise entre parenthèses de toute autre considération extérieure. Forts de ses très hauts standards, le maître Kurasawa est devenu la référence incontournable dans la région d'Anvers.

De Zeespreeuw

Oude Leeuwenrui 52 - 2000 Antwerpen
📞 03 233 13 41
🕐 22:00 🔒 ma/lu zo/di 🔓 ma/lu zo/di
📅 15 juil. - 15 août / 15 juli - 15 aug.
💶 40-60 💶 30 🍷 50

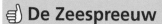

🧑‍🍳 t Zilte 🍇♡☺

Hanzestedenplaats 5 - 2000 Antwerpen
📞 03 283 40 40
info@tzilte.be - http://www.tzilte.be
🕐 21:30 🔒 ma/lu zo/di 🔓 ma/lu zo/di
📅 1 sem. Pâques, 2 sem. août, 1 sem. vac. d'Automme /
24 dec - 9 jan, 8 - 16 apr, 15 - 31 juli
💶 65-125 💶 45-90 🍷 85

Mochten we ook een trofee voor de 'Verhuis van het Jaar' uitloven, dan was de laureaat makkelijk aan te duiden. Viki en Viviane Geunes sleurden hun potten en pannen van Mol naar de negende verdieping van het nieuwe Antwerpse landmark dat MAS gedoopt werd. In een oogstrelend nieuw interieur van de hand van topdesigner en architect Vittorio Simoni ontvangen ze voortaan hun gasten. Vlaamse kunstenaar Koen van den Broek bezielde het geheel met een confronterende muurschildering. Viki staat voortaan in een state-of-the-art keuken met panoramisch zicht over de Scheldestad. Ook zijn gasten krijgen die belevenis als extra toetje erbij. Geunes vond al snel zijn draai in zijn nieuwe kraaiennest. De toeloop van trouwe en nieuwsgierige nieuwe klanten heeft hem evenwel maar weinig rust gegund. In de keuken diept hij zijn bekende, eigentijdse signatuur waarin decoratieve details rijkelijk verweven zijn, verder met brio uit. Risotto van pistachenoot, gelakte paling en zwezerik met krokante glasaal krijgt dankzij jus met karwijzaad en yoghurt een extra smaakdimensie. Een reuzegrote langoustine smelt perfect gegaard vanzelf heerlijk weg bij een coulis van peterselie, waarbij vers gemaakte kalfskop apart smaak en textuurcontrasten sorteert. BBQ style dry aged rundvlees geeft hij met pudding van ui, ossenstaartbeignet en cantharellen een heel eigen look en feel. Het MAS inspireert en boeit duidelijk niet enkel de massa kijklustige dagjesmensen.

Si nous pouvions décerner le titre de Déménagement de l'Année, il aurait été facile d'en désigner le lauréat: Viki et Viviane Geunes. Ils ont en effet transférés corps et biens de Mol au neuvième étage de la nouvelle référence du paysage urbain anversois, le MAS ou Musée sur le fleuve. Ils reçoivent désormais leurs invités dans un intérieur signé par le designer et architecte très en vue Vittorio Simoni. Superbe. L'artiste belge Koen van den Broek enflamme l'ensemble avec une peinture murale suscitant l'émotion. Viki officie désormais dans une cuisine dernier cri avec une vue panoramique sur la cité scaldienne. Ses invités partagent cette expérience unique. Geunes a rapidement trouvé ses marques dans son nouveau nid d'aigle. L'afflux de clients fidèles et de nouveaux clients curieux ne lui a pas vraiment permis de souffler. En cuisine, il conforte encore avec panache sa signature contemporaine bien connue où les détails décoratifs s'entrelacent royalement. Le risotto de pistache, anguille laquée et ris de veau et civelle croquante entre dans une autre dimension gustative avec un jus de graines de carvi et de yaourt. Quant à la langoustine, géante, elle fond d'elle-même sur la langue, et s'accompagne d'un coulis de persil où une tête de veau fraîchement préparée permet d'éclairer et d'ombrer textures et goûts. Il associe du bœuf « BBQ style dry aged » à un pudding d'oignon, un beignet de queue de bœuf et des chanterelles avec un look and feel très personnel. Il est clair que les excursionnistes curieux ne sont pas les seuls que le MAS inspire et passionne.

Radisson SAS Park Lane

Van Eycklei 34 - 2000 Antwerpen
☎ 03 285 85 85   🖷 03 285 85 00
guest.antwerp@radissonsas.com -
http://www.antwerp.radissonsas.com
🛏 0:00   7/7
🛏 174   🛏 199   🛏 14   🛏 499

City Inn Hotel

Kalverveld 8 - 2140 Antwerpen
☎ 03 217 40 40   🖷 03 217 40 50
cityinnhotel@skynet.be - http://www.cityinnhotel.be
🛏 0:00   7/7
🛏 92   🛏 185   🛏 92-209

Firean

Karel Oomsstr. 6 - 2018 Antwerpen
☎ 03 237 02 60   🖷 03 238 11 68
info@hotelfirean.com - http://www.hotelfirean.com
🛏 0:00   7/7
🗓 23 juil. - 16 août, 23 - 31 déc. / 23 juli - 16 aug., 23 - 31 dec.
🛏 9   🛏 235   🛏 160-251   🛏 3   🛏 245

Hilton Antwerp

Groenplaats 32 - 2000 Antwerpen
☎ 03 204 12 12   🖷 03 204 12 13
reservations.antwerp@hilton.com - http://www.hilton.com
🛏 0:00   7/7
🛏 192   🛏 18

Hyllit

De Keyserlei 28-30 - 2000 Antwerpen
☎ 03 202 68 00   🖷 03 202 68 90
info@hyllithotel.be - http://www.hyllithotel.be
🛏 0:00   7/7
🛏 127   🛏 255   🛏 54   🛏 310

Leopold

Quinten Matsijslei 25 - 2018 Antwerpen
📞 03 231 15 15   📠 03 225 30 90
info.antwerp@leopoldhotels.com - http://www.leopoldhotels.com
🔓 0:00   7/7
🛏 127   🛏ₖ 149   🛏ₖ 114-169   🛏 8   💲 189

Plaza

Charlottalei 49 - 2018 Antwerpen
📞 03 287 28 70   📠 03 287 28 71
book@plaza.be - http://www.plaza.be
🔓 0:00   7/7
🛏 81   🛏ₖ 325   🛏ₖ 88-343   🛏 8   💲 325

Prinse

Keizerstr. 63 - 2000 Antwerpen
📞 03 226 40 50   📠 03 225 11 48
hotel_prinse@skynet.be - http://www.hotelprinse.be
🔓 0:00   7/7
📅 Jous de Noël / Kerstdagen
🛏 31   🛏ₖ 110-140   🛏 4   💲 160

Radisson Blu Astrid Hotel Antwerp

Koningin Astridplein 7 - 2018 Antwerpen
📞 03 203 12 34   📠 03 203 12 75
reservations.astrid.antwerp@radissonblu.com -
http://www.radissonblu.com/astridhotel-antwerp
🔓 0:00   7/7
🛏 247   🛏ₖ 840   🛏ₖ 129-840   🛏 52   💲 840

Rubens Grote Markt

Oude Beurs 29 - 2000 Antwerpen
📞 03 222 48 48   📠 03 225 19 40
hotel.rubens@glo.be - http://www.hotelrubensantwerp.be
🔓 0:00   7/7
🛏 36   🛏ₖ 120-265   🛏 1   💲 445

t Sandt

Zand 17 - 2000 Antwerpen
📞 03 232 93 90   📠 03 232 56 13
reservations@hotel-sandt.be - http://www.hotel-sandt.be
🔓 0:00   7/7
🛏 29   🛏ₖ 150-250   🛏 2   💲 300

 Theater

Arenbergstr. 30 - 2000 Antwerpen
📞 03 203 54 10   📠 03 233 88 58
info@theater-hotel.be - http://www.vhv-hotels.be
🔓 0:00   7/7
🛏 122   🅿 30   🍴 5

De Witte Lelie

Keizerstr. 16 - 2000 Antwerpen
📞 03 226 19 66
hotel@dewittelelie.be - http://www.dewittelelie.be
🔓 0:00   7/7
📅 10 - 23 janv. / 10 - 23 jan.
🛏 5   🔑 295   🔑 250-320   🍴 6   565

Astoria

Korte Herenthalsestr. 5 - 2018 Antwerpen
📞 03 227 31 30   📠 03 227 31 34
info@astoria-antwerp.com - http://www.astoria-antwerp.com
🔓 0:00   7/7
🛏 66   🔑 89-189

Colombus Hotel

Frankrijklei 4 - 2000 Antwerpen
📞 03 233 03 90   📠 03 226 09 46
colombushotel@skynet.be - http://www.colombushotel.com
🔓 0:00   7/7
🛏 32   🔑 85-117

Holiday Inn Express Antwerp

Italielei 2A - 2000 Antwerpen
📞 03 221 49 49   📠 03 221 49 44
hotel@hiexpress-antwerp.com -
http://www.hiexpress.com/antwerpen
🔓 0:00   7/7
🛏 140   🔑 85-135

Julien

Korte Nieuwstr. 24 - 2000 Antwerpen
📞 03 229 06 00   📠 03 233 35 70
info@hotel-julien.com - http://www.hotel-julien.com
🔓 0:00   7/7
🛏 22   🔑 195-295

Leonardo Hotel Antwerpen

De Keyserlei 59 - 2018 Antwerpen

📞 03 232 14 43   📠 03 233 08 35
info.antwerpen@leonardo-hotels.com -
http://www.leonardo-hotels.com
🔓 0:00   7/7
🛏 101   🛏k 149   🛏k♿ 65-169   🍴 4   💲 219

 # Novotel Antwerpen

Luithagen 6 - 2030 Antwerpen

📞 03 542 03 20   📠 03 541 70 93
H0467@accor.com - http://www.novotel.com
🔓 0:00   7/7
🛏 120   🛏k 175   🛏k♿ 68-161

 # Residentie Elzenveld

Lange Gasthuisstr. 45 - 2000 Antwerpen

📞 03 202 77 11   📠 03 202 77 74
fo@elzenveld.be - http://www.elzenveld.be
🔓 0:00   7/7
🛏 40   🛏k♿ 76-165

Aartselaar

 # De Cocotte

Kleistr. 175 - 2630 Aartselaar

📞 03 887 56 85   📠 03 887 22 56
info@decocotte.be - http://www.decocotte.be
🔓 22:00   7/7
🍽 35   🍷 45

 # Kasteel Solhof

Baron Van Ertbornstr. 116 - 2630 Aartselaar

📞 03 877 30 00   📠 03 877 31 31
info@solhof.be - http://www.solhof.be
🔓 0:00
🚪 Noël et Nouvel An / Kerstmis en Nieuwjaar
🛏 24   🛏k 250   🍴 2   💲 350

Berchem (Antwerpen)

Bistro Vin d'ou

Terlinckstraat 2 - 2600 Berchem (Antwerpen)
📞 03 230 55 99   📠 03 230 40 71
info@vindou.be - http://www.vindou.be
🍴 21:00   🔒 za/sa zo/di   🔒 ma/lu di/ma wo/me zo/di
📅 2 - 16 avril, 16 juil. - 15 août, 24 déc. - 7 janv / 2 - 16 april, 16 juli -
15 aug., 24 dec - 7 jan
💶 40-80

Net zoals tijdens zijn vele jaren aan het fornuis van Dock's Café kiest Tom Fluit
in zijn eigen restaurant voor kwaliteitsproducten die hij in smaakrijke gerechten
verwerkt. Ook in de pure eenvoud toont hij zich meester, zoals in een voorgerecht met zachte gerookte oosterscheldepaling, met een kruidensalade, de friszure toets van Ligurische citroen en een spelttoastje. Ook een duif weet hij tot in
de perfectie te bereiden, rosé gebraden en geparfumeerd met rozemarijn, met
daarbij jonge knapperige doperwten, jonge ui en gebakken aardappelen.

Comme ce fut le cas pendant les nombreuses années passées derrière les fourneaux de Dock's Café, Tom Fluit choisit dans son propre restaurant des produits
de qualité qu'il transforme en plats très goûteux. Le chef se distingue également
dans des plats d'une très grande pureté et simplicité comme l'entrée, une anguille
de l'Escaut oriental légèrement fumée avec sa salade d'herbes, la touche acidulée
du citron de Ligurie et un toast à l'épeautre. Il sait aussi comment préparer le
pigeon à la perfection, rôti et rosé, parfumé au romarin, et entouré de jeunes
petits pois croquants, de cébettes et de pommes de terre rissolées.

↗ Degustation

Frederik De Merodeplein 6 - 2600 Berchem (Antwerpen)
📞 0495 63 04 97
info@degustation-restaurant.be -
http://www.degustation-restaurant.be
🍴 22:00   🔒 ma/lu di/ma zo/di   🔒 ma/lu di/ma
🍽 25-65   💶 10-28   ⚬ 35

We kunnen niet van de groentenchips afblijven die als hapje verschijnen. Het zet
meteen de toon voor een maaltijd waarin groenten veel aandacht krijgen. Een
lekkere combinatie is asperge met coquille, zachte mousseline, zeekraal en witte
truffel. Al wordt nooit duidelijk wat die truffel erbij komt doen. Dan volgen perfect
gegaarde kalfszwezeriken, krokant (ze zijn gepaneerd met panko) en met een
portsaus. De saus is wat te zoet, maar los daarvan is het een mooi geheel. Minder
lyrisch zijn we over het dessert: mojito van aardbeien en panna cotta met verse
vruchten. De mojito heeft te veel branderige alcohol, de panna cotta te veel gela-
tine. Deze zaak kan nog groeien, maar dan moet de chef aan zijn desserts werken.
Beperkte wijnkaart met toch mooie referenties. Zeer vriendelijke bediening.

Impossible de ne pas se laisser tenter par les chips de légumes servis en guise
d'amuse-bouche. Le ton est donné: le repas promet de propulser les légumes sur
le devant de la scène. Place aux Saint-Jacques et asperge, mousseline veloutée,
salicorne et truffe blanche. On s'interroge toutefois sur l'utilité de la truffe. S'ensuivent des ris de veau parfaitement poêlés et croquants (panés au panko), sauce
au porto. Malgré une sauce un rien trop sucrée, l'ensemble sonne juste. Nous
sommes moins transportés par le dessert: mojito aux fraises et panna cotta de
fruits frais. Le mojito est trop alcoolisé, la panna cotta trop gélatineuse. Ce restaurant ne demande qu'à s'épanouir, mais pour ce faire, le chef devra peaufiner
ses desserts. Carte des vins limitée, mais références de choix. Service très amical.

Euterpia

Generaal Capiaumontstr. 2 - 2600 Berchem (Antwerpen)
℡ 03 235 02 02   🖨 03 235 58 64
euterpia@skynet.be - http://www.euterpia.be
🕙 23:00   🍴 ma/lu di/ma wo/me do/je vr/ve za/sa zo/di   🔒 ma/lu di/ma
🗓 2 sem. Pâques, 22 - 31 juil., 2 sem. août, vac. de Nöel / 2 wek. Pasen, 22 - 31 juli, 2 wek. aug., Kerstvak.
💶 55-99

Je eet klassiek en kwaliteitsvol in dit mooie herenhuis in de Zurenborgwijk. Uitmuntend als starter zijn de creuse-oesters met champagne, bereid volgens de regels van de kunst. Tevredenheid is er ook aan de andere kant van de tafel, waar croustillant van kreeft en prei op het bord ligt. Het hoofdgerecht is een erg smakelijke, sappige kalfsblanquette, met schijfjes wintertruffel en prima… kalfsvleesballekes! Aan de overkant van de tafel zijn er geslaagde rundwangetjes in een smaakvolle jus. De wijnkaart is oké, de bediening charmant en efficiënt.

Une fois installé dans cette jolie maison de maître du quartier de Zurenborg, vous dégusterez une cuisine classique de bonne facture. On démarre en force avec les huîtres creuses au champagne, préparées dans les règles de l'art. Satisfaction également de l'autre côté de la table, où un croustillant de homard et des poireaux se partagent l'assiette. Le plat de résistance nous réserve une blanquette de veau fondante et savoureuse, des rondelles de truffe d'hiver et les délicieuses… boulettes de veau ! L'autre convive déguste des joues de bœuf très réussies et jus goûteux. Bon livre de cave. Service prévenant et efficace.

👍 De Troubadour

Driekoningenstr. 72 - 2600 Berchem (Antwerpen)
℡ 03 239 39 16   🖨 03 230 82 71
info@detroubadour.be - http://www.detroubadour.be
🕙 22:00   🍴 ma/lu zo/di   🔒 ma/lu zo/di
🗓 1 - 21 août / 1 - 21 aug.
🍽 35-44   💶 31-67   🍷 40

Veranda

Guldenvliesstraat 60 - 2600 Berchem (Antwerpen)
℡ 03 218 55 95
🕙 0:00   🍴 ma/lu di/ma za/sa zo/di   🔒 ma/lu di/ma
💶 40-65

Veranda was een van de ontdekkingen van het voorbije jaar: boeiende gerechten vol smaak en textuur, in een eenvoudige setting, gelardeerd met een flinke portie rockmuziek. De chef achter deze moderne bistro is Davy Schellemans, die onder meer in Kasteel Withof en In de Wulf werkte. Er is enkel een vijfgangenmenu dat voor € 45 wordt aangeprijsd. Het start met een compositie van appelrollade met gemarineerde noordzeekrab, crème van zoete mais, bospaddenstoel en kruidige olie van vadouvan. Vervolgens een uiterst evenwichtig smakenspel van rolletjes kip met gebakken gamba, crème van zoete gebrande ui die diepgang brengt, stukken krokante raap die voor een bittere toets zorgen en frisse klaverzuring. Het hoofdgerecht is een mooi stukje rosé gebraden lomo met stukken en repen schorseneer en zoute crumble van emmenthaler. De nagerechten scoren hoog in frisheid: soepje van witte chocolade met bladerdeeg gevuld met koffie- en citroencrème, en een soepje van braambessen, schuim van karnemelk, meringue, braambes en blauwbes. Bistronomie van de bovenste plank.

Veranda était une des découvertes de l'année dernière: des plats passionnants faisant la part belle aux goûts et aux textures, orchestrés dans un décor simple, le tout assaisonné d'une bonne dose de musique rock. Le chef de ce bistro moderne est Davy Schellemans, qui a officié, entre autres, au Kasteel Withof et au In de Wulf. Il n'y a qu'un menu à cinq plats qui s'affiche à 45 euros. Nous commençons par une composition de roulade de pomme avec du crabe de mer du Nord mariné, une crème de maïs doux, des champignons des bois et d'une huile épicée au Vadouvan. Ensuite, une interaction gustative particulièrement équilibrée de roulades de poulet avec une gamba poêlée, une crème d'oignons doux brûlés qui confère un grande profondeur gustative, des morceaux de navet croquants, gages d'amertume, et de la surelle pour la fraîcheur. Le plat de résistance est un superbe morceau de Lomo rôti, rosé, avec des dés et des tranches de scorsonères et un crumble salé d'emmenthal. Les desserts sont d'une très grande fraîcheur: petite soupe de chocolat blanc avec un feuilleté fourré à la crème de café et de citron, et une soupe de mûres, écume de lait battu, meringue, mûres et myrtilles. De la « bistronomie » de haut vol !

Tulip Inn Antwerpen

Potvlietlaan 2 - 2600 Berchem (Antwerpen)
℡ 03 236 43 55   🖷 03 236 56 53
info@tulipinnantwerpen.com -
http://www.campanile-antwerpen.be
🔓 0:00   7/7
♨ 126   🄺 123

Boechout

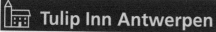

De Schone Van Boskoop

Appelkantstr. 10 - 2530 Boechout
℡ 03 454 19 31   🖷 03 454 02 10
deschonevanboskoop@skynet.be -
http://www.deschonevanboskoop.be
🔓 22:00   🔒 ma/lu zo/di   🔒 ma/lu zo/di
📅 1 sem. Pâques, 8 - 31 août, 1 sem. Noël et Nouvel An / 1 week Pasen,
8 - 31 aug., 1 week Kerstmis en Nieuwjaar
🍽 45-115   🍷 118-210   🍴 80

Net zoals vorig jaar hebben we wisselende ervaringen in het restaurant van Wouter Keersmaekers. Ook nu weer zijn de gaartijden niet helemaal juist. Bij drie langoustines versierd met terrine van foie gras met rode biet is er één exemplaar duidelijk te lang verwarmd. De keuze van rode biet in volle zomer leek ons overigens eigenaardig. Voor het hoofdgerecht hebben we ons door de chef tijdens zijn praatje bij het aperitief laten verleiden tot een op lage temperatuur gegaarde varkenskop. De smaak is zeer fijn maar rekening houdend met de hoge prijs (€ 70) hadden we toch iets meerwaarde (zomertruffel of een ander nobel product) verwacht. Wouter Keersmaekers komt aan tafel gedreven en bijzonder gemotiveerd over. We herkennen hierin zijn leermeester Johan Segers. Met charme en enthousiasme wordt uitgelegd wat zijn gasten mogen verwachten. Het contrast met de rest van het personeel inclusief de gastdame is echter vrij groot. De rest van de bediening verloopt volgens de regels maar wel onpersoonlijk en afstandelijk. We missen de zwier van de chef. Is dat misschien ook de verklaring voor het feit dat het contrast vrij groot is tussen wat ons tijdens het aperitief beloofd wordt en wat er uiteindelijk op het bord verschijnt? Wouter Keersmaekers' enthousiasme krijgt aan tafel onvoldoende een verlengstuk. En dat is jammer.

Tout comme l'an dernier, nous avons soufflé le chaud et le froid chez Wouter Keersmaekers. Une fois de plus, les temps de cuisson n'étaient pas tout à fait maîtrisés. Sur les trois langoustines agrémentées d'une terrine de foie gras à la betterave rouge, une avait clairement été réchauffée trop longtemps. Le choix de la betterave rouge en plein été nous a du reste paru curieux. Pour le plat principal, le discours tenu par le chef pendant l'apéritif nous a convaincus de nous laisser tenter par la tête pressée cuite à basse température. Les saveurs sont raffinées, mais vu le prix (70 €), nous nous attendions à un petit quelque chose en plus (truffe d'été ou autre produit noble). Wouter Keersmaekers se présente à table avec plein d'entrain et de motivation. On reconnaît bien là la patte de son mentor Johan Segers. Armé de charme et d'enthousiasme, il présente la suite à ses hôtes. Le contraste avec le reste du personnel, y compris l'hôtesse, est plutôt frappant. Le service s'effectue dans les règles de l'art, mais reste impersonnel et distant. Le panache du chef manque à l'appel. Cela explique peut-être aussi la dissonance entre ce qui nous a été promis à l'apéritif et ce que nous retrouvons réellement dans l'assiette. L'enthousiasme de Wouter Keersmaekers ne rejaillit pas à la table. Dommage !

Brasschaat

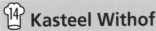 ## ⑭ Kasteel Withof

Bredabaan 906 - 2930 Brasschaat
☏ 03 670 02 20
info@kasteelwithof.be - http://www.kasteelwithof.be
🍽 0:00 🔒 ma/lu di/ma za/sa 🔒 ma/lu di/ma
💶 35-98

In 2009 sloot Kasteel Withof zijn deuren. Twee jaar later vindt eigenaar Cornelis den Braven de tijd rijp om ze opnieuw te openen. Het restaurant vindt onderdak in de voormalige orangerie en krijgt een facelift. Zo komen er ook twee liftjes die de borden rechtstreeks van de lager liggende keuken naar het restaurant brengen. De zaalmedewerkers moeten niet langer de trappen op rennen, wat voor rust zorgt. Van de voormalig equipe is enkel maître Hedi Oussaifi nog op post. Hij kent het huis en stuurt de nieuwe brigade met zijn bekende elegante flair keurig aan. In de keuken staat Bretoen Jean-Paul Cudennec, die in diverse Parijse tophuizen werkte. Hij brengt een geraffineerde keuken die net zoals voorheen rond nobele producten draait en luxe uitstraalt. We proeven onder meer van een flinterdun taartje met beetgare asperges en daarna lamsvlees op spies gebakken met een keur aan krokante gegaarde groentjes. Ook het dessert met onder meer chocoladetaartje en vanilleroomijs smaakt zuiver. We kijken ernaar uit hoe deze keuken verder zal evolueren.

En 2009, Kasteel Withof avait fermé ses portes. Deux ans plus tard, le propriétaire Cornelis den Braven a estimé que le temps était venu de rouvrir cette adresse. Le restaurant est aménagé dans l'ancienne orangerie et a été rajeuni. Deux petits ascenseurs permettent désormais d'acheminer directement les assiettes de la cuisine située sous le restaurant. Le personnel de salle ne doit donc plus monter et descendre les escaliers, tout bénéfice pour la sérénité en salle. Un seul membre de l'ancienne équipe, maître Hedi Oussaifi, a encore gardé son poste. Il connaît la maison et dirige la nouvelle brigade avec brio, élégance et tact. Le Breton Jean-Paul Cudennec officie en cuisine. Il a travaillé dans différentes grandes maisons parisiennes. Ses envois sont raffinés et n'utilisent que des produits nobles et de luxe. Nous avons goûté, entre autres, une tartelette aux asperges cuites à point et de l'agneau à la broche avec un éventail de petits légumes cuits croquants. Le dessert était aussi d'une grande pureté : entre autres, une tartelette au chocolat et une glace à la vanille. Nous sommes impatients de voir comment cette cuisine évoluera.

Lucius ☺

Bredabaan 570 - 2930 Brasschaat
☎ 03 653 27 27 📠 03 653 27 72
info@lucullus.be - http://www.lucullus.be
🏠 0:00 🔒 di/ma wo/me do/je vr/ve 🔒 di/ma wo/me do/je vr/ve
🍴 26-50 🍴 50-80 🍴 40

Lucius is het restaurant van het feestzalencomplex Lucullus. Terwijl in Lucullus grote gezelschappen worden verzorgd, wordt in Lucius op kleine schaal gekookt. We kiezen drie gerechten van de kaart: lauwe met champagne gemarineerde zeebaars wordt geserveerd met spinazie, witlof en zure room. Deense kabeljauw komt gebakken met een panade van comtékaas en wordt vergezeld van een bereiding van paling in 't groen, Corne de Gatte-aardappelen afgewerkt met klaverzuring. Een warm appeltaartje met een bol vanilleroomijs is een mooie afsluiter. Gaartijden en afwerking zijn tot in de puntjes verzorgd.

Lucius est le restaurant du complexe de salles de fêtes Lucullus. Alors que Lucullus se charge des grandes, Lucius cuisine à petite échelle. Nous avons choisi trois plats de la carte: bar mariné au champagne, tiède, servi avec des épinards, witloofs et crème épaisse ; ensuite, le cabillaud danois, poêlé et accompagné d'une panade de comté et d'une préparation d'anguille au vert et de pommes de terre Corne de Gatte aromatisées à la surelle. Pour terminer en beauté, une tartelette aux pommes chaude avec un boule de glace vanille. Les temps de cuisson et les finitions sont étudiés jusque dans les moindres détails.

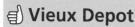 Vieux Depot

Oude Baan 11 - 2930 Brasschaat
☎ 03 653 33 33
http://www.vieuxdepot.be
🏠 22:00 7/7
🍴 12-29

🏠 Afspanning De Kroon

Bredabaan 409 - 2930 Brasschaat
☎ 03 652 09 88 📠 03 653 25 85
info@dekroon.be - http://www.dekroon.be
🏠 0:00 7/7
🛏 15 🔑 95-230 🚗 2

🏠 Het Klokkenhof

Bredabaan 950 - 2930 Brasschaat
☎ 03 663 09 27 📠 03 663 09 28
info@klokkenhof.com - http://www.klokkenhof
🏠 0:00 7/7
🛏 13 🚗 2

Dessel

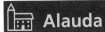 **Alauda**

Turnhoutsebaan 28 - 2480 Dessel

☎ 014 37 50 71   🖷 014 98 92 99
info@alauda.be - http://www.alauda.be
🔓 0:00 ⁷⁄₇
⚘ 16 🍴 75 🍴 70-95 🍷 75-95 📖 95

Edegem

⑬ **Cabanelf**

Mechelsestwg. 11 - 2650 Edegem
☎ 03 454 58 98   🖷 03 455 34 26
info@cabanelf.com - http://www.cabanelf.com
🔓 21:30 🔒 ma/lu za/sa zo/di 🔒 ma/lu zo/di
📅 1 sem. Pâques, 1 sem. juil., 1 sem. sept., 1 sem. Noël / 1 week Pasen,
1 week. juli, 1 week sept., 1 week Kerstmis
📖 38-62 🍷 55

Bij het aperitief komen twee lekkere hapjes: een gepaneerd kabeljauwballetje met linzen en fijngesnipperde selder, en een balletje ganzenlever met truffel (maar de truffelsmaak is ver te zoeken), met ook nog maanzaad, zure room en appel. Lekker dus, maar wel een beetje zwaar om de honger aan te scherpen. Het eerste gerecht is warm gemarineerde makreel met caesarsalade en parmezaanijs. Wij missen harmonie in de smaken. Dan is er gegrilde zeebaars met courgette, selder en chorizo die de smaak te veel bepalen. Het hoofdgerecht is Ierse ribeye van goede kwaliteit en juist gegaard, met oude tomatenvariëteiten. Vooral het tomatentaartje weet te plezieren. Het nagerecht met onder meer een lekkere muffin van rood fruit, die mooi samengaat met tartaar van rabarber, houdt zuur en zoet mooi in harmonie en geeft een verrassend mondgevoel. De chef staat alleen in de keuken en dat laat zich gevoelen. Hij moet te veel hebben klaarstaan om snel borden te kunnen dresseren. De gerechten smaken daardoor nogal vlak. Een puntje minder dit jaar.

L'apéritif s'accompagne de deux délicieux amuse-bouche: une quenelle de cabillaud pané aux lentilles et julienne de céleri et une bille de foie gras d'oie à la truffe (mais il faut bien chercher le goût de la truffe), graines de pavot, crème aigre et pomme. Très bon, mais un peu lourd pour vraiment aiguiser l'appétit. En guise d'entrée, nous avons droit à du maquereau mariné chaud, sa salade Caesar et sa glace au parmesan. Nous regrettons le manque d'harmonie gustative. S'ensuit un bar grillé, courgette, céleri et chorizo qui prennent l'ascendant. Le plat de résistance nous dévoile une entrecôte irlandaise de bonne facture et cuite à point, avec des anciennes variétés de tomates. Le tatin de tomates est un vrai délice. Le dessert, un muffin aux fruits rouges, escorté d'un tartare de rhubarbe, avec les saveurs aigres-douces au diapason et fait chanter les papilles. Le chef est seul en cuisine et ça se rernarque. Il doit avoir trop d'éléments préparés à disposition pour pouvoir dresser rapidement les assiettes. Les plats manquent par conséquent de relief. Un point de moins cette année.

👍 La Rosa ♡

Mechelsestwg. 398 - 2650 Edegem

☎ 03 454 37 25   🖨 03 454 37 26
meyer.larosa@gmail.com - http://www.larosa.be
🗄 21:00   🔒 za/sa zo/di   🔒 zo/di
🗂 18 juil. - 8 août / 18 juli - 8 aug
🍽 28-54   🍷 45-70   🥂 73

🏠 De Basiliek

Trooststr. 20 - 22 - 2650 Edegem

☎ 03 457 00 16   🖨 03 458 23 70
hotel@debasiliek.be - http://www.debasiliek.be
🗄 0:00   7/7
🛏 19

🏠 Ter Elst

Terelststr. 310 - 2650 Edegem

☎ 03 450 90 00   🖨 03 450 90 90
info@terelst.be - http://www.terelst.be
🗄 0:00   7/7
🛏 53   🛏 180   🛏 120-170   🅿 20-80   📶 80   🅿 4   💲 180

Kapellen (Antw.)

👍 BLFLR

Antwerpsestwg., 253 - 2950 Kapellen (Antw.)

☎ 03 664 67 19   🖨 03 665 02 01
info@blflr.be - http://www.debellefleur.be
🗄 21:00   🔒 ma/lu za/sa zo/di   🔒 ma/lu zo/di
🍽 35-48   🍷 30-60   🥂 50

🍴 Rascasse

Kalmhoutsestwg. 121 - 2950 Kapellen (Antw.)
☎ 03 297 94 29   🖨 03 337 55 77
info@restaurantrascasse.be - http://www.restaurantrascasse.be
🗄 21:30   🔒 ma/lu zo/di   🔒 ma/lu zo/di
🗂 26 déc - 6 janv, 2 sem. Pâques, 31 juil - 13 août, 23 déc - 4 janv /
26 dec - 6 jan, 2 wek. Pasen, 31 juli - 13 aug, 23 dec - 4 jan
🍽 29-55   🍷 35-65   🥂 47

Edwin Denys blijft doordacht koken en ontwikkelt interessante composities rond
goed gekozen hoofdproducten. Zoals in het menu 'Rascasse', met een mooie
compositie van flinterdunne carpaccio van coeur de boeuftomaat, even om en
om gebakken jonge makreel met avocadocrème en basilicum, knapperige voet-
selder, en apart geserveerde tomaat garnaal met frisse gazpacho. Vervolgens
wilde oosterscheldepaling, gelakt en krokant gebakken, met geroosterde spits-

kool en crème van spitskool en bouillon, oosters geparfumeerd met gember en citroengras. Als hoofdgerecht malse Ierse angus geroosterd op de barbecue, met frisse bereiding van pickles van wortel en selder, krokante chips van Ratte-aardappelen en een correcte bearnaisesaus. Twee lichte desserts met voldoende fristonen sluiten de maaltijd af: een granité van ananas en vanille met verse perziken met kokos en een cake geparfumeerd met rum, en als tweede een kogel van karnemelk met frambozen, crunch en melkijs van citroenverbena.

Edwin Denys continue sur sa lancée: une cuisine réfléchie, ponctuée de compositions intéressantes et articulée autour de produits phares choisis avec soin. C'est le cas dans le menu Rascasse, avec une belle association de carpaccio de tomate cœur de bœuf (de l'épaisseur d'une feuille), de jeune maquereau mi-cuit à la crème d'avocat et au basilic, de céleri blanc croquant, et d'une tomate/crevette accompagnée de son gaspacho et servie séparément. Ensuite, une anguille sauvage de l'Escaut oriental, laquée et cuite croquante, avec du chou pointu rôti et un bouillon à l'orientale parfumé au gingembre et à la mélisse. En plat de résistance, une pièce d'Angus irlandais très tendre, passée au barbecue, accompagnée d'une préparation très rafraîchissante de pickels de carottes et de cèleri, de chips croquantes de rattes et d'une sauce béarnaise correcte. Deux desserts légers, suffisamment acidulés, terminent le repas: un granité d'ananas et vanille avec des pêches fraîches et de la noix de coco et un cake parfumé au rhum, et ensuite un boule de lait battu aux framboises, crunch et une glace au lait de verveine-citron.

Schoten

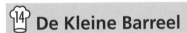 **De Kleine Barreel**

Bredabaan 1147 - 2900 Schoten

📞 03 645 85 84   🖨 03 645 85 03
info@kleine-barreel.be - http://www.kleine-barreel.be
🕤 21:30   ⁷⁄₇
🍽 35-60   💶 47-80   ♦ 45

Zeven dagen op zeven open zijn, is fijn voor de klant, maar een heksentoer voor de equipe. Daarbij maakt chef Harry Van Rooy het zichzelf niet bepaald makkelijk, getuige het gastronomisch menu dat ook nog keuze laat. Je begint met oesters met citroenkomkommer en muurkruid, of vitello tonnato; dan coquilles met rauwe ham en erwtensoepje; of gekonfijt eendenboutje met schorseneren; daarna kabeljauw met gestoofde prei, of kalfswangetjes en medaillon van melkkalf met beukenzwammen; ten slotte is er nog een dessert. Nou moe! Niet te verwonderen dat er al eens iets te ver gegaard is, al deert dat de vaste klanten duidelijk niet.

Être ouvert sept jours sur sept: un rêve pour le client, mais un tour de force pour la brigade. Et le moins qu'on puisse dire, c'est que le chef Harry Van Rooy ne se facilite pas vraiment la tâche, comme en témoigne le menu gastronomique, à choix multiple... Pour commencer, quelques huîtres accompagnées de concombre jaune et de perce-muraille, ou un vitello tonnato; ensuite, des Saint-Jacques au jambon cru et un potage de petits pois ou une cuisse de canard avec des scorsonères. Nous continuons ensuite avec un cabillaud et ses poireaux à l'étouffée, ou de la joue et du médaillon de veau aux shimejis. En finale, encore un dessert... De quoi être largement épuisé! Vu cette succession très soutenue, il n'est pas étonnant que l'un ou l'autre ingrédient pèche par une cuisson trop longue, quoique cela ne semble pas gêner les nombreux habitués.

👍 De Linde

Alice Nahonlei 92 - 2900 Schoten
📞 03 658 47 43
de.linde.bvba@skynet.be - http://www.restaurantdelinde.be
🕐 21:30   🔒 di/ma wo/me   🔒 di/ma wo/me
🧳 vac. de carnaval, congés du bâtiment / Krokusvak., bouwverlof
🍽 26-59   🍷 35-76   🍴 45

🍴⑭ ↗ Villa Doria 🍇

Bredabaan 1293 - 2900 Schoten
📞 03 644 40 10   🖨
info@villadoria.be - http://www.villadoria.be
🕐 22:00   🔒 wo/me   🔒 wo/me
🧳 3 sem. juil., Noël et Nouvel An / 3 wek. juli, Kerstmis en Nieuwjaar
🍷 44-101   🍴 33

Een mix van Italiaanse en Franse gerechten is wat ze hier serveren, en dat vertaalt zich meteen in het eerste gerecht: perfect bereide risotto nero, goed gekruid ook, met kort gebakken Gillardeau-oesters die eerst lichtjes gefrituurd zijn. De mineraliteit van de oesters gaat heel mooi samen met de smeuïge risotto. Echt een topgerecht! In het tweede gerecht proef je de versheid van de spaghetti, venusmosseltjes en courgettes. Een lekkere tomatensaus maakt het af. Het dessert is een smaakvolle creatie van nougatine glacée. Wij aten drie fantastische gerechten. De wijnkaart is een pareltje. Niet te verwonderen dat het hier zeer goed beklant is. Een puntje bij.

Le restaurant allie les influences italiennes et françaises, et témoigne le premier plat: risotto nero parfaitement tourné et bien assaisonné, huîtres Gillardeau légèrement frites et juste saisies. La minéralité des huîtres se marie à merveille avec le fondant du risotto. Un plat de haut vol ! Le deuxième envoi séduit par la fraîcheur des spaghettis aux moules vénus et aux courgettes. Le tout nappé d'une délicieuse sauce tomatée. Le dessert nous offre une création savoureuse à base de nougatine glacée. Nous avons dégusté trois plats fantastiques. Le livre de cave est un modèle du genre. Rien d'étonnant à ce que l'établissement soit pris d'assaut. Un point de plus.

Stabroek

🍴⑭ De Koopvaardij

Hoogeind 96 - 2940 Stabroek
📞 03 297 60 25   🖨
restaurant@dekoopvaardij.be - http://www.dekoopvaardij.be
🕐 22:00   🔒 wo/me za/sa   🔒 di/ma wo/me
🧳 1 sem. Nouvel An, 1 sem. Pâques, 16 - 31 août / 1 week Nieuwjaar, 1 week Pasen, 16 - 31 aug.
🍽 85-110   🍷 8-75   🍴 110

Tim Meuleneire en Wouter Van Tichelen blijven experimenteren met kwaliteitsproducten en kruiden. Lef hebben ze genoeg, maar de complexiteit van hun gerechten groeit hen al eens boven het hoofd. Wij nemen piment d'Espelette met knapperige kropsla, paprika, sesamzaad en te zuur ijs van Belgische pickles. Dan is er ambrette uit Vietnam, zonder de typerende muskusgeur of -smaak, met vlezige, zilte Zeeuwse mosselen en zandwortelen gepekeld in 15 jaar oude nuoc nâm (vissaus), maar dat is er niet aan te merken. Als hoofdgerecht komt hibiscus in geleibolletjes met malse wilde eend en pittige Rouennaise-saus op basis van rode-bietensap, fijn bitter-zoete sinaasappelmoesjes, en fletse mousseline van aardappel en zurkel. Het culinaire verhaal is hier in alle opzichten nog niet af. Verder doen en blijven zoeken !

Tim Meuleneire et Wouter Van Tichelen continuent d'expérimenter avec des produits de qualité et des herbes. Ils ne manquent pas de culot, mais la complexité de leurs plats les dépasse parfois… Nous avons choisi le piment d'Espelette avec salade pommée croquante, poivron, graines de sésame et une glace de pickels belge bien trop acide. Ensuite de l'ambrette du Vietnam, sans son arôme ou son goût typique de musc, avec des moules de Zélande charnue et iodée et des carottes de sable marinées dans du nuoc nâm (sauce de poisson) de 15 ans d'âge, mais cela ne se remarque guère… En plat de résistance, de l'hibiscus en boulettes de gelée et un canard sauvage succulent et une sauce rouennaise à base de jus de betteraves rouges, de petites oranges amères et sucrées, une mousseline de pommes de terre, fade, et de l'oseille. Cette aventure culinaire est encore en devenir, à tous égards. Continuez à chercher sur cette voie !

Wilrijk (Antwerpen)

La terrazza

Prins Boudewijnlaan 326 - 2610 Wilrijk (Antwerpen)
℡ 03 449 92 33
🍽 21:30   🔒 wo/me   🔒 wo/me
💶 32-45

Italiaan zonder franje maar met veel smaak. Zo kunnen we nog het best het atypische Italiaanse restaurantje aan de zuidrand van Antwerpen omschrijven. Het interieur en de eenvoudige kaart lijken misschien niet meteen uitnodigend maar kenners zien dat soms niet ten onrechte als een goed voorteken. Hier wordt zuiver gekookt met een minimum aan kwaliteitsproducten en een maximum aan smaakexpressie. Ambiance bovendien verzekerd en dat allemaal voor correcte prijzen. Wat wil een hongerig en smaakkritisch mens nog meer?

L'Italie dans toute sa simplicité, le goût en plus. C'est ainsi que l'on pourrait décrire cet italien atypique du sud d'Anvers. L'intérieur simplissime et la carte épurée ne semblent pas inviter à s'attabler mais les connaisseurs savent que cela ne veut bien souvent rien dire. Ici la cuisine est pure et repose sur des produits de première qualité magnifiés en préparations savoureuses. L'ambiance est par ailleurs toujours conviviale et le tout se fait à des prix plus que corrects. Que vouloir de plus lorsque l'on est critique et que l'on souhaite se régaler ?

⑬ Spijker

Jozef Kenneslei 16 - 2610 Wilrijk (Antwerpen)
℡ 03 825 68 60
info@restaurantspijker.be - http://www.restaurantspijker.be
🍽 21:30   🔒 ma/lu di/ma za/sa zo/di   🔒 zo/di
💶 53-73   💶 59   🍷 67

Geertje Werckx bevestigt haar koksmutsstatus. In haar huiskamerrestaurant geniet u van een menu in twee tot vijf gangen. Er is eerst makreel, gebakken, gemarineerd en gerookt, dan heilbot met een dressing met curry en limoen. Vervolgens komen patrijs en korhoen met pruimen, savooi, hazelnoot en paddenstoelen, en daarna is er nog hert met tomaat, selder, gnocchi en een sausje van rozemarijn en salie. U sluit af met kaas of zoet. Naast passende wijnen zijn er ook geselecteerde bieren.

Geertje Werckx a confirmé sa toque ! Dans son restaurant-salon, elle vous propose un menu de deux à cinq plats. Commençons par du maquereau, poêlé, mariné et fumé, puis de l'elbot avec une vinaigrette au curry et limon. Ensuite, perdrix et coq de bruyère aux pruneaux, chou de Milan, noisette et champignons. Place enfin au cerf accompagné de tomate, céleri, gnocchi et une petite sauce au romarin et à la sauge. Selon votre goût, vous terminez en mode salé ou sucré. Outre les vins assortis, vous pouvez aussi choisir dans la sélection des bières.

Tiegem

(14) t Moreelsgoed

Westdorp 17 - 8573 Tiegem
📞 056 70 07 65   📠 056 70 21 91
info@moreelsgoed.be - http://www.moreelsgoed.be
🕘 21:00   🔒 ma/lu za/sa   🔒 ma/lu zo/di
📅 25 juil - 25 août / 25 jul - 25 aug
🍴 35-70   🍷 50-65   🥂 45

Een goede start is al de helft van het tafelplezier. Superfris is hier de start met carpaccio van tonijn en staartvis met lauwe oriëntaalse vinaigrette, en cannelloni van tonijn met koningskrab. De oosterscheldekreeft die volgt is iets te gaar en droog. Dat wordt goedgemaakt door de perfecte cuisson van rug van hertenkalf met heerlijke braadjus van steranijs en peperkoek. De wijnkaart biedt, spijtig genoeg, weinig keuze. Maar de interessante combinatie van bloedappelsien en steranijs als nagerecht bevestigt dat een puntje bij hier op zijn plaats is.

Une belle entrée en matière et c'est déjà gagné. Nous prenons un départ tout en fraîcheur avec un carpaccio de thon et de lotte à la vinaigrette orientale tiède, et des cannellonis de thon au crabe royal. Le homard de l'Escaut oriental qui suit est un peu trop cuit et trop sec. La cuisson parfaite du dos de faon efface ce bémol. Un jus de cuisson somptueux à la badiane et au pain d'épice l'accompagne. Le livre de cave offre peu de choix. On peut le regretter. Mais la très belle combinaison de pamplemousse rose et d'aster maritime en dessert nous conforte dans l'idée du point supplémentaire.

Arbre (Nam.) ▷ Profondeville

Arlon

(15) Or Saison

av. de la Gare 85 - 6700 Arlon
📞 063 22 98 00   📠
http://www.orsaison.be
🕘 21:00   🔒 ma/lu za/sa zo/di   🔒 ma/lu zo/di
📅 1 sem. janv., 3 sem. Pâques, 2 sem. juil., 1 sem. Toussaint / 1 week jan., 3 wek. Pasen, 2 wek. juli, 1 week Allerheiligen
🍴 18-52   🍷 18-60   🥂 42

Charmante maison d'angle à quelques encablures de la gare d'Arlon. Frédéric César aux fourneaux et son épouse en salle ont fait de cette adresse l'endroit de référence pour les gastronomes de la région. Le cadre est élégant et raffiné, les vins bien choisis et proposés à prix modérés tandis que dans l'assiette se succèdent ce jour-là un pressé de queue de bœuf servi avec un foie gras impeccable avant une brochette de langoustines et son intéressant boudin de la truite fumée. Le bar cuit sur peau ou la pluma de porc ibérique et ses champignons de la forêt d'Anlier le confirment, le chef maîtrise ses classiques et les magnifie au gré…des saisons.

Een charmant hoekhuis op enkele kabellengtes van het station van Aarlen. Frédéric César staat achter het fornuis en zijn echtgenote waakt over de zaal. Zij hebben van dit adresje een plek bij uitstek gemaakt voor de gastronomen uit de streek. Het kader is elegant en verfijnd. De wijnen zijn goed gekozen en worden aangeboden tegen matige prijzen. Die dag opteren we voor geperste ossenstaart geserveerd met onberispelijke foie gras, gevolgd door een brochette van langoustines met een interessante worst van gerookte forel. De op vel gebakken zeebaars of de pluma van Iberisch varken met champignons uit het bos van Anlier bevestigen het: de chef beheerst zijn klassiekers en zet ze kracht bij in het ritme … van de seizoenen.

 ## Le Zinc du Peiffeschof ♡ ☺

ch. du Peiffeschoff 111 - 6700 Arlon
☎ 063 41 00 50   📠 063 22 44 05
info@peiffeschof.be - http://www.peiffeschof.be
🕐 20:30 ⁷/₇
💶 23-34   💶 36-50

Rien ne vient troubler la quiétude de ces lieux mis à part les convives qui viennent s'y restaurer. La cuisine fait la part belle aux saveurs du terroir entre une cuisine d'antan et quelques spécialités revisitées. Salade de volaille farcie d'un fromage au Maitrank et jambon de la Sûre, émulsion à l'estragon ou la cuisse de canard confite et ses nouilles sautées s'inscrivent au tableau. Les vins se dégustent aussi au verre. En toute quiétude puisque l'on peut dormir sur place.

Niets verstoort de rust hier, behalve dan de gasten die hier komen eten. In de keuken wordt hulde gebracht aan regionale producten, gerechten van weleer en enkele specialiteiten die in een nieuw kleedje werden gestopt. Op het bord staan salade van gevogelte met een vulling van kaas met Maitrank en ham van de Sûre met dragonemulsie of gekonfijte eendenbout met gebakken noedels. De wijnen zijn ook verkrijgbaar per glas. In alle rust, want men kan ter plaatse blijven slapen.

Domaine du Château du Bois d'Arlon

rt. de Virton 354 - 6700 Arlon
☎ 063 23 34 41   📠 063 23 70 32
chateauarlon@skynet.be - http://www.chateau-arlon.com
🕐 0:00
📅 2 sem. janv., 2 sem. août / 2 wek. jan., 2 wek. aug.
🛏 10   K 350   K↓ 125-370   P 150-440   🛏 440   🛏 3   S 350

Toernich

15 La Régalade

Burewee 26 - 6700 Toernich
063 22 65 54   063 22 65 54
laregalade@skynet.be - http://www.laregalade.be
21:00   wo/me za/sa   di/ma wo/me
2 - 11 janv., 20 août - 5 sept. / 2 - 11 jan., 20 aug. - 5 sept.
37-56   50-66   69

Nous sommes au sud de la Belgique mais on pourrait se croire quelques centaines de kilomètres plus bas tant Sandrine, originaire du Midi, a insufflé ici un esprit et une âme chaleureuse comme on les apprécie là-bas. La décoration, le service tout sourire, tout contribue à un agréable moment attablé. Dans l'assiette, son mari nous envoie ce jour-là un cylindre de porcelet aux herbes avec une crème de jambon pour débuter. Pour suivre, une soupe crémeuse de pommes de terre au galanga et quelques escargots. En plat, le lapereau aux légumes du Sud avant une figue pochée et sa glace aux épices. Le tout est impeccablement réalisé et s'arrose de quelques régalades bien sélectionnées.

We bevinden ons in het zuiden van België, maar een mens zou zich enkele honderden kilometers verder zuidwaarts kunnen wanen... Sandrine, die afkomstig is van Zuid-Frankrijk, heeft hier immers voor de gezellige geest en de warme ziel van ginder gezorgd. De decoratie en de bediening met de glimlach dragen bij aan een aangenaam tafelmoment. Haar man bereidt die dag om te beginnen een rolletje van speenvarken met kruiden en room met ham. Daarna aardappelroomsoep met galanga en enkele escargots. Als hoofdgerecht jong konijn met zuiderse groenten, en tot slot gepocheerde vijg met kruidenijs. Alles is onberispelijk bereid. Hierbij worden enkele zorgvuldig geselecteerde wijnen geschonken.

As

13 Hostellerie Mardaga

Stationsstr. 121 - 3665 As
089 65 62 65   089 65 62 66
info@hotelmardaga.be - http://www.hotelmardaga.be
21:00   ma/lu za/sa   ma/lu zo/di
1-12 jan., 8-25 juil / 1 - 12 jan., 8-25 juli
39-80   18-45   40

Gezellig tafelen is het hier zeker, maar wat op het bord komt is van wisselvallig niveau. Wij twijfelen aan de versheid van de producten, en de gerechten zijn niet creatief. Er komt met de hand gesneden, maar flauwe tartaar van Ierse ossenhaas met twee kleine oesters en een veel te zoete champagnevinaigrette. Weinig smaak ook in de ossobuco van kreeft en zeeduivel, met gegrilde zuiderse groenten, zwarte olijven en schuim van parmezaanse kaas. Het kaasschuim geeft nog enig pit. Aan de overkant van de tafel komt een perfect gegrild stuk kalfshaas, sappig en delicaat. Het dessert is ook goed: abrikozenparfait met lekker vanille-ijs, Amarenakrieken opgelegd in kirsch, en smakelijke crumble van hazelnoten. Door het erg wisselvallig karakter van het geheel gaat er een punt verloren.

S'il est agréable de s'y attabler, force est toutefois de reconnaître que le traitement de l'assiette est pour le moins irrégulier. Nous émettons quelques doutes quant à la fraîcheur des produits et les plats manquent de créativité. Pour commencer, un tartare de filet de bœuf coupé au couteau, insipide, avec deux huîtres et un excès de vinaigrette au champagne trop sucrée. La même fadeur est présente dans l'ossobuco de homard et de lotte accompagné de légumes provençaux grillés, d'olives noires et d'un espuma de parmesan. La mousse de fromage relève l'ensemble. Notre vis-à-vis a quant à lui reçu un filet de veau parfaitement cuit, succulent, très délicat. Le dessert est aussi correct : parfait d'abricot secondé d'une délicieuse glace vanille, des cerises Amarena marinées dans le kirsch et un délicieux crumble de noisettes. Un point de moins en raison de ces prestations en dents de scie.

Mardaga

Stationsstr. 121 - 3665 As
℡ 089 65 62 65   🖷 089 65 62 66
info@hotelmardaga.be - http://www.hotelmardaga.be
🔓 0:00 ⁷⁄₇
📋 1 - 11 janv., 8 - 25 juil. / 1 - 11 jan., 8 - 25 juli
🚗 18   ⬥ 95-185   🅿 36-42   🛏 42   🚗 7   🅂 185

Asse ▷ Bruxelles environs - Brussel omstreken

Astene ▷ Deinze

Avelgem

Karekietenhof

Scheldelaan 20 - 8580 Avelgem
℡ 056 64 44 11   🖷 056 64 76 11
info@karekietenhof.be - http://www.karekietenhof.be
🔓 0:00 ⁷⁄₇
🚗 5   ⬥ 95-125   🅿 35

Awenne ▷ Saint-Hubert

Aywaille

Tibolla

Place Joseph Thiry 27 - 4920 Aywaille
📞 04 384 53 45
info@restaurant-tibolla.be - http://www.restaurant-tibolla.be
🍴 21:45   🔒 di/ma   🔓 ma/lu di/ma wo/me
📅 15 jrs. vac. de Carnaval, 8 - 15 sept. / 15 d. Krokusvak., 8 - 15 sept.
🍽 23   💶 27-46   🍷 50

La Villa des Roses

av. de la Libération 4 - 4920 Aywaille
📞 04 384 42 36   🖶 04 384 74 40
info@lavilladesroses.be - http://www.lavilladesroses.be
🍴 20:30   🔒 ma/lu di/ma   🔓 ma/lu di/ma
📅 4 janv. - 4 fév., 13 sept. - 14 oct. / 4 jan. - 4 feb., 13 sept. - 14 okt.
🍽 16-60   💶 30-50   🍷 60

Baileux ▷ Chimay

Balâtre

🏠 L'Escapade

pl. de Balatre 123 - 5190 Balâtre
📞 081 58 85 08   🖶 081 55 97 81
lescapade@skynet.be - http://www.lescapade-net
🍴 0:00
📅 Carnaval , début janv., 10 jrs. fin août / Krokus, eerste dg. jan.,
10 dg. eind aug.
🍴 9   ℗ 70-130

Balen

⑬ Theater ☺

Steegstr. 8 - 2490 Balen ⛨
☎ 014 81 19 06   🖨 014 81 19 07   [MasterCard] [VISA] [AMERICAN EXPRESS]
stefaan.de.boeck@telenet.be - http://www.restauranttheater.be
🕐 21:00   🔒 wo/me   🔒 di/ma wo/me
📅 1 - 5 jan, 15 - 29 fev, 16 - 31 août / 1 - 5 jan, 15 - 29 feb, 16 - 31 aug.
🍽 30-43   🍷 25-47   🥂 47

Stefan De Boeck bereidt een klassieke, smakelijke keuken. In het najaarsmenu zijn er eerst Zeeuwse mosselen met grijze garnalen en avocado. Dan krijg je gepocheerde kabeljauw met wittewijnsaus en druiven, en als hoofdgerecht wilde eend met champignons, uitjes en puree van witlof. Er is ook nog een warm appeltaartje met ijs. Goede prijs-kwaliteitverhouding.

Stefan De Boeck propose une cuisine goûteuse et classique. Son menu d'automne commence par des moules de Zélande aux crevettes grises et avocat. Ensuite, un cabillaud poché avec une sauce au vin blanc et des raisins, et, en plat de résistance, du canard sauvage aux champignons, petits oignons et purée de la witloof. Pour conclure, une petite tarte aux pommes chaude avec de la glace. Bon rapport qualité/prix.

Barvaux-sur-Ourthe

⑭ Le Cor de Chasse

r. Petit Barvaux 97 - 6940 Barvaux-sur-Ourthe   [JEUNES RESTAURATEURS D'EUROPE]   🚗 🏠 🔒 ⛨
☎ 086 21 14 98   🖨 086 21 35 85   [MasterCard] [VISA] [AMERICAN EXPRESS]
info@lecordechasse.be - http://www.lecordechasse.be
🕐 21:00   🔒 di/ma wo/me   🔒 di/ma wo/me
📅 1 - 15 janv., 1 sem. de Pâques, 15 jrs. juil. 1 sem. sept., 1 sem. nov. / 1 - 15 jan., 1 week Pasen, 15 d. juli, 1 week sept., 1 week nov.
🍽 30-62   🍷 23-36   🥂 45

Dit prachtige etablissement in de heuvels van Barvaux-sur-Ourthe verhuist in het voorjaar van 2012 naar een prachtige vierkantshoeve enkele kilometers verderop in het dorpje Wéris, een van de mooiste dorpjes in Wallonië. In afwachting spreidt Mario Elias zijn talent en zijn knowhow tentoon via een heerlijke kaart. De zalm is fris met een espuma van granny smith en passievrucht, terwijl de gebakken foie gras koud opgediend wordt. Vervolgens wordt bij de kabeljauw een artisjokroomsaus geserveerd, samen met enkele stukjes mango en Jamaicaanse pepers. Aan de overkant: kalfszwezerik met erwtjes en tuinbonen. Mevrouw verzorgt de bediening als de perfecte vrouw des huizes.

Cette superbe demeure sur les hauteurs de Barvaux-sur-Ourthe déménagera au printemps 2012 dans une très belle ferme en carré à quelques kilomètres de là, dans le superbe petit village de Wéris, l'un des plus beaux de la Wallonie. En attendant, Mario Elias distille son talent et son savoir-faire à travers une carte assez gourmande. Le saumon donne dans la fraicheur avec un espuma de granny smith et fruits de la passion tandis que le froid gras rôti est servi froid. Pour suivre, le cabillaud s'accompagne d'une crème d'artichauts agrémenté de quelques mangues aux piments de Jamaïque et son vis-à-vis, le ris de veau, les petits pois et fèves des marais. Madame s'occupe du service et parfaite maîtresse de maison.

Basse-Bodeux ▷ Trois-Ponts

Bastogne

⑬ 🍺 **Wagon Restaurant Léo** ☺

r. du Vivier 4-6 - 6600 Bastogne 🚗 🏠 ❄ ⛱
☎ 061 21 14 41 🖶 061 21 65 08 MasterCard VISA
info@wagon-leo.be - http://www.wagon-leo.com
🔓 0:00 🔒 ma/lu 🔒 ma/lu
🍽 33-37 🍽 24-59

Au centre de Bastogne, cette enseigne voit accourir plus d'un amateur d'une cuisine de brasserie bien faite doublée d'un banc d'écailler dont la fraîcheur est garantie par la récurrence des commandes de la très fidèle cliente. Que l'on opte pour une salade généreuse, un plateau de fruits de mer ou une dégustation de jambon de la Sûre affiné 20 mois durant, on se régale. L'Angus et le Simmental se partagent l'ardoise du boucher tandis que les poissons et même une carte végétarienne ne sont pas en reste. Le cadre et le service contribuent également à un plaisir constant à chacune de vos visites.

In het centrum van Bastogne kan dit restaurant rekenen op bijval bij de liefhebbers van een goed bereide brasseriekeuken. Bovendien kunt u hier ook terecht voor een schaaldierenbank waarvan de versheid verzekerd wordt door de herhaalde bestellingen van de zeer trouwe klanten. Of u nu opteert voor een weelderige salade, een zeevruchtenschotel of een degustatie van ham van de Sûre die 20 maanden rijpte: hier geniet u echt. Op het bord staan zowel Angus als Simmental, maar ook de viskaart en zelfs een vegetarische kaart moeten niet onderdoen. Ook het kader en de bediening dragen bij aan een constant genot bij elk bezoek.

🏨 **Collin**

pl. Mc Auliffe 8-9 - 6600 Bastogne 🚗 🏠
☎ 061 21 48 88 🖶 061 21 80 83 MasterCard VISA AMERICAN EXPRESS
hotel-collin@hotel-collin.com - http://www.hotel-collin.com
🔓 0:00 ⁷⁄₇
🛏 16 🛏 67-85 🛏 1 💲 160

🏨 **Leo at Home**

r. du Vivier 16 - 6600 Bastogne 🚗 🏠 ♿ ❄ 🐾
☎ 061 21 14 41 🖶 061 21 65 08 MasterCard VISA
restaurant@wagon-leo.com - http://www.hotel-leo.com
🔓 0:00 ⁷⁄₇
🛏 12 🛏 67-105 🍽 15-35 🍽 35 🛏 2 💲 185

Battice ▷ Herve

Baudour ▷ Mons

Bazel

Hofke van Bazel

Koningin Astridplein 11-13 - 9150 Bazel
📞 03 744 11 40/0475 70 78 22   🖨 03 744 24 00
info@hofkevanbazel.be - http://www.hofkevanbazel.be
🕐 21:00   🔒 ma/lu   🔒 ma/lu
🍴 35-69   🍷 55-75   🍴 50

Gastvrouw Gina Miurin en chef Kris De Roy staan niet alleen borg voor een attente dienst en een smaakrijke keuken. Ze zorgen er ook voor dat het comfortniveau van hun zaak voortdurend stijgt. Gasten verwennen lijkt hun motto en daarvoor worden moeite noch kosten gespaard. De Roy is daarenboven bijzonder leergierig, staat zelfkritisch tegenover zijn keuken en verdiept zich in technieken, producten en methodes om zijn smaakrepertoire nog meer diepgang te geven.

La maîtresse de maison Gina Miurin et le chef Kris De Roy sont les garants d'un service attentif et d'une cuisine très goûteuse. Mais ce n'est pas tout ! Ils veillent aussi à améliorer en permanence le niveau de confort de leur établissement. Il semble que leur devise soit de « dorloter les clients » et ils ne ménagent ni les efforts ni les investissements. De Roy est par ailleurs toujours avide d'en apprendre davantage, fait preuve d'autocritique et approfondit des techniques, produits et méthodes pour encore donner plus de contraste à son répertoire gustatif.

Grandrieu

Le Grand Ryeu

r. Goëtte 1 - 6470 Grandrieu
📞 060 45 52 10   🖨 060 45 62 25
alain.boschman@legrandryeu.be - http://www.legrandryeu.be
🕐 20:30   🔒 di/ma wo/me do/je   🔒 di/ma wo/me do/je zo/di
🍴 35-55   🍷 40-60   🍴 42

C'est toujours par la faim que commence un bon repas. Telle est la devise de la maison qui ne déroge pas à cette règle en offrant une cuisine généreuse et gourmande à souhait. Il faut dire que chez les Boschman, on sait ce que c'est la cuisine. De père en fils. Alain et son épouse veillent sur la maison familiale depuis plus de 20 ans avec toujours la même constance. Dans les salles récemment rénovées, Marie-Noëlle accueille les gourmets et les guidant dans leurs choix, tandis qu'en cuisine, Alain et sa jeune brigade signent une cuisine du terroir créative autour, notamment, d'un foie gras au chocolat ce jour-là, suivi d'un bœuf et son jus de champignons et truffes avant une fondue d'ananas servie avec un lait de bananes caramélisées. Le tout se déguste ou…s'apprend aux cours donnés par le chef dans sa cuisine.

Een goede maaltijd begint altijd met honger. Dat is het devies van dit huis dat geen uitzondering vormt op deze regel en dan ook een overvloedige en uiterst smaakvolle keuken aanbiedt. Het moet gezegd dat de familie Boschman weet wat koken is. Van vader op zoon. Alain en zijn echtgenote waken intussen al meer dan 20 jaar over het familierestaurant, altijd met dezelfde constantheid. In de onlangs gerenoveerde zalen verwelkomt Marie-Noëlle de fijnproevers en helpt ze hen om hun keuzes te maken. In de keuken bereiden Alain en zijn jonge brigade een creatieve regionale keuken met die dag onder meer foie gras met chocolade, gevolgd door rund met champignon- en truffeljus en daarna ananas met melk van gekarameliseerde bananen. Om van te genieten of … zelf te leren bereiden tijdens de kooklessen die de chef geeft in zijn keuken.

Montignies-Saint-Christophe

Lettres Gourmandes ♡

rte de Mons 52 - 6560 Montignies-Saint-Christophe
℡ 071 55 56 22
http://www.lettresgourmandes.be
🔓 21:00   🔒 wo/me do/je   🔒 wo/me do/je zo/di
📅 19 - 31 déc. / 19 - 31 dec.
🍴 20-48   🍷 45-55   ☕ 30

Solre-Saint-Géry

Le Prieuré Saint-Géry 🍇

r. Lambot 9 - 6500 Solre-Saint-Géry
℡ 071 58 97 00   🖨 071 58 96 98
leprieure@skynet.be - http://www.prieurestgery.be
🔓 21:30   🔒 ma/lu di/ma   🔒 ma/lu di/ma zo/di
📅 1 - 16 janv., 20 - 31 août / 1 - 16 jan., 20 - 31 aug.
🍴 32-90   ☕ 70

Vincent Cardinal fait ce qu'il aime et peut bien faire: cuisiner. Il intrigue avec ses combinaisons, dorlote les produits avec une cuisson parfaite, marie, dans une subtile alchimie, les goûts et les couleurs, et vous permet ainsi de tutoyer sa volonté de perfection. Le premier plat est une cascade de goûts : une raie, succulente, au crabe qui confère des notes supplémentaires de douceurs et d'iode. Elle est accompagnée de délicieux légumes : aubergines et courgettes poêlées parsemées de dés de tomates jaunes, bleues et rouges. Ensuite, place au cabillaud d'une qualité rare secondé de foie gras d'oie parfaitement cuit et de la truffe d'été, qui ajoute une dimension terreuse et sensuelle. Tous les goûts s'assemblent à la perfection. Pour encore régaler davantage les papilles, il y a ces mange-tout qui fondent littéralement dans la bouche. Nous clôturons avec une somptueuse assiette de fromages avec une tranche de pain de châtaignes tout frais et des fruits secs. Une nuée de délices dans une atmosphère chaleureuse et agréable.

Vincent Cardinal doet wat hij graag doet en wat hij goed kan: koken. Hij intrigeert met zijn combinaties, vertroetelt de producten met een perfecte garing, werkt subtiel met geuren en kleuren en laat je zo proeven van zijn streven naar perfectie. Het eerste gerecht is een waterval van smaken: frisse, sappige rog met krab die een extra zoet-zilte smaak geeft. Daarbij komen lekkere groenten: gebakken aubergines en courgetten met ertussen gele, blauwe en rode blokjes tomaat. Dan is er kabeljauw van topkwaliteit met perfect gebakken ganzenlever en zomertruffel die een zwoele aardse smaak toevoegt. Alle smaken gaan harmonieus samen. Om de smaakpapillen nog meer te verwennen zijn er mangetouts, die smelten in de mond. Wij sluiten af met een schitterend bord kazen met vers gebakken kastanjebrood en brood met gedroogde vruchten. Al dat lekkers nemen wij tot ons in een warme, gezellige sfeer.

Beernem ▷ Brugge

Beervelde

Renard

Dendermondsestwg. 19 - 9080 Beervelde
📞 09 355 77 77 📠 09 361 20 27
info@renard-beervelde.be - http://www.renard-beervelde.be
🕤 21:30 🔒 ma/lu di/ma 🔒 ma/lu di/ma zo/di
💶 55-85 💶 70-90 🍷 65

Robby Van Puyvelde bevestigt zijn upgrade van vorig jaar. Hij bereidt creatieve gerechten op basis van kwaliteitsproducten en heeft aandacht voor garing én evenwicht in het bord. In het maandmenu begin je met makreel en oester met bloemkool, komkommer, avocado en appel. Dan is er zeetong, gegrild met waterkers en algen, aardappelsalade, remouladesaus en wulken. Zwezerik komt met eekhoorntjesbrood, lente-ui en zomertruffel, en wilde eend verschijnt rosé gegaard met bulgur, gekonfijte citroen, rozemarijn, beukenzwam, pompoen en hazelnoot. U begrijpt dat de chef een smaakevenwichtskunstenaar moet zijn! Feest- en vergaderzaal. Prachtig terras en mooie tuin.

Robby Van Puyvelde confirme sa montée en puissance de l'année dernière. Il signe des envois créatifs sur la base de produits de qualité et veille attentivement à la cuisson des ingrédients et à l'équilibre sur l'assiette. Dans le menu du mois, nous avons commencé par un maquereau et une huître avec du chou-fleur, du concombre, de l'avocat et de la pomme. Ensuite, une sole, grillée avec du cresson de fontaine et des algues, et accompagnée d'une salade de pommes de terre, d'une sauce rémoulade et de la buccins. Le ris de veau se pare de cèpes, de cébettes et de truffe d'été, et le canard sauvage est cuit rosé et s'entoure de boulgour, citron confit, shimejis, potiron et noisette. Vous comprendrez que le chef est un funambule des mariages gustatifs ! Salle des fêtes et de réunion. Superbe terrasse et beau jardin.

Beerzel

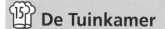 De Tuinkamer ☺

Hoogstraat 72 - 2580 Beerzel
📞 015 75 59 90 📠 015 25 35 35
info@detuinkamer-broodhuys.be -
http://www.detuinkamer-broodhuys.be
🕤 21:30 🔒 ma/lu di/ma za/sa 🔒 ma/lu di/ma
📅 3 sem. l'été, 2 sem. Noël et Nouvel An / 3 wek. zomer, 2 wek. Kerst en Nieuwjaar
💶 38-87 💶 26-60 🍷 119

Slechts drie jaar geleden installeerde Ken Verschueren zich in De Tuinkamer, op de eerste verdieping boven bakkerij Het Broodhuys. Hij kwam met een goede bagage aan de start: 6 jaar souschef in Folliez en 3 jaar souschef bij Sergio Herman. Ondertussen hoort hij tot de betere middenmoot van de Belgische chefs. Vorig jaar mocht hij een tweede koksmuts op zijn palmares schrijven. Zijn gerechten zitten vol smaaksensaties en onverwachte technieken. In het degustatiemenu combineert hij zeebaars met inktvis, met frisse structuren van komkommer en Noordzeekrab en gin. Drie soorten oesters: Guillardeau, Belon en Zeeuwse platte serveert hij met sesam, in een zoetzure versie en met eendenlever en oesterwortel. Jonge patrijs brengt hij samen met pompoen en spitskool, afgewerkt met truffel. Hiermee bevestigt hij zijn opmars.

Il y a trois ans, Ken Verschueren s'installait au Tuinkamer, juste au-dessus de la boulangerie Het Broodhuys. Il pouvait se targuer d'avoir un solide bagage: 6 ans au poste de second du restaurant Folliez et 3 ans à la droite de Sergio Herman. Il fait désormais partie du haut du panier des chefs belges. L'an dernier, il a décroché une deuxième toque. Garants d'innombrables sensations gustatives, ses plats débordent de techniques inattendues. Le menu dégustation associe le bar à la seiche. Le tout ponctué de structures rafraîchissantes de concombre, de crabe de la mer du Nord et de gin. Le chef sert ses trois variétés d'huîtres (Gillardeau, Belon et plates de Zélande) avec du sésame, en version aigre-douce et accompagnées de foie gras de canard et de salsifis des prés. Le jeune perdreau s'adjoint une escorte de potiron et de chou pointu, ponctuée de truffe. Le chef continue donc sur sa lancée.

Bellegem

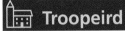 Troopeird

Doornikserijksweg 74 - 8510 Bellegem
℡ 056 22 26 85   🖨 056 22 33 63
info@troopeird.be - http://www.troopeird.be
🔓 0:00 7/7
📅 21 juil. - 15 août / 21 juli - 15 aug.
🍴 14   ℂк 100   ℂк 80-130

Bellem ▷ Aalter

Bellevaux-Ligneuville

🎩14 Le Moulin   🍇♡

Grand'Rue 28 - 4960 Bellevaux-Ligneuville
℡ 080 57 00 81   🖨 080 57 07 88
moulin.ligneuville@skynet.be - http://www.hoteldumoulin.be
🔓 21:00   🔒 wo/me do/je   🔒 wo/me do/je
🍽 35-75   🍴 16-35   🍷 49

Martina et Jean Goire n'ont de cesse de satisfaire une clientèle toujours plus cosmopolite dans le petit village de Ligneuville. La carte évolue au gré des saisons et des produits locaux dont nous avons pu découvrir quelques suggestions du moment. Après quelques mises en bouche, le feuilleté d'escargots et sa crème d'ail raviront les papilles férues de ce célèbre gastéropode. Les Saint-Jacques juste rôties s'accompagnent d'une brunoise de poivrons fondants et de son toast aux olives noires. Le tout formant un beau contraste. Quant à notre chevreuil, présenté en brochette, il se pose sur une embeurrée de choux de Savoie et gâteau de pommes de terre. Le tout est goûteux à souhait. En cave, bel assortiment de vins français et d'ailleurs avec de très belles découvertes du vignoble allemand dont le chef est expert.

Martina en Jean Goire blijven maar hun steeds meer kosmopolitische klanten tevreden stellen in het dorpje Ligneuville. De kaart evolueert mee met de seizoenen en de lokale producten, waarvan we enkele suggesties van het moment konden ontdekken. Na enkele aperitiefhapjes volgde een bladerdeeggebakje van wijngaardslakken met lookroom. Een streling voor de smaakpapillen die trouw zijn aan deze beroemde slakachtige. De kort aangebakken Sint-Jakobsnootjes worden geserveerd met dobbelsteentjes paprika die smelten in de mond en toast met zwarte olijven. Het geheel vormt een mooi contrast. Onze reebok aan een spies ligt op een bedje van savooikool en aardappeltaart. Heel smaakvol. In de kelder ligt een mooi assortiment wijnen uit Frankrijk en andere landen, met zeer mooie ontdekkingen uit de Duitse wijngaard, waarin de chef gespecialiseerd is.

Berchem (Antwerpen) ▷ Antwerpen

Beringen

Ten Caetermere

Buitingstr. 145 - 3580 Beringen
℡ 011 45 80 80   🖷 011 45 80 81
hotel.ten.caetermere@skynet.be -
http://www.hotel-ten-caetermere.com
🔓 0:00 ⁷⁄₇
🚗 8   🅿 25 ▮ 1   🕐 6   ⑤ 120

Berlaar

Het Land   ♡ ☺

Smidstr. 39 - 2590 Berlaar
℡ 03 488 22 56
info@hetland.be - http://www.hetland.be
🔓 21:30   🔒 ma/lu do/je za/sa zo/di   🔒 ma/lu zo/di
📅 1 sem. vac. de Pâques, 3 sem. août, Noël et Nouvel An, jours fériés /
1 week paasvak., 3 wek. aug., Kerstmis en Nieuwjaar, feestdagen
🍽 35-64   🍴 16-24   🍷 51

Chef Steven Bes bereidt gerechten die zuiver van smaak zijn en die hij decoratief op het bord brengt. Een zilt mosselsoepje met kokos en selder, als aperitiefhapje, toont verfijning zonder poeha. Wij starten met tartaar van tonijn met gerookte paling en langoustine. Meteen valt de zorg voor presentatie op. De tartaar is met zijn zure en frisse toetsen een voltreffer, de grote langoustine is perfect gegaard, en de twee stukjes gerookte paling passen mooi in het geheel. Klasse! De babytarbot met zomertruffel is daarna een tegenvaller, maar dat heeft alleen met de vis te maken. Die heeft weinig body. Dat is zonde, want er is opnieuw veel aandacht voor de bereiding: heerlijke tuingroenten en sausjes geven de vis toch nog enige glans. Het hoofdgerecht is op lage temperatuur gegaarde jonge barbarie-eend, sappig en intens. Pure smaak komt ook van de garnituur van girolles, artisjok en gekonfijte rode ui, en een zoetzure saus doet de eend alle eer aan. Er is nog een dessert van abrikoos, frangipane en ijs van citroen verbena: alle nuances en texturen zijn opnieuw mooi in balans. Steven Bes gaat voluit voor diepgang en verfijning, en het resultaat is meer dan geslaagd. En voor de prijs moet u het zeker niet laten. Uitgebreide wijnkaart. Prachtige tuin met terras.

Le chef Steven Bes orchestre des envois aux saveurs authentiques et joliment dressés. La soupe de moules à la coco et au céleri servie en guise de mise en bouche est un exemple de raffinement sans fioritures. Le repas s'ouvre sur un tartare de thon, anguille fumée et langoustine. Le souci de la présentation nous saute d'emblée aux yeux. Ponctué de touches d'acidité tout en fraîcheur, le tartare met dans le mille. La langoustine est parfaitement cuite et les deux tronçons d'anguille se fondent harmonieusement dans l'ensemble. La classe ! Le turbotin à la truffe d'été nous déçoit, mais c'est uniquement la faute du poisson. Il manque de corps. C'est dommage, car une fois de plus, la préparation avait fait l'objet de toutes les attentions: les légumes du potager et les sauces donnent malgré tout un certain éclat au poisson. Le plat de résistance se compose d'un jeune canard de Barbarie cuit à basse température, fondant et intense. La garniture mise elle aussi sur les saveurs authentiques: girolles, artichaut et oignon rouge confit. La sauce aigre-douce fait honneur au canard. Le dessert met en scène l'abricot, la frangipane et la glace à la verveine odorante: toutes les textures et les nuances respectent une fois de plus un équilibre parfait. Steven Bes joue la carte de la profondeur et du raffinement. Et le résultat est plus que réussi. Et vu les prix, ce serait bête de s'en priver. Livre de cave étoffé. Joli jardin avec terrasse.

Berlare

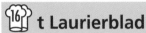 t Laurierblad

Dorp 4 - 9290 Berlare
℡ 052 42 48 01   🖷 052 42 59 97
info@laurierblad.com - http://www.laurierblad.com
🔒 21:30   ⌂ ma/lu di/ma   ⌂ ma/lu di/ma zo/di
🛏 18 janv. - 4 fév., 15 août - 2 sept. / 13 aug - 6 sept, 26 dec - 10 jan
💶 80-100   💶 32-82   🍷 59

Wij verheugen ons al op de paling in 't groen, een van de klassiekers van het huis en in ons geheugen een van de beste van het land. Maar het gerecht maakt een beetje een slordige indruk: te weinig garing, de paling is onvoldoende van graten ontdaan en de saus mist echte verfijning. We waren evenwel goed gestart met sappig bereide koningskrab met een smakelijke kruidenboter. Als hoofdgerecht kiezen (en krijgen) we een gerecht dat niet op de kaart staat: bloedpens. Slagerszoon Guy kan dat als geen ander bereiden. De pens krijgt gezelschap van een heerlijke aardappelpuree en mondverfrissende partjes gebakken appel. Rijke wijnkaart. Vlotte bediening. Guy Van Cauteren is een monument van de Vlaamse terroirkeuken en de man verdient een Oscar voor zijn carrière. Bij ons bezoek zat het restaurant afgeladen vol.

Nous nous réjouissons déjà de manger de l'anguille au vert, un des classiques de la maison, et, de mémoire, l'une des meilleures du pays. Le plat nous laisse néanmoins une impression de négligence: pas assez de cuisson, l'anguille n'est pas suffisamment désarêtée et la sauce manque de raffinement. Tout avait pourtant bien commencé avec du crabe royal succulent et son délicieux beurre aux herbes. En plat, nous demandons (et obtenons) un plat qui ne figure pas à la carte: du boudin. Guy, le fils, est boucher et n'a pas son pareil pour le préparer. Le boudin se voit accompagné d'une excellente purée de pommes de terre et de morceaux de pommes cuites qui apportent de la fraîcheur. Carte des vins étoffée. Service rapide. Guy Van Cauteren est un monument de la cuisine de terroir flamande. L'homme mérite un Oscar pour sa carrière. Lors de notre visite, le restaurant faisait salle comble.

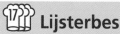

Lijsterbes

Donklaan 155 - 9290 Berlare

📞 09 367 82 29 🖨 09 367 85 50

info@lijsterbes.be - http://www.lijsterbes.be

🕐 21:00 🔒 ma/lu di/ma za/sa 🔒 ma/lu di/ma zo/di

📅 2 - 8 janv., 9 - 15 avr, 14 - 19 mai, 20 août - 10 sept / 2 - 8 jan.,
9 - 15 apr., 14 - 19 mei, 20 aug - 10 sept.

🍴 65-95 🍴 95 🍷 90

Geert Van Der Bruggen houdt onvoorwaardelijk vast aan zijn keukenformule: lekker en gezond. Hij bereidt creatieve gerechten op basis van goede producten, met een prominente plaats voor groenten (van eigen kweek). De chef toont ook een grote gevoeligheid voor harmonie, mondgevoel en cuisson. Wij nemen het viergangenmenu en krijgen eerst mozzarella met verschillende soorten tomaat, die in smaak variëren van gepekeld-zurig tot zoet-zuur. Telkens is er een andere prikkeling in de mond. Zeer fijn. Alleen spijtig dat de tomaten zelf een beetje melig zijn. Op het bord liggen verder nog octopus, granité van kruiden die extra frisheid geeft, beetgare venkelsalade en olijven. Het tweede gerecht is een mals stuk zeebaars, afgekruid met grof zeezout en begeleid door quinoa die op de seconde juist gekookt is: de kiempjes komen piepen ! Daarbij nog een heerlijk kruidige ratatouille en scheermesjes, die wel vers maar ook een beetje taai zijn. Het hoofdgerecht is top: rosé gebakken reerug die smelt in de mond. Het vlees heeft een fijne wilde smaak, die niet te doordringend is. Crème van hanekam maakt elke hap intenser. Ook een pareltje is het dessert van lavendelparfait, die authentiek naar lavendel smaakt, met schijfjes perzik die ook in de lavendelhoning gedoopt zijn. Zeer mooie wijnkaart. Leuke loungebar.

Geert Van Der Bruggen poursuit imperturbablement sa formule culinaire associant délices gustatifs et santé. Ses envois sont créatifs et se basent sur de bons produits, avec une préférence marquée pour les légumes de son potager. Ce chef fait également montre d'une grande sensibilité pour l'harmonie, les textures et la cuisson. Nous choisissons le menu à quatre plats et commençons par de la mozzarella flanquée de différentes variétés de tomates qui font le grand écart gustatif entre l'aigre-doux et l'acide et le salé. Explosions de sensations en bouche. Grande finesse ! Dommage que certaines tomates soient un peu farineuses… L'assiette propose encore du poulpe, un granité de fines herbes, pour une bouffée de fraîcheur, une salade de fenouil à point et d'olives. Nous passons ensuite au bar, succulent, assaisonné de sel marin et accompagné de quinoa cuit à la seconde près, c'est-à-dire quand les germes apparaissent. Ajoutez-y une ratatouille superbement épicée et des couteaux, très frais quoiqu'un rien coriaces. Place ensuite au plat de résistance, du grand art: une selle de chevreuil cuite rosée, fondante, dont le goût de gibier allie raffinement et discrétion de bon aloi. Une crème de chanterelle rendait chaque bouchée plus intense encore. Une autre perle était le dessert: un parfait à la lavande, au goût authentique, accompagné de tranches de pêche trempées dans du miel de lavande. Superbe cellier et lounge bar sympathique.

't Laurierblad

Dorp 4 - 9290 Berlare

📞 052 42 48 01 🖨 052 42 59 97

info@laurierblad.com - http://www.laurierblad.com

🕐 0:00

📅 demi août, fin de l'année / half aug., eindejaar

♟ 5

Berneau

Le Vercoquin

r. Warsage 2 - 4607 Berneau
℡ 04 379 33 63   🖷 04 379 75 88
vercoquin2001@hotmail.com
🔓 21:00   🛏 ma/lu   🍴 ma/lu zo/di
🗓 01 sem. janv., 16 - 31 juil. / 1 week jan., 16 - 31 juli
🍴 35-69   🍷 49-67   🍴 52

Beveren (Leie) ▷ Beveren(-Leie)

Beveren (Leie)

De Grand Cru

Kortrijkseweg 290 - 8791 Beveren (Leie)
℡ 056 70 11 10   🖷 056 70 60 88
info@degrandcru.com - http://www.degrandcru.be
🔓 0:00   🛏 ma/lu zo/di   🍴 ma/lu zo/di
🗓 21 juil. - 15 août / 21 juli - 15 aug.
🍴 30-45   🍷 40-70   🍴 45

Het is altijd een goed teken als een restaurant vol zit. De hapjes maken al meteen duidelijk waarom dat hier ook zo is: wij krijgen een waarlijk schitterend trio van gazpacho van tomaat, mozzarella met tomaat, en mousse van paling. Eenvoudig, maar goed en fris. Dan volgt king crab met zalm. Dit gerecht zie je vaker op een kaart, maar het is niet altijd even geslaagd. Hier wel. Zeer lekker. Wij gaan door met carpaccio van simmentalrund. Het vlees is een beetje belegen en dus vetter. Een kwestie van smaak, maar wij vinden dit zeer goed. Hoofdgerecht is een perfect gebakken tarbot met een sublieme rieslingsaus. Afsluiten doen we met de beste chocomousse ooit ! De chef werkt met terroirproducten van topkwaliteit en doet daar mooie dingen mee. De wijnkaart is top.

Le restaurant affiche complet. C'est toujours bon signe. On comprend pourquoi dès les mises en bouche, qui déclinent le gaspacho en trilogie (tomate, tomate-mozzarella et mousse d'anguille). Simple, mais efficace et tout en fraîcheur. Ensuite, place au crabe royal et à son saumon. Si ce plat figure souvent à la carte, il n'est pas toujours bien tourné. Aujourd'hui, si. Un délice ! Nous poursuivons avec un carpaccio de bœuf Simmental. Légèrement maturée, la viande est donc un peu plus grasse. C'est une gestion de goût, mais elle est tout à fait au nôtre. En plat de résistance: turbot impeccablement cuit en sauce au riesling. Sublime ! Nous terminons par une mousse au chocolat comme nous n'en avons jamais mangé ! Le chef travaille d'excellents produits du terroir pour en faire de très jolies choses. Excellente sélection de vins.

Beveren-Waas

Salsifis

Gentseweg 536 - 9120 Beveren-Waas
℡ 03 755 49 37
salsifis@telenet.be - http://www.salsifis.be
🍴 21:00   🔒 di/ma wo/me za/sa   🔒 di/ma wo/me
🍽 35-55   🍷 47-68   🍴 50

Het restaurant Salsifis onderging een grondige verbouwing en was zes maanden dicht. Vanaf 15 oktober 2011 kan u er genieten van bereidingen zoals gegrilde steenschol met tomaat, basilicum en artisjok; Sint-Jakobsoester met butternut-pompoen, zilverui en ossenstaart en hertenkalf met knolle, peterselie en koffie. Wij bezoeken het restaurant als de werken zijn afgelopen. Dat was bij het afsluiten van deze gids nog niet het geval.

Ce restaurant a subi une transformation radicale et a été fermé pendant six mois. Dès le 15 octobre 2011, vous pourrez y déguster des préparations comme un plie à la tomate, au basilic et à l'artichaut ou encore des Saint-Jacques accompagnées de courge butternut, petits oignons et queue de bœuf, ainsi que le faon aux navets aromatisé au café et au persil. Nous visiterons le restaurant quand les travaux seront terminés. Ce n'était pas encore le cas au moment de boucler ce guide.

Van Der Valk Hotel Beveren

Gentseweg 280 - 9120 Beveren-Waas
℡ 03 775 86 23   🖨 03 755 27 97
info@hotelbeveren.be - http://www.hotelbeveren.be
🛏 0:00   7/7
🛏 140   🔑 250   🛏 5   💲 230

Beveren-Waas ▷ Beveren(-Waas)

Bilzen

👍 Bevershof   ☺

Hasseltsestr. 72 - 3740 Bilzen
℡ 089 41 23 01   🖨 089 41 26 02
info@bevershof.be - http://www.bevershof.be
🍴 0:00   🔒 ma/lu di/ma   🔒 ma/lu di/ma
🗓 6 - 26 oct. / 6 - 26 okt
🍽 43   🍷 56   🍴 70

 **t Vlierhof**

Hasseltsestr. 57A - 3740 Bilzen
📞 089 41 44 18
info@vlierhof.be - http://www.vlierhof.be
🕐 21:30   🔒 wo/me za/sa   🔒 ma/lu wo/me
📅 début août / begin aug.
🍴 35-62   🍴 52-61   🍷 51

Chef Dominique Vreven bereidt mooie, evenwichtige gerechten met veel aandacht voor groenten en kruiden uit zijn biologische moestuin. Het uitgangspunt van de chef is dat de natuur voor smaak zorgt. Geef hem eens ongelijk! Er is een seizoenmenu voor € 35. Je start met kalfszwezeriken met ijskruid en tomatillo's, of tomatensalsa met grijze garnalen. Het hoofdgerecht is eend met perzik, tuinbonen, cantharellen en Ratte-aardappelen, of pladijs met aubergines, muskaatcourget, tomaten en Griekse basilicum. Het dessert zijn gegratineerde braambessen met tripel van Herkenrode of een selectie bio-kazen. Er is een zondagsmenu van twee gangen voor € 32.

Le chef Dominique Vreven envoie des plats équilibrés et joliment présentés. Il a une préférence pour les légumes et les herbes de son propre potager bio. Le point de départ du chef réside dans les goûts présents dans la nature. Impossible de lui donner tort ! Il y a aussi un menu de saison affiché à 35 euros. Nous avons commencé par des ris de veau à la ficoïde glaciale et aux tomatilles ou une salade de tomate aux crevettes grises. Le plat principal est un canard aux pêches, fèves, chanterelles et rattes, ou une plie aux aubergines, courgette musquée, tomates et basilic grec. Les desserts sont des mûres gratinées à la triple d'Herkenrode ou une sélection de fromages bio. Le menu de dimanche à deux plats s'affiche à 32 euros.

Mopertingen

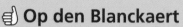 **Op den Blanckaert**

Michel Moorsplein 1 - 3740 Mopertingen
📞 089 50 35 91
info@opdenblanckaert.be - http://www.opdenblanckaert.be
🕐 21:00   🔒 ma/lu di/ma za/sa   🔒 ma/lu di/ma
📅 14 - 22 mars, 13 juin - 5 juil., 17 oct. - 1 nov. / 14 - 22 maart, 13 juni - 5 juli, 17 okt. - 1 nov.
🍴 30-52   🍴 44-49   🍷 52

Bissegem ▷ Kortrijk

Blanden ▷ Leuven

Blankenberge

👍 Borsalino

Kerkstr. 159 - 8370 Blankenberge   🏠 ♿ 🌂
☎ 050 42 74 89   📠 050 42 74 24
andremoerman1@skynet.be - http://www.restaurantborsalino.be
🕤 21:30   🔒 ma/lu   🔒 ma/lu do/je
📅 Carnaval / Krokus
🍴 19-30   🍷 12-23   🍴 30

👍 Moeder Lambic

Jules de Troozlaan 93 - 8370 Blankenberge
☎ 050 41 27 54   📠 050 41 09 44
hotel@moederlambic.be - http://www.moederlambic.be
⁷/₇

Philippe Nuyens ♡

Jules de Troozlaan 78 - 8370 Blankenberge   🏠
☎ 050 41 36 32   📠 050 41 36 32
🕤 21:00   🔒 di/ma wo/me   🔒 di/ma wo/me
📅 1 sem janv, 1 sem mars, 1 sem juin, mi-sept à fin sept / 1 week jan,
1 week maart, 1 week juni, half sept tot eind sept
🍴 38-65   🍷 42-80   🍴 55

Chef Philippe Nuyens werkt met topproducten en laat die in hun waarde. Dat wil zeggen dat hij ze een perfecte cuisson meegeeft en de garnituur beperkt houdt. Het resultaat zijn steevast smaakvolle combinaties. Wij arriveren op een avond in een vol restaurant, krijgen een vriendelijke ontvangst en besluiten à la carte te eten. Met vijf lekkere hapjes brengt de chef ons meteen in de stemming. Wij onthouden vooral de mousse van rundsbouillon en het krokantje van zalm met auberginecompote. Het eerste gerecht zijn langoustines a la plancha; de beestjes zijn van prima kwaliteit, maar mochten misschien iets verfijnder op het bord komen. Dan is er gegrilde foie met langoustine en mousse van tomaat, een klassieker van de chef en nog altijd een topgerecht. Ook alles wat volgt, is top: tarbot en daarna filet van simmentalrund zijn eerste klas producten en hebben de juiste behandeling gekregen. Wij hebben zeer goed gegeten. De wijnkaart bevat veel klassiekers uit Frankrijk.

Le chef Philippe Nuyens ne travaille que des produits de haut niveau et leur témoigne un infini respect. En d'autres termes, il propose des cuissons parfaites et limite la présence des garnitures. Résultat: des combinaisons gustatives qui font toujours mouche. Nous y avons dîné. Alors que la salle était comble, l'accueil était souriant et sympathique. Nous avons mangé à la carte. Cinq mises en bouche nous mettent tout de suite dans l'ambiance. Nous retenons surtout la mousse de bouillon de bœuf et le croquant de saumon avec sa compotée d'aubergine. Le premier plat, des langoustines a la plancha, se distingue par la qualité supérieure des produits et en dépit d'un petit manque de raffinement dans l'assiette. Ensuite, un foie gras grillé aux langoustines et mousse de tomate, un classique du chef et plus que jamais un plat de haut vol. Les autres plats sont du même tonneau: turbot et puis filet de bœuf Simmenthal. Des produits de grande classe parfaitement mis en valeur. Excellent repas ! La cave à vins recèle de nombreux classiques de l'Hexagone.

👍 Triton

Zeedijk 92 - 8370 Blankenberge   ♿ ❄
📞 050 42 90 20   🖨 050 42 86 66
info@helios.be - http://www.restauranttriton.be
🕐 21:00   🔒 di/ma wo/me   🔒 di/ma wo/me
📅 1 -14 janv., 28 nov. - 31 déc. / 1 - 14 jan., 28 nov. - 31 dec.
🍽 28-55   🍷 41-66   🍴 53

🏨 Aazaert

Hoogstr. 25 - 8370 Blankenberge   🚗♿🛁🏊♨🛗
📞 050 41 15 99   🖨 050 42 91 46
info@aazaert.be - http://www.aazaert.be
🕐 0:00   7/7
📅 restaurant ouvert du 30/03 - 14/04 et du 15/06 au 15/09 /
restaurant open van 30/03 - 14/04 en van 15/06 tot 15/09
🛏 58   🛏 100-175   🅿 85-120   🏧 120

🏨 Beach Palace

Zeedijk 77 - 79 - 8370 Blankenberge   🚗🏠🛁🏊♨🛗🎱
📞 050 42 96 64   🖨 050 42 60 49
info@beach-palace.com - http://www.beach-palace.com
🕐 0:00   7/7
🛏 95   🛏 125-198   🅿 30   🚗 8   🅂 450

🏨 Helios

Zeedijk 92 - 8370 Blankenberge   🚗♿♨🛗
📞 050 42 90 20   🖨 050 42 86 66
info@hotelhelios.be - http://www.hotelhelios.be
🕐 0:00   7/7
📅 1 - 14 janv., 28 nov. - 31 déc. / 1 - 14 jan., 28 nov. - 31 dec.
🛏 33   🛏 85-175   🅿 90-120   🏧 120   🚗 1   🅂 265

🏨 Saint Sauveur

Langestr. 50 - 8370 Blankenberge   🚗🏊♨🛗
📞 050 42 70 00   🖨 050 42 97 88
hotel@saintsauveur.be - http://www.saintsauveur.be
🕐 0:00   7/7
🛏 49   🛏 170   🛏 100-170   🅿 150-220   🏧 220   🚗 5   🅂 210

Saint Saveur

Langestr. 50 - 8370 Blankenberge
℡ 050 42 70 00   📠 050 42 97 38
hotel@saintsaveur.be - http://www.saintsaveur.be
🔓 0:00 ⁷⁄₇
🛏 43   👥 135-180   ℗ 30

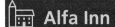 Alfa Inn

Kerkstr. 92 - 8370 Blankenberge
℡ 050 41 81 72   📠 050 42 93 24
info@alfa-inn.com - http://www.alfa-inn.com
🔓 0:00 ⁷⁄₇
📅 1 janv. - 10 fév., 11 nov. - 31 déc. / 1 jan. - 10 fev., 11 nov. - 31 dec.
🛏 66   👥 70-95   🛏 17   💲 230

Avenue Boutique Hotel

J. De Troozlaan 42 - 8370 Blankenberge
℡ 050 41 12 75   📠 050 42 99 92
avenue@vakantiehotels.be - http://www.avenuehotel.be
🔓 0:00 ⁷⁄₇
🛏 27   👥 78-90   ℗ 124-136   📷 136   🛏 8

Du Commerce

Weststr. 64 - 8370 Blankenberge
℡ 050 42 95 35   📠 050 42 94 40
info@hotel-du-commerce.be - http://www.hotel-du-commerce.be
🔓 0:00 ⁷⁄₇
📅 1 janv. - 3 mars, 14 nov. - 31 déc. / 1 jan. - 3 maart, 14 nov. - 31 dec.
🛏 32   👥 79-105

Malecot

Langestr. 91 - 8370 Blankenberge
℡ 050 41 12 07   📠 050 42 80 42
malecot@vakantiehotels.be - http://www.malecothotel.be
🔓 0:00 ⁷⁄₇
📅 1 janv. - 11 fév., 1 - 31 déc. / 1 jan. - 11 feb., 1 - 31 dec.
🛏 24   👥 78-90   ℗ 124-136   📷 136   🛏 6   💲 108

Moeder Lambic

Jules De Troozlaan 93 - 8370 Blankenberge
℡ 050 41 27 54   🖶 050 41 09 44
hotel@moederlambic.be - http://www.moederlambic.be
🕐 0:00   ⁷⁄₇
🗓 1 - 20 janv. / 1 - 20 jan.
🛏 15   🔑 55-92   ℗ 22

Riant Sejour

Zeedijk 188 - 8370 Blankenberge
℡ 050 43 27 00   🖶 050 42 75 54
info@hotelriantsejour.be - http://www.riantsejour.be
🕐 0:00   ⁷⁄₇
🗓 2 - 22 oct. / 2 - 22 okt.
🛏 30   🔑 115-150

Blaregnies

↗ Les Gourmands

r. de Sars 15 - 7040 Blaregnies
℡ 065 56 86 32   🖶 065 56 74 40
info@lesgourmands.be - http://lesgourmands.be
🕐 20:30   🔒 ma/lu di/ma   🔒 ma/lu di/ma zo/di
🍴 50-75   🍴 60-105   🍷 80

Que voilà une adresse sympathique. Perdue au fin fond de la campagne fronta-lière, le GPS lui-même a du mal à la trouver. Et pourtant, quel plaisir, quel ravis-sement de s'attabler ici. Bien sûr, on n'est pas dans l'une de ces adresses au décor lounge et couleurs criardes au sein desquelles déambulent des créatures anorexi-ques à moitié dénudées. Ici c'est plutôt un endroit où les gourmands s'attablent et prennent plaisir à regarder et goûter deux choses: leur assiette et leur verre. C'est là que réside l'essence même du succès de la maison. En cuisine, le chef Didier Bernard s'était vu remettre le prix GaultMillau 95 du jeune restaurateur le plus prometteur. 16 ans plus tard, il nous démontre que nous ne nous étions pas trompés à l'époque. Il coiffe une troisième toque plus que méritée pour la con-stance et la qualité offertes. Venez, vous aussi, savourer ce craquant de homard bleu assorti d'une tête de veau et gribiche passion, pour vous en rendre compte. Idem dito pour la poêlée de cèpes moelleuse à souhait sous son œuf de ferme et lardo di Colonnata. Après un onglet de Black Angus et ses légumes en pot au feu rehaussés d'une sauce syrah, il confie à la douceur de sa pâtissière Lydia Glacé le soin de faire décoller le plus fin des palais avec la tarte au citron et ses pépites de meringue acidifiée par quelques notes de combava. En cave et en salle, Carlo Zecchin, premier sommelier de Belgique, veille sur 1500 références et y puise de véritables bijoux pour assortir ses menus de vins qui sont tout sauf petits. Un grand moment donc à chaque visite. Le point supplémentaire est incontestable-ment bien en place ici.

Dit is nog eens een sympathiek adresje. Verloren te midden van het platteland in de grensstreek. Zelfs de gps heeft moeite om het te vinden. En nochtans is het een waar genoegen om hier plaats te nemen aan tafel. Dit is natuurlijk geen adresje met een loungedecor en schreeuwerige kleuren waarin halfnaakte anorectische schepsels rondwandelen. Dit is eerder een plaats waar lekkerbekken komen die genoegen scheppen in twee dingen: hun bord en hun glas. Daarin schuilt de essentie van het succes van dit huis. In de keuken staat chef Didier Bernard. In de GaultMillau 95 werd hij uitgeroepen tot meest veelbelovende jonge restauranthouder. 16 jaar later bewijst hij dat wij ons indertijd niet vergist hebben. Hij krijgt een meer dan verdiende derde koksmuts voor de constantheid en de kwaliteit die hij biedt. Kom zelf proeven van de knapperige blauwe kreeft met kalfskop en gribichesaus. Idem dito voor de heerlijk zachte gebakken boleten met een scharreleitje en lardo di Colonnata. Daarna longhaasje van Black Angus met gestoofde groentjes en syrahsaus. Daarna vertrouwt hij op zijn banketbakster Lydia Glacé om voor een geraffineerde smaaksensatie te zorgen met de citroentaart met stukjes meringue en een vleugje combava dat voor een zure toets zorgt. In de kelder en in de zaal waakt Carlo Zecchin, eerste sommelier van België, over 1.500 referenties. Hij haalt echte juweeltjes boven om bij zijn menu's allesbehalve onbeduidende wijnen te serveren. Een groot moment dus, elk bezoek opnieuw. Het extra punt is hier ontegensprekelijk op zijn plaats.

Bocholt

⑭ Kristoffel ☺

Dorpsstr. 28 - 3950 Bocholt
℡ 089 47 15 91
info@restaurantkristoffel.be - http://www.restaurantkristoffel.be
🍴 21:30   🔒 ma/lu di/ma za/sa   🔒 ma/lu di/ma
🗓 1 - 13 janv., 9 - 31 juil. / 1 - 13 jan., 9 - 31 juli
🍽 30-65   🍷 60-90   🥂 50

Een zeer klassieke keuken is wat je hier mag verwachten. Het zondagsmenu is er een mooi voorbeeld van. Je begint met vitello tonnato, dan is er pladijs met grijze garnalen en kreeftensaus, en als hoofdgerecht verschijnt gebakken patrijs met zuurkool. Met dessert en koffie erbij betaal je € 60. Chef Pascal Peters wil duidelijk veel mensen laten meegenieten van zijn fijne gerechten. Mooi zo.

Attendez-vous à y trouver une cuisine classique comme en témoigne parfaitement le menu du dimanche. Vous commencez avec un vitello tonnato, suivi d'une plie avec des crevettes et une sauce homardine. En plat de résistance, une perdrix rôtie à la choucroute. Le prix, dessert et café compris, est de 60 euros. Le chef Pascal Peters veut clairement faire profiter le plus grand nombre possible de convives de ses plats raffinés. Excellente idée !

Boechout ▷ Antwerpen

Boncelles ▷ Liège

Boom

👍 Cheng's Garden

Colonel Silvertopstr. 5 - 7 - 2850 Boom
☎ 03 844 21 84   🖷 03 844 54 46
kaho.cheng@chengsgarden.com - http://www.chengsgarden.com
🕒 22:00   🔒 wo/me do/je za/sa   🛏 wo/me
💼 juil. / juli
🍽 32-52   🍷 27-63   🥄 74

🏠 Domus

Antwerpsestr. 15 - 2850 Boom
☎ 03 440 90 00   🖷 03 440 90 10
info@hoteldomus.be - http://www.hoteldomus.be
🕒 0:00   ⁷⁄₇
🛏 12   🔑 110-160

Hever

🧑‍🍳14 Spiga d'Oro ♡

Leuvensestwg 43 - 3191 Hever
☎ 015 52 05 35   🖷 015 52 99 81
info@spigadoro.be - http://www.spigadoro.be
🕒 0:00   🔒 ma/lu di/ma za/sa   🛏 ma/lu di/ma
💼 19 juil. - 4 août / 19 juli - 4 aug.
🍽 35-60   🍷 30-60   🥄 55

Spiga d'Oro is al meer dan twintig jaar een vaste waarde bij de amateurs van de joviale Italiaanse keuken. In een ongedwongen sfeer, met de nodige Italiaanse schwung, bereidt Franco Di Taranto pure, eenvoudige gerechten volgens de slow-foodprincipes. We proefden van uitstekende tempura van sardinefilets afgewerkt met een zoetzure appelvinaigrette en cremonesekaas. Licht gesmolten geitenkaas Robbiolo di Roccaverano wordt met vijgen en pancettabrood geserveerd Vervolgens twee hoofdgerechten: goed verse dorade, op het vel gegrild, met een garnituur van kerstomaten uit Puglia en gekonfijte knoflook; en in de oven bereide penne met gehakt van wild zwijn met doperwten, knoflook en fontinakaas. Na deze maaltijd denken we aan dolce far niente.

Spiga d'Oro est depuis plus de vingt ans déjà une valeur sûre des amateurs de cuisine italienne enjouée. Dans une ambiance décontractée et avec l'effervescence naturelle de ses origines, Franco Di Taranto envoie des plats simples et purs selon les principes du slow food. Nous avons goûté une excellente tempura de filets de sardines, rehaussée d'une vinaigrette de pomme aigre-douce et d'un fromage de Crémone. Un fromage de chèvre, Robbiolo di Roccaverano, est servi légèrement fondu avec des figues et de la pancetta. Ensuite, deux plats principaux: une dorade, très fraîche, grillée à l'unilatéral, flanquée d'une garniture de tomates cerise des Pouilles et d'ail confit ; et des pennes cuites au four avec un hachis de sanglier, des petits pois, de l'ail et du fromage Fontina. Au terme de ce repas, nous nageons en pleine dolce far niente.

Borgloon

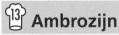 Ambrozijn

Tongersestwg. 30 - 3840 Borgloon
℡ 012 74 72 31   🖶 012 21 32 03
info@restaurantambrozijn.be - http://www.restaurantambrozijn.be
🍴 22:00   🔒 di/ma wo/me za/sa   🔒 di/ma wo/me
📅 7 - 16 mars, 18 juil. - 3 août, 31 oct. - 4 nov. / krokusvak.,
16 juli - 1 aug, herfstvak.
💶 35-60   💶 55-75   🍷 50

In dit gezellige restaurant met zijn vriendelijke en vlotte bediening heeft de keuken soms moeite om de kwaliteit van de zaal te volgen. Scherpe prijzen zijn een balsem, zoals in het menu met kingkrab, couscous met groentjes, en rode pesto; kabeljauwhaas met spitskool, erwt en dragonsaus; traag gegaarde eendenborst met gratinaardappelen en knolselder; en perzik met vanille-ijs en vruchtensmoothie. De broer van de chef is een topsommelier. Mooi terras.

Dans cet agréable restaurant où le service est à la fois souriant et rapide, la cuisine a parfois quelques difficultés à faire jeu égal avec la salle. Les prix serrés mettent du baume au cœur, tout comme le menu avec du crabe royal, couscous aux légumes et pistou rouge; le filet de cabillaud accompagné de chou pointu, petits pois et sauce à l'estragon est aussi intéressant; de même que le suprême de canard cuit à basse température avec un gratin de pommes de terre et céleri-rave et, enfin, une pêche avec de la glace vanille et un smoothie aux fruits. Le frère du chef est un grand sommelier. Belle terrasse.

Kasteel van Rullingen

Rullingen 1 - 3840 Borgloon
℡ 012 74 31 46   🖶 012 74 54 86
info@rullingen.com - http://www.rullingen.com
🍴 21:00   🔒 za/sa   🔒
💶 39-79   🍷 95

Bij ons laatste bezoek was de keuze aan gerechten vrij beperkt. De bereidingen waren bovendien niet echt verzorgd, smaken bleven onder niveau en ook qua temperaturen hadden we een paar problemen. Vreemd voor dit adres. Voorgerecht was een stukje warme kabeljauw met flauwe bloemkoolsaus. Hoofdgerecht waren correct gegaarde lamnootjes met een donkere saus en beukenzwammen. Het geheel maakte niet meteen een inspirerende indruk. Daarenboven ging het er in de keuken duidelijk niet vriendelijk aan toe wat een storende factor was. We kennen dit adres als een rustig oord waar het normaal goed toeven is. Een waarschuwing lijkt hier op zijn plaats. Dit kost een punt

Lors de notre dernière visite, le choix de plats était assez limité. Les préparations n'étaient pas très soignées, les goûts n'atteignaient pas le niveau requis et les températures de service n'étaient pas toujours respectées. Ce qui nous semble étrange pour cette adresse. L'entrée, un cabillaud et sa sauce au chou-fleur relativement insipide, précédait des noisettes d'agneau cuites comme il faut, rehaussées d'une sauce sombre d'origine inconnue et de shiitakes. L'ensemble n'est pas inspirant. Qui plus est, l'ambiance n'était pas vraiment au beau fixe et cuisine, un facteur perturbant du climat de l'ensemble du restaurant. Nous connaissions cette adresse comme un havre de sérénité où il faisait bon se sustenter. Un avertissement, d'un point, est donc plus que nécessaire…

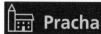 Pracha

Kogelstr. 3 - 3840 Borgloon
℡ 012 74 20 74   🖷 012 74 57 04
info@pracha.be - http://www.pracha.be
🔓 0:00 ⁷⁄₇
♿ 7   ⓚ 75-97

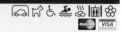

Borlo ▷ Gingelom

Bornem

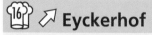 Eyckerhof ♡

Spuistr. 21 - 2880 Bornem
℡ 03 889 07 18   🖷 03 889 94 05
info@eyckerhof.be - http://www.eyckerhof.be
🔓 21:00 🔒 ma/lu za/sa 🔒 ma/lu zo/di
🍽 39-75 🍷 70 ♨ 60

Zelfs veelgelauwerde chefs als Ferdy Debecker kunnen ons nog verrassen. Tijdens onze meest recente maaltijd kregen we een eigenzinnige versie van paling in 't groen voorgeschoteld met knapperige mootjes ontgrate paling op een fris smakende gelei van groene (paling)kruiden, zure room, het friszoete accent van gekonfijte citroen, en crumble van spek. Dan volgde knapperig gegrilde, nog goed sappige griet met mosseltjes en kokkeltjes, pompoencrème, sugar snaps en mousseline met Vedettbier. Hier brengt de chef zuivere smaken samen in een contrastrijk geheel. Als hoofdgerecht een evenwichtige combinatie met rosé gebraden eendenborst en een compact stukje gebakken eendenlever met knapperige korst, een garnituur van wortel, raap, rode biet, romanesco en stukjes schorseneer met een lekkere saus. Het is hoog gekruid maar nergens overheersend. Al dit lekkers wordt in een ongedwongen sfeer, met een zorgzame bediening op tafel gebracht. Deze chef verdient al lang een punt extra en dat is hiermee bevestigd.

Même un chef aussi encensé que Ferdy Debecker peut encore nous surprendre. Au cours de notre dernier repas, nous avons ainsi pu découvrir son interprétation personnelle de l'anguille au vert avec les petits tronçons croquants d'anguille, sans arêtes, déposés sur une gelée rafraîchissante d'herbes vertes, de crème aigre, de citron confit – une petite touche acidulée et douce à la fois – et un crumble de lard. Place ensuite à une barbue grillée, et donc croquante, mais dont la chair était succulente, accompagnée de petites moules et de coques, d'une crème de potiron, de mange-tout et d'une mousseline à la bière Vedett. Le chef fait preuve d'une grande pureté et maîtrise parfaitement les contrastes gustatifs de l'ensemble de ses plats. En plat de résistance, une combinaison équilibrée avec un magret de canard cuit rosé et un morceau de foie gras de canard poêlé et croquant, une garniture de carotte, navet, betterave rouge, chou romanesco et des petits dés de scorsonère avec une sauce délicieuse. Le plat est très relevé, tout en restant équilibré. Ces délices sont servis dans une atmosphère décontractée par un personnel de salle très attentif. Ce chef méritait depuis longtemps un point de plus, voilà qui est chose faite…

🏰 Secundo

Rijksweg 58 - 2880 Bornem
☎ 03 889 03 40　🖷 03 830 12 04　
info@hotelsecundo.be - http://www.hotelsecundo.be
🛏 0:00　⁷⁄₇
🗋 23 - 31 déc. / 23 - 31 dec.
⚷ 17　♨ 90-105

🏰 De Cluyse

Puursestwg. 338 - 2880 Bornem
☎ 03 889 94 90　🖷 03 889 94 84　
info@decluyse.be - http://www.decluyse.be
🛏 0:00　⁷⁄₇
⚷ 7　♨ 80-120

🏰 De Notelaer

Stationsplein 2 - 2880 Bornem
☎ 03 889 13 67　🖷 03 899 13 36
info@denotenlaer.be - http://www.denotenlaer.be
🛏 0:00　⁷⁄₇
🗋 23 - 28 déc. / 23 - 28 dec.
⚷ 12　♨ 90-105　🅿 13-32　🏧 32

Bouillon

👨‍🍳¹³ La Ferronnière

Voie Jocquée 44 - 6830 Bouillon
☎ 061 23 07 50　🖷 061 46 43 18　
info@laferronniere.be - http://www.laferronniere.be
🛏 20:30　🔒 ma/lu di/ma　🔒 ma/lu
🗋 7 - 26 janv., 24 juin - 12 juil. / 7- 26 jan., 24 jun - 12 juli
🍽 35-60　🍴 47-65　🍷 60

Belle bâtisse des années 1890 sur les hauteurs de Bouillon. Le service est assuré par la patronne. Un succulent consommé aux écrevisses débute notre dégustation. Très belle assiette que ces Saint-Jacques finement tranchées, rehaussées d'une sauce aux fruits de la passion qui ne gâchait en rien le plat. Déception par contre pour le homard et le cromesqui de foie gras au niveau de la cuisson et d'un manque d'assaisonnement. Attention aux énoncés qui parfois ne correspondent pas aux plats. La carte de vins est bien achalandée et internationale.

Een mooi gebouw uit de jaren 1890 in de heuvels van Bouillon. De bediening wordt verzorgd door de bazin. We beginnen onze degustatie met een overheerlijke consommé met rivierkreeftjes. Daarna een zeer mooi bord: fijne plakjes Sint-Jakobsnoot met een sausje op basis van passievrucht dat absoluut geen afbreuk deed aan het gerecht. Teleurstelling echter voor de kreeft en de 'cromesqui' van foie gras op het vlak van de cuisson en de gebrekkige kruiding. Opgelet voor de beschrijvingen die soms niet overeenstemmen met de gerechten. De wijnkaart is rijkelijk en internationaal.

👍 Panorama

r. au-dessus de la ville 25 - 6830 Bouillon
📞 061 46 61 38   📠 061 46 81 22
info@panoramahotel.be - http://www.panoramahotel.be
🕐 20:45   🔒 wo/me do/je   🔒 wo/me do/je
📅 janv., 25 juin - 10 juil. / jan., 25 juni - 10 juli
🛏 30-44   🛏 43-51   🍴 45

🏛 La Poste

pl. Saint-Arnould 1 - 6830 Bouillon
📞 061 46 51 51   📠 061 46 51 65
info@hotelposte.be - http://www.hotelposte.be
🕐 0:00   7⁄7
🛏 56   🛏 43-70   🅿 82-129   🍴 129   🚗 4   🅢 90

🏛 Aux Roches Fleuries

r. des Crêtes 32 - 6830 Bouillon
📞 061 46 65 14   📠 061 46 72 09
info@auxrochesfleuries.be - http://www.auxrochefleuries.be
🕐 0:00   7⁄7
📅 1 janv. - 2 fév., févr. - mars uniquement les weekends / 1 jan. - 2 feb.,
feb. - maart enkel weekends
🛏 14   🛏 105-115   🅿 78-85   🍴 85

🏛 Beau Sejour

r. du Tabac 7 - 6830 Bouillon
📞 061 46 65 21   📠 061 46 78 80
info@hotel-beausejour.be - http://www.hotel-beausejour.be
🕐 0:00   7⁄7
📅 1 janv. - 2fév., fév. - mars seulement we, 11 juin - 2 juil., 19 nov - fin
d'année seulement les we / 1 jan. - 2 feb., feb. - maart enkel we, 11 juni -
2 juli, 19 nov. - eindejaar enkel we
🛏 15   🛏 80-90   🅿 70-75   🍴 75

🏛 Cosy

av. dessus de la Ville 23 - 6830 Bouillon
📞 061 46 04 62   📠 061 46 80 74
info@hotelcosy.be - http://www.hotelcosy.be
🕐 0:00
📅 2 janv. - 14 fév., 19 nov. - 20 déc. / 2 jan - 14 feb., 19 nov. - 20 dec.
🛏 11   🛏 85-110   🅿 67-85   🍴 85

La Ferronniere

Voie Jocquée 44 - 6830 Bouillon
℡ 061 23 07 50   🖨 061 46 43 18
info@laferronniere.be - http://www.laferronniere.be
🕐 0:00
📅 8 - 26 jan., 25 juin - 12 juil. / 8 - 26 jan., 25 juni - 12 juli
🛏 7   95-135   83-125   125   6   185

Alle

⑬ Le Charme de la Semois

Rue de Liboichant 12 - 5550 Alle
℡ 061 50 80 70   🖨 061 50 80 75
info@charmedelasemois.com - http://www.charmedelasemois.be
🕐 20:30   zo/di
🍴 30   29-48   44

Dimitri et Jane accueillent ici les gourmands de passage et ceux qui souhaitent profiter plus longuement du formidable cadre de leur hostellerie pour séjourner dans la vallée de la Semois. En cuisine, Dimitri envoie des assiettes ambassadrices d'un terroir qui lui est cher non sans y apporter des notes personnelles comme cette tapenade d'olives qui accompagne le carpaccio de bœuf. On pioche aussi parmi les plus classiques tels les andouillettes AAAAA, la salade croustillante au fromage d'Orval ou les plus élaborés tels que les coussinets de Saint-Jacques fourrés au salpicon de homard sur un beurre blanc à la ciboulette.

Dimitri en Jane verwelkomen hier lekkerbekken op doorreis en klanten die wat langer willen genieten van het schitterende kader van hun hotel-restaurant om te verblijven in de vallei van de Semois. In de keuken bereidt Dimitri gerechten die ambassadeurs zijn van een regio die hem na aan het hart ligt. Hij bezorgt ze wel een persoonlijke toets, zoals de tapenade van olijven die bij de rundcarpaccio wordt geserveerd. Er worden ook uiterst klassieke gerechten geserveerd, zoals AAAAA andouillette, krokante salade met kaas van Orval of meer verfijnde gerechten zoals kussentjes van Sint-Jakobsnootjes gevuld met ragout van kreeft op blanke boter met bieslook.

Corbion

Hôtel des Ardennes

r. de la Hate 1 - 6838 Corbion
℡ 061 25 01 00   🖨 061 46 77 30
contact@hoteldesardennes.be - http://www.hoteldesardennes.be
🕐 0:00 ⅞
📅 2 janv. - 15 mars / 2 jan. - 15 maart
🛏 29   75-120   80-95   95

Herbeumont

La Châtelaine et aux Chevaliers

Grand Place 8 - 6887 Herbeumont
℡ 061 41 14 22   🖷 061 41 22 04
contact@chatelaine.be - http://www.chatelaine.be
🛏 0:00 ⁷⁄₇
📅 1 janv. - 15 mars, 27 juin - 8 juil., 29 août -9 sept. / 1 jan. - 15 maart,
27 juni - 8 juli, 29 aug. - 9 sept.
🛏 16   🍴 45-115   Ⓟ 70-170   ▮ 8   🛏 75-170

Bousval

⑬ L' En-Quête du Goût   ♡ ☺

r. des Combattants 80 - 1470 Bousval
℡ 067 56 18 99
- http://www.lenquetedugout.be
🛏 21:30   🍴 ma/lu di/ma za/sa   🍴 ma/lu di/ma zo/di
🍽 25-35   Ⓕ 42-60

Christophe Hallet est un passionné de ceux qui connaissent leurs limites et assortissent donc les partitions jouées au piano, aux gammes qu'ils maîtrisent. C'est ainsi que les croquettes aux crevettes, le risotto crémeux d'asperges et langoustines rôties pour débuter, la côte à l'os de Limousin grillée à la fleur de sel et la classique sole meunière de l'autre, sont impeccablement servies. Comme on les aime. Là est tout l'art de Christophe: rendre le goût des bonnes choses, sans chichi ni tralala. Une bonne petite sélection vineuse, qui pourrait certes s'enrichir, le sourire de madame en salle et une petite terrasse discrète à l'arrière complètent le tableau.

Christophe Hallet is een gepassioneerd man. Iemand die zijn grenzen kent en de partituren die hij op de piano speelt dus afstemt op de toonladders die hij beheerst. De garnaalkroketten en de romige risotto met asperges en gebakken langoustines als voorgerechten en de côte à l'os van Limousin met fleur de sel en de klassieke zeetong à la meunière worden dan ook onberispelijk geserveerd. Zoals we het graag hebben. Dat is nu net de kunst van Christophe: de smaken van lekkere dingen tot hun recht laten komen, zonder chichi of tralala. Een goede maar beknopte wijnselectie, die zeker uitgebreid zou kunnen worden, de glimlach van mevrouw in de zaal en een discreet terrasje aan de achterkant vervolledigen het plaatje.

Braine-l'Alleud

⑮ 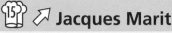 Jacques Marit

ch. de Nivelles 336 - 1420 Braine-l'Alleud
✆ 02 384 15 01   🖨 02 384 10 42
info@jacquesmarit.com - http://www.jacquesmarit.be
🕤 21:00   🔒 ma/lu di/ma   🔒 ma/lu di/ma zo/di
🗓 2 - 10 janv., 9 - 17 avril, août / 2 - 10 jan., 9 - 17 april, aug.
🍽 37-128   🍷 55-91   🥂 20

Dans cette élégante bâtisse familiale en bordure de la chaussée, les mises en bouche donnent d'entrée de jeu le niveau du reste de la soirée. Avec notamment un carpaccio comme à Venise! Belle harmonie ensuite que ces crevettes marinées au piment et citron et un déstructuré d'asperges à la flamande. La lotte rôtie au lard d'une cuisson irréprochable s'accompagnait de palourdes aromatisées aux herbes et ail frais, tout en finesse. La sauce de notre agneau (élevé dans la maison) était dominée par le sel malgré de beaux produits. Descente tout en douceur sur une tarte à la rhubarbe acidulée et pulpe de fraise gariguette. Dimitri déploie ses ailes, la transition est faite, même si Jacques continue d'assurer une présence bien plus que symbolique à ses côtés. Il fallait donc bien une deuxième toque. En cave, une carte interactive et assez complète assure un choix aux amateurs.

In dit elegante familiegebouw langs de steenweg zetten de aperitiefhapjes meteen de toon voor het niveau van de rest van de avond. Met onder meer een carpaccio zoals in Venetië! Vervolgens een mooie harmonie: garnalen gemarineerd met Spaanse peper en citroen en Asperges op Vlaamse wijze. De onberispelijk met spek gebakken zeeduivel werd geserveerd met venusschelpen met verse kruiden en look – heel verfijnd. De saus bij ons lam (van eigen kweek) werd gedomineerd door het zout, ondanks mooie producten. Zachte landing met een taartje met zure rabarber en pulp van gariguette aardbeien. Dimitri slaat zijn vleugels uit. De overgang heeft plaatsgevonden, ook al blijft Jacques meer dan symbolisch aan zijn zijde staan. Een tweede koksmuts was dus wel degelijk terecht. In de kelder garandeert een interactieve en redelijk volledige wijnkaart de keuzemogelijkheden voor de liefhebbers.

⑬ Lou Soléou   ♡ ☺

Place St. Anne 17 - 1420 Braine-l'Alleud
✆ 02 385 25 35
http://www.lousoleou.be
🕤 22:30   🔒 za/sa zo/di   🔒 za/sa zo/di
🗓 10-15 août / 10-15 aug.
🍷 25-45

L'accueil sympathique et l'ambiance chaleureuse invitent les passants à pousser la porte, non sans réserver car l'adresse est fort prisée. La carte fait la part belle aux effluves méditerranéennes entre les pizzas cuites au four, visibles depuis la salle et disponibles dans toutes les tailles, ou encore ces tapas provençales et autres incontournables scampis à la Soléou. Côté cuisine classique, le chef sait y faire et aligne parfois de belles préparations mijotées ou grillées qui ravissent les amateurs. Le tout s'arrose d'une sélection vineuse bien sentie.

Het sympathieke onthaal en de gezellige sfeer nodigen de voorbijgangers uit om hier binnen te komen – zij het niet zonder te reserveren, want dit adresje wordt druk bezocht. Op de kaart prijken veel mediterrane gerechten, gaande van pizza's in allerlei formaten – die worden gebakken in de oven die zichtbaar is vanuit de zaal – tot Provençaalse tapas en andere onomzeilbare gerechten zoals scampi's van het huis. De chef beheerst ook de klassieke keuken en bereidt soms mooie gestoofde of gegrilde gerechten die in de smaak vallen bij de liefhebbers. Bij dat alles wordt een weldoordachte wijnselectie geschonken.

15 ↗ **Philippe Meyers** 🍇 ☺

r. Doyen van Belle 6 - 1420 Braine-l'Alleud
☎ 02 384 83 18   📠 02 384 83 18
philippe.meyers@gmail.com - http://www.philippe-meyers.be
🕘 21:00   🔒 ma/lu za/sa   🔓 ma/lu zo/di
📅 Carnaval, 2 sem. août / Krokusvak, 2 wek. augustus
💶 20-52

Le décor se décline sur des tons chauds, rouge et brun. Quelques tables sont réparties dans la salle autour du bar à alcools avec quelques belles bouteilles. Notre choix s'est porté sur le menu à la carte avec, pour commencer, un vitello tonnato maison, citrons confits et sauce au thon nickel. Excellente cassolette de moules bouchot et sa brunoise de poireaux pour mon vis-à vis. Ensuite, plat fort copieux mais savoureux que cette poitrine de volaille Label Rouge tendre et juteuse à souhait. Descente tout en douceur enfin, avec la compote de pommes aux fruits secs et sa glace à la cannelle parfaitement dosée. Pour les vins, faites confiance à Madame qui vous dénichera la perle rare et parfaite adéquation avec votre plat. Est-ce le cadre, renouvelé il y a trois ans, qui a initié ce souffle nouveau ? Toujours est-il que ce couple affiche un bonheur plus que méritant qui se goûte tant dans le verre que dans l'assiette. La progression se poursuit avec une 2ème toque plus que méritée.

Het decor bestaat uit warme rood- en bruintinten. In de zaal staan enkele tafels rond de alcoholbar met enkele mooie flessen. Onze keuze viel op het menu à la carte met om te beginnen huisbereide vitello tonnato, gekonfijte citroen en onberispelijke tonijnsaus. Een uitstekend ovenschoteltje van bouchot-mosselen en preiblokjes aan de overkant. Vervolgens een heel copieus maar smaakvol gerecht: malse en heerlijk sappige Label Rouge gevogelteborst. Tot slot een zachte landing met appelmoes met droge vruchten en perfect gedoseerd kaneelijs. Vertrouw voor de wijnen op Mevrouw, die u de zeldzame parel zal aanbevelen die perfect samengaat met uw gerecht. Zorgde het nieuwe kader van drie jaar geleden voor deze nieuwe adem? Het is alleszins zo dat dit koppel blijkt geeft van een meer dan verdienstelijk geluk dat zowel in het glas als op het bord te proeven is. De vooruitgang zet zich voort met een meer dan verdiende 2e koksmuts.

Lillois-Witterzée

⑬ Christophe Moniquet

Grand Route 121 - 1428 Lillois-Witterzée
℡ 02 346 68 89
ChristopheMoniquet@skynet.be -
http://www.christophemoniquet.be
🕐 21:00   🔒 ma/lu zo/di   🔒 ma/lu di/ma zo/di
🔒 1 sem. Pâques, 16 juil.-15 août, 1 sem. Noël / 1 week Pasen,
16 juli-15 aug., 1 week Kerstmis
🍽 45-60   🍷 15-35   🍴 55

Le long de la grand route, on entre dans une salle en longueur aux murs crème et brun contrastants avec le parquet naturel. Le chef assure le service seul, son second s'occupant des fourneaux. Pour débuter, notre foie gras s'accompagnait de pêches un rien trop cuites tout comme la sole qui s'escortait pourtant d'intéressantes moules à l'aneth. En cave, une trop courte sélection de vins blancs et rouges pourrait clairement s'enrichir de vins de vignerons de renom.

Langs de Grand Route stapt u binnen in een zaal in de lengte met crèmekleurige en bruine muren die contrasteren met het natuurlijke parket. De chef staat alleen in voor de bediening, terwijl zijn rechterhand achter het fornuis staat. Om te beginnen was onze foie gras vergezeld van perziken die net iets te gaar waren. Hetzelfde moet gezegd van de tong, waarbij nochtans interessante mosselen met dille werden geserveerd. In de kelder zou de te beperkte selectie van witte en rode wijnen duidelijk verrijkt kunnen worden met wijnen van gerenommeerde wijnbouwers.

Braine-le-Comte

👍 Au Gastronome

Rue de Mons 1 - 7090 Braine-le-Comte
℡ 067 55 26 47   📠 067 55 26 47
http://www.au-gastronome.be
🕐 20:45   🔒 ma/lu   🔒 ma/lu do/je zo/di
🔒 29 juin - 20 juil., / 29 juni - 20 juli
🍽 23-33   🍷 33-54   🍴 49

Brasschaat ▷ Antwerpen

Bredene ▷ Oostende

Broechem ▷ Lier

Brugge

Aneth

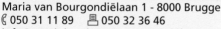

Maria van Bourgondiëlaan 1 - 8000 Brugge
℡ 050 31 11 89 🖨 050 32 36 46
info@aneth.be - http://www.aneth.be
🍴 21:00 🔒 ma/lu za/sa zo/di 🛏 ma/lu zo/di
📅 3 sem. mars, 16 - 31 août / 3 wek. maart, 16 - 31 aug.
🍽 45-99 🍷 82-99 🥄 65

In onze gids 2011 schreven we over de keuken van Paul Hendrickx dat zijn gerechten frisheid misten en dat de gaartijden niet altijd correct waren. Een nieuw bezoek toont dat er in een jaar tijd weinig veranderd is. Het degustatiemenu start met een bord met gemarineerde makreel en de tartaar ervan, mangosalade, lamsoor en zeekraal en yoghurt. De smaken gaan alle kanten uit en missen eenheid. Vervolgens correct gegaarde zeeduivel met smakelijke beignet van varkensoor, bulgur met pindanoten, crème van jonge look en een lauwe vinaigrette. Als hoofdgerecht lamsribstuk met courgette en boontjes, mozzarellabolletjes gepaneerd met mosterdpoeder en saus geparfumeerd met citroentijm. Wat is er toch aan de hand met de chef? Hij blijft zoeken naar ongekende combinaties, nu is hij in de ban van Braziliaanse ingrediënten, maar de uitwerking ervan lukt niet. We kunnen niet anders dan een punt aftrekken.

Dans notre guide 2011, nous avions souligné que la cuisine de Paul Hendrickx manquait de fraîcheur et que les temps de cuisson n'étaient pas toujours respectés. Une nouvelle visite on un plus tard démontre que rien n'a changé… Le menu de dégustation a commencé par une assiette mêlant, sans discernement, maquereau mariné avec son tartare, une salade de mangue, de l'aster maritime, de la salicorne et du yaourt. Les goûts fusent de toutes parts sans la moindre logique. Ensuite, une lotte correctement cuite avec un délicieux beignet d'oreille de cochon, du boulgour avec des cacahouètes, de la crème de jeune ail et une vinaigrette tiède. En plat de résistance, une côte d'agneau accompagnée de courgettes et de petits haricots, de petites boules de mozzarella panées avec une poudre de moutarde et une sauce parfumée au thym citronné. Quelle mouche a donc piqué ce chef ? Il continue d'expérimenter des combinaisons inconnues, il est désormais sous l'influence des ingrédients brésiliens, mais, malheureusement, la sauce ne prend pas… Impossible de ne pas retirer un point.

A'qi

Gistelsestwg. 686 - 8000 Brugge
℡ 050 30 05 99 🖨 050 30 02 24
info@restaurantaqi.be - http://www.restaurantaqi.be
🍴 21:00 🔒 ma/lu di/ma 🛏 ma/lu di/ma zo/di
📅 26 mars - 11 avr., 2 - 18 juil, 24 sept. - 3 oct., 24 - 31 déc. / 26 maart - 11 apr., 2 - 18 juli, 24 sept. - 3 okt., 24 - 31 dec.
🍽 48-85 🍷 80 🥄 58

Na meer dan een halve eeuw koken in vier restaurants startte Arnold Hanbuckers op zijn 65ste met een nieuw restaurant. We zijn nu twee jaar later en het bleek een succesvolle zet. Met zijn vrouw in de zaal en zijn rechterhand Karen Keygnaert in de keuken, plus een bijna volledig uit vrouwen bestaande ploeg, blijft hij de culinaire vernieuwing genegen. Zijn keuken wordt nog altijd gedreven door uitgelezen producten die hij in originele bereidingen samenbrengt. Hij hanteert tijdens de week drie menuformules van €48 voor een driegangenmaaltijd over 60 voor vier gangen tot € 80 voor vijf gangen. Op zaterdag eet je vier gangen voor €76 en vijf gangen voor €85. Nog steeds is dit een van de meest authentieke keukens van het land.

À 65 ans et après avoir officié plus de cinquante ans dans quatre restaurants, Arnold Hanbuckers a décidé d'en ouvrir un nouveau. Deux ans plus tard, on peut dire qu'il a réussi son coup. Son épouse s'active en salle, son bras droit, Karen Keygnaert, en cuisine. Épaulé par une brigade presque exclusivement féminine, il garde un penchant pour les innovations culinaires. Dans sa cuisine, il se laisse toujours guider par des produits de choix, qu'il convertit en créations originales. En semaine, le chef propose trois menus: trois services (48 €), quatre services (60 €) et cinq services (80 €). Le samedi, laissez-vous tenter par le menu quatre services à 76 € ou le menu cinq services à 85 €. Le chef pratique l'une des cuisines les plus authentiques du pays.

14 Bistro Refter

Molenmeers 2 - 8000 Brugge
℡ 050 44 49 00
http://www.bistrorefter.com
🖥 22:00   🔒 ma/lu zo/di   🔒 ma/lu zo/di
📅 8 - 26 janv., 24 juni - 16 juli,26 aug - 6 sept / 8 - 26 jan.,
24 juni - 16 juli, 26 aug - 6 sept
🅿 35

Twee jaar na de opening heeft de 'refter van Geert Van Hecke' nog niets aan populariteit ingeboet. Met een driegangenmenu voor € 35, eventuele supplementen voor meer luxueuze producten niet meegerekend, scoort dit restaurant hoog voor zijn prijs-plezierverhouding. De mise-en-place van een aantal gerechten gebeurt in De Karmeliet, de afwerking gebeurt vakkundig in de eigen keuken van Bistro Refter. Van Hecke kan zich uitleven met gerechten uit de begindagen van De Karmeliet en klassiekers uit de Belgische keuken. Mosselen worden gegratineerd in combinatie met gesmolten spinazie en het frisse accent van venkel. Vissoep op basis van een uitstekende bouillon met stukken vis wordt geserveerd met een klassieke rouille. Als hoofdgerecht kiezen we voor jong haantje dat ter plaatse aan het spit wordt gebakken en een klassiek garnituur meekrijgt van krokante salade, champignonsaus en tot in de perfectie gebakken frieten. Balletjes in tomatensaus komen op tafel in de vorm van bouletten met Oud Brugge-kaas, een zoet smakende goed gekruide tomatensaus, champignons en aardappelmousseline. Ook de dame blanche met vers gedraaid vanille-ijs lokt verrukte kreten uit. Dit is 'ouderwets' eten tot in de puntjes bereid.

Deux ans après son ouverture, la popularité du « réfectoire de Geert Van Hecke » suit toujours une coure ascendante. Il faut dire qu'avec son menu à trois plats pour 35 euros (auxquels il faut ajouter d'éventuels suppléments pour des produits plus luxueux), ce restaurant atteint des sommets en matière de rapport prix/plaisir. La mise en place d'un certain nombre de plats intervient au De Karmeliet, et la finition est réalisée avec tout le professionnalisme de rigueur dans la cuisine de Bistro Refter. Van Hecke prend un plaisir fou à mitonner des plats rappelant les origines de De Karmeliet et des classiques de la cuisine belge. Les moules sont gratinées avec une fondue d'épinards et du fenouil, pour la fraîcheur. La soupe de poisson, sur la base d'un excellent bouillon, avec des morceaux de poissons, est servie avec une rouille classique. En plat de résistance, nous avons choisi un coquelet cuit à la broche sur place et accompagné d'une garniture classique de salade croquante, sauce au champignon et frites cuites à la perfection. Les Ballekes sauce tomate sont présentées sous la forme de boulettes avec du fromage Vieux Bruges, une sauce tomate douce, bien assaisonnée, des champignons et une mousseline de pommes de terre. Avec la dame blanche à la glace vanille tournée à la minute, l'orgasme n'est pas loin… Ce repas « de jadis » est fignolé dans les moindres détails.

Duc de Bourgogne

Huidenvettersplein 12 - 8000 Brugge

℆ 050 33 20 38 🖨 050 34 40 37
duc@ssi.be - http://www.ducdebourgogne.be
🕐 21:30 7/7
🍴 20-58 🍷 30-62

Den Dyver

Dijver 5 - 8000 Brugge
℆ 050 33 60 69 🖨 050 34 10 64
info@dyver.be - http://www.dyver.be
🕐 21:00 🔒 wo/me do/je 🔒 wo/me do/je
📅 15 - 31 janv., 1 - 15 juil. / 15 - 31 jan., 1 - 15 juli
🍴 24-37 🥄 69

Zoon Achim laat een nieuwe wind waaien in dit restaurant, dat gekend is voor zijn bierkeuken. Een frisse en mooie opener is tartaar van goudbrasem en oester, gekonfijte selder, koriandermousse, limoenrasp en poeder van rode biet. Daarna is er skrei (iets te ver gegaard), met een minuscule portie kreeft, en biersaus van Deus. Het niveau gaat weer omhoog met op lage temperatuur gegaarde bosduif, die sappig rosé is en een mooie garnituur meekrijgt van spitskool, hanenkam, pastinaakmousse en rozemarijnsaus. 's Middags eet je een interessant geprijsde lunch.

Achim, le fils de la maison, donne un nouveau souffle à ce restaurant célèbre pour sa cuisine à la bière. Tout en fraîcheur, le tartare de dorade et d'huître offre une belle entrée en matière. Céleri confit, mousse à la coriandre, zestes de citron vert et poudre de betterave viennent lui prêter main-forte. Pour suivre: skrei (un peu trop cuit), minuscule portion de homard, sauce à la bière Deus. On passe à la vitesse supérieure avec le pigeonneau cuit à basse température. Fondant et rosé, il est épaulé par une garniture composée de chou pointu, de chanterelles, d'une mousse de panais et d'une sauce au romarin. Le midi, le restaurant sert un lunch abordable.

De Florentijnen

Academiestr. 1 - 8000 Brugge
℆ 050 67 75 33 🖨 050 67 75 33
info@deflorentijnen.be - http://www.deflorentijnen.be
🕐 22:30 🔒 ma/lu zo/di 🔒 ma/lu zo/di
📅 2 - 9 janv. , 22 juil. - 9 août / 2 - 9 jan., 22 juli - 9 aug.
🍴 39-65 🍷 22-61 🥄 53

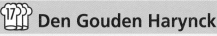 Den Gouden Harynck

Groeninge 25 - 8000 Brugge
📞 050 33 76 37   📠 050 34 42 70
goud.harynck@pandora.be - http://www.goudenharynck.be
🕐 22:00   🔒 ma/lu za/sa zo/di   🔒 ma/lu zo/di
📅 29 nov - 1 déc, 31 janv - 3 fév, 10 - 13 avr, 18 juil. - 3 août, jours fériés
/ 29 nov - 1 dec, 31 jan - 3 feb, 10 - 13 apr, 18 juli - 3 aug., feestd.
💶 39-74   💶 24-65

Den Gouden Harynck biedt een aangenaam en fris ogen interieur. We starten met een paar hapjes waaronder rauwe zalm met stevige mousse van wortel geparfumeerd met sinaasappel, oester met nootmuskaat en pijnboompitten en een stukje gemarineerde haring met currysausje. De braaf smakende hapjes worden niet voorgesteld aan tafel. In feite wordt heel de avond weinig of geen toelichting gegeven bij wat op tafel geserveerd wordt. Voorgerecht zijn perfect gebakken coquilles die iets te ver gekruid zijn. Daarbij verschijnt mousse van gerookte paling die gelukkig niet aan datzelfde euvel lijdt. De bediening toont weinig interesse wat bijzonder jammer is en afbreuk doet aan het werk van de chef. Hoofdgerecht is een kleine portie mooi en krokant gebakken kalfszwezerik met schuim van parmezaan, knapperige spinazie en champignons. Mogelijk was de zaalbrigade bestaande uit gastvrouw en twee obers voor een vol restaurant onderbemand.

Den Gouden Harynck est plongé dans une ambiance agréable et tout en fraîcheur. Les amuse-bouche ouvrent le bal: saumon cru et mousse de carotte relevée à l'orange, huître à la noix de muscade et aux pignons de pin, hareng mariné sauce curry. Nous n'avons droit à aucune explication quant à ces sages mises en bouche. À vrai dire, la composition des assiettes ne nous sera quasiment pas décrite de toute la soirée. L'entrée nous dévoile des Saint-Jacques parfaitement poêlées, mais un peu trop assaisonnées. Elles s'accompagnent d'une mousse d'anguille fumée, qui ne tombe heureusement pas dans le même travers. Le service n'est pas franchement prévenant, ce qui porte préjudice au travail du chef. Dommage ! Le plat principal se compose d'une petite portion de ris de veau aussi croquant que les épinards et les champignons. Le tout flanqué d'une émulsion au parmesan. Vu le monde, le personnel de salle (hôtesse et deux serveurs) était peut-être en sous-effectif.

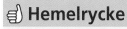 Hemelrycke ☺

Dweersstr. 12 - 8000 Brugge
📞 050 34 83 43   📠
hemelrycke@pandora.be - http://www.hemelrycke.be
🕐 21:00   🔒 di/ma wo/me   🔒 di/ma wo/me
📅 1 - 7 mars, 1 - 15 juil. / 1 - 7 maart 1 - 15 juli
💶 24-45   💶 28-48   🍷 36

Huyze die Maene ☺

Markt 17 - 8000 Brugge
📞 050 33 39 59   📠 050 33 44 60
huyzediemaene@pandora.be - http://www.huyzediemaene.be
🕐 22:00   🔒 di/ma   🔒 di/ma
📅 fév. / feb.
💶 16-33   💶 15-50

⑬ Kardinaalshof ☺

Sint-Salvatorskerkhof 14 - 8000 Brugge
📞 050 34 16 91   📠 050 34 20 62
info@kardinaalshof.be - http://www.kardinaalshof.be
🍴 21:00   🔒 wo/me do/je   🔒 wo/me
📅 1 - 14 juil. / 1 - 14 juli
🍽 35-64   🍷 50

Er zit pit, diepgang en evenwicht in de gerechten, die de chef vooral in menuvorm aanbiedt. Het Kardinaalsmenu heeft vier of zes gangen, en er is een driegangenlunch voor €35. Zo'n lunch omvat bijvoorbeeld koude bouillabaisse met groentegelei, garnaal, bouchotmosselen, aioli en parmezaan. Daarna duif in pankokorst met shiitake, puree van bloemkool en bloedworst, en als dessert mousse van Brabantse platte kaas met rode vruchten. Stijlvol klassiek interieur. Intieme sfeer.

Les envois ont de l'allant, de l'équilibre et une belle profondeur gustative. Le chef préfère la formule des menus. Ainsi, le menu Kardinaal s'articule autour de quatre ou six plats tandis qu'un autre menu, à trois plats, s'affiche à 35 euros. Ce dernier comprend, par exemple, une bouillabaisse froide avec une gelée de légumes, des crevettes, des moules de bouchot, de l'aïoli et du parmesan. Ensuite un pigeonneau en croûte de panko, accompagné de shiitakes, d'une purée de chou-fleur et de boudin noir : en dessert, un fromage blanc du Brabant avec des fruits rouges. Intérieur classique et raffiné, ambiance intimiste.

⑱ De Karmeliet 🍇

Langestr. 19 - 8000 Brugge
📞 050 33 82 59   📠 050 33 10 11
karmeliet@resto.be - http://www.dekarmeliet.be
🍴 21:30   🔒 ma/lu zo/di   🔒 ma/lu zo/di
📅 1 - 26 janv., 24 juin - 16 juil., 26 août - 6 sept / 1 - 26 jan., 24 juni - 16 juli, 26 aug - 6 sept
🍽 80-180   🍽 45-95   🍷 170

Geert Van Hecke schuwt media-aandacht. Voor hem telt enkel zijn keuken en die brengt hij op een grootse wijze op het bord. In zijn hoofd zit een bijzondere schat aan gerechten, waar hij voor de samenstelling van zijn menu's uit put. Met zijn uitzonderlijke productenkennis brengt hij enkel het beste samen. Vis, vlees en wild komen in hun geheel of met karkas binnen en worden in de keuken versneden. Hij verwerkt ze tot in de perfectie, met zin voor detail, in originele en verfijnde bereidingen. We kiezen het menu 'Brugge die Scone', waarin hij start met een bereiding waarin volle smaken primeren: witte Mechelse asperges, het romige vlees van kingkrab, zacht gekookt eitje en crème met bottarga. Vervolgens een van zijn signatuurgerechten: kikkerbilletjes gevuld met wijngaardslakken, saus van groene kruiden zacht geparfumeerd met daslook, kikkererwten, een mengsel van bospaddenstoelen en een sneetje gedroogde eendenfilet. Waar vind je nog kikkerbillen die op zo'n voortreffelijke manier worden behandeld? Daarna volgt gebakken langoustine, met vast en sappig vlees, knapperige tuinbonen, krokante wortel en eendenlever. Ogenschijnlijk een eenvoudige bereiding, maar perfect gekruid en vol smaaknuances. Het volgende gerecht is een stuk tarbot, op de graat gebakken met amandelkorst, jus van diepsmakende schelpdieren met groene kruiden en venkel. We sluiten de maaltijd af met op het been geroosterde jonge eend waarvan het malse sappige vlees lichtjes werd gerookt, met een worstje gevuld met het vlees van de gekonfijte eendenbilletjes en varkenspoot, met daarbij een perfecte risotto met verse morieljes. Het is een smaakbom van jewelste, maar dan wel in opperste verfijning. Dit blijft een van de meest smakelijke keukens van het land.

RABOTVINS

info@rabotvins.com

P +32(0)9/225 89 86

Geleverd sedert drie generaties aan Belgie

Fournisseur Breveté de la Cour de Belgique

Geert Van Hecke fuit les médias. Seule compte sa cuisine… Ses envois sont de véritables chefs-d'œuvre. Il a en mémoire des trésors de recettes où il puise pour composer ses menus. Fort de sa connaissance exceptionnelle des produits, il ne marie que les meilleurs ingrédients. Le poisson, la viande et le gibier arrivent en entier avec leur carcasse et sont découpés en cuisine. Il les transforme à la perfection, avec un sens inouï du détail, en des préparations aussi originales que raffinées. Nous avons choisi le menu Brugge die Scone. Il commence par une préparation où seuls des goûts purs et pleins peuvent s'exprimer: des asperges blanches de Malines, la chair crémeuse du crabe royal, un petit œuf mollet et une crème à la poutargue. Ensuite, un de ces incontournables: les cuisses de grenouilles farcies aux escargots de Bourgogne, sauce aux herbes vertes légèrement parfumée à l'ail des ours, pois chiches, un mélange de champignons des bois et une tranchette de magret de canard séché. Il est quasiment impossible de trouver ailleurs des cuisses de grenouilles ainsi magnifiées… Vient ensuite la langoustine poêlée, à la chair ferme et succulente, entourée de fèves et de carottes croquantes et de foie gras de canard. Apparemment une préparation simple, mais si parfaitement assaisonnée et si riche en nuances gustatives. Le plat suivant est un tronçon de turbot, cuit à l'arête, en croûte d'amande, rehaussé d'un jus de crustacés très puissant aux herbes vertes et fenouil. Nous terminons le repas avec un jeune canard rôti entier dont la viande tendre et juteuse est légèrement fumée, fourré avec la viande des cuisses confites et du pied de porc, le tout superbement accompagné d'un risotto parfait aux morilles fraîches. Une véritable bombe gustative, mais d'un raffinement transcendantal… Cette maison propose toujours une des cuisines les plus savoureuses du pays.

 ## Kooktheater Sans Cravate

Langestr. 159 - 8000 Brugge
050 67 83 10   050 67 77 02
http://www.sanscravate.be
21:30   ma/lu za/sa zo/di   ma/lu zo/di
1 sem. printemps, 2 sem. l'été, 1 sem. l'hiver / 1 week lente, 2 wek. zomer, 1 week winter
35-78   25-50   53

Het restaurant van Henk Van Oudenhove doet het almaar beter. Maar ook hier kampen ze met het grote horecaprobleem van vandaag: goed personeel vinden. In een met de hand geschreven bericht meldt de chef dat je 'tijdelijk' niet à la carte kunt eten, omdat de keuken het juiste personeel niet vindt. Het moet erg zijn voor een chef om zoiets te moeten schrijven ! Maar hij en zijn équipe blijven niet bij de pakken zitten, integendeel: het eten is voortreffelijk en de bediening verloopt zeer vlot. Wij nemen het menu 'Arthur' en krijgen eerst enkele hapjes die ons meteen blij maken, zoals spongecake van groene kruiden met sardine, en Zeeuwse mossel met crunch van tokaj en granny smith. Dan verschijnt een bord met tomaten (kers, tros, coeur de boeuf, gele…) die op verschillende manieren zijn bereid (gelei, ijs, crunch…), met daarbij burrata en bloemen en kruiden van het moment. Het is een fris en lekker gerecht. Smaak en een mooie presentatie zijn ook de kenmerken van langoustine met artisjok, jus barigoule en ijzerkruid. In het derde gerecht verrast de combinatie van kalfszwezerik en paling, maar het past perfect. Er is ook nog zeer sappige schouder van melkgeit, prachtig begeleid door dadels, abrikoos en gekonfijte citroen. Wij zijn zeer tevreden. Mooie wijnkaart.

Le restaurant de Henk Van Oudenhove s'améliore sans cesse. Mais il est également confronté au grand problème récurrent de l'horeca: trouver un personnel de qualité. Un message manuscrit sur la carte vous annonce que vous ne pouvez « temporairement » pas manger à la carte, parce que le restaurant ne trouve pas le personnel de cuisine ad hoc. La situation doit être presque désespérée pour qu'un chef en arrive à une telle extrémité ! Cependant, le chef et son équipe sont loin de s'avouer vaincus, bien au contraire: le repas est remarquable et le service précis et rapide. Nous prenons le menu « Arthur » et recevons d'abord quelques mises en bouche qui réjouissent d'emblée nos papilles comme ce spongecake aux herbes vertes avec une sardine ou la moule de Zélande au crunch de tokaj et de granny smith. Ensuite, déclinaisons autour de la tomate (tomate-cerise, en grappe, cœur de bœuf, jaune, etc.) en différentes textures (gelée, glace, crunch, notamment), accompagnées de burrata et de fleurs et d'herbes du moment. Un plat frais et délicieux. Un goût superbe et une belle présentation caractérisent également la langoustine aux artichauts en barigoule et verveine. Le troisième plat surprend par le mariage, très heureux, du ris de veau et de l'anguille. N'oublions pas non plus cette succulente épaule de chevreau de lait, magnifiquement secondé de dates, d'abricots et de citrons confit. Le bonheur est si simple… Carte des vins intéressante.

Kwizien Divien

Hallestr. 4 - 8000 Brugge
℡ 050 34 71 29
info@kwiziendivien.be - http://www.kwiziendivien.be
🕯 21:30   🔒 ma/lu zo/di   🔒 ma/lu zo/di
🛍 juil. / juli
🍽 39-70   🍽 65-90   🍷 70

Lieven

Philipstockstraat 45 - 8000 Brugge
℡ 050 68 09 75
info@etenbijlieven.be - http://www.etenbijlieven.be
🕯 22:00   🔒 ma/lu zo/di   🔒 ma/lu zo/di
🛍 24 déc - 2 janv, 2 - 17 avr, 10 - 29 août / 24 dec - 2 jan, 2 - 17 apr, 10 - 29 aug
🍽 15   🍽 9-29

Het nieuwe restaurant Lieven zit verscholen achter de historische gevel van een hoekpandje vlakbij de Brugse schouwburg en de Grote Markt. Chef Lieven Vynck kiest voor een vlotte formule met een beperkt aantal gerechten van de kaart. De maaltijd start met versneden scheermesjes, vermengd met krokante stukjes selder, gekonfijte paprika en tomaat. De wisselende zachte en krokante texturen en de pittige zuiderse kruiden maken er een boeiend gerecht van. Dan volgt een kraakvers sappig stukje ombervis met aardappelmousseline, waarin jonge prei en stukjes asperges afgewerkt met een krachtige schaaldierenjus. Iets meer voorspelbaar maar wel zuiver van smaak. Een dame blanche met vers gedraaid vanille-ijs en verse chocoladesaus toont dat Lieven ook zijn dessertklassiekers correct brengt.

Le nouveau restaurant Lieven se cache derrière la façade historique d'un immeuble d'angle situé à deux pas du théâtre et de la Grand-Place de Bruges. Le chef Lieven Vynck mise sur une formule efficace, qui limite le nombre de plats à la carte. Le repas débute sur une note maritime avec des couteaux, un éminçé de céleri croquant, des tomates et des poivrons confits. Voilà un plat alléchant, sublimé par l'alternance du moelleux et du croquant et par les épices du Sud. S'ensuit un tronçon de maigre fondant à souhait, une mousseline de pommes de terre aux jeunes poireaux et aux asperges. Le tout nappé d'un puissant jus de crustacés. Un plat prévisible, mais des saveurs authentiques. La dame blanche à base de glace minute et de vrai chocolat chaud prouve que Lieven connaît ses classiques.

De Mangerie

Oude Burg 20 - 8000 Brugge
📞 050 33 93 36 🖨
info@mangerie.com - http://www.mangerie.com
🕰 21:30   🔒 ma/lu zo/di   🔒 ma/lu zo/di
🚪 vac de Carnaval, 15 - 31 juil. / krokusvak., 15 - 31 juli
🍽 35-55   🍷 45-60

Le Manoir Quatre Saisons

Heilige Geeststr. 1 - 8000 Brugge
📞 050 34 30 01 🖨 050 33 94 75   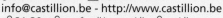
info@castillion.be - http://www.castillion.be
🕰 21:30   🔒 ma/lu di/ma zo/di   🔒 zo/di
🚪 2 - 20 janv. , 22 juil - 10 août / 2 - 20 jan., 22 juli - 10 aug
🍽 35-75   🍷 70-105   🍴50

Dit restaurant maakt deel uit van hotel Le Castillon dat onderdak vond in het voormalig Brugse bisschoppelijke paleis. Aan het fornuis staat het jonge talent Olivier Christiaens die in dit historische kader een moderne, frisse keuken brengt. Hij vervlecht makkelijk fijne nobele producten tot een harmonieus geheel. Treffend voorbeeld is een combinatie van Europese kreeft met ganzenlever waarbij wortel, sinaasappel en abrikoos voor vegetale en fruitige toetsen zorgen.

Ce restaurant fait partie de l'hôtel Le Castillon qui a été aménagé dans l'ancien palais épiscopal de Bruges. Aux fourneaux, nous avons trouvé un jeune talent, Olivier Christiaens, qui signe des envois modernes et vivifiant dans ce décor historique. Il entrelace facilement des produits nobles en un tout harmonieux. Un exemple très parlant est une association de homard européen avec du foie gras d'oie où la carotte, l'orange et l'abricot assurent des touches fruitées.

t Pandreitje

Pandreitje 6 - 8000 Brugge
📞 050 33 11 90 🖨 050 34 00 70
info@pandreitje.be - http://www.pandreitje.be
🕰 21:30   🔒 wo/me do/je zo/di   🔒 wo/me do/je zo/di
🚪 1 - 14 april, 16 - 29 juil, 29 oct. - 10 nov. / 1 - 14 april, 16 - 29 juli, 29 okt. - 10 nov.
🍽 50-95   🍷 78-102   🍴65

Guy Van Neste staat al meer dan dertig jaar aan zijn fornuis. In 2012 gaat hij het enigszins over een andere boeg gooien. Culinair gesproken blijft hij dezelfde waarden trouw verdedigen. Hij gaat echter kleinschaliger werken voor een beperkter aantal gasten. Ook zijn wijnkaart gaat hij van 700 referenties reduceren naar 200. Naast een menu met wijn zal hij een kleine kaart met een aantal van zijn specialiteiten voorstellen. We zijn benieuwd hoe die "less is more" aanpak een concreet gezicht gaat krijgen.

Guy Van Neste officie à ses fourneaux depuis plus de trente ans déjà. En 2012, il prendra un nouveau tournant. D'un point de vue culinaire, il reste fidèle à ses valeurs. Il a toutefois décidé d'accueillir dorénavant moins d'invités. Il downsizera aussi sa carte des vins de 700 à 200 références. En marge d'un menu avec vin, il présentera une petite carte avec un certain nombre de ses spécialités. Nous sommes curieux de voir comment cette approche « less is more » se concrétisera.

 Parkrestaurant

Minderbroedersstr. 1 - 8000 Brugge
(050 34 64 42   050 34 64 42
info@parkrestaurant.be - http://www.parkrestaurant.be
0:00   ma/lu di/ma zo/di   ma/lu do/je
30 mars - 16 avril / 30 maart - 16 april
29-40   29-65   45

Patrick Devos

Zilverstr. 41 - 8000 Brugge
(050 33 55 66   050 33 58 67
info@patrickdevos.be - http://www.patrickdevos.be
21:00   za/sa zo/di   zo/di
26 - 30 déc., 2 - 6 avr, 23 juillet - 15 août / 26 - 30 dec., 2 - 6 apr,
23 juli - 15 aug
40-85   78   55

Patrick Devos heeft oog voor smaak én gezondheid. Over dat laatste doen foodies wel eens smalend, maar dat heeft meestal te maken met een gebrek aan goede ervaringen. Een bezoek aan dit restaurant kan de ogen openen. Het vegetarisch menu laat je proeven van eekhoorntjesbrood met gepocheerd ei, coulis van peterselie en sla van bladgroenten. Dan is er risotto van algen met lamsoor en coulis van tuinbonen, gevolgd door seizoengroenten in verschillende texturen, en als dessert nog een compote van seizoenvruchten met ijs van passievruchten en schuim van amandelen. Foodies van de oude stempel hoeven niet te panikeren: er is ook gegrilde Noorse kreeft of filet van ibericovarken gegaard op de Green Egg. Ruime wijnkaart. Zeer mooi interieur in een pand met geschiedenis.

Patrick Devos veille sur les goûts et sur la santé. Les amateurs de bonne cuisine, les foodies, sont parfois condescendants vis-à-vis de ce dernier point, mais cette attitude est souvent liée à un manque de bonnes expériences. Une visite à cet établissement peut enlever bien des œillères. Le menu végétarien vous permet de goûter aux cèpes avec un œuf poché, un coulis de persil et une salade de légumes à feuilles. Ensuite un risotto d'algues avec de l'aster maritime et un coulis de fèves, suivi par des légumes de saison et différentes textures et, en dessert, une compote de fruits de saison avec une glace de fruits de la passion et un espuma d'amande. L'ancienne garde des gourmets ne doit pas paniquer, car ils y trouveront aussi du homard norvégien grillé ou un filet de porc ibérique cuit sur le Green Egg®. Belle carte des vins. Très bel intérieur dans un immeuble historique.

 # Rock-fort

Langenstraat 15 - 8000 Brugge
☎ 050 33 41 13
http://www.rock-fort.be
⏰ 0:00   🔒 za/sa zo/di   🔒 za/sa zo/di
🍴 49   🍴 40-60

Dit trendy bistro-restaurant wordt druk bezocht. Wij merken meteen een upgrade in de bediening. Zal die er ook zijn in het bord? Er is eerst oosterscheldepaling van zeer goede kwaliteit. Hij komt op twee wijzen: lauw en mooi gelakt. Lekker. Ook de asperges met vers gekookte kwarteleitjes en coulis van erwtjes kunnen bekoren. Bijzonder geslaagd is de presentatie van de asperges in tagliatelle. De upgrade zet zich duidelijk door in de keuken! Wij smullen van een perfect gegaarde, op vel gebakken zeebaars met smakelijke kleine inktvisringen en beetgare bombarijst met schelpjes. Dit is een topgerecht. Dat mogen we ook zeggen van de jonge duif uit Anjou, een beestje van superkwaliteit, perfect gegaard en leuk gepresenteerd. De wijnkaart biedt onder meer acht witte en rode wijnen per glas. Rock-fort heeft nog een tandje bij gestoken. Er is meer verfijning in de keuken, de producten zijn nog beter geselecteerd, en ook de bediening staat een trapje hoger. Tegelijk is het hier spontaan, eenvoudig, lekker en leuk gebleven. Dat verdient een extra punt.

Ce bistro tendance est très prisé. Nous avons immédiatement remarqué une amélioration dans le service. Est-ce qu'elle se traduira aussi dans l'assiette ? Nous commençons par une anguille de l'Escaut oriental de très bonne qualité préparées de deux façons : tiède et joliment laquée. Succulent. Même constat pour les asperges aux œufs de caille et coulis de petits pois. Délicieux. La présentation des asperges en tagliatelle est particulièrement réussie. Manifestement, l'amélioration s'impose aussi en cuisine ! Nous avons dégusté un bar cuit à l'unilatéral à la cuisson parfaite avec des anneaux de calamar savoureux et du riz bomba à point avec des coquillages. Un plat de haut vol. Nous nous sommes fait la même réflexion du pigeonneau d'Anjou, un exemple de qualité supérieure. Il était parfaitement cuit et présenté. La carte des vins propose, entre autres, huit vins rouges et blancs au verre. Rock-fort a encore évolué. Plus de raffinement en cuisine, meilleure sélection des produits et service remis à niveau. Dans le même temps, on apprécie que cette adresse ait conservé sa spontanéité, sa simplicité et son ambiance agréable et souriante. Tout cela mérite bien un point de plus.

The Sixties

Molenmeers 11 - 8000 Brugge
☎ 050 47 69 47   📠 050 47 69 48
info@relaisravestein.be - http://www.relaisravestein.be
⏰ 21:30   🔒 di/ma za/sa   🔒 di/ma zo/di
📅 15 - 31 janv. / 15 - 31 jan.
🍴 35-58   🍴 43-48   🍴 53

Je eet zonder meer lekker in dit restaurant van hotel Relais Ravenstein. Er zijn handgepelde grijze garnalen met bloemkool en parmezaan, dan king crab met avocado, komkommer en granny smith, en als hoofdgerecht filet pur van kalf met groenten en kasteelaardappelen en een crunch van ui & spek.

On y mange bien au restaurant de l'hôtel Relais Ravenstein ! Crevettes grises épluchées à la main avec du chou-fleur et du parmesan, ensuite du crabe royal à l'avocat, concombre et granny smith, et, en plat principal un filet pur de veau aux légumes et pommes château et un crunch d'oignons et de lard.

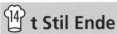 't Stil Ende ☺

Scheepsdalelaan 12 - 8000 Brugge 🛌 🏠 ❄ ⛱ 💳
📞 050 33 92 03   🖨 050 33 26 22
stilende@skynet.be - http://www.stilende.be
🛏 21:00   🔒 ma/lu za/sa zo/di   🔒 ma/lu zo/di
📅 14 jrs. mars, 14 jrs. juil. / 14 d. maart, 14 d. juli
🍽 35-55   🍷 18-32   🍴 80

Chef Frank Dehens is bekommerd om uw smaakpapillen én om uw gezondheid. Hij werkt met topproducten van biologische teelt. Die hij haalt bij uitgekozen kwekers. De producten komen terecht in creatieve, smaakvolle gerechten, zoals gelakte ossenhaas met mergpompoen of kabeljauw met Zeeuwse mosselen, kervel en thee van tomaat. Er is een tweegangen lunch voor € 22.

Le chef Frank Dehens s'inquiète de votre expérience gustative et de votre santé. Il ne travaille que des produits de haute qualité et issus de la culture/l'élevage biologique. Il se fournit auprès de producteurs triés sur le volet. Les produits se retrouvent dans des plats créatifs et très goûteux comme le filet de bœuf laqué avec la courge à moelle ou du cabillaud rehaussé de moules de Zélande, cerfeuil et thé de tomate. Il propose un menu à deux plats pour 22 euros.

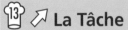 La Tâche 🍇☺

Blankenbergestwg. 1 - 8000 Brugge 🛌 🏠 ♿ ⛱ 💳
📞 050 68 02 52
info@latache.be - http://www.latache.be
🛏 21:30   🔒 wo/me   🔒 wo/me
📅 variable / variabel
🍽 35-55   🍷 45-60   🍴 55

Wij gaan voor mooie coquilles, vers uit de schelp en perfect gebakken. Ze zijn vergezeld van een smeuïge risotto met mimolettekaas, en een consommé met zoethout zorgt voor extra levendigheid. Een heel knap gerecht. Daarna kiezen we van de kaart ree, heel genereus opgediend en bestrooid met lamellen truffel van correcte kwaliteit. Mooi allemaal, maar sommige details kunnen beter. Neem het vanilleroomijs dat we nu geregeld vers gedraaid vinden. Dat maakt een wereld van verschil. Toch is dit sympathieke huis absoluut een koksmuts waard, ook door de zeer correcte prijzen en de knappe wijnkaart.

Nous jetons notre dévolu sur les Saint-Jacques tout juste décoquillées et parfaitement poêlées. Elles s'accompagnent d'un risotto fondant à la mimolette et d'un consommé à la réglisse, pour la vivacité. Du beau travail ! Nous optons ensuite pour le chevreuil figurant à la carte. Il est généreusement servi et parsemé de lamelles de truffe de qualité correcte. Dans l'ensemble, nous sommes satisfaits, mais quelques détails devraient être améliorés, notamment la glace vanille, que nous avons pris l'habitude de déguster minute. Ça fait toute la différence. Cette maison sympathique mérite tout de même amplement sa toque, notamment pour ses prix corrects et son bon livre de cave.

 ⬀ **Tanuki**

Oude Gentweg 1 - 8000 Brugge
✆ 050 34 75 12   🖷 050 33 82 42
info@tanuki.be - http://www.tanuki.be
🍴 21:30   🔒 ma/lu di/ma   🔒 ma/lu di/ma
🗓 vacances d' automne, 1 sem. Carnaval, 7 - 21 juil., 1 sem. Toussaint /
Herfst vakantie, Krokusvakantie, 2de en 3de week juli.
🍽 27-80   🍷 88-151

Tanuki behoort tot de betere Japanse restaurants van ons land. Alles is goed tot zeer goed: sushi, teppanyaki, warme keuken. Gemarineerde lotuswortel met varkensvlees is wat flauw van smaak, maar daarna volgt een zeldzaam voorbeeld van pure smaken, met trio van zee-egel, tonijn en inktvis. De zee-egel vormt een geslaagde combinatie met komkommer, en de inktvis is kraakvers. De tonijn is correct. Daarna komt een meesterlijk assortiment sushi. Dit is echt zoals het moet. Van eenzelfde perfectie is krokant gebakken fijne tempura van vis met een smaakvolle bouillon. Perfect, of hadden we dat al gezegd ? Chef Ivan Verhelle beheerst duidelijk de gaartijden van elk ingrediënt dat hij gebruikt. Die precisie kenmerkt trouwens ook het werk van alle andere medewerkers. De wijnkaart is knap opgebouwd met wijnen die ideaal te combineren zijn met dit soort keuken. Een verdiend punt erbij.

De loin le meilleur restaurant japonais dans notre pays. Tout y est supérieur : sushi, teppanyaki, plats chauds. Nous commençons par une racine de lotus marinée à la viande de porc, un peu fade, mais ensuite, un exemple de goûts d'une grande pureté, avec un trio d'oursin, thon et seiche. L'oursin forme une combinaison parfaite avec le concombre et la seiche est d'une très grande fraîcheur, le thon est correct. Ensuite, place à un assortiment royal de sushi. Préparés et présentés dans les règles de l'art. Nous avons poursuivi cette perfection avec un poisson en tempura fine et croquante, et un bouillon très goûteux. Parfait, au risque de nous répéter. Le chef Ivan Verhelle maîtrise clairement les temps de cuisson de chacun des ingrédients utilisés. Cette précision caractérise d'ailleurs aussi le travail de tous les autres collaborateurs. La carte des vins est intelligemment composée avec des flacons parfaitement adapté à ce type de cuisine. Un point de plus, bien mérité.

🍳 **De Visscherie**

Vismarkt 8 - 8000 Brugge
✆ 050 33 02 12   🖷 050 34 34 38
info@visscherie.be - http://www.visscherie.be
🍴 22:00   🔒 di/ma   🔒 di/ma
🗓 aucun / nihil
🍽 35-78   🍷 55-80   ⬩ 55

Een op-en-topvisrestaurant in het hartje van Brugge, daar hangt een prijskaartje aan. Wie zich daardoor niet laat afschrikken, vindt een menu met oesters met rode sjalot en cabernet-wijnazijn; messchelpen met groene kerrie en nectarines; soepje van mosselen en Blanche de Namur; en als hoofdgerecht tongscharfilet met zee-egelsaus met Malheur 12°, of wilde eend met vlierbessen én chocolade. De wijnkaart heeft veel aandacht voor Belgische wijnen en voor het werk van Belgische wijnboeren in het buitenland.

Ce restaurant de poissons de haut vol au cœur de Bruges va de pair avec des prix, disons, pour le moins salés. Si le prix ne vous effraie pas, le menu se compose d'huîtres à l'échalote rouge et au vinaigre de cabernet sauvignon ; de couteaux au curry vert et nectarines ; d'un potage de moules et Blanche de Namur ; et plat de résistance, un filet de sole limande avec une sauce à l'oursin et à la Malheur 12°, ou un canard sauvage aux baies de sureau et chocolat. Le cellier recèle de nombreux flacons belges et de nombreux vins étrangers élevés par des Belges.

Zeno

Vlamingstr. 53 - 8000 Brugge
℡ 050 68 09 93
info@restaurantzeno.be - http://www.restaurantzeno.be
🕐 20:55 🔒 ma/lu za/sa zo/di 🔒 ma/lu zo/di
📅 10 jours à Pâcques., 10 jours en sept, Noël et Nouvel An / 10 dagen Pasen, 10 dagen in sept, Kerstmis en Nieuwjaar
💶 55-100 🍴 50

Uitgekiende combinaties met herkenbare ingrediënten en verrassende smaaker-varingen blijven een constante in de keuken van Reinhout Reniere. Ook groenten en kruiden zijn prominent aanwezig. Zo zat er in het menu 'l'oeuvre au vert' een kleurrijke combinatie van verschillende soorten gemarineerde wortels met friszure hangop en kokkels ondersteund door gerookte haringkaviaar. Maar ook een be-reiding van gerookte eidooier met geblancheerde hopscheuten, zeekool, jonge kruiden met een krachtige bouillon van gebakken kip. En Zeeuwse oester met stukken aardpeer, nerf van koolbladeren en oesterblad. Gebakken sint jakobs-schelp en gebakken knolselder, knolselderpuree, spinazie en saus van wei vormen samen een smaakbommetje. Lamsvlees uit de IJzervallei met een lamsworstje, schorseneer en raapjes. Het blijft een vuurwerk van smaken, kleuren en texturen dat in een lange rij met gerechtjes op het bord komt.

Les envois de Reinhout Reniere enregistrent une belle constance et se caracté-risent toujours par des combinaisons bien étudiées d'ingrédients reconnaissables et des expériences gustatives surprenantes. Légumes et herbes ont très largement voix au chapitre. C'est ainsi que le menu « l'œuvre au vert » proposait une com-binaison haute en couleur de différentes variétés de carottes marinées avec du babeurre égoutté, assurant une belle note d'acidité et de fraîcheur, et des coques, le tout soutenu par du caviar de hareng fumé. Une autre préparation brillait aussi par sa personnalité: jaunes d'œuf fumé aux jets de houblon blanchis, chou marin, jeunes herbes et un puissant bouillon de poulet. Sans oublier l'huître de Zélande aux dés de topinambour, nervures de feuilles de chou et de la bourrache. Ou en-core les noix de Saint-Jacques poêlées entourées de céleri-rave et purée et sauté, d'épinard et d'une sauce au petit lait, une véritable bombe gustative. L'agneau de la vallée de l'Yser et sa petite saucisse d'agneau, ses salsifis et ses petits navets fait aussi des merveilles. Feu d'artifices de goûts, de couleurs et de textures dans une longue succession de petits plats.

 # t Zwaantje

Gentpoortvest 70 - 8000 Brugge
℡ 0473 71 25 80 🖨
info@hetzwaantje.be - http://www.hetzwaantje.be
🕐 22:00 🔒 wo/me do/je za/sa 🔒 wo/me do/je
💶 40 💶 40-60

De chef werkt graag met ganzenlever en chocolade, al dan niet gecombineerd. Er is gebakken ganzenlever met chocolade uit Peru, naast filet pur Rossini met Uganda-chocolade en witlof. Ook de stoverij van varkenswangen staat tot ons grote genoegen nog altijd op de kaart. Driegangenmenu voor €40.

Le chef aime travailler le foie gras d'oie et le chocolat, associés ou non. Prenons, par exemple, ce foie gras d'oie poêlé au chocolat du Pérou ou encore ce filet pur Rossini au chocolat d'Ouganda et witloofs. L'estouffade de joues de porc est encore à la carte, pour notre plus grande satisfaction. Menu à trois plats pour 40 euros.

Kempinski Hotel Dukes' Palace

Prinsenhof 8 - 8000 Brugge
℡ 050 44 78 88 📠 050 44 75 94
info.bruges@kempinski.com - http://www.kempinski.com/bruges
🛏 0:00 ⁷⁄₇
🛌 93 🛏 439 🛏 219-499 🅿 31 🚗 22 💲 1039

Apollo Arthotel Brugge

Handboogstr. 1 - 8000 Brugge
℡ 050 25 25 25 📠 050 25 25 27
info.brugge@apollohotelsresorts.com -
http://www.apollohotelsresorts.com/brugge
🛏 0:00 ⁷⁄₇
🛌 120 🛏 169 🛏 87-187 🅿 29 🚗 2 💲 269

Best Western Hotel Acacia

Korte Zilverstr. 3A - 5 - 8000 Brugge
℡ 050 34 44 11 📠 050 33 88 17
info@hotel-acacia.com - http://www.hotel-acacia.com
🛏 0:00 ⁷⁄₇
📅 3 - 22 janv. / 3 - 22 jan.
🛌 48 🛏 108-178 🚗 2

Biskajer

Biskajerplein 4 - 8000 Brugge
℡ 050 34 15 06 📠 050 34 39 11
info@hotelbiskajer.com - http://www.hotelbiskajer.com
🛏 0:00 ⁷⁄₇
📅 fév. / feb.
🛌 17 🛏 60-175

De Castillion

Heilige Geeststr. 1 - 8000 Brugge
℡ 050 34 30 01 📠 050 33 94 75
info@castillion.be - http://www.castillion.be
🛏 0:00 ⁷⁄₇
🛌 20 🛏 115-215 🚗 1 💲 275

Crowne Plaza Brugge

Burg 10 - 8000 Brugge
℡ 050 44 68 44 📠 050 44 68 68
hotel@crowne-plaza-brugge.com -
http://www.crowneplazabrugge.com
🔓 0:00 7/7
🛏 96 🛏k 254 🛏k♿ 147-275 ⓟ 🚗 7 💲 421

 # Die Swaene

Steenhouwersdijk 1 - 8000 Brugge
℡ 050 34 27 98 📠 050 33 66 74
info@dieswaene.com - http://www.dieswaene.com
🔓 0:00 7/7
🛏 27 🛏k♿ 195-295 🚗 3 💲 475

 # Flanders Hotel

Langestr. 38 - 8000 Brugge
℡ 050 33 88 89 📠 050 33 93 45
stay@hotelflanders.com - http://www.hotelflanders.com
🔓 0:00 7/7
🛏 50 🛏k♿ 109-194 🚗 1 💲 224

 # Golden Tulip Hotel de Medici

Potterierei 15 - 8000 Brugge
℡ 050 33 98 33 📠 050 33 07 64
reservation@hoteldemedici.com - http://www.hoteldemedici.com
🔓 0:00 7/7
🛏 101 🛏k♿ 201-219 🚗 4

 # Grand Hotel Casselbergh Brugge

Hoogstr. 6 - 8000 Brugge
℡ 050 44 65 00 📠 050 44 65 01
info@grandhotelcasselbergh.com -
http://www.grandhotelcasselbergh.com
🔓 0:00 7/7
🛏 118 🛏k♿ 125-400 🚗 2 💲 450

Heritage

Niklaas Desparsstr. 11 - 8000 Brugge
℡ 050 44 44 44 📠 050 44 44 40
info@hotel-heritage.com - http://www.hotel-heritage.com
🔓 0:00 7/7
🛏 20 🛏k 275 🛏k♿ 319 🚗 4 💲 469

Hotel De Orangerie

Kartuizerinnenstraat 10 - 8000 Brugge
✆ 050 34 16 49   📠 050 33 30 16
info@hotelorangerie.be - http://www.hotelorangerie.be
🕐 0:00 ⁷⁄₇
💼 9-19 jan. / 9-19 jan.
🛏 16   k 275   k♿ 214-354   🚗 4   § 375

Hotel Navarra

St-Jakobsstr. 41 - 8000 Brugge
✆ 050 34 05 61   📠 050 33 67 90
reservations@hotelnavarra.com - http://www.hotelnavarra.com
🕐 0:00 ⁷⁄₇
🛏 94   k♿ 100-189

Jan Brito

Freren Fonteinstr. 1 - 8000 Brugge
✆ 050 33 06 01   📠 050 33 06 52
info@janbrito.com - http://www.janbrito.eu
🕐 0:00 ⁷⁄₇
🛏 36   k♿ 99-320   🚗 4   § 320

 Montanus

Nieuwe Gentweg 78 - 8000 Brugge
✆ 050 33 11 76   📠 050 34 09 38
info@montanus.be - http://www.montanus.be
🕐 0:00 ⁷⁄₇
🛏 24   k 179   k♿ 156-211   🚗 2   § 233

NH Brugge

Boeveriestr. 2 - 8000 Brugge
✆ 050 44 97 11   📠 050 44 97 99
nhbrugge@nh-hotels.com - http://www.nh-hotels.com
🕐 0:00 ⁷⁄₇
🛏 149   k 185   k♿ 114-227   ⓟ 25-60   🍴 60   🚗 2   § 395

Oud Huis de Peellaert

Hoogstr. 20 - 8000 Brugge
✆ 050 33 78 89   📠 050 33 08 16
info@depeellaert.be - http://www.depeellaert.com
🕐 0:00 ⁷⁄₇
🛏 50   k♿ 120-350

Park Hotel

Vrijdagmarkt 5 - 8000 Brugge

℡ 050 33 33 64   🖷 050 33 47 63
info@parkhotelbrugge.be - http://www.parkhotelbrugge.be
🛏 0:00 ⁷⁄₇
♨ 86   ♨ᴋ 123-265

 Portinari

t Zand 15 - 8000 Brugge

℡ 050 34 10 34   🖷 050 34 41 80
info@portinari.be - http://www.portinari.be
🛏 0:00 ⁷⁄₇
📁 2 - 27 janv. / 2 - 27 jan.
♨ 37   ♨ᴋ 105-200   ♨ 3

 Prinsenhof

Ontvangersstr. 9 - 8000 Brugge

℡ 050 34 26 90   🖷 050 34 23 21
info@prinsenhof.com - http://www.prinsenhof.com
🛏 0:00 ⁷⁄₇
♨ 24   ♨ᴋ 367

 Relais Bourgondisch Cruyce

Wollestr. 41 - 47 - 8000 Brugge
℡ 050 33 79 26   🖷 050 34 19 68
info@relaisbourgondischcruyce.be -
http://www.relaisbourgondischcruyce.be
🛏 0:00 ⁷⁄₇
♨ 16   ♨ᴋ 450

 Relais Ravestein

Molenmeers 11 - 8000 Brugge
℡ 050 47 69 47   🖷 050 47 69 48
info@relaisravestein.be - http://www.relaisravestein.be
🛏 0:00 ⁷⁄₇
♨ 6   ♨ᴋ 290   ♨ 10   ♨s 520

 Rosenburg

Coupure 30 - 8000 Brugge

℡ 050 34 01 94   🖷 050 37 24 35
info@rosenburg.be - http://www.rosenburg.be
🛏 0:00 ⁷⁄₇
♨ 27   ♨ᴋ 170   ♨ 2   ♨s 300

Ter Brughe

Oost-Gistelhof 2 - 8000 Brugge

📞 050 34 03 24   🖨 050 33 88 73
info@hotelterbrughe.com - http://www.hotelterbrughe.com
🔓 0:00 ⅞
📅 4 - 31 janv. / 4 - 31 jan.
🛏 46   🛏 65-175

The Pand Hotel

Pandreitje 16 - 8000 Brugge
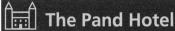
📞 050 34 06 66   🖨 050 34 05 56
info@pandhotel.com - http://www.pandhotel.com
🔓 0:00 ⅞
🛏 15   🛏 295   🛏 11   🛏 465

De Tuilerieën

Dijver 7 - 8000 Brugge
📞 050 34 36 91   🖨 050 34 04 00
info@hoteltuilerieen.com - http://www.hoteltuilerieen.com
🔓 0:00 ⅞
🛏 45   🛏 550   🛏 189-610   🛏 6   🛏 750

Walburg

Boomgaardstr. 13 - 15 - 8000 Brugge
📞 050 34 94 14   🖨 050 33 68 84
info@hotelwalburg.be - http://www.hotelwalburg.be
🔓 0:00 ⅞
📅 janv. / jan.
🛏 18   🛏 150-200   🛏 1   🛏 300

Adornes

Sint-Annarei 26 - 8000 Brugge

📞 050 34 13 36   🖨 050 34 20 85
info@adornes.be - http://www.adornes.be
🔓 0:00 ⅞
📅 2 janv. - 5 fév. / 2 jan. - 5 feb.
🛏 20   🛏 100-165

 Anselmus

Ridderstr. 15 - 8000 Brugge
📞 050 34 13 74   📠 050 34 19 16
info@anselmus.be - http://www.anselmus.be
🔓 0:00 ⁷⁄₇
🛏 2 janv. - 10 fév. / 2 jan. - 10 feb.
♨ 16   ⌕ 100-150

De Barge

Bargeweg 15 - 8000 Brugge
📞 050 38 51 50   📠 050 38 21 25
debarge@online.be - http://www.hoteldebarge.be
🔓 0:00 ⁷⁄₇
🛏 4 janv. - 7 fév. / 4 jan. - 7 feb.
♨ 20   ⌕ 79-160

Boterhuis

St-Jacobsstr. 38 - 40 - 8000 Brugge
📞 050 34 15 11   📠 050 34 70 89
boterhuis@pandora.be - http://www.boterhuis.be
🔓 0:00 ⁷⁄₇
♨ 13   ⌕ 95-130

Bryghia

Oosterlingenplein 4 - 8000 Brugge
📞 050 33 80 59   📠 050 34 14 30
info@bryghiahotel.be - http://www.bryghiahotel.be
🔓 0:00 ⁷⁄₇
🛏 1 janv. - 21 fév., 18 - 31 déc. / 1 jan. - 21 feb., 18 - 31 dec.
♨ 18   ⌕ 67-160

Duc de Bourgogne

Huidenvettersplein 12 - 8000 Brugge
📞 050 33 20 38   📠 050 34 40 37
info@ducdebourgogne.be - http://www.ducdebourgogne.be
🔓 0:00 ⁷⁄₇
♨ 10   ⌕ 115-195   ♨ 1

Fevery

Collaert Mansionstraat 3 - 8000 Brugge
📞 050 33 12 69   🖨 050 33 17 91
paul@hotelfevery.be - http://www.hotelfevery.be
🔓 0:00   7⁄7
📅 14 janv. - 2 fév., 4 - 12 mars, 22 - 30 juin, 4 - 24 nov. / 14 jan. - 2 feb.,
4 - 12 maart, 22 - 30 juni, 4 - 24 nov.
🛏 10   €⌂ 60-90

Het Gheestelic Hof

Heilige Geeststr. 2 - 8000 Brugge
📞 050 34 25 94   🖨 050 33 94 75
gheestelic.hof@scarlet.be - http://www.gheestelic-hof.be
🔓 0:00   7⁄7
🛏 11   €⌂ 75-150

Groeninghe

Korte Vuldersstr. 29 - 8000 Brugge
📞 050 34 32 55   🖨 050 34 07 69
info@hotelgroeninghe.be - http://www.hotelgroeninghe.be
🔓 0:00   7⁄7
🛏 8   €⌂ 85-120

Hotel Malleberg

Hoogstr. 7 - 8000 Brugge
📞 050 34 41 11   🖨 050 34 67 69
hotel@malleberg.be - http://www.malleberg.be
🔓 0:00   7⁄7
📅 16 janv. - 13 fév. / 16 jan. - 13 feb.
🛏 9   €⌂ 85-130

Jacobs

Baliestr. 1 - 8000 Brugge
📞 050 33 98 31   🖨 050 33 56 94
hoteljacobs@online.be - http://www.hoteljacobs.be
🔓 0:00   7⁄7
🛏 23   €⌂ 75-140

Loreto

Katelijnestr. 40 - 8000 Brugge
℡ 050 33 43 32   📠 050 33 95 90
info@loreto.be - http://www.loreto.be
🛗 0:00   7/7
🛏 9 janv. - 16 fév. / 9 jan. - 16 feb.
🐕 7   ℮k 95   ℮k♿ 95-105

Martin's Brugge

Oude Burg 5 - 8000 Brugge
℡ 050 44 51 11   📠 050 44 51 00
brugge@martinshotels.com - http://www.martinshotels.com
🛗 0:00   7/7
🐕 177   ℮k♿ 75-160

Pannenhuis

Zandstr. 2 - 8000 Brugge
℡ 050 31 19 07   📠 050 31 77 66
hostellerie@pannenhuis.be - http://www.pannenhuis.com
🛗 0:00   7/7
🛏 15 janv. - 2 fév. / 15 jan. - 2 feb.
🐕 19   ℮k♿ 95-165   ℮P 85-120   🍽 120   🐕 2   ℮s 185

Patritius

Riddersstr. 11 - 8000 Brugge
℡ 050 33 84 54   📠 050 33 96 34
info@hotelpatritius.be - http://www.hotelpatritius.be
🛗 0:00   7/7
🛏 janv. / jan.
🐕 16   ℮k♿ 70-130

Ter Duinen

Langerei 52 - 8000 Brugge
℡ 050 33 04 37   📠 050 34 42 16
info@terduinenhotel.be - http://www.terduinenhotel.eu
🛗 0:00   7/7
🛏 1 - 15 janv., 1 - 15 juil. / 1 - 15 jan., 1 - 15 juli
🐕 20   ℮k♿ 123-179

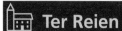 Ter Reien

Langestraat 1 - 8000 Brugge
☎ 050 34 91 00   🖨 050 34 40 48
info@hotelterreien.be - http://www.hotelterreien.be
🔒 0:00 7/7
☐ 7 - 14 mars, 4 - 11 juil. / 7 - 14 maart, 4 - 11 juli
♻ 26   k 70-140

Hotel Bourgoensch Hof

Wollestraat 39 - 8000 Brugge
☎ 050/33 16 45   🖨 050/34 63 78
info@bourgoensch-hof.be - http://www.bourgoensch-hof.be
🔒 0:00 7/7
☐ 2 sem. en janv. / 2 week. jan.
♻ 25   k 120-220

Beernem

🔟 Alain Meessen ☺

Bruggestr. 259 - 8730 Beernem
☎ 050 36 37 84   🖨 050 36 01 94
restaurant.alainmeessen@scarlet.be - http://www.alainmeessen.be
🔒 20:30   di/ma za/sa zo/di   di/ma zo/di
☐ 2 sem. printemps, 2 sem l'automne / 2 wek. lente, 2 wek. herfst
35-65   50-75   49

Alain Meessen gaat zijn eigen gang en zulke chefs houden het interessant en spannend. Inspiratie en pittige smaken komen uit het Oosten: gemarineerde sint-jakobsnootjes op tabouleh met sushiazijn, en mousse van mierikswortel. Of gelakt varkenswangetje, gestoofde kool en djintankruid. Wie het traditioneler wil houden, kan zich tegoed doen aan een halve kreeft, gegratineerd met witlof, of veldduif, de borstjes op een stoemp van spek en spruitjes, en jus met gepekelde citroen.

Alain Meessen a choisi de suivre sa voie, intéressante et passionnante à la fois. L'inspiration et les goûts relevés sont empruntés à l'Orient comme c'est le cas dans ces noix de Saint-Jacques sur un taboulé au vinaigre de sushi et une mousse de raifort. Ou encore des petites joues de porc laquées, chou à l'étuvée et djintan (cumin). Si vous préférez des plats plus traditionnels, vous pouvez vous rabattre sur un demi-homard, gratiné aux witloofs, ou alors un pigeonneau dont les suprêmes sont déposés sur un stoemp au lard et aux choux de Bruxelles, simplement accompagné d'un jus avec du citron et saumure.

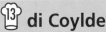 **di Coylde**

Sint-Jorisstr. 82 - 8730 Beernem
📞 050 78 18 18   📠 050 78 17 25
info@dicoylde.be - http://www.dicoylde.be
🕙 22:00   🔒 ma/lu za/sa   🔒 ma/lu do/je zo/di
📅 23 juil. - 17 août / 23 juli - 17 aug.
🍴 50-78   🍷 50-80   🍴 60

De chef maakt verzorgde gerechten op basis van verse producten. Er is een degustatiemenu met als starter de in deze regio stilaan onontkoombare Bekegemse eendenlever, met toast van maisbrood en krenten. Voor ossenstaart staan wij altijd in de rij. Hier krijg je hem met knolselder en lavas. Er volgen nog coquilles, en snoekbaars met wortel, raap en zalvige aardappel. Als nagerecht kies je voor bijvoorbeeld kersen of kaas. Er is een 'quick lunch' met twee gangen voor € 25. Het restaurant is stijlvol ingericht en schitterend gelegen.

Le chef signe des envois très soignés sur la base de produits frais. Le menu dégustation commence par un incontournable de la région : le foie de canard de Bekegem accompagné de son toast de pain de maïs et raisins de Corinthe. Nous sommes toujours partants pour une queue de bœuf, elle s'accompagne ici de céleri-rave et de livèche. Ensuite, des Saint-Jacques et du sandre secondés de carottes, de navets et d'une pommade de pomme de terre. En note finale, vous avez, par exemple, le choix entre des cerises ou du fromage. Il y a aussi un « quick lunch » à deux plats pour 25 euros. Le restaurant est aménagé avec élégance et est idéalement situé.

Damme

 De Lieve

Jacob Van Maerlantstr. 10 - 8340 Damme
📞 0475 65 50 24
de.lieve@pandora.be - http://www.delieve.be
🕙 0:00   🔒 di/ma   🔒 ma/lu di/ma
📅 11 - 20 janv, 12 - 25 juin, 12 - 27 nov / 11 - 20 jan, 12 - 25 juni, 12 - 27 nov
🍴 27-35   🍷 13-50   🍴 49

 **De Zuidkant**

Jacob Van Maerlantstr. 6B - 8340 Damme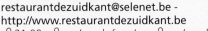
📞 050 37 16 76   📠
restaurantdezuidkant@selenet.be -
http://www.restaurantdezuidkant.be
🕙 21:00   🔒 wo/me do/je vr/ve   🔒 wo/me do/je
🍴 33-65   🍷 18-35   🍴 40

Het gaat voort de goede kant op met dit mooi ingerichte en gezellige restaurant. Op de kaart staan enkele klassiekers, maar het is vooral uitkijken naar de vernieuwende gerechten waarmee chef Patrick van Hoorn zijn creatieve talent toont. Hij omarmt ook het voor de klant aangename en interessante procedé om producten in verschillende bereidingen te brengen, in casu met tonijn en coquilles. Zijn aandacht voor het betere product blijkt uit langzaam gegaard buikspek van The Duke of Berkshire-varken met garnaal, tomaat en paprika.

Belle évolution pour cet établissement convivial et bien agencé. La carte présente quelques classiques, mais se tourne surtout vers des plats innovants où le chef Patrick van Hoorn démontre tout son talent créatif. Les convives sont toujours agréablement surpris par ses déclinaisons des produits en différentes préparations, dans cas-ci, du thon et des coquilles Saint-Jacques. Sa passion des meilleurs produits s'exprime par exemple dans sa poitrine de porc The Duke of Berkshire cuite à basse température et accompagnée de crevettes, tomates et poivron.

Hertsberge

 **Manderley**

Kruisstr. 13 - 8020 Hertsberge
℡ 050 27 80 51   🖷 050 27 80 55
info@manderley.be - http://www.manderley.be
🕙 21:00   🔒 ma/lu di/ma   🔒 ma/lu di/ma zo/di
📅 4 sem. enjanv., 1 sem. en sept. / 4 weken in jan., 1 week in sept.
🍽 40-68   🍷 58-72   🍴 56

Wij komen op een avond met zes en zijn verplicht een menu te nemen. Dat wordt het menu 'Escoffier' en dat zegt al veel over de keuken. Die is zeer klassiek en wars van elke vernieuwing. Op zich is dat niet erg, maar er zitten ook onevenwichten in de kwaliteit van de gerechten. Wij starten met een bijzonder lekker kreeftentaartje met avrugakaviaar, maar het bijbehorende slaatje met langoustine is veel minder. Daarna zijn er mooie en goed gebakken sint-jakobsnootjes, maar de begeleidende risotto met infusie van schaaldieren valt tegen. Er volgt nog een onberispelijk smakelijke filet van simmentalrund met heerlijke groene kool en cantharellen. De zaak moet een punt inleveren wegens de onevenwichtige kwaliteit.

Nous venons un soir à six et sommes obligés de prendre le menu. Baptisé « Escoffier », il en dit déjà long sur la cuisine. Très classique et rebelle à toute innovation. En soi, rien de rédhibitoire s'il n'y avait eu quelques déséquilibres dans la qualité des plats. Nous commençons avec une tarte au homard au caviar avruga particulièrement savoureuse, fort mal accompagnée par une petite salade de langoustine nettement moins intéressante. Ensuite, des Saint-Jacques superbes et parfaitement cuites, complètement desservies par le risotto à l'infusion de crustacés, décevant. Le plat suivant est un filet de Simmental d'un goût parfait avec de délicieuses chanterelles et du chou vert. Cet établissement doit concéder un point en raison de la qualité irrégulière de ses envois.

Oostkamp

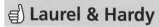 **Laurel & Hardy**

Majoor Woodstr. 3 - 8020 Oostkamp
℡ 050 82 34 34   🖷
mail@laurel-hardy.be - http://www.laurel-hardy.be
🕙 21:30   🔒 do/je   🔒 wo/me do/je
🍽 45   🍷 16-30   🍴 60

Sint-Andries

Auberge de Herborist

De Watermolen 15 - 8200 Sint-Andries
℡ 050 38 76 00   📠 050 39 31 06
http://www.aubergedeherborist.be
🍴 21:00   🔒 ma/lu di/ma   🔒 ma/lu di/ma zo/di
🗓 vac. de Noël, vac. de Pâcques, sept. / kerstvak., paasvak., sept.
🍽 40-75   🍷 56

Wij houden van een verrassing, een leuke verrassing wel te verstaan, en dat is wat wij hier krijgen. Alex Hanbuckers bereidt schitterende gerechten waarin hij ons laat proeven van topproducten, die hij intelligent combineert. Wij starten met makreel, heerlijk fris gemarineerd zonder dat het zoute van de vis verloren gaat. Hij krijgt geweldig gezelschap van enigszins zoetige forelmousse, en op een ander bord van makreelmousse, wat dan weer een mooie versmelting van smaken geeft. Daarna is er sappige wilde eend met een pittige poivradesaus, die niet overheerst, en mousse met zomertruffel die intens smaakt. Gebakken ajuin en fijn geraspte worteltjes zorgen voor afwisseling in de mond. Het dessert is de kroon op het werk: een mooi gekorst briochebroodje met fijn mascarpone-ijs, zalige boterkoekjes, een peertje met net genoeg kaneel, en melkachtig-zoete chocoladeschilfers. Wij hebben zicht op de keuken en zien hoe de chef volledig opgaat in zijn werk. In de zaal zelf heerst een gezellige sfeer. Mooi!

Nous aimons les surprises… les bonnes surprises. C'est exactement ce que cette adresse nous a réservé ! Alex Hanbuckers élabore des plats étonnants où il nous fait découvrir des produits d'exception qu'il combine intelligemment. Nous avons commencé par du maquereau mariné, vif, qui ne perd pas pour autant son caractère iodé de poisson. Il se marie merveilleusement à une mousse de truite quelque peu suave, et à une mousse de maquereau sur une autre assiette, le tout créant un entrelacs de goûts très séduisant. Ensuite, un canard sauvage, très tendre, relevé d'une sauce poivrade tout en nuances, et une mousse de truffe d'été au goût très intense. Des oignons sautés et des carottes finement râpées assurent une belle alternance en bouche. Le dessert est le point d'orgue de ce repas: un petit pain brioché, arborant une croûte très appétissante, et sa glace de mascarpone, des gâteaux au beurre, divins, et une petite poire avec juste ce qu'il faut de cannelle et des copeaux de chocolats doux et laiteux. Nous avons vue sur la cuisine et nous voyons le maître dans ses œuvres. Une ambiance agréable règne en salle. Belle adresse !

Auberge de Herborist

De Watermolen 15 - 8200 Sint-Andries
℡ 050 38 76 00   📠 050 39 31 06
hanbuckers@skynet.be - http://www.aubergedeherborist.be
🍴 0:00
🗓 vac. de Pâques, 3 sem. jul. / paasvak., 3 wek. juli
🛏 4   🛏 120-150

Leonardo Hotel Brugge

Chartreuseweg 20 - 8200 Sint-Andries
℡ 050 40 21 40   📠 050 40 21 41
info.brugge@leonardo-hotels.be - http://www.leonardo-hotels.com
🍴 0:00   7/7
🛏 101   🛏 139   🛏 89-149   🅿 99-169   🐕 169

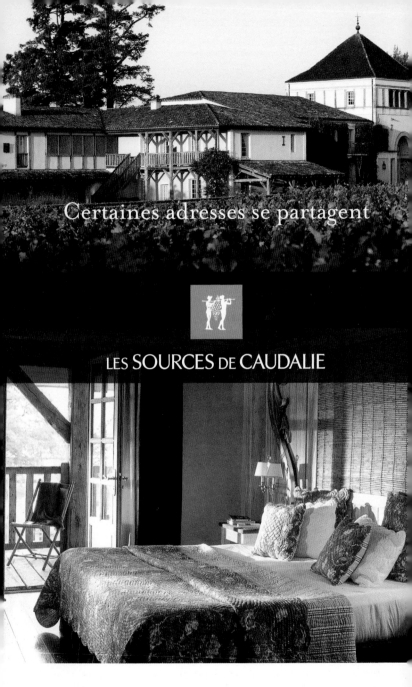

Certaines adresses se partagent

LES SOURCES DE CAUDALIE

Les attentions d'un palace alliées à la chaleur d'une maison de famille

HÔTEL - RESTAURANT LA GRAND'VIGNE - LA TABLE DU LAVOIR - SPA CAUDALIE - ET PLUS ENCORE...
★★★★★

Chemin de Smith Haut Lafitte 33650 Bordeaux-Martillac T. +33 (0)5 57 83 83 83
www.sources-caudalie.com

Sint-Kruis (Brugge)

Goffin

Maalse Steenweg 2 - 8310 Sint-Kruis (Brugge)
📞 050 68 77 88
info@timothygoffin.be - http://www.timothygoffin.be
🍴 21:00 🔒 ma/lu za/sa zo/di 🔒 ma/lu zo/di
💶 30-55 🍽 60

Timothy Goffin is een oudgediende van de Brugse restaurants De Karmeliet, Gouden Harynck en Sans Cravatte. Samen met zijn vrouw Valerie startte hij in oktober 2010 in alle stilte met een eigen restaurant waar ze de taken samen verdelen. De kaart is beperkt tot vier voor- en vier hoofdgerechten die ook terugkomen in het drie- en het viergangenmenu. Het eerste gerecht valt meteen in de smaak door zijn frisheid en fijne structuren. Het bestaat uit rauw gemarineerde pakketjes van zeebaars met een couscous van wortel en pompelmoes, crème van koriander en yuzu, rozengelei en een jus van Marokkaanse kruiden. In het tweede gerecht wordt frisheid gecombineerd met bittertoetsen: gebakken jakobsschelpen met een frisse risotto met passievrucht en saffraan, een schuimende emulsie van koffie aangevuld met gebrande jus van langoustines. Het hoofdgerecht is een goed opgebouwde smaakcompositie van ragout van lamsvlees met een diepe smaak, fondue van ui, savooiblaadjes, gnocchi, rapen, een jus van Brugse Zotbier en crème van dooierzwammen. Het zijn lichte gerechten vol spanning door de smaak, frisheid en structuur. Timothy Goffin is een chef met potentie om verder te groeien.

Timothy Goffin a officié dans plusieurs restaurants brugeois: De Karmeliet, Gouden Harynck et Sans Cravatte. C'est en toute discrétion qu'il a inauguré son restaurant en octobre 2010. Son épouse Valerie et lui se répartissent les tâches. La carte se limite à quatre entrées et quatre plats, qui composent également les menus trois et quatre services. La fraîcheur et les structures raffinées du premier envoi séduisent d'emblée. Au menu: bar cru mariné, couscous aux carottes et pamplemousse, crème à la coriandre et au yuzu, gelée de rose et jus d'épices marocaines. La deuxième entrée associe la fraîcheur à l'amertume: Saint-Jacques poêlées, risotto safrané aux fruits de la passion, émulsion au café et jus de langoustines flambé. Le plat de résistance nous offre une composition gustative bien pensée: ragoût d'agneau aux saveurs intenses, fondue d'oignon, feuilles de chou de Milan, gnocchi, navets, jus à la bière Brugse Zot et crème de girolles. Les saveurs, la fraîcheur et la structure de ces envois génèrent un ensemble léger et plein de panache. Timothy Goffin en a sous le coude et ne demande qu'à se bonifier.

⬈ De Jonkman ♡

Maalse Stwg. 438 - 8310 Sint-Kruis (Brugge)
📞 050 36 07 67 🖨 050 35 76 96
info@dejonkman.be - http://www.dejonkman.be
🍴 21:00 🔒 ma/lu zo/di 🔒 ma/lu zo/di
💶 43-105 💶 30-65 🍽 80

Als amuses krijgen we zeekatjes in olie, haring met mieriks en kippen-oester. Het zijn stuk voor stuk superfijne en vindingrijke amuses, waaruit liefde voor het product spreekt. Wij nemen elk twee voorgerechten, waaronder drie bereidingen van oester, langoustine en sint-jakobsvrucht. Negen verschillende schoteltjes zijn alweer stuk voor stuk mooi en evenwichtig. Klein minpuntje: de begeleidende ingrediënten komen altijd terug. Als hoofdschotel is er aan de ene kant gebakken hondshaai met gerookte paling, tomaat en tuinbonen, en aan de andere kant gegrilde tarbot op de graat, bearnaise met garnalen, gemarineerde coquille en knolselder. Het zijn heel lekkere gerechten met een precieze gaartijd en mooie verhoudingen. Chef Filip Claeys bekoort door zijn zichtbaar en voelbaar aanwezige passionele zoektocht naar nieuwe ingrediënten, waarmee hij klassieke bereidingen opfrist. Een extra punt brengt hem in de categorie van chefs met achttien op twintig!. Vrouw des huizes Sandra is daarenboven een zeer bekwame sommelier. Heel aangenaam restaurant.

En guise d'entrée en matière, nous dégustons des encornets à l'huile, du hareng au raifort et du sot-l'y-laisse. Voilà des mises en bouche très raffinées et ô combien inventives qui traduisent l'amour du produit ! Nous prenons chacun une entrée différente, dont un trio huître, langoustine et noix de Saint-Jacques. Les neuf coupelles flattent l'œil autant que les papilles par leur équilibre. Petit bémol : la répétition des ingrédients en accompagnement. En plat principal, on nous sert, d'une part de la roussette à l'unilatéral, anguille fumée, tomate et fèves des marais ; d'autre part, du turbot grillé à l'unilatéral, béarnaise aux crevettes, coquille Saint-Jacques marinée et céleri-rave. Autant de créations succulentes, qui séduisent par le bel équilibre des saveurs et le respect des temps de cuisson. Le chef Filip Claeys est perpétuellement en quête de nouveaux ingrédients pour séduire nos pupilles et nos papilles. Il revisite les classiques avec fraîcheur. Le tout mérite un point supplémentaire. La maîtresse de maison, Sandra, est une sommelière hors pair. Un établissement bien agréable.

Maison-Bousson

Blekerijstr. 28 - 30 - 8310 Sint-Kruis (Brugge)
℡ 050 33 23 37   📠 050 33 38 77
info@maisonbousson.be - http://www.maisonbousson.be
🛗 0:00   ⁷⁄₇
ⓔₖ 350   ⓔₖ₊ 115-440   ⓐ 3   ⓢ 350

Sint-Michiels

 Hertog Jan   🍇♡

Torhoutsestwg. 479 - 8200 Sint-Michiels
℡ 050 67 34 46   📠 050 67 34 45
info@hertog-jan.com - http://www.hertog-jan.com
🛗 21:30   🔒 ma/lu zo/di   🔒 ma/lu zo/di
📅 1 - 7 janv., 11 - 21 avril, 25 juil. - 17 août, 24 - 31 déc. / 1 - 7 jan., 11 - 21 april, 25 juli - 17 aug., 24 - 31 dec.
🍽 45-135   🍷 32-75   ¢ 55

Gert De Mangeleer blijft verbazen met zijn verfijnde en o zo treffende signatuur. Samen met zijn kompaan Joachim Boudens zorgt hij er ook voor dat het serviceniveau nog aan kracht wint zodat de gasten van a tot z in de watten gelegd worden. Zijn aperitiefhapjes staan ondertussen bekend als verbluffend sterk. Een heerlijk voorbeeld is krokant gesouffleerde aardappel met luchtige kerriecrème of gepofte Oud Brugge-kaas met mayonaise van gerookte ui, in sherryazijn gemarineerde jonge en crumble van krokant spek. Ook innemend is de knapperige cannelloni van yoghurt, gevuld met crème van eendenlever en yoghurt, gemarineerde jonge bietjes en poeder van yoghurt. En dan is er nog kroepoek van Parmezaanse kaas met crème van diezelfde kaas gecombineerd met crumble van tomaat en zure sjalotjes. We zitten nog altijd maar aan de hapjes! Het feest is nu echt op gang getrokken en De Mangeleer stoomt op hetzelfde hoge niveau door tot de finish. Onderweg proeven we van rolletjes gemarineerde lijnzeebaars met zoetzure rabarber, crème van avocado, kokkeltjes en gerookte haringetjes. Ook sterk is de langzaam gegaarde Franse duif met gelakte winterraapjes en uitjes, flinterdunne schijfjes gekonfijte citroen, vanille en kaneel. Als nagerecht genieten we van ananas, pittig gemarineerd met gember en zwarte lange peper, ijs van limoen en koriander en schuim van steranijs. Ook bij de koffie overdondert hij met naar de keel grijpende fijne smaken en texturen. Hier is dat feestje!

Gert De Mangeleer continue de nous surprendre avec une signature raffinée de nature à marquer les esprits. De concert avec son camarade Joachim Boudens, il veille encore à une montée en puissance du service de sorte que les invités soient pris en charge de A à Z dans une ambiance cossue. Ses mises en bouche sont entre-temps réputées et « font très fort » d'entrée de jeu. Bluffant ! Un superbe exemple est la pomme de terre soufflée et croquante avec une crème de curry aérienne de Vieux Bruges avec une mayonnaise d'oignons fumés, des jeunes oignons marinés dans du vinaigre de xérès et un crumble de lard croquant. Tout aussi avenant, ce cannelloni croquant de yaourt, fourré de crème de foie gras de canard et yaourt, jeunes betteraves marinées et poudre de yaourt. Vient ensuite une chips de pâte de crevette au parmesan et crème du même fromage associée à un crumble de tomate et de petites échalotes acidulées. Et nous n'en sommes encore qu'aux mises en bouche ! La fête ne commence que maintenant ! De Mangeleer sprintera ainsi jusqu'à la ligne d'arrivée en conservant le même niveau. Chemin faisant, nous goûtons des roulades de bar de ligne à la rhubarbe aigre-douce, crème d'avocat, coques et œufs d'hareng fumés. Un autre temps fort était ce pigeonneau français cuit à basse température avec des navets laqués et un carpaccio de citron confit, vanille et cannelle. En dessert, nous avons beaucoup aimé l'ananas mariné avec du gingembre et du poivre long, la glace au limon et le coriandre, ainsi qu'un espuma de badiane. Les mignardises stupéfient aussi par des textures et des goûts raffinés et envoûtants. C'est la fêêêête !

 # Tête Pressée

Koningin Astridlaan 100 - 8200 Sint-Michiels
℡ 0470 21 26 27
info@tetepressee.be - http://www.tetepressee.be
🕐 0:00 🔒 ma/lu zo/di 🔒 ma/lu di/ma wo/me do/je vr/ve za/sa zo/di
📅 vac. de Carnaval, 25 juil. - 7 août, vac. de l'automne / Krokusvak., 25 juli - 7 aug., herfstvak.
🍴 33-38 🍴 37-50

Pieter Lonneville combineert een restaurant met een eetwinkel en vond daarmee een gat in de markt. Hij bereidt alle grondstoffen zelf en verwerkt ze deels in kant-en-klare maaltijden voor de winkel en à la minute voor het restaurant. Je eet er op hoge stoelen aan grote tafels die deels rond de open keuken en in het restaurant zijn opgesteld. Daar kun je enkel terecht voor de lunch. Als voorgerecht nemen we lauw gemarineerde makreel met knapperige bloemkool en radijs en als hoofdgerecht gebakken vlaswijting die wordt gecombineerd met een lauwe salade van linzen, diverse tomatenvariëteiten, selder en dragon.

En associant un restaurant et un service traiteur, Pieter Lonneville a trouvé le bon créneau. Il agrémente personnellement toutes les matières premières, en version "plats préparés" pour le magasin et à la minute pour le restaurant. Vous y mangerez sur des chaises hautes et de grandes tables, disposées en partie autour de la cuisine et dans le restaurant. Le restaurant n'est ouvert qu'à l'heure du lunch. En entrée, nous optons pour le maquereau mariné tiède, son chou-fleur croquant et ses radis. Le plat de résistance se compose de lieu jaune accompagné d'une salade tiède de lentilles, de diverses variétés de tomates, de céleri et d'estragon.

🍳 Weinebrugge

Leikendreef 1 - 8200 Sint-Michiels
℡ 050 38 44 40   🖷 050 35 39 63
info@weinebrugge.be - http://www.weinebrugge.be
🕓 21:30 ⁷⁄₇
🛏 pas / geen
🍴 40   🍴 50-73   🍷 50

Hotel Weinebrugge biedt naast comfortabele kamers ook een gelijknamig restaurant waar zowel klassiek als modern keukenwerk geleverd wordt. Van het eerst genoemde genre zijn gerookte zalm en gebakken zeetong smakelijke voorbeelden. Meer eigentijds is een kreeft à la nage met peterselieschuim of kort gebakken langoustines met gemberolie, gelei én krokant van rode biet en yoghurtschuim.

En plus de ses chambres grand confort, l'hôtel Weinebrugge propose aussi un restaurant éponyme. Plats classiques et envois plus modernes se côtoient. Dans le premier registre, citons le saumon fumé et la sole meunière, succulente. Les plats plus contemporains comprennent, entre autres, un homard à la nage avec un espuma de persil ou des langoustines juste saisies à l'huile de gingembre, une gelée et un croquant de betterave rouge ainsi qu'une mousse au yaourt.

🏛 Best Western Premier Weinebrugge

Leikendreef 1 - 8200 Sint-Michiels
℡ 050 38 44 40   🖷 050 39 35 63
info@weinebrugge.be - http://www.weinebrugge.be
🕓 0:00 ⁷⁄₇
🛏 30   🛏 85-160   🅿 35-49   🍴 49

🏛 Campanile

Jagersstr. 20 - 8200 Sint-Michiels
℡ 050 38 13 60   🖷 050 38 45 42
brugge@campanile.com - http://www.campanile.com
🕓 0:00 ⁷⁄₇
🛏 56   🛏 110

Varsenare

👍 Manoir Stuivenberg

Gistelstwg. 27 - 8490 Varsenare
℡ 050 38 15 02   🖷 050 38 28 92
info@manoirstuivenberg.be - http://www.manoirstuivenberg.be
🕓 21:00   🔒 ma/lu di/ma za/sa   🔒 ma/lu di/ma zo/di
🛏 1 - 21 janv., 18 juil. - 4 août / 1 - 21 jan., 18 juli - 4 aug.
🍴 40-77   🍷 55

Manoir Stuivenberg

Gistelstwg. 27 - 8490 Varsenare
℡ 050 38 15 02   📠 050 38 28 92
info@manoirstuivenberg.be - http://www.manoirstuivenberg.be
🔓 0:00
🍴 8   🛏 124-175   🍴 1   💲 220

Zedelgem

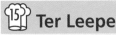 **Ter Leepe**

Torhoutsestwg. 168 - 8210 Zedelgem
℡ 050 20 01 97   📠 050 20 88 54
info@terleepe.be - http://www.terleepe.be
🔓 21:30   🔒 ma/lu wo/me   🔒 ma/lu wo/me zo/di
📅 16 - 27 janv., 11 - 21 avril, 17 juil - 4 août. / 16 - 27 jan., 11 - 21 april,
17 juli - 4 aug.
🍽 40-80   🍷 77-103   🥢 52

Met veel zin voor detail en smaakvariatie zorgt Kristof Marranes voor een eigen-tijdse bordsignatuur. Zijn zeer bewerkelijke presentaties vragen ongetwijfeld veel arbeid en voorbereiding. Bij sommige details kan men zich echter de vraag stellen naar de meerwaarde. Deze opmerking doet evenwel geen afbreuk aan het constante kwaliteitsniveau van zijn keuken. Het gedreven jong talent toont immers zijn uitbundige aanpak, waarbij alleen plaats is voor topproducten die een prima behandeling krijgen.

Sens aigu du détail et variations gustatives, tels sont les atouts de Kristof Marranes, telle est aussi sa signature contemporaine. Ses présentations très ouvragées exigent incontestablement beaucoup de travail et de préparation. Cependant, certains détails semblent ne pas générer de véritable plus-value pour l'assiette... et le convive. Cette remarque ne remet toutefois pas en question le niveau de qualité constant en cuisine. Pétri de talent, le jeune chef brille en effet par cette approche exubérante où seuls des produits de haut vol ont voix au chapitre. Idem pour leur traitement...

Zuidwege

Torhoutsestwg. 126 - 8210 Zedelgem
℡ 050 20 13 39   📠 050 20 17 39
angelo@zuidwege.be - http://www.zuidwege.be
🔓 0:00   ⁷⁄₇
📅 vac. de Noël / Kerstvak.
🍴 20   🛏 65-120   🍽 60-80   🍷 80

Bruxelles - Brussel

👍 Le.Bar

r. du Pépin 39 - 1000 Bruxelles - Brussel
📞 02 503 04 03
info@restopointbar.be - http://www.restopointbar.be
🕐 23:00　🔒 za/sa zo/di　🔒 zo/di
🧳 15 juil. - 15 août. / 15 juli - 15 aug
🍴 27　🍴 27　🍷 50

🍴⑬ Alain Cornélis

av. Paul Janson 82 - 1070 Bruxelles - Brussel
📞 02 523 20 83　🖨 02 523 20 83
alaincornelis@skynet.be - http://www.alaincornelis.be
🕐 21:30　🔒 za/sa zo/di　🔒 wo/me zo/di
🧳 1 sem. Pâques, 1 - 15 août, Noël et Nouvel An / 1 week Pasen,
1 - 15 aug., Kerst en Nieuwjaar
🍴 32-47　🍴 32-44　🍷 42

Abrité dans une maison typiquement bruxelloise, Alain Cornélis officie sous l'œil bienveillant de Madame qui assure le service avec le sourire. Lors de notre visite, nous avons choisi le menu homard qui se composait d'une hure de homard en gelée marine au rouget barbet et saumon frais dont une sauce à l'aneth fort sympathique. Superbe cannelloni de homard à la ricotta et herbes fraîches qui dénotait de son éponyme grillé au basilic malheureusement trop cuit. Les vins sont principalement de l'Hexagone.

In een typisch Brussels huis is Alain Cornélis werkzaam onder het waakzame oog van Mevrouw, die met de glimlach de bediening verzorgt. Bij ons bezoek kozen we het kreeftenmenu dat bestond uit preskop van kreeft in gelei met zeebarbeel, verse zalm en een heel lekker dillesausje. Prachtige cannelloni van kreeft met ricotta en verse kruiden, die zich onderscheidde van zijn gegrilde naamgenoot met basilicum die jammer genoeg te gaar was. De wijnen zijn voornamelijk Frans.

👍 L' Alban Chambon

pl. de Brouckère 31 - 1000 Bruxelles - Brussel

📞 02 214 25 25
info@metropolehotel.be - http://www.lalbanchambon.be
🕐 21:30　🔒 ma/lu za/sa zo/di　🔒 ma/lu zo/di
🧳 17 juil. - 16 août, jours fériés / 17 juli - 16 aug., feestdagen
🍴 30-95　🍴 68-94　🍷 45

🍴⑮ Alexandre

♡

Zuidstraat 164 - 1000 Bruxelles - Brussel

📞 02 502 40 55　
http://www.alexandre-restaurant.be
🕐 21:30　🔒 ma/lu za/sa zo/di　🔒 ma/lu za/sa zo/di
🍴 30-65　🍴 50-75

Voilà 2 ans qu'Alexandre a ouvert ses portes et il en veut notre jeune chef. La salle est minimaliste mais chaleureuse, le tout cornaqué par un service à l'avenant. Le soir, faites honneur au menu unique 5 services avec quelques mises en bouche dont un cabillaud et beignet et sa sauce. Sa cuisine est inventive et savoureuse avec une justesse dans les équilibres. En témoignent notre saumon enroulé d'une feuillé de nori, huile de barbecue et un espuma au gouda très surprenant. S'ensuivirent quelques moules rissolées un rien trop épicées, une superbe pluma Iberia d'une cuisson parfaite et portefeuille et ses légumes. L'agneau de Sisteron et le turbot étaient de la même veine. Le tout s'accorde d'une sélection vineuse en parfaite adéquation.

Het is nu 2 jaar geleden dat Alexandre zijn deuren opende, en onze jonge chef geeft het beste van zichzelf. De zaal is minimalistisch maar gezellig, en alles wordt in goede banen geleid door een navenante bediening. Doe 's avonds het unieke 5-gangenmenu eer aan, met enkele aperitiefhapjes waaronder een kabeljauwbeignet met saus. De keuken is inventief en smaakvol, met steeds opnieuw een juist evenwicht. Daarvan getuigen onze zalmrolletjes met nori, barbecueolie en een zeer verrassende espuma van gouda. Vervolgens enkele gebakken mosseltjes die een tikkeltje te gekruid waren, en schitterende pluma d'iberico met een perfecte cuisson, vergezeld van groentjes. Het Sisteron-lam en de tarbot waren van hetzelfde allooi. Bij dat alles wordt een wijnselectie geschonken die perfect afgestemd is op de gerechten.

👍 L' Armagnac

ch. de Waterloo 591 - 1050 Bruxelles - Brussel
📞 02 345 92 79   🖨 02 345 73 73
restoarmagnac@hotmail.com -
🕐 21:00   🔒 ma/lu   🔒 ma/lu di/ma zo/di
🍽 23-32   🍷 34-42

🍮 Aux Armes de Bruxelles

r. des Bouchers 13 - 1000 Bruxelles - Brussel
📞 02 511 55 98   🖨 02 514 33 81
arbrux@beon.be - http://www.auxarmesdebruxelles.be
🕐 23:15   7/7
🍽 23-75   🍷 29-90   ♦ 29

Une des plus anciennes et des plus bruxelloises maison de la capitale. Ici le temps s'est arrêté. Les nostalgiques, les touristes ou les amateurs d'une cuisine classique mais bien faite aiment à se retrouver ici dans un décor cossu et confortable de la salle à manger ou dans l'un des salons privés à l'étage. Un personnel guindé assure un service qui l'est tout autant tandis que dans l'assiette, les moules, waterzooï et autres américain frites réjouissent les amateurs tout comme les impeccables soles ou les intemporelles crêpes flambées.

Een van de oudste en meest typisch Brusselse huizen van de hoofdstad. De tijd is hier blijven stilstaan. Nostalgici, toeristen of liefhebbers van een klassieke maar goed bereide keuken komen hier graag samen in het gezellige en comfortabele decor van de eetzaal of in een van de privésalons op de eerste verdieping. Houterig personeel verzorgt een al even houterige bediening. Op het bord vallen de mosselen, waterzooi en americain met frietjes evenwel in de smaak, net zoals de onberispelijke zeetongen of de tijdloze geflambeerde pannenkoeken.

L' Atelier

r. Franklin 28 - 1000 Bruxelles - Brussel
℡ 02 734 91 40   🖷 02 735 35 98
info@atelier-euro.be - http://www.atelier-euro.be
🕐 22:00   za/sa zo/di   za/sa zo/di
📅 août, 20 déc. - 4 jan. / augustus, 21 dec. - 4 jan.
🍽 26-65   35   35

L' Atelier de La Truffe Noire

av. Louise 300 - 1050 Bruxelles - Brussel
℡ 02 640 54 55   🖷 02 648 11 44
gil@atelier.truffenoire.com - http://www.atelier.truffenoire.com
🕐 22:00   zo/di   ma/lu zo/di
📅 1 sem. janv., 1 sem. Pâques, 2 sem. août / 1 week jan., 1 week Pasen, 2 wek. aug.
🍽 35-49   40

La coupe de champagne Autréau (10 €) nous met d'emblée dans de bonnes dispositions. Le tartare de bœuf à la truffe est très correct, mais sa belle viande est badigeonnée de sauce Worcestershire. Dès lors, on perd un peu le goût de la truffe et la finesse de la viande s'en ressent. En accompagnement : salade et gaufrettes bien grasses. S'ensuivent des tortellinis farcis au parmesan et à la truffe d'hiver. Une association indémodable, dont la farce aurait toutefois gagné à contenir moins de crème et plus de fromage. L'Atelier n'en reste pas moins une adresse non dénuée de qualités.

Wij zijn al meteen in de juiste stemming met een glaasje lekkere huischampagne Autréau (€ 10). De rundertartaar met truffel is zeer goed, maar het mooie vlees is erg gesausd met worcestershire condiment. Daardoor gaan de truffels en zelfs de finesse van het vlees de mist in. Het slaatje erbij is kraakvers, de wafelchips glimmen van het vet. Daarna is er lekkere tortellini met zachte vulling van parmezaan en veel smaakvolle wintertruffel. Het is een combinatie die je niet kapot krijgt. Toch was de vulling nog beter geweest met minder room en meer kaas. L'Atelier blijft hoe dan ook een adres met veel kwaliteiten.

Atelier de Michel D

pl. de la Vieille Halle aux Blés 31 - 1000 Bruxelles - Brussel
℡ 02 512 57 00
ateliermicheld@gmail.com - http://www.ateliermicheld.be
🕐 22:00   za/sa zo/di   zo/di
🍽 21-50   50-60   45

En plein cœur de Bruxelles, Michel Doukissis nous accueille dans son antre où règne une ambiance feutrée avec vue sur la cuisine. Les effluves viennent directement vous titiller le palais pour donner dans l'assiette un thon rouge mi-cuit aux saveurs asiatiques avec graines de sésame noir, soja et wasabi avant de fondre devant un pigeonneau rôti et sa poêlée d'artichauts sur un jus corsé au foie gras.

In het hartje van Brussel verwelkomt Michel Doukissis ons in zijn paleis waar een gedempte sfeer heerst met zicht op de keuken. De dampen brengen de smaakpapillen meteen in verleiding. Op het bord: kort gebakken rode tonijn met Aziatische aroma's van zwarte sesamzaadjes, soja en wasabi. Daarna gebraden jonge duif met gebakken artisjokken op pittige jus met foie gras.

⑭ Aux Marches de la Chapelle

Kapellemarkt 5 - 1000 Bruxelles - Brussel
☎ 02 512 68 91 🖶 02 512 41 30
info@lesbrigittines.com - http://www.lesbrigittines.com
🕐 22:00 🔒 za/sa zo/di 🔒 zo/di
🍴 45-70 🍷 35-70 🥂 45

C'est tout en simplicité que Dirk Myny nous reçoit dans cette magnifique demeure où l'art nouveau est à l'honneur. Simplicité que l'on retrouve dans une cuisine aux accents franco-belges mettant en avant les produits de saison. La carte fait la part belle aux incontournables comme ce vol-au-vent de ris de veau et ses frites tandis qu'il adjoint à une partie de sa carte, une touche plus créative mais maîtrisée. On notera le tartare de bœuf coupé main aux notes asiatiques et la célèbre joue de veau braisée 4h à la kriek Cantillon.

In alle eenvoud ontvangt Dirk Myny ons in deze prachtige woning waar de art nouveau van de partij is. Die eenvoud is ook terug te vinden in een keuken met Frans-Belgische accenten die gebaseerd is op seizoensproducten. Op de kaart staan heel wat 'musts', zoals vol-au-vent van kalfszwezerik met frietjes. Een deel van de kaart heeft echter een creativere maar toch beheerste toets. Denk maar aan de handgesneden rundtartaar met Aziatische toetsen en de beroemde 4 uur lang gestoofde kalfswang met Cantillon kriek.

Barbanera

r. Archimede 69 - 1000 Bruxelles - Brussel
☎ 02 736 14 50 🖶 02 735 02 91
barbanera51@hotmail.com - http://www.barbanera.be
🕐 22:30 🔒 za/sa zo/di 🔒 zo/di
🍴 40-70 🍷 45-200 🥂 40

Basil & Co Brussels Louise

av. Louise 156 - 1050 Bruxelles - Brussel
☎ 02 642 22 22 🖶 02 642 22 25
louise@basil-co.be - http://www.basil-co.be
🕐 21:30 🔒 za/sa zo/di 🔒 za/sa zo/di
🍴 30 🍷 40

🍇 Le Beaulieu

av. Houba de Strooper 36 - 38 - 1020 Bruxelles - Brussel
☎ 02 478 20 88 🖶 02 478 03 08
declercqherm@yahoo.com - http://www.lebeaulieu.be
🕐 22:30 🔒 ma/lu 🔒 ma/lu
🍴 30-38 🍷 35 🥂 45

La Belle Maraîchère

pl. Sainte Catherine 11 - 1000 Bruxelles - Brussel
☏ 02 512 97 59 🖥 02 513 76 91
- http://www.labellemaraichere.com
🍴 21:30 🔒 wo/me do/je 🔒 wo/me do/je
🗓 2 sem. Carnaval, 3 sem. juil. - août / 2 wek. Krokus, 3 wek. juli - aug.
🍽 36-58 🍷 46-99

Cette maison familiale où l'on cuisine de frères et fils, a vu défiler des générations entières d'amateurs de cuisine de la mer. Que ce soit pour l'incontournable soupe aux croûtons et à la rouille, pour une sole belle meunière ou une fricassée de homard. Ici, on maîtrise le sujet, les produits sont de première qualité et l'on ne se lance pas dans une chasse à la créativité extrême. Une brigade en salle digne des grandes maisons et une cave à vins faite de grands classiques complètent le tableau.

In dit familierestaurant waar men kookt van broers op zoons kwamen al hele generaties liefhebbers van de zeekeuken langs. Of het nu is voor de onomzeilbare soep met soldaatjes en rouille, voor een mooie zeetong à la meunière of een fricassee van kreeft. Hier beheerst men het vak. De producten zijn van topkwaliteit en men waagt zich niet aan een zoektocht naar extreme creativiteit. De brigade in de zaal die grote huizen waardig is en de wijnkaart met grote klassiekers vervolledigen het plaatje.

Bistro de la Poste

ch. de Waterloo 550A - 1050 Bruxelles - Brussel
☏ 02 344 42 32 🖥 02 344 42 45
info@bistrodelaposte.be - http://www.bistrodelaposte.be
🍴 22:30 🔒 ma/lu di/ma wo/me do/je vr/ve za/sa zo/di 🔒 ma/lu zo/di
🗓 1 - 14 août, 15 - 31 déc. / 1 - 14 aug., 15 - 31 dec.
🍷 30-50 🍴 45

Blue Elephant

ch. de Waterloo 1120 - 1180 Bruxelles - Brussel
☏ 02 374 49 62 🖥 02 375 44 68
brussels@blueelephant.com - http://www.blueelephant.com
🍴 22:30 🔒 za/sa 🔒
🍽 45-75 🍷 30-50 🍴 50

Bluechocolate

pl. Saint Job 24 - 1180 Bruxelles - Brussel
☏ 02 375 25 00 🖥 02 375 35 17
bluechocolate@skynet.be - http://www.bluechocolate.be
🍴 23:00 🔒 za/sa zo/di 🔒 zo/di
🍽 16-35 🍷 11-25

Bocconi

r. de l'Amigo 1 - 3 - 1000 Bruxelles - Brussel
℡ 02 547 47 15   🖷 02 547 47 67
ristorantebocconi@roccofortehotels.com -
http://www.ristorantebocconi.com
🍴 22:30   🔒 za/sa   🔒
🍽 27-58   🍷 48-92

Bon-Bon   🍇♡

av. de Tervueren 453 - 1150 Bruxelles - Brussel
℡ 02 346 66 15
restaurant@bon-bon.be - http://www.bon-bon.be
🍴 21:30   🔒 ma/lu za/sa zo/di   🔒 za/sa zo/di
📅 1 - 7 janv., 21 juil. - 15 août / 1 - 7 jan., 21 juli - 15 aug.
🍽 67-140   🍷 97

Ca y est. Il l'a fait. Notre chef de l'année 2011 a déménagé. Joignant l'utile à l'agréable et réalisant au passage un projet de vie de couple, Christophe et son épouse ont superbement réaménagé la maison des 3 couleurs pour y aménager un nid douillet pour leur famille à l'étage. Le rez-de-chaussée accueille un élégant bar longeant la salle à manger moderne ouverte sur la cuisine depuis laquelle le chef s'active à l'envoi de plats qui, contrairement à ce que d'aucuns peuvent en dire, n'ont pas souffert du déménagement. Certes, les irréductibles amateurs de « résistance au changement » aiment à s'entendre dire que ce n'est plus comme avant mais pour y avoir été manger plusieurs fois cette année, nous pouvons confirmer le niveau exceptionnel de la cuisine. Certes, les prix, comme dans tout gastro digne de ce nom, sont à l'avenant mais les produits proposés sont loin d'être de petite qualité. L'anguille de rivière est proposée en trois préparations ce jour-là: pressée au foie gras de canard et pommes vertes, laquée en tempura et en espuma. Le pavé de skrei ensuite est rôti sur la peau et accompagné d'une barigoule d'artichauts et d'une belle amertume émanant d'une préparation à base de châtaignes et de champignons rehaussés de galanga. En finale, l'apothéose est signée par le pâtissier qui ne manque ni de douceur ni de croquant pour envoyer un plat haut en complexité aromatique. Romain, le sommelier, ose surprendre et amuser ceux qui sont là pour ça tandis que les buveurs d'étiquette en auront, eux aussi, pour leur argent.

Het is zover. Hij heeft het gedaan. Onze Chef van het Jaar 2011 is verhuisd. Hij heeft het nuttige aan het aangename gekoppeld en terloops ook een levensproject gerealiseerd. Christophe en zijn echtgenote hebben het 3-kleurenhuis prachtig heringericht om er op de eerste verdieping een warm nest te maken voor hun gezin, terwijl op het gelijkvloers een elegante bar is te vinden die uitgeeft op de moderne eetzaal met zicht op de keuken, waar de chef druk in de weer is met zijn gerechten die – in tegenstelling tot wat sommigen ook mogen zeggen – niet hebben geleden onder de verhuizing. De onwrikbare liefhebbers van 'weerstand tegen verandering' horen natuurlijk graag zeggen dat het niet meer zoals vroeger is. Maar wij hebben er dit jaar meermaals gegeten, en wij kunnen het uitzonderlijke niveau van de keuken hier bevestigen. De prijzen zijn – zoals in elk gastronomisch restaurant dat deze naam waardig is – natuurlijk navenant, maar de voorgestelde producten zijn ook van topkwaliteit. De rivierpaling wordt die dag op drie wijzen bereid: geperst met foie gras en groene appel, gelakt in tempura en in espuma. Vervolgens op vel gebakken skrei met in olijfolie gebakken gevulde artisjokken en een mooie bitterheid die uitgaat van een bereiding op basis van kastanjes en champignons op smaak gebracht met laos. Tot slot wordt de apotheose verzorgd door de banketbakker. Het ontbreekt hem niet aan zoetheid of knapperigheid om een gerecht te serveren met een grote aromatische complexiteit. Romain, de sommelier, durft de gasten die hier komen om zich te amuseren duidelijk te verrassen en te vermaken. Maar ook de etiketdrinkers krijgen hier waar voor hun geld.

 Bouchéry

ch. d'Alsemberg 812A - 1180 Bruxelles - Brussel
℡ 02 332 37 74
http://www.bouchery-restaurant.be
🕐 0:00   🔒 ma/lu za/sa zo/di   🔒 ma/lu zo/di

Damien Bouchéry prend peu à peu ses marques dans cet établissement qu'il a repris il y a deux ans maintenant. Sa créativité, il la mesure et a posé les balises qui lui permettent de signer des plats inventifs avec ci et là encore parfois un peu trop de saveurs dans l'assiette. Ceci dit, dans l'ensemble, le tout ravit. On débute avec l'oeuf mollet aux topinambours croquants, trompettes et ail rose de Lautrec avant un original saumon d'Ecosse label rouge mariné au fenouil sauvage, grain de café à l'anchois et Chioggia. Puis vient le filet d'Iberico Pata Negra, mousseline de vitelotte à la moutarde violette, ramonasse et radis. Le tout confirme le talent du chef. Celui-ci devrait évoluer, et donc voir sa cote évoluer, s'il poursuit sur la même voie.

Damien Bouchéry bepaalt beetje bij beetje zijn positie in dit etablissement dat hij intussen twee jaar geleden overnam. Hij wikt en weegt zijn creativiteit en heeft de limieten bepaald die hem de mogelijkheid bieden om inventieve gerechten te bereiden met hier en daar soms nog iets te veel smaken op het bord. Maar algemeen gesproken bekoort het geheel. We beginnen met zachtgekookt eitje met knapperige topinamboers, hoornen des overvloeds en roze look uit Lautrec, gevolgd door originele Schotse Red Label zalm gemarineerd met wilde venkel, koffieboon met ansjovis en Chioggia. Vervolgens filet van Iberico Pata Negra, mousseline van vitelotte aardappeltjes met paarse mosterd, mierikswortel en radijs. Het geheel bevestigt het talent van de chef. Hij zou moeten evolueren, en dus een hogere score moeten behalen, als hij de ingeslagen weg voortzet.

Bozar Brasserie

rue baron Horta 3 - 1000 Bruxelles - Brussel
℡ 02 503 00 00
🕐 22:30   ⁷⁄₇
🍴 13-23   🍷 35-65

Sympathique découverte que cette brasserie ouverte au sein du Palais des Beaux-Arts. David Martin y a installé une équipe qui trouve de plus en plus ses marques et a fait oublier les balbutiements du début. Certes, le blanc de seiche de Biarritz, s'il était bien cuit, manquait un peu de relief gustatif face au jus de crabe qui l'accompagnait mais la mousse d'anguille fumée et son croustillant de joue de veau de Corrèze qui le précédaient, étaient de très bonne facture. Carte des vins, cadre et service sont au diapason: on est ici dans une brasserie de qualité qui devrait, connaissant David Martin, évoluer positivement.

Een leuke ontdekking, deze brasserie die werd geopend in het Paleis voor Schone Kunsten. David Martin zette er een team aan het werk dat zijn positie steeds duidelijker bepaalt en de niet echt vlotte start doet vergeten. De inktvis uit Biarritz was dan wel goed gebakken maar had inderdaad iets te weinig smaakreliëf ten opzichte van de krabjus die erbij geserveerd werd, maar de mousse van gerookte paling en de krokante wang van Corrèze-kalf die hieraan voorafgingen, waren van zeer goede makelij. De wijnkaart, het kader en de bediening zitten op één lijn: we bevinden ons hier in een kwaliteitsvolle brasserie die – David Martin kennende – positief zou moeten evolueren.

👍 La Branche d'Olivier

r. Engeland 172 - 1180 Bruxelles - Brussel
📞 02 374 47 05 📠 02 375 76 90
labranchedolivier@skynet.be -
🕐 23:00 🔒 za/sa zo/di 🔒 zo/di
🍴 26-26 🍷 35-60

⑬ La Brasserie de Bruxelles

pl. vieille Halle aux Blés 39 - 1000 Bruxelles - Brussel
📞 02 513 98 12 📠 02 513 98 14
info@labrasseriedebruxelles.be - http://www.resto.be
🕐 1:00 🔒 ma/lu 🔒 ma/lu
📅 26 déc. - 10 janv. / 26 dec. - 10 jan.
🍴 20-35 🍷 35-45

Le décor est fidèle à ce que l'on en attend, une brasserie sympa avec ses banquettes confortables et un service à l'avenant. Côté carte, pas de surprise entre les maatjes, salade liégeoise, boulettes à la gueuze et la sole meunière.

Het decor lost de verwachtingen in. Een leuke brasserie met comfortabele banken en een bediening die navenant is. Geen verrassingen wat de kaart betreft: maatjes, Luikse salade, balletjes met geuze en zeetong à la meunière.

👍 Brasserie Jaloa 🍇

pl. Sainte-Catherine 5 - 7 - 1000 Bruxelles - Brussel
📞 02 512 18 31 📠 02 513 71 09
http://www.brasseriejaloa.com
🕐 22:00 🔒 za/sa 🔒
🍴 38-95 🍷 45 🥂 45

👍 Brasserie The Mercedes House

r. Bodenbroek 22 - 24 - 1000 Bruxelles - Brussel
📞 02 400 42 63 📠 02 400 42 52
mercedeshouse.brussels@daimler.com -
http://www.mercedeshouse.be
🕐 23:00 🔒 za/sa zo/di 🔒 za/sa zo/di
🍴 40-80 🍷 15-23 🥂 40

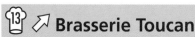

Brasserie Toucan

av. Louis Lepoutre 1 - 1050 Bruxelles - Brussel

02 345 30 17   02 345 64 78
info@toucanbrasserie.com - http://www.toucanbrasserie.com
23:00 ⁷⁄₇
35-50   40-60   55

Cette adresse très fréquentée de l'avenue Lepoutre fait les beaux jours d'une cuisine de brasserie correctement exécutée par une équipe rarement prise en défaut. On y déguste un tartare de thon rouge mariné au soja relevé de crème de wasabi, une tomate aux crevettes grises de la côte belge ou le gaspacho andalou pour débuter. Pour suivre, les végétariens ont leur propre carte tandis que les carnivores se rabattent sur un jambonneau à l'ancienne ou une pièce de bœuf cuite sur pierre de lave. Le tout tient la route. Un point de plus salue l'ensemble. Service détendu et 'terrasse urbaine' à l'avant.

Op dit drukbezochte adres langs de Lepoutrelaan staat alles in het teken van een brasseriekeuken die correct wordt bereid door een team dat maar zelden op een fout kan worden betrapt. Hier eet u tartaar van gemarineerde rode tonijn met soja en wasabiroom, tomaat met Belgische grijze garnalen of Andalusische gazpacho als voorgerecht. Daarna hebben de vegetariërs hun eigen kaart, terwijl de vleesliefhebbers kunnen genieten van een hammetje op grootmoeders wijze of rundvlees gebakken op lavasteen. Allemaal goed bereid. Het geheel wordt beloond met een extra punt. Ontspannen bediening en 'stadsterras' aan de voorkant.

Les Brasseries Georges

av. Winston-Churchill 259 - 1180 Bruxelles - Brussel

02 347 21 00   02 344 02 45
info@brasseriesgeorges.be - http://www.brasseriesgeorges.be
0:30 ⁷⁄₇
36-60   22-100   31

La Brise

av. de la Brise 36 - 1020 Bruxelles - Brussel

02 267 27 40
info@labrise.eu - http://www.labrise.eu
22:00   za/sa zo/di   zo/di
38-50   18-28

Tel une brise légère, le chef souffle sur la gastronomie bruxelloise pour lui apporter une touche de fraîcheur. Le tout surfant sur quelques saveurs et produits bien sentis. On notera dans l'assiette cette salade de cailles au caramel vodka citron vert et ses zestes, les Saint-Jacques en infusion de safran du Maroc et cette mousse glacée au cuberdon à l'infusion de badiane. La cave propose une sélection française avec quelques détours par l'international.

Zoals een lichte bries blaast de chef de Brusselse gastronomie een vleugje frisheid in. En dat alles op basis van enkele welgekozen smaken en producten. We wijzen op de salade van kwartels met karamel, wodka, limoen en limoenschil, Sint-Jakobsvruchtjes in kruidenthee van saffraan uit Marokko en ijsmousse van cuberdon met kruidenthee van steranijs. De kelder stelt een Franse selectie en enkele internationale omwegen voor.

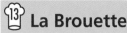 La Brouette

bld. Prince de Liège 61 - 1070 Bruxelles - Brussel ⌂ ❄
☎ 02 522 51 69   🖨 02 522 51 69
info@labrouette.be - http://www.labrouette.be
🍴 21:30   🔒 ma/lu za/sa   🛏 ma/lu zo/di
📅 7 - 9 janv., carnaval ,1 sem. Pâques, 23 juil. - 20 août / 7 - 9 jan.,
krokus, 1 week Pasen, 23 juli -20 aug.
🍽 25-49   🍷 35-45   🍴 35

La brouette d'Herman Dedapper continue d'alimenter un parterre de gastronomes qui sont séduits par la constance du rapport qualité-prix de cette maison plus que par un souci de créativité extrême. Le pressé de crabe et gambas, aubergine et poivron grillé entament un menu qui se poursuit sur un dos de cochon de lait au four servi avec une compote de tomate à la crème d'estragon. Le tout exécuté comme il se doit. En salle, le maître des lieux rappelle à qui le souhaite qu'il est meilleur sommelier de Belgique en pointant quelques flacons parfaitement adaptés en suggestions.

La Brouette van Herman Dedapper blijft in de smaak vallen bij gastronomen die zich eerder laten verleiden door de constantheid van de prijs-kwaliteitverhouding van dit restaurant dan door een extreme creativiteit. De geperste krab en de gamba's met aubergine en gegrilde paprika vormen de start van een menu dat voortgezet wordt met in de oven gebakken speenvarken geserveerd met tomatenmoes en dragonroom. Allemaal bereid zoals het hoort. In de zaal herinnert de maître aan wie dit wil dat hij de beste sommelier van België is, door enkele perfect aangepaste flessen aan te bevelen als suggestie.

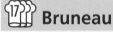 Bruneau

av. Broustin 73 - 75 - 1083 Bruxelles - Brussel   🍽 ⌂ ♿ ❄ ☂
☎ 02 421 70 70   🖨 02 425 97 26
restaurant_bruneau@skynet.be - http://www.bruneau.be
🍴 21:45   🔒 di/ma wo/me   🛏 di/ma wo/me
📅 21 juin au 14 juil. - 3 janv. 2012 au 12 janv. 2012 / 21 juni tot 14 juli -
3 januari 2012 tot 12 januari 2012
🍽 35-95   🍷 70-160   🍴 125

Au menu du lunch: carpaccio de langoustines au caviar (un classique) et turbot cuit sur l'arête, aux senteurs de la truffe. On fond rien qu'à regarder les langoustines. Elles sont servies fraîches, flanquées d'une dose de caviar généreuse, qui ne masque pas leurs saveurs pour autant. Le savoir-faire à l'état pur (des chefs de rang inférieur auraient vite fait de réduire ce plat en bouillie). Le turbot est à la fois ferme et fondant. Les copeaux de truffe assurent un contraste qui nous ramène à la terre. Bruneau signe encore et toujours une cuisine de haut vol, qui ne surprend pas, mais ne perd jamais sa finesse ni son caractère. Deux caractéristiques qui donnent du sens à la cuisine du chef depuis bien des années. Le service professionnel complète le tableau avec justesse.

Wij lunchen met carpaccio van langoustines met kaviaar (een klassieker) en tarbot gebakken op de graat met truffel. De langoustines smelten weg, alleen al door naar te kijken. Ze worden fris opgediend met een royale hoeveelheid kaviaar die hun smaak toch niet wegdrukt. Vakmanschap (bij mindere chefs verwordt dit gerecht vaak tot een brij). De tarbot is sappig en stevig. Schijfjes truffel zorgen voor een contrasterend aards karakter. Bruneau serveert nog altijd een zeer klassieke topkeuken die misschien niet verrast maar wel door zijn finesse en karakter beklijft. Twee kenmerken die zijn keuken al vele jaren betekenisvol maken. De professionele bediening zorgt voor de juiste omkadering.

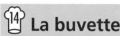 # La buvette

Chaussée d'Alsemberg 108 - 1000 Bruxelles - Brussel
📞 02 534 13 03
http://www.cafedesspores.be
🍴 0:00   🔒 ma/lu di/ma wo/me do/je za/sa zo/di   🔒 ma/lu za/sa zo/di

Réserver ici tient de l'exploit: les heures d'ouverture changeantes se combinent au fait que le secrétariat est assuré par le restaurant d'en face (le café des spores) sans avoir l'agenda sous les yeux. Il n'empêche, une fois entré dans cette ancienne boucherie aux murs carrelés et crochets encore visibles, on déconnecte de la réalité parfois sombre de la chaussée d'Alsemberg. Le soir, un menu unique de 7 plats à 45 euros est proposé (voire imposé). Du maquereau grillé et radis blanc au brie , figue et noix et en passant par la daurade sauvage et son artichaut poivrade ou le filet de canette et ses betteraves, tout se révèle correctement réalisé et savoureux sans être extrême au niveau créativité visuelle ou gustative. La tarte au citron meringuée est parfaite par contre. Une intéressante et courte carte des vins 'engagés' et un service jeune et sympathique contribuent à un tout fait de plaisir attablé et de détente gastronomique.

Hier reserveren is een heuse krachttoer omdat de openingsuren zo veranderlijk zijn en omdat het bovendien het restaurant aan de overkant (Le café des spores) is dat instaat voor het secretariaat, zonder de agenda bij de hand te hebben. Dat neemt echter niet weg dat u zodra u binnenstapt in deze voormalige slagerij met betegelde muren en nog zichtbare haken meteen de soms sombere realiteit van de Alsembergsesteenweg even vergeet. 's Avonds wordt één 7-gangenmenu van 45 euro voorgesteld (en zelfs opgelegd). Gegrilde makreel en witte radijs met brie, vijg en walnoot, gevolgd door wilde goudbrasem met artisjok en poivradesaus of filet van wijfjeseend met bietjes. Alles blijkt correct bereid en smaakvol, zonder extreem creatief te zijn qua presentatie of smaak. De citroentaart met meringue is daarentegen perfect. Een interessante en beknopte 'geëngageerde' wijnkaart en een jonge en vriendelijke bediening dragen zeker bij aan het tafelgenot en de gastronomische ontspanning.

 # Café Maris

ch. de Waterloo 1260 - 1180 Bruxelles - Brussel
📞 02 374 88 34   🖨 02 375 85 60
info@cafemaris.be - http://www.cafemaris.be
🍴 0:00 7/7
🍴 32   🍴 40   🔔 60

 # Callens café

Avenue Louise 480 - 1050 Bruxelles - Brussel
📞 02 647 66 68
callenscafe@skynet.be - http://www.callenscafe.be
🍴 0:00   🔒 za/sa zo/di   🔒 zo/di

👍 Cambrils  ☺

av. Charles-Quint 365 - 1083 Bruxelles - Brussel
📞 02 465 50 70   📠 02 465 76 63
restaurant.cambrils@skynet.be - http://www.resto.com/cambrils
🍴 22:30   🛏 ma/lu zo/di   🛏 ma/lu zo/di
📅 24 juil. - 14 août / 24 juli - 14 aug.
🍷 23-48   🍽 40-50   🍴 35

👍 La Canne en Ville

r. de la Réforme 22 - 1050 Bruxelles - Brussel
📞 02 347 29 26   📠
info@lacanneenville.be -
http://www.lacanneenville.be/www.canneenville.be
🍴 22:30   🛏 za/sa zo/di   🛏 zo/di
📅 23 déc. - 16 janv., 1 sem. de Pâques, 15 - 22 août / 23 dec. - 16 jan.,
1 week Pasen, 15 - 22 aug.
🍽 45-55

👍 Canterbury

Renbaanlaan 2 - 1050 Bruxelles - Brussel
📞 02 646 83 93   📠 02 512 92 92
info@niels1926.be - http://www.niels1926.be
🍴 0:00   🛏 zo/di   🛏 zo/di
🍽 16-31

⑬ La Caudalie

r. Jacques Bassem 111 - 1160 Bruxelles - Brussel
📞 02 675 20 20   📠 02 675 20 80
francis.martin@voo.be - http://www.resto-lacaudalie.be
🍴 21:00   🛏 za/sa zo/di   🛏 zo/di
📅 1 sem. Pâques, 1 - 15 août, 23 - 31 déc. / 1 week Pasen, 1 - 15 aug.,
23 - 31 dec.
🍷 23-75   🍽 49-65   🍴 58

Dans cette petite rue discrète d'Auderghem, cette adresse accueille les amateurs d'un repas détendu autour de bons produits et d'un bon verre de vin. D'où le nom. La sélection vineuse est effectivement intéressante même si on préfère en général se laisser guider plutôt que de choisir à la carte. Au menu Euro-Toques ce jour-là, un velouté de petits pois arborait un beau relief grâce à la julienne de Pata Negra et au foie gras de canard à l'huile de noix. Pour suivre, un saint-pierre et ses Saint-Jacques rôties aux jeunes carottes étaient intelligemment proposés avec quelques mini betteraves rouges, jeunes oignons et une sauce pickles. Pour clore, le tartare de papaye à la coriandre et une crème brûlée au safran.

In dit discrete straatje in Oudergem verwelkomt dit adresje liefhebbers van een ontspannen maaltijd rond goede producten en een goed glas wijn. Vandaar de naam. De wijnselectie is inderdaad interessant, ook al geeft men meestal de vrije hand in plaats van te kiezen op de kaart. Op het Euro-Toques menu stond die dag velouté van erwtjes met een mooi reliëf dankzij de julienne van Pata Negra en de foie gras met notenolie. Vervolgens zonnevis en gebakken sint-jakobsnootjes met jonge worteltjes, verstandig geserveerd met enkele mini rode bietjes, lente-uitjes en een picklessaus. Als afsluiter tartaar van papaja met koriander en crème brûlée met saffraan.

 # Le Chalet de la Forêt

Drève de Lorraine 43 - 1180 Bruxelles - Brussel
📞 02 374 54 16 🖨 02 374 35 71
info@lechaletdelaforet.be - http://www.lechaletdelaforet.be
🕐 22:00 🔒 za/sa zo/di 🔒 za/sa zo/di
📅 1 - 7 janv. / 1 - 7 jan.
🍽 39-94 🍷 75-106

Le chef Pascal Devalkeneer orchestre des envois frais, inventifs et concoctés à base de très beaux produits. Les associations portent toutes sa griffe. Nous entamons les hostilités avec un tartare d'huîtres Gillardeau, caviar iranien et garniture de brocolis sur un parmentier un poil trop présent. La suite nous dévoile une association appétissante d'oursin et de langoustines. Le tout dressé dans une coquille d'œuf. La mousseline de petits pois servie en accompagnement tempère les ardeurs de l'oursin, ce qui, selon nous, n'était pas nécessaire. Le premier plat principal est incontestablement un coup de maître: fantastique tronçon de turbot farci au foie gras et à la truffe. S'ensuit un veau de lait rôti d'excellente qualité. Le livre de cave est très étoffé et le sommelier a le don de sélectionner les meilleurs crus, même dans les gammes inférieures. Le service est digne d'une grande maison. Superbe terrasse.

De keuken van chef Pascal Devalkeneer is fris, inventief en gebaseerd op zeer mooie producten. De combinaties dragen altijd zijn stempel. Wij starten met een tartaar van Gillardeau-oesters met Iraanse kaviaar en broccoliroosjes, op een parmentier die net iets te veel aanwezig is. Daarna volgt een boeiende combinatie van zee-egel en nieroogkreeftjes opgediend in een eierschelp. Er komt een mousseline van verse doperwtjes bij die de intensiteit van de zee-egel tempert en dat hoeft niet voor ons. Het eerste hoofdgerecht is meteen het topgerecht van de avond: een fantastisch stuk tarbot, opgevuld met wat ganzenlever en truffel, en perfect gebakken. Als tweede hoofdgerecht verschijnt prachtig gebraden melkkalf van een uitmuntende kwaliteit. De wijnkaart is zeer rijk en de sommelier weet er mooie flessen uit te kiezen, zelfs als je niet in de duurdere klasse wilt gaan. De bediening is die van de betere huizen. Prachtig terras.

 # Châtelaine du Liban

pl. du Châtelain 7 - 1050 Bruxelles - Brussel
📞 02 534 92 02 🖨 02 539 25 81
info@chatelaineduliban.be - http://www.chatelainduliban.be
🕐 23:00 7/7
📅 24 - 30 déc. / 24 - 30 dec.
🍽 25-35 🍷 15-20 🍴 40

 # Chez alphonse

rue du doyenné 69 - 1180 Bruxelles - Brussel
📞 02 347 64 84
chez-alphonse@live.be - http://www.chez-alphonse.be
🕐 0:00 🔒 ma/lu zo/di 🔒 ma/lu zo/di
🍷 20-45

Dans un quartier populaire d'Uccle, cette adresse au look de café de quartier, se pare de jolies banquettes en tissu rouge et chaises en bois confortables. La carte se lit au tableau avec une prédilection pour les plats du terroir. Nous avons commencé notre dégustation par une cervelle de veau et tartare qui n'avait rien à envier à ses comparses d'étal. Beau produit avec une belle saveur qui se suffisait à elle-même, sans pour autant nécessiter d'artifices épicés. Idem pour la sole et ses pommes vapeur. Le vol-au-vent est aérien grâce à une sauce bien maîtrisée, accompagné d'un feuilleté irréprochable. Une belle adresse pour manger un petit bout qui se voit récompenser d'une première toque.

In een volksbuurt in Ukkel is dit adresje met de look van een buurtcafé ingericht met mooie banken in rode stof en comfortabele houten stoelen. De kaart staat op het bord, met een voorliefde voor streekgerechten. Wij startten onze degustatie met kalfshersentjes in tartaar die helemaal niet moesten onderdoen voor de andere vleesgerechten. Een mooi product met een heerlijke smaak dat op zich volstond, zonder dat er nog gekruide kunstgrepen vereist waren. Idem dito voor de zeetong met gestoomde aardappelen. De vol-au-vent was luchtig dankzij een goed beheerste saus, vergezeld van een onberispelijk bladerdeeggebakje. Een goed adresje om een hapje te gaan eten. Wij bekronen dit dan ook met een eerste koksmuts.

 ## Chez Oki

r. Lesbroussart 62 - 1050 Bruxelles - Brussel ❄️
📞 02 644 45 76   🖨 02 644 45 76
chez-oki@skynet.be - http://www.chez-oki.com
🍴 22:30   🔒 ma/lu za/sa zo/di   🔒 zo/di
🍽 30-50   🍷 49-58

Idéalement située entre la place Flagey et l'avenue Louise, cette adresse brasse énormément de monde. La cuisine est correcte mais reste sur ses acquis. Nous avons choisi le menu surprise sans réelle suprise. Sushi et lamelle de foie gras bien exécuté suivi d'un veau de Corrèze goûteux et son confit de pêche pour terminer par une soupe de melon bien faite mais sans réel relief.

Dit adresje, ideaal gelegen tussen het Flageyplein en de Louizalaan, trekt heel veel volk. De keuken is correct maar blijft teren op zijn ervaring. Wij kozen het verrassingsmenu, dat niet echt verrassend was. Goed bereide sushi in een plakje foie gras, gevolgd door smaakvol Corrèze-kalf met gekonfijte perzik, om te eindigen met een goed bereid meloensoepje dat echter onvoldoende reliëf had.

 ## Chez Patrick

r. des Chapeliers 6 - 1000 Bruxelles - Brussel   🏠 ♿ ⛱
📞 0478 92 26 33
restochezpatrick@swing.be - http://www.resto.be/chezpatrick
🍴 22:00   🔒 ma/lu zo/di   🔒 ma/lu zo/di
🍷 15-35

🍺 Chou   ↗ 🍇

pl. de Londres 4 - 1050 Bruxelles - Brussel   🍴 ⛱
📞 02 511 92 38
info@restaurantchou.eu - http://www.restaurantchou.eu
🍴 22:00   🔒 za/sa zo/di   🔒 za/sa zo/di
📅 20 juil. - 9 août, 7 jrs. entre Noël et Nouvel An / 20 juli - 9 aug., 7 d. tss. Kerstmis en Nieuwjaar
🍽 20-80   🍷 25-34   🍷 30

Renouveau dans la cuisine de Dominique Aubry pour l'année 2011. Celle-ci est apparue plus qualitative qu'auparavant, plus imaginative et plus maîtrisée dans ses compositions parfois audacieuses, souvent délicieuses. En témoignent le carré d'agneau et ravioles farcies de volaille agrémenté d'une émulsion de cèpes et girolles ou encore la puissance de notre brochette de Saint-Jacques parfaitement moelleuses, avec une sauce aux radis noirs. Vins et produits restent les leitmotivs de ce chef à nouveau au mieux de sa forme que nous récompensons d'un point supplémentaire.

Een heropleving in de keuken van Dominique Aubry in het jaar 2011. De keuken bleek kwalitatiever dan voordien, maar ook inventiever en beheerster in zijn soms gewaagde, soms overheerlijke composities. Daarvan getuigen het lamsribstuk en de ravioli gevuld met gevogelte en gegarneerd met een emulsie van eekhoorntjes-brood en cantharellen, of ook de krachtige smaak van onze brochette perfect gebakken Sint-Jakobsvruchtjes met een sausje met zwarte radijzen. De wijnen en de producten blijven het leidmotief van deze chef die opnieuw in topvorm verkeert en daarvoor beloond wordt met een extra punt.

⑬ La Clef des Champs ☺ ⚜L⚜

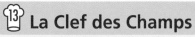

r. de Rollebeek 23 - 1000 Bruxelles - Brussel 🏠 ❄ ⛱
☎ 02 512 11 93   🖨 02 502 42 32   MasterCard VISA AMERICAN EXPRESS Ⓓ
info@clefdeschamps.be - http://www.clefdeschamps.be
🕐 22:00   🔒 ma/lu   🛏 ma/lu zo/di
₽ 35-45   ₽ 34-44   🍴 61

La fidélité des Bruxellois et la fréquentation internationale confirment l'intérêt d'une large clientèle toujours amatrice de cuisine française classique articulée autour de vrais produits de terroir, de plats canailles et de mets en sauce au rapport qualité-prix imbattable. La carte et les menus à choix multiples demeurent élaborés de préparations que l'on a rarement le plaisir de retrouver ailleurs. Comme en témoignent la cassolette de ris de veau avec un jus aux morilles et Porto flambé fort savoureux ainsi que la préparation juteuse et tendre comme une fesse d'ange de notre suprême de volaille des Landes.

De trouw van de Brusselaars en de internationale bezoekers bevestigen de belangstelling van een breed publiek dat altijd te vinden is voor de klassieke Franse keuken op basis van echte streekproducten, volkse gerechten en gerechten in saus met een onklopbare prijs-kwaliteitverhouding. De kaart en de meerkeuzemenu's bestaan uit gerechten die we maar zelden elders aantreffen. Daarvan getuigen het ovenschoteltje van kalfszwezerik met heel smaakvolle saus met morieljes en geflambeerde porto en de sappige en malse bereiding van onze gevogeltefilet uit de Landes.

👍 Coimbra ❄

av. Jean Volders 54 - 1060 Bruxelles - Brussel
☎ 02 538 65 35   🖨 02 538 65 35   MasterCard VISA AMERICAN EXPRESS
info@restaurant-coimbra.be - http://www.restaurant-coimbra.be
🕐 22:00   🔒 wo/me   🛏 di/ma wo/me
🗓 août / aug.
₽ 31-38   ₽ 28

Le coin des artistes ☺

Rue du couloir 5 - 1050 Bruxelles - Brussel
☏ 02 647 34 32   📠 02 647 34 32
http://www.lecoindesartistes.be
🕐 0:00 🔒 ma/lu za/sa zo/di 🔒 ma/lu zo/di
🍴 40

Dans une ambiance typiquement bouchon lyonnais, le chef, binchois d'origine, a, entre autres activités, élevé des canards toute une période durant. Il en a garde une parfaite maîtrise du produit que l'on retrouve dans ses cuisses confites que l'on savoure dans son cassoulet maison ou dans son magret au madiran. Et il ne se limite pas à la cuisine du Sud-ouest même s'il en a toute la générosité au travers de ses envois pleins de caractère et de produits excessivement bien sélectionnés par un chef sans concession. La carte des vins est affichée au tableau même si certains flacons 'découverte' apparaissent au cours d'une soirée qui l'est tout autant. Magique, là est tout l'art de ce petit coin gourmand. Savoir surprendre les papilles dans la simplicité et l'authenticité.

Hier heerst de typische sfeer van een Lyonese 'bouchon'. De chef, die afkomstig is van Binche, heeft onder andere een hele tijd eenden gekweekt. Hij beheerst dit product dan ook perfect, en dat is te merken aan de gekonfijte eendenbouten in de cassoulet van het huis of de eendenfilet met madiranwijn. En hij beperkt zich niet tot de zuidwestelijke keuken, ook al is de gulheid ervan typerend voor de karaktervolle bereidingen op basis van producten die buitengewoon zorgvuldig worden gekozen door een compromisloze chef. De wijnkaart staat op het bord, ook al verschijnen er enkele 'ontdekkingsflessen' tijdens een etentje dat een al even grote ontdekking is. In deze bekoorlijkheid schuilt de kunst van dit plekje waar de gasten lekker kunnen eten. Hier worden de smaakpapillen verrast met eenvoud en authenticiteit.

Comme Chez Soi 🍇 ♡ ⚜L⚜

pl. Rouppe 23 - 1000 Bruxelles - Brussel
☏ 02 512 29 21   📠 02 511 80 52
info@commechezsoi.be - http://www.commechezsoi.be
🕐 21:30 🔒 ma/lu wo/me zo/di 🔒 ma/lu zo/di
📅 1 - 10 janv., 8 mars - 12 avril, 17 jil. - 16 août, 1 nov. / 1 - 10 jan., 8 maart - 12 april, 17 juli - 16 aug., 1 nov.
🍷 55-191 🍷 94-240 🍴 160

Le Comme Chez Soi fait partie de ces grandes maisons que tout le monde connaît, dont tout le monde parle mais où parfois ceux qui en parle le plus sont… ceux qui n'y ont jamais été. Or, il n'a jamais été aussi intéressant, depuis la passation de pouvoir, d'aller au Comme Chez Soi qu'aujourd'hui. Ne vous y trompez pas, ce n'est pas parce que la sole au Riesling est encore à la carte que le reste est à l'avenant. Lionel a déployé ses ailes et semble, épaulé par une brigade désormais solide et stable, avoir trouvé une certaine forme d'épanouissement. Bien sûr, le 'gamin' ne nous a pas attendu pour assurer un travail remarquable et défendre bec et ongle la qualité de sa cuisine depuis autant d'années. Mais il semble que celle-ci soit désormais réellement empreinte de sa cuisine à lui…sans aucune autre réminiscence. C'est du Lionel pur. Et ça, nous, on aime. Les nostalgiques et amateurs de classiques pourront encore choisir une mousse de jambon façon Pierre Wynants ou le perdreau à la feuille de vigne tandis que les curieux s'aventureront sur les traces de Lionel dans des assiettes telles que le maigre de ligne poêlé et son méli-mélo de coquillage dont la vinaigrette exotique et le coulis d'étrille se marient divinement bien. Idem dito pour la poêlée de cabillaud danois, salade croquante de fenouil à l'huile de corail avec un jus léger (mais présent, là est toute la subtilité) de crustacés. Le quasi de veau est magnifié par le mélange

des cinq épices du Maroc et s'accompagne d'un sauté de jeunes légumes au thym citron. Côté dessert, les indémodables dame blanche aux noisettes se voient désormais challenger par les belles créations de la jeune équipe de pâtisserie dont le très réussi soufflé au citron vert, granité au parfum de mojito tout en fraîcheur. A moins que l'on préfère ces abricots et pêches blanches, adoucies à la cardamome verte et servies avec du sansho du Japon et un coulis de cassis au kalamansi. La carte des vins, désormais sur Ipad, demeure l'une des plus belles du royaume et les récents 'tris' en cave ont permis de rajeunir les millésimes présents, ce qui n'était pas un luxe. Le Comme Chez Soi n'a jamais été aussi 'jeune' alors… pourquoi attendre d'être vieux pour y aller ?

De Comme Chez Soi behoort tot die grote huizen die iedereen kent, waarover iedereen spreekt, maar waar diegenen die er het meest over praten … vaak ook diegenen zijn die er nog nooit zijn geweest. Welnu, sinds de overdracht van de macht is het nog nooit zo interessant geweest om naar de Comme Chez Soi te gaan als vandaag. Vergis u niet: het is niet omdat de zeetong met Riesling nog op de kaart staat dat de rest navenant is. Lionel heeft zijn vleugels uitgeslagen en lijkt – met de steun van een intussen solide en stabiele brigade – een zekere vorm van ontplooiing te hebben gevonden. De 'kerel' heeft natuurlijk niet op ons gewacht om opmerkelijk werk te verzekeren en de kwaliteit van zijn keuken sinds zovele jaren te vuur en te zwaard te verdedigen. Maar het ziet ernaar uit dat die keuken nu echt doortrokken is van zijn eigen stijl … zonder enige andere herinnering. Puur Lionel. En wij houden daarvan. Nostalgici en liefhebbers van klassiekers kunnen nog opteren voor hammousse op de wijze van Pierre Wynants of jonge patrijs in wingerdblad, terwijl nieuwsgierigen zich zullen wagen in de voetsporen van Lionel met gerechten zoals gebakken ombervis met gemengde schelpdieren, waarbij de exotische vinaigrette en de coulis van zwemkrab een hemels huwelijk vormen. Idem dito voor de gebakken Deense kabeljauw met salade van krokante venkel en koraalolie en lichte schaaldierenjus (die wel duidelijk aanwezig is – precies daarin schuilt de subtiliteit). De kalfslende wordt verheerlijkt door de mengeling van vijf specerijen uit Marokko en wordt geserveerd met gemengde groentjes met citroentijm. Op dessertvlak wordt de tijdloze dame blanche met hazelnootjes voortaan uitgedaagd door mooie creaties van het jonge patisserie-team, zoals de zeer geslaagde soufflé met limoen en granité met mojitoaroma – uiterst fris. Tenzij men een voorkeur heeft voor abrikoos en witte perzik, verzacht met groene kardemom en geserveerd met sansho uit Japan en een coulis van cassis met kalamansi. De wijnkaart, nu op Ipad, blijft een van de mooiste van ons land. De recente 'sorteringen' in de kelder hebben de mogelijkheid geboden om de aanwezige millésimes te verjongen, wat geen luxe was. De Comme Chez Soi was nooit eerder zo 'jong' … waarom dus wachten tot u oud bent om langs te gaan?

👍 Les Copains d'Abord

av. Prekelinden 72 - 1200 Bruxelles - Brussel
📞 02 733 63 64   🖶 02 733 63 64
copains@skynet.be - http://www.lescopainsdabord.be
🕙 22:00   🔒 ma/lu zo/di   🔒 ma/lu zo/di
📅 1 sem. sept. / 1 week sept.
🍴 39   🍷 35   🥂 50

 ⤢ **Le Coq en Pâte** ☺

Tomberg 259 - 1200 Bruxelles - Brussel
📞 02 762 19 71 📠 02 762 19 71

info@lecoqenpate.be - http://www.lecoqenpate.be
🕐 22:00 🔒 ma/lu 🔒 ma/lu
🍽 30 🍴 32-45 🍷 45

Cadre contemporain, sobre et chaleureux pour cette adresse 100 % italienne. Un vrai coup de cœur chaque fois renouvelé pour cette adresse relevant haut la main le défi d'un rapport prix-plaisir irréprochable et toujours aussi surprenant en regard de la qualité des produits (italiens) utilisés et de la subtile créativité du chef. Celui-ci travaille sans excès mais dans la modernité avec, pour commencer, une tomate en trois textures et sa mozzarella di buffala suivie par un carpaccio d'artichaut rehaussé d'une note d'acidité avec la roquette et le parmesan vieux de 70 mois. Cuisson parfaite pour notre sole et ses légumes en ratatouille. Le point de plus est largement acquis cette année.

Eigentijds, sober en gezellig kader voor dit 100 % Italiaans adresje. Echt een lievelingsadresje, steeds opnieuw. Hier gaat men constant de uitdaging van een onberispelijke prijs-kwaliteitverhouding aan en komt men altijd even verrassend uit de hoek op het vlak van de kwaliteit van de gebruikte (Italiaanse) producten en de subtiele creativiteit van de chef. Deze werkt zonder excessen, maar wel op een moderne manier. Om te beginnen tomaat in drie texturen met mozzarella di buffala, gevolgd door carpaccio van artisjok met een zure toets van notensla en 70 maanden oude parmezaan. Perfecte cuisson voor onze zeetong met ratatouille van groentjes. Het extra punt is dit jaar meer dan binnen.

🍴 **Le Coriandre** 🍇♡

r. Middelbourg 21 - 1170 Bruxelles - Brussel
📞 02 672 45 65 📠 02 672 47 68
info@lecoriandre.be - http://www.lecoriandre.be
🕐 21:30 🔒 ma/lu za/sa zo/di 🔒 ma/lu zo/di
💼 1 sem. Pâques, 21 juil. - 15 août, entre Noël et Nouvel An / 1 week Pasen, 21 juli - 15 aug., tss. Kerst en Nieuwjaar
🍽 37-60 🍴 17-30 🍷 51

Quoi de mieux que de vivre de sa passion et de la transmettre ? Un dicton que notre couple Agnès et Damien vit tous les jours. Dans la cuisine exiguë que l'on devine depuis le restaurant, chaque produit est travaillé avec minutie et scrupuleusement étudié pour qu'en émane un maximum de saveur. Prenons ce foie gras de canard 'a la plancha' simplement accompagné d'échalotes noires et betteraves, apportant un accompagnement parfait sans écraser le produit. Privilège à la simplicité ensuite pour le thon rouge snacké empreint de douceur avec cette crème d'avocat et gomasio. Cette passion, on la retrouve aussi dans la sélection vineuse qu'Agnès vous fera découvrir avec le sourire. Le tout à des prix inversement proportionnels à la qualité proposée. Que demander de plus ?

Wat is er nu leuker dan uw passie beleven en delen? Dat geldt elke dag opnieuw voor ons koppel Agnès en Damien. In hun piepkleine keuken die men vaag onderscheidt vanuit het restaurant, wordt elk product nauwgezet bereid en zorgvuldig bestudeerd om een maximale smaak te verzekeren. Neem nu de foie gras 'a la plancha', gewoon vergezeld van zwarte sjalotjes en biet, een perfecte garnituur die het product niet overschaduwt. Vervolgens eenvoud troef voor de rode tonijn met een zoete toets van avocado en gomasio. Deze passie is ook terug te vinden in de wijnselectie die Agnès u met de glimlach laat ontdekken. En dat alles tegen prijzen die omgekeerd evenredig zijn met de voorgestelde kwaliteit. Wat zou een mens nog meer willen?

👍 Le Croûton

r. d'Aumale 22 - 1070 Bruxelles - Brussel
📞 02 520 79 36 🖨
janvkabumbe@hotmail.be - http://www.le-crouton.com
🕐 21:00 🔒 ma/lu zo/di 🔒 ma/lu zo/di
🍽 30 🍷 51-97 🥄 30

👍 La Cueva de Castilla

pl. Colignon 14 - 1030 Bruxelles - Brussel
📞 02 241 81 80 🖨 02 420 20 81
cuevacastilla5@hotmail.com - http://www.cuevadecastilla.be
🕐 22:00 🔒 za/sa zo/di 🔒 za/sa zo/di
🧳 août / aug.
🍽 43 🍷 43

👨‍🍳 Da Mimmo

av. du Roi Chevalier 24 - 1200 Bruxelles - Brussel
📞 02 771 58 60 🖨 02 771 58 60
mimmo1961@yahoo.it - http://www.damimmo.eu
🕐 22:00 🔒 za/sa zo/di 🔒 zo/di
🧳 10 jrs Noël et Nouvel An, 20 juil.-20 août / 10 d. Kerstmis en
Nieuwjaar, 20 juli-20 aug.
🍽 35-56 🍷 50-70

Nous arrivons à l'heure du lunch. L'entrée se compose de tagliatelles aux palourdes, langoustines et aubergines. En plat: bar grillé aux épinards, purée et dressing acidulé à base de tomates, d'ail et de citron vert. Les envois sont bien tournés et traduisent un grand souci de l'équilibre. Ça s'arrête là. En outre, on a l'impression que tout va trop vite. Da Mimmo y perd des plumes. La sélection vineuse reste excellente.

Wij lunchen met als voorgerecht tagliatelli met venusschelpen, langoustines en aubergines, en als hoofdgerecht gegrilde zeebaars met spinazie, puree en een zure dressing op basis van tomaten, look en limoen. De gerechten zijn correct uitgevoerd en er is veel aandacht voor evenwicht. Maar meer ook niet ! Daarbij komt de indruk dat alles snel wordt afgehaspeld. Da Mimmo is wat van zijn pluimen aan het verliezen. Het wijnaanbod blijft op hoog niveau.

👨‍🍳 Les Dames Tartine

ch. de Haecht 58 - 1210 Bruxelles - Brussel
📞 02 218 45 49 🖨 02 218 45 49
🕐 21:30 🔒 ma/lu za/sa zo/di 🔒 ma/lu zo/di
🧳 1 - 21 août / 1 - 21 aug.
🍽 19-46 🍷 43-47

Le temps s'est arrêté dans cette charmante maison de famille, tenue par nos deux dames tartines. Tandis que l'une joue un petit air au piano, la seconde propose les suggestions du jour. Notre choix s'est porté sur une brandade de cabillaud à l'huile vierge et lait de coco. Pour la suite, barbue au four et baby homard du vivier aux truffes sont du même acabit, excellents. Gentillesse, efficacité et qualité de la cuisine comme de la belle cave à vin restent les points forts de cette table toujours très agréable.

De tijd is blijven stilstaan in dit charmante familiehuis dat wordt gerund door onze twee 'dames tartines'. Terwijl de ene voor ons een deuntje op de piano speelt, stelt de andere u de suggesties van de dag voor. Onze keuze viel op brandade van kabeljauw met maagdenolie en kokosmelk. Daarna griet in de oven en babykreeft uit het homarium met truffels. Allemaal voortreffelijk. De vriendelijkheid, de efficiëntie en de kwaliteit van de keuken en de mooie wijnkelder blijven de sterke punten van dit restaurant waar het altijd zeer aangenaam is.

Les Deux Maisons

Val des Seigneurs 81 - 1150 Bruxelles - Brussel
02 771 14 47   02 771 14 47
lesdeuxmaisons@skynet.be - http://www.lesdeuxmaisons.be
21:30   ma/lu zo/di   ma/lu zo/di
1 sem. Pâques, 3 sem. août, 1 sem. entre Noël et Nouvel An / 1 week Pasen, 3 wek. aug., 1 week tss. Kerst en Nieuwjaar
35-60   48-84   50

Installée sur deux rez-de-chaussée de maisons contiguës, cette adresse offre un très bel espace de réception. Le décor est chaleureux et convivial, agrémenté d'un service à l'avenant. Fidèle à lui-même, Pierre Demartin continue sur sa lancée, offrant aux gastronomes une cuisine classique pleine de vie. Ode aux saveurs japonaises avec ce compressé de riz safrané comme un sushi et une salade de homard chantilly wasabi. Retour en Occident avec le filet de dorade royale à l'unilatéral et asperges vertes. Le tout s'arrose d'une belle sélection vineuse.

Dit adresje, gevestigd op de gelijkvloerse verdiepingen van 2 aangrenzende huizen, biedt een prachtige receptieruimte. Het decor is warm en gezellig, en de bediening is navenant. Pierre Demartin blijft trouw aan zichzelf en gaat door op zijn elan door de gastronomen een klassieke keuken vol leven aan te bieden. Ode aan de Japanse smaken met deze als een sushi samengeperste saffraanrijst en salade van kreeft met slagroom en wasabi. Terug naar zachtmoedigere sferen met de op één kant gebakken goudbrasemfilet met groene asperges. Bij dat alles wordt een mooie wijnselectie geschonken.

Le Diptyque

Av. Vivier d'Oie 75 - 1000 Bruxelles - Brussel
02 374 31 63   02 372 01 95
info@villalorraine.be - http://www.villalorraine.be
23:00   zo/di   zo/di
3 dernières sem. juil. / 3 laatste wek. juli
35   32-58

L' Ecailler du Palais Royal

r. Bodenbroek 18 - 1000 Bruxelles - Brussel
02 512 87 51   02 511 99 50
lecaillerdupalaisroyal@skynet.be -
http://www.lecaillerdupalaisroyal.be
22:30   zo/di   zo/di
août, Noël et Nouvel An / aug., Kerst en Nieuwjaar
60-140

Cette institution, considérée jadis comme le meilleur restaurant de poisson de Belgique, a connu des hauts et des bas ces dernières années. Nous nous y donnons rendez-vous pour le repas de midi et sommes agréablement surpris. En entrée, une langoustine cuite comme il se doit, accompagnée de deux cuisses de grenouilles généreuses et succulentes et nappées d'une sauce onctueuse. L'autre convive a opté pour un grand classique de la maison, le ravioli de homard au coulis de crustacés. Tout est en place. Génial ! Pour suivre, un omble chevalier, parfaitement grillé, bien accompagné de jeunes poireaux et d'un jus subtil. Inventif ? Non. Un délice ? Oui. Même constat pour la barbue à la Dugléré, une sauce riche, mais pas lourde, à base de crème fraîche et de Noilly Prat. Les deux toques sont incontestées. Carte des vins bien charpentée et champagne de la maison éblouissant.

Dit instituut gold ooit als het beste visrestaurant van België, maar de voorbije jaren was het parcours wisselvallig. Wij lunchen en zijn aangenaam verrast. Als voorgerecht is er een perfect gebakken, sappige langoustine, met twee lekkere en flink uit de kluiten gewassen kikkerbillen, geserveerd met een fijn lichtromig sausje. Aan de andere kant van de tafel verschijnt een van de grote huisklassiekers: ravioli van kreeft met een coulis van schaaldieren. Alles klopt. Prima! Daarna is er beekridder, alweer perfect gegrild, en in goed gezelschap van jonge prei en een subtiele jus. Inventief? Neen. Superlekker? Ja. Dat geldt ook voor de griet dugléré, met een rijke maar niet zware saus op basis van room en noilly prat. De twee koksmutsen zijn onbetwist. Goed opgebouwde wijnkaart en een schitterende huischampagne.

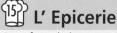 L' Epicerie

Carrefour de l'Europe 3 - 1000 Bruxelles - Brussel
☏ 02 548 47 16   📠 02 548 40 80
jean-francois.fortmall@lemeridien.com -
http://www.restaurantlepicerie.com
🕰 22:35   🔒 za/sa   🛏 za/sa zo/di
🗓 Pâques, juil., août, 24, 25 en 31 déc. / Pasen, juli, aug, 24, 25 en 31 dec.
🍽 38-75   🍷 18-35

Pas toujours évident de tenir une cuisine d'hôtel. Fût-elle dans un palace tel que le Méridien. Pourtant, à sa tête, le chef Vincent Masson distille une cuisine tout en finesse et en élégance, prouvant que la gastronomie française, même au sein de chaînes d'hôtels, a encore de belles années devant elle. Parmi les suggestions à la carte, on retrouve quelques produits phares de notre patrimoine belge avec cette sole dorée de la mer du Nord, moules et épices noires ou le suprême de volaille de Gibecq simplement rôti et accompagné de cornes de gattes. En terminant par le spéculoos et yaourt bio. Carte des vins internationale.

Het is niet altijd evident om de keuken van een hotel te leiden. Ook al is dat in een luxehotel zoals Le Méridien. Nochtans slaagt chef Vincent Masson erin een verfijnde en elegante keuken te bereiden en te bewijzen dat de Franse gastronomie – zelfs binnen hotelketens – nog een mooie toekomst heeft. Bij de suggesties op de kaart staan enkele vooraanstaande producten van ons Belgische patrimonium: zeetong uit de Noordzee, mosselen en zwarte kruiden of gewoon gebakken filet van Gibecq-gevogelte met cornes de gattes aardappelen. En als afsluiter speculaas met biologische yoghurt. Internationale wijnkaart.

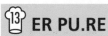 ER PU.RE

Avenue louise 423 - 1050 Bruxelles - Brussel
02 808 08 58
info@erpure.be - http://www.erpure.be
0:00   za/sa zo/di   za/sa zo/di
1-2 janvier 2012, 1 sem Pâcques, 30 juil - 19 août, fériés /
1-2 january 2012, 1 week Pasen, 30 jul - 19 aug, feestdagen
35-85   40-70   65

Après être passé dans de nombreuses maisons de renom, le jeune chef Vincent Vervisch (ex-Tasso) a enfin trouvé "ses" murs dans cette maison de style ancien située dans le bas de l'Avenue Louise. Le chef est passionné de thé dont il use, et abuse, dans sa cuisine. S'agissant de cette dernière, on sent le chef libéré des contraintes qui pesaient jusque là sur des ailes qui ne demandent qu'à se déployer. Car du talent et de l'ambition, il en a. Reste à mesurer cette créativité débordante qui le pousse dans certains retranchements techniques parfois encore mal maîtrisés. Certes, le risotto au parmesan ou le foie d'oie poché au vin rouge étaient superbes mais certains autres plats nous ont un peu déçus par le manque de finition (même si gustativement, ils étaient souvent de belle constitution). Service et salle par Madame, épaulée d'un maître fort sympathique mais devant un peu affiner sa connaissance, il est vrai peu aisée, de l'énoncé et de la constitution des plats servis.

Nadat hij in tal van gerenommeerde zaken werkte, nam de jonge chef Vincent Vervisch (ex-Tasso) eindelijk zijn intrek in deze woning in oude stijl in het laaggelegen deel van de Louizalaan. De chef heeft een grote passie voor thee, die hij gebruikt – en misbruikt – in zijn keuken. Wat de keuken betreft, voelen we trouwens dat de chef bevrijd is van beperkingen die tot nu toe wogen op vleugels die zich gewoon wilden uitspreiden. Want de chef heeft wel degelijk talent en ambitie. Rest hem nog deze overweldigende creativiteit te temperen die hem aanzet tot bepaalde technische verschansingen die soms nog niet goed beheerst worden. De risotto met parmezaan en de gepocheerde eendenlever met rode wijn waren inderdaad schitterend, maar bepaalde andere gerechten stelden ons ietwat teleur door het gebrek aan afwerking (ook al waren ze op smaakvlak vaak mooi samengesteld). Bediening door Mevrouw in de zaal, met de steun van een heel sympathieke maître die echter zijn kennis van de – inderdaad niet gemakkelijke – bewoording en samenstelling van de geserveerde gerechten wat zou moeten bijschaven.

Brasserie L' Esterel

bld. Adolphe-Max 118 - 126 - 1000 Bruxelles - Brussel
02 278 01 00   02 278 01 01
esterel@leplaza-brussels.be - http://www.leplaza-brussels.be
22:30   za/sa zo/di   za/sa zo/di
12 juil. - 23 août / 12 juli - 23 aug.
36   40

Le Fils de Jules

r. du Page 35 - 1050 Bruxelles - Brussel
02 534 00 57
info@filsdejules.be - http://www.filsdejules.be
23:00   ma/lu za/sa zo/di   ma/lu
45   30-50

↗ **Les Flâneries Gourmandes**

r. Berckmans 2 - 1060 Bruxelles - Brussel
📞 02 537 32 20   📠 02 537 32 42

🕐 22:00   🍴 ma/lu za/sa zo/di   🛏 ma/lu zo/di
📅 1 - 7 janv., 3 sem. juil./août / 1 - 7 jan.,
3 wek. juli/aug.
💶 21-65   🍷 55-75

On aime cette adresse pour la simplicité du service, pour le cadre épuré et pour la sélection vineuse clairement marquée par les « nouveaux » vignerons engagés. Le tout conseillé par un service sympathique. Dans l'assiette, on débute par une panna cotta aux aubergines, onctueuse et fraîche. Pour suivre, quelques tronçons de maquereau déposés sur un coulis de tomates et poivrons. Le tout dans un très bel équilibre. Pour suivre, les uns optent pour la spécialité de la maison: l'œuf évidé dans lequel se retrouve une préparation, ce jour-là à base de saumon fumé et cru. Les autres optent pour la gaufre aux olives, jambon cru et chantilly à l'huile d'olive. En plat, une lotte escortée d'une trilogie de fenouil, en salade, en tempura et en crème. Le tout fort bien réussi. Pour finir, le duo banane-cerise panna cotta et glace se révèle étonnant de fraîcheur tout comme le formidable festival d'agrumes décliné en saveurs et textures épatantes. Il n'y a pas à dire, le slogan « On reste pour le dessert » n'a jamais été aussi bien porté. Les desserts valent en effet, à eux seuls, une flânerie gourmande dans ce quartier. Bravo au chef et à son équipe pour la belle progression et une constance jamais prise en défaut cette année. Le point supplémentaire est acquis.

Dit adresje valt in de smaak omwille van de eenvoudige bediening, het strakke kader en de wijnselectie die duidelijk gekenmerkt wordt door 'nieuwe' wijn-bouwers. Dat alles wordt aanbevolen door een sympathieke baas. Op het bord beginnen we met een smeuïge en frisse panacotta met aubergines. Daarna en-kele stukjes makreel op een coulis van tomaat en paprika's. Dat alles in een zeer mooi evenwicht. Vervolgens opteren sommigen voor de specialiteit van het huis: uitgehold eitje met daarin die dag een bereiding op basis van gerookte en rauwe zalm. Anderen opteren voor de wafel met olijven, rauwe ham en slagroom met olijfolie. Als hoofdgerecht zeeduivel met een trilogie van venkel – als salade, in tempura en in de room. Allemaal zeer geslaagd. Tot slot een duo van banaan en kers met panacotta en ijs. Verrassend fris, net zoals het fantastische festival van citrusvruchten met verbazingwekkende smaken en texturen. De slogan 'We blijven voor het dessert' was nooit eerder zo van toepassing. Alleen al voor de desserts loont het immers de moeite om wat te flaneren in deze wijk. Proficiat aan de chef en zijn team voor de vooruitgang en de constantheid die dit jaar op geen enkel foutje kon worden betrapt. Het extra punt is binnen.

 Les Foudres

r. Eugène Cattoir 14 - 1050 Bruxelles - Brussel
📞 02 647 36 36   📠 02 649 09 86

lesfoudres@skynet.be - http://www.lesfoudres.be
🕐 22:00   🍴 za/sa zo/di   🛏 zo/di
💶 35   🍷 40-60   🍽 55

Le Fourneau Sainte-Catherine ♡

pl. St. Catherine 8 - 1000 Bruxelles - Brussel
☎ 02 513 10 02   📠 02 461 19 12
evant@skynet.be - http://www.evanrestaurants.be
🕐 22:30   🔒 ma/lu zo/di   🔒 ma/lu zo/di
💶 20-60   💶 25-60

Dans cette adresse très courue par le Bruxellois branché et en chasse de tapas gastronomique, il y a du changement aux fourneaux. Si Evan depuis sa tour de contrôle wemmeloise, garde le contrôle des fiches techniques (dont sa très réussie purée à la Robuchon), c'est désormais son beau-fils qui est aux fourneaux au côté de sa fille. On se régale d'une bisque bien réussie avant un pigeonneau et ses cocos de Paimpol ou d'un beau morceau de turbot au caviar belge et pousses d'épinards. Le tout est cuit 'a la plancha' sur le fourneau ceint de tables hautes afin que le spectacle soit, comme la fraîcheur, garanti. Belle sélection vineuse pour compléter le tout.

Veranderingen aan het fornuis van dit adresje dat enorm in de smaak valt bij de trendy Brusselaar die houdt van gastronomische tapas. Evan houdt vanuit zijn controletoren in Wemmel toezicht op de technische fiches (bijvoorbeeld van zijn uiterst geslaagde puree met Robuchon), maar het is voortaan zijn schoonzoon die naast zijn dochter achter het fornuis staat. We genieten van een zeer geslaagde bisque, gevolgd door jonge duif met kokos van Paimpol of een mooi stuk tarbot met Belgische kaviaar en spinaziescheuten. Alles wordt bereid 'a la plancha' op het fornuis dat omringd is door hoge tafels. Net zoals de versheid is dus ook het spektakel verzekerd. Een mooie wijnselectie maakt het plaatje helemaal af.

 French Kiss

r. Léopold 1er 470 - 1090 Bruxelles - Brussel
☎ 02 425 22 93   📠 02 425 22 93
info@restaurantfrenchkiss.com - http://www.restaurantfrenchkiss.be
🕐 22:30   🔒 ma/lu   🔒 ma/lu
📅 24 juil. - 16 août / 24 juli - 16 aug.
💶 25-35   💶 33-40

 Friture René

Place de la Résistance 14 - 1070 Bruxelles - Brussel
☎ 02 523 28 76
🕐 0:00   🔒 ma/lu di/ma   🔒 ma/lu di/ma

 **Le Fruit Défendu** ☺

r. de Tenbosch 108 - 1050 Bruxelles - Brussel
☎ 02 347 42 47
🕐 22:00   🔒 za/sa zo/di   🔒 za/sa zo/di
💶 11   💶 35-50   🍽 55

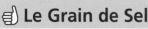 Le Grain de Sel ☺

ch. de Vleurgat 9 - 1050 Bruxelles - Brussel 🏠 ♿ ⛱
📞 02 648 18 58 🖨
restaurantlegraindesel@gmail.com - http://www.legraindesel.net
🕐 22:00 🔒 ma/lu za/sa zo/di 🔒 ma/lu zo/di
📅 15 juil. - 15 août / 15 juli - 15 aug.
🍽 24 💰 24

Le Grill

r. des Trois Tilleuls 1 - 1170 Bruxelles - Brussel 🏠 ♿ ⛱
📞 02 672 95 13 🖨 02 672 23 32
legrill@base.be - http://www.legrill.be
🕐 22:00 🔒 za/sa zo/di 🔒 zo/di
🍽 29 💰 12-29

⑬ Henri ♡

Vlaamsestwg. 113 - 1000 Bruxelles - Brussel 🏠 ❄ ⛱
📞 02 218 00 08 🖨 02 218 00 58
info@restohenri.be - http://www.restohenri.be
🕐 23:00 🔒 ma/lu za/sa zo/di 🔒 ma/lu zo/di
💰 17-45

De formule om een vol huis te lokken, is minder ingewikkeld dan veel restaurateurs denken. Breng smaakvolle, goed bereide en herkenbare gerechten in een ongedwongen kader, en vraag er een correcte prijs voor. Als je aan die gerechten dan nog een leuke eigentijdse twist kunt geven én je porties zijn genereus, dan kan het alleen nog fout gaan als de ligging héél slecht is. De jonge ploeg die een paar jaar geleden dit restaurant overnam, opteerde van meet af aan voor deze formule en hun zaak loopt als een trein. Als leuke amuse zijn er gefrituurde mosseltjes, sappig en helemaal niet vet, met een lekkere tartaarsaus. Daarna verschijnen aan de ene kant een roulade van ossenstaart met ganzenlever, en aan de andere kant mooi gevulde garnaalkroketten, waarvan de korst iets dunner had mogen zijn. Ook de hoofdgerechten bekoren: een verrassende saltimbocca van pladijs met buikspek blijkt een zeer mooie combinatie. Garing en versheid van de vis zijn foutloos. Zelf nemen wij filet van reebok, boterzacht en smaakvol, en met een prima begeleiding van butternut, churros en een lichte jus. De huiswijn bevalt ons, maar ook op de kaart vind je mooie flessen in elke prijsklasse. Den Henri is een tof restaurant!

La recette d'un établissement bondé est moins complexe que ne le pensent nombre de restaurateurs: des plats de bonne facture, savoureux et identifiables, servis dans une ambiance décontractée et à des prix corrects. Si en plus, vous parvenez à ponctuer votre cuisine d'accents contemporains et que vos portions sont généreuses, seule une très mauvaise situation pourrait jouer en votre défaveur. La jeune équipe qui a repris les rênes de ce restaurant il y a quelques années a misé sur cette formule dès le départ. Et ça marche comme sur des roulettes. La mise en bouche est bien trouvée: moules frites, juteuses et loin d'être grasses, en sauce tartare. Pour suivre: roulade de queue de bœuf au foie gras d'oie d'un côté de la table et croquettes de crevettes de l'autre (la croûte aurait pu être un rien plus fine). Les plats de résistance séduisent. L'étonnante saltimbocca de plie au lard de poitrine offre une association des plus heureuses. Côté cuisson et fraîcheur du poisson, le chef fait un sans faute. J'opte personnellement pour le chevreuil. Tendre et savoureux, il s'adjoint une escorte composée de courge butternut, de churros et d'un jus léger. Le vin du patron nous plaît bien, mais le livre de cave renferme également de bons crus dans toutes les gammes de prix. Voilà un super restaurant !

De Hoef

r. Edith Cavell 218 - 1180 Bruxelles - Brussel
📞 02 374 34 17   🖨 02 375 30 84
http://www.dehoef-1627.com
🕐 22:00 7/7
🗓 10 - 31 juil., 24 déc., 31 déc. / 10 - 31 juli, 24 dec., 31 dec.
💶 32   💶 33   🍴 47

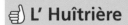 L' Huîtrière

Quai aux Briques 20 - 1000 Bruxelles - Brussel
📞 02 512 08 66   🖨 02 512 12 81
lhuitriere@skynet.be - http://www.lhuitriere.eu
🕐 22:30 7/7
💶 17-47   💶 50-70

🖐 I Latini

pl. Sainte Catherine 2 - 1000 Bruxelles - Brussel
📞 02 502 50 30   🖨 02 502 56 03
info@ilatini.be - http://www.ilatini.be
🕐 23:00 7/7
💶 29   💶 35-60

👨‍🍳¹³ L' Idiot du Village ♡

r. Notre Seigneur 19 - 1000 Bruxelles - Brussel
📞 02 502 55 82   🖨
🕐 23:00   🔒 za/sa zo/di   🔒 za/sa zo/di
🗓 24 déc - 3 janv., 21 juil. - 20 août, / 24 dec - 3 jan, 21 juli - 20 aug.,
💶 16   💶 35-45

Cette adresse semble vivre sur ses acquis et se laisse voguer vers des cieux moins cléments. Lors de notre dégustation, nous avons été déçus par la mozzarella di buffala accompagnée de groseilles et betterave qui pêchait par sa cuisson et son manque de goût. La cuisson du merlu de ligne sauve l'honneur. Attention à ne pas trop dériver… ce serait idiot.

Dit adresje lijkt te teren op zijn ervaring en laat zich meeslepen naar minder welwillende sferen. Tijdens onze degustatie werden we teleurgesteld door de mozzarella di buffala met aalbessen en biet die de mist in ging door de cuisson en het gebrek aan smaak. De cuisson van de schelvis redde de eer. Opgelet: niet te veel op drift geraken… Dat zou idioot zijn.

In 't Spinnekopke

pl. du Jardin aux Fleurs 1 - 1000 Bruxelles - Brussel
02 511 86 95   02 513 24 97
info@spinnekopke.be - http://www.spinnekopke.be
23:00   za/sa zo/di   zo/di
30   42

⑭ Inada

r. de la Source 73 - 1060 Bruxelles - Brussel
02 538 01 13   02 538 01 13
inadasaburo@gmail.com -
22:30   ma/lu za/sa zo/di   ma/lu zo/di
15 - 31 juil., 23 - 31 déc. / 15 - 31 juli
28-48   56-68   68

Nous avions reproché une certaine forme de la lassitude du chef ces dernières années. Revirement cette année que nous avons pu apprécier dans notre assiette. Un sashimi de thon rouge très bien assaisonné avec quelques tomates cerises et pétales de fleurs. Le cabillaud au four, d'une cuisson irréprochable, était magnifié par une sauce au chorizo. Une recherche des meilleurs produits et d'une constance dans les envois sont les prémisses d'un renouveau que nous espérons continu.

We hadden de chef de voorbije jaren een zekere vorm van vermoeidheid verweten. Dit jaar stelden we echter een ommekeer vast die ook op ons bord te merken was. Een zeer goed gekruide sashimi van rode tonijn met enkele kerstomaten en bloemblaadjes. De kabeljauw in de oven, die onberispelijk gegaard was, werd kracht bijgezet door een saus met chorizo. Streven naar de beste producten en naar een constantheid van de gerechten is een uitgangspunt voor een nieuw elan waarvan we hopen dat het zich zal voortzetten.

⑬ L' Ivre de Cuisine

r. Jean-Baptiste Meunier 53A - 1050 Bruxelles - Brussel
02 347 32 94   02 347 32 94
http://www.resto.be
22:30   ma/lu za/sa zo/di   zo/di
21 juil. - 15 août, Noël et Nouvel An / 21 juli - 15 aug.,
Kerst en Nieuwjaar
50   60

Installée sur un coin, cette adresse est une invitation à la détente autour d'une cuisine généreuse distillée avec amour par le chef. Ne cherchez pas la carte, ici les suggestions se découvrent au tableau. Faites votre choix parmi la raviole ouverte de gambas et sa tombée de tomates, le filet de sandre et sa poêlée de coulis de poivron sur un risotto ou le ris de veau et sa mousseline de céleri-rave. Courte sélection vineuse.

Dit adresje, gelegen op een hoek, nodigt uit om even te ontspannen en ondertussen te genieten van een weelderige keuken die met liefde wordt bereid door de chef. Zoek niet naar de kaart, want hier staan de suggesties op het bord. Maak uw keuze uit de open ravioli van gamba's met tomatensaus, snoekbaarsfilet en coulis van paprika op risotto of kalfszwezerik met mousseline van knolselder. Beknopte wijnselectie.

16 Jaloa

Quai aux Barques 4 - 1000 Bruxelles - Brussel
📞 02 513 19 92   📠 02 513 71 09
contact@jaloa.com - http://www.jaloa.com
🍴 21:30   🔒 ma/lu zo/di   🔒 ma/lu zo/di
📅 1 - 7 janv., 1 - 15 août, 1 sem. Toussaint / 1 - 7 jan., 1 - 15 aug.,
1 week Allerheiligen
💶 52-98   🍷 72

Le feu sacré, il le tient notre Grand de demain 2011 pour Bruxelles. C'est toujours avec passion et dévouement que Gaëtan Colin époustoufle les convives au travers d'une cuisine sans cesse réinventée. La magie opère dès l'entrée en découvrant un décor somptueux avec un petit salon pour déguster notre coupe de champagne. Laissez-vous guider au travers de son menu où il mène une exploration autour de la tomate jouant sur l'effet croquant/moelleux. Le bœuf se dévoile aussi sous ses meilleurs jours: queue de bœuf, juste saisie, un vrai délice. Les plats se succèdent pour le plus grand plaisir des yeux et des papilles. Sélection vineuse en adéquation avec notre menu et service cornaqué par un sommelier agréable. Le voiturier est très apprécié dans ce quartier où se garer n'est pas toujours aisé.

Onze Jonge Topchef 2011 voor Brussel heeft duidelijk het heilige vuur. Het is nog steeds vol passie en toewijding dat Gaëtan Colin zijn gasten versteld doet staan met zijn keuken die constant heruitgevonden wordt. De magie begint al als we binnenstappen en een luxueus decor ontdekken met een klein salon waar we genieten van ons glas champagne. Laat u leiden door zijn menu, waarbij hij u meeneemt op een ontdekkingsreis in het teken van de tomaat en speelt met het knapperige/zachte effect. Ook het rundvlees laat het beste van zichzelf zien: ossenstaart, even dichtgeschroeid, een ware lekkernij. De gerechten volgen elkaar op en zijn een streling voor het oog en voor de smaakpapillen. Een wijnselectie die afgestemd is op ons menu en bediening door een aangename sommelier die de klanten wegwijs maakt. De parkeerdienst wordt enorm op prijs gesteld in deze wijk waar het niet altijd gemakkelijk is om een parkeerplaatsje te vinden.

13 JB

r. du Grand Cerf 24 - 1000 Bruxelles - Brussel
📞 02 512 04 84   📠 02 511 79 30
restaurantjb@numericable.be - http://www.restaurantjb.be
🍴 22:00   🔒 za/sa zo/di   🔒 zo/di
📅 le mois d'août / maand aug
💶 27-36   💶 55-65   🍷 37

Cette adresse du centre de Bruxelles abrite depuis plus de 41 ans la famille Van Ruyskensvelde. Le décor est contemporain et chaleureux avec ses tons ocre. Côté cuisine, les envois font honneur à la gastronomie franco-belge. Raviolis de homard sur nid de légumes sauce Nantua, sole de la mer du Nord simplement meunière et l'escalope de ris de veau béarnaise se dégustent à la carte. La bible est essentiellement de l'Hexagone.

Op dit adresje in het centrum van Brussel is de familie Van Ruyskensvelde al meer dan 41 jaar gevestigd. Het decor is eigentijds en gezellig met zijn okertinten. In de keuken brengen de gerechten hulde aan de Frans-Belgische gastronomie. Op de kaart staan ravioli van kreeft op een nestje van groenten met nantuasaus, Noordzeetong à la meunière en escalope van kalfszwezerik met bearnaise. De wijnkaart is voornamelijk Frans.

Le Jules d'Emilie

av. du Bois de la Cambre 25 - 1170 Bruxelles - Brussel
℡ 02 660 26 77   🖷 02 660 26 77
info@lejulesdemilie.com - http://www.lejulesdemilie.com
🕐 21:45   za/sa zo/di   za/sa zo/di
📅 1 sem. Pâques, 1 - 15 août, 24 - 31 déc. / 1 week Pasen, 1 - 15 aug., 24 - 31 dec.
16-55   40-50   55

Kamo ♡

av. des Saisons 123 - 1050 Bruxelles - Brussel
℡ 02 648 78 48
🕐 22:00   za/sa zo/di   za/sa zo/di
39-69   9-46

On prend place au comptoir ou à l'une des petites tables exiguës qui le cernent. Le chef et ses deux acolytes exécutent avec maestria les gestes précis qui font de la préparation des sushi et sashimi un véritable festival de couleurs et de senteurs. Mais bien loin de se contenter de ces classiques nippons, le chef Kamo Tomoyasu tire çà et là des petites touches modernes et occidentales telles que le porc ibérique ou les coquilles Saint-Jacques qu'il prépare selon des techniques ou des modes de cuisson 'de là-bas'. Le tout s'accompagne d'une très intéressante sélection de vins 'nature'.

De gasten nemen plaats aan de bar of aan een van de schamele tafeltjes rond de bar. De chef en zijn twee acolieten voeren op meesterlijke wijze de precieze handelingen uit die van de bereiding van sushi en sashimi een echt kleuren- en geurenfestival maken. Maar in plaats van zich te beperken tot deze Japanse klassiekers zorgt chef Kamo Tomoyasu hier en daar voor een moderne en westerse toets, zoals het Iberische varken of de Sint-Jakobsschelpen die hij bereidt volgens technieken of bereidingswijzen 'van daar'. Hierbij wordt een heel interessante selectie 'natuurwijnen' geschonken.

t Kelderke

Grand-Place - Grote Markt 15 - 1000 Bruxelles - Brussel
℡ 02 289 06 89/02 513 64 79   🖷 02 502 47 48
kelderke@atgp.be - http://www.restaurant-het-kelderke.be
🕐 0:00   7/7

Kwint

Mont des Arts 1 - 1000 Bruxelles - Brussel
℡ 02 505 95 95
info@kwintbrussels.com - http://www.kwintbrussels.com
🕐 22:30   zo/di   zo/di
35-65   9-39

L&S

r. Voot 20 - 1200 Bruxelles - Brussel
℡ 02 770 05 55   📠 02 770 04 55
http://www.lsristorante.be
🕐 22:30   🔒 za/sa zo/di   🛏 zo/di
🚪 Noël et Nouvel An, Août / Kerst en Nieuwjaar, Aug.
🍴 40-50

Les Larmes du tigre

r. de Wynants 21 - 1000 Bruxelles - Brussel
℡ 02 512 18 77   📠 02 502 10 03
http://www.leslarmesdutigre.be
🕐 22:30   🔒 ma/lu za/sa   🛏 ma/lu
🍽 13-38   🍴 30-39   🍷 58

Leonor

avenue de la porte de Hal 19 - 1060 Bruxelles - Brussel
℡ 02 537 51 56
http://www.leonor.be
🕐 0:00   🔒 wo/me za/sa zo/di   🛏 wo/me zo/di
🚪 1 - 31 août / 1 - 31 aug.
🍽 14-65   🍴 6-25

Les amateurs de cuisine hispanique le savent, parmi les nombreux bars à tapas et autres « maisons de la paëlla », il y a quelques adresses qui tirent leur épingle du jeu. Celles où l'on n'hésite plus à entrer tant le plaisir et la convivialité propres à ces « casas » se magnifient d'une qualité culinaire rarement égalée dans le quartier. Le cadre ici est celui d'un vieux bistrot. Ce jour-là, nous avons entre autres dégusté une petite portion de saumon 'a la plancha' servie sur un thé aux 27 saveurs avant un superbe riz safrané, chippirones et quelques reliefs végétaux. Pour suivre, une joue de bœuf idéalement confite avant une entrecôte irlandaise irréprochable escortée de quelques légumes croquants à souhait. Le tout fait voyager et démontre que le chef maîtrise ses classiques qu'il envoie avec maestria. La cave est exclusivement espagnole et les conseils du chef vous permettront d'y dénicher quelques perles à prix tout aussi abordables.

De liefhebbers van de Spaanse keuken weten het: onder de vele tapasbars en 'paellahuizen' zijn er enkele adresjes die zich onderscheiden. Die waar men niet langer aarzelt om binnen te stappen, omdat het genot en de gezelligheid van deze 'casas' gepaard gaat met een culinaire kwaliteit die in de wijk maar zelden geëvenaard wordt. Het kader hier is dat van een oude bistro. Die dag degusteerden we onder andere een kleine portie zalm 'a la plancha' opgediend op thee met 27 smaken, gevolgd door heerlijke saffraanrijst, chipirones en enkele plantaardige reliëfs. Daarna perfect gekonfijte rundwang, gevolgd door onberispelijke Ierse entrecote vergezeld van heerlijk knapperige groentjes. Het geheel neemt u mee op reis en bewijst dat de chef zijn klassiekers meesterlijk beheerst. De kelder is uitsluitend Spaans. Op advies van de chef kunt u op de wijnkaart enkele pareltjes selecteren tegen betaalbare prijzen.

Les uns avec les hôtes

Chaussée de Gand 1121 - 1082 Bruxelles - Brussel
📞 02 465 16 16
http://www.lesunsavecleshotes.com
🕐 0:00   🔒 ma/lu zo/di   🔒 ma/lu zo/di

Little Asia

Sint-Katellijnestr. 8 - 1000 Bruxelles - Brussel   ♿ ❄
📞 02 502 88 36   🖨 02 511 96 06
littleasia@skynet.be - http://www.littleasia.be
🕐 23:00   🔒 wo/me zo/di   🔒 wo/me zo/di
📅 16 - 31 juil. / 16 - 31 juli
💶 45-60   💶 36-72   🍴 70

Prenez un verre autour du bar et bois en attendant votre table. Cette adresse bruxelloise est un incontournable de la cuisine vietnamienne. On y vient pour ses plats aux saveurs lointaines autour des inévitables rouleaux de printemps, soupe de vermicelles ou encore du crabe royal caramélisé. Le tout s'arrose généreusement d'une belle sélection d'ici et d'ailleurs.

Geniet van een glas aan de houten bar in afwachting dat u kunt plaatsnemen aan tafel. Dit Brusselse adresje is onmzeilbaar in de Vietnamese keuken. Hier komt u voor gerechten met aroma's van ver, zoals de niet te missen loempia's, vermicellisoep of gekarameliseerde koningskrab. Dat alles wordt weelderig overgoten met een mooie selectie van hier en elders.

Lola

pl. du Grand-Sablon 33 - 1000 Bruxelles - Brussel   🏠 ❄
📞 02 514 24 60   🖨 02 514 26 23
info@restolola.be - http://www.restolola.be
🕐 23:30   7/7
💶 40-50

Lola vous invite à passer un moment agréable à sa table, sur la très fréquentée place du Sablon. Bien plus qu'une brasserie, elle propose des envois recherchés et joliment dressés. Caviar d'aubergine tiède au saumon fumé et fines herbes fraîches, gambas 'a la plancha' au thym et piment d'Espelette et son risotto aux tomates ou le festival d'artichauts aux mille et une saveurs sont autant d'invitations à la dégustation.

Lola nodigt u uit om een aangename tijd te beleven aan haar tafel op de zeer drukbezochte Zavel. Dit is veel meer dan alleen een brasserie. Hier worden verfijnde en mooi gedresseerde borden geserveerd. Kaviaar van lauwe aubergine met gerookte zalm en verse tuinkruiden, gamba's 'a la plancha' met tijm en piment d'espelette en risotto met tomaat, of festival van artisjokken met duizend-en-één smaken. Stuk voor stuk uitnodigend...

Magenta

chaussée de Waterloo 421 - 1050 Bruxelles - Brussel
☎ 02 347 01 75   🖷 02 347 01 75
info@magenta-restaurant.com -
http://www.magenta-restaurant.com
🕰 22:00   🔒 za/sa zo/di   🔒 ma/lu zo/di
🗂 1 sem. Carnaval, jours fériés / 1 week Krokus, feestdagen
🍴 30-55   🍷 50-60

C'est sur des tons chauds que nous découvrons l'antre de ce couple de restaura-teurs. Le chef mise sur une cuisine classique en magnifiant les saveurs. Joue de bœuf fondante, violes de petits gris de Namur et émulsion de betterave rouge, veau de lait sous la mère frotté au poivre et gnocchis de pommes de terre en sont quelques exemples marquants. Le tout est plus que correctement exécuté. Une belle adresse à suivre

Het is met een warm gevoel dat we het stekje van dit restauranthouderskoppel ontdekken. De chef gaat voor een klassieke keuken door de smaken te verheer-lijken. Zachte rundwangetjes, ravioli van Naamse segrijnslakken en emulsie van rode biet, melkkalf met peper en aardappelgnocchi zijn enkele markante voor-beelden daarvan. Allemaal meer dan correct uitgevoerd. Een mooi adresje om te volgen.

👍 La Maison du Cygne

Grand'Place 9 - 1000 Bruxelles - Brussel
☎ 02 511 82 44   🖷 02 514 31 48
info@lamaisonducygne.be - http://www.lamaisonducygne.be
🕰 22:00   🔒 za/sa zo/di   🔒 zo/di
🗂 Trois 1ère sem d'août / Drie 1ste weken van aug
🍴 65   🍷 70-100

 # Maison du Luxembourg

Rue du luxembourg 37 - 1050 Bruxelles - Brussel
☎ 02 511 99 95
maisonduluxembourg@hotmail.com -
http://www.maisonduluxembourg.be
🕰 0:00   🔒 za/sa zo/di   🔒 vr/ve za/sa zo/di
🍴 25-40   🍷 47-59

S'il était une ambassade de la province de Luxembourg à Bruxelles, elle serait basée ici. Philippe Lecomte vous invite à découvrir les traditions culinaires du ter-roir de nos Ardennes au travers de son menu "Suggestions". Sinon la carte fait aussi la part belle aux spécialités françaises comme en témoignent cette cassolette d'huîtres aux lardons et champignons et pour la grosse pièce, un cochon de lait et ses copains potiron, girolles et figue rôtie au miel. Les vins sont de tous les horizons.

Mocht er een ambassade van de provincie Luxemburg bestaan in Brussel, dan zou die hier gevestigd zijn. Philippe Lecomte nodigt u uit om de culinaire tradities van de streek van onze Ardennen te ontdekken via zijn menu 'Suggesties'. Verder staan er op de kaart ook veel Franse specialiteiten, zoals het ovenschoteltje van oesters met spek en champignons, of speenvarken met pompoen, cantharellen en gebakken vijg met honing. Wijnen van over de hele wereld.

👍 Mamy Louise

av. Dolez 123 - 1180 Bruxelles - Brussel
📞 02 374 19 74
http://www.mamylouise.be
🕐 23:00   🔒 ma/lu   🔒 ma/lu
📅 24 - 25 déc., 31 déc. - 1 janv. / 24 - 25 dec., 31 dec. - 1 jan.
💶 25-45

👍 La Marée   ♡ ☺

r. de Flandre 99 - 1000 Bruxelles - Brussel
📞 02 511 00 40   📠 02 511 86 19
mariolamaree@gmail.com - http://www.lamaree-sa.com
🕐 22:00   🔒 ma/lu zo/di   🔒 ma/lu zo/di
📅 15 juin. - 6 juil., Noël et Nouvel An / 15 juni - 6 juli,
Kerstmis en Nieuwjaar
💶 23-50   🍴 30

De Maurice à Olivier   🌿L🌿

ch. de Roodebeek 246 - 1200 Bruxelles - Brussel
📞 02 771 33 98   📠 02 770 61 70
http://www.demauriceaolivier.be
🕐 0:00   🔒 zo/di   🔒 ma/lu zo/di
📅 25 juil. - 17 août / 25 juli - 17 aug.
💶 35-55   💶 40-50   🍴 45

A l'arrière d'une librairie, ce restaurant familial est dirigé par Olivier Detombe. La gastronomie et les plaisirs de la table, il est tombé dedans quand il était tout petit. Son arrière grand-père était brasseur et, depuis, cela n'a jamais arrêté de mousser dans la famille. Aujourd'hui, il propose une cuisine de saison joliment brassée. Fricadelle de crabe royal et queue de bœuf côtoient un filet de bar juste poêlé ou la noisette de chevreuil d'été et sa figue rôtie. La vinothèque s'affiche en salle et provient exclusivement de France.

Dit familierestaurant achteraan in een boekhandel wordt geleid door Olivier Detombe. Hij is al van jongsaf helemaal ondergedompeld in de gastronomie en het tafelgenot. Zijn overgrootvader was brouwer, en sindsdien bleef de familie actief in de horeca. Vandaag stelt hij een mooie seizoenskeuken voor. Frikadel van koningskrab en ossenstaart, gebakken zeebaarsfilet of zomerree met gebakken vijg. De vinotheek hangt uit in de zaal en is uitsluitend Frans.

Medicis   🍇 ☺

av. de l'Escrime 124 - 1150 Bruxelles - Brussel
📞 02 779 07 00/0476 22 57 29   📠 02 779 19 24
info@restaurantmedicis.be - http://www.restaurantmedicis.be
🕐 0:00   🔒 za/sa zo/di   🔒 zo/di
📅 sem. du 15 août / week van 15 aug.
💶 17-58   💶 55-75   🍴 55

Ambiance feutrée et intimiste pour cette somptueuse demeure des années 20. Le chef apporte un soin tout particulier à travailler des produits de saison privilégiant ainsi le goût et les saveurs. On pouvait notamment déguster des goujonnettes de barbue parfumée au sansho, un poivre du Japon, une selle d'agneau rôti au thym et son coulis de fèves et quelques figues rôties au vin rouge. Belle sélection de vins français avec un détour par l'Espagne et l'Italie.

Er heerst een gedempte en intieme sfeer in deze weelderige woning uit de jaren '20. De chef schenkt bijzondere aandacht aan de bereiding van seizoensproducten en geeft zo de voorrang aan smaak en aroma's. Wij aten onder meer grietfiletjes met sansho (peper uit Japan), gebakken lamszadel met tijm en coulis van bonen en enkele gebakken vijgen met rode wijn. Een mooie selectie Franse wijnen, met een omweg via Spanje en Italië.

⑬ Le Mess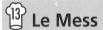

bld. Louis Schmidt 1 - 1040 Bruxelles - Brussel
℡ 02 734 03 36   🖷 02 734 25 43
info@lemess.com - http://www.chouxdebruxelles.be
🔓 23:00 🔒 za/sa zo/di 🔒 zo/di
⌂ 24, 31 déc / 24, 31 dec
🍴 18-50 🍷 35-70 🍴 39

Ici, point de grand gastro onéreux au service pédant ou de bar branché dont les hauts parleurs crachent une musique soi-disant « in » qui fait fuir… Le Mess est un resto-brasserie par excellence. Salade de chèvre, croquettes aux crevettes et tartare à l'italienne côtoient en effet des envois plus pointus tels que le homard au jus de crustacés et morilles ou ce duo de ris de veau et foie gras parfaitement préparés lors de notre dernière visite. Le tout dans un cadre cossu poli, par un service élégant mais détendu. On puise dans la cave plusieurs vins au verre ou en flacons de différentes tailles.

Hier geen grote en dure gastronomie met een pedante bediening of een trendy bar waar uit de luidsprekers muziek weergalmt die zogezegd 'in' is maar de gasten wegjaagt… Le Mess is een restaurant-brasserie bij uitstek. Salade met geitenkaas, garnaalkroketten en tartaar op Italiaanse wijze staan er immers op de kaart naast verfijndere gerechten zoals kreeft met schaaldierenjus en morieljes of het duo van kalfszwezerik en foie gras dat bij ons laatste bezoek perfect bereid was. Dat alles in een weelderig kader dat kracht wordt bijgezet door een elegante maar ontspannen bediening. In de kelder liggen verschillende wijnen die per glas worden aangeboden of in flessen van verschillende grootte.

⑬ Midi Station

Place Victor Horta 26 - 1060 Bruxelles - Brussel
℡ 02 526 88 00   🖷 02 526 88 01
info@midistation.eu - http://www.midistation.eu
🔓 23:00 7/7
🍴 20 🍷 32-55

Ce restaurant fastueux et très spacieux a connu un démarrage plutôt orageux. Entre-temps, il vogue sur des eaux plus calmes et se forge une solide réputation. Heureusement, car ce site a un potentiel considérable. Il semble qu'il attire aussi facilement les voyageurs internationaux, les navetteurs locaux et les amateurs de gastronomie. Le décor est cosmopolite et très vivant. La cuisine élégante et gracieuse de Philippe Lartigue est parfaitement adaptée à cet environnement original. Son lunch est vraiment donné. Pour commencer, un tartare de chinchard, bien relevé, accompagné d'une crème d'hibiscus d'une magnifique rondeur et quelques touches aromatiques de kaffir. Le turbotin se la joue plus classique. La cuisson est parfaite et l'accompagnement est comme chez soi: petits légumes frais du jour, pommes de terre et une sauce mousseline aérienne. Pour terminer, une crème glacée au citron et fraise, un dessert qui plaît à tout le monde pour le peu qu'il soit préparé et servi dans les règles de l'art. Midi Station l'a bien compris. Le contraire eu été plutôt étonnant compte tenu de la manne de clients potentiels dans le quartier.

Het ruim en groots opgevatte restaurant aan het Brusselse Zuidstation kende een woelige start. Ondertussen heeft het restaurant rustig, aangenaam water gevonden en maakt de zaak zijn naam en faam waard. Gelukkig maar, want deze locatie heeft veel potentieel. Zowel de internationale treinreiziger, lokale forens als vrijetijdseter lijkt de weg naar dit culinair geïnspireerde station makkelijk te vinden. Kosmopolitisch en levendig is het decor. De zwierige keuken van Philippe Lartigue past perfect in de spraakmakende omgeving. Zijn lunch is trouwens een koopje. We genieten van pittige tartaar van horsmakreel met mondvullende hibiscusroom en aromatische toets van kaffirlimoen. Klassieker is een stuk jonge trabot. Perfect gegaard en huiselijk gebracht met diverse kraakverse groentjes, aardappelen en een luchtige mousselinesaus. Smeuïg roomijs van citroen en aardbei is als nagerecht een allemansvriend wanneer het respectvol gemaakt en opgediend wordt. In Midi Station heeft men dat ook zo begrepen. Met zo'n potentiële klantenmassa in de buurt zou het tegendeel verwonderlijk lijken.

Le Monde est Petit

r. des Bataves 65 - 1040 Bruxelles - Brussel
℡ 02 732 44 34   📠 02 732 44 34
mondeestpetit@hotmail.com - http://www.lemondeestpetit.be
🔒 22:00   🔒 za/sa zo/di   🔒 zo/di
📅 15 juil. - 15 août / 15 juli - 15 aug.
💶 45-65

Situé dans le quartier des ambassades et d'affaires, cette adresse draine une clientèle d'habitués. Au tableau, on peut lire les suggestions du jour, sélectionnées par le chef Loïc. Carpaccio de poulpes et salade d'herbes fraiches, filet de dorade et son wok de couteaux et soja ou le filet pur de veau aux écrevisses et pommes bouchons.

Dit adresje in de ambassade- en zakenwijk trekt vaste klanten aan. Op het bord staan de suggesties van de dag, geselecteerd door chef Loïc. Carpaccio van inktvis en salade van verse kruiden, goudbrasemfilet met wok van messenheften en soja of kalfshaasje met rivierkreeftjes en 'pommes bouchon'.

👍 Moulin de Lindekemale

av. Jean-François Debecker 6 - 1200 Bruxelles - Brussel
℡ 02 770 90 57   📠 02 762 94 57
lindekemale@hotmail.com - http://www.lindekemale.be
🔒 21:30   🔒 ma/lu za/sa   🔒 ma/lu zo/di
📅 1 sem. lundi de Pâques, 1 - 15 août, 1 sem. entre Noël et Nouvel An / 1 week Paasmaandag, 1 - 15 aug., 1 week tss. Kerst en Nieuwjaar,
💶 55-100   💶 60-90   🍴 55

👍 Museum Brasserie

pl. Royale 3 - 1000 Bruxelles - Brussel
℡ 02 508 35 80
info@museumfood.be - http://www.museumfood.be
🔒 22:30   🔒 ma/lu zo/di   🔒 ma/lu zo/di
📅 22 juil. - 15 août / 22 jul. - 15 aug.
💶 26-60   💶 40   🍴 40

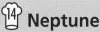 **Neptune**

rue de Lesbroussart 48 - 1050 Bruxelles - Brussel
📞 0489 303 350
info@neptuneresto.be - www.neptuneresto.be
🕐 00:00 🔒 ma/lu di/ma wo/me 🔒 ma/lu di/ma wo/me
💶 18-36

Savoyard d'origine, et après être passé par la Suisse notamment pour y faire son écolage à Lausanne, Nicolas Darnauguilhem a ouvert ce bistrot bio dans la plus pure simplicité. Les vins comme les menus (36 euros les 5 services : un must à Bruxelles) s'affichent au tableau noir. Les chaises et tables en bois semblent toutes sorties d'une brocante de quartier tandis que les fourneaux tiennent plus de la cuisinière de maman que d'un piano de grand chef. Et pourtant. Les envois sont savoureux, juteux, goûteux, bref : on en redemande. Simple mais bon. Que demander de plus. Des huîtres fine de claire et boulgour aux algues à la féra du Léman juste saisie servie dans un miso en passant par la mousse légère à la rhubarbe, tout est bon. Une des découvertes de l'année incontestablement. Par contre, succès oblige, il faudra être patient pour réserver tout comme…pour être servis. Mais les bons petits vins bios vous aideront à faire passer le temps.

Nicolas Darnauguilhem, afkomstig uit Savoie, genoot een opleiding in het Zwitserse Lausanne voordat hij deze bio bistro in de puurste eenvoud opende. Zowel de wijnen als de menu's (36 euro voor een 5-gangenmenu: een must in Brussel) staan op het krijtbord. De houten stoelen en tafels lijken allemaal afkomstig uit een antiekwinkel in de buurt, terwijl de fornuizen meer weg hebben van moeders fornuis dan van het fornuis van een grote chef. En nochtans. De gerechten zijn heerlijk, sappig, smaakvol, … Kortom: dat smaakt naar meer. Eenvoudig maar lekker. Wat zou een mens nog meer willen? Fine de Claire oesters en bulgur met zeewier en kort aangebakken fera uit het Meer van Genève opgediend in miso, evenals lichte rabarbermoes. Alles is lekker. Ontegensprekelijk een van de ontdekkingen van het jaar. Enige minpuntje van het succes: u zult geduld moeten oefenen om te reserveren, net zoals … om bediend te worden. Maar de lekkere bio wijntjes helpen u om de tijd te doden.

 Nonbe Daigaku

av. Adolphe Buyl 31 - 1050 Bruxelles - Brussel
📞 02 649 21 49
🕐 22:00 🔒 ma/lu zo/di 🔒 ma/lu zo/di
💶 15-68 🍷 30-70

Etonnant chef que notre 'asiatique de l'année 2009' qui a, à près de 60 ans, ouvert cette adresse après avoir fait les beaux jours du Tagawa. On le retrouve derrière son comptoir où il prépare, sous les yeux ébahis de ses visiteurs, tout le frais et les sushis tandis que le chaud se mitonne en cuisine. Les amateurs de cuisine japonaise 'pure' comme les défenseurs d'une cuisine japonaise occidentalisée trouvent ici leur bonheur. Après quelques mises en bouche, nous dégustons, entre autres plaisirs, les sushis et suggestion: king crab et toro rivalisent de saveur avec les oursins et feuilles de menthe. Pour suivre, le wagyu grillé et sa sauce soja sont tout aussi savoureux. Nous clôturons par un duo de glaces au roquefort et sésame. Puissant et onctueux mariage. Courte sélection vineuse et quelques beaux sakés à la carte. La deuxième toque est coiffée.

Een verrassende chef, onze 'Aziaat van het jaar 2009' die op bijna 60-jarige leeftijd dit adresje opende nadat hij in Tagawa het mooie weer had gemaakt. We treffen hem aan achter zijn toonbank, waar hij onder het verbaasde oog van zijn bezoekers alle koude gerechten en de sushi's bereidt, terwijl de warme gerechten in de keuken worden klaargemaakt. Zowel de liefhebbers van de 'pure' Japanse keuken als de aanhangers van een verwesterste Japanse keuken vinden hier hun geluk. Na enkele aperitiefhapjes proeven we onder andere de voorgestelde sushi's: king crab en toro rivaliseren op smaakvlak met zee-egels in muntblad. Vervolgens gegrild wagyu rund met sojasaus – al even overheerlijk. We eindigen met een duo van ijs: roquefort en sesam. Een krachtige en smeuïge combinatie. Korte wijnselectie en enkele mooie saké's op de kaart. Welverdiende tweede kokmuts.

Notos

r. de Livourne 154 - 1000 Bruxelles - Brussel
℡ 02 513 29 59
info@notos.be - http://www.notos.be
🕐 0:00   🔒 ma/lu zo/di   🔒 zo/di
🧳 août, 1 sem. Nouvel An / aug., 1 week Nieuwjaar
🍴 35-65   🍷 44-62

En véritable ambassadeur de la cuisine grecque, le Notos met un point d'honneur à faire l'éloge de la gastronomie hellénique, dans les moindres détails. L'assiette de la mer fait la part belle au saumon fumé maison, tarama, poulpe grillé et un bar mariné sur une purée de légumes. Le palais danse le sirtaki lorsque survient cette seiche servie dans son jus accompagnée de quelques pousses d'épinards. Sans pour autant faire la moue devant la poularde farcie aux raisins de Corinthe. Douceur et volupté en finale avec ce baklava maison. Amateurs de restaurants grecs à colonnades pour touristes et autres moussaka industrielles, passez votre chemin. Ici, il n'y a que de l'authentique. Les vins ne dérogent pas à la règle, osez vous les faire goûter. Le voyage en vaut la peine.

Als echte ambassadeur van de Griekse keuken maakt Notos er een erezaak van de loftrompet te steken over de Griekse gastronomie, tot in de kleinste details. Het zeebord bestaat uit huisgerookte zalm, tarama, gegrilde inktvis en gemarineerde zeebaars op groentepuree. Het gehemelte danst de sirtaki bij het proeven van de inktvis geserveerd in jus met enkele spinaziescheuten. Maar ook het met Korintische rozijnen gevulde mesthoentje valt in de smaak. Tot slot zoetheid en genot met deze huisbereide baklava. Liefhebbers van Griekse restaurants voor toeristen met zuilen en industriële moussaka zijn hier niet aan het juiste adres. Hier is het een en al authenticiteit. De wijnen wijken niet af van deze regel. Waag er u zeker eens aan! Een reis die de moeite loont.

O Restaurant

Rue du Bailli 90 - 1050 Bruxelles - Brussel
℡ 02 325 95 94
http://www.o-restaurant.be
🕐 22:00   🔒 za/sa zo/di   🔒 za/sa zo/di
🧳 Noel / Noel
🍴 25-55   🍷 15-35   🥄 35

Une cuisine résolument moderne dans un décor du même acabit, au cœur du Châtelain. On y vient pour déguster des classiques tels que les croquettes aux crevettes grises ou l'entrecôte de bœuf irlandais et ses frites. Et pour les plus aventureux, faites la découverte de mets plus travaillés tels que ce tataki de thon rouge et vinaigrette de wasabi et le suprême de pintadeau cuit en basse température et asperges sautées à l'huile.

Een resoluut moderne keuken in een decor dat al even modern is, in het centrum van Châtelain. Men komt hier voor klassiekers zoals garnaalkroketten of Ierse rundentrecote met frietjes. Wie avontuurlijker is kan complexere gerechten ontdekken zoals tataki van rode tonijn met vinaigrette van wasabi en op lage temperatuur gegaarde parelhoenfilet met in olie gebakken asperges.

 Ogenblik

Galerie des Princes 1 - 1000 Bruxelles - Brussel
📞 02 511 61 51   🖨 02 513 41 58
ogenblik@scarlet.be - http://www.ogenblik.be
🕐 23:55   🔒 zo/di   🔐 zo/di
🍽 51-58   🍷 50-70   🍴 63

Détour par les célèbres galeries Saint-Hubert à la découverte de cette maison ayant pignon sur rue depuis plus de 40 ans. Fidèle à elle-même, cette adresse rend honneur à la cuisine de brasserie chère au coeur de ses aficionados. Magret de canard fumé et melon Cavaillon, coeur de cabillaud poché et sauce mousseline ou encore le carré d'agneau et bouquetière font les beaux jours de la carte.

Omweg via de beroemde Sint-Hubertusgalerijen om dit huis te ontdekken dat al meer dan 40 jaar te goeder naam en faam bekendstaat. Dit adresje blijft trouw aan zichzelf en brengt hulde aan de brasseriekeuken die zijn fervente aanhangers zo na aan het hart ligt. Gerookte eendenborst met Cavaillon, gepocheerd kabeljauwhaasje met mousselinesaus of ribstuk van lam zijn enkele mooie gerechten op de kaart.

👍 L' Orchidée Blanche

ch. de Boondael 436 - 1050 Bruxelles - Brussel
📞 02 647 56 21   🖨 02 647 56 21
asia2000@skynet.be - http://www.orchidee-blanche.com
🕐 23:00   🔒 za/sa   🔐
🍽 27-33   🍷 30-35   🍴 35

👍 Orphyse chaussette

r. Charles Hanssens 5 - 1000 Bruxelles - Brussel
📞 02 502 75 81   🖨 02 513 52 04
Orphyse.chaussette@skynet.be -
🕐 22:30   🔒 ma/lu zo/di   🔐 ma/lu zo/di
📅 24 déc - 2 janv, 17 juil - 17 août / 24 dec - 2 jan, 17 juli - 17 aug.
🍽 42-49   🍷 40-60

🍴 Osteria La Manna

Rue de Livourne 51 - 1050 Bruxelles - Brussel
📞 02 762 11 02
🕐 0:00   🔒 za/sa zo/di   🔐 zo/di

Sur un angle de la rue de Livourne, cette maison accueille les amateurs d'une cuisine italienne bien faite dans un cadre fait de verre et de…bouteilles. Celles-ci vantent le meilleur du vignoble italien et on les assortit d'antipasti divers avant une tagliata impeccable ou un poisson du jour et ses légumes croquants. La grande sœur de l'avenue Louise ne fait pas d'ombre à cette charmante Osteria où l'on aime à se retrouver dans une intimité et un cadre agréable et cosy. Service à l'italienne.

Op een hoek van de Livornostraat verwelkomt dit restaurant de liefhebbers van een goed bereide Italiaanse keuken in een kader dat bestaat uit glas en … flessen. Deze gaan prat op het beste van de Italiaanse wijngaard, en ze worden geschonken bij diverse antipasti, gevolgd door een onberispelijke tagliatta of vis van de dag met knapperige groentjes. De grote zus op de Louizalaan overschaduwt geenszins deze charmante osteria waar de klanten graag afspreken in een intieme sfeer en een aangenaam en gezellig kader. Bediening op Italiaanse wijze.

La Paix ♡ ☺

r. Ropsy-Chaudron 49 - 1070 Bruxelles - Brussel
℅ 02 523 09 58   🖶 02 520 10 39
restaurant@lapaix.eu - http://www.lapaix.eu
🔓 21:15   🔒 za/sa zo/di   🔒 ma/lu di/ma wo/me do/je za/sa zo/di
📖 juil., Noël et Nouvel An / juli, Kerstmis en Nieuwjaar
💶 50-73

Le succès de ce restaurant ne se dément pas. À juste titre, d'ailleurs. D'un côté, il y a les indémodables, à l'image du steak tartare et du poulet cuit au foin. De l'autre, les nouveautés étourdissantes que le chef David Martin continue de peaufiner. Cette fois-ci, c'est la préparation aux œufs et à la truffe d'hiver qui nous envoie au septième ciel. Il s'agit incontestablement de l'un des plus beaux plats de saison servis dans la capitale. L'anguille au vert est exceptionnelle ! Désarêtée et fondante, elle ne s'est pourtant pas défaite à la cuisson. Elle se voit arrosée d'une sauce à la minute. D'où sa fraîcheur à tout point de vue: couleur, arômes et saveurs. C'est loin d'être toujours le cas. Le plat de résistance nous réserve une épaule de chevrette mijotée et confite. Si le cadre est parfois bruyant, on n'y prête plus attention après un quart d'heure. Cela ne semble d'ailleurs gêner personne ; les places sont chères.

Het succes van dit restaurant is niet meer te stuiten, en terecht. Er zijn de evergreens, zoals de uitmuntende steak tartaar of de kip gebakken in het hooi, maar er zijn ook nieuwe, vaak flitsende gerechten die chef David Martin blijft verfijnen. Deze keer zijn we in de wolken van een bereiding van ei met wintertruffel, ongetwijfeld een van de mooiste seizoensgerechten die je in een Brussels restaurant kan eten. De paling in 't groen is buitengewoon! De paling is ontgraat, sappig maar niet kapotgegaard, en hij krijgt een saus mee die à la minute wordt bereid. Daardoor is die saus in alle opzichten fris: van kleur, van aroma's en van smaak. Dat is lang niet overal zo! De hoofdschotel is een lang gegaarde, haast gekonfijte schouder van melkgeitje. Het kan in La Paix wat rumoerig zijn, maar na een kwartiertje valt dat al minder op. En blijkbaar maalt niemand erom, want een tafel bemachtigen begint hier een probleem te worden!

Park side brasserie 🌟

avenue de la joyeuse couronne 24 - 1040 Bruxelles - Brussel
℅ 02 238 08 08
info@restoparkside.be - http://www.restoparkside.be
🔓 0:00   🔒 za/sa   🔒
💶 25-55

GALVANINA

A C Q U A   M I N E R A L E   N A T U R A L E

L'inimitabile gusto Italiano!

Imported by : VASCO NV / SA
Tel. 02/583 57 57
www.vascogroup.com

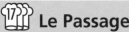 # Le Passage

av. J. et P. Carsoel 17 - 1180 Bruxelles - Brussel
℡ 02 374 66 94   🖨 02 374 69 26
restaurant@lepassage.be - http://www.lepassage.be
🔓 21:30   🔒 za/sa zo/di   🔒 ma/lu zo/di
📂 1 sem. Carnaval, 3 sem. juil. / 1 week Krokus, 3 wek. juli
🍽 35-80   🍷 55-75   🍴 50

Son nouvel environnement a visiblement donné des ailes à Rocky Renaud, dont les plats ont gagné en précision. Sa Saint-Jacques de Bretagne tout juste grillée se déguste avec une crème de tomate au miel. Le carpaccio de bœuf Angus à la truffe est parsemé de copeaux de foie gras d'oie (un peu trop) fumé. En accompagnement: tartare de bœuf émincé au couteau, espuma de foie gras onctueux et éthéré. Une excellente entrée en matière ! S'ensuit un filet de sole aux champignons, crevettes épluchées à la main, bisque délicate et croquette de crevettes pour le côté croustillant. Un envoi à la hauteur des espérances. En plat principal, Rocky a décidé de travailler l'agneau: carré fondant au Vadouvan et épaule confite en pastilla. La viande est rejointe par un succulent quinoa. Nous sommes repus. Prix de ce menu pantagruélique: 60 €. C'est plus que raisonnable compte tenu de la qualité et des portions généreuses. Noble livre de cave. L'un de fleurons de la capitale.

Zijn nieuwe kader heeft Rocky Renaud blijkbaar vleugels gegeven. Zijn gerechten hebben nog aan precisie gewonnen. Een prachtige Bretonse coquille is kort gegrild en komt met een zalf van tomaat en honing. Er is carpaccio van Angusrund met truffel, (iets te) gerookte ganzenlever in snippers, en als bijgerechtje een magnifieke handgesneden tartaar van rund met luchtige en toch smeuïge espuma van ganzenlever. Een grootse starter. Daarna volgt een mooie filet van kraakverse zeetong, met champignons, handgepelde garnalen, een delicate bisquejus en een garnalenkroketje voor de krokante noot. Op niveau. Als hoofdschotel brengt Rocky perfect bereid lamsvlees: de sappige carré met wat vadouvan, en de gekonfijte schouder in een pastilla met uitzonderlijk lekkere quinoa. We zijn voldaan. Prijs van dit weelderige menu: € 60. Dat is zeer schappelijk gezien de kwaliteit en de genereuze porties. Verdienstelijke wijnkaart. Een van de toprestaurants van de hoofdstad.

 ## Passatempo

☂

Naamse str. 32 - 1000 Bruxelles - Brussel
℡ 02 511 37 03
🔓 22:00   🔒 zo/di   🔒 ma/lu di/ma wo/me za/sa zo/di
📂 août, 1 sem. Noël / aug, 1 week Kerst
🍽 34   🍷 25-35

 # Les Petits Oignons

NEW

rue de la régence 25 - 1000 Bruxelles - Brussel
℡ 02 511 76 15   🖨 02 512 66 15
info@lespetitsoignons.be - http://www.lespetitsoignons.be
🔓 22:30   7/7
🍽 32-49   🍷 16-35

Cette brasserie a opté pour une formule gagnante: une carte raisonnable et une foule de suggestions (de la croquette de crevettes au steak béarnaise, en passant par le homard). Les quantités sont modérées. Quand l'occasion se présente, nous dégustons des moules parquées (crues). Petites mais dodues et raffinées, elles déposent une pointe de sel sur la langue. La vinaigrette rehaussée de moutarde s'accorde parfaitement à l'ensemble. S'ensuit un tartare de bœuf, malheureusement pas tranché à la main. Il n'empêche, la viande est bien colorée et les saveurs sont au rendez-vous. En accompagnement: salade et frites dorées à souhait. Le dessert nous réserve de délicieuses crêpes Suzette. Les deux petites crêpes sont nappées d'une sauce à l'orange pas trop prononcée et parsemées de zestes d'orange. Il règne ici une ambiance sympathique. Le restaurant pratique des prix démocratiques, surtout au vu de sa situation en plein cœur de Bruxelles. Livre de cave attrayant.

Deze brasserie hanteert een goede formule: er is een redelijk uitgebreide kaart: er zijn tal van suggesties (van garnaalkroket tot steak bearnaise, maar ook kreeft), en de hoeveelheden zijn beheerst. Als wij de kans krijgen, eten wij moules parquées, rauwe mosselen. En ze zijn fijn, klein maar vlezig en ziltig op de tong. Een pittige mosterdvinaigrette past er perfect bij. Dan volgt rundertartaar, helaas niet met de hand gesneden, maar het vlees heeft een mooie kleur en is fijn van smaak. Er komt een fris slaatje bij, alsook perfect goudbruin gebakken frietjes. Als dessert is er lekkere crêpe suzette: twee kleine flensjes, overgoten met een niet te sterk smakend sinaasappelsausje met vers gesneden sinaasappelsliertjes. In dit eethuis hangt een sympathieke sfeer en de prijzen zijn zeer democratisch, vooral gezien de ligging in hartje Brussel. Boeiende wijnkaart.

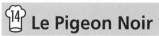 Le Pigeon Noir ♡ ☺

Geleytsbeek 2 - 1180 Bruxelles - Brussel
☎ 02 375 23 74 🖶 02 380 17 36
henri@demol.be - http://www.lepigeonnoir.be
🔓 22:00 🔒 za/sa zo/di 🔒 za/sa zo/di
📅 1 - 19 août, 26 - 31 déc. / 1 - 19 aug., 26 - 31 dec.
🎫 20

Henri De Mol a repris les fourneaux après le départ de son chef. Epaulé par l'infatigable Attilio Basso pour les préparations dont le secret. Pour le reste, on se plongera sur des envois gourmands tels que les maatjes ou la côte de veau aux morilles tandis que les amateurs de découverte opteront pour le merlan au curry, un plat assorti d'un Gewurztraminer intéressant ou une préparation intitulée crevettes à la tomate. En dessert, la dame blanche nous a déçus à l'inverse de la tartelette aux pommes fort réussie. Belle sélection vineuse.

Henri De Mol heeft het fornuis overgenomen na het vertrek van zijn chef. Ondersteund door de onvermoeibare Attilio Basso voor de bereidingen waarvan alleen hij het geheim kent. Voor het overige leveren we ons over aan lekkere gerechten zoals maatjes of kalfsribstuk met morieljes, terwijl de liefhebbers van nieuwe ontdekkingen zullen opteren voor de wijting met kerrie, een gerecht waarbij een interessante Gewurztraminer wordt geserveerd, of een gerecht dat luistert naar de naam 'garnalen met tomaat'. Bij het dessert stelde de dame blanche ons teleur, in tegenstelling tot het zeer geslaagde appeltaartje. Mooie wijnselectie.

🖒 La Porteuse d'Eau

av. Jean Volders 48A - 1060 Bruxelles - Brussel
☎ 02 537 66 46 🖶 02 537 66 46
informations@laporteusedeau.be - http://www.laporteusedeau.be
🔓 22:00 7/7
📅 24 déc. - 6 janv. / 24 dec. - 6 jan.
🎫 30

La Quincaillerie

r. du Page 45 - 1050 Bruxelles - Brussel

℡ 02 533 98 33   🖷 02 539 40 95
info@quincaillerie.be - http://www.quincaillerie.be
🕐 23:55   🔒 zo/di   🔒
🍴 14-29   🍷 40

Dans une ancienne quincaillerie dont certains éléments du décor rappellent le passé rutilant, c'est désormais le chef Minoru Seino qui a repris les fourneaux. Nul doute que son passage dans de grandes maisons et la rigueur qui y est généralement liée feront du bien à une cuisine qui avait tendance à décevoir par son irrégularité. Car il faut bien l'admettre, si les lieux et le service ont généralement les faveurs du public, celui-ci repartait parfois avec une impression en demi-teinte quant à l'assiette. Et ce, que ce soit pour des plats élaborés tels que le turbot ou la poularde de Bresse dans l'une de ses 4 préparations ou sur des classiques plus basiques tels que le tartare de bœuf ou les croquettes aux crevettes. Nous sommes donc curieux de voir comment le chef va reprendre cette carte, il est vrai fort longue, en main.

In een voormalige ijzerwinkel waar bepaalde elementen van het decor herinneren aan het glimmende verleden, is het voortaan chef Minoru Seino die achter het fornuis staat. De ervaring die hij opdeed in grote huizen en de nauwgezetheid die doorgaans inherent is aan deze etablissementen, zullen ten goede komen aan een keuken die de neiging had teleur te stellen wegens een gebrek aan regelmaat. Want het moet toch gezegd: de locatie en de bediening vielen doorgaans in de smaak bij het publiek, maar de gasten hadden na hun etentje soms een verdeelde indruk over de gerechten. En dit zowel voor gerechten zoals tarbot of mesthoentje van Bresse op één van de 4 wijzen, als voor meer elementaire klassiekers zoals rundtartaar of garnaalkroketten. We zijn dus nieuwsgierig hoe de chef de – inderdaad heel lange kaart – zal overnemen en aanpakken

La Roue d'Or

r. des Chapeliers 26 - 1000 Bruxelles - Brussel

℡ 02 514 25 54   🖷 02 512 30 81
roue.dor@hotmail.com -
🕐 23:55   ⁷⁄₇
📅 19 juil. - 18 août / 19 juli - 18 aug.
🍷 30

Rouge Tomate

av. Louise 190 - 1050 Bruxelles - Brussel

℡ 02 647 70 44   🖷 02 646 63 10
rougetomate@skynet.be - http://www.rougetomate.com
🕐 22:30   🔒 za/sa zo/di   🔒 zo/di
📅 23 déc. - 2 janv. / 23 dec. - 2 jan.
🍴 39-70   🍷 40-60   🍽 50

Le Saint-Boniface

r. Saint-Boniface 9 - 1050 Bruxelles - Brussel

℡ 02 511 53 66   昌 02 511 53 66
http://www.saintboniface.be
22:00   za/sa zo/di   za/sa zo/di
37-47

L'établissement est tenu par un duo de choc: alors que Véronique veille à la salle, Philippe oeuvre à une cuisine aux accents basques et du Sud-ouest. La carte fait la part belle aux incontournables; parmentier de boudin aux piments d'Espelette, cassoulet aux haricots tarbais et tête de veau sauce gribiche. Pour les amateurs de triperie, l'andouillette se déguste en différentes façons.

Gerund door een dynamisch duo: Véronique waakt over de zaal en Philippe over een keuken met Baskische en zuidwesterse accenten. Op de kaart staan veel onomzeilbare gerechten: parmentier van pens met piment d'espelette, cassoulet met Tarbais bonen en kalfskop met gribichesaus. Voor de liefhebbers van orgaanvlees is er andouillette op verschillende wijzen.

 # Saint-Guidon

av. Théo Verbeeck 2 - 1070 Bruxelles - Brussel
℡ 02 520 55 36   昌 02 523 38 27
saint-guidon@skynet.be - http://www.saint-guidon.be
14:30   za/sa zo/di   ma/lu di/ma wo/me do/je vr/ve za/sa zo/di
20 juin - 22 juil. / 20 juni - 22 juli
40-65   20-60

Le cadre somptueux n'a pas à rougir, ou plutôt à devenir mauve, d'être implanté dans un stade de football. La cuisine que l'on sert ici marque des buts auprès de ses supporters à chaque match. Et c'est rarement match nul. Ce jour-là, à l'échauffement, on croisait un tartare de bar au citron et caviar de hareng. En milieu défensif se faufilait un turbot sauvage de Bretagne en fricassée sur son coulis léger de cresson tandis qu'à la pointe de l'attaque se dressait le coucou de Malines et 2 préparations et sa mousseline d'asperges. Les sportifs buvant de l'eau, la sélection vineuse est relativement courte mais qualitative.

Het weelderige kader moet niet rood worden – of eerder paars uitslaan – omdat het gevestigd is in een voetbalstadion. De keuken die hier geserveerd wordt, scoort elke match opnieuw bij zijn supporters. En het is maar zelden gelijkspel. Die dag ontmoetten we bij de warming-up tartaar van zeebaars met citroen en haringkaviaar. In het defensieve midden kruisten we wilde tarbot uit Bretagne in fricassee op lichte coulis van waterkers, terwijl op de spits van de aanval de Mechelse koekoek op 2 wijzen met mousseline van asperges opdook. Aangezien sportievelingen water drinken, is de wijnselectie relatief kort maar wel kwaliteitsvol.

 # Salon Des Anges

r. du Luxembourg 35 - 1050 Bruxelles - Brussel

℡ 02 511 18 28   昌 02 514 19 39
reservations@hotel-leopold.be - http://www.hotel-leopold.be
21:30   zo/di
15 juil. - 15 août / 15 juli - 15 aug.
35-65   50   55

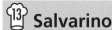 Salvarino

Place général Meiser 10 - 1030 Bruxelles - Brussel
☏ 02 734 58 06
http://www.salvarinoristorante.be
🕐 0:00   🔒 zo/di   🔒 zo/di
📅 15 juil. - 15 août / 15 juli - 15 aug.
💶 7-32

Ambiance cosy pour cette maison 100 % italienne où les clients viennent pour le service sympa et convivial. Le tout dans un décor digne d'une trattoria romaine. La cuisine chante les classiques antipasti à base d'aubergines, de mozzarella, et autres carpaccio pour débuter avant de s'attaquer à l'assortiment de poissons simplement grillés à l'huile d'olive ou, pour les carnassiers, la tagliata pur boeuf. Vins italiens et service à l'avenant.

Er heerst een gezellige sfeer in dit 100 % Italiaanse huis waar de klanten komen voor de vriendelijke en gezellige bediening. Dat alles in een decor dat een Romeinse trattoria waardig is. In de keuken worden klassiekers bereid: antipasti op basis van aubergines, mozzarella en carpaccio om te beginnen, gevolgd door het assortiment vissoorten dat gewoon gebakken wordt met olijfolie of – voor de vleesliefhebbers – tagliata van rund. Italiaanse wijnen en navenante bediening.

Samouraï

r. Fossé aux Loups 28 - 1000 Bruxelles - Brussel
☏ 02 217 56 39   🖨 02 217 64 39
http://www.samourai-restaurant.be
🕐 21:00   🔒 di/ma zo/di   🔒 di/ma
📅 1 - 21 août, 24 - 31 déc. / 1 - 21 aug., 24 - 31 dec.
💶 65-90   💶 50-70

On entre ici dans le temple européen de la gastronomie japonaise. Si, en cuisine, le passage de flambeau est en train de s'opérer entre générations, la tradition et le respect du produit n'ont pas changé d'un iota. Si vous souhaitez réellement profiter de la cuisine de haut vol dont les maîtres ès cuisine sont réellement à même de vous faire profiter, un conseil, ne regardez pas le menu. Utilisez la formule consacrée « O-Makase shimazu » qui, en gros, se traduit par « Pouvez-vous choisir pour moi ? ». Une formule très utilisée au Japon où il n'est pas rare (et même conseillé) de laisser faire le chef. Bien sûr, vous paierez un rien plus cher que le menu « de Monsieur et Madame tout le monde » mais vous en ressortirez réellement ravis voire… enchantés. Du sushi et sashimi traditionnels au dashi idéalement relevé en passant par les préparations vapeur ou les poissons et viandes grillées sur teppan-yaki, l'assortiment est vaste mais il n'y a rien qui déplaise. Plongez ici dans la véritable culture gastronomique japonaise, pour ne pas dire l'art car à ce niveau, c'en est un. Le tout en puisant, pour accompagner les envois du chef, dans une très très belle carte des vins.

We betreden hier de Europese tempel van de Japanse gastronomie. In de keuken is een overdracht van de fakkel tussen verschillende generaties aan de gang, maar de traditie en het respect voor het product zijn op geen enkel vlak veranderd. Als u werkelijk wilt genieten van de topkeuken die de chefs u echt te bieden hebben, dan geven we u een goede raad: kijk niet naar het menu. Gebruik gewoon de geijkte formule 'O-Makase shimazu', die ongeveer wil zeggen: 'Kunt u kiezen voor mij?'. Een formule die heel vaak wordt gebruikt in Japan, waar het niet zeldzaam is (en zelfs aanbevolen is) om de chef de vrije hand te geven. U zult natuurlijk iets meer betalen dan voor het eerste het beste menu, maar u zult na afloop heel opgetogen … of zelfs verrukt zijn. Van traditionele sushi en sashimi over perfect gekruide dashi tot gestoomde bereidingen of op teppan-yaki gebakken vis en vlees: het assortiment is uitgebreid, maar niets valt tegen. Dompel u hier onder in de echte Japanse gastronomische cultuur – om niet te zeggen kunst, want op dit niveau is dit toch een ware kunst. Bovendien is er een zeer, zeer mooie wijnkaart met flessen die perfect samengaan met de gerechten van de chef.

⑭ San Daniele

av. Charles-Quint 6 - 1083 Bruxelles - Brussel
✆ 02 426 79 23   🖷 02 426 92 14
spinelli.antonio@skynet.be - http://www.san-daniele.be
🕙 22:00   🔒 ma/lu zo/di   🔒 ma/lu zo/di
📅 1 sem. Pâques, 15 juil. - 15 août / 1 week Pasen, 15 juli - 15 aug.
📖 80   📖 70   🍴 110

Nous jetons notre dévolu sur le menu dégustation (80 €) ; nous voulons donner à la maison une chance de nous dévoiler tous ses atouts. La brandade de dorade servie en guise d'amuse-bouche est sage. Le homard bleu de Bretagne nous arrive non pas tiède, mais froid ; une préparation qui ne met pas en exergue son goût si particulier. Son escorte composée d'épinards et d'une julienne grossière de pommes de terre manque de définition gustative. S'ensuivent des raviolis de scamorza aux cèpes, arrosés d'une délicieuse sauce parsemée de copeaux de truffe d'hiver savoureuse. Le plat de résistance nous dévoile une selle d'agneau cuite à la perfection. Un bémol: la chapelure à la moutarde n'a pas profité (ou du moins pas beaucoup) de la chaleur du grill. Dommage ! Beau livre de cave.

Wij kiezen het degustatiemenu (€ 80), om het huis alle kansen te geven zijn troeven te tonen. De brandade van dorade als aperitiefhapje smaakt wat braafjes. Een blauwe Bretonse kreeft wordt niet lauw, maar koud opgediend. Dat komt de typische smaak niet ten goede. De begeleiding van verse spinazie en grove stukken aardappel mist smaakdefinitie. Dan is er ravioli met scamorza en eekhoorntjesbrood, met nog een lekker sausje waarover een genereuze portie smakelijke wintertruffel wordt geraspt. Het hoofdgerecht is lamszadel, prima gegaard, maar paneermeel met mosterd heeft weinig of geen grilverhitting meegekregen, wat jammer is. Mooie wijnkaart.

WHAT YOU SEE WILL NEVER BE WHAT IT IS
AND WHAT IT IS WILL NEVER BE WHAT YOU SEE
WELCOME TO KALEIDO

Ce que vous voyez n'est pas la réalité
Et la réalité ne sera jamais ce que vous verrez...
Bienvenue dans l'univers de Kaleid

VAL SAINT LAMBERT
Handmade in Belgium since 1826

Official Supplier to H.M. the King of Belgium
www.val-saint-lambert.com

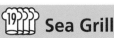 **Sea Grill**

r. Fossé aux Loups 47 - 1000 Bruxelles - Brussel
℡ 02 212 08 00   🖳 02 212 08 08
info@seagrill.be - http://www.seagrill.be
🕐 22:00   🔒 za/sa zo/di   🔒 za/sa zo/di
📅 1 - 8 janv., 31 mars - 9 avr, 21 juil. - 15 août, 1 - 4 nov., jours fériés /
1 - 8 jan., 31 maa - 9 apr., 21 juli - 15 aug., 1 - 4 nov., feestd.
65-185   113-170   100

Nous sommes incontestablement dans une Grande Maison. Et nous ne parlons pas de la taille du prestigieux hôtel qui accueille, en son sein, le vaisseau amiral d'Yves Mattagne. Ici tout est confort, élégance et raffinement. Le pompeux en moins. Le cadre est celui d'une élégante salle à manger à laquelle on accède depuis le bar salon où l'apéritif est proposé. Annexe de celui-ci, la très confortable cave à cigares et son fumoir ravissent les amateurs. Le service est celui dont de nombreuses maisons devraient s'inspirer. Professionnel, stylé et courtois sans être policé à outrance. Dans l'assiette, Yves Mattagne affiche une exemplaire régularité. Son caviar belge était servi ce jour-là avec quelques langoustines, une gaufre pour renforcer le côté belge tandis que l'acidité était amenée par les algues et l'aneth relevés de vodka. L'ensemble est tout simplement divin. Pour suivre, les Saint-Jacques et les huîtres Prat Ar Coum prennent un bain de vapeur d'algues en compagnie d'un peu de cresson et de truffes. Tout aussi réussi. Côté terre, la côte de veau, son ris et sa ratte se pâment devant leur jus de suc qui enchante le palais de sa justesse. Apothéose de cette dégustation, le cannelloni de nougatine aux noix, son marron glacé et sorbet d'orange témoignent une dernière fois de la maîtrise parfaite des saveurs et de leurs équilibres. Fabrice d'Hulster contribue au ravissement et vous épaulant dans une sélection vineuse au sein d'une bible qui, elle aussi, vous fait planer dès sa lecture. Les prix sont à l'avenant mais, en regard de ce que l'on a ici comme service et produits, on ne se plaindra pas.

We bevinden ons hier ontegensprekelijk in een Groot Huis. En dan hebben we het niet over de grootte van het prestigieuze hotel waar het admiraalsschip van Yves Mattagne gevestigd is. Hier draait alles rond comfort, elegantie en raffinement. Zonder pompeus te zijn. Het kader is dat van een elegante eetzaal die betreden wordt via de bar waar het aperitief wordt geserveerd. Daarnaast bevindt zich de uiterst comfortabele sigaarkelder en rookkamer die door de liefhebbers enorm gesmaakt worden. Op de bediening hier zouden veel huizen zich moeten inspireren. Professioneel, stijlvol en hoffelijk, zonder extreme beschaafdheid. Op het bord geeft Yves Mattagne blijk van een voorbeeldige regelmaat. Zijn Belgische kaviaar werd die dag opgediend met enkele langoustines en een wafel om de Belgische kant te accentueren, terwijl de algen en de dille met wodka voor een zure toets zorgden. Het geheel was gewoonweg goddelijk. Daarna sint-jakobsvruchtjes en Prat Ar Coum oesters in een stoombad van algen in het gezelschap van een beetje waterkers en truffels. Al even geslaagd. Op aards vlak werden de kalfsrib, kalfszwezerik en ratte-aardappelen geserveerd met een heerlijke jus die het gehemelte bekoorde met zijn precisie. Als apotheose van deze degustatie volgde een cannelloni van nougatine met walnoten, geglaceerde kastanje en sinaasappelsorbet. Dit dessert getuigde een laatste keer van de perfecte beheersing van de smaken en hun evenwicht. Fabrice d'Hulster zet de vervoering extra kracht bij door u te helpen om een wijnkeuze te maken uit een bijbel die u ook al doet zweven zodra u erin leest. De prijzen zijn navenant, maar gezien de bediening en de producten waarop u hier kunt rekenen, zult u het zich niet beklagen.

Selecto

rue de flandre 95-97 - 1000 Bruxelles - Brussel
℡ 02 511 40 95
http://www.leselecto.com
🕐 0:00 🔒 ma/lu zo/di 🔒 ma/lu zo/di
💶 32-38

Après avoir quitté le pain et le vin, Olivier Morland a ouvert cette adresse rue de Flandre dans un tout autre esprit. Ici c'est ambiance brasserie, carrelage et tables en bois. Les formules à deux ou trois services sont attrayantes et on se laisse aller à tester ce jour-là le velouté glacé de cocos de Paimpol dans lequel s'ébrouent quelques morceaux de cailles des Dombes. Sympathique mais manquant un rien de peps comme plat. Pour suivre, le filet de barbue est servi en croûte avec pommes de terre charlotte écrasées à la fourchette et crevettes grises épluchées à la main. Le tout tient la route. La première toque est coiffée d'office.

Nadat hij 'Le pain et le vin' verliet opende Olivier Morland dit adresje – met een totaal andere geest – langs de Vlaamsesteenweg. Hier heerst de sfeer van een brasserie, met tegels en houten tafels. De 2- of 3-gangenformules zijn aantrekkelijk. Die dag testen we de koude velouté van Paimpol kokos met enkele stukjes Dombes-kwartel. Sympathiek, maar iets te weinig pit als gerecht. Daarna wordt de grietfilet geserveerd in korst met geplette charlotte aardappelen en handgepelde grijze garnalen. Niets op aan te merken. De eerste koksmuts is meteen binnen.

 ↗ **Senza Nome**

r. Royale Sainte-Marie 22 - 1030 Bruxelles - Brussel
℡ 02 223 16 17
senzanome@skynet.be - http://www.senzanome.be
🕐 21:00 🔒 za/sa zo/di 🔒 za/sa zo/di
💶 65-95 💶 85 🍴 100

Giovanni Bruno a fait de son restaurant le meilleur italien du pays. Le chef peaufine toujours personnellement ses classiques. À chaque visite, les saveurs sont un peu revisitées. Au rayon des classiques, citons les tagliatelles à la crème de parmesan, pour lesquelles, en saison, on ne manquera pas de demander un supplément truffes. Rien de tel que les pâtes et la crème de parmesan pour mettre vraiment en valeur la truffe. Son vitello tonnato place la barre très haut. À ne pas manquer non plus, la sardine 'beccaficu'. D'une grande fraîcheur, les sardines sont farcies à la chapelure aux herbes, pecorino, pignons de pin et raisins. Un délice. Vous pouvez aussi donner carte blanche au chef, qui vous concoctera un menu dégustation en cinq, sept services ou davantage. Les pâtes sont somptueuses et les préparations à base de poisson et de viande exceptionnelles. Le livre de cave propose le nec plus ultra de l'Italie. C'est ce que fait le restaurant dans tous les domaines.

Giovanni Bruno heeft zijn restaurant opgewerkt tot de beste italiaan van het land. De chef blijft zelfs zijn klassiekers polijsten en daardoor smaken ze bij ieder bezoek toch weer een beetje anders. Klassiekers zijn hier tagliatelli met crème van parmezaan, waarbij je in het seizoen een supplement truffels moet vragen. Er is weinig dat een truffel zo tot zijn recht laat komen als pasta en parmezaanboterroom. Ook de vitello tonnato staat hier op eenzame hoogte, en nog een gerecht dat je niet mag missen, is de sardine 'beccaficu'. Het sardientje is levend vers en heeft een vulling van pijnboompitten, broodkruim, pecorino en rozijnen. Heerlijk! Je kunt de chef ook carte blanche geven en dan bereidt hij je een degustatiemenu met vijf, zeven of meer gangen. Je proeft dan van smakelijke pasta's en loepzuivere vis- en vleesbereidingen. De wijnkaart biedt het beste uit Italië, maar dat doet dit restaurant op alle vlakken.

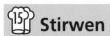 # Stirwen

ch. Saint-Pierre 15 - 17 - 1040 Bruxelles - Brussel
☎ 02 640 85 41   📠 02 648 43 08
alaintroubat@hotmail.com - http://www.stirwen.be
🕐 21:00 📅 za/sa zo/di 📅 ma/lu di/ma wo/me vr/ve za/sa zo/di
📕 août, 21 - 31 déc. / aug., 21 - 31 dec.
🍴 35-75 🍷 50-65 🥄 75

Cette adresse tenue par la famille Troubat au grand complet rappelle à ceux qui croient savoir ce que l'on entend par plats authentiques de tradition et de terroir. Cassoulet toulousain, tête de veau sauce ravigote, joue de bœuf braisée, tripes à la tomate et andouillette de Troyes à la moutarde sont ici faits de main de maître. Et rivalisent avec des préparations plus saisonnières. Les amateurs de cuisine plus classique se rabattant en effet sur le gibier, les Saint-Jacques ou la côte de veau et son jus impeccable. Une jolie carte des vins complète le tableau. Réserver est plus que conseillé. Diner privé sur réservation.

Dit adresje wordt uitgebaat door de voltallige familie Troubat en laat zien wat traditionele en streekgebonden authentieke gerechten zijn. Cassoulet uit Toulouse, kalfskop met ravigotesaus, gestoofde rundwangetjes, pensen met tomaat, andouillette de Troyes... hier wordt alles met meesterhand bereid. Daarnaast zijn er ook meer seizoensgebonden bereidingen. De liefhebbers van een klassiekere keuken opteren immers voor wild, sint-jakobsvruchtjes of kalfsribstuk met onberispelijke jus. Een mooie wijnkaart maakt het plaatje af. Reserveren is meer dan aanbevolen. Diner privé op reservatie.

 # Switch

ch. de Flandre 6 - 1000 Bruxelles - Brussel
☎ 02 503 14 80   📠 02 502 58 75
info@swichrestofood.be - http://www.swichrestofood.be
🕐 22:30 📅 ma/lu zo/di 📅 zo/di
🍴 30-35 🍷 35-49 🥄 52

Tan

r. de l'Aqueduc 95 - 1050 Bruxelles - Brussel
☎ 02 537 87 87   📠 02 538 30 61
info@tanclub.org - http://www.tanclub.org
🕐 22:00 📅 ma/lu za/sa zo/di 📅 ma/lu zo/di
🍷 30-46

La discrétion et l'humilité de cette adresse plus bio que bobo, nous l'avait fait oublier l'année passée. Pourtant, à l'étage de cette épicerie bio, Dieu sait si on aime à venir s'attabler. Ici, rien de chimique. Nous avons pu ainsi tester les bienfaits de l'alimentation dite 'vivante' avec ses filets de maquereau marinés au citron vert, le tartare de saumon et bar aux herbes fraîches et huile d'argan, ou encore le suprême de pintade mariné aux parfums d'Orient et crème de noix de cajou et coco. Petit bémol quant à la multitude d'épices et condiments qui peuvent cacher le goût du produit originel mais belle expérience gustative épaulée d'une sélection vineuse agréable.

Dit adresje dat meer bio dan bourgeois is, is zo discreet en nederig dat we het vorig jaar over het hoofd zagen. En nochtans komen we maar al te graag eten op de eerste verdieping van deze bio kruidenierszaak. Hier wordt niets chemisch bereid. We konden genieten van de weldaad van de zogenaamde 'levende' voeding met in limoen gemarineerde markeelfilets, tartaar van zalm en zeebaars met verse kruiden en arganolie, of parelhoenfilet gemarineerd met oosterse kruiden en cashew- en kokosnotenroom. Het enige minpuntje is de overvloed aan kruiden en specerijen die de smaak van het originele product kan verbergen. Maar we beleefden hier een mooie smaakervaring, kracht bijgezet door een aangename wijnselectie.

Tasso

Havenlaan 86c - 1000 Bruxelles - Brussel
℡ 02 427 74 27
info@tassobxl.be - http://www.tassobxl.be
🔓 23:00   🔒 zo/di   🔒 zo/di
🗓 24 déc - 1er janv. / 24 dec - 1 jan.
📖 54-64   📖 32-92   🍴 70

⑬ Thai Coffee

Congresstr. 50 - 1000 Bruxelles - Brussel   ❄ ☂
℡ 02 217 07 00   🖷 02 217 07 00
http://www.thaicoffee.be
🔓 22:30   🔒 za/sa zo/di   🔒 zo/di
🗓 jours fériés / feestdagen
📖 17-25   📖 5-18   🍴 6

Epices, curry de toutes les couleurs et lait de coco sont les ingrédients phares de cette cuisine ô combien savoureuse et délicate. La lady chef manie avec tact les subtilités de la cuisine thaïe fort appréciée des occidentaux. Après quelques raviolis farcis selon l'envie, choisissez votre plat en fonction de votre résistance aux épices: du soft avec le poulet aigre-doux aux 3 piments, ou du moins soft avec le poulet au curry vert et basilic. Le tout est préparé avec justesse et constitue l'une des adresses les plus emblématiques de la cuisine thaïe à Bruxelles.

Kruiden, kerrie in allerlei kleuren en kokosmelk zijn de belangrijkste ingrediënten van deze o zo heerlijke en subtiele keuken. De lady chef beheerst tactvol de subtiliteiten van de Thaise keuken die enorm op prijs wordt gesteld door de westerlingen. Na enkele naar eigen keuze gevulde ravioli's kiest u uw gerecht afhankelijk van de mate waarin uw gerecht gekruid mag zijn: soft met zoetzure kip met 3 paprika's, of minder soft met kip met groene kerrie en basilicum. Alles wordt correct bereid. Dit is een van de meest emblematische adresjes van de Thaise keuken in Brussel.

The Gallery

r. de la Loi 107 - 1040 Bruxelles - Brussel
℡ 02 230 13 33   🖷 02 230 03 26
info@europahotelbrussels.com -
http://www.europahotelbrussels.com
🔓 22:30   🔒 za/sa zo/di   🔒 za/sa zo/di
🗓 août, 24 - 31 août / aug., 24 - 31 dec.
📖 31-57

👍 La Tortue du Sablon

r. de Rollebeek 31 - 1000 Bruxelles - Brussel
📞 02 513 10 62 📠 02 410 66 65
info@latortue.be - http://www.latortue.be
🍴 23:00 🔒 do/je 🔒 do/je
🍽 19-59 🍷 40-70 🍶 57

🏠14 ↗ Toucan sur Mer

av. Louis Lepoutre 17 - 1050 Bruxelles - Brussel
📞 02 340 07 40 📠 02 340 07 48
info@toucansurmer.com - http://www.toucanbrasserie.com
🍴 23:00 ⅞
🍽 40-60 🍷 40-70 🍶 70

Petite soeur iodée de la brasserie Toucan, elle a pourtant tout d'une grande. On y retrouve le banc d'écailler avec ses marins et pull bleu, le couteau dans une main et l'huître dans l'autre. La carte ne déroge pas à la règle en proposant un tartare d'avocats aux crevettes grises et autres langoustines 'a la plancha'. Les carnivores ne sont pas en reste avec un tartare de boeuf au couteau ou le coquelet de Bourg-en-Bresse de belle tenue. Le tout tient la route et affiche une constante fraîcheur et qualité. Un point de plus pour saluer le tout. Carte des vins de…brasserie.

Het jodiumhoudende kleine zusje van brasserie Toucan, dat nochtans alles van een grote heeft. Hier vindt u een schaaldierenbank met matrozen in blauwe pull, in de ene hand een mes en in de andere hand een oester. De kaart wijkt niet af van de regel: tartaar van avocado met grijze garnalen en andere langoustines 'a la plancha'. Er is ook aan de carnivoren gedacht: met het mes gesneden tartaar van rund of lekker haantje van Bourg en Bresse. Allemaal goed bereid, met een constante versheid en kwaliteit. Dat wordt beloond met een extra puntje. Wijnkaart … van een brasserie.

👕16 La Truffe Noire

bld. de la Cambre 12 - 1000 Bruxelles - Brussel
📞 02 640 44 22 📠 02 647 97 04
luigi.ciciriello@truffenoire.com - http://www.truffenoire.com
🍴 22:00 🔒 za/sa zo/di 🔒 zo/di
📅 1 - 7 janv., 1 sem. Pâques, 1 - 15 août. / 1 - 7 jan., 1 week Pasen, 1 - 15 aug.
🍽 50-225 🍷 110-180 🍶 139

Dans ce temple consacré au divin tubercule, les chefs créent régulièrement de nouvelles assiettes pour insuffler une nouvelle vie à leur cuisine. Par ailleurs, ils s'emploient aussi à affiner sans cesse leurs grands classiques. Un exemple de ceux-ci est le carpaccio de Saint-Jacques au foie gras d'oie, truffe, sel marin et une huile d'olive extraordinaire. Ce plat est sans nul autre pareil dans la sphère gastro. Un autre sommet classique est le loup de mer fumé à la truffe, accompagné à nouveau d'une huile d'olive raffinée, d'un jus de truffe et de basilic. Les plats à la truffe requièrent un accompagnement plutôt léger. Ce fut également le cas avec les pâtes fraîches à la truffe noire et au jus de lapin. La perfection en toute simplicité. Les prix sont plutôt salés et le cellier, tout bonnement somptueux, n'est pas de nature à adoucir l'addition.

In deze tempel van de truffel creëren de chefs geregeld nieuwe schotels om hun keuken 'levend' te houden. Daarnaast proberen ze hun klassiekers alsmaar te verbeteren. Een voorbeeld van dat laatste is carpaccio van sint-jakobsvruchten met ganzenlever, truffel, grof zout en buitengewone olijfolie. Je eet dit nergens beter. Ook een klassieke delicatesse is gerookte zeewolf met truffel, alweer fijne olijfolie, truffeljus en basilicum. Gerechten met truffel krijgen liefst niet te veel begeleiding mee. Dat blijkt nog maar eens uit de verse pasta met zwarte truffel en een jus van konijn. Top in zijn eenvoud. De prijzen zijn pittig en de schitterende wijnkaart is niet van die aard om de rekening te milderen.

 ## va doux vent

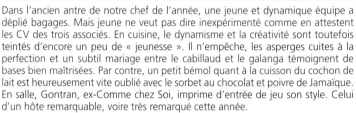

Rue des carmélites 93 - 1180 Bruxelles - Brussel
📞 02 346 65 05
info@vadouxvent.be - http://www.vadouxvent.be
🕐 0:00   🔒 ma/lu zo/di   🔒 ma/lu zo/di
🍽 49-69   🍷 17-28   🥂 69

Dans l'ancien antre de notre chef de l'année, une jeune et dynamique équipe a déplié bagages. Mais jeune ne veut pas dire inexpérimenté comme en attestent les CV des trois associés. En cuisine, le dynamisme et la créativité sont toutefois teintés d'encore un peu de « jeunesse ». Il n'empêche, les asperges cuites à la perfection et un subtil mariage entre le cabillaud et le galanga témoignent de bases bien maîtrisées. Par contre, un petit bémol quant à la cuisson du cochon de lait est heureusement vite oublié avec le sorbet au chocolat et poivre de Jamaïque. En salle, Gontran, ex-Comme chez Soi, imprime d'entrée de jeu son style. Celui d'un hôte remarquable, voire très remarqué cette année.

Op de voormalige plek van onze chef van het jaar heeft een jong en dynamisch team zijn koffers uitgepakt. Maar jong wil niet zeggen onervaren, zoals blijkt uit de cv's van de drie vennoten. In de keuken worden het dynamisme en de creativiteit echter getint door nog wat 'jeugdigheid'. Dat neemt echter niet weg dat de perfect gekookte asperges en een subtiel huwelijk van kabeljauw en galanga getuigen van goed beheerste basistechnieken. De cuisson van het speenvarken was dan wel iets minder geslaagd, maar dit werd gelukkig snel vergeten dankzij de sorbet van chocolade met Jamaicaanse peper. In de zaal drukt Gontran, ex-Comme chez Soi, meteen zijn stempel. Die van een opmerkelijke – en dit jaar zelfs zeer opvallende – gastheer.

 ## Ventre Saint Gris ☺

r. Basse 10 - 1180 Bruxelles - Brussel   🏠 ❄ ☂
📞 02 375 27 55   🖨 02 375 29 13
info@ventresaintgris.com - http://www.ventresaintgris.com
🕐 22:30   🔒 ma/lu   🔒 ma/lu
📅 2 sem. fin juil./déb. août, 1 sem. Noël et Nouvel An / 2 wek. eind juli/ beg. aug., 1 week Kerst en Nieuwjaar
🍽 25-44   🍷 35-55   🥂 35

 ## Le Vieux Pannenhuis

r. Léopold 1er 317 - 1090 Bruxelles - Brussel   🏠 ♿ ❄ ☂
📞 02 425 83 73   🖨 02 420 21 20
levieuxpannenhuis@belgacom.net - http://www.levieuxpannenhuis.be
🕐 22:00   🔒 za/sa zo/di   🔒 zo/di
📅 juil. / juli
🍽 25-49   🍷 35-50   🥂 34

Villa Lorraine - Le Gastronomique

av. du Vivier d'Oie 75 - 1000 Bruxelles - Brussel
℡ 02 374 31 63   🖷 02 372 01 95
info@villalorraine.be - http://www.villalorraine.be
🔓 22:00   🔒 ma/lu zo/di   🔒 ma/lu zo/di
📅 8 - 31 juil. / 8 - 31 juli
🍽 100   💶 75-120   🍴 130

Ces dernières années, pas mal de choses ont changé à la Villa. L'apparition du diptyque, la brasserie, le rachat par Serge Litvine, un passionné, qui a complètement refait le décor et marqué de son empreinte le service et l'ambiance qui règne ici. La cuisine du chef, désormais assurée par Patrick Vandecasserie à qui son père a cédé le fouet. Autant de bouleversements qui alimentent les interrogations chez les amateurs de ce qui est devenu un sport national en Belgique: la résistance au changement. Bien sûr, la cuisine a été quelques fois malheureusement prise en défaut cette année. La préparation de fenouil avec notre superbe turbotin était un rien en retrait de ce que l'on attend de cette maison tandis que le porc en cuisson lente et son tartare d'artichaut se voyait altéré d'une durée de cuisson malheureusement trop longue. Dommage. Malgré les efforts de l'équipe, on ne peut, cette année, éviter la perte d'un point. Toutefois, les bases sont là, le dynamisme et la volonté de mieux faire aussi. Reste à faire évoluer un rien la carte tout en affinant certains équilibres et assaisonnements pour recouvrer le niveau d'antan. Le service élégant et professionnel ainsi que la carte des vins demeurent par contre ceux d'une toute grande maison.

De voorbije jaren is er heel wat veranderd in de Villa. De invoering van het tweeluik, de brasserie, de overname door Serge Litvine, een gepassioneerd man die het interieur volledig herinrichtte en zijn stempel drukte op de bediening en de sfeer die hier heerst. De keuken van de chef, die voortaan verzekerd wordt door Patrick Vandecasserie die zijn vader opvolgt. Stuk voor stuk grote veranderingen die bij de liefhebbers vragen oproepen over wat in België een nationale sport is geworden: de weerstand tegen verandering. De keuken kon dit jaar natuurlijk jammer genoeg enkele keren op een fout worden betrapt. De venkelbereiding bij onze prachtige jonge tarbot bleef iets onder de verwachtingen die we normaal hebben van dit huis, terwijl het traag gegaarde varken met artisjoktartaar leed onder de jammer genoeg te lange gaartijd. Spijtig. Ondanks de inspanningen van het team valt het verlies van een puntje dit jaar niet te vermijden. De basis is er echter, en hetzelfde geldt voor het dynamisme en de bereidwilligheid om beter te doen. De kaart moet nu nog wat evolueren, en ook bepaalde evenwichten en kruidingen moeten wat bijgestuurd worden om opnieuw het niveau van vroeger te bereiken. De elegante en professionele bediening en de wijnkaart blijven die van een zeer groot huis.

Le Villance

bld. du Souverain 274 - 1160 Bruxelles - Brussel
℡ 02 660 11 11   🖷 02 672 92 72
http://www.villance.be
🔓 22:30   7/7
🍽 16   💶 25-40

Installée sur le boulevard du Souverain, cette adresse propose une cuisine de brasserie simple sans chichi. Bouchée à la reine, croquettes aux crevettes, magrets de canard sont à la carte. En été, on profite de la terrasse.

Dit adresje in de Vorstlaan stelt een eenvoudige brasseriekeuken zonder poeha voor. Koninginnehapje, garnaalkroketten en eendenfilet staan op de kaart. In de zomer kunt u genieten van het terras.

👍 Vini Divini Enoteca ♡

r. du Berger 28 - 1050 Bruxelles - Brussel 🚗❄
📞 0477 26 14 87 🖥
🔓 22:00 🔒 za/sa zo/di 🔒 ma/lu di/ma wo/me zo/di
📅 3 sem. août, 23 déc. - 1 janv. / 3 wek. aug., 23 dec. - 1 jan.
💶 40-50

👍 Vismet

pl. Ste Catherine 23 - 1000 Bruxelles - Brussel 🏠♿⛱
📞 02 218 85 45 🖨 02 218 85 46
vismet@hotmail.com -
🔓 22:00 🔒 ma/lu zo/di 🔒 ma/lu zo/di
📅 août / aug.
🍽 16 💶 36-65

👍 Wine Bar Sablon

Rue des Pigeons 9 - 1000 Bruxelles - Brussel 🏠
📞 02 503 62 50 🖨 02 503 62 50
winebarsablon@hotmail.be - http://www.winebarsablon.be
🔓 23:00 🔒 ma/lu di/ma wo/me do/je vr/ve za/sa zo/di 🔒 zo/di
📅 15 juil. - 15 août / 15 juli - 15 aug.
💶 30-50

⑬ Le Yen ☺ ⚜L⚜

r. Lesbroussart 49 - 1050 Bruxelles - Brussel ⛱
📞 02 649 95 89
http://www.resto.com/yen
🔓 22:30 🔒 za/sa zo/di 🔒 zo/di
🍽 25-30 💶 20-35 🍴25

C'est une adresse bien agréable pour les adeptes de l'orientalisme. La cuisine est variée et de qualité. Nous la qualifierions plutôt de cuisine aux accents vietnamiens que de vraiment vietnamienne. L'entrée fait place à des roulades aux trois viandes grillées. Petites, coriaces et ternes, mais certainement pas grillées. Nous nous demandons même quelles sont les trois viandes auxquelles nous avons affaire. Nous supposons qu'il s'agit de porc. D'une tout autre facture, les langoustines sont de toute première fraîcheur et onctueuses. Elles sont nappées d'une sauce caramélisée qui séduit le palais. Un délice. Bon livre de cave.

Dit is een aangenaam adres voor wie even in oosterse sferen wil vertoeven. De keuken is wisselvallig van kwaliteit, en we zouden hem eerder Vietnamees 'getint' dan echt Vietnamees noemen. Ons eerste gerecht zijn rollades met drie geroosterde vleessoorten. De rollades zijn klein, taai en flets, en zeker niet geroosterd. We vragen ons ook af welke drie soorten vlees we aan het eten zijn. We vermoeden varkensvlees. Van een heel andere orde zijn de sappige, verse zeekreeftjes met een tongstrelend lekker karamelsausje erbij. Heerlijk! Goede wijnkaart.

251

YùMe

Avenue de tervueren 292 - 1150 Bruxelles - Brussel ❄
📞 02 773 00 80 📠 02 773 00 81
info@yume-resto.be - http://www.yumeresto.be
🕐 22:30 ⁷/₇
💶 5-33

Pour son nouveau restaurant Yùme, Yves Mattagne a puisé son inspiration en partie dans des maisons de bouche asiatisantes comme Nobu (NY), Zuma (Dubaï) et Roka (Londres). Yùme se compose en fait de deux restaurants, un food lounge asiatique et une brasserie chic. La cuisine est placée sous la houlette du chef français Jérémy Geslot qui a officié à La Truffe Noire et a ensuite occupé tous les postes du Sea Grill au cours des trois années suivantes. Dans la partie asiatique, nous avons essayé un assortiment de sushi/sashimi avec du thon, du saumon, des noix de Saint-Jacques et du hamachi. Des poissons et des crustacés crus qui fondent sur la langue… Ensuite, un risotto crémeux cuit à point avec des champignons sylvestres, de la burrata et des rognures de pata negra. Les plats de résistance sont, d'une part, des solettes cuites à l'unilatéral, dont la chair se désolidarise facilement de l'arête, avec des frites croquantes et une cocotte séparée pour les légumes de saison, et une association d'épaule d'agneau cuite à basse température, de fèves coco bretonnes de Paimpol et de pommes de terre. Une cuisine simple mais raffinée, avec des ingrédients de haut niveau.

Voor zijn nieuwe restaurant YùMe inspireerde Yves Mattagne zich deels op Aziatische getinte eethuizen zoals Nobu (New York), Zuma (Dubai) en Roka (Londen). YùMe bestaat uit twee restaurants, een Aziatische food lounge en een chique brasserie. De keuken wordt geleid door de Franse chef Jérémy Geslot, die werkte in La Truffe Noir en vervolgens in drie jaar tijd alle afdelingen van de Sea Grill doorliep. In het Aziatische gedeelte proeven we van een assortiment sushi/sashimi met tonijn, zalm, jakobsschelpen en hamachi. Superverse rauwe vissen en schaaldieren die smelten op de tong. Correct gegaarde romige risotto met bospaddenstoelen, burrata en snippers pata negra. De hoofdgerechten zijn op de huid gebakken tongscharretjes waarvan het vaste vlees vlot van de graat gaat, met krokante frieten en in een aparte cocotte een mix van seizoengroenten, en een combinatie van zacht gegaarde lamsschouder met romige Bretonse coco de paimpol-bonen en aardappelen. Dit is een eenvoudige maar verfijnde keuken met topingrediënten.

Be Manos

sq. de l'Aviation 23 - 1070 Bruxelles - Brussel
📞 02 520 65 65 📠 02 520 67 67
stay@bemanos.com - http://www.bemanos.be
🕐 0:00 ⁷/₇
🛏 60 💶 345-545 🅿 1

Conrad

av. Louise 71 - 1050 Bruxelles - Brussel
📞 02 542 42 42 📠 02 542 42 00
brusselsinfo@conradhotels.com - http://www.conradhotels.com
🕐 0:00 ⁷/₇
🛏 254 💶 624 🅿 39 💲 4500

Manos Ier

ch. de Charleroi 100 - 1060 Bruxelles - Brussel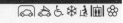
✆ 02 537 96 82 🖷 02 539 36 55
manos@manoshotel.com - http://www.manoshotel.com
🔓 0:00 ⁷⁄₇
🛏 45 🔑 295-320 🛵 5 💲 520

Le Méridien

Carrefour de l'Europe 3 - 1000 Bruxelles - Brussel
✆ 02 548 42 11 🖷 02 548 40 80
info.brussels@lemeridien.com - http://www.lemeridien.com/brussels
🔓 0:00 ⁷⁄₇
🛏 224 🔑 180-525 ▮ 1 🛵 35 💲 750

Métropole

pl. de Brouckère 31 - 1000 Bruxelles - Brussel
✆ 02 217 23 00 🖷 02 218 02 20
info@metropolehotel.be - http://www.metropolehotel.com
🔓 0:00 ⁷⁄₇
🛏 283 🔑 130-419 🅿 179-517 ▮ 517 🛵 15 💲 950

Le Plaza

bld. Adolphe-Max 118 - 126 - 1000 Bruxelles - Brussel
✆ 02 278 01 00 🖷 02 278 01 01
reservations@leplaza-brussels.be - http://www.leplaza.be
🔓 0:00 ⁷⁄₇
🛏 190 🔑 450 🔑 120-477 ▮ 1 🛵 5 💲 1500

Radisson SAS Royal

r. du Fossé-aux-Loups 47 - 1000 Bruxelles - Brussel
✆ 02 219 28 28 🖷 02 219 62 62
info.brussels@radissonsas.com -
http://www.royal.brussels.radissonsas.com
🔓 0:00 ⁷⁄₇
🛏 281 🔑 475 🔑 120-500 🛵 23 💲 1450

Rocco Forte's Hotel Amigo

r. de l'Amigo 1 - 1000 Bruxelles - Brussel
✆ 02 547 47 47 🖷 02 502 28 05
enquiries.amigo@roccofortehotels.com -
http://www.roccofortehotels.com
🔓 0:00 ⁷⁄₇
🛏 155 🔑 800 🛵 19 💲 3500

Royal Windsor

r. Duquesnoy 5 - 1000 Bruxelles - Brussel 🚗 🛵 🐾 ♿ ❄ 🧳 🛗 |▥|
📞 02 505 55 55   📠 02 505 55 00
resa.royalwindsor@warwickhotels.com -
http://www.royalwindsorbrussels.com
🔓 0:00   7/7
🛏 266   🔑 475   🔑♿ 382-477   🚗 17   💲 1900

Sofitel Brussels le Louise

av de la Toison d'Or 40 - 1050 Bruxelles - Brussel 🚗 🛵 🐾 ♿ ❄ 🧳 |▥| ⊗
📞 02 549 61 22   📠 02 514 57 44   MasterCard VISA AMERICAN EXPRESS 🅾
H1071@accor.com - http://www.sofitel.com
🔓 0:00   7/7
🛏 169   🔑 449   🔑♿ 268-478   ▮1   🚗 9   💲 550

Stanhope Hotel Brussels

r. du Commerce 9 - 1000 Bruxelles - Brussel   🚗 🛵 ♿ ❄ 🧳 |▥| ⊗
📞 02 506 91 11   📠 02 512 17 08   MasterCard VISA AMERICAN EXPRESS 🅾
info@stanhope.be - http://www.thonhope.be/stanhope
🔓 0:00   7/7
🛏 104   🔑 -435   🔑♿ 165-460   💷 190-505   ▮7   🏷 260-505
🚗 14   💲 760

Bedford Hotel & Congress Centre

r. du Midi 135 - 1000 Bruxelles - Brussel   🧳 |▥|
📞 02 507 00 00   📠 02 507 00 10   MasterCard VISA AMERICAN EXPRESS 🅾
info@hotelbedford.be - http://www.hotelbedford.be
🔓 0:00   7/7
🛏 326   🔑♿ 260-525

Best Western Premier Carrefour

Grasmarkt 110 - 1000 Bruxelles - Brussel   🚗 🐾 ❄ |▥|
📞 02 504 94 00   📠 02 504 95 00   MasterCard VISA AMERICAN EXPRESS 🅾
info@carrefourhotel.be - http://www.carrefourhotel.be
🔓 0:00   7/7
🛏 65   🔑 290   🚗 6

Best Western Sodehotel La Woluwe

av. Emmanuel Mounier 5 - 1200 Bruxelles - Brussel   🚗 🐾 ♿ ❄ |▥| ⊗
📞 02 775 21 11   📠 02 770 47 80   MasterCard VISA AMERICAN EXPRESS 🅾
info@sodehotel.eu - http://www.sodehotel.eu
🔓 0:00   7/7
🛏 126   🔑 600   🔑♿ 70-600   💷 15-50   🏷 50   🚗 9   💲 850

Cascade Louise

r. Berckmans 128 - 1060 Bruxelles - Brussel
℡ 02 538 88 30   📠 02 538 92 79
info@cascadehotel.be - http://www.cascadehotel.be
🔓 0:00 ⁷⁄₇
⚶ 90   ₭ 335   ⚶ 2   ⑤ 455

Cascade Midi

av. Fonsny 5 - 7 - 1060 Bruxelles - Brussel
℡ 02 533 10 90   📠 02 533 10 99
info@cascadehotel.be - http://www.cascadehotel.be
🔓 0:00 ⁷⁄₇
⚶ 93   ₭ 355   ⚶ 2   ⑤ 400

Crowne Plaza Brussels

r. Gineste 3 - 1210 Bruxelles - Brussel
℡ 02 203 62 00   📠 02 203 40 11
info@cpbxl.be - http://www.crowneplazabrussels.be
🔓 0:00 ⁷⁄₇
⚶ 354   ₭ 350   ₭ 115-380   ⚶ 8   ⑤ 799

Crowne Plaza Brussels Europa

r. de la Loi 107 - 1040 Bruxelles - Brussel
℡ 02 230 13 33   📠 02 230 03 26
info@europahotelbrussels.com -
http://www.europahotelbrussels.com
🔓 0:00 ⁷⁄₇
⚶ 240   ₭ 299   ₭ 106-326   ⚶ 2

Gresham Belson Hotel Brussels

ch. de Louvain 805 - 1140 Bruxelles - Brussel
℡ 02 708 31 00   📠 02 708 31 66
info@gresham-belsonhotel.com -
http://www.greshambelsonhotel.com
🔓 0:00 ⁷⁄₇
⚶ 135   ₭ 390   ₭ 153-413   ⚶ 3   ⑤ 480

Hilton Brussels City

pl. Rogier 20 - 1210 Bruxelles - Brussel
℡ 02 203 31 25   📠 02 203 43 31
http://www.hilton.com
🔓 0:00 ⁷⁄₇
⚶ 283   ₭ 350   ₭ 130-365   ⓟ 155-390   🅿 390   ⚶ 6   ⑤ 550

Holiday Inn Brussels City Centre

ch. de Charleroi 38 - 1060 Bruxelles - Brussel
℡ 02 533 66 66   📠 02 538 90 14
http://www.holiday-inn.com/bru-cityctr
🔓 0:00 ⁷⁄₇
🛏 201   🔑 320   🔑♿ 260-340   🚗 4

Holiday Inn Brussels Schuman

r. Breydel 20 - 1040 Bruxelles - Brussel
℡ 02 280 40 00   📠 02 282 10 70
hotel@holiday-inn-brussels-schuman.com -
http://www.holiday-inn.com/brusselschuman
🔓 0:00 ⁷⁄₇
🛏 57   🔑 515   ℗ 75-175   🛏 175   🚗 2   💲 515

Léopold

r. du Luxembourg 35 - 1050 Bruxelles - Brussel
℡ 02 511 18 28   📠 02 514 19 39
reservations@hotel-leopold.be - http://www.hotel-leopold.be
🔓 0:00 ⁷⁄₇
🛏 86   🚗 25

Manos Stéphanie

ch. de Charleroi 28 - 1060 Bruxelles - Brussel
℡ 02 539 02 50   📠 02 537 57 29
manos@manoshotel.com - http://www.manoshotel.com
🔓 0:00 ⁷⁄₇
🛏 50   🔑♿ 245-270   🚗 5   💲 420

Martin's Central Park

bd. Charlemagne 80 - 1000 Bruxelles - Brussel
℡ 02 230 85 55   📠 02 230 56 35
mcp@martinshotels.com - http://www.martinshotels.com
🔓 0:00 ⁷⁄₇
🛏 100   🔑 520   🔑♿ 115-545   🚗 3   💲 520

NH Atlanta

bv. Adolphe Max 7 - 1000 Bruxelles - Brussel
℡ 02 217 01 20   📠 02 217 37 58
nhatlanta@nh-hotels.com - http://www.nh-hotels.com
🔓 0:00 ⁷⁄₇
🛏 241   🔑 325   🔑♿ 103-348   ℗ 126-361   🛏 361   🚗 14
💲 370

NH Du Grand Sablon

r. Bodenbroeck 2 - 4 - 1000 Bruxelles - Brussel
℡ 02 518 11 00   📠 02 512 67 66
nhdugrandsablon@nh-hotels.com - http://www.nh-hotels.be
🔒 0:00 7/7
🛏 196 ℮k 290 ℮k♿ 114-315 🚗 6 💲 475

Park Hotel Brussels

av. de l'Yzer 21 - 1040 Bruxelles - Brussel
℡ 02 735 74 00   📠 02 735 19 67
reservation@parkhotelbrussels.be - http://www.parkhotelbrussels.be
🔒 0:00 7/7
🛏 54 ℮k♿ 115-424 🚗 4 💲 950

President Nord

bld. Adolphe Max 107 - 1000 Bruxelles - Brussel
℡ 02 219 00 60   📠 02 218 12 69
info@presidentnord.be - http://www.presidentnord.be
🔒 0:00 7/7
🛏 63 ℮k♿ 65-145

Radisson SAS Eu

r. d'Idalie 35 - 1050 Bruxelles - Brussel
℡ 02 626 81 11   📠 02 626 81 12
info.brusseleu@radissonsas.com -
http://www.brussels.eu.radissonsas.com
🔒 0:00 7/7
🛏 145 ℮k 193 ℗ 134-248 🅿 248 🚗 4 💲 1250

Résidence de la source

r. de la source 14 - 1060 Bruxelles - Brussel
℡ 02 538 88 30   📠 02 538 92 79
info@cascadehotel.be - http://www.cascadehotel.be
🔒 0:00 7/7
▮ 73

Scandic Grand Place

r. d'Arenberg 18 - 1000 Bruxelles - Brussel
℡ 02 548 18 11   📠 02 548 18 20
grand.place@scandichotels.com -
http://www.scandichotels.com/grandplace
🔒 0:00 7/7
🛏 100 ℮k♿ 75-230

Silken Berlaymont Brussels

bld. Charlemagne 11-19 - 1000 Bruxelles - Brussel
📞 02 231 09 09   🖨 02 230 33 71
hotel.berlaymont@hoteles-silken.com -
http://www.hotelsilkenberlaymont.com
🔓 0:00   ⁷⁄₇
🛏 214   🔑 365   🔑 99-390   🕐 2   💲 550

The Dominican

Leopoldstr. 9 - 1000 Bruxelles - Brussel
📞 02 203 08 08   🖨 02 203 08 07
info@thedominican.carlton.be - http://www.thedominican.be
🔓 0:00   ⁷⁄₇
🛏 146   🕐 4

Thon Hotel Bristol Stéphanie

av. Louise 91 - 93 - 1050 Bruxelles - Brussel
📞 02 543 33 11   🖨 02 538 03 07
hotel_bristol@bristol.be -
http://www.thonhotels.be/bristolstephanie
🔓 0:00   ⁷⁄₇
🛏 139   🔑 350   🔑 155-375   🕐 3   💲 600

Thon Hotel Brussels City Centre

av. du Boulevard 17 - 1210 Bruxelles - Brussel
📞 02 205 15 11
http://www.thonhotel.be/brusselscitycentre
🔓 0:00   ⁷⁄₇
🛏 454   🔑 230   🕐 15   💲 385

Warwick Barsey Hotel Brussels

av. Louise 381 - 383 - 1050 Bruxelles - Brussel
📞 02 641 51 11   🖨 02 641 51 55
res.warwickbarsey@warwickhotels.com -
http://www.warwickbarsey.com
🔓 0:00   ⁷⁄₇
🛏 99   🔑 310   🕐 5   💲 760

Aqua Hotel Bruxelles

r. de Stassart 43 - 1050 Bruxelles - Brussel
📞 02 213 01 01   🖨 02 213 01 02
info@aqua-hotel.be - http://www.aqua-hotel-brussels.com
🔓 0:00   ⁷⁄₇
🛏 97   🔑 75-200

Beau Site

r. de la Longue Haie 76 - 1000 Bruxelles - Brussel
℡ 02 640 88 89   📠 02 640 16 11
info@beausitebrussels.com - http://www.beausitebrussels.com
🔓 0:00   ⁷⁄₇
🛏 38   ⓚ 65-165

Best Western City Centre

Square Victoria Regina 9 - 1210 Bruxelles - Brussel
℡ 02 219 06 61   📠 02 219 38 82
info@citycentre.be - http://www.citycentre.be
🔓 0:00   ⁷⁄₇
🛏 49   ⓚ 69-370

Erasme

rte de Lennik 790 - 1000 Bruxelles - Brussel
℡ 02 523 62 82   📠 02 523 62 83
info@hotelerasme.be - http://www.hotelerasme.com
🔓 0:00   ⁷⁄₇
🛏 81   ⓚ 69-198   ⓟ 18-30   ▮9   50-30   🛏 5   Ⓢ 248

Hotel 322

Lambermontlaan 322 - 1030 Bruxelles - Brussel
℡ 02 242 55 95   📠 02 215 36 13
Info@lambermonthotels.com - http://www.lambermonthotels.com
🔓 0:00   ⁷⁄₇
🛏 45   ⓚ 140   ⓚ 103-158

Hotel Bloom

r. Royale 250 - 1210 Bruxelles - Brussel
℡ 02 220 66 11   📠 02 217 84 44
info@hotelbloom.be - http://www.hotelbloom.com
🔓 0:00   ⁷⁄₇
🛏 305   ⓚ 330   ⓚ 100-355   🛏 4   Ⓢ 420

The White Hotel

av. Louise 212 - 1050 Bruxelles - Brussel
℡ 02 644 29 29   📠 02 644 18 78
info@thewhitehotel.be - http://www.thewhitehotel.be
🔓 0:00   ⁷⁄₇
🛏 53   ⓚ 95-185

Asse

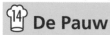 **De Pauw**

Lindendries 3 - 1730 Asse
℡ 02 452 72 45   🖷 02 452 72 45
de_pauw_restaurant@hotmail.com -
http://www.restaurantdepauw.com
🕙 21:00   🔒 wo/me   🔒 ma/lu di/ma wo/me zo/di
💼 14 - 24 févr., dern sem août - 2 prem sem sept / 14 - 24 feb.,
laatste week aug - 2 eerste weken sept
🍽 45-55   🍷 50-80   🍴 60

Liliane Van Laethem (Lady Chef of the Year 2001) kookt klassiek, maar durft af en toe te verrassen. Zij haalt veel smaak uit de producten die zij met zorg kiest. Er is een zeer lekkere gemarineerde Schotse zalm met een fijn zuringsausje, en een mooi evenwicht vinden wij ook in ribbetjes van lam met seizoengroenten en Belle de Fontenay-aardappelen in de schil.

Liliane Van Laethem (Lady Chef of the Year 2001) propose une cuisine classique, certes, mais nous réserve de temps à autre de bonnes surprises. Elle choisit ses produits minutieusement et en retire la quintessence gustative. C'est le cas de son succulent saumon écossais mariné admirablement secondé d'une délicieuse petite sauce à l'oseille, et également de ses côtelettes d'agneau aux légumes de saison et Belle de Fontenay en robe des champs, le tout faisant montre d'un superbe équilibre gustatif.

Diegem

Crowne Plaza Brussels Airport

Leonardo Da Vincil. 4 - 1831 Diegem
℡ 02 416 33 33   🖷 02 416 33 44
cpbrusselsairport@whgeu.com -
http://www.crowneplaza.com/cpbrusselsarpt
🕙 0:00   7/7
🛏 315   🛏 445   🛏 110-455   🅿 15   💲 795

Pullman Brussels Airport

Bessenveldstr. 15 - 1831 Diegem
℡ 02 713 66 66   🖷 02 721 43 45
H0548@accor.be - http://www.pullmanhotels.com
🕙 0:00   7/7
🛏 120   🅿 5

Dilbeek

 De Kapblok ♡

Ninoofsestwg. 220 - 1700 Dilbeek
☏ 02 569 31 23   🖨 02 569 67 23
reservatie@dekapblok.be - http://www.dekapblok.be
🕰 21:00   ma/lu zo/di   ma/lu zo/di
vac. de Pâques, 21 juil. - 15 août / Paasvak., 21 juli - 15 aug.
🍽 40-75   🍷 50-75   ♨60

Chef Peter Leemans combineert een groot respect voor kwaliteitsproducten met veel vakkennis. Door heel precies te garen wil hij de zuivere smaak van een product op het bord brengen. Dat resulteert in een lekkere gastronomische Franse keuken, waarvan hij de grondbeginselen leerde bij Pierre Wynants in Comme chez Soi. Een van de lievelingsingrediënten van de chef is patrijs. Hij bereidt het beestje op geheel eigen wijze. Mooie wijnkaart.

Le chef Peter Leemans associe un grand respect des produits de qualité et une parfaite maîtrise du métier. Grâce à des cuissons très précises, il sait sublimer la pureté gustative d'un produit. Le résultat: une succulente cuisine gastronomique française, dont il a appris les bases chez Pierre Wynants au Comme chez Soi. Un de ses ingrédients de prédilection est la perdrix, tout un programme pour une préparation des plus originale ! Cellier intéressant.

🏛 D'Arconati

d'Arconatistr. 77 - 1700 Dilbeek
☏ 02 569 35 00   🖨 02 569 35 04
arconati@skynet.be - http://www.arconati.be
🕰 0:00   7/7
fev., 15 juil. - 1 août / feb., 15 juli - 1 aug.
♨4   ⚿ 99-125

Drogenbos

🏛 Campanile Drogenbos Brussels

W.A. Mozartlaan 11 - 1620 Drogenbos
☏ 02 331 19 45   🖨 02 331 25 30
drogenbos@campanile.com - http://www.campanile.com
🕰 0:00   7/7
♨78   ⚿ 110   ⚿ 92-122   ⊙ 126-152   🛏 152

Dworp

🏰 Kasteel Gravenhof

Alsembergsestwg. 676 - 1653 Dworp   🚗 🏠 ❄ 🏨 ⊗
📞 02 380 44 99   🖨 02 380 40 60
info@gravenhof.be - http://www.gravenhof.be
🔓 0:00 ⁷⁄₇
🛏 20   🔑 240   🔑 133-276   🛏 6   Ⓢ 240

Grimbergen

👍 Xing Xing

Wolvertemsestwg. 120 - 1850 Grimbergen   🚗 🏠 ♿ ❄ ⛱
📞 02 268 88 06   🖨 02 269 13 48
🔓 23:00   🔒 wo/me   🔒 wo/me
🍴 18-40   🍴 17-35   🍷 30

Groot-Bijgaarden

👨‍🍳 Michel   ☺

Alfons Gossetlaan 31 - 1702 Groot-Bijgaarden   🚗 🏠 ♿ ❄ ⛱
📞 02 466 65 91   🖨 02 466 90 07
info@restaurant-michel.be - http://www.restaurant-michel.be
🔓 22:30   🔒 ma/lu zo/di   🔒 ma/lu zo/di
📅 24 déc, 3 - 7 janv, 3 - 7 avril, 31 juil - 18 août, 25 - 29 dec, jours de
fête / 24 dec, 3 - 7 jan, 3 - 7 april,, 31 juli - 18 aug., 25 - 29 dec,
feestdagen
🍴 42-86   🍴 69   🍷 100

Nous arrivons tard, mais sommes malgré tout accueillis à bras ouverts. Les amuse-bouche sont bons et consistants, sans plus. Nous nous délectons ensuite d'une copieuse ration de pousses de houblon. La sauce est à mi-chemin entre le beurre blanc et la mousseline. Sans oublier l'inévitable, mais ô combien agréable, œuf poché. S'ensuit un pigeonneau cuit comme il se doit, en compagnie de beaux morceaux de truffe. Le tout agrémenté d'un risotto de riz blanc, qui ne correspond pas à ce que les Italiens préconisent en termes de saveur et de texture. La garniture n'égale donc pas le pigeonneau et la truffe. En hiver, le restaurant sert le meilleur faisan de la saison. Une finesse qui, pour justifier la note de la maison, doit s'appliquer à tous les plats.

Wij zijn laat, maar worden nog vriendelijk ontvangen. De amuses zijn genereus en lekker, maar meer ook niet. Daarna doen wij ons tegoed aan een royale portie hopscheuten. De saus houdt het midden tussen een beurre blanc en mousseline, en er is ook het obligate, maar wel altijd aangename gepocheerde eitje. Ten slotte is er nog een duifje, heel mooi gegaard en met mooie stukken wintertruffel. Als begeleiding is er onder meer risotto van hagelwitte rijst, maar qua textuur en smaak stemt die niet overeen met wat de Italianen onder risotto verstaan. De begeleiding staat niet op het niveau van het duifje en de truffel. In de winter kun je hier de beste fazant van het seizoen eten, maar die finesse moet wel de regel blijven om de score te rechtvaardigen.

Gosset

Gossetlaan 52 - 1702 Groot-Bijgaarden

(02 466 21 30   📠 02 466 18 50
info@gosset.be - http://www.gosset.be
🍴 0:00   ⁷⁄₇
🛏 48   ⭐k 85   ⭐k♿ 120-145

Hoeilaart

⑬ Aloyse Kloos   🍇 ☺

ch. de la Hulpe 2 - 1560 Hoeilaart
(02 657 37 37   📠 02 657 37 37
rest.aloysekloos@hotmail.be - http://www.aloysekloos.be
🍴 21:15   🔒 ma/lu za/sa zo/di   🔒 ma/lu zo/di
📅 août / aug.
🍽 35-44   🍷 35   🥂 52

Het lijkt alsof de tijd is blijven stilstaan in dit huis waar de eetzaal recht uit een roman van Agatha Christie lijkt te komen. Ook al is de fabuleuze wijnkelder – met honderden oude millésimes tegen meer dan betaalbare prijzen – onveranderd gebleven, toch heeft Thierry Kloos zijn stempel gedrukt op de kaart die werd overgeleverd door zijn vader. Met hier en daar een vleugje Thaise kruiden die de chef op prijs stelt. Het reliëf van de borden wordt echter nog altijd gekenmerkt door de klassieke maar goed bereide producten die het succes van het huis maakten. Heerlijke huisgerookte ham en zalm, boschampignons en wild worden hier geroemd zoals het hoort.

Le temps semble s'être arrêté dans cette maison dont la salle à manger semble tout droit sortie d'un roman d'Agatha Christie. Il n'empêche, si la fabuleuse cave, riche de centaines de flacons et millésimes anciens à prix plus qu'abordables n'a pas bougée, Thierry Kloos a marqué de sa patte la carte laissée par son père. Petites touches d'épices thaïes que le chef apprécie ici et là en sus. Le relief des assiettes reste toutefois marqué par les produits classiques mais bien réalisés qui ont fait le succès de la maison. Jambon et saumon superbement fumés dans la maison, champignons des bois et gibiers sont ici magnifiés comme il se doit.

👍 Tissens

Groenendaalsestwg. 105 - 1560 Hoeilaart

(02 657 04 09   📠
tissens@skynet.be - http://www.tissens.be
🍴 21:30   🔒 wo/me do/je   🔒 wo/me do/je
📅 juill., Noël et Nouvel An / juli, Kerst en Nieuwjaar
🍷 33-47

Victoria Bij Victorine

Marcel Felicestr. 17 - 1560 Hoeilaart ·
(02 657 07 38   🖨 02 657 37 73
restaurantvictoria@telenet.be - http://www.restaurantvictoria.be
🍴 21:45   🔒 di/ma wo/me   🔒 di/ma wo/me
📅 11 - 26 janv., 5 juil. - 3 août / 11 - 26 jan., 5 juli - 3 aug.
🍽 29-51   🍷 30-60   🍴 46

Een topadresje voor bourgondiërs! Het product staat centraal in een klassieke Belgische keuken, die rustiek gepresenteerd wordt. En wat eet je dan? Paling in 't groen met frietjes, natuurlijk. De paling is mooi gaar, zoals paling hoort te zijn, en vormt met de romige groene saus een aromatisch geheel. Het recept van die saus is - ook al zoals het hoort - een familiegeheim. Even traditioneel is een uit de kluiten gewassen tussenribstuk met frieten. Het vlees is donkerrood, sappig en enorm lekker. Kwaliteit en kwantiteit staan hier op hetzelfde hoge niveau.

Une adresse incontournable pour les épicuriens ! Le produit est au cœur d'une cuisine belge classique, présentée à la mode rustique. On y mange donc... de l'anguille au vert et ses frites, cela va sans dire. L'anguille est cuite comme il se doit et forme avec l'onctueuse sauce verte un duo des plus aromatiques. La recette est un secret de famille bien gardé, on s'en serait douté. Traditionnelle, l'entrecôte-frites est des plus généreuses. La viande, rouge foncé, est succulente. Qualité et quantité sont aussi au même niveau: élevé.

Huizingen

De Essentie

Henri Torleylaan 100 - 1654 Huizingen
(02 359 97 24   🖨 02 359 97 29
info@kasteelvanhuizingen.be - http://www.kasteelvanhuizingen.be
🍴 22:00 ma/lu di/ma wo/me do/je zo/di
🍽 35   🍷 29-50   🍴 50

Een schitterend gelegen restaurant in het Kasteel van Huizingen te midden van de natuur. Op de kaart staan klassiekers en mosselbereidingen; de suggesties beogen enige gastronomische meerwaarde. Op vrijdag en zaterdagavond is er een menu. Alles is vers, licht en smaakvol. Het kasteel herbergt ook een brasserie voor de snelle hap.

Cet établissement est superbement situé dans le château de Huizingen dans un cadre luxuriant. La carte propose des classiques et des préparations de moules, alors que les suggestions proposent une incontestable plus-value gastronomique. Un menu est prévu les vendredis et samedis soirs. La cuisine respire la fraîcheur, la légèreté et la puissance gustative. Le château abrite aussi une brasserie pour manger sur le pouce.

Terborght

Oud Dorp 16-18 - 1654 Huizingen
(02 380 10 10   🖨 02 380 10 97
terborght@skynet.be - http://www.terborght.be
🍴 21:00   🔒 di/ma wo/me   🔒 di/ma wo/me
📅 janv, 3 sem. juil. / jan, 3 wek. juli
🍽 37-75   🍷 30-60   🍴 66

Vorig jaar stelden wij de matige bediening en het gebrek aan evolutie in de keuken aan de kaak. We zijn benieuwd. Starter is Mechelse asperges op zijn Vlaams. De asperges zijn té beetgaar en er is te weinig boter onder de eieren waardoor smeuïgheid ontbreekt. Marinade van langoustines met tomaat en zure room is een klassieker, en ook oosterscheldekreeft met groene asperges, erwten en artisjok is een mooi en fris gerecht zonder meer. Daarna gaat het fout: wij bestellen zeetong met geplette aardappel, bloemkool en grijze garnalen, maar de garnalen zijn op en worden vervangen door koningskrab. De bereiding is flauw. De twee disgenoten opteren voor tarbot en krijgen die op identiek dezelfde wijze geserveerd als de zeetong. De bediening laat intussen een paar steken vallen. Dat leidt tot nervositeit aan tafel, en dat is niet bevorderlijk voor de smaakervaring. De gerechten verdienen net als de bediening meer aandacht qua verzorging en productkeuze.

L'an dernier, nous avions dénoncé le service moyen et le manque d'évolution culinaire. Nous sommes donc curieux de voir ce qu'il en est aujourd'hui. L'entrée décline les asperges de Malines à la flamande. Les asperges sont trop croquantes et les œufs manquent de beurre, ce qui réduit l'onctuosité du plat. La marinade de langoustines à la tomate et à la crème aigre joue dans le registre classique. Accompagné d'asperges vertes, de petits pois et d'artichaut, le homard de l'Escaut occidental nous offre un beau plat tout en fraîcheur, sans plus. C'est ici que le repas tourne au vinaigre: nous commandons la sole, son écrasé de pommes de terre, son chou-fleur et ses crevettes grises. Il n'y a plus de crevettes, le chef les remplace par du crabe royal. La préparation est fade. Les deux convives optent pour le turbot, qui leur est servi exactement de la même manière que la sole. Le service laisse quelque peu à désirer. Résultat: la nervosité s'installe à table, ce qui n'est pas de bon augure pour la dégustation. La maison devrait accorder plus d'attention au service ainsi qu'au choix des produits et au soin de la présentation.

Machelen (Bt.)

Basil & Co Brussels Airport

Heirbaan 210 - 1830 Machelen (Bt.)

02 253 54 56   02 253 47 65
info@basil-co.be - http://www.basil-co.be
22:00   za/sa zo/di   zo/di
30-60   40-65   50

Je zult veel moeite moeten doen om hier je gading niet te vinden. Er is een ruime kaart met klassieke vis- en vleesgerechten zoals zeetong, tarbot en chateaubriand. Opvallend is dat wie alleen tapas neemt, geacht wordt er minstens drie te bestellen. Al zul je daar ook je broek niet aan scheuren. En waarom zou je niet kiezen voor salade van rundsnoet? Driegangenlunch voor € 30 en verschillende menu's vanaf € 35. Tuinterras.

Il faudrait vraiment être très difficile pour ne pas trouver son bonheur. La carte est très généreuse avec des plats classiques comme la sole, le turbot et le châteaubriant. On notera au passage que celui qui ne prend que des tapas doit en commander au moins trois... Quoiqu'il ne risque pas de devoir racler ses fonds de poche. Et pourquoi ne pas choisir une salade de museau de bœuf ? Lunch à trois plats pour 30 euros et différents menus à partir de 35 euros. Terrasse et jardin.

Meise

👍 Koen Van Loven

Brusselsesteenweg 11 - 1860 Meise
☎ 02 270 05 77   🖨 02 270 05 46
koen.van.loven@proximedia.be - http://www.koenvanloven.be
🍴 21:00   🔒 ma/lu di/ma   🔒 ma/lu di/ma
🍽 34-44   🍷 40-50   🍴 59

Nossegem

🔟 Orange   ☺

Leuvensestwg. 614 - 1930 Nossegem
☎ 02 757 05 59   🖨 02 759 50 08
go@orangerestaurant.be - http://www.orangerestaurant.be
🍴 22:00   🔒 za/sa zo/di   🔒 ma/lu zo/di
🍽 34   🍷 35-50   🍴 52

Roland Debuyst combineert goede producten en vakmanschap. Een brasserie -
restaurant is het hier. Op andere plaatsen is het niet altijd duidelijk waar dat
dubbelconcept op slaat. Hier is het dat wel: je eet gastronomisch lekker in een
ontspannen sfeer. Er is al een snelle lunch voor €20. Verschillende wijnen per glas.
Tuinterras.

Roland Debuyst associe bons produits et professionnalisme dans cette brasserie -
restaurant. Dans d'autres endroits, cette double dénomination n'est pas toujours
très claire. Ce qui n'est pas le cas ici avec des repas gastronomiques dans une
ambiance décontractée. Lunch express pour 20 euros. Différents vins au verre.
Jardin et terrasse.

Overijse

👍 Auberge Bretonne

Brusselsestwg. 670 - 3090 Overijse
☎ 02 657 11 11   🖨 02 657 11 11
auberge.bretonne@pandora.be - http://www.aubergebretonne.be
🍴 22:00   🔒 di/ma wo/me   🔒 di/ma wo/me
📅 juil. / juli
🍽 26-38   🍷 20-50   🍴 44

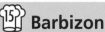 Barbizon

Welriekendedreef 95 - 3090 Overijse
📞 02 657 04 62   🖨 02 657 40 66
info@barbizon.be - http://www.barbizon.be
🕐 21:45   🔒 di/ma wo/me   🔒 di/ma wo/me
📅 1 sem. janv., 1 sem. Pâques, 2 sem. fin juil. déb. août / 1 week jan.,
1 week Paas, 2 weken eind juli beg. aug.
🍽 36-150   🍷 29-45   🍴 52

Le temps n'a pas de prise sur cette superbe maison où officient Olivier et Alain Deluc. Le service est à l'avenant avec une brigade bien rôdée cornaquée par Madame. Après quelques mises en bouche dont un gaspacho tout en fraîcheur, la balade peut commencer. Petit gâteau de la mer rehaussé d'une moutarde au nori et sa semoule au chou-fleur pour un duo acidulé/craquant. On reste dans l'aérien avec cet espuma de ras-el-hanout, très surprenant, venu titiller une langoustine et sa galette de risotto. Le pigeon de Vendée version nem tout miel était un rien trop présent dans l'assiette mais l'ensemble est goûteux. Atterrissage en douceur que cet abricot rôti, mousse au fromage blanc et glace à la verveine. La bible recèle de très beaux flacons d'ici et d'ailleurs.

De tijd heeft geen vat op dit prachtige huis waar Olivier en Alain Deluc het beste van zichzelf geven. De bediening is navenant, met een goedgeoliede brigade onder leiding van Mevrouw. Na enkele aperitiefhapjes, waaronder een heerlijk frisse gazpacho, kan de ontdekkingsreis van start gaan. Zeetaartje met mosterd met nori en griesmeel met bloemkool voor een lichtelijk zuur/knapperig duo. We blijven in etherische sferen met deze espuma van ras-el-hanout – zeer verrassend – op een langoustine met geroosterde risotto. De duif uit de Vendée in de versie van een loempia met honing was iets te uitdrukkelijk aanwezig op het bord, maar het geheel was smaakvol. Zachte landing met gebakken abrikoos, plattekaasmousse en ijzerkruidijs. Op de wijnkaart staan zeer mooie flessen van hier en elders.

🄸 Lipsius

Brusselsestwg. 671 - 3090 Overijse
📞 02 657 34 32   🖨 02 657 31 47
lipsius@skynet.be - http://www.lipsius.be
🕐 21:00   🔒 ma/lu di/ma   🔒 ma/lu di/ma zo/di
🍽 55-60   🍷 44-86   🍴 75

Het decor en de volledig gewelfde zaal bezorgen dit restaurant een heel bijzondere sfeer, onder leiding van de bazin des huizes. De chef opteert ervoor te werken met enkele producten en voorrang te verlenen aan kwaliteit en subtiel gecombineerde smaken. De mosselen worden geserveerd in een saffraansoepje. De lijnbaars wordt gewoon op vel gebakken en opgediend met mediterrane emulsie, terwijl de kalfszwezerik perfect gelakt is met honing. Internationale wijnkaart.

Le décor et la salle entièrement voûtée confèrent au lieu une atmosphère bien particulière, sous la houlette de la maîtresse des lieux. Le chef choisit de travailler quelques produits, privilégiant la qualité et les saveurs subtilement associées. Les moules se dégustent en soupe safranée, le bar de ligne simplement saisi sur peau et émulsion méditerranéenne et le ris de veau est idéalement laqué au miel. Carte des vins internationale.

 Panorama

Hengstenberg 77 - 3090 Overijse
℘ 02 687 71 98 🖨 02 687 43 86
hotel.panorama@scarlet.be - http://www.hotelpanorama.be
🛏 0:00 ⅞
🍴 53 🗝 58-103 🅿 80-125 🐕 125 🚗 3 🅢 118

 Soret

Kapucijnendreef 1 - 3090 Overijse
℘ 02 657 37 82 🖨 02 657 72 66
info@hotel-soret.be - http://www.hotel-soret.be
🛏 0:00 ⅞
🍴 37 🗝 75-170 🚗 2 🅢 170

Ruisbroek (Bt.)

⑬ De Mayeur

Fabriekstr. 339 - 1601 Ruisbroek (Bt.)
℘ 02 331 52 61 🖨 02 331 52 63
- http://www.demayeur.be
🛏 21:00 🔒 di/ma wo/me za/sa 🔒 ma/lu di/ma wo/me
📖 1 sem. avril, 3 sem. août, Noël et Nouvel An / 1 week april, 3 wek.
aug., Kerst en Nieuwjaar
🍴 35-50 🍴 36-65

Le dessus de la carte reprend de grands classiques du répertoire de la cuisine carnée: steak, entrecôte et côte à l'os. C'est une véritable culture: le chef prépare une délicieuse cuisine franco-belge sans fanfreluches. Vous y trouverez aussi des soles de la mer du Nord poêlées, des ailes de raie au beurre blanc et câpres. En saison, répondez à l'appel des asperges. Difficile de trouver cuisine plus classique… pour le plus grand plaisir des nombreux habitués.

Bovenaan op de kaart prijken de klassiekers van de vleeskeuken: steak, entrecote en côte à l'os. Dat is een statement: de chef bereidt een smakelijke Frans-Belgische keuken zonder tierlantijntjes. Er is ook gebakken noordzeetong, roggenvleugel met botersaus en kappertjes, en in het seizoen ontsnap je niet aan asperges (als je dat al zou willen!). Klassieker koken kan moeilijk, maar de vele vaste klanten appreciëren het.

Sint-Martens-Bodegem

 ## Bistro Margaux

Dorpsplein 3 - 1700 Sint-Martens-Bodegem
02 460 05 45   02 569 09 95
info.bistromargaux@skynet.be - http://www.bistromargaux.be
21:30   ma/lu di/ma   ma/lu di/ma
1 sem fev, 1 sem juin, 2 sem sept / 1 week feb, 1 week juin,
2 weken sep
60   41-57

Thomas Locus heeft zijn restaurant op twee jaar tijd binnengeloodst in het kransje van beste restaurants uit de rand rond Brussel. Wij komen op een zonnige middag (terras!) en kiezen voor het aspergemenu. Starter is een koude aspergebereiding, met ganzenlever, zoete ui en groene appel. Een fris begin. Bij het warme aspergegerecht komen handgepelde grijze noordzeegarnalen, hoeve-ei en een perfecte mousselinesaus met waterkers. Wij gaan in stijgende lijn met een mooi stuk kraakverse grietbot, met daarop 'vitello bruscetta', dat zijn lapjes fijn rauw kalfsvlees op flinterdunne minitoastjes. Met nog twee dessertjes sluiten wij een maaltijd af die zeer veel kwaliteit bood voor zijn geld. Thomas Locus kookt fris en eigentijds, maar vooral ook vakkundig en intelligent. Zijn leermeesters in Oud Sluis en Bruneau mogen fier zijn. De wijnkaart is in evolutie en krijgt voorlopig een voldoende. De prijzen zijn alvast correct.

En deux ans, Thomas Locus a propulsé son restaurant au panthéon des grands restaurants de la périphérie bruxelloise. Par une belle journée ensoleillée (et terrasse), nous jetons notre dévolu sur le menu autour de l'asperge. Nous commençons par une préparation froide à base d'asperge, de foie gras d'oie, d'oignon doux et de pomme verte. Une entrée et matière tout en fraîcheur. L'entrée chaude aux asperges s'orne de crevettes grises de la mer du Nord épluchées à la main, d'un œuf de ferme et d'une sauce mousseline parfaite au cresson de fontaine. Le repas va crescendo. Place au filet de barbue surmonté d'une "vitello bruscetta". Il s'agit de mini toasts garnis de fines tranches de veau cru. Deux petits desserts viennent clôturer un repas doté d'un excellent rapport qualité-prix. Thomas Locus signe des envois contemporains et pleins de fraîcheur, empreints d'intelligence et de savoir-faire. Ses mentors (Oud Sluis et Bruneau) peuvent être fiers de lui. Le livre de cave est en pleine évolution. En l'état, on lui accorde la mention "satisfaisant". Les prix sont très corrects.

Sint-Pieters-Leeuw

 ## Tartufo

Bergensesteenweg 500 - 1600 Sint-Pieters-Leeuw
02 361 34 66
tartufo@skynet.be - http://www.restaurant-tartufo.be
0:00   ma/lu za/sa   ma/lu zo/di
38-50   54

Een mooi gebouw dat 's avonds volledig verlicht is, waardoor de indruk van grandeur en elegantie nog versterkt wordt. Het interieur is modern en baadt in het licht. Griet staat in de zaal, haar echtgenoot in de keuken. Ze bieden een Frans-Italiaanse keuken tegen correcte prijzen aan. Mooie langoustine om te beginnen met een salade van rode tonijn, tomaat, komkommer, avocado en kruiden onder een emulsie van witte truffel. Vervolgens wat macaroni met truffels, eekhoorntjesbrood en artisjok, gevolgd door lijnbaars met zoetzure lomo iberico met xeresazijn. Het geheel is zeer behoorlijk en verdient een eerste koksmuts.

Jolie bâtisse tout illuminée le soir ce qui renforce l'impression de grandeur et d'élégance. L'intérieur est moderne et lumineux. Griet en salle et son mari en cuisine, proposent une cuisine franco-italienne à prix justes. Belle langoustine pour débuter avec sa salade de thon rouge, tomates, concombres, avocat et herbes sous une émulsion de truffe blanche. Pour suivre, quelques macaroni truffés, cèpes et artichaut avant un bar de ligne au lomo iberico laqué relevé de vinaigre de xérès. Le tout tient la route et mérite une première toque.

Strombeek-Bever

 ⁊ **Restaurant 52**

De Villegas de Clercampstr. 52 - 1853 Strombeek-Bever
𝄡 02 261 00 61
restaurant52@skynet.be - http://www.restaurant52.be
⌚ 21:30   🔒 ma/lu di/ma za/sa   🔒 ma/lu di/ma zo/di
📅 15 juil. - 15 août, 1 sem. Noël et Nouvel An / 15 juli - 15 aug., 1 week Kerstmis en Nieuwjaar
🍴 40-50   🍷 45-55

Le chef Philippe et son épouse Saskia servent une cuisine franco-belge persillée d'accents mondiaux. Le chef a incontestablement du talent. Nous commençons avec des sardinelles d'une rare fraîcheur accompagnées de bruschetta originale au jeune pecorino et tomate. Ensuite, des moules bouchot d'une qualité vraiment exceptionnelle, d'un goût à la fois intense et subtil. Elles sont mises en évidence avec une petite sauce crémeuse aérienne à souhait. Notre plat de résistance est un tronçon de cabillaud, cuit à la seconde près, secondé d'une délicieuse purée au cresson de fontaine. En finale, un délicieux clafoutis aux poires où le goût de l'œuf prédominait quelque peu. Les vins, également au verre, sont affichés à des prix très raisonnables. Ce professionnalisme et cet engagement méritent bien un point de plus.

Chef Philippe en gastvrouw Saskia serveren een Belgisch-Franse keuken gelardeerd met wereldse toetsen. De chef heeft onmiskenbaar talent. Wij beginnen met kraakverse sardientjes met originele bruschetta belegd met jonge pecorino en tomaat. Daarna zijn er waarlijk uitmuntende bouchotmosselen, intens én fijn van smaak. Er hoort een luchtig roomsausje bij. Ons hoofdgerecht is kabeljauwmoot, tot op de seconde juist gegaard, met heerlijke puree met waterkers. Afsluiten doen wij met een lekkere peren clafoutis, die iets te veel naar ei smaakt. De wijnen, ook per glas, zijn zeer redelijk geprijsd. Vakmanschap en inzet verdienen een puntje meer.

 t Stoveke   ☺ ⚜

Jetsestr. 52 - 1853 Strombeek-Bever
𝄡 02 267 67 25   🖨 02 267 66 25
info@tstoveke.be - http://www.tstoveke.be
⌚ 21:00   🔒 di/ma wo/me za/sa   🔒 di/ma wo/me zo/di
📅 1 sem. janv., 15 août-16 sept. / 1 week jan., 15 aug.-16 sept.
🍴 30-55   🍷 58-70   🍽 80

Daniël Antuna wijkt niet af van zijn passie voor de klassieke keuken. Er zijn wel eigentijdse accenten die de gerechten licht houden en smaakdiepgang geven. Er is carpaccio van Ierse filet pur met molsla, venkel, rode biet, parmezaan en ganzenlever. Dan volgt coquille met witloof, gefrituurde schorseneer, paling en champagnesaus. Hoofdgerecht is een klassieke patrijs met zalf van groene kool, spek, kweepeer en paddenstoelen. Er is een tweegangenlunch voor €32. Mooie wijnkaart voor elke beurs.

Daniël Antuna voue toujours une passion sans borne à la cuisine classique. Cependant, ses envois présentent des accents contemporains qui confèrent de la légèreté et un grand contraste gustatif à ses plats. Carpaccio de filet pur de bœuf irlandais accompagné d'une salade de pissenlit, fenouil, betterave rouge, parmesan et foie gras d'oie. Vient ensuite des Saint-Jacques aux chicons, salsifis frits, anguille et sauce au champagne. Le plat de résistance est une perdrix, classique, avec une pommade de chou vert, coings et champignons. Un menu à deux plats s'affiche à 32 euros. Carte des vins adaptée à tous les budgets.

Tervuren

t Park ⚜L⚜

Markt 9 - 3080 Tervuren
☎ 02 306 71 32   📠 02 306 58 07
T.park@telenet.be -
🕙 22:00   🔒 ma/lu di/ma   🔒 ma/lu di/ma
⭕ Réveillon et soir de la nouvel an (service traiteur) /
kerstavond en nieuwjaarsavond (wel traiteurdienst)
💶 28-50   🍷 18-30   🥢 43

Je komt hier net als de trouwe clientèle voor lekker bereide klassiekers. De prijzen doen geen pijn en dat geldt ook voor de wijnkaart met enkele wijnen per glas. De gezellige sfeer is geheel in overeenstemming met de klassieke benadering van de keuken.

À l'instar des habitués, venez y déguster des classiques parfaitement préparés. Les prix sont très contenus et il en va de même pour la carte des vins, avec quelques vins au verre. L'ambiance conviviale est en parfaite adéquation avec l'approche classique en cuisine.

Vilvoorde

👍 La Hacienda

Koningslostwg. 36 - 1800 Vilvoorde
☎ 02 649 26 85   📠 02 647 43 50
lahacienda@lahacienda.be - http://www.lahacienda.be
🕙 21:30   🔒 ma/lu za/sa zo/di   🔒 ma/lu zo/di
⭕ 1 - 7 janv., 2e sem. Pâques, 15 juil. - 15 août / 1 - 7 jan.,
2de week Pasen, 15 juli - 15 aug.
💶 30-55   🍷 49-64

Kijk Uit   ☺

Lange Molensstr. 60 - 1800 Vilvoorde
📞 02 251 04 72   🖨 02 751 09 01
kijkuit@skynet.be - http://www.kijk-uit.be
🍽 0:00   🔒 ma/lu zo/di   🔒 ma/lu zo/di
💼 dern. sem. de mars avant vac. de Pâques, 20 juil. - 2 août,
24 - 31 déc. / laatste week maart voor paasvak., 20 juli - 2 aug,
24 - 31 dec.
🍴 35-80   🍷 17-60   🥂 50

In de gemoedelijke warme sfeer van dit restaurant starten wij met perfect beet-gare asperges, bellotaham die niet doordringend genoeg van smaak is, en iets te zurige Griekse yoghurt. De balans is er niet. De chef probeert te excelleren in mooie presentaties en dat lukt goed met oosterscheldekreeft, cavaillonmeloen-bolletjes, espuma van vadouvankruiden en tuinbonen. Maar de kreeft is papperig en plat. Spijtig, want het smaakpalet is oké. Er komt nog een tussenribstuk met weinig smaak, maar ook weer goed begeleid met fijn gepureerde kruidenboter en een goed afgekruid, knapperig Romeins slaatje. Je komt hier voor de experi-menten met leuke smaakcombinaties en een jonge ploeg die vastbesloten is de gasten culinair te verwennen.

Nous nous mettons à table dans un cadre chaleureux et décontracté et entamons les hostilités avec des asperges croquantes, du jambon Bellota qui n'est pas assez prononcé et un yaourt grec trop aigre. Tout cela manque d'équilibre. Le chef s'efforce d'exceller dans de belles présentations. Il y parvient avec le homard de l'Escaut oriental, les billes de melon de Cavaillon, l'espuma de Vadouvan et les fèves des marais. Mais le homard est mou et sans relief. Dommage, car la palette gustative est bien présente. Le repas se poursuit avec une entrecôte un peu fade, mais à nouveau bien escortée par un beurre d'herbes et une salade romaine cro-quante et bien assaisonnée. On vient ici pour expérimenter d'agréables associa-tions gustatives et pour une jeune équipe bien décidée à faire passer un bon moment aux clients attablés.

De Kuiper

Vissersstr. 51 - 1800 Vilvoorde   🏠 ♿ ❄
📞 02 251 13 87   🖨 02 251 13 82
🍽 22:00   🔒 ma/lu di/ma   🔒 ma/lu di/ma
💼 16 - 24 avril, 1 août - 1 sept. / 16 - 24 april, 1 aug. - 1 sept.
🍷 18-33

Paardenvlees staat hier in Vilvoorde al decennia lang op de kaart. Steaks worden met kennis van zaken en zonder franje geserveerd. Met degelijke frieten en een kom sla die aan tafel wordt afgewerkt. Het is een patroon dat al jaren succes kent. De unieke no nonsense sfeer draagt bij tot de totaalbelevenis. Dit is geen marketingconcept maar een authentieke afspanning. Organisch gegroeid tot wat het is en hopelijk nog lang zal blijven.

La viande chevaline est depuis des décennies à la carte. Les steaks sont servis dans les règles de l'art et sans fioriture. Ils s'accompagnement parfaitement de bonnes frites et d'un plat de salade qui est fatiguée à table. Le patron des lieux connaît le succès depuis de très nombreuses années. L'ambiance unique contribue à vivre une expérience et un dépaysement globaux. On est à des années lumière d'un concept de marketing, car il s'agit bel et bien d'un authentique relais dont la crois-sance organique a abouti à ce qu'il est aujourd'hui et restera encore longtemps…

👍 t Onbekende

JB Nowélei 21 - 1800 Vilvoorde
📞 02 305 87 64　📠 02 305 88 17
http://www.tonbekende.be
🕐 21:00　🔒 ma/lu za/sa zo/di　🔒 ma/lu zo/di
💶 25-38　🍷 44　🍴 60

Wemmel

⑭ L' Auberge de l'Isard

ch. Romaine 964 - 1780 Wemmel
📞 02 479 85 64　📠 02 479 16 49
info-reservation@isard.be - http://www.isard.be
🕐 22:00　🔒 ma/lu　🔒 ma/lu zo/di
📅 1 sem de Pâques,2 sem. après 21 juil. / 1 week Pasen, 2 wek. na
21 juli
💶 25-35　🍷 49　🍴 50

Ce restaurant sert une cuisine conviviale, d'inspiration classique et basée sur de beaux produits comme l'illustrent, entre autres, le foie gras d'oie poêlé avec des petites pommes caramélisées et du sirop de Liège et le châteaubriant béarnaise/frites. Les pâtes sont aussi du même tonneau: ravioli de champignons à l'huile de truffe et parmesan ou parpadelles aux légumes passés au wok. Les prix sont démocratiques comme le montre d'ailleurs le lunch à trois plats pour 25 euros. Carte des vins étendue.

Dit restaurant serveert een gezelligheidskeuken, klassiek van snit maar wel met mooie producten. Er is gebakken ganzenlever met gekaramelliseerde appeltjes en Luikse siroop, of chateaubriand met bearnaisesaus en frietjes. Je kunt er ook een fijne pasta krijgen: ravioli van paddenstoelen met truffelolie en parmezaan, of pappardelle met groentewok. De prijzen zijn democratisch, wat ook blijkt uit de driegangenlunch voor € 25. Uitgebreide wijnkaart.

⑯ Le Gril Aux Herbes d'Evan

Steenweg op Brussel 21 - 1780 Wemmel
📞 02 460 52 39　📠 02 461 19 12
evant@skynet.be - http://www.evanrestaurants.be
🕐 0:00　🔒 za/sa zo/di　🔒 zo/di
📅 Noël et Nouvel An / Kerst. en Nieuwjaar
💶 50-60　🍷 25-45　🍴 70

Chef Evan heeft zijn brigade versterkt en is helemaal terug. Dat is heuglijk nieuws, want dit is een getalenteerde chef, die helaas de voorbije jaren wisselvallig presteerde. De keukenstijl is nog altijd dezelfde: puur, ogenschijnlijk eenvoudig, en op basis van uitstekende producten. Er is zeebaars met handgepelde grijze garnalen en een fijne jus, meteen een voorbeeld van een zuiver smakend gerecht. Volgt een schitterende combinatie van zeetong, koningskrab, een beetje kaviaar en een emulsie van schelpdieren. Daarna is excellente halfwilde patrijs top in zijn eenvoud: simpel gekonfijt in de boter en vergezeld van een zalf van knolselder. Afsluiten doen wij met een heel mooi bordje kazen, die perfect gerijpt zijn en op de juiste temperatuur geserveerd worden. Er hoort een heerlijke cake bij, die zeker niet te zoet smaakt. Aan die details zie je dat een chef nadenkt over zijn gerechten. De derde koksmuts komt weer in het vizier! Rijke wijnkaart.

Le chef Evan a renforcé sa brigade et célèbre son grand retour. Un bonheur, car voici un chef talentueux qui manquait fort malheureusement de constance ces dernières années. Son style de cuisine n'a pas changé: pureté, simplicité visuelle et produits de tout haut vol. Pour commencer, un exemple d'un plat d'une très grande pureté gustative: bar aux crevettes épluchées à la main et son petit jus très raffiné. Ensuite, un mariage sublime de sole, de grains de caviar et d'une émulsion de crustacés. Nous continuons avec une perdrix semi-sauvage superbe de simplicité: confite au beurre et accompagnée d'une pommade de céleri-rave. Nous terminons par une assiette de fromages mémorable, parfaitement affinés et servis à bonne température. Ils étaient accompagnés d'un délicieux cake subtilement épicé. C'est à ces détails que l'on voit que le chef réfléchit minutieusement à chacun de ses plats. La troisième toque est à nouveau en vue ! Carte des vins très généreuse.

La Roseraie

av. de Limburg Stirum 213 - 1780 Wemmel
℡ 02 456 99 10   📠 02 460 83 20
hotel@laroseraie.be - http://www.laroseraie.be
0:00 ⁷/₇
20 - 30 juil., 23 - 31 déc. / 20 - 30 juli, 23 - 31 dec.
7   ⓚ 107-300   1   450

Zaventem

Da Lino

Vilvoordesesteenweg 9 - 1930 Zaventem
℡ 02 720 01 08   📠 02 725 42 66
info@dalino.be - http://www.dalino.be
0:00 za/sa zo/di zo/di
3 sem à partir de la dernière sem de juil. / 3 weken vanaf de laatste week van juli
40

Sheraton Brussels Airport

Luchthaven Brussel Nationaal z/n - 1930 Zaventem
℡ 02 710 80 00   📠 02 710 80 80
reservations.brussels@sheraton.com -
http://www.sheraton.com/brusselsairport
0:00 ⁷/₇
294   ⓚ 495   7   645

Burg-Reuland

 Paquet

Lascheid 43 - 4790 Burg-Reuland
📞 080 32 96 24   🖨 080 32 98 22
hotelpaquet@skynet.be - http://www.hotelpaquet.be
🛏 0:00   ⁷⁄₇
📅 25 juin - 8 juil. / 25 juni - 8 juli
🍴 19   ♨ 88-98   🛏 68-78   🛏 78

🏰 Ulftaler Schenke

Haupstrasse 7 - 4790 Burg-Reuland
📞 080 32 97 67   🖨 080 42 02 02
info@ulftaler-schenke.be - http://www.ulftaler-schenke.be
🛏 0:00
📅 2 - 20 janv. / 2 - 20 jan.
🍴 14   🛏 58

🏰 Rittersprung

Dorfstrabe 19 - 4790 Burg-Reuland
📞 080 32 91 35   🖨 080 32 93 61
info@rittersprung.be - http://www.rittersprungbe
🛏 0:00
📅 1 - 31 déc. - janvier / 1 - 31 dec.
🍴 16   ♨ 60-90   🛏 70-80   🛏 80

Bütgenbach

🍳¹³ Bütgenbacher Hof

Marktplatz 8 - 4750 Bütgenbach
📞 080 44 42 12   🖨 080 44 48 77
info@hotelbutgenbacherhof.com -
http://www.hotelbutgenbacherhof.com
🛏 20:45   🔒 ma/lu di/ma   🔒 ma/lu di/ma
📅 15 jrs. fin juin -début juil., 15 jrs. Pâques / 15 dg. eind.juni -
begin juli, 15 dg. Pasen
🍽 35-65   🍴 43-60   🍷 52

Cet hôtel-restaurant se coupe en 4 pour satisfaire ses clients. En plus de son hôtel, le restaurant se veut le garant d'une cuisine française de bon aloi. A la carte, truite de la vallée d'Our aux petits légumes et sa sauce aux scampis, pommes persillées ou son pendant le magret de canard au Porto et échalotes caramélisées adouci d'une jolie tartelette de pommes de terre. Les vins proviennent d'ici et d'ailleurs.

In dit hotel-restaurant gaan ze door het vuur om hun klanten tevreden te stellen. Naast het hotel is er een restaurant dat borg staat voor een Franse keuken van goede makelij. Op de kaart staan forel uit de Our-vallei met groentjes, saus met scampi's en peterselieaardappeltjes of eendenborstfilet met Porto en gekarameliseerde sjalotten, verzacht door een mooi aardappeltaartje. De wijnen zijn afkomstig van hier en elders.

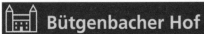 Bütgenbacher Hof

Marktplatz 8 - 4750 Bütgenbach
℃ 080 44 42 12 🖶 080 44 48 77
info@hotelbutgenbacherhof.com -
http://www.hotelbutgenbacherhof.com
🛏 0:00 ⁷⁄₇
🚗 30 ᴷₖ 75-150 ℗ 90-135 🛏 135 🚗 5 🛏 210

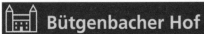 Le Vieux Moulin

Mühlenstr. 32 - 4750 Bütgenbach
℃ 080 28 20 00 🖶 080 28 20 01
info@levieuxmoulin.be - http://www.levieuxmoulin.be
🛏 0:00 ⁷⁄₇
🚗 9 ᴷₖ 130-150 🚗 1

Buvrinnes

Le beau séjour

Rue de Merbes 408 - 7133 Buvrinnes
℃ 064 22 32 42 🖶 064 22 32 42
http://www.beausejourrestaurant.be
🕙 22:00 🏠 di/ma wo/me za/sa 🏠 di/ma wo/me
📅 23 déc. -7 janv., 15 juil. - 1 août / 23 dec. -7 jan., 15 juli - 1 aug.
🍽 25-52 🍷 45-75

L'esprit de famille règne sur cette adresse puisque l'un des frères est en salle, l'autre en cuisine pendant que la femme du chef sert en salle. Tout ce petit monde propose une cuisine de bons produits et grande partie faits maison. Nous avons pu en découvrir toutes les subtilités avec entre autres ce céviche de cabillaud tout en fraîcheur suivi d'un carpaccio de veau agréablement rehaussé de verjus du Périgord qui oscillait habilement entre douceur et acidité. La carte des vins se veut éclectique grâce à l'œil avisé du jeune sommelier toujours en recherche de nouveautés.

Hier heerst een ware familiesfeer: een van de broers staat in de zaal, de andere in de keuken, en de vrouw van de chef zorgt mee voor de bediening. Deze mensen bieden een keuken aan op basis van goede producten die voor het merendeel huisbereid zijn. Wij konden alle subtiliteiten ervan ontdekken, met onder andere heel frisse ceviche van kabeljauw, gevolgd door carpaccio van kalf, aangenaam op smaak gebracht met likeur uit de Périgord die handig weifelde tussen zoet en zuur. De wijnkaart is eclectisch dankzij het kennersoog van de jonge sommelier die steeds op zoek gaat naar nieuwigheden.

La fermette des pins

Rue du lustre 39 - 7133 Buvrinnes
📞 064 34 17 18
http://www.lafermettedespins.be
🕐 0:00   🔒 di/ma wo/me   🔒 di/ma wo/me

Nous avions découvert, l'année passée, cette vieille ferme perdue en pleine campagne. Le temps a passé et c'est avec plaisir que nous découvrons une évolution positive. Un saumon fumé maison et sa mousse de citron vert ouvrent les festivités. Beau duo que ce foie gras et brochette d'ananas rôti, nous démontrant l'envie du chef d'aller plus loin. Les Saint-Jacques et leur raviole de ricotta ou le carré d'agneau et son gratin dauphinois affichent la même maestria. La cave s'est aussi étoffée pour le plus grand plaisir des amateurs. Le point supplémentaire n'est plus très loin.

Vorig jaar ontdekten we deze oude hoeve die wat verloren lag te midden van het platteland. Er is wat tijd verstreken en we ontdekken met plezier een positieve evolutie. Huisgerookte zalm en limoenmousse als opener. Vervolgens een mooi duo van foie gras en brochette van gebakken ananas – het bewijs dat de chef zin heeft om een stap verder te gaan. De sint-jakobsvruchtjes met ravioli van ricotta of het lamsribstuk met gegratineerde aardappelen getuigen van hetzelfde meesterschap. Ook de kelder werd uitgebreid, tot groot genoegen van de liefhebbers. Het extra puntje is niet veraf.

Casteau (Soignies) ▷ Soignies

Charleroi

 2 fenêtres

rue Basslé 27 - 6000 Charleroi
📞 071 63 43 03   🖶 071 63 43 03
http://www.2fenetres.be
🕐 0:00   🔒 ma/lu za/sa zo/di   🔒 ma/lu zo/di
💶 26-37

Tout qui aime manger «un petit bout» à Charleroi connaît cette adresse timide mais qui se soigne. Après avoir tenu l'une des meilleures sandwicheries de la ville, Caterina a ouvert, il y a plus de 8 ans, ces deux fenêtres sur la cuisine de la Botte. Du fond de sa cuisine ou virevoltant de table en table pour jouer le dictionnaire italien-français et ainsi permettre aux «nouveaux» d'assimiler la carte, notre patronne a la générosité dans la peau et le soleil plein les yeux. Inutile de dire donc que ses assiettes en regorgent. Faisant passer de l'Ombrie à la lumière des produits savoureux, gorgés de chaleur et de cet incomparable relief gustatif que dégagent les mets transalpins. C'est ainsi qu'aux antipasti della casa succèdent les poulpes à la toscane avant les parpadelles aux saucisses et truffes ou une tagliata d'entrecôte de cubroll. Le tout s'arrose de vins exclusivement italiens.

Iedereen in Charleroi die graag 'een stukje' eet, kent dit schuchtere adresje waar aan alles de nodige zorg wordt besteed. Nadat ze een van de beste broodjeszaken van de stad openhield, opende Caterina meer dan 8 jaar geleden deze 'twee vensters' op de Italiaanse keuken. Onze bazin straalt in haar keuken of terwijl ze van tafel naar tafel zwermt om woordenboek Italiaans-Frans te spelen en de 'nieuwkomers' zo de kans te bieden om de kaart te begrijpen. Gulheid zit echt in haar genen, en de zon straalt in haar ogen. Haar borden zijn dan ook ronduit zonovergoten. Ze tovert de sfeer van Umbrië tevoorschijn met smaakvolle pro-

ducten vol vuur en met het weergaloze smaakreliëf dat de trans-Alpijnse gerechten bieden. Zo volgt na de antipasti della casa inktvis à la toscane, gevolgd door
parpadelle met worst en truffel of tagliata van cub-roll entrecote. Daarbij worden
uitsluitend Italiaanse wijnen geserveerd.

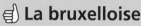 La bruxelloise

Place emile buisset 9 - 6000 Charleroi
📞 071 32 29 69
http://www.restaurantlabruxelloise.be
🔓 0:00 ⁷/₇
🍽 10-30

↗ Côté Terroir ☺

r. Emile Tumelaire 6 - 6000 Charleroi
📞 071 30 57 32   🖷 071 30 57 32
cote.terroir@skynet.be - http://www.coteterroir.be
🔓 21:00 🔒 wo/me za/sa 🔒 wo/me zo/di
🍽 28-58   🍽 40-60   🍷 65

Le décor a fait peau neuve avec une dominance du bois. La carte assez variée
propose en plus du lunch, un menu 4 ou 5 services. Honneur aux produits du
terroir avec ce croustillant de pied de porc, crémeux et savoureux à souhait. Le
méli-mélo de petits gris manquait quant à lui d'assaisonnement tandis que la
joue de bœuf braisée offrait une belle puissance dans l'assiette. La carte des vins
mériterait d'être étoffée.

Het decor werd in een nieuw kleedje gestopt, met overheersend hout. De redelijk
gevarieerde kaart stelt bovenop de lunch een 4- of 5-gangenmenu voor. Er wordt
hulde gebracht aan streekproducten met knapperige varkenspoot – heerlijk romig
en smaakvol. De mix van segrijnslakjes was ietwat te weinig gekruid, terwijl de
gestoofde rundwang het bord flink wat kracht gaf. De wijnkaart zou wat uitgebreid mogen worden.

Le Mayence

r. du parc 53 - 6000 Charleroi
📞 071 20 10 00   🖷 071 20 10 09
resto@lemayence.be - http://www.lemayence.be
🔓 0:00 🔒 ma/lu za/sa 🔒 ma/lu zo/di
🍽 20-48   🍽 13-28   🍷 39

Un nom qui n'est pas inconnu dans la région… puisque cette grande bâtisse
accueillait jadis une longue lignée d'avocats. C'est dans ce cadre moderne que
nous avons pu commencer notre périple gastronomique. Nous débutons par deux
beaux filets de rouget d'une chair moelleuse et leur duxelles de légumes suivis de
près par un foie gras en croûte et son chutney de fruits. Une émulsion de pain
d'épices transportait le plat vers les hautes sphères. Rien à redire sur la pintade
sauce Sambre et Meuse et timbale de purée aux herbes aromatiques. La carte des
vins doit encore s'étoffer. Une belle entrée en matière que nous saluons d'une
toque.

Een naam die niet onbekend is in de streek… In dit grote gebouw was destijds
immers een lange afstamming van advocaten gehuisvest. In dit moderne kader
konden wij onze gastronomische ontdekkingsreis aanvatten. We begonnen met
twee mooie en malse poonfilets met duxelles van groenten, op de voet gevolgd
door foie gras in korst met vruchtenchutney. Een emulsie van peperkoek bracht

het gerecht in hogere sferen. Niets aan te merken op de parelhoen met Samber-en-Maas-saus en de puree met geurige kruiden. De wijnkaart moet nog verrijkt worden. Een mooie aanhef die wij belonen met een koksmuts.

🍴¹³ La Mirabelle

r. de Marcinelle 7 - 6000 Charleroi
☎ 071 33 39 88   🖷 071 33 39 98
lamirabelle@skynet.be - http://www.lamirabelle.be
🕛 21:00   🔒 wo/me   🔒 ma/lu di/ma wo/me do/je zo/di
🗓 carnaval, 15 - 30 août / krokus, 15 - 30 aug.
🍽 20-42   🍷 18-25   🍴 55

Une cuisine française distillée par Patrick Poisman en plein centre ville de Charleroi. Le tout dans un décor chaleureux. La carte propose l'escalope de foie gras, le cabillaud royal et filet de rouget côté iode tandis que côté terre, les prés salés fournissent un beau gigotin d'agneau au thym.

Een Franse keuken die in het stadscentrum van Charleroi wordt bereid door Patrick Poisman. En dat allemaal in een gezellig decor. Op de kaart staan escalope van foie gras, koningskabeljauw en poonfilet, maar ook een mooi lamsboutje met tijm.

🍴¹³ Au Provençal

r. Puissant 10 - 6000 Charleroi
☎ 071 31 28 37   🖷 071 31 28 37
jcbarral@skynet.be - http://www.restoauprovencal.be
🕛 22:00   🔒 zo/di   🔒 zo/di
🗓 15 - 30 juil. / 15 - 30 juli
🍽 35-55   🍷 45-65   🍴 55

Notre visite ce jour-là peut être qualifiée de demi-teinte. Nous avons eu de très beaux moments avec ce bar en croûte de sel, servi avec un superbe beurre blanc alors que la raviole de foie gras et morilles et le carpaccio de Saint-Jacques pêchaient d'un problème d'assaisonnement. Le choix des vins relève de la chasse au trésor mais le chef se fera un plaisir de vous guider. La toque ne vacille pas mais attention au prochain faux pas…

We hadden gemengde gevoelens na ons bezoek die dag. We beleefden heel mooie momenten met de zeebaars in zoutkorst, geserveerd met prachtige blanke boter, terwijl de ravioli van foie gras en morieljes en de carpaccio van sint-jakobsvruchtjes duidelijk een kruidingprobleem hadden. De wijnkeuze heeft veel weg van een schattenjacht, maar de chef begeleidt u met genoegen. De koksmuts wankelt niet, maar opgelet voor de volgende misstap…

🍴¹³ Spiroudome

Rue des olympiades 2 - 6000 Charleroi
☎ 071 86 25 17
http://www.spiroudome.be
🕛 0:00   🔒 za/sa zo/di   🔒 ma/lu di/ma wo/me za/sa zo/di
🍽 22-38

Le cliché totalement obsolète du restaurant de stade de foot est vite balayé du revers de la main lorsque l'on pénètre ici dans l'espace VIP du stade via le parking privé. Il faut dire que depuis quelque temps, le food & beverage du stade a été repris en main par William Wouters, ex-sommelier au Comme Chez Soi. Et cela

se sent. Après quelques mises en bouche dont une irréprochable croquette aux crevettes maison, voici le foie gras poêlé et ses cèpes frais du jour. Lui font suite un ragoût de homard en crème de crabe escorté de deux manchons de king crab avant de belles figues rôties adoucies d'un caramel à la fleur de sel. Le tout mérite une toque d'entrée. Pas de carte des vins ici, sélection au verre par le sommelier plus quelques suggestions bien senties.

Het totaal verouderde cliché van het voetbalstadionrestaurant smelt als sneeuw voor de zon zodra u hier via de privéparking binnenstapt in de vip-ruimte van het stadion. Het moet gezegd dat de food & beverage van het stadion enige tijd geleden in handen werd genomen door William Wouters, de vroegere sommelier van de Comme Chez Soi. En dat is merkbaar. Na enkele aperitiefhapjes, waaronder een onberispelijke huisbereide garnaalkroket, volgde gebakken foie gras met dagvers eekhoorntjesbrood. Vervolgens ragout van kreeft in krabsaus met twee koningskrabscharen, gevolgd door mooie gebakken vijgen vergezeld van karamel met fleur de sel. Het geheel verdient een eerste koksmuts. Geen wijnkaart hier. Selectie per glas door de sommelier, plus enkele welgekozen suggesties.

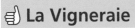 La Vigneraie

av. Jules Henin 5 - 6000 Charleroi
℡ 071 31 32 27   📠 071 32 54 09
lavigneraie@skynet.be - http://www.lavigneraie.com
🕐 14:00   🔒 za/sa zo/di   🔒 ma/lu di/ma wo/me do/je vr/ve za/sa zo/di
📅 1 - 10 janv., Carnaval, 17 juil. - 17 août / 1 - 10 jan., Krokus,
17 juli - 17 aug.
💶 28-35

Châtelet

 La tambouille

Place de la victoire 13 - 6200 Châtelet
℡ 071 38 78 68
🕐 0:00   🔒 do/je   🔒 do/je
💶 20-35

Ecaussinnes-Lalaing

⤴ Le Pilori

r. du Pilori 10 - 7191 Ecaussinnes-Lalaing
℡ 067 44 23 18
pilori@gmail.com - http://www.pilori.be
🕐 21:30   🔒 za/sa zo/di   🔒 ma/lu di/ma wo/me za/sa zo/di
📅 15 jrs. Pâques, 1 - 15 août, 15 jrs. Nöel - Nouvel An / 15 d. Pasen,
1 - 15 aug., 15 d. Kerstmis - Nieuwjaar
🍴 28-70   💶 45-60   🍷 45

Qui ne connaît cette adresse à Ecaussines ? Celle qui peut se permettre de n'ouvrir que le midi et un week-end par mois et pourtant, de faire le plein. Et pour cause, le talent de Michel en cuisine fait des étincelles avec les idées géniales de Marc en cave et en salle. Si nous saluons ce dernier du titre de sommelier de l'année, c'est sans conteste parce que rares sont les clients qui choisissent encore eux-mêmes leurs vins. Laissez le maître opérer. Et il s'en sort bien le bougre lorsqu'il faut assortir un foie gras et sa figue aux épices tout en puissance ou la subtilité de la fricassée de cèpes sous une langoustine poêlée et une soupe au potiron. Quant au canard sauvage et ses champignons des bois ou le joli chariot de fromages de chez De Lille, on en salive encore. Cadre lumineux et service prévenant. Le bar à l'entrée permet d'en boire un « premier » ou un « dernier pour la route ». Si celle-ci vous semble impossible à reprendre, la maison propose un service de raccompagnement à domicile. Chapeau et...un point de mieux!

Wie kent dit adresje in Ecaussines niet? Een adresje dat het zich kan veroorloven om enkel 's middags en één weekend per maand te openen en toch altijd volzet te zijn. Dat komt door het talent van Michel in de keuken dat vonken geeft in combinatie met de geniale ideeën van Marc in de kelder en in de zaal. Als wij deze laatste uitroepen tot sommelier van het jaar, dan is dat ontegenzeglijk omdat er maar weinig klanten meer zijn die hun wijn nog zelf kiezen. Ze laten de maître kiezen. En hij slaagt er donders goed in de kracht van foie gras met vijg en specerijen of de subtiliteit van fricassee van eekhoorntjesbrood onder gebakken langoustine en pompoensoep te accentueren. De wilde eend met boschampignons en het prachtige kaasassortiment van bij De Lille doen ons nog watertanden. Kader dat baadt in het licht en attente bediening. In de bar aan de ingang kunt u 'vooraf' of 'achteraf' iets drinken. En als het u onmogelijk lijkt om nog huiswaarts te keren, dan biedt het restaurant ook een thuisbrengdienst aan. Petje af en een puntje bij!

Fayt-lez-Manage

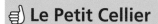 **Le Petit Cellier**

Grand'Rue 88 - 7170 Fayt-lez-Manage

📞 064 55 59 69   🖨 064 55 56 07

lepetitcellier@skynet.be

🔓 21:00   🔒 ma/lu   🔒 ma/lu zo/di

🗓 juil., 3e sem. fev. / juli, 3de week feb.

🍽 30-60   🍷 32-80   🍴 50

Fleurus

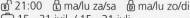 **Les Tilleuls**   ☺

Route du Vieux Campinaire 85 - 6220 Fleurus

📞 071 81 18 10   🖨 071 81 37 52

🔓 21:00   🔒 ma/lu za/sa   🔒 ma/lu zo/di

🗓 15 - 31 juil. / 15 - 31 juli

🍽 30-40   🍷 36-44   🍴 42

Gerpinnes

 ## Le Cerisier Blanc

Route de Florennes 2 - 6280 Gerpinnes
☎ 071 50 23 41   📠 071 50 51 77
lecerisierblanc@skynet.be - http://sites.resto.com/lecerisierblanc
🔓 0:00   🔒 ma/lu di/ma   🔒 ma/lu di/ma zo/di

Le chef sait tenir une cuisine et il nous le démontre encore ce jour-là lors de notre visite. Croquettes aux crevettes de bonne facture et goûteuses. Un plat plus classique mais amplement réussi que nos gésiers de canard confits en salade et leurs pommes caramélisées. On termine en beauté avec cette tarte aux pommes minute et glace maison. Quelques efforts à faire quant à la carte des vins.

De chef kent het reilen en zeilen van een keuken en bewijst ons dat opnieuw op de dag van ons bezoek. Smaakvolle garnaalkroketten van goede makelij. Een klassieker maar zeer geslaagd gerecht: slaatje van gekonfijte eendenmaagjes met gekarameliseerde appeltjes. We eindigen in schoonheid met appeltaart en huisbereid ijs. Op het vlak van de wijnkaart vallen er wat inspanningen te leveren.

 ## Le Délice du Jour

ch. de Philippeville 195 - 6280 Gerpinnes
☎ 071 21 93 43   📠 071 21 93 43
ledelicedujour@gmail.com - http://www.ledelicedujour.be
🔓 21:00   🔒 di/ma wo/me   🔒 di/ma wo/me
📅 1 - 7 janv. / 1 - 7 jan.
🍽 40-100   🍽 15-38   🍴 65

Après une année en demi-teinte, nous avons décidé de retenter notre chance. Pour ce faire, nous avons choisi de nous laisser guider selon l'inspiration du chef. Pour commencer, les Saint-Jacques en 2 préparations. Un carpaccio finement assaisonné et quelques fleurs d'un côté, de l'autre les coquilles sont cuites et rehaussées d'une sauce au lait et dés de poivrons. Très beau duo tant au niveau du goût que de l'équilibre. La suite est un rien moins heureuse. Le tronçon de porc trop cuit faisait grise mine à côté du parmentier de queue de bœuf et œuf miroir fort succulent. Quelques améliorations sont encore à apporter mais on est sur la bonne voie…

Na een jaar om zo te laten, hebben we beslist om nog eens onze kans te wagen. Hierbij opteerden we ervoor ons te laten leiden door de inspiratie van de chef. Om te beginnen sint-jakobsvruchtjes in 2 bereidingen. Een subtiel gekruide carpaccio en enkele bloemen aan de ene klant. Enkele gekookte coquilles met melksaus en paprikablokjes aan de andere kant. Een zeer mooi duo, zowel qua smaak als qua evenwicht. Het vervolg was een tikkeltje minder. Het te gare stuk varkensvlees viel serieus uit de toon naast de verrukkelijke parmentier van ossenstaart en spiegelei. Er moeten nog enkele verbeteringen aangebracht worden, maar het gaat de goede richting uit…

Gosselies

Espace Culinaire Bulthaup

rte Nationale Cinq 193 - 6041 Gosselies
☎ 071 34 72 00   🖨 071 34 72 09
resto@bulthaup-gosselies.be - http://www.bulthaup-gosselies.be
🕐 21:00   🔒 za/sa zo/di   🔓 ma/lu di/ma wo/me do/je za/sa zo/di
📅 Carnaval, 21 juil. - 7 août / Krokus, 21 juli - 7 aug.
💶 40-60   🍽 50

Si à l'origine, l'Espace Culinaire Bulthaup est destiné à mettre en avant le mobilier du designer bavarois, on aime son côté new-yorkais qui n'est pas sans rappeler ces bars auxquels s'attablent systématiquement les héros de séries américaines une fois leur enquête bouclée. Ambiance conviviale donc autour du fourneau pour passer un moment sympathique autour d'assiette qui ne le sont pas moins. Philippe Stevens fait rythmer son menu (5 entrées, 5 plats au choix) au gré du marché. Ce qui réjouit les papilles des convives qui savourent notamment un éminé de saumon et Saint-Jacques ou un ravioli et une bisque de homard impeccables avant un cabillaud et son risotto d'orge perlé pour ne citer qu'eux.

De Espace Culinaire Bulthaup is initieel bestemd om het meubilair van de Beierse designer in de verf te zetten, maar we zijn helemaal weg van zijn New-Yorkse stijl die herinnert aan die bars waarin helden uit Amerikaanse series systematisch plaatsnemen eens hun onderzoek afgerond is. Een gezellige sfeer dus rond het fornuis om een leuk moment te beleven rond borden die al even leuk zijn. Philippe Stevens stelt zijn menu (5 voorgerechten, 5 hoofdgerechten naar keuze) af op de markt. Dat valt in de smaak bij de gasten, die onder meer genieten van dunne plakjes zalm en sint-jakobsvruchten of onberispelijke ravioli en bisque van kreeft, gevolgd door kabeljauw met risotto van parelgerst – om maar enkele gerechten te noemen.

Goûts et Couleurs

rue Robesse 2 - 6041 Gosselies
☎ 071 85 02 92   🖨 071 85 03 75
restogoutsetcouleurs@gmail.com - http://www.goutsetcouleurs.be
🕐 0:00   🔒 za/sa zo/di   🔓 ma/lu di/ma wo/me do/je zo/di

Gouy-lez-Piéton

Le Mont-à-Gourmet

pl. Communale 12 - 6181 Gouy-lez-Piéton
☎ 071 84 74 15   🖨 071 84 74 15
le.montagourmet@skynet.be - http://www.lemontagourmet.be
🕐 21:30   🔒 ma/lu di/ma   🔓 ma/lu di/ma zo/di
📅 4 - 26 juil. / 4 - 26 juli
💶 33-50   💶 14-29   🍽 50

Un vent nouveau souffle sur la maison de la place de Gouy. Changement de décor et de carte pour notre plus grand plaisir. Belle prise de risque avec cet effiloché de lapin aux pruneaux et foie gras, rehaussé d'une quenelle de choux rouge. La Saint-Jacques légèrement tiédie en carpaccio et l'acidité de la brunoise de betteraves se mariaient à merveille. Quant à l'agneau, le respect de la cuisson et le juste équilibre avec ses compagnons d'assiettes, en font une belle découverte. Nous saluons la prestation et la constance du chef d'1 point supplémentaire.

Er waait een nieuwe wind door dit huis op het dorpsplein van Gouy. Verandering van decor en van kaart, tot ons grote genoegen. Mooie risiconeming met het gepocheerde konijn met pruimen en foie gras, geserveerd met een quenelle rode kool. Het lichtjes lauwe sint-jakobsvruchtje in carpaccio en de zuurheid van de biet in dobbelsteentjes gingen perfect hand in hand. Het lam is een mooie ontdekking dankzij de perfecte cuisson en het evenwicht met de garnituren. Wij belonen de prestaties en de constantheid van de chef met een extra puntje.

Gozée

 ## Les caves de l'abbaye d'aulne

rue vandervelde 1 - 6534 Gozée
℡ 071 51 98 28   🖷 071 51 98 28
jpgezels@skynet.be 🕐 0:00   🔒 ma/lu do/je   🔒 ma/lu do/je
💶 21-37

Haine-Saint-Pierre

 ## Restaurant Ugo

ch. de Redemont 179 - 7100 Haine-Saint-Pierre
℡ 064 28 48 00   🖷 064 28 48 00
restaurantugo@yahoo.fr
🕐 21:30   🔒 di/ma   🔒 ma/lu di/ma wo/me do/je
💶 33   🍽 40-60

Un décor sobre et épuré pour l'antre de ce jeune trentenaire, Ugo Méli et son épouse Jessica. Au menu ce soir, déclinaison en 4 services après une mise en bouche assez conséquente. Pour commencer, des Saint-Jacques crues à l'huile d'argan et zestes de citron suivies de croustillants de langoustine aux tomates confites. Un plat fort intéressant mais qui manquait ce jour-là de la touche de « waouw » à laquelle Ugo nous avait habitués. Idem dito pour le grenadin de veau de Corrèze qui s'accompagnait d'un superbe risotto au chou-fleur tandis que la polenta de notre thon ne parvenait pas à trouver sa place dans l'assiette. Le dessert était, lui, irréprochable. Impossible, à ce niveau, de ne pas attirer l'attention du jeune couple sur ces « petites » erreurs.

Een sober en strak decor voor het plekje van deze jonge dertiger, Ugo Méli, en zijn echtgenote Jessica. Op het menu deze avond: 4 gangen na een redelijk groot aperitiefhapje. Om te beginnen rauwe Sint-Jakobsnootjes met arganolie en citroenschil gevolgd door knapperige langoustines met gekonfijte tomaten. Een heel interessant gerecht dat ons die dag echter niet het 'whaaw-effect' bezorgde dat we intussen gewend zijn van Ugo. Idem dito voor de fricandeau van kalf uit Corrèze die geserveerd werd met schitterende risotto met bloemkool, terwijl de polenta bij onze tonijn er niet in slaagde haar plaatsje te vinden op het bord. Het dessert was dan weer onberispelijk. Op dit niveau is het onmogelijk om de aandacht van het jonge koppel niet te vestigen op deze 'kleine' foutjes.

La Villa d'Este

r. de la Déportation 63 - 7100 Haine-Saint-Pierre
℡ 064 22 81 60   🖨 064 26 16 46
info@lavilladeste.be - http://www.lavilladeste.be
🛏 0:00 ⁷⁄₇
🍴 8   ⚿ 59-99

Ham-sur-Heure

👍 Le Pré Vert   ♡ ☺

ch. Folie 24 - 6120 Ham-sur-Heure
℡ 071 21 56 09   🖨 071 21 50 15
http://www.restaurantleprevert.be
🛏 21:00   🔒 ma/lu di/ma   🔒 ma/lu di/ma zo/di
💼 fin août - début sept. / eind aug. - beg. sept.
🍽 18-39   🍷 10-23   🍴 44

Ham-sur-Heure-Nalinnes

⑬ Vin...rue des écoles

Rue des écoles 20 - 6120 Ham-sur-Heure-Nalinnes   ⌂ ❄
℡ 071 22 16 77   🖨 071 32 16 06
info@vinruedesecoles.be - http://www.vinruedesecoles.be
🛏 22:00   🔒 za/sa zo/di   🔒 zo/di
💼 Juillet / Juli
🍽 35-65   🍷 36-65   🍴 50

Dans une maison cosy, plusieurs pièces s'enchaînent dont une s'ouvrant sur le jardin. A l'étage, un espace fumeur. Une brigade sympathique et bienveillante gère le service. Au bar, plusieurs bouteilles ouvertes permettent de prendre le vin au verre. Ce midi, nous avons testé les croquettes de crevettes maison. Malgré une croûte un peu trop épaisse et pas assez liquide, le goût était au rendez-vous. Portion généreuse pour les rognons sauce Baugé ensuite. Par contre, le risotto servi était malheureusement trop crémeux. La carte des vins un peu onéreuse, se concentre surtout en Bordeaux, Bourgogne et Loire.

In een gezellig huis lopen verschillende kamers in elkaar over, waaronder één met zicht op de tuin. Rokersruimte op de eerste verdieping. Een sympathieke en attente brigade verzorgt de bediening. Aan de bar staan meerdere flessen open, waardoor wijn per glas kan worden gedronken. Die middag probeerden we de huisbereide garnaalkroketten. Ondanks de ietwat te dikke korst en de onvoldoende vloeibare vulling was de smaak wel van de partij. Vervolgens een royale portie niertjes met Baugésaus. De geserveerde risotto was echter jammer genoeg te romig. De ietwat dure wijnkaart is vooral toegespitst op 3 streken: Bordeaux, Bourgogne en Loire.

La Louvière

Europa

r. de Wavrin 3 - 7100 La Louvière
℡ 064 66 44 44   🖷 064 66 44 33
info@akena.be - http://www.hotels-central.be
🕐 0:00 7/7
♿ 50   🛏 128   🛏 70-135   🚗 20

Lobbes

🍴 L' Etang Bleu

r. de Binche 8 - 6540 Lobbes
℡ 071 59 34 35   🖷 071 59 36 76
info@letangbleu.be - http://www.letangbleu.be
🕐 21:00   🔒 ma/lu za/sa   🔒 ma/lu zo/di
📅 1 - 7 janv., 5 - 15 sept., 24 - 31 déc. / 1 - 7 jan., 5 - 15 sept.,
24 - 31 dec.
🍽 38-72   🍽 60-71   🍷 53

Pas évident d'ouvrir une maison de bouche dans un coin perdu, fusse t'il au bord d'un étang. Pourtant, c'est le pari qu'ont fait nos deux compères, Stéphane Chermanne et Geoffrey Monturier, deux jeunes bourrés de talent. L'un en cuisine, l'autre en cave (et en salle), ils expriment une volonté de ravir, ce qu'ils ont réussi à faire plus d'une fois depuis quelques années avec nous. Ce jour-là, dans leur agréable mais ô combien atypique salle à manger en bordure de cet étang bleu, ils nous ont réjoui d'une mise en bouche faite d'un superbe rouget et confit d'oignons sur galets avant le duo osé mais intéressant entre le thon rouge mariné et quelques pousses de pois posés sur une gelée de pêche. Ou comment revisiter la pêche au thon. Pour suivre, un velouté de cèpes, jambon ibérico grillé et dés de foie gras affiche un bel équilibre tandis que le canard col vert et son coulis de légumes se révèlent être impeccables malgré des pommes pont-neuf un rien en retrait. Il n'empêche, l'adresse a non seulement du potentiel mais surnage déjà clairement par rapport à plusieurs de ses collègues locaux. En salle, Geoffrey assure de très belles sélections vineuses.

Het is niet evident om een restaurant te openen in een verloren gat, ook al ligt dat aan een meertje. Dat is nochtans de uitdaging die onze twee kompanen aangingen, Stéphane Chermanne en Geoffrey Monturier, twee jongeren boordevol talent. De ene in de keuken, de andere in de kelder (en in de zaal). Ze willen hun klanten duidelijk in vervoering brengen, en daarin zijn ze bij ons sinds enkele jaren al meermaals geslaagd. Die dag genoten we in hun aangename maar toch zo atypische eetzaal aan de oevers van dit blauwe meertje van een aperitiefhapje met overheerlijke poon en uienkonfijt, gevolgd door een gewaagd maar interessant duo van gemarineerde rode tonijn en enkele erwtenscheuten op perzikgelei. Perzik met tonijn anders benaderd dus. Vervolgens roomsoep van eekhoorntjesbrood, gegrilde iberico-ham en blokjes foie gras: mooi in evenwicht. De eend met groentecoulis bleek onberispelijk, ondanks pommes pont-neuf die ietwat minder geslaagd waren. Dat neemt niet weg dat dit adresje niet alleen potentieel heeft, maar ook al duidelijk verschillende lokale collega's overtreft. In de zaal zorgt Geoffrey voor zeer mooie wijnselecties.

Marcinelle

 **Le Saint-Charles**

r. du Cazier 80 - 6001 Marcinelle
℡ 071 36 56 26   🖶 071 36 06 22
lesaintcharles@leboisducazier.be - http://www.lesaintcharles.be
🍴 21:30   🔒 ma/lu di/ma   🔒 ma/lu di/ma wo/me do/je zo/di
🧳 2 sem. juil., Noël et Nouvel An / 2 wek. juli, Kersmis en Nieuwjaar
🍴 15-39   🍴 34

Belle évolution pour Alain Etienne qui a su tirer son épingle du jeu depuis la reprise, il y a 2 ans maintenant. Lors de notre visite, nous avons été agréablement surpris. Tout d'abord avec ce grand classique, les asperges à la flamande, d'une cuisson irréprochable et la sauce aux œufs bien réalisée. La lasagne de légumes qui accompagnait nos gambas snackées était de la même veine: juste savoureuse. La fraîcheur conclut notre repas d'un carpaccio d'ananas à la badiane. La carte des vins offre de belles découvertes. Le point supplémentaire ne fait aucun doute.

Een mooie evolutie voor Alain Etienne, die hier goed zijn mannetje staat sinds hij de zaak intussen 2 jaar geleden overnam. Tijdens ons bezoek werden we aangenaam verrast. In de eerste plaats door een grote klassieker, asperges op Vlaamse wijze, met een onberispelijke cuisson en een goed gemaakte saus met eieren. De groentelasagne bij onze gebakken gamba's was van hetzelfde allooi: gewoon overheerlijk. Frisheid troef als afsluiter van onze maaltijd, met carpaccio van ananas en steranijs. Op de wijnkaart staan mooie ontdekkingen. Over het extra puntje bestaat geen twijfel.

Monceau-sur-Sambre

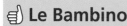 **Le Bambino**

rue des Combattants 51 - 6031 Monceau-sur-Sambre
℡ 071 31 87 10
🍴 0:00   🔒 ma/lu di/ma wo/me do/je vr/ve za/sa   🔒
🍴 30-40

Montigny-le-Tilleul

 L' Eveil des Sens

r. de la Station 105 - 6110 Montigny-le-Tilleul
℡ 071 31 96 92   🖶 071 51 96 92
info@leveildessens.be - http://www.leveildessens.be
🍴 21:30   🔒 ma/lu zo/di   🔒 ma/lu zo/di
🧳 1 sem. janv., 1 sem. avril, dernière sem juil - 2 1ères sem août /
1 week jan., 1 week april, laatste week jul - 2 eerste wek aug
🍴 58-88   🍴 76-118   🍴 100

Dans leur agréable maison en bord de chaussée, Laury et Nadia Zioui poursuivent leur bout de chemin dans un environnement pas toujours facile. Et pourtant, dans le verre (le restaurant a une très belle cave) comme dans l'assiette, les plaisirs sont sans cesse renouvelés. Laury a pour habitude d'allier les grands classiques qu'il maîtrise à quelques notes orientales en clin d'œil à ses origines. Ainsi, lors de l'une de nos récentes visites, le perdreau et le foie gras jouaient les duettistes avec le kumquat et la rhubarbe. Pour suivre, le colvert et sa gigue de Provence faisaient ensuite place à la poule faisane et ses cèpes servis sur une polenta. Quant à la datte madjoul, elle venait idéalement rafraîchir l'assiette faite de chevreuil au gingembre et cacao. On clôture le tout d'une farandole de mignardises croquantes et glacées qui confirment le talent multiple du chef. En salle, Nadia et son équipe veillent sur les convives et leur suggèrent de très intéressantes combinaisons vineuses ou laissant les plus difficiles puiser dans une belle bible de cave.

In hun aangename woning langs de steenweg zetten Laury en Nadia Zioui hun weg voort in een niet altijd gemakkelijke context. En nochtans: zowel in het glas (het restaurant heeft een heel mooie kelder) als op het bord is het genot steeds opnieuw van de partij. Laury heeft de gewoonte de grote klassiekers die hij beheerst te combineren met enkele oosterse toetsen, als knipoog naar zijn herkomst. Tijdens een van onze recente bezoeken vormden jonge patrijs en foie gras een duo met kumquat en rabarber. Vervolgens wilde eend en eendenbout, met daarna fazant en eekhoorntjesbrood op polenta. De madjoul dadel zorgde voor de perfecte frisse toets bij ree met gember en cacao. Het geheel werd afgerond met een reeks knapperige en geglaceerde zoetigheden die het veelzijdige talent van de chef bevestigen. In de zaal waken Nadia en haar team over de gasten. Ze stellen interessante wijncombinaties voor of laten de veeleisendere klanten kiezen uit een mooie kelderbijbel.

De Vous à Nous

Rue de Grand Bry 42 - 6110 Montigny-le-Tilleul
☎ 071 47 47 03
restaurantdevousanous@yahoo.fr - http://www.devousanous.net
🕐 0:00 🔒 di/ma za/sa 🔒 di/ma zo/di
🍽 20-39 🍽 30-45 🍷 31

Le cadre verdoyant et lumineux offre un environnement idéal pour découvrir la cuisine de François Duvivier. Outre son menu unique en 3 ou 4 services, on peut déguster un thon rouge 'a la plancha' rafraîchi d'un avocat citronné ou fondre pour les poireaux et cœur d'artichauts qu'accompagne le pigeonneau d'Anjou. La terrasse se prête parfaitement aux repas par beau temps.

Het groene kader dat baadt in het licht is een ideale omgeving om de keuken van François Duvivier te ontdekken. Naast zijn unieke 3- of 4-gangenmenu kunt u genieten van rode tonijn 'a la plancha' met frisse avocado met citroensap of smelten voor de prei en artisjokharten die geserveerd worden bij de jonge duif van Anjou. Bij mooi weer leent het terras zich uitstekend voor een etentje buiten.

Mont-sur-Marchienne

Luca&papa

Avenue Paul Pasture 384 - 6032 Mont-sur-Marchienne
☎ 071 43 00 00
info@lucapapa.be - http://www.resto-luca-papa.be
🕐 0:00 🔒 za/sa

↗ Les Trois P'tits Bouchons

Av. paul Pastur 378 - 6032 Mont-sur-Marchienne

☎ 071 32 55 19   📠 071 32 94 75
bouchons@skynet.be - http://www.les3petitsbouchons.be
🔓 21:30   🔒 za/sa zo/di   🔒 za/sa zo/di
🍽 26-65   🍷 38

Ce n'est pas le grand méchant loup qui a soufflé sur leur maison. Pourtant, «les trois petits bouchons» ont récemment déménagé dans cette élégante maison de maître offrant un confort tout autre et un écrin digne de ce nom à la cuisine de maître Yo. Celui-ci signe une cuisine française épurée mâtinée de subtiles notes japonaises. L'ensemble fait planer d'autant plus qu'en salle, Roland abreuve chacun de ses clients de flacons «découverte» offrant un intéressant rapport qualité-prix. Dans l'assiette, le choix oscille entre le millefeuille de queue de boeuf et betterave servi en pot-au-feu ou un canard sauvage au maïs doux, échalotes confites au vin rouge côté classique. Plus empreints de coups de «baguette» du chef, la pièce de boeuf servie bleue à la japonaise sur une salade au soja et vinaigre de chiso, ponsu et wasabi ou encore le filet de maquereau frit façon «Kara-age». De quoi voyager pour les amateurs ou retrouver des saveurs véritables pour les autres. En matière de vins, Roland connaît sa chanson sans pour autant vous pourfendre au moment de l'addition.

Het is niet de grote boze wolf die hun huis omverblies. Nochtans verhuisde 'Les trois petits bouchons' onlangs naar dit elegante herenhuis dat een totaal ander comfort biedt en dat een schitterende locatie is die de keuken van chef Yo alle eer aandoet. Hij bereidt een geraffineerde Franse keuken doorspekt met subtiele Japanse accenten. Het geheel brengt u in hogere regionen, zeker als Roland in de zaal zijn klanten 'ontdekkingsflessen' met een interessante prijs-kwaliteitverhouding voorstelt. Op het bord wordt geaarzeld tussen millefeuille van ossenstaart en biet geserveerd als stoofpotje, of wilde eend met zoete maïs en gekonfijte sjalotjes met rode wijn – iets klassiekers dus. Het rood geserveerde rund op Japanse wijze op een slaatje met soja en chisoazijn, ponsu en wasabi, of de gefrituurde makreelfilet à la 'Kara-age' vertonen duidelijker de magische stempel van de chef. Kwestie van de liefhebbers mee te nemen op reis, of anderen echte smaken te laten herontdekken. Qua wijnen weet Roland hoe de vork in de steel zit, zonder u echter met een gepeperde rekening op te zadelen.

Version Originale

r. Marcinelle 181 - 6032 Mont-sur-Marchienne
☎ 071 43 63 90
http://www.versionoriginale.net
🔓 21:00   🔒 wo/me   🔒 di/ma wo/me zo/di
📅 15 juil. - 15 août, fin déc. / 15 juli - 15 aug., eind dec.
🍽 34-60   🍷 48-65

Dès qu'on entre, l'odeur du feu de bois titille les narines sans pour autant déranger. Installés dans la salle arrière ouvrant sur le jardin et la petite terrasse, on opte pour la fleur de courgette à la mousse de champignons pour débuter. Savoureuse, la mousse se révèle parfaite avec son coulis de tomate au pesto. Pour suivre, les calamars sont idéalement cuits avec la mie de pain mais manquent d'une petite sauce. L'entrecôte de Simmental cuite au feu de bois se révèle intéressante au goût grâce à la cuisson adoptée mais les nombreux nerfs dans notre morceau altèrent le plaisir. La Dacquoise au chocolat en finale ternit par contre un peu la réputation de la maison de par son manque de relief. Il n'empêche, on passe ici un agréable moment attablé. Madame assure le service en salle.

Zodra u binnenkomt prikkelt de geur van het houtvuur de neusvleugels, zonder echter hinderlijk te zijn. In de zaal achteraan met zicht op de tuin en het kleine terras opteren we om te beginnen voor de courgettebloem met champignonmousse. Overheerlijk. De mousse blijkt ideaal samen te gaan met de coulis van tomaat met pesto. Vervolgens zijn de calamaris perfect gebakken met broodkruim, maar er ontbreekt een sausje. De op houtskool gebakken entrecote van Simmental heeft een interessante smaak dankzij de gekozen bereiding, maar de vele zenuwen in ons stuk doen afbreuk aan het genot. De Dacquoise van chocolade als afsluiter tast echter door zijn gebrek aan reliëf de reputatie van het huis enigszins aan. Maar dat neemt niet weg dat we hier een aangenaam tafelmoment beleven. Mevrouw staat in voor de bediening in de zaal.

Philippeville

👍 La Côte d'Or

r. de la Gendarmerie 1 - 5600 Philippeville
📞 071 66 81 45   📠 071 66 67 97
info@lacotedor.com - http://www.lacotedor.com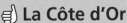
🏠 20:45   🔒 ma/lu di/ma wo/me   🔒 ma/lu di/ma wo/me zo/di
🍴 22-49   🍷 40-60   🥄 28

🏨 La Côte d'Or

r. de la Gendarmerie 1 - 5600 Philippeville
📞 071 66 81 45   📠 071 66 67 97
info@lacotedor.com - http://www.lacotedor.com
🛏 0:00   ⁷⁄₇
🛏 7   🛏 50-85   🅿 51-101   📺 101   🛏 1   💲 85

Ragnies

🎩 La Part des Anges

Place 6 - 6532 Ragnies
📞 071 33 00 03   📠 071 33 00 03
lapartdesanges@hotmail.be - http://www.lapartdesanges.be
🏠 21:00   🔒 ma/lu di/ma wo/me   🔒 ma/lu di/ma
🍴 38-50   🍷 37-45   🥄 52

Installée dans le magnifique village de Ragnies, cette maison se rythme au son des cloches de l'église voisine et de la créativité du chef. Une cuisine autour de quelques produits mêlant saveurs d'ici et d'ailleurs. La langoustine se déguste autour du couscous et du gouda, version basse température pour le filet de pintade et ses compagnons de terre ou la daurade royale et son duo croquant/moelleux.

Dit huis, gelegen in het prachtige dorpje Ragnies, past zijn ritme aan aan het geluid van de klokken van de nabijgelegen kerk en de creativiteit van de chef. Een keuken rond enkele producten die smaken van hier en elders met elkaar combineert. De langoustine wordt opgediend rond couscous en Gouda. Bereiding op lage temperatuur voor de parelhoenfilet met zijn aardse garnituur of de goudbrasem met krokant/zacht duo.

Ransart

 Il Truletto

Place L. Delhaize 15 - 6043 Ransart
☏ 071 35 44 18   🖷 071 35 44 19
info@iltrulletto.com - http://www.iltrulletto.com
🛏 0:00   🔒 za/sa   🔒 ma/lu di/ma zo/di

Sur la place communale, ce local a été repris par un couple des Pouilles pour le plus grand bonheur des gastronomes. Le décor ne paye pas de mine mais on y vient pour la cuisine comme là-bas. Explosion de saveurs que ce carpaccio de bresaola et poulpe suivi d'une véritable croquette au vieux parmesan. Rien à redire sur les spaghettis vongole, un plat tout en fraîcheur. L'invitation à la découverte mérite sa 1ère toque.

Dit lokaal op het dorpsplein werd overgenomen door een koppel uit Apulië, tot groot genoegen van de gastronomen. Het decor ziet er niet uit, maar men komt hier voor de keuken van daar. Een explosie van smaken bij de carpaccio van bresaola en inktvis, gevolgd door een echte kroket met oude parmezaan. Niets aan te merken op de spaghetti vongole, een superfris gerecht. Deze ontdekkingsuitnodiging verdient een eerste koksmuts.

Thuin

Château Beauregard

Route de Lobbes 2/21 - 6530 Thuin
☏ 071 55 60 15
info@chateaubeauregard.be - http://www.chateaubeauregard.be
🛏 0:00   🔒 ma/lu di/ma wo/me do/je vr/ve   🔒 ma/lu di/ma wo/me do/je
🍽 30-50

C'est sur les hauteurs de Thuin que ce château a ouvert sa cuisine au grand public. Le chef, Frédéric Tahon, propose un menu à choix multiple parmi les suggestions. Le tout dans un décor élégant surplombé d'une cheminée en marbre. Après quelques mises en bouche fort sympathiques dont ce macaron de foie gras, place aux asperges vertes et Saint-Jacques d'une cuisson irréprochable. Le cœur de saumon mariné au soja se la joue tout en fraîcheur avec une sauce crémeuse au soja. La touche finale se décline sur le sucre avec ce riz au lait et millefeuille de mangue.

Dit kasteel heeft in de heuvels van Thuin zijn keuken geopend voor het grote publiek. De chef, Frédéric Tahon, stelt een meerkeuzemenu voor uit de suggesties. Allemaal in een elegant decor met een marmeren schoorsteen. Na enkele heel leuke aperitiefhapjes, waaronder een macaron van foie gras, volgden groene asperges en onberispelijke sint-jakobsvruchten. De met soja gemarineerde zalm is uiterst fris, samen met een romige saus met soja. Als slotakkoord een zoete toets met rijstpap en millefeuille van mango.

Les vrais soudeurs

Avenue de ragnies 14 - 6530 Thuin
℡ 071 55 85 81/0479 45 43 18
vraissoudeurs@gmail.com
🕐 0:00   🔒 ma/lu di/ma wo/me zo/di   🔒 ma/lu di/ma zo/di

C'est l'histoire de 2 jeunes professeurs passionnés de gastronomie avec le rêve, un jour, d'ouvrir leur enseigne. Chose faite en janvier 2011. L'intérieur sent encore le neuf avec ses tables en bois et chaises confortables. En cuisine, on prône la simplicité. Pour commencer, un tartare de bœuf coupé au couteau tout en fraîcheur précédant ces asperges et palourdes dans un jus de chorizo doux fort succulent. Le service est décontracté et quelques vins au verre se lisent au tableau. Une adresse à suivre que nous saluons d'une 1ère toque.

Dit is het verhaal van 2 jonge leerkrachten met een passie voor gastronomie en een droom om ooit hun eigen restaurant te openen. Dat gebeurde in januari 2011. Het interieur ruikt nog nieuw, met de houten tafels en de comfortabele stoelen. In de keuken wordt eenvoud aangeprezen. Om te beginnen superverse met het mes gesneden rundtartaar, gevolgd door asperges en venusschelpen in een overheerlijke jus van milde chorizo. De bediening is ontspannen. Op het krijtbord staan enkele wijnen die verkrijgbaar zijn per glas. Een adresje om te volgen dat we alvast belonen met een 1e koksmuts.

Walcourt

 ## Hostellerie Dispa

r. du Jardinet 7 - 5650 Walcourt
℡ 071 61 14 23   📠 071 61 11 04
hostellerie.dispa@skynet.be - http://www.hostelleriedispa.be
🕐 21:00   🔒 wo/me   🔒 wo/me zo/di
📅 9 - 20 janv., 3 - 8 sept. / 9 - 20 janv., 3 - 8 sept.
🍽 24-60   🍴 14-40   🍷 18-18

L'hostellerie a 40 ans avec, fidèles à leur poste, les membres de la famille Dispa. La carte fleure bon les produits de la région remis au goût du jour par le chef. Outre les écrevisses, spécialité de la maison, le jambon de la Sûre finement tranché, les champignons des bois sur leur toast et le filet de plie et légumes du marché se consomment sans modération.

Het hotel-restaurant wordt al 40 jaar uitgebaat door de leden van de familie Dispa, die trouw op post blijven. Op de kaart staan veel streekproducten die door de chef in een eigentijds kleedje werden gestopt. Naast de rivierkreeftjes, de specialiteit van het huis, kunt u zonder mate genieten van fijngesneden ham van de Sûre, boschampignons op hun toast en scholfilet met marktgroenten.

 ## Hostellerie Dispa

r. du Jardinet 7 - 5650 Walcourt
℡ 071 61 14 23   📠 071 61 11 04
hostellerie.dispa@skynet.be - http://www.hostelleriedispa.be
🕐 0:00   7/7
📅 9 - 20 janv., 3 - 8 sept. / 9 - 20 jan., 3 - 8 sept.
🛏 9   🛏 90   🛏 82-114   🛏 85-95   🛏 95

Charneux ▷ Herve

Châtelet ▷ Charleroi

Dion-Valmont

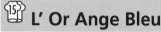 **L' Or Ange Bleu**

ch. de Huy 71 - 1325 Dion-Valmont
℡ 010 68 96 86   🖨 010 88 09 30
olivier@lorangebleu.com - http://www.lorangebleu.com
🕐 21:00   🔒 ma/lu za/sa   🔒 ma/lu
💼 1 sem. Pâques, 16 - 31 août, Noël et Nouvel An / 1 week Pasen,
16 - 31 aug., Kerstmis en Nieuwjaar
🍽 25-66   🍷 60-80   🍴 35

Superbe maison s'ouvrant sur un jardin agréable où il fait bon s'attabler en été. La salle à manger, entièrement vitrée, tient plus de la véranda confortable et cosy que de la salle à manger traditionnelle et l'on ne s'en plaint pas. Cela baigne les assiettes d'une belle lumière. En salle, Olivier, le patron, assure un service élégant, impeccable et assorti de vins qu'il va chercher parfois dans des contrées inconnues pour le plus grand plaisir des amateurs de découverte. Dans l'assiette, changement cette année avec l'arrivée d'un nouveau chef. Entamée avec un festival de mises en bouche créatives et savoureuses, notre dégustation se poursuit par un saumon mariné qu'on eut aimé un rien plus froid, servi avec un intéressant sable de mer et un coulis de cresson. Pour suivre, de belles Saint-Jacques, une persillade haute en saveur et quelques champignons poêlés à l'assaisonnement un rien trop poussé. En plat, le perdreau d'une part, la faisane de l'autre, s'amourachent de choux de Bruxelles et quelques endives tandis que leurs cuisses se confisent à l'arabica. L'ensemble témoigne de la maîtrise des bases et nul doute que les petites erreurs rencontrées ce jour-là, soit quelques semaines après l'arrivée du nouveau chef, seront vite balayées après le rodage. Les deux toques sont confirmées pour ce nouveau chef qui, s'il poursuit dans cette voie, devrait vite recouvrer le niveau de son prédécesseur.

Een prachtig huis met uitzicht op een mooie tuin waar het in de zomer aangenaam tafelen is. De eetzaal, die volledig beglaasd is, heeft meer van een comfortabele en gezellige veranda dan van een traditionele eetzaal – en daarover hoort u niemand klagen. Daardoor baden de borden in een mooi licht. In de zaal verzekert Olivier, de baas, een elegante en onberispelijke bediening, met wijnen die hij soms in onbekende contreien gaat zoeken tot groot genoegen van de liefhebbers van nieuwe ontdekkingen. In de keuken is er dit jaar een verandering door de komst van een nieuwe chef. Onze degustatie start met een festival van creatieve en overheerlijke aperitiefhapjes. Vervolgens gemarineerde zalm die we een tikkeltje kouder hadden gewild, opgediend met interessant zeezand en een coulis van waterkers. Vervolgens mooie Sint-Jakobsvruchtjes, een zeer smaakvolle persillade en enkele gebakken champignons met een tikkeltje te veel kruiding. Als hoofdgerecht enerzijds jonge patrijs en anderzijds fazant, geserveerd met enkele spruitjes en witlof, terwijl de bouten gekonfijt zijn met arabica. Het geheel getuigt van een goede beheersing van de basissen, en we zijn ervan overtuigd dat de kleine foutjes van die dag – enkele weken na de komst van de nieuwe chef – na de inwerkperiode snel van de baan zullen zijn. De twee koksmutsen worden bevestigd voor deze nieuwe chef die snel het niveau van zijn voorganger zou moeten halen als hij de ingeslagen weg voortzet.

Chaumont-Gistoux

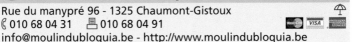

⑬ Le moulin du bloquia

Rue du manypré 96 - 1325 Chaumont-Gistoux
☎ 010 68 04 31   ᕲ 010 68 04 91
info@moulindubloquia.be - http://www.moulindubloquia.be
⏰ 0:00   🔒 ma/lu za/sa   🔒 ma/lu zo/di

Cette maison se cherchait depuis quelques années un chef sur qui se reposer. Et voilà que le second a coiffé la toque cette année. Croquettes de mozzarella sur un coulis de basilic et cuisses de grenouilles aux parfums du Midi sont de belles entrées en matière. Les scampis grillés posés sur une sauce tomate légèrement épicée sont corrects tandis que l'aiguillette de veau gratinée au comté ravit même si elle était un rien trop cuite. En salle, le patron est épaulé d'une jeune brigade cornaquée par un savoureux et authentique maître d'hôtel qui fit les beaux jours, des années durant, des élégantes brasseries de la Grand-Place. Nous souhaitons au jeune chef de déployer ses ailes et de pouvoir rapidement trouver son propre style. Superbe terrasse en été.

Dit huis was al enkele jaren op zoek naar een chef op wie het zich kon verlaten. En dit jaar heeft de souschef de koksmuts opgezet. Kroketten van mozzarella op een coulis van basilicum en kikkerbillen met zuiderse aroma's zijn een mooie start. De gegrilde scampi's op lichtjes gekruide tomatensaus zijn correct, terwijl het met comté gegratineerde kalfslapje ons in vervoering brengt, ondanks het feit dat het een tikkeltje te gaar was. In de zaal wordt de baas ondersteund door een jonge brigade die wordt geleid door een amusante en authentieke maître d'hôtel die jarenlang het mooie weer maakte in de elegante brasseries op de Grote Markt. Wij hopen dat de jonge chef zijn vleugels kan uitslaan en snel zijn eigen stijl vindt. Schitterend terras in de zomer.

Chimay

👍 Le Chaudron d'Or

pl. Léopold 15 - 6460 Chimay
☎ 060 21 17 41   ᕲ 060 21 54 74
info@lechaudrondor.be - http://www.lechaudrondor.be
⏰ 21:30   🔒 di/ma   🔒 ma/lu di/ma
🗓 16 - 31 août / 16 - 31 aug.
🍴 23-50   🍷 6-6

Baileux

👍 L' Attrape-loup

rue de rocroi 102 - 6464 Baileux
📞 060 21 11 47
http://www.attrapeloup.be
🕐 0:00 🔒 ma/lu zo/di 🔒 ma/lu di/ma wo/me zo/di
📅 30 déc.-11 jan., 8-26 juil. / 30 dec.-11 jan., 8-26 jul.
💶 12-25

Momignies

↗ Hostellerie du Gahy

r. du Gahy 2 - 6590 Momignies
📞 060 51 10 93 🖨 060 51 30 05
🕐 20:30 🔒 za/sa zo/di 🔒 za/sa zo/di
💶 35-65

Elle nous étonnera toujours notre Réjanne Bouillon ! L'accueil est chaleureux et bon vivant. La carte se lit sur le tableau parmi 8 entrées et 8 plats. Les mises en bouche laissent la place à un plat classique mais ô combien délicieux quant il est préparé à la perfection: les asperges à la flamande. Huit belles asperges d'une cuisson irréprochable et une mousseline savamment élaborée. De la même veine, le pigeonneau rôti, à la chair rosée et peau croustillante, s'accompagne de pommes de terre au four et morilles. Les huit préparations autour du chocolat nous confirment les talents du chef qui coiffe, au passage, un point supplémentaire.

Ze zal ons altijd blijven verbazen, onze Réjanne Bouillon! Het onthaal is vriendelijk en gezellig. De kaart staat op het bord: 8 voorgerechten en 8 hoofdgerechten. Na de aperitiefhapjes volgt een klassiek gerecht dat echter uiterst heerlijk is als het perfect bereid wordt: asperges op Vlaamse wijze. Acht mooie asperges, onberispelijk gekookt, en heerlijke mousseline. Van hetzelfde alloois: jonge duif, mooi rosé vanbinnen en knapperig vanbuiten, vergezeld van aardappeltjes uit de oven en morieljes. De acht bereidingen op basis van chocolade bevestigen het talent van de chef die dit jaar een extra puntje krijgt.

🏨 Hostellerie du Gahy

r. du Gahy 2 - 6590 Momignies
📞 060 51 10 93 🖨 060 51 30 05
🕐 0:00
📅 non fixes / niet vast
👍 6 🔑 95

Ciney

 ## Le Comptoir du Goût

r. du Commerce 121 - 5590 Ciney
(083 21 75 95   083 21 75 95
info@lecomptoirdugout.be -
http://www.restaurant-lecomptoirdugout.be
21:00   ma/lu zo/di   ma/lu zo/di
33   32-45

Tenu par un jeune couple fort sympathique, cette adresse se situe en bordure de route. La carte se partage entre le lunch et un menu 3 services à puiser dans les propositions. Notre choix s'est porté sur une tartine de foie gras surmontée d'un chutney d'oignons, le tout accompagné d'une Saint-Jacques en carpaccio relevée d'un trait de citron vert. Très beau départ mais qui, malheureusement, ne suit pas de manière idéale. La pourtant très belle raviole de lotte est arrosée d'une sauce trop crémée tandis que la cuisson parfaite de notre cabillaud se voit occultée par la nage de moules et palourdes au safran trop marqué. Dommage car si certaines bases sont bien en place, les déséquilibres font vaciller la toque…

Dit adresje aan de rand van de weg wordt uitgebaat door een heel sympathiek jong koppel. Op de kaart staan de lunch en een 3-gangenmenu samen te stellen uit de suggesties. Onze keuze viel op een boterham van foie gras met chutney van ui, vergezeld van een sint-jakobsvruchtje in carpaccio met een streepje limoen. Een zeer mooie start, die echter niet ideaal voortgezet werd. De nochtans zeer mooie ravioli van zeeduivel was overgoten met een te romige saus, terwijl de perfecte cuisson van onze kabeljauw aan het oog werd onttrokken door de bouillon met mosselen en venusschelpen met een te uitgesproken saffraansmaak. Jammer, want bepaalde basissen zijn wel degelijk aanwezig, maar de niet-evenwichtigheid doet de koksmuts wankelen…

Corbion ▷ Bouillon

Court-Saint-Etienne

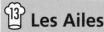 **Les Ailes** ♡

av. des Prisonniers de Guerre 3 - 1490 Court-Saint-Etienne
☎ 010 61 61 61   📠 010 61 46 32
lesailes@skynet.be - http://www.lesailes.be
🕰 20:30   🔒 ma/lu di/ma zo/di   🔒 ma/lu di/ma zo/di
📅 août / aug.
🍽 29-55   🍽 18-33   🍷 55

Toujours bon pied bon œil notre cher Olivier Bianco. Il nous distille une cuisine de terroir privilégiant les produits locaux où le porc de Piétrain s'aromatise aux herbes fraîches, la truite saumonée de Bonlez à la rhubarbe et le pintadeau de la ferme Héraly à la Kriek. Il n'a pas son pareil pour sublimer ces produits ce qui fait accourir les amateurs de terroir brabançon dans son élégante maison où l'on prend plaisir à manger dans la grande salle véranda. Vins français et… bon sang ne saurait mentir, italiens.

Hij is nog altijd in vorm, onze Olivier Bianco. Hij bereidt voor ons een streekgebonden keuken waarbij voorrang wordt verleend aan lokale producten, zoals Piétrain-varken dat gearomatiseerd wordt met verse kruiden, zalmforel van Bonlez met rabarber en parelhoentje van La Ferme Héraly met Kriek. Hij slaagt er als geen ander in deze producten op een hoger niveau te tillen en lokt dan ook heel wat liefhebbers van Brabantse streekgerechten naar zijn elegante woning, waar het even aangenaam is om te eten in de grote eetzaal als in de veranda. Franse wijnen en – het bloed kruipt waar het niet gaan kan… – Italiaanse wijnen.

Damme ▷ Brugge

Dampremy ▷ Charleroi

Daverdisse

 Le Trou du Loup

rue du Corai 2 - 6929 Daverdisse
☎ 084 38 90 84   📠 084 38 90 84
info@trouduloup.be - http://www.trouduloup.be
🕰 20:30   🔒 di/ma wo/me   🔒 di/ma wo/me
🍽 27-45   🍽 27-50   🍷 55

Au cœur de la petite suisse de Haut-Lesse, le village de Daverdisse abrite une cuisine simple mais authentique avec un dépaysement garanti. Cela donne dans l'assiette une brochette de scampis grillés au coulis de poivron, filet de pangasius en croûte de crumble au citron vert ou le navarin d'agneau revisité parmi les suggestions des plats de grands-mères. Le tout dans un décor et une ambiance 'traditionnels'.

In het hartje van de Haut-Lesse, een landschap vergelijkbaar met Klein Zwitserland, is in het dorpje Daverdisse een eenvoudig maar authentiek restaurant gevestigd waar u zich gegarandeerd in een heel andere omgeving waant. Op het bord resulteert dat in een brochette van gegrilde scampi's met paprikacoulis, pangasiusfilet in een korst van crumble met limoen of lamsragout op eigentijdse wijze onder de suggesties van grootmoeders gerechten. Het kader en de sfeer zijn 'traditioneel'.

De Haan

 Au Bien Venu ☺

Driftweg 14 - 8420 De Haan
📞 059 23 32 54 📠 059 23 32 54
au.bien.venu@pandora.be - http://www.aubienvenu.be
🛏 21:00 🔒 di/ma wo/me 🔒 di/ma wo/me
🍽 32-55 🍷 40-100

 Markt XI 🆕

Driftweg 11 - 8420 De Haan
📞 059 43 44 44
info@markt11.be - http://www.markt11.be
🛏 0:00 🔒 ma/lu zo/di 🔒 ma/lu zo/di
🍽 42-59 🍴 61

Benny Van Torre is een nieuwe aanwinst voor de kust. Hij is slager van opleiding en leerde het kokvak onder meer in het restaurant Triton (Blankenberg) en Hertog Jan. De voorbije 4,5 jaar stond hij mee aan het fornuis in restaurant Bartholomeus. Met zijn vriendin Katrijn verbouwde hij eigenhandig een mooie bel etage woning in De Haan. Een grote open keuken staat centraal opgesteld. Enkele mooie hapjes schepten hoge verwachtingen waaronder ijs van mosterd met hamcrème en poeder van kappertjes; en schuim van koude amandelsoep met citroenrasp. Het viergangen marktmenu start met een smaakrijke compositie van handgepelde Zeebrugse garnalen met stukjes komkommer, frisse gremolata, crème van aardpeer en erwtenscheuten. Vervolgens twee op de huid gebakken goudbrasemfilets van onberispelijke versheid met vierge saus, met mooie chibouste van parmezaan en crumble van zwarte olijven en basilicum. Dan volgt luchtig gebakken heilbot met een risotto van bulgur met spinaziecrème, zacht pittige wasabicrème en blaadjes jonge spinazie. De maaltijd sluit met een verfrissend dessert: braambessen met een sorbet van limoen en citroenmelisse, met crème van witte chocolade en luchtige rotsjes van limoen en citroen. Van Torre heeft goed opgelet bij zijn vorige leermeester en kookt met gevoel voor dosering, beheerst zijn kooktechnieken en brengt mooie smaken samen.

Benny Van Torre est le nouvel atout de la côte. Boucher de formation, il a notamment appris les ficelles du métier de chef au Triton (Blankenberg) et à l'Hertog Jan. Cela faisait quatre ans et demi qu'il s'activait aux fourneaux du Bartholomeus. Aidé par son amie Katrijn, il a transformé de ses mains une charmante maison "bel étage" du Coq. Une grande cuisine ouverte occupe le centre. Au vu des amuse-bouche, tous les espoirs sont permis. Nous dégustons notamment une glace moutardée à la crème de jambon et poudre de câpres ainsi qu'une émulsion à base de gaspacho d'amandes aux zestes de citron. Le menu du marché (quatre services) débute avec une composition savoureuse de crevettes de Zeebrugge décortiquées à la main, émincé de concombre, gremolata rafraîchissante, crème de topinambours et pousses de petits pois. S'ensuivent deux filets de dorade cuits sur peau, sauce vierge, crème chiboust au parmesan et crumble d'olives noires au basilic. Tout en légèreté, le flétan servi ensuite s'accompagne d'un risotto de boulgour à la crème d'épinards, d'une crème au wasabi légèrement relevée et de feuilles de jeunes épinards. Le repas s'achève sur un dessert rafraîchissant: mûres, sorbet de citron vert à la mélisse, crème au chocolat blanc et rochers au citron jaune et vert. Van Torre a bien écouté ses anciens maîtres. Il a le souci du dosage, il maîtrise les techniques culinaires et il propose de belles associations gustatives.

Beach Hotel - Auberge des Rois

Zeedijk 1 - 8420 De Haan
℡ 059 23 30 18   🖷 059 23 60 78
info@beachhotel.be - http://www.beachhotel.be
🔓 0:00   7⁄7
💼 1 janv. - 15 mars / 1 jan. - 15 maart
21   100-220   2   260

Romantik Hotel Manoir Carpe Diem

Prins Karellaan 12 - 8420 De Haan
℡ 059 23 32 20   🖷 059 23 33 96
manoircarpediem@skynet.be - http://www.manoircarpediem.com
🔓 0:00   7⁄7
💼 janv. / jan.
15   135-180   5   280

Belle Epoque

Leopoldlaan 5 - 8420 De Haan
℡ 059 23 34 65   🖷 059 23 38 14
hotel.belle-epoque@skynet.be - http://www.hotelbelleepoque.be
🔓 0:00
14   86-90   24 5   110

Duinhof

Leeuwerikenlaan 23 - 8420 De Haan
℡ 059 24 20 20   🖷 059 24 20 39
info@duinhof.be - http://www.duinhof.be
🔓 0:00   7⁄7
11   130-175   200-265   1   265   3   195

De Gouden Haan

Murillolaan 1 - 8420 De Haan
℡ 059 23 32 32   🖷 059 23 74 92
de.gouden.haan@gmail.com - http://www.hoteldegoudenhaan.be
🔓 0:00   7⁄7
7   90-115   5

Grand Hôtel Belle Vue

Koninklijk Plein 5 - 8420 De Haan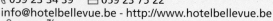
℡ 059 23 34 39   🖷 059 23 75 22
info@hotelbellevue.be - http://www.hotelbellevue.be
🔓 0:00   7⁄7
💼 9 janv. - 9 mars / 9 jan. - 9 maart
27   105-275   30 5   275

Internos

Leopoldlaan 12 - 8420 De Haan
✆ 059 23 35 79   🖨 059 23 54 43
hotelinternos@skynet.be - http://www.hotelinternos.be
🕐 0:00 ⁷⁄₇
🛏 fin oct. - mi nov., 3 sem. déc. / eind okt - half nov, 3 weken dec
🛏 20   ♨ 90-105   💶 140-155   🛎 155

Rubens

Rubenslaan 3 - 8420 De Haan
✆ 059 24 22 00   🖨 059 23 72 98
info@hotel-rubens.be - http://www.hotel-rubens.be
🕐 0:00 ⁷⁄₇
🛏 22 - 29 janv., 15 nov. - 15 déc. / 22 - 29 jan., 15 nov. - 15 dec.
🛏 9   ♨ 92-104   🛏 1   💲 157

Apostrophe

Maria Hendrikalaan 12 - 8420 De Haan
✆ 059 24 24 99
info@hotelapostrophe.be - http://www.hotelapostrophe.be
🕐 0:00 ⁷⁄₇
🛏 10 janv. - 31 oct., 15 nov. - 15 déc. / 10 jan. - 31 okt., 15 nov. -
15 dec.
🛏 8   ♨ 80-120

Klemskerke

De Kruidenmolen   ♡ ☺

Dorpsstr. 1 - 8420 Klemskerke
✆ 059 23 51 78   🖨
http://www.kruidenmolen.be
🕐 21:30   🔒 wo/me do/je   🔒 wo/me do/je
🛏 2 sem. mars, 2 sem. nov. / 2 wek. maart, 2 wek. nov.
💷 28-35   💷 38-48

In De Kruidenmolen geeft Stijn Bauwens nostalgische bereidingen uit de Belgisch/ Franse burgerkeuken een nieuw leven. Een no-nonsense smaakkeuken noemen wij dat. Maar hij laat ook ruimte voor eigen inventiviteit, zoals in zijn croque boem boem de luxe: een machtige 'croque monsieur' van laagjes ossenstaart, gekonfijte eendenlever en buffelmozzarella, met jonge sla. Aan de andere kant van de tafel bekoort hij met gefrituurde visreepjes, een smakelijke tartaarsaus en sla van rammenas, wortel en rode biet. Onze keuze van de hoofdgerechten viel ook weer uiteen in 'modern' en klassiek met een superverse op het vel gebakken zeebaarsfilet met een romige waterkerssaus en olijfaardappeltjes en met luchtig gegaarde kabeljauw met beurre blanc en fijne tomatencompote. Het menu voor € 35 is nog altijd de magneet waarvoor mensen van heinde en verre komen, ster-renchefs incluis.

Le chef Stijn Bauwens insuffle une nouvelle vie à des préparations nostalgiques du répertoire de la cuisine bourgeoise belgo-française. Le chef va droit au but en misant sur la pureté des goûts. Mais cela ne l'empêche pas non plus de donner libre cours à son inventivité comme dans son « croque de luxe »: un croque-monsieur d'une autre dimension, avec des couches de queue de bœuf, de foie gras de canard confit et de mozzarella de bufflonne, le tout accompagné de jeunes pousses de salade. À l'autre bout de la table, de délicieux bâtonnets de poisson frais, une sauce tartare goûteuse et une salade de radis noir, carotte et betterave rouge. Nos plats principaux faisaient aussi le grand écart entre les registres modernes et classiques avec un bar cuit à l'unilatéral d'une rare fraîcheur avec une sauce au cresson de fontaine crémeuse et de petites pommes de terre aux olives, et un cabillaud superbement cuit avec un beurre blanc et une compotée de tomate raffinée. Le menu affiché à 35 euros attire toujours la grande foule de près et de loin, chefs étoilés compris !

Wenduine

Four et Fourchette

Graaf Jansdijk 2 - 8420 Wenduine
℡ 0475 75 34 18
fouretfourchette@telenet.be - http://www.fouretfourchette.be
🕐 22:00 🔒 ma/lu di/ma wo/me do/je vr/ve 🔒 ma/lu di/ma wo/me do/je
📅 dern. sem. nov - prem. sem. déc / laatste week nov - eerste week dec
🍴 42-47 🍷 50-55 🥄 52

Intiem tafelen terwijl de chef het beste van zichzelf geeft aan het AGA-fornuis, het blijft een aparte formule. De kaartkeuze is beperkt. Dit is immers geen klassieke eetgelegenheid. Ook de wijnkaart bulkt niet van de mogelijkheden. Het verwachtingspatroon kan mensen misschien verrassen. Four et Fourchette wijkt inderdaad ver af van het traditioneel gangbare.

Déguster des plats raffinés en toute intimité alors que le chef donne le meilleur de lui-même aux fourneaux AGA reste une formule à part entière. Le choix à la carte est réduit. Cet établissement n'a en effet rien de classique. La carte des vins est aussi… limitée. Attention aux déceptions, ne nourrissez pas de trop grandes attentes, car Four et Fourchette s'écarte très clairement des sentiers battus.

👍 Poincaré

Delacenseriestr. 21 - 8420 Wenduine
℡ 050 42 32 78
info@poincare-restaurant.be - http://www.poincare-restaurant.be
🕐 20:30 🔒 ma/lu di/ma 🔒 ma/lu di/ma
🍴 39-49 🍷 17-30 🥄 75

🏨 Georges

De Smet de Nayerlaan 19 - 8420 Wenduine
℡ 050 41 90 17 📠 050 41 21 99
hotel.georges@telenet.be - http://www.hotelgeorges.be
🕐 0:00 7/7
🛏 18 🔑 90-110

De Panne

👍 Bistro Merlot

Nieuwpoortlaan 70 - 8660 De Panne
📞 058 41 40 61   📠 058 41 51 92
bistromerlot@telenet.be - http://www.resto.be
🛏 22:30   🔒 do/je vr/ve   🔒 do/je
📅 Du 17 nov à Pâcques également fermé le mercredi, 2 sem avant les
vac. de Pâcques / Tussen 17 nov en Pasen ook gesloten op woensdag,
2 weken voor de Paasvakante
🍽 25-40   🍷 30-60

🍳15 Le Flore ♡

Duinkerkelaan 19B - 8660 De Panne
📞 058 41 22 48   📠 058 41 53 36
info@leflore.be - http://www.leflore.be
🛏 21:45   🔒 di/ma wo/me   🔒 di/ma wo/me
📅 2 sem. fin janv., 3 sem. fin nov. - déb. déc. / 2 wek. eind jan.,
3 wek. eind nov. - beg. dec.
🍽 30-64   🍷 56-89   🥂50

Op de kaart staan vooral bereidingen met kreeft, schaaldieren en vis. Chef Ludovic Verlande laat die graag in hun waarde en voegt er dus alleen de garnituur aan toe die hij nodig acht. Zo krijg je grietbot en koningskrab met koriander, groenten en een Thaise bouillon, en is er dorade royal onder zoutkorst met groenten in de wok en groentebeignet. Voor ons zouden meer chefs dat less is more-principe mogen aanhangen, als ze tenminste net als hier met de nodige precisie koken.

La carte reprend surtout des préparations avec du homard, des crustacés et du poisson. Le chef Ludovic Verlande les laisse volontiers s'exprimer dans leur authenticité et n'ajoute donc des éléments de garniture que s'il les estime nécessaires. Vous avez ainsi un tronçon de barbue à la coriandre, aux légumes et au bouillon thaï, ou encore cette dorade royale en croûte de sel aux légumes passés au wok et au beignet de légumes. Pour nous, beaucoup de chefs feraient bien de s'inspirer du principe « less is more », à condition toutefois de faire preuve de la même précision que Ludovic.

🍳16 Le Fox 🍇♡

Walkiersstr. 2 - 8660 De Panne
📞 058 41 28 55   📠 058 41 58 79
info@hotelfox.be - http://www.hotelfox.be
🛏 21:00   🔒 ma/lu di/ma   🔒 ma/lu di/ma
📅 15 - 25 janv.,3 - 16 mai, 25 - 29 juin, 1 - 15 oct / 15 - 25 jan.,
3 - 16 mei, 25 - 29 juni, 1 - 15 okt
🍽 50-100   🍷 75-150   🥂55

Wij komen binnen in een barstensvol restaurant, zijn een beetje te laat en besluiten om de chef zijn zin te laten doen. De hapjes zetten al meteen de toon, vooral de Griekse linzen met mosseltjes en venusschelpje is een topper. Chef Stephane Buyens gaat door op zijn elan met perfect krokant gebakken Bretonse langoustine, subliem gecombineerd met lamsoor, erwtjes en super buikspek Alweer een topper! Er volgt een zeer lekkere bereiding van gevogelte gewikkeld in lardo di Colonnata, en dat smaakvolle spek is gelukkig niet te zout. De combinatie met

VIF. MINÉRAL.
SANS CONCESSION.

www.larochewines.com

een sausje op basis van champignons en truffel is perfect. De chef blijft ons op hoog niveau verrassen met topvlees van Limousin-melkkalf op zijn Provençaals. Groenten en sausje zijn net zo lekker als het vlees. Mooie wijnkaart.

Nous débarquons dans un restaurant plein à craquer, avec un petit peu de retard, et décidons de donner carte blanche au chef. Les amuse-bouche donnent immédiatement le ton, en particulier les lentilles à la grecque aux moules et palourdes. Que du bonheur ! Le chef Stephane Buyens poursuit sur sa lancée avec un croquant de langoustine bretonne, admirablement escorté de lavande de mer, de petits pois et de lard de poitrine. Encore un pur moment de bonheur. Pour suivre, une succulente roulade de volaille au lardo di Colonnata. Ce lard riche en saveur ne force pas trop sur le registre salé. Le concert avec la sauce aux champignons et truffes sonne à l'unisson. Le chef continue de nous surprendre avec une viande exceptionnelle de veau Limousin à la provençale. Les légumes et la sauce sont aussi sublimes que la viande est tendre. Beau livre de cave.

Donny

Donnylaan 17 - 8660 De Panne
✆ 058 42 10 00   📠 058 42 09 78
info@hoteldonny.com - http://www.hoteldonny.com
🔒 0:00   7/7
🛏 45   ⓚ♿ 75-185   ℗ 25-40   🍽 40   🍴 6   💲 185

Le Fox

Walkierstr. 2 - 8660 De Panne
✆ 058 41 28 55   📠 058 41 58 79
info@hotelfox.be - http://www.hotelfox.be
🔒 0:00
🛏 11   ⓚ 135

Iris

Duinkerkelaan 41 - 8660 De Panne
✆ 058 41 51 41   📠 058 42 11 77
info@hotel-iris.be - http://www.hotel-iris.be
🔒 0:00   7/7
🛏 20   ⓚ♿ 92-132   🍴 3   💲 160

Ambassador

Duinkerkelaan 43 - 8660 De Panne
✆ 058 41 16 12   📠 058 42 18 84
info@hotel-ambassador.be - http://www.hotel-ambassador.be
🔒 0:00   7/7
📅 1 janv. - 3 mars, 15 nov. - 31 déc. / 1 jan. - 3 maart, 15 nov. - 31 dec.
🛏 16   ⓚ♿ 80-100   ℗ 130-170   🍽 170   🍴 10   💲 120

Cajou

Nieuwpoortlaan 42 - 8660 De Panne
℡ 058 41 13 03 🖨 058 42 01 23
info@cajou.be - http://www.cajou.be
🕐 0:00 ⁷⁄₇
🍴 32 ☕ 55-95 🍽 72-140 🛏 140

 Maxim

Toeristenlaan 7 - 8660 De Panne
℡ 058 42 14 57 🖨 058 42 14 54
info@hotelmaxim.be - http://www.hotelmaxim.be
🕐 0:00 ⁷⁄₇
🍴 20 ☕ 55-95 🍽 72-135 🛏 135

 Royal

Zeelaan 180 - 8660 De Panne
℡ 058 41 11 16 🖨 058 41 10 16
info@hotel-royal.be - http://www.hotel-royal.be
🕐 0:00 ⁷⁄₇
📅 10 - 28 janv., 22 nov. - 16 déc. / 10 - 28 jan., 22 nov. - 16 dec.
🍴 20 ☕ 87-190 🍽 137-240 🛏 240 🚗 3 🅿 141

Zevergem

De Kok en zijn Vrouw ☺

Grote Steenweg 88 - 9840 Zevergem
℡ 09 220 39 59 🖨 09 329 77 29
de-kok-en-zijn-vrouw@telenet.be -
http://www.de-kok-en-zijn-vrouw.be
🕐 21:00 🔒 di/ma wo/me 🔒 ma/lu di/ma wo/me
📅 1 sem. mars, 3 sem. sept. / 1 week maart, 3 wek. sept.
🍽 44-54 🍷 60

Deerlijk

 **Marcus**

Kleine Klijtstr. 30 - 8540 Deerlijk
℡ 056 77 37 37 🖨 056 77 37 29
info@restaurantmarcus.be - http://www.restaurantmarcus.be
🕐 21:00 🔒 ma/lu za/sa zo/di 🔒 ma/lu zo/di
🍽 41-95 🍴 32-45 🍷 55

Wij arriveren in een afgeladen vol restaurant. De gastvrouw ontvangt ons zeer
vriendelijk en de chef komt persoonlijk gedag zeggen. Wij nemen het menu 'Ontdekking en innovatie'. Chef Gilles Joye bereikt daarin grote culinaire hoogtes! Wij

starten met iets te ver gegaarde makreel met yoghurt, krokant brood, zeegroenten en gepofte rijst. Dan zijn er langoustines en die zijn juist gegaard. Aspic met koningskrab en couscous smaakt er goed bij. Een topbord! De chef is ook een kei in presentatie, zoals blijkt uit de coquille met wortel en pompoen. De coquille is perfect gebakken en mooi afgekruid met curry en ras el hanout. Er volgt nog lekkere ganzenlever, een beetje smeltend binnenin en krokant van buiten, en ten slotte heerlijke patrijs met biet, cantharellen en wortel. Het is allemaal top en dat geldt ook voor de desserts met eerst meloen en citroengras, en dan passievrucht en yoghurt. Zeer mooie wijnkaart. Dit restaurant verdient een punt extra! De tweede kokmuts is binnen.

Le restaurant est comble quand nous arrivons… Qu'à cela ne tienne, la maîtresse de maison nous accueille très chaleureusement et le chef vient nous saluer en personne. Nous prenons le menu « Découverte et innovation ». Le chef Gilles Joye y atteint des sommets gastronomiques! Nous commençons par un maquereau, un rien trop cuit, au yaourt, croquant de pain, légumes marins et riz soufflé. Ensuite, des langoustines à la juste cuisson et parfaitement accompagnées d'un aspic de crabe royal et de couscous. Un plat extraordinaire ! Le chef est aussi un cador en dressage comme le démontre la Saint-Jacques à la carotte et au potiron. La coquille est parfaitement cuite et joliment assaisonnée de curry et raz el hanout. Vient ensuite un délicieux foie gras d'oie, légèrement fondant dedans et croquant dehors, et pour terminer, une succulente perdrix à la betterave, aux chanterelles et aux carottes. Tout est très bien travaillé et il en va de même pour les desserts avec, dans un premier temps, du melon et de la mélisse, et puis des fruits de la passion et du yaourt. Cellier passionnant. Ce restaurant mérite un point de plus. La deuxième toque est coiffée.

Deinze

⑭ ↗ D'Hulhaege ♡
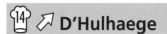

Karel Picquélaan 140 - 9800 Deinze

☎ 09 386 56 16   🖷 09 380 05 06

info@dhulhaege.be - http://www.dhulhaege.be

🕐 21:30   🔒 ma/lu za/sa   🔒 ma/lu zo/di

📅 19 juil. - 28 juil. / 19 juli - 28 juli

💶 42-70   🍷 55

Dit vroegere kasteel werd volledig (en prachtig) gerenoveerd door de nieuwe eigenaars, tot groot genoegen van de fijne gastronomen. Bij ons bezoek begonnen we met een festival van aperitiefhapjes die een klassieke en een moderne keuken met elkaar combineerden. Daarna schitterende skreifilet met een onberispelijke cuisson, met een subtiele mengeling van tarwe en chorizo. De tartaar van aubergine bij onze jonge duif van Anjou was uiterst smaakvol, met jus met ras-el-hanout die goed bereid was, ondanks een iets te dominerende aanwezigheid. De koksmuts is binnen, zonder enige discussie. Redelijk uitgebreide wijnkaart en mooi terras achteraan.

Cet ancien château a été entièrement (et superbement)rénové par les nouveaux propriétaires pour le plus grand plaisir des fins gastronomes. Lors de notre visite, nous avons débuté par un festival de mises en bouche alliant cuisine classique et moderne précédant un superbe dos de skrei, d'une cuisson irréprochable, avec un subtil mélange de blé et chorizo. Le tartare d'aubergine qui accompagnait notre pigeonneau d'Anjou, était goûteux à souhait avec un jus de ras-el-hanout bien réalisé malgré sa présence un rien trop dominante. La toque est coiffée sans aucune discussion. Carte de vins assez exhaustive et belle terrasse à l'arrière.

Gasthof Halifax

Emiel Clauslaan 143 - 9800 Deinze
📞 09 282 31 02
gasthof.halifax@pandora.be - http://www.gasthofhalifax.be
⁷⁄₇

Uniek gelegen aan de Leie geniet Gasthof Halifax al meer dan vier decennia bekendheid om zijn keuken én terras. Op zomerse avonden zijn er weinig plaatsen in het land meer feeëriek dan wel hier. Op de kaart die zelden verandert, zijn vooral de geroosterde gerechten populair. Koningskrab, gamba's, kreeft, Ierse ribeye of zwezeriken zijn maar enkele lekkernijen die aan de basis liggen van deze no-nonsenseproductkeuken. Boeiende wijnkaart. En het al fresco-restaurant van het jaar.

Emplacement exclusif sur les bords de la Lys. Cuisine et terrasse jouissent d'une belle notoriété depuis plus de quatre décennies... Au cours d'une soirée estivale, peu d'endroits sont plus féériques que celui-ci en Belgique. La carte ne change que très rarement et présente surtout des grillades, très populaires. Le crabe royal, les gambas, le homard, le faux-filet irlandais ou le ris de veau ne sont que quelques-uns des délices à la base d'une approche rationnelle de la cuisine. Cellier passionnant. Et le restaurant al fresco de l'année.

Astene

 Au Bain Marie ☺

Emiel Clauslaan 141 - 9800 Astene
📞 09 222 48 65   🖨 09 220 76 58
info@aubainmarie.be - http://www.aubainmarie.be
🕙 22:00   🔒 wo/me   🔒 di/ma wo/me zo/di
🍽 40-50   🍽 35-60   🍷 52

In deze villa aan de oevers van de Leie wordt een klassieke keuken geserveerd. Een mooi voorbeeld zijn de kroketten van kalfszwezerik. Goudbruin korstje en fijne vulling met ruim voldoende zwezeriken. Er hoort een perfecte tartaarsaus bij en een frisse salade met een heerlijke dressing. Perfect in balans is ook de duif uit Anjou, met ossenstaart, aubergines, erwten en spinazie. Rijk van smaak. Er is ook sappige filet van witblauwrund met dikke, heerlijk verse frieten en een lichte bearnaisesaus. De plakjes zijn mooi rosé gebakken. De smaakvolle keuken wordt in de ruime omgeving geapprecieerd. Het restaurant is vaak volzet en voor de bediening moet je soms wat geduld hebben.

Dressée sur les berges de la Lys, cette villa propose une cuisine classique. Les croquettes de ris de veau en offrent un bel exemple. Une belle croûte dorée enrobe une farce fine où les ris de veau sont présents en suffisance. En accompagnement: sauce tartare irréprochable, salade et dressing exquis. Le pigeonneau d'Anjou présente lui aussi un équilibre parfait. Son escorte allie les aubergines, les petits pois et les épinards à la queue de bœuf. Un envoi riche en saveurs. S'ensuit un filet fondant de Blanc Bleu, servi avec de grosses frites à la minute et une sauce béarnaise légère. La cuisson rosée de la viande est bien maîtrisée. Cette cuisine goûteuse est appréciée dans toute la région. Le restaurant est souvent complet et il faut parfois s'armer d'un peu de patience.

Sint-Martens-Leerne

 ## De Bonte Os

Leernsestwg. 234 - 9800 Sint-Martens-Leerne

℡ 09 282 36 25
info@bonteos.be - http://www.bonteos.be
🕐 21:30   🔒 ma/lu di/ma za/sa   🔒 ma/lu di/ma
📅 juin / juni
🍽 33-39   🍷 30-50   🥄 45

Brasseries zijn meestal een stadsfenomeen. De Bonte Os bewijst dat de brasserie-keuken ook in een landelijke omgeving hoge ogen kan gooien. Chef Paul Tonnard kiest voor typische gerechten zoals gebakken middenrifspier, vlees- of wildstoofpotjes of gebakken kalfsnier met mosterd. Ook de beenhesp is een toonbeeld van zuivere smaak, net als de Schotse zalm die in de tuin gerookt wordt. Rijstpap met bruine suiker, zonder gouden lepeltjes, is een van de typische nagerechten die hier voor een passend orgelpunt kunnen zorgen.

En général, les brasseries sont un phénomène urbain… Le Bonte Os prouve toutefois que la cuisine de brasserie peut également briller dans un environnement rural. Le chef Paul Tonnard mise sur des plats typiques comme le diaphragme, les viandes ou le gibier à l'étouffée ou alors un rognon de veau poêlé à la moutarde. Le jambon à l'os est aussi un modèle de pureté gustative tout comme le saumon écossais qui est fumé dans le jardin. Le riz au lait à la cassonade, un petit peu de paradis sur terre, est un des desserts caractéristiques, véritable point d'orgue du repas.

 ## D' Hoeve

Leernsestwg. 218 - 9800 Sint-Martens-Leerne

℡ 09 282 48 89   📠 09 282 34 31
info@restaurantdhoeve.be - http://www.restaurantdhoeve.be
🕐 21:00   🔒 ma/lu di/ma   🔒 ma/lu di/ma
📅 pas précisé / niet bepaald
🍽 33-75   🍷 26-65   🥄 45

Vorig jaar maakten we opmerkingen over de overvloed aan producten op eenzelfde bord. Ook dit jaar was dit bij een van onze bezoekjes het geval. De cuissons en de keuze van de producten zijn onberispelijk, maar men heeft soms de neiging zich daarin te verliezen. Bijvoorbeeld bij dit voorgerecht: gebakken foie gras, kwartel op 2 wijzen, rundtartaar met granaatappelpitjes en een rolletje coppa. Idem dito voor ons tweede voorgerecht in het kader van het zeethema: niet minder dan 6 vissoorten/schaaldieren in verschillende bereidingen. De producten binden de strijd aan met elkaar en soms gaan bepaalde smaken verloren. Jammer, want de chef kan koken…

Nous avions pointé du doigt l'année passée la multitude de produits sur une même assiette. Cette année encore, ce fut le cas lors d'une de nos visites. Les cuissons et le choix des produits sont impeccables mais on a tendance parfois à s'y perdre. Comme avec cette entrée où l'on retrouvait un foie gras poêlé, la caille en 2 préparations, le tartare de bœuf avec pépins de grenade et un rouleau de coppa. Idem dito pour notre seconde entrée sur le thème marin avec pas moins de 6 poissons/crustacés et différentes préparations. Les produits entrent en compétition et parfois certaines saveurs se perdent. Dommage car le chef sait cuisiner…

Dendermonde

 t Truffeltje

Bogaerdstr. 20 - 9200 Dendermonde
℡ 052 22 45 90   📠 052 21 93 35
info@truffeltje.be - http://www.truffeltje.be
🕘 21:00   🔒 ma/lu di/ma za/sa   🔒 ma/lu di/ma zo/di
🗓 1 sem. vac. de Pâcques, 2 dern. sem. juillet et 2 prem. d'août /
1 week in paasvak, 2 laatste weken juli en 2 eerste aug.
🍴 40-70   🍷 30-38   ♦ 55

Pol Mariën is een vakman in het klassieke register. Hij bereidt fijne, zuiver smakende gerechten op basis van seizoenproducten. Hier en daar verrast een oosterse toets. Het Herfstmenu start met een zacht gegaard eitje met ibericoham,
ganzenlever en gerookte mozzarella. Dan is er zeeduivel met kokkels, pompoencrème met rode curry, en marshmallow van wortel en gember. Daarna volgt nog
zeetong met risotto van gerst en sabayon van tarwebier, en patrijs met parmentier
van mais, kalfszwezerik en druifjes.

Pol Mariën est un professionnel du registre classique. Il envoie des plats raffinés et
d'une grande pureté gustative et se basant sur des produits de saison. Il surprend,
ci et là, avec des notes orientales. Le menu d'automne commence par un petit
œuf cuit mollet avec du jambon ibérique, du foie gras d'oie et de la mozzarella
fumée. Ensuite, place à la lotte aux coques, crème de potiron et curry rouge et
un marshmallow de carottes et gingembre. Et enfin, une sole accompagnée d'un
risotto d'orge et un sabayon de bière de froment, et une perdrix avec un Parmentier de maïs, ris de veau et raisins.

Hamme (O.-Vl.)

 De Plezanten Hof

Driegoten 97 - 9220 Hamme (O.-Vl.)
℡ 052 47 38 50   📠 052 47 86 56
info@deplezantenhof.com - http://www.deplezantenhof.com
🕘 21:30   🔒 ma/lu   🔒 ma/lu zo/di
🗓 2 sem. sept., Noël et Nouvel An / 2 wek. sept., Kerst en Nieuwjaar
🍴 42-80   🍷 72-110   ♦ 58

Lieven Putteman is een chef die haast niet kan stilzitten, en zijn inventiviteit kan je
gerust als ongebreideld omschrijven. Zijn menus brengen steevast een waaier aan
smaken, die vaak goed op elkaar ingespeeld zijn. Soms maakt Lieven het echter
te moeilijk, en loopt hij wat verloren bij de veelheid aan te combineren smaken
en texturen. Zoals bijvoorbeeld bij die warme oester met krab, kinoa, waterkers
en borage waar de smaak van het basisproduct wat verloren is gegaan. De sint-
jacobsnootjes met peterseliewortel, kokkels, algen, belottaham en zonnenbloem-
pitten vonden we een geslaagde bereiding. Het gerecht bevatte opnieuw een
veelheid aan smaken en texturen, waarbij je de bedenking maakt "less is more".
De hoofdschotel daarentegen was een topper, en misschien niet toevallig was de
begeleiding iets klassieker, genereus maar evenwichtig: aardpeer , grondwitlof,
zwarte pens , cevenne ui, en gepofte ratte aardappel. Daarbij een prachtige fles
uit het rijke wijnassortiment, en om af te sluiten een ongeëvenaarde geflambeerde pannenkoek met appeltjes. Dat is zorgeloos genieten. Kortom, hier blijft veel
kwaliteit aanwezig, en de Plezanten Hof blijft een mooie aanbeveling. Maar wat
meer eenvoud zou de chef en de mooie producten die hij gebruikt uiteindelijk
nog meer recht aandoen.

Lieven Putteman est un chef à l'inventivité débridée qui fait feu de tous bois. Ses menus déploient un large éventail de saveurs. En général, celles-ci s'accordent bien, mais il arrive que Lieven se complique un peu trop la tâche et se perde alors dans un inextricable dédale de goûts et de textures. C'est le cas notamment de son huître chaude au crabe, quinoa, cresson de fontaine et bourrache. On a du mal à déceler le goût du produit de base. Par contre, les noix de Saint-Jacques au persil-racine, coques, algues, jambon Bellota et graines de tournesol consti- tuaient un plat réussi. À nouveau une explosion de goûts et de textures qui nous inspirent une fois de plus une réflexion sur le thème du « less is more ». En revanche, le plat de résistance, généreux et équilibré, tutoie les hautes sphères. Et ce n'est probablement pas un hasard si l'accompagnement se veut un peu plus classique. Topinambours, witloofs de pleine terre, boudin noir, oignon des Cévennes et ratte soufflée s'alignent sur l'assiette. Un plat en dialogue parfait avec un superbe flacon d'un livre de cave étoffé. Nous dégustons également une crêpe aux pommes flambées à nulle autre pareille. Ou comment se laisser dorloter. En résumé, l'endroit reste chaudement recommandé et la qualité est présente tous azimuts. Cependant, le chef serait bien inspiré de simplifier ses envois. Ses excellents produits ne s'en exprimeraient que mieux…

Het Zoete Water

Damstr. 64 - 9220 Hamme (O.-Vl.)
☏ 052 47 00 92   🖶 052 47 00 93
info@hetzoetewater.be - http://www.hetzoetewater.be
0:00
vac. de Noël / Kerstvakantie
7   ♦ 75-105   1   140

Dessel ▷ Antwerpen

Deurle ▷ Sint-Martens-Latem

Diegem ▷ Bruxelles environs - Brussel omstreken

Diest

Casa Iberico

Kautershoek 1 - 3290 Diest
☏ 013 32 63 43
tim@casaiberico.be - http://www.casaiberico.be
21:30   ma/lu di/ma wo/me do/je vr/ve za/sa zo/di   wo/me do/je
2 prem sem de juillet / 2 eerste weken van juli
29-42

Dit restaurant serveert een authentieke klassieke mediterrane keuken. De gerech- ten zijn eenvoudig, maar zeer smaakvol, en de chef gebruikt zorgvuldig uitge- kozen verse producten. Een topper zijn de rijkelijke eenpansgerechten: paella, zarzuela en arroz de mariscos. Wij proeven van die laatste, en zijn verrukt door de smaak en het mondgevoel van mooi ivoorkleurige rijst, groenten en schaal- en schelpdieren. Genieten is het ook van gamba's a la plancha, gedurfd gegaard, net op het randje, maar de smaak is raak. En de gamba's zijn goed gekuist! Er is ook nog witte Albacore-tonijn van uitstekende kwaliteit. Er komt een zalf van groene peper en koriander bij, gemarineerde groenten en kerstomaatjes. Alle bereidin- gen zijn puur, de ingrediënten herkenbaar en de combinaties beperkt in complexiteit. Wij zijn onder de indruk en absoluut tevreden. Eenvoud en hoogstaande kwaliteit gaan hier hand in hand. Goede wijnkaart, vooral Spaans-Portugees getint. Sfeervolle ambiance. Een adres om te ontdekken!

Ce restaurant sert une cuisine méditerranéenne classique et authentique. Les plats sont simples, mais savoureux. Le chef travaille des produits frais, triés sur le volet. Les plats uniques gargantuesques sont une pure réussite: paëlla, zarzuela, arroz de mariscos. Nous jetons notre dévolu sur ce dernier. Le riz couleur ivoire, les légumes et les fruits de mer nous ravissent les papilles. Nous nous délectons également de gambas 'a la plancha'. Il fallait oser. La cuisson est limite, mais les saveurs font mouche. Qui plus est, les gambas sont bien nettoyées. N'oublions pas le thon jaune d'excellente qualité. Il s'adjoint une pommade de poivron vert à la coriandre, des légumes marinés et des tomates cerises. En résumé: des préparations pures, des ingrédients identifiables et des associations sans grande complexité. Nous sommes impressionnés et tout à fait ravis. L'établissement fait rimer simplicité et qualité. Bon livre de cave, aux tonalités essentiellement espagnoles et portugaises. Ambiance du tonnerre. Une adresse à découvrir !

De Groene Munt

Veemarkt 2 - 3290 Diest
℡ 013 66 68 33   📠 013 66 63 51
info@degroenemunt.be - http://www.degroenemunt.be
🔓 21:00   🔒 di/ma wo/me za/sa   🔒 di/ma wo/me
📅 1 - 12 janv., 12 - 31 juil., 1 - 10 août / 1 - 12 jan., 12 - 31 juli, 1 - 10 aug.
🍴 40-65   🍷 60-70   🍽 65

Het is stijlvol tafelen in dit restaurant in het hart van de stad. Dat weerspiegelt zich gelukkig niet in de prijzen; die zijn zeer correct. In het degustatiemenu proef je van wilde Schotse zalm als tartaar, gravlax, mi-cuit en met agrumdressing; dan is er koningsvis met grijze garnalen en blanke botersaus; het hoofdgerecht is hoeveparelhoen met kalfszwezerik; en er volgt nog een dessert met profiteroles en ijs. Zomerterras

Au cœur de la ville, bienvenue dans un décor élégant en diable. Fort heureusement, ce luxe ne se retrouve pas dans les prix qui restent mesurés. Le menu dégustation propose une déclinaison autour du saumon fumé sauvage en tartare, gravlax, mi-cuit et avec sa vinaigrette aux agrumes ; ensuite, du poisson-ange avec des crevettes grises et un beurre blanc ; le plat de résistance est de la pintade fermière aux ris de veau. Pour terminer le repas, un dessert avec des profiteroles et de la glace. Terrasse pour la belle saison.

De Proosdij

Cleynaers Straat 14 - 3290 Diest
℡ 013 31 20 10
info@proosdij.be - http://www.proosdij.be
🔓 0:00   🔒 ma/lu za/sa   🔒 ma/lu do/je zo/di
🍴 45-80   🍷 78-125   🍽 65

De Franse Kroon

Leuvensestr. 26 - 28 - 3290 Diest
℡ 013 31 45 40   📠 013 33 31 59
hotel@defransekroon.be - http://www.defransekroon.be
🔓 0:00   7/7
🛏 23   🛏 70-95   🏨 95-130   🛏 130   🛏 5   🛏 105

Diksmuide

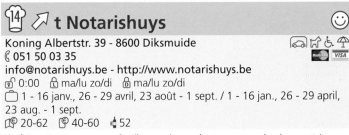

⑭ ↗ t Notarishuys ☺

Koning Albertstr. 39 - 8600 Diksmuide
℡ 051 50 03 35
info@notarishuys.be - http://www.notarishuys.be
🛋 0:00   🔒 ma/lu zo/di   🔒 ma/lu zo/di
📅 1 - 16 janv., 26 - 29 avril, 23 août - 1 sept. / 1 - 16 jan., 26 - 29 april,
23 aug. - 1 sept.
🍴 20-62   🍷 40-60   🥂 52

Chef Bert Boussemaere gebruikt goede producten en maakt daar mooie combinaties mee. De gastvrouw ontvangt ons zeer hartelijk en de chef komt gedag zeggen. Wij voelen ons meteen op ons gemak en dat scherpt de appetijt. De hapjes bij het aperitief zijn een lekker vers maatje en in het huis gemaakte, heerlijke bruschetta met verse olijven en olijventapenade. Het eerste gerecht is al meteen een mooi voorbeeld van het combinatietalent van de chef: superlekker buikspek, langzaam gegaard, met een heerlijke erwtencoulis. Er volgt een escabeche van zeer sappige makreel met asperges. Top! Het hoofdgerecht is alweer een prachtcombinatie: pladijs met mousseline en een aangenaam Provençaals 'bedje' met onder meer sjalot en artisjok. Deze chef kan koken en heeft het talent om nog beter te doen. Met een punt meer dagen wij hem uit. Mooie wijnkaart. Terras met grote tuin. Kindvriendelijk.

Le chef Bert Boussemaere met de bons produits au service de belles combinaisons. La maîtresse de maison nous réserve un accueil chaleureux et le chef vient nous saluer en personne. Voilà qui met d'emblée à l'aise et qui ouvre l'appétit. Place à l'apéritif ! En guise de mises en bouche: délicieux maatje et bruschetta maison aux olives, crues et en tapenade. Dès le premier envoi, le chef prouve qu'il maîtrise les associations. Il nous concocte du lard de poitrine cuit à basse température sur un coulis de petits pois. S'ensuit une escabèche de maquereau fondant aux asperges. Un délice ! Le plat de résistance fait tout aussi bien: plie et mousseline sur "lit" provençal d'artichaut et d'échalote, entre autres. Voilà un chef qui sait cuisiner et qui en a encore sous le coude. Son point supplémentaire sonne comme un défi. Beau livre de cave. Terrasse et grand jardin. Adapté aux enfants.

Dilbeek ▷ Bruxelles environs - Brussel omstreken

Dilsen-Stokkem

⑮ La Feuille d'or ☺

Hoeveweg 145 - 3650 Dilsen-Stokkem
℡ 089 65 97 12   📠 089 65 97 22
info@lafeuilledor.be - http://www.lafeuilledor.be
🛋 21:30   🔒 ma/lu di/ma za/sa   🔒 ma/lu di/ma
📅 1 - 12 janv., 18 juil. - 5 août / 1 - 12 jan., 18 juli - 5 aug.
🍴 30-68   🍷 60-66   🥂 45

Een klassieke Franse keuken met moderne toets is waarvoor u hier moet zijn. Een prachtige moot schelvis is schitterend gegaard en krijgt extra smaak van licht zoute tapijtschelpjes en een luchtig opgeklopte beurre blanc. Verfrissing komt van venkel en aardappel. Klassiek, maar vol van smaak. De chef krijgt daarna een grote pluim voor zijn lamscarré uit Nieuw-Zeeland. Het juist bereide en goed ge-kruide vlees smaakt voortreffelijk. Extra pit komt van tomatencompote en papri-ka, verzacht door een taartje van geitenkaas en aardappel. Klassiek en smaakvol is ook de enig mogelijke omschrijving voor dame blanche van perfect zacht, net gedraaid roomijs met warme zwarte chocolade. Niet creatief, wel superlekker. De bediening is vriendelijk en ongedwongen, alleen jammer dat onze wijn pas werd bijgeschonken op het einde van de maaltijd.

Le restaurant joue la carte de la cuisine française classique, qu'elle émaille de touches de modernité. Nous dégustons une belle darne d'aiglefin, rehaussée de palourdes légèrement salées et d'un beurre blanc aéré. Le fenouil et la pomme de terre rafraîchissent l'ensemble. Classique, mais riche en saveurs. Le carré d'agneau de Nouvelle-Zélande concocté ensuite par le chef fait l'unanimité. Préparée et assaisonnée comme il se doit, la viande flatte les papilles. Compote de tomates et poivrons pour le punch ; pomme de terre et tartelette au chèvre pour la douceur. Classique et savoureuse. On ne pourrait pas mieux décrire la dame blanche servie en dessert. Onctueuse à souhait, la glace minute est nappée d'une sauce au cho-colat noir. Un dessert qui n'innove pas, mais qui n'en reste pas moins délicieux. Le personnel de salle est prévenant et décontracté. On regrette toutefois de ne pas avoir été resservis en vin avant la fin du repas.

15 Vivendum

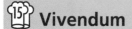

Visserstr. 2 - 3650 Dilsen-Stokkem
℡ 089 57 28 60
info@restaurant-vivendum.com -
http://www.restaurant-vivendum.com
21:30   wo/me do/je   wo/me do/je
49-85   25-45   65

Alex Clevers was de trend om vooral met producten uit eigen regio te werken een stukje voor. Lekkers uit het Maasland geniet bij hem al enige tijd alle aandacht. Maar dat belet hem niet om ook met andere fijne producten aan zijn keuken een eigen identiteit te geven. Clevers kookt fris, licht en heeft oog voor het decora-tieve detail waardoor hij voor het Oost Limburg een betekenisvolle vertegenwoor-diger is van de eigentijdse keuken.

Alex Clevers a anticipé la mouvance des locavores. Cela fait en effet un certain temps déjà qu'il se concentre sur tout ce que le Maasland a de bon. Mais cela ne l'empêche pas d'adopter d'autres produits raffinés et de leur donner une identité propre. Clevers signe une cuisine vive, légère et esthétique. À ce titre, il est le représentant de la cuisine contemporaine dans l'est du Limbourg.

Vivendum

Visserstr 2 - 3650 Dilsen-Stokkem
℡ 089 57 28 60
info@restaurant-vivendum.com -
http://www.restaurant-vivendum.com
0:00
3   k 150   2

Dinant

 Le Jardin de Fiorine

r. Georges Cousot 3 - 5500 Dinant
℡ 082 22 74 74   🖷 082 22 74 74
info@jardindefiorine.be - http://www.jardindefiorine.be
🕘 21:00   🔒 wo/me   🔒 wo/me zo/di
🗓 jeudi de oct. à fin mars, 15 jrs. Carnaval, 15 jrs. déb. juil.
/ dond. oct. tot eind maart, 15 d. Krokus, 15 d. beg. juli,
🍽 30-38   🍷 50-70   🍴 60

Invitez-vous dans le jardin de Fiorine pour y déguster une cuisine française de bon aloi. L'invitation à la gourmandise commence par un filet de rouget au piment d'Espelette et son gaspacho de poivrons rouges pour rafraîchir le palais. Les médaillons de lotte crème aux carottes et jus acidulé font face à la puissance du gigotin d'agneau rôti et jus de viande aux échalotes et estragon. Le jardin vous invite à profiter d'un petit coin de verdure par beau temps.

Nodig uzelf uit in Le jardin de Fiorine om er te proeven van een Franse keuken van goede makelij. De uitnodiging tot lekkernijen begint met een poonfilet met piment d'Espelette en gazpacho van rode paprika om het gehemelte te verfrissen. De medaillons van zeeduivel met worteltjes en lichtjes zure jus nemen het op tegen de kracht van gebakken lamsbout met vleesjus met sjalotjes en dragon. Bij mooi weer kunt u in de tuin genieten van een groenhoekje.

Best Western Dinant

De Pont-A-Lesse 31 - 5500 Dinant
℡ 082 22 28 44   🖷 082 22 63 03
reservation@casteldepontalesse.be -
http://www.casteldepontalesse.be
🕘 0:00   ⁷/₇
🛏 91   🔑 99-199

Falmignoul

 Auberge des Cretes

r. des Crétias 99 - 5500 Falmignoul
℡ 082 74 42 11   🖷 082 74 40 56
info@aubergedescretes.be - http://www.aubergedescretes.be
🕘 21:00   🔒 ma/lu di/ma   🔒 ma/lu di/ma
🗓 einf jan.-debut janv., fin juin - début juil., fin sept. - début. oct. / eind jan.-begin feb, eind juni - begin juli, eind sept. - begin. okt.
🍽 35-63   🍷 46-59   🍴 44

Bien loin des affres de la ville, cet hôtel-restaurant profite du calme champêtre de la région pour offrir à la fois un lieu de repos, de détente et de plaisir attablé. Fidèle à lui-même, le chef Alain propose une cuisine simple mais goûteuse. Nous avons pioché les filets de sardines grillées et une salade de chèvre chaud, la noix de ris de veau braisée à la citronnelle et ses girolles ou encore le homard breton et ses petits légumes.

Ver van de kwellingen van de stad geniet dit hotel-restaurant van de idyllische kalmte van de streek om zowel rust, ontspanning als tafelgenot te bieden. Chef Alain blijft trouw aan zichzelf en stelt een eenvoudige maar smaakvolle keuken voor. Wij opteerden voor de gegrilde sardinefilets en een salade van warme geitenkaas, de gestoofde kalfszwezerik met citroenmelisse en cantharellen of de Bretoense kreeft met groentjes.

 **Auberge Des Cretes**

r. des Cretias 99 - 5500 Falmignoul
℡ 082 74 42 11   ᵫ 082 74 40 56
info@aubergedescretes.be - http://www.aubergedescretes.be
🖫 0:00
📇 2 janv. - 2 févr., 17 juin - 5 juil., 23 sept. - 4 oct. / 2 jan. - 2 feb.,
17 juni - 5 juli, 23 sept. - 4 okt.
🚗 11   ⓚ 65-80

Hastière-Lavaux

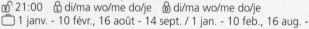

⑬ **La Meunerie**

r. Larifosse 17 - 5540 Hastière-Lavaux
℡ 082 64 51 33   ᵫ 082 64 51 33
info@meunerie.be - http://www.meunerie.be
🖫 21:00   🔒 di/ma wo/me do/je   🔒 di/ma wo/me do/je
📇 1 janv. - 10 févr., 16 août - 14 sept. / 1 jan. - 10 feb., 16 aug. -
14 sept.
🍽 30-62   🍽 42-58   🍷 36

Rien ne vient ébranler notre chef Maxime Baeken. Fidèle au poste depuis son moulin, il nous concocte une carte bien alléchante autour d'une poêlée de Saint-Jacques et ses carottes et son beurre soleil, un bonbon de ris de veau sur une tombée de poireaux à la crème et crème brûlée au miel pour le dessert. Le tout s'arrose d'une belle sélection vineuse.

Niets kan onze chef Maxime Baeken uit zijn lood slaan. Hij blijft trouw op post in zijn molen en bereidt een aantrekkelijke kaart rond Sint-Jakobsvruchtjes met wortelen en zonneboter, een snoepje van kalfszwezerik op prei met room, en crème brûlée met honing als dessert. Bij dat alles wordt een mooie wijnselectie geschonken.

Lisogne

⑬ **La Soupe aux Choux**

r. de la Lisonette 60 - 5501 Lisogne
℡ 082 22 63 80   ᵫ 082 22 21 47
info@lasoupeauxchoux.be - http://www.lasoupeauchoux.be
🖫 21:00   ⁷⁄₇
📇 janv., fév., mars / jan., feb., maart
🍽 30-45   🍽 35-60   🍷 43

Ce restaurant a pris ses quartiers dans le charmant hôtel du moulin de Lisogne. Tout est là pour passer un moment agréable ; la terrasse par beau temps mais aussi une pièce de jeux pour nos bambins. On redécouvre les incontournables de la gastronomie avec cette langue de veau tiède, l'escavèche de Chimay ou bien la tête de veau à la française. Cave et service de bonne maison.

Dit restaurant is ondergebracht in het charmante Hôtel du moulin in Lisogne. Alles is aanwezig om een aangenaam moment te beleven; een terras bij mooi weer, maar ook een speelruimte voor onze kinderen. Hier herontdekken we enkele onomzeilbare gerechten uit de gastronomie, zoals lauwe kalfstong, escavèche van Chimay of kalfskop op Franse wijze. Kelder en bediening van goeden huize.

Sorinnes

⤴ Hostellerie Gilain

r. de l'Aiguigeois 1 - 5503 Sorinnes
℡ 083 21 57 42   🖶 083 21 12 38
hostelleriegilain@skynet.be - http://www.hostelleriegilain.com
🛏 20:45   🍴 ma/lu di/ma   🍴 ma/lu di/ma
📅 2-10 jan., 20 fev.-7mars, 23 juil.-8 août / 2-10 jan., 20 feb.-7 mar., 23 juli-8 aug.
🍽 33-75   💶 80-95   🍷 62

Nouveau cadre plus moderne pour cette adresse sur les hauteurs de la campagne dinantaise. L'accueil chaleureux se fait par la maîtresse des lieux vous invitant à passer à table pour commencer avec un capuccino aux morilles. Celui-ci s'accompagne d'un œuf de caille, produit local comme tous le reste, et mollet. Maîtrise des cuissons pour notre saumon à l'unilatérale et navarin d'agneau grillé qui s'accompagnait, pour l'un, d'une tombée d'épinards frais et pour l'autre, une cocotte de légumes printaniers. Nous clôturons notre balade par une jolie composition autour des fraises. Après quelques années d'absences, revoilà le chef au meilleur de sa forme que nous saluons d'un point supplémentaire.

Een nieuw, moderner kader voor dit adres op de hoogtes van het Dinantse platteland. U wordt hier vriendelijk onthaald door de bazin, die u uitnodigt om aan tafel te komen, waar u begint met een cappuccino met morieljes. Hierbij wordt een zachtgekookt kwarteleitje geserveerd, een lokaal product zoals al de rest. Beheersing van de cuissons voor onze aan één kant gebakken zalm en onze lamsragout, respectievelijk geserveerd met verse spinazie en een stoofpotje van lentegroenten. Als afsluiter een mooie samenstelling met aardbeien. Na enkele jaren afwezigheid is de chef terug en verkeert hij in topvorm. Wij belonen dat met een extra punt.

Dion-Valmont ▷ Chaumont-Gistoux

Dorinne ▷ Spontin

Dranouter

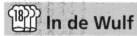 In de Wulf

Wulvestr. 1 - 8951 Dranouter

☏ 057 44 55 67   📠 057 44 81 10

info@indewulf.be - http://www.indewulf.be

🕐 21:00   🔒 ma/lu di/ma za/sa   🔒 ma/lu di/ma

📅 18 déc - 4 janv, 13 - 27 juin / 18 dec - 4 jan, 13 - 27 juni

🍽 50-125   🍷 65

De keuken van Kobe Desramaults wordt wel eens vergeleken met die van Noma. Ook Kobe werkt zo veel mogelijk met producten uit eigen streek die hij betrekt via zijn eigen netwerk van kleine kwekers en telers. Ook hij verwerkt ingrediënten tot hun essentie. Maar daarmee houdt de vergelijking op. Kobe heeft zijn eigen stijl waarin het organische samenspel van gepuurde smaken voor unieke combinaties zorgt. Technisch staat de keuken op hoog niveau, zonder dat de techniek de bovenhand krijgt. We kiezen voor het menu 'Land& Zee', dat start met een explosie van smaken van de in hun geheel geroosterde en gemarineerde kommers met gemarineerde pladijs zoals een escabeche en dille. In het tweede gerecht wordt het romige vlees van noordzeekrab gecombineerd met de zoetzure saus van karnemelk en posteleinolie, en verse postelein. Romige bochotmosselen komen met romige en volle ingekookte wei, gestoofde sierkool en spitskool en verse walnoten. Een supergerechtje. Vervolgens knapperige, nog sappige kreeft met rolletjes van koolrabi gevuld met blaadjes van Oost-Indische kers en citroenverbena. Dan komt perfect gegaarde jonge zeeduivel met jonge zomerprei die smelt in de mond, gevolgd door gemarineerde artisjok met een eidooier die de bijgeserveerde groentejus bindt. Het voorlaatste gerecht is puur vegetarisch: klaverzuring, kraakverse boontjes en geitenkaas die zowel frisheid als bitterheid brengt. De maaltijd sluit af met gebraden rund van het West-Vlaamse roodbruine ras met een diepe vleessmaak minimalistisch gebracht met enkel wat gebrande ui erbij en een uicompote. Ook de nagerechten munten uit door evenwicht: bosbessen met verse geitenyoghurt en een eigen versie van kaastaart met gebakken Poperingse pruimen, en braambessen geparfumeerd met dragon en bergamot. Het uitbundige maar doordachte gebruik van groenten levert Kobe Desramaults de trofee op van 'Groenterestaurant van het jaar 2012'.

La cuisine de Kobe Desramaults est parfois comparée à celle du Noma. Kobe mise aussi le plus possible sur des produits du terroir qu'il achète par le biais de son propre réseau de petits éleveurs et cultivateurs. Il distille aussi la quintessence des ingrédients. Mais la comparaison s'arrête là ! Car Kobe a su développer son propre style où l'interaction organique de goûts épurés assure des combinaisons uniques. Le niveau technique de la cuisine est très élevé sans pour autant que la technique prenne le dessus. Nous avons choisi le menu Mer&Terre qui commence par l'explosion de goûts des concombres marinés et rôtis en entier avec une plie marinée ainsi qu'une escabèche et de l'aneth. Dans un deuxième plat, la chair crémeuse d'un crabe de la mer du Nord est associée à une sauce aigre-douce de lait battu et d'huile de pourpier, et de pourpier frais. Les moules de bouchot s'accompagnent de petit-lait réduit, à la fois crémeux et goûteux, d'une estouffade de chou aigrette, chou pointu et noix fraîches. Un plat de génie. Ensuite, un homard croquant et tendre à la fois avec des petites roulades de chou-rave fourrées de pétales de capucines et de feuilles de verveine-citron. Ensuite, place à une jeune lotte, parfaitement cuite, avec un jeune poireau d'été qui fond sur la langue… Et que pensez de cet artichaut mariné avec un jaune d'œuf qui lie le jus des légumes qui accompagne le tout. L'avant-dernier plat est purement végétarien: surelle, haricots d'une très grande fraîcheur et un fromage de chèvre assurant les notes de fraîcheurs et d'amertume. Le repas s'achève avec une pièce de bœuf poêlée de la race Rouge de Flandre occidentale. Sa présentation minimaliste, avec seulement un peu d'oignons brûlés et une compote d'oignons, fait ressort toute la profondeur gustative de la viande. Les desserts se distinguent eux aussi par leur équilibre: myrtilles avec un yaourt de chèvre et une version maison de la tarte au fromage avec des prunes de Poperinge cuites et des mûres parfumées à l'estragon et à la bergamote. L'utilisation exubérante mais réfléchie des légumes permet à Kobe Desramoults de remporter le trophée de Restaurant de légumes de l'année 2012.

Drogenbos ▷ Bruxelles environs - Brussel omstreken

Duffel

Nuance ♡ ☺

Kiliaanstr. 6-8 - 2570 Duffel ♿ ❄

☏ 015 63 42 65   📠 015 63 42 75

info@resto-nuance.be - http://www.resto-nuance.be

🕙 22:00   🔒 di/ma wo/me zo/di   🔒 di/ma wo/me

📅 déb. janv., 1 sem. fin avril, 25 juil. - 21 août / beg. jan., 1 week eind april, 25 juli - 15 aug.

🏷 75   🍽 28   🍷 105

Thierry Theys blijft uiterlijk rustig en ongestoord op zijn elan voortgaan. De jonge topchef koppelt extreme werklust met oprechte passie voor dit mooie ambacht. Zijn uitgewerkte borden met fantasierijke garnituren en decors blijven een streling voor het oog. Maar ook op het vlak van smaakdiepgang blijft hij voor smakelijke salvo's zorgen. Zoals zijn oosterse behandeling van gele rugvintonijn waarbij hij met fijne, prikkelende toetsen het fijne visvlees zalig omkadert. Crème van pinda en sesam aan de ene kant, knapperige algen aan de andere kant. Emulsie van rijst zorgt voor binding. Franse duif hebben we hier al eerder geproefd. Met deze lekkernij toont Theys telkens opnieuw hoe goed hij dit product aanvoelt. Deze keer combineert hij het vlees met onder meer zacht smakende zomertruffel, verse hazelnootjes en een pittige crème van geroosterde uien. Ook dit bord is weer minutieus gedresseerd. Een handelsmerk van de zaak. Net als de voorkomende en tegelijk hartelijke bediening van echtgenote Sofie.

Thierry Theys semble poursuivre sur sa lancée, sans changer de cap. Ce jeune chef de grand talent combine une ardeur au travail sans pareille à une passion authentique pour ce magnifique métier. Ses assiettes élaborées et leurs garnitures et décors imaginatifs sont d'une rare beauté visuelle. Mais il ne se contente pas de régaler un seul sens, puisque le relief gustatif de ses plats a de quoi titiller et réjouir nos papilles. Prenons, par exemple, son interprétation orientale du thon à nageoire jaune où il marie subtilement la délicate chair du poisson à des touches raffinées et émoustillantes : une crème de cacahouètes et de sésame, d'un côté, et des algues croquantes de l'autre. Le trait d'union entre ces éléments est assuré par une émulsion de riz. Le pigeonneau français est un plat que nous avons déjà mangé à plusieurs reprises dans cet établissement. Ce délice montre une fois encore l'infini respect et la sensibilité que Theys témoigne à ce produit. Cette fois il a associé la chair avec, entre autres, de la truffe d'été, tout en suavité, des noisettes fraîches et une crème d'oignon rôtis bien relevée. Cette assiette est à nouveau un exemple de dressage minutieux. C'est vraiment la marque de fabrique de la maison. Tout comme le service très prévenant et chaleureux à la fois de son épouse Sofie.

Durbuy

Apicius

r. des Comtes de Luxembourg 41 - 6940 Durbuy

✆ 086 21 39 95   🖷 086 21 39 93
info@tropical-hotel.be - http://www.tropical-hotel.be
🛏 21:30   ⁷⁄₇
🍽 34-58   🍷 40-55   🥄 65

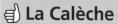 La Calèche

pl. aux Foires 15 - 6940 Durbuy

✆ 086 21 32 70   🖷 086 21 09 61
hotel@lacaleche.be - http://www.lacaleche.be
🛏 22:00   ⁷⁄₇
🍽 15-35   🍷 22-39   🥄 30

La canette

rue Alphonse Eloy 1 - 6940 Durbuy

✆ 086 21 26 68
lacanette@skynet.be - http://www.lacanette.be
🛏 0:00   🔒 wo/me do/je   🔒 wo/me do/je
📅 du lundi au jeudi inclus en janv. / van maandag tot donderdag
gedurend de maand jan.
🍽 27   🍷 33   🥄 46

Le clos des Récollets   NEW ♡

Rue de la prévôté 9 - 6940 Durbuy
✆ 086 21 29 69   🖷 086 21 36 85
info@closdesrecollets.be - http://www.closdesrecollets.be
⁷⁄₇

Au détour d'une ruelle dans le vieux Durbuy, nous découvrons une maison bien à l'abri des regards indiscrets. L'intérieur est coquet et joliment décoré. En véritable passionné, le chef propose une cuisine gourmande et savoureuse. Très belle assiette pour commencer: un gâteau d'écrevisses aux mangues, feuille de citron et coriandre accompagné d'une émulsion de curry venant dominer un rien les saveurs, dommage. Maîtrise des cuissons pour le cochon de lait laqué au miel et son vis-à-vis, un mi-cuit de saumon en émulsion onctueuse à l'estragon. Note finale tout en fraîcheur avec cette salade de fraises et sorbet basilic maison. L'ensemble récolte la toque d'entrée!

In de bocht van een straatje in het oude Durbuy ontdekken we een huis dat goed beschut is tegen indiscrete blikken. Het interieur is elegant en mooi gedecoreerd. Als gepassioneerd man stelt de chef een smaakvolle keuken voor. Zeer mooi bord om te beginnen: taart van rivierkreeftjes met mango, citroenblad en koriander, met een kerrie-emulsie die de smaken ietwat domineerde – jammer. Beheersing van de cuissons voor het speenvarken met honing en zijn kompaan aan de overkant, kort gebakken zalm met smeuïge dragonemulsie. Tot slot een frisse afsluiter met een aardbeiensalade en huisbereide basilicumsorbet. De eerste koksmuts is binnen!

Le Sanglier des Ardennes

r. Comte d'Ursel 14 - 6940 Durbuy
☏ 086 21 32 62 🖷 086 21 24 65
info@sanglier-des-ardennes.be -
http://www.sanglier-des-ardennes.be
🍴 21:00 7/7
🍽 40-65 🍷 47-72 ⏚ 60

Changement de décor pour cette demeure ancestrale dans le célèbre village de Durbuy. Finis les vieux fauteuils, sièges en cuir ou autre mobilier désuet. Place au design et au moderne ! En matière de relifting, la carte n'est pas en reste avec une sélection moins exhaustive mais ciblant de beaux produits. Les asperges sont services tièdes à la flamande tandis que la célèbre truite bleue se déguste dans un bouillon de céleri avec un beurre pommade. Le gibier reste une des spécialités de la maison.

Verandering van decor voor dit al jarenlang bestaande etablissement in het beroemde dorpje Durbuy. Gedaan met de oude fauteuils, de lederen banken of het andere versleten meubilair. Tijd voor design en moderniteit. Ook de kaart onderging een facelift met een minder uitgebreide selectie die echter wel gebaseerd is op mooie producten. De asperges worden lauw geserveerd op Vlaamse wijze, terwijl de beroemde blauwe forel opgediend wordt in selderbouillon met botersaus. Wild blijft een van de specialiteiten van het huis.

 ## Jean de Bohême

pl. aux Foires 2 - 6940 Durbuy
☏ 086 21 28 82 🖷 086 21 11 68
reservation@jean-de-boheme.be - http://www.jean-de-boheme.be
🍴 0:00 7/7
📅 15 jrs. janv. / 15 d. jan.
🛏 21 🔑 125 🔑 90-155 🅿 105 🚗 5 💲 150

Le Sanglier des Ardennes

r. Comte d'Ursel 14 - 6940 Durbuy
☏ 086 21 32 62 🖷 086 21 24 65
info@sanglier-des-ardennes.be -
http://www.sanglier-des-ardennes.be
🍴 0:00 7/7
🛏 17 🔑 150 🅿 100-160 🛏 160 🚗 2 💲 300

Tropical Hôtel

r. des Comtes de Luxembourg 41 - 6940 Durbuy
☏ 086 21 39 95 🖷 086 21 39 93
info@tropical-hotel.be - http://www.tropical-hotel.be
🍴 0:00 7/7
🛏 34 🔑 104-166 🅿 171-233 🛏 233 🚗 5

 Au Vieux Durbuy

r. Jean de Bohème 6 - 6940 Durbuy
📞 086 21 32 62 📠 086 21 24 65
info@sanglier-des-ardennes.be -
http://www.sanglier-des-ardennes.be
🔓 0:00 ⁷⁄₇
🚗 12 🔑 150 🅿 100-160 🛏 160

La Caleche

pl. aux Foires 15 - 6940 Durbuy
📞 086 21 32 70 📠 086 21 09 61
hotel@lacaleche.be - http://www.lacaleche.be
🔓 0:00 ⁷⁄₇
🚗 12 🅿 23 🚗 1

Clos des Recollets

r. de la Prévoté 9 - 6940 Durbuy
📞 086 21 29 69 📠 086 21 36 85
info@closdesrecollets.be - http://www.closdesrecollets.be
🔓 0:00
📅 9 - 26 janv., 25 juin - 13 juil., 10 - 19 sept. / 9 - 26 jan., 25 juni -
13 juli, 10 - 19 sept.
🚗 8 🔑 170 🔑 105-230 🅿 134-346 🛏 346

Des Comtes

Allée de Loncin 6 - 6940 Durbuy
📞 086 21 99 00 📠 086 21 99 09
info@hoteldescomtes.com
🔓 0:00 ⁷⁄₇
🚗 9 🔑 95-120 🚗 5 💲 170

Victoria

r. des Récollectines 4 - 6940 Durbuy
📞 086 21 23 00 📠 086 21 27 84
info@hotel-victoria.be - http://www.hotel-victoria.be
🔓 0:00 ⁷⁄₇
🚗 9 🔑 100 🔑 100-160 🅿 78-98 🛏 98 🚗 1 💲 120

Grandhan

La Passerelle

r. Chêne à Han 1 - 6940 Grandhan
📞 086 32 21 21   🖨 086 32 36 20
info@la-passerelle.be - http://www.la-passerelle.be
🕐 0:00 ⁷⁄₇
📅 9 - 27 janv. / 9 - 27 jan.
🛏 23   🍴 61-132   🍽 83-176   🛏 176

Dworp ▷ Bruxelles environs - Brussel omstreken

Ecaussinnes-Lalaing ▷ Charleroi

Edegem ▷ Antwerpen

Eghezée

⑬ L' Orange Rose

Chaussée de Namur 19 - 5310 Eghezée
📞 081 63 41 00
orangerose@base.be - http://www.lorangerose.be
🕐 21:30   🔒 di/ma wo/me   🔒 di/ma wo/me
📅 18 juin - 06 juil., Vac. de Noël / 18 juni - 06 juli, Kerstvak.
🍽 30-50   🍷 30-40   🥂 40

C'est d'abord l'histoire de deux passionnés avec une volonté commune: offrir une cuisine de qualité dans un environnement propice. Chose faite, puisqu'ils ont décidé de fuir Bruxelles et de poser leurs valises dans la commune d'Eghezée. Pendant que Monsieur s'occupe du service, c'est Madame qui signe des envois d'une qualité irréprochable. On apprécie le ris d'agneau et sa purée de potimarron à la coriandre, les médaillons de cochon d'une cuisson irréprochable accompagnés de leur stoemp au céleri. Courte sélection vineuse qui évolue… mais peut encore le faire.

Dit is in de eerste plaats het verhaal van twee gepassioneerde mensen met dezelfde wens: een kwaliteitsvolle keuken aanbieden in een gunstige omgeving. En dat doen ze ook, want ze hebben beslist om Brussel te ontvluchten en zich te vestigen in de gemeente Eghezée. Terwijl Meneer voor de bediening zorgt, bereidt Mevrouw gerechten van onberispelijke kwaliteit. Wij stellen de kalfszwezerik met pompoenpuree en koriander op prijs, evenals de perfect gebakken varkensmedaillons met selderstoemp. Beknopte wijnselectie die evolueert … maar nog beter kan.

Eke ▷ Nazareth

Elene ▷ Zottegem

Elewijt

 Kasteel Diependael ♡

Tervuursestwg. 511 - 1982 Elewijt
☏ 015 61 17 71 📠 015 61 68 97
kasteeldiependael@skynet.be - http://www.kasteeldiependael.be
🕘 21:00 🍴 ma/lu za/sa 🛏 ma/lu zo/di
🗓 23 jan - 3 fev, 21 juil. - 23 août, vac. de l'automne / 23 jan - 3 feb,
21 juli - 23 aug., herftsvak.
45-80   26-65   55

Noël Neckebroeck heeft een reputatie onder gastronomen en verdedigt die met de inzet van een twintigjarige. Hij staat voor een zeer bewerkelijke keuken, waarin hij smaken en texturen trefzeker mengt. Ons menu start met rundfilet, in feite een mooi op smaak gebrachte tartaar, met rode-peperijs, een te zoete croccantino van ganzenlever, en microgroentjes. Daarna is er juist gegaarde ombervis met kikkerbil, rode ui, wortel en picklesmayonaise. Het stukje kreeft erbij is nutteloos. Als hoofdgerecht smullen wij van reebok, smeltend in de mond, met abrikoos, tuinbonen, brioche en aardappel. Dit is een ode aan het product ! Wij vernemen dat de chef zijn keuken zou willen vereenvoudigen, uiteraard zonder aan kwaliteit in te boeten. Die back to basics-aanpak kan werken, zeker als je denkt aan de verbetenheid waarmee de chef en zijn echtgenote de klanten waar voor hun geld willen geven. Knappe wijnkaart.

Noël Neckebroeck s'est forgé une solide réputation sur la planète gastro et il la défend bec et ongle avec la passion d'un jeunet de vingt ans. Il est le chantre d'une cuisine très ouvragée, où il marie goûts et textures avec la régularité d'un métronome. Notre menu commence par un filet de bœuf, en fait un tartare aussi bon et que beau, relevé avec un glace au poivre rouge, une croccantino de foie gras d'oie, trop douce, et des microlégumes. Ensuite, un maigre juste saisi accompagné de cuisse de grenouille, oignon rouge, carotte et mayonnaise de pickels. Le petit morceau de homard est franchement inutile… En plat de résistance, nous nous sommes régalés de chevreuil, fondant, aux abricots, fèves, brioche et pommes de terre. Une véritable ode au produit ! Nous avons appris que le chef voulait simplifier sa cuisine, bien entendu sans sacrifier la qualité. Cette approche « retour aux sources » peut s'avérer payante, a fortiori quand on sait que le chef et son épouse ne ménagent pas leurs efforts pour que les clients en aient pour leur argent. Carte des vins intéressante.

Ellezelles

 Château du Mylord ♡ 🍇

r. Saint-Mortier 35 - 7890 Ellezelles
☏ 068 54 26 02 📠 068 54 29 33
chateaudumylord@scarlet.be - http://www.mylord.be
🕘 21:00 🍴 ma/lu di/ma 🛏 ma/lu di/ma zo/di
🗓 22 dec - 4 jan, 10 - 18 avr, 13 - 29 août / 22 dec - 4 jan,
10 - 18 apr, 13 - 29 aug
48-130   96-140   48

Maison à la réputation transfrontalière, le Château du Mylord est une superbe bâtisse entourée d'un joli parc où l'on peut profiter, en saison, de l'agréable terrasse. L'intérieur rénové récemment offre de jolis tons colorés contrastant avec la solennité des hauts plafonds et des grandes portes. Un personnel charmant oeuvre ici, cornaqué par Madame et par un sommelier talentueux plein de malice. Chose rare, les mises en bouche sont présentées, par écrit aussi, à table. Ce qui, devant de telles complexités aromatiques, permet à chacun d'encore mieux apprécier le talent du chef. Belle initiative !!! Nous débutons par un thon hamachi au caviar, légumes, algues et un cannelloni de tourteau débordant d'iode parfaitement maîtrisé. Pour suivre, la sardine marinée et sa couenne de porc en chips avant le homard et son émulsion et gelée au lait battu. Une très belle association. Si le saint-pierre est ensuite un rien trop cuit, il reste savoureux avec son escavèche de poivrons et coques. Après la juteuse volaille cou nu de la région préparée selon les règles des maîtres rôtisseurs, voici qu'arrive l'apothéose d'un grand repas: le festival de desserts dont seul Christophe, le frère du chef qui officie (et c'est le mot) à la pâtisserie avec la non moins passionnée Carine, a le secret. Splendide cave, celle d'un grand château…forcément.

Le Château du Mylord, een huis met een grensoverschrijdende reputatie, is een prachtig gebouw omringd door een mooi park waar u in het seizoen kunt genieten van het aangename terras. Het onlangs gerenoveerde interieur biedt mooie kleurrijke tinten die contrasteren met de statigheid van de hoge plafonds en de grote deuren. Er werkt hier charmant personeel, onder leiding van Mevrouw en een talentvolle en geestige sommelier. Zeldzaam; de aperitiefhapjes worden voorgesteld – ook schriftelijk – aan tafel. Gezien de enorme aromatische complexiteiten biedt dit iedereen de mogelijkheid om het talent van de chef nog beter te beoordelen. Een mooi initiatief!!! We beginnen met tonijn hamachi met kaviaar, groenten, algen en een cannelloni van Noordzeekrab. Een perfect beheerste dosis jodium. Daarna gemarineerde sardine met varkenszwoerd in chips, gevolgd door kreeft met emulsie en gelei op basis van karnemelk. Een zeer mooie combinatie. De zonnevis die daarna volgt is dan wel een tikkeltje te gaar, maar hij blijft smaakvol met zijn 'escavèche' van paprika's en schelpjes. Na het sappige kaalnekgevogelte, bereid volgens de regels van de meester-vleesbraders, volgt de apotheose van een grote maaltijd: het dessertfestival waarvan enkel Christophe, de broer van de chef die samen met de al even gepassioneerde Carine de patisserie verzorgt (en hoe!), het geheim kent. Schitterende kelder… Die van een groot kasteel natuurlijk.

🏠 Au Couvent des Collines

ruelle des Ecoles 25 - 7890 Ellezelles
℡ 068 26 40 50   📠 068 28 27 50
receptie-c.collines@skynet.be 🕐 0:00   ⁷⁄₇
🛏 29   ᵏ 98   🅿 28 🛏 1   💲 145

Elsegem ▷ Wortegem-Petegem

Elverdinge ▷ Ieper

Embourg ▷ Liège

Enghien

Auberge du Vieux Cèdre

av. Elisabeth 1 - 7850 Enghien
℡ 02 397 13 00   📠 02 397 13 19
aubergeduvieuxcedre@skynet.be -
http://www.auberge-vieux-cedre.com
🕘 21:00   🔒 vr/ve za/sa   🔒 vr/ve zo/di
📅 1 sem. Carnaval, 15 juil. - 14 août, Noël et Nouvel An /
1 week Krokus, 15 juli - 14 aug., Kerst en Nieuwjaar
🍴 35-55   🍷 50-75   🥂 46

Abritée dans une maison bourgeoise aux abords du parc d'Enghien, cette auberge se veut le repère d'une cuisine classique. Le chef sait comment faire plaisir à ses convives. Belle tranche de foie gras, confit de carottes et fleur de sel suivie d'un homard sauce à l'orange et riz aux légumes, fort simple mais tenant la route. Cuisson parfaite pour à notre pigeon et ses pommes duchesse escortés de légumes savoureux. Carte de vins assez étonnante. La toque est acquise.

In een burgerwoning nabij het park van Edingen staat deze 'herberg' bekend voor zijn klassieke keuken. De chef weet hoe hij zijn gasten kan plezieren. Mooie plak foie gras met wortelkonfijt en fleur de sel, gevolgd door kreeft met sinaasappelsaus en rijst met groenten – heel eenvoudig maar lekker. Perfecte cuisson voor onze duif met duchesse aardappeltjes, vergezeld van smaakvolle groenten. Redelijk verrassende wijnkaart. De koksmuts is binnen.

Auberge du Vieux Cèdre

av. Elisabeth 1 - 7850 Enghien
℡ 02 397 13 00   📠 02 397 13 19
aubergeduvieuxcedre@skynet.com -
http://www.auberge-vieux-cedre.com
🕘 0:00   ⁷/₇
🛏 32   🛏 100-130   🅿 90-120   🛏 120   🚗 1   💲 250

Eprave ▷ Rochefort

Erembodegem (Aalst) ▷ Aalst

Erezée

L' Affenage

r. Croix Henquin 7 - 6997 Erezée
℡ 086 47 08 80   📠 086 47 08 99
info@affenage.be - http://www.affenage.be
🕘 21:00   🔒 ma/lu zo/di   🔒 ma/lu zo/di
🍴 35-80   🍷 18-32   🥂 52

Cette superbe ferme abrite le restaurant familial de la filiation Vanderlinden. Le décor soigné et chaleureux est sublimé par la cuisine du jeune chef. Les envois font honneur aux produits de qualité selon les saisons. Région oblige, le gibier est à l'honneur autour d'un foie gras poêlé, d'un lapin confit et sa réduction de jus d'oranges. Un service prévenant veille sur la salle. Quelques chambres joliment décorées sont mises à disposition des clients.

In deze prachtige hoeve is het familierestaurant van het geslacht Vanderlinden ondergebracht. Het verzorgde en gezellige decor wordt nog kracht bijgezet door de keuken van de jonge chef. De gerechten zijn gebaseerd op kwaliteitsvolle seizoensgebonden producten. Gezien de streek wordt hier hulde gebracht aan wild, met gebakken foie gras, gekonfijt konijn en appelsiensapreductie. Attente bediening in de zaal. Er zijn enkele mooi ingerichte kamers beschikbaar voor de klanten.

Erps-Kwerps ▷ Bruxelles environs - Brussel omstreken

Ertvelde

⑬ Paddenhouck

Holstr. 24 - 9940 Ertvelde
📞 09 344 55 56   📠 09 344 55 56
info@paddenhouck.be - http://www.paddenhouck.be
🕐 21:00   🔒 ma/lu zo/di   🔒 ma/lu zo/di
📅 20 août - 3 sept, 23 déc - 1er jan / 20 aug - 3 sept, 23 dec - 1 jan
🍴 31-42   🍷 46-60   ⌚ 37

Met zijn internationale keukenervaring kan chef Marnik Cuyt terugvallen op een rijk geschakeerd smaakregister. Hij gebruikt dat om voornamelijk verfijnde streekproducten maximaal in zijn creaties tot hun recht te laten komen. Hij zit nooit verlegen om verrassende smaaktoetsen die zijn trouw publiek blijven intrigeren. Leuk terras met aansluitend kruidentuin en speeltuin.

Fort de son expérience internationale de la cuisine, le chef Marnik Cuyt peut déployer un registre de saveurs et de goûts particulièrement riche. Il y a recours principalement pour exprimer au mieux la quintessence de produits du terroir raffinés dans ses créations. Il ose toujours présenter des touches gustatives surprenantes qui continuent d'intriguer son public d'habitués. Belle terrasse avec jardin potager et plaine de jeu.

Esneux ▷ Liège

Estaimbourg ▷ Mouscron

Eugies (Frameries) ▷ Mons

Eupen

 Delcoeur ☺

Gospertstr. 22-24 - 4700 Eupen
📞 087 56 16 66   🖨 087 56 16 96
delcoeur@skynet.be - http://www.delcoeur.be
🕤 21:30   🔒 do/je za/sa   🔒 do/je
📅 2 - 13 janv., 18 - 29 juin / 2 - 13 jan., 18 - 29 juni
🍽 33-60   🍽 35-55   🍷 43

Ambiance bon enfant et conviviale pour le côté brasserie de cette adresse. Honneur aux produits du terroir dont certaines recettes sont puisées directement chez nos aïeuls. La carte propose ce mois-ci un pâté de marcassin et une salade de chou rouge, le filet de dorade et sa julienne de légumes, le tout rehaussé d'une sauce au safran. Pour les petites soifs, une vingtaine de vin vous sont proposés au verre. Ce que nous saluons car c'est suffisamment rare que pour être encouragé.

Gemoedelijke en gezellige sfeer voor de brasseriekant van dit adresje. Hier wordt gewerkt met regionale producten waarvoor bepaalde recepten rechtstreeks van onze grootouders komen. Op de kaart staan deze maand paté van everjong en salade van rode kool, goudbrasemfilet met groentejulienne en saffraansaus. Voor de kleine dorst wordt een twintigtal wijnen aangeboden per glas. Wij belonen dat, want dit is zo zeldzaam dat het aangemoedigd moet worden.

Duo

Monschauer Str 102 - 4700 Eupen
📞 0496 04 92 42
info@duo-restaurant.be - http://www.duo-restaurant.be
🕤 0:00   🔒 za/sa   🔒 zo/di
🍽 25-54   🍽 14-32

Belle note pour un début ! Le chef Alexander Braun concocte des plats novateurs et plutôt audacieux. On épingle la formule à la carte: les entrées peuvent être servies en plats. Nous commençons par un rôti de porc tendre et fondant, accompagné de jeunes poireaux croquants et de céleri légèrement dorés au beurre, de rondelles de radis corsés et d'oignons adoucis par la betterave rouge. Un plat tout en harmonie ! Nous passons ensuite à une sole qui se désarête on ne peut plus facilement. Le poisson est agrémenté d'un fond de bœuf intense aux algues. Une association inhabituelle, mais qui fonctionne. En accompagnement, palourdes charnues et pommes de terre en robe des champs, légèrement salées. Un délice. À l'heure du dessert, le chef prouve qu'il maîtrise l'art du dressage. Il nous propose une assiette d'œuvres d'art en chocolat: les copeaux, la mousse, les dés et la sauce sont escortés de framboises, de myrtilles, de groseilles, de mûres et d'abricots. Alexander Braun fait souffler un vent de fraîcheur culinaire sur la région tout en restant à la fois prévenant et sympathique. N'oubliez pas de réserver si vous y allez le soir.

Chef Alexander Braun neemt een mooie start met deze quotering. Hij bereidt innovatieve, enigszins gedurfde gerechten. Opvallend is de kaartformule: alle voorgerechten kun je ook als hoofdgerecht nemen. En dus beginnen wij met mals en sappig varkensgebraad, beetgare jonge prei en selder die even door de boter gehaald zijn, schijfjes pittig frisse radijs, en ui gezoet met rode biet. Een harmonieus gerecht. Daarna is er een prachtige gebakken tong die werkelijk van de graat glijdt. De vis krijgt gezelschap van een intens smakende rundjus met algen. Dat is een ongewone combinatie, maar ze werkt. Er komen nog vlezige venusschelpen bij en een kommetje licht gezouten aardappeltjes in de schil. Heerlijk! Met het dessert toont de chef ook presentatietalent. Wij krijgen een bord kunstwerkjes in chocolade: krullen, mousse, blokjes, gesmolten… met daarbij frambozen, blauwe en rode bessen, bramen en abrikozen. Alexander Braun jaagt een frisse culinaire wind door de streek en hij doet dat op een tegelijk sympathieke en attente manier. Vergeet niet te reserveren als je 's avonds gaat.

 Le Gourmet

r. Haas 77 - 81 - 4700 Eupen
☎ 087 74 08 00   🖨 087 74 48 41
info@ambassador-bosten.be - http://www.ambassador-bosten.be
🍴 21:30 ⁷⁄₇
33-64   38-61 🍷 46

🏰 Best Western Ambassador Hotel Bosten

r. Haas 81 - 4700 Eupen
☎ 087 74 08 00   🖨 087 74 48 41
info@ambassador-bosten.be - http://www.ambassador-bosten.be
🍴 0:00 ⁷⁄₇
26   141   99-165   29-50   50   2   185

Evergem ▷ Gent

Falmignoul ▷ Dinant

Fauvillers

 Le Château de Strainchamps

Strainchamps 12 - 6637 Fauvillers
☎ 063 60 08 12   🖨 063 60 12 28
info@chateaudestrainchamps.com -
http://www.chateaudestrainchamps.com
🍴 20:30 🔒 ma/lu di/ma 🔒 ma/lu di/ma
📅 1 - 7 janv., 1 - 15 juil., vac. de Noël / 1 - 7 jan., 1 - 15 juli, kerstvak.
38-68   50-100 🍷 88

Le décor cossu sur des notes boisées n'a rien à envier à l'accueil souriant de la maîtresse des lieux. Après quelques mises en bouche bien préparées, ensemble agréable que ces langoustines sur une julienne de légumes et crème de verveine qu'un cannelloni de tourteau vient marquer de sa discrète empreinte. Une pointe d'audace aurait promu le rouget en écailles comestibles sur le podium. Rien à redire sur le poulet de Bresse en croûte de sel servi en 2 préparations: beau travail du produit. La cave regorge de belles bouteilles y compris de vieux millésimes et des flacons plus audacieux. Service très aimable et chambres à l'étage.

Het gezellige decor met houtaccenten moet niet onderdoen voor het vriendelijke onthaal door de dame des huizes. Na enkele goed bereide aperitiefhapjes volgde een aangenaam geheel bestaande uit langoustines op groentejulienne en ijzerkruidroomsaus , waarop een cannelloni van Noordzeekrab discreet zijn stempel drukte. Een tikkeltje lef had de poon in eetbare schubben een podiumplaats opgeleverd. Niets aan te merken op de Bresse-kip in zoutkorst geserveerd in 2 bereidingen: mooie bewerking van het product. In de kelder liggen tal van mooie flessen, inclusief oude millésimes en gewaagdere flessen. Zeer vriendelijke bediening en kamers op de eerste verdieping.

Le Château de Strainchamps

Strainchamps 12 - 6637 Fauvillers
☏ 063 60 08 12   🖶 063 60 12 28
info@chateaudestrainchamps.com -
http://www.chateaudestrainchamps.com
🔓 0:00
🗓 25 juin - 13 juil., 20 déc. - 15 janv. / 25 juni - 13 juli, 20 dec. - 15 jan.
🍴 10   ☕ 80-160   🅿 150-230   🛏 230

Faymonville ▷ Waimes

Fayt-lez-Manage ▷ Charleroi

Feluy

Le Manoir du Capitaine

ch. Boulouffe 1 - 7181 Feluy
☏ 067 87 45 40   🖶 067 87 45 50
welcome@manoirducapitaine.com -
http://www.manoirducapitaine.com
🔓 0:00   7/7
🍴 2   🍴 28   🛏 125

Flawinne ▷ Namur

Flémalle ▷ Liège

Fleurus ▷ Charleroi

Floreffe ▷ Namur

Lacuisine

👍 La Roseraie

rte de Chiny 2 - 6821 Lacuisine
📞 061 31 10 39   🖨 061 31 49 58
laroseraie.lc@skynet.be - http://www.laroseraie-lacuisine.net
🕙 20:30   🔒 di/ma wo/me   🔒 di/ma wo/me
📅 janv., 26 juin - 4 juil. / jan., 26 juni - 4 juli
🍽 35-80   🍷 55-75   🥂 53

Florenville

⑬ Le Florentin   **NEW**

Place Albert 1er 58 - 6820 Florenville
📞 061 31 11 23
fredericponsar@skynet.be
🕙 0:00   🔒 di/ma   🔒 di/ma
🍷 35-55

Active depuis plus de cent ans dans les salaisons, la famille Blaise a profité du départ d'un locataire pour superbement rénover cette belle maison du centre de Florenville en une brasserie de luxe où il fait bon s'attabler. Ce plaisir est d'autant plus grand qu'une équipe cornaquée par un chef et un maître d'hôtel qui ont œuvré aux côtés de Michel Libotte (le gastronome- 17/20) de nombreuses années durant. A la carte, les classiques de brasserie côtoient les préparations cuisinées plus élaborées comme le gibier en saison parfaitement maîtrisé.

De familie Blaise, al meer dan honderd jaar actief op het vlak van gezouten voedingswaren, heeft van het vertrek van een huurder geprofiteerd om deze mooie woning in het centrum van Florenville schitterend te renoveren tot een luxebrasserie waar het aangenaam tafelen is. Dit genot wordt nog versterkt door het feit dat hier een team werkt onder leiding van een chef en een maître d'hôtel die jarenlang hebben gewerkt aan de zijde van Michel Libotte (le gastronome - 17/20). Op de kaart staan brasserieklassiekers naast complexere bereide gerechten zoals in het seizoen perfect beheerst wild.

👍 Les chocolats d'Edouard   **NEW**

Place Albert 1er 36 - 6820 Florenville
📞 061 50 29 72   🖨 061 50 29 73
info@leschocolatsdeouard.be -
http://www.leschocolatsdedouard.com
🕙 0:00   🔒 ma/lu   🔒 ma/lu
🍽 11   🍷 11-80

Hotel de France en Gaume

r. des Généraux Cuvelier 26 - 28 - 6820 Florenville
📞 061 31 10 32   📠 061 32 02 83
hoteldefrance.florenville@skynet.be -
http://www.hoteldefrance-florenville.be
🔓 0:00
📅 15 janv. - 15 mars / 15 jan. - 15 maart
🛏 25   ⚷ 82-92   ⓟ 67   ▮ 3

Fosses-la-Ville

Il San Daniele

rt. de Tamines 204 - 5070 Fosses-la-Ville
📞 071 71 26 18   📠 071 71 38 94
ilsandaniele@hotmail.com - http://www.ilsandaniele.be
🔓 0:00 ⁷⁄₇
🛏 7   ⚷ 75-105   ⓟ 105-135   ▮ 135   🛏 1

Francorchamps

⑬ Le Roannay

r. de Spa 155 - 4970 Francorchamps
📞 087 27 53 11   📠 087 27 55 47
roannay@skynet.be - http://www.roannay.com
🔓 21:00 ⁷⁄₇
📅 2 sem. janv., 2 sem. déc. / 2 wek. jan., 2 wek. dec.
🍽 55-88   🍽 54-90   ⚷ 75

Voilà une adresse qui a pignon sur rue depuis de nombreuses années. A l'entrée de Francorchamps, célèbre pour ces courses automobiles, le Roannay offre en outre la possibilité de se reposer après avoir profité d'une cuisine classique correctement réalisée. A la carte, fricassée de queues de langoustines et Saint-Jacques, filet d'agneau sauce brune au gingembre et ses légumes du moment ou…la pêche du jour.

Dit is een adresje dat al vele jaren te goeder naam en faam bekendstaat. Bij het binnenrijden van Francorchamps, bekend van zijn autoraces, biedt Le Roannay u ook de mogelijkheid om uit te rusten na te hebben genoten van een correct bereide klassieke keuken. Op de kaart staan fricassee van langoustinestaarten en Sint-Jakobsnootjes, lamsfilet met bruine saus met gember en groentjes van het moment of … de visvangst van de dag.

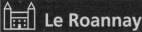 Le Roannay

rt. de Spa 155 - 4970 Francorchamps
℡ 087 27 53 11 🖷 087 27 55 47
roannay@skynet.be - http://www.roannay.com
🕐 0:00
📅 3 sem. janvier, 2 sem. déc. / 3 weken van jan., 2 weken dec.
🛏 20 ⚑ 129-189 229

 Belle Vue

rue Abbé Dossogne 30 - 4970 Francorchamps
℡ 087 27 50 24 🖷 087 27 54 12
hotel.bellevue@worldonline.be - http://www.spa-info.be/bellevue
🕐 0:00 ⁷⁄₇
📅 nov. / nov.
🛏 10 ⚑ 70-90

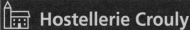 Hostellerie Crouly

r. du Clozin 21 - 4970 Francorchamps
℡ 087 27 53 29 🖷 087 27 55 34
info@croulyhotel.be - http://www.croulyhotel.be
🕐 0:00
🛏 8 ⚑ 126-156 60 8 186

Geel

De Cuylhoeve

Hollandsebaan 7 - 2440 Geel
℡ 014 58 57 35 🖷 014 58 24 08
cuylhoeve@innet.be - http://www.cuylhoeve.be
🕐 21:00 wo/me za/sa zo/di wo/me zo/di
📅 Pâques, juil, Noël et Nouvel An / Pasen, juli, Kerst en Nieuwjaar
33-70 27-37 43

Hier tafel je klassiek. Dat geldt zowel voor de lekkere gerechten als voor het eerder zware interieur en het massief zilverwerk op tafel. Wij genieten van ravioli van kreeft met bloemkool en truffel. De kreeft is een beetje droog, maar met de saus doet de chef zijn reputatie alle eer aan. Leuke combinatie ook met truffel. Op ons bord verschijnen daarna fijne plakjes zeer krokant gebakken kalfszwezeriken met correcte asperges en een lichte kalfsjus. Opvallend in dit restaurant is de uitzonderlijke champagnekaart. Er staan leuke ontdekkingen op. Maar aan de wijn in het algemeen is nog werk. Merkwaardig, want de sommelier kent zijn vak en geeft professioneel advies. Sympathieke ontvangst ook door de charmante gastvrouw.

Classique. Voilà qui décrit tant les délicieux plats que la décoration plutôt chargée et l'argenterie massive de l'établissement. Nous dégustons des ravioles de homard au chou-fleur et à la truffe. Le homard est un peu sec, mais la sauce est à la hauteur de la réputation du chef. On apprécie aussi l'association à la truffe. S'ensuivent de fines tranches de ris de veau croquants à souhait, des asperges correctes et un fond de veau léger. On épingle l'exceptionnelle carte des champagnes, gage de découvertes intéressantes. Globalement, quelques efforts restent tout de même à faire au niveau du vin. C'est curieux, car le sommelier connaît son métier et prodigue des conseils avisés. Accueil sympathique, notamment assuré par la charmante hôtesse.

Verlooy

Pas 117 - 2440 Geel
(014 57 41 70   📠 014 57 41 86
info@hotelverlooy.be - http://www.hotelverlooy.be
🔒 0:00   7/7
🧳 1 - 3 janv., 20 - 31 déc. / 1 - 3 jan., 20 - 31 dec.
🍴 12   €ₖ 100-175

Gembloux

Chai Gourmand

ch. de Charleroi 74 - 5030 Gembloux
(081 60 09 88   📠 081 60 09 91
info@chaigourmand.be - http://www.chaigourmand.be
🔒 21:30   🍽 di/ma wo/me za/sa   🍽 di/ma wo/me
🧳 1 sem. de Pâques, 1 - 12 août, 15 jrs. Noël et Nouvel An /
1 week Pasen, 1 - 12 aug., 15 d. Kerstmis en Nieuwjaar
🍽 28-58   🍽 17-35   🍷 44

A la sortie de Gembloux en direction de Charleroi, on s'arrête ici dans une belle bâtisse classique au sein de laquelle on découvre un décor moderne, sans exagération. A l'arrière, derrière la grande baie vitrée, un gentil petit jardin, qui tient presque du verger, accueille les gastronomes lors des beaux jours. Ouverte il y a 3 ans par deux "anciens" de grandes maisons namuroises, cette maison fait depuis le bonheur des gastronomes gembloutois. On y déguste une cuisine contemporaine mâtinée de touches créatives sans être trop « déstabilisante ». Notre meilleur jeune chef pour la Wallonie cette année aime jouer la carte des épices et des textures. Comme en atteste le menu ce jour-là qui propose notamment en entrée, les noix de Saint-Jacques poêlées, un wok de chicons et quelques topinambours au curry ou un?mélange d'avocat, de mimolette et de noix. A découvrir ! En plat, le pigeonneau royal d'Anjou voit sa poitrine rôtie et ses cuisses croustiller sur une semoule au romanesco…Miam, tout simplement ! Le point supplémentaire est acquis au passage. En cave, on découvre une superbe carte des vins riche de beaux flacons, jeunes et moins jeunes, et d'étiquettes telles que Trévallon blanc et rouge, Grange des Pères, Mas Jullien, et autres classiques, côtoyant des découvertes toutes plus intéressantes les unes que les autres.

Bij het verlaten van Gembloux in de richting van Charleroi kunt u hier halt houden in een mooi klassiek gebouw waar u een modern decor ontdekt – zonder overdrijving. Achteraan, achter het grote raam, worden de gastronomen bij mooi weer verwelkomd in een leuk tuintje dat bijna iets wegheeft van een boomgaard. Dit restaurant werd 3 jaar geleden geopend door twee 'anciens' van grote Naamse huizen en maakt sindsdien de gastronomen in Gembloux gelukkig. Hier kunt u terecht voor een eigentijdse keuken doorspekt met creatieve accenten die echter niet al te 'destabiliserend' zijn. Onze beste jonge chef van Wallonië dit jaar werkt graag met kruiden en texturen. Dat bewijst het menu van die dag, met onder meer als voorgerecht gebakken Sint-Jakobsnootjes, wok van witlof en enkele aardperen met kerrie of een mengeling van avocado, mimolette en noten. Het ontdekken waard! Als hoofdgerecht jonge duif van Anjou, waarvan de borst gebraden is en de knapperige boutjes geserveerd worden op griesmeel met romanesco… Gewoonweg lekker! Het extra puntje is binnen. In de kelder ontdekt u een prachtige wijnkaart met tal van mooie flessen – jonge en minder jonge – en etiketten zoals Trévallon wit en rood, Grange des Pères, Mas Jullien en andere klassiekers, naast ontdekkingen die allemaal des te interessanter zijn.

 Best Western Les Trois Clés

ch. de Namur 17 - 5030 Gembloux
℡ 081 61 16 17   🖷 081 61 41 13
hotel@3cles.be - http://www.3cles.be
🔓 0:00 ⁷⁄₇
🛏 45   76-130

Ways

 Au Milieu de Nulle Part

r. Emile Marcq 3 - 1474 Ways
℡ 067 77 37 98   🖷 067 87 05 55
aumilieudenullepar@skynet.be - http://www.aumilieudenullepart.be
🔓 22:00   🔒 ma/lu za/sa   🔒 ma/lu
📅 23 déc. - 4 janv. / 23 dec. - 4 jan.
🍽 40-90   26-50

Sa situation privilégiée en fait un lieu de passage for fréquenté malgré un nom qui pourrait prêter à confusion. La carte se veut assez hétéroclite avec quelques influences asiatiques et de la brasserie. Notre céviche de cabillaud et truite donnait le ton avec un équilibre parfait entre acidité et fraîcheur. Pour suivre par un ris de veau fort moelleux et un bouillon thaï au soja succulents. Petit bémol quant au service qui souffre de son succès ! Carte des vins un peu onéreuse.

Door zijn bevoorrechte ligging komt hier veel volk langs, ondanks een naam die verwarring zou kunnen scheppen. De kaart is zeer gevarieerd, met enkele Aziatische en brasserie-invloeden. Onze ceviche van kabeljauw en forel zette de toon met een perfect evenwicht tussen zuurheid en frisheid. Gevolgd door een zeer malse kalfszwezerik en overheerlijke Thaise bouillon met soja. Klein minpuntje: de bediening lijdt onder het succes van de zaak! Ietwat dure wijnkaart.

Genk

La Botte   ♡ 🍇 ☺

Europalaan 99 - 3600 Genk
℡ 089 36 25 45   🖷 089 36 25 45
info@labotte.be - http://www.labotte.be
🔓 22:30   🔒 di/ma wo/me   🔒 di/ma wo/me
📅 déb. janv., fin juil. - déb. août, fin déc. / beg. jan., eind juli - begin aug., eind dec.
🍽 38-60   49   38

De geur van verse kruiden waait ons toe vanuit de open keuken. Dat boezemt vertrouwen in en scherpt de smaakpapillen. Dit restaurant heeft een aureool van

Italiaanse authenticiteit. Wat eet je dan? Carpaccio! Het rundvlees is uitstekend en gelukkig niet koelkastkoud, zoals zo vaak het geval is. Grote schilfers parmiggiano zorgen voor pit. Dan volgen perfect gebakken kroketjes ruim gevuld met ragout van verse truffel en eekhoorntjesbrood. Prima harmonie van smaken. Er is ook nog smaakvolle filet pur, perfect rosé gegaard en met een mooi bruin korstje. Daarbij komen tomaat, look, kappertjes en oregano, en vooral een uitstekende pittige pizzaiolasaus. Dit gerecht is waarlijk een feest van garing en smaakbalans. Het dessert is een mooie samenvatting van de keuken: smeuïge chocoladesoufflé en amarena-ijs zijn met aandacht bereid, op basis van verse producten, en rijk van smaak maar nooit zwaar of overdadig. Chef Giuseppe Giacomazza doet zijn aureool van Italiaanse authenticiteit alle eer aan. Zijn goed uitgedachte gerechten houden het midden tussen klassiek en inventief. De wijnkaart biedt toegankelijke én meer karaktervolle referenties tegen gunstige prijzen. Zeer vriendelijke ontvangst en ontspannen Italiaanse sfeer. Groot terras voor de deur. Dit is een top-Italiaans restaurant!

Des effluves d'herbes fraîches s'échappent de la cuisine ouverte. Voilà qui inspire confiance et aiguise les papilles. Le restaurant est placé sous le signe de l'authenticité italienne. On y mange donc... du carpaccio ! Le bœuf est excellent et ne sort heureusement pas du réfrigérateur, comme c'est souvent le cas. De gros copeaux de parmesan lui donnent du mordant. S'ensuivent des croquettes farcies au ragoût de truffe et de cèpes. L'harmonie des saveurs est parfaite. Citons également le savoureux filet pur en croûte, rosé à souhait. Son escorte se compose de tomates, d'ail, de câpres, d'origan et d'une sauce pizzaïola merveilleusement relevée. Ce plat est une véritable réussite, tant au niveau de la cuisson qu'en termes d'harmonie. Le dessert fait une belle synthèse de la cuisine. Minutieusement préparés à base de produits frais, le soufflé au chocolat et la glace à l'amarena ne sont ni trop lourds ni trop copieux, mais ne manquent en aucun cas de saveur. Le chef Giuseppe Giacomazza fait honneur à sa promesse d'authenticité italienne. Il orchestre des envois bien pensés, au carrefour de la tradition et de la créativité. Le livre de cave renferme des références accessibles et plus typiques, proposées à des prix raisonnables. Accueil très charmant. Ambiance italienne décontractée. Grande terrasse. Voilà un restaurant italien de choix !

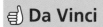 Da Vinci

Pastoor Raeymaekersstr. 3 - 3600 Genk
℡ 089 30 60 59   🖶 089 30 60 56
info@restaurantdavinci.be - http://www.restaurantdavinci.be
🕙 21:00   🔒 ma/lu za/sa zo/di   🔒 ma/lu zo/di
🗓 19 - 26 mars, 15 juil. - 5 août / 19 - 26 maart, 15 juli - 5 aug.
💶 28-57   🍴 42

Gusto

Europalaan 38 - 3600 Genk
℡ 089 32 29 29   🖶 089 32 29 21
info@gustocarbon.be - http://www.gustocarbon.be
🕙 22:00   ⁷⁄₇
💶 36-52   💶 40-60   🍴 58

Als onderdeel van het Carbon-hotel mikt restaurant Gusto op zowel hotelgasten als voorbijgangers. Daardoor overstijgt de restaurantkaart in ruime mate de klassieke hotelkaart. Ook het concept is gericht op de eigentijdse restaurantbezoeker die nu eens trek heeft in één gerecht en dan weer uitgebreid wil tafelen. In dat opzicht toont Gusto zich trouwens als een moderne, trendy brasserie. Een ruime keuze van meer dan een dozijn wijnen per glas toont dezelfde klantgerichte aanpak.

DONNA
CAROLINA   *Olio Extra Vergine di Oliva*

Eigen productie van Karolien Swinnen en Toni Etneo   www.svi.be

En tant qu'entité de l'hôtel Carbon, le restaurant Gusto mise à la fois sur les clients de l'hôtel et sur les passants. À cet effet, la carte du restaurant dépasse, dans une large mesure, les traditionnelles cartes d'hôtel. Le concept vise aussi les clients contemporains des restaurants qui souhaitent tantôt un seul plat, tantôt un menu plus élaboré. À cet égard, Gusto s'avère toutefois une brasserie moderne et tendance. Un choix vaste de plus de douze vins au verre démontre la même approche orientée client.

De Kristalijn

Wiemesmeerstr. 105 - 3600 Genk
℡ 089 35 58 28 — 🖶 089 35 58 28
info@stiemerheide.be - http://www.stiemerheide.be
🔓 21:30 🔒 ma/lu za/sa zo/di 🔒 ma/lu zo/di
🍽 35-65 🍽 25-42 🍷 50

Het restaurant van het hotel Stiemerheide verhuisde naar een modern, losstaand gebouw aan de overzijde van het hotel. De tafels zijn rond de grote open keuken geplaatst. Hier kan Koen Somers, al twaalf jaar een vaste waarde in De Kristalijn, volop zijn duivels ontbinden. Onze keuze valt op het viergangenmenu dat opent met een met het mes gesneden tartaar van wilde zeebaars, met korenaarasperges, crème van rode zuring en frisse gelei met citrusvruchten. Vervolgens luchtig gebakken kabeljauw met gebakken witte asperges, met de frisse anijstoets van jonge venkel en zacht zilte zeekraal. Dan is het tijd voor een meer aardse bereiding: sneetjes botermalse rosé gebraden borstvlees van Bresse-duif, de braadjus licht geparfumeerd met curry, knapperige romige tuinbonen, wortelen en groene asperge, ondersteund door een crème van geroosterde ui en crunch van amandel. Voor het dessert een mix van bosvruchten met een coulis van aardbei. Koen Somers verstaat de kunst om net die ingrediënten samen te brengen die volop smaak, contrast en textuur geven.

Le restaurant de l'hôtel Stiemerheide a déménagé dans un immeuble moderne et autonome en face de l'hôtel. Les tables sont disposées autour de la grande cuisine ouverte. C'est ici que Koen Somers, une valeur sûre depuis 12 ans au De Kristalijn, peut donner libre cours à sa créativité. Nous avons choisi le menu à quatre plats, qui commence par un tartare au couteau de bar de ligne accompagné d'asperges sauvages, d'une crème d'oseille rouge et d'une gelée d'agrumes très fraîche. Ensuite, un cabillaud aérien avec des asperges blanches sautées, le tout relevé d'une pointe anisée et rafraîchissante de jeunes fenouils et d'une touche iodée et douce de la salicorne. Ensuite, place à une préparation plus terrienne: tranchettes de suprême de pigeonneau d'Anjou, rosées et tendres comme une fesse d'ange, avec un jus de cuisson légèrement parfumé au curry, des fèves crémeuses et croquantes, des carottes et de jeunes asperges, le tout soutenu par une crème d'oignon rôti et un crunch d'amande. En dessert, un mix de fruits des bois avec un coulis de fraise. Koen Somers connaît tout l'art de combiner les ingrédients qui mettent dans le mille en matière de goûts, de contrastes et de textures.

Carbon Hotel

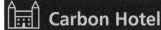

Europalaan 33 - 3600 Genk
℡ 089 32 29 20 — 🖶 089 32 29 31
info@carbonhotel.be - http://www.carbonhotel.be
🔓 0:00 ⁷⁄₇
🛏 60 🅺 179 🅺 138-198

 Hotel Stiemerheide

Wiemesmeerstr. 105 - 3600 Genk   🚗 🛏 ♿ 🏊 ♨ 🐴 ⛳ 🏩 ❀
☏ 089 35 58 28   🖶 089 35 58 03   [MasterCard] [VISA] [AMERICAN EXPRESS] [Diners]
info@stiemerheide.be - http://www.stiemerheide.be
🛏 0:00 ⁷⁄₇
🛏 63   🛏ₖ 112   🛏ₖ 106-145   ⊕P 120   🛏 7   Ⓢ 137

NH Molenvijver Genk

Albert Remansstr. 1 - 3600 Genk   🚗 🛏 ♿ ♨ 🏩 ❀
☏ 089 36 41 50   🖶 089 36 41 51   [MasterCard] [VISA] [AMERICAN EXPRESS]
nhgenk@nh-hotels.com - http://www.nh-hotels.com
🛏 0:00 ⁷⁄₇
🛏 83   🛏ₖ 76   🛏ₖ 79-108   ⊕P 88-125   🛏 125   Ⓢ 153

Genoelselderen ▷ Tongeren

Gent

 De 3 Biggetjes

Zeugsteeg 7 - 9000 Gent   🛏 ♿ ❄ ⛱
☏ 09 224 46 48   [MasterCard] [VISA]
http://www.de3biggetjes.com
🛏 21:00   🔒 wo/me za/sa zo/di   🔒 wo/me zo/di
🗋 1 sem. Pâques, 3 sem. août, entre Noël et Nouvel An. /
1 week Pasen, 3 wek. aug., tss. Kerst en Nieuwjaar
🍴 32   🍷 41-66

In het Gentse Patershol is de keuze om te tafelen uitgebreid. Een vaste waarde
voor lekker, comfortabel en prijsvriendelijk levert Ly Chi Cuong met zijn team in
restaurant De 3 Biggetjes. Hij leerde het vak onder de hoede van talrijke vooraanstaande Belgische chefs om daaruit een zuivere en productgedreven keuken te
distilleren. Klassiek geïnspireerd met ruime persoonlijke intenties om zijn gasten
iets extra te geven, hanteert hij het devies dat een mooi bewerkt gerecht begint
met de keuze van een dito product.

Dans le quartier du Patershol, les gourmets n'ont que l'embarras du choix. Ly Chi
Cuong et sa brigade sont les garants d'une valeur sûre avec leur trio gagnant :
cuisine délicieuse, confort et prix d'ami. Il a appris les ficelles du métier chez différents chefs belges de renom. Il a distillé toutes ses expériences en une cuisine
de produits très pure. Il combine une inspiration classique avec des touches très
personnelles pour réserver de belles surprises à ses invités. Sa devise : un plat bien
travaillé commence par le choix d'un produit d'exception.

🖐 Bord'eau

Sint-Veerleplein 5 - 9000 Gent
℡ 09 223 20 00
info@oudevismijn.be - http://oudevismijn.be
🛗 0:00 zo/di
🍴 35 🍷 63

🍳 Cafe Theatre

Schouwburgstr. 5 - 9000 Gent
℡ 09 265 05 50 🖨 09 265 05 59
info@cafetheatre.be - http://www.cafetheatre.be
🛗 23:55 7/7
📅 16 juil. - 17 août / 16 juli - 17 aug.
🍴 34-60 🍷 34-60 🍷 47

Meer dan tien jaar geleden gestart en nog altijd populair als aanmeerplaats voor een culinair verantwoorde hap. Achter die succesformule gaat een uitgekiende en vooral door kwaliteit gedreven strategie schuil waarbij de hedendaagse verwachtingen scherp in kaart worden gebracht. Wij genoten dit jaar van een lekkere vissoep en van prima kabeljauw met een vakkundig bereide mousseline. Prima ambiance, informele service, constante kwaliteit in de keuken… en een paar gerechten, zoals een prima rundertartaar, waarmee men hier echt het verschil maakt. Het beproefde recept wordt al enige tijd ook in Londen toegepast.

Plus de dix ans d'existence et toujours aussi populaire comme port d'attache pour un petit repas sur le pouce raisonnable et goûteux. Cette formule à succès est étayée par une stratégie orientée qualité parfaitement étudiée. En effet, la maison a très largement pris en compte les attentes du public contemporain. Nous y avons dégusté cette année une soupe de poisson impeccable ainsi qu'un excellent cabillaud et sa mousseline de premier ordre. Ambiance parfaite, service informel, qualité constante et cuisine et quelques plats qui font la différence comme le tartare de bœuf… Cette recette du succès a été exportée depuis un certain temps à Londres.

🖐 Carte Blanche P-W

Martelaarslaan 321 - 9000 Gent
℡ 09 233 28 08
carteblanchepw@skynet.be - http://www.carteblanchepw.be
🛗 0:00 🔒 zo/di 🔒 ma/lu di/ma wo/me do/je zo/di
📅 3 sem. après des fêtes de Gands / 3 wek. na Gentse feesten
🍴 16-30 🍷 6-27 🍷 70

🖐 Central au Paris

Botermarkt 10 - 9000 Gent
℡ 09 223 97 75
cardon@centralauparis.be - http://www.centralauparis.be
🛗 21:30 🔒 wo/me 🔒 di/ma wo/me zo/di
📅 24 - 31 déc. / 24 - 31 dec.
🍷 38-61

C-Jean

Cataloniëstr. 3 - 9000 Gent
✆ 09 223 30 40   📠 09 330 00 01
antel@pandora.be - http://www.c-jean.be
🍽 21:00   🔒 ma/lu zo/di   🛏 ma/lu zo/di
🍴 75-85   🍷 70-110

Na het vertrek van Jason Blanckaert neemt Willem Vandeven het fornuis over. Vandeven werkte onder meer bij de gebroeders Pourcelle (Montpellier), Michel Bras en Peter Goossens. We kiezen gerechten van de kaart. Als voorgerecht een rijke bereiding met volle romige smaken van krokant gebakken pladijs met fijnehakte rauwe bloemkool met zeekraal en poeder van grijze garnalen, crème van bloemkool, kort gebakken bloemkoolroosjes, verse met de hand gepelde garnalen, lamsoor en schuimende schaaldierenjus. Als hoofdgerecht drie krachtige bereidingen van kalf zoals kalfskop met gekonfijte tomaten en maderasaus, gelakte traag gegaarde en gelatineuze kalfsbuik en sneetjes rosé gebakken kalfslende met daarbij geroosterde prei, erwtencrème, violetartisjok en geprakte ratte aardappelen met zure room, boter en bieslook. Het dessert sluit verfrissend af: licht gekonfijte rabarber met sambathee, rabarbergel, sorbet van schapenyoghurt, financierkoekje van amandel en mascarponecrème. De gerechten van Willem Vandeven vallen op door mooie smaakcomposities, beheersing van de gaartijden en mooie presentatie.

Depuis le départ de Jason Blanckaert, c'est Willem Vandeven qu'on retrouve aux fourneaux. Vandeven a fait ses armes chez les frères Pourcel (Montpellier), Michel Bras et Peter Goossens. Nous optons pour des plats à la carte. En entrée, le chef signe un envoi riche, placé sous le signe des saveurs crémeuses: croquant de plie, éminé de chou-fleur cru aux salicornes et à la poudre de crevettes grises, crème de chou-fleur, bouquets de chou-fleur tout juste cuit, crevettes décortiquées à la main, lavande de mer et émulsion de jus de crustacés. Le plat principal décline énergiquement le veau: tête de veau au confit de tomates et sauce madère, poitrine laquée gélatineuse et cuite à basse température et, enfin, côte de veau rosée, poireau rôti, crème de petits pois, artichaut violet et écrasé de rattes à la crème aigre, au beurre et à la ciboulette. Le dessert met un point final rafraîchissant au repas: rhubarbe légèrement confite et thé samba, gelée de rhubarbe, sorbet de yaourt au lait de brebis, financiers aux amandes et crème de mascarpone. Willem Vandeven élabore de belles compositions gustatives, dans le respect des temps de cuisson et le souci de l'esthétique.

 Domestica

Onderbergen 27 - 9000 Gent
✆ 09 223 53 00   📠
restaurant.domestica@skynet.be - http://www.domestica.be
🍽 22:00   🔒 ma/lu za/sa zo/di   🛏 zo/di
📅 2ième et 3ième sem de janv, 2ième et 3ième sem de juillet /
2de en 3de week van jan., 2de en 3de week van juli
🍴 45-65   🍷 43-87   🍾 64

Leuk ogend restaurant waar klanten ook voor één gerecht gastvrij ontvangen worden. De kaart bevat publekslievelingen zoals garnaalkroketten, maar chef Vincent De Leenheer laat zich ook van zijn creatieve kant zien, met scampi op een spies gegaard met kaffirlimoen of pijlinktvisjes in een rijke, frisse tomatensaus. De locatie in een elegant herenhuis in het centrum van Gent is een troefkaart en wordt terecht ook door heel wat buitenlandse lekkerbekken gewaardeerd.

Restaurant sympa, où les invités sont gratifiés d'un accueil aussi chaleureux s'ils viennent pour un grand repas ou pour un seul plat. La carte reprend les plats préférés du public comme les croquettes aux crevettes, mais le chef Vincent De Leenheer peut également présenter son côté créatif. Comme une brochette de scampis cuits avec des feuilles de kaffir ou un encornet avec une sauce tomate riche et fraîche. L'emplacement, une élégante maison de maître au centre de Gand, est un atout. Une adresse fort appréciée par les gourmets étrangers.

⑭ A Food Affair

Korte Meer 25 - 9000 Gent
℡ 09 224 18 05
http://www.afoodaffair.be
🕙 21:30   🔒 ma/lu di/ma wo/me za/sa zo/di   🔒 ma/lu zo/di
🗓 31 déc - 8 janv, 17 juil - 25 juil / 31 dec - 8 jan, 17 juli - 25 juli
🍽 35-43   🍷 35-55

Het is druk wanneer wij binnenkomen, maar de gastvrouw – die alleen staat in de zaal – heeft alles perfect in de hand. Wij krijgen meteen vriendelijk een tafeltje toegewezen. Het aperitief van het huis zet de toon: cava met gember en citroengras. Wij nemen vongole met oosterse kruiden. De vongole (venusschelpen) zijn fantastisch: supervers, vol vruchtvlees, zoet-zilt en sappig gegaard. Een soepje van koriander en citroengras geeft een frisse toets, en cayennepeper zorgt voor pep. Het niveau blijft hoog met een werkelijk onweerstaanbaar stuk krokant gebraden angus beef. Het vlees heeft een zachte beet en een volle smaak, en is perfect gekruid. Garnituur is dan bijna overbodig. Wij onthouden toch de extra pit van portobellochampignons met sojasaus, limoen en koriander. De rijstnoedels zijn helaas een brij. Er komt nog vers gedraaid, vol smakend vanille-ijs met warme chocoladesaus. Wij hebben fijne gerechten gegeten, op basis van verse producten en met een eigenzinnige Aziatische tint.

Nous débarquons en plein coup de feu, mais notre hôtesse, seule en salle, maîtrise la situation. C'est avec le sourire qu'elle nous conduit d'emblée à notre table. L'apéritif maison donne le ton: cava au gingembre et à la citronnelle. Nous jetons notre dévolu sur les vongole aux herbes orientales. Elles sont superbes: la fraîcheur est au rendez-vous, la chair est succulente, entre amer et sucré, parfaitement juteuse. La nage de coriandre et citronnelle apporte une touche de fraîcheur, relevée d'une pointe de piment de Cayenne. Le niveau reste élevé avec la suite: une pièce de bœuf Angus vraiment irrésistible. La viande est tendre et goûteuse, parfaitement assaisonnée. La garniture en est presque superflue. Nous retenons cependant la brochette de champignons Portobello à la sauce soja, citronnelle et coriandre. Les nouilles de riz tiennent malheureusement plus de la bouillie. Pour terminer, une glace vanille tournée à la minute et sa sauce au chocolat chaude. Nous avons dégusté des plats raffinés, réalisés à base de produits frais, et relevés d'une touche asiatique pleine d'originalité.

👍 Georges Seafood

Donkersteeg 23 - 9000 Gent
℡ 09 225 19 18   📠 09 225 68 71
info@georgesseafood.be - http://www.georgesseafood.be
🕙 21:30   🔒 ma/lu di/ma   🔒 ma/lu di/ma
🗓 2 - 17 juin, 1 - 7 sept. / 2 - 17 juni, 1 - 7 sept.
🍽 20-35   🍷 40

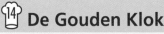

De Gouden Klok

Koning Albertlaan 31 - 9000 Gent
℡ 09 222 99 00   🖨 09 222 10 92
info@degoudenklok.be - http://www.de-goudenklok.be
🕐 21:30   🔒 wo/me zo/di   🔒 zo/di
🍴 50-90   🍷 70-120   🥂 65

Het overdadige interieur gooit je een eeuw en verder terug in de tijd en de zeer klassieke keuken sluit daar naadloos bij aan. De chef houdt duidelijk van kreeft, zalm en eend. Hij heeft er vijf tot negen bereidingen van op de kaart staan. Maar ook in deze oase van somptuositeit die uitnodigt tot uitgebreid en luxueus tafelen, heeft de tijd niet stilgestaan. Er is een snelle lunch met aperitief, hoofdgerecht, glas wijn en dessert voor € 35 en binnen het uur opgediend! Zomer- en winterterras met zicht op de mooie tuin.

L'intérieur douillet de cette maison patricienne vous propose un voyage dans le temps d'au moins un siècle. La cuisine très classique est parfaitement en phase avec ce décor. Le chef apprécie visiblement le homard, le saumon et le canard. Il en propose en effet cinq à neuf préparations à la carte. Mais le temps ne s'est heureusement pas arrêté dans ce temple dédié au luxe et à l'opulence. En effet, un déjeuner rapide avec apéritif, plat de résistance, un verre de vin et le dessert est servi en moins d'une heure pour 35 euros. Terrasse d'été et d'hiver avec vue sur le superbe jardin.

 Grade   ♡

Charles de Kerchovelaan 81 - 9000 Gent
℡ 09 224 43 85
info@grade.be - http://www.grade.be
🕐 22:30   🔒 ma/lu zo/di   🔒 ma/lu zo/di
📅 la semaine des Fêtes de Gand / de week van de Gentse Feesten
🍴 31-47   🍷 35-50   🥂 47

Een bekende naam in Gent voor zijn klassieke Frans-Belgische keuken met verse producten. Wij bestellen tonijn, in een krokantje gebakken, met carpaccio van coeur de boeuftomaat, olijvencake en tomatensorbet. De tonijn is vers en goed gegaard, de carpaccio is super, maar de sorbet verdooft de smaakpapillen. Het tweede gerecht is perfect op zijn vel gegrilde kabeljauw met kokkels, lamsoor en een heerlijk gekruid, fris sausje van langoustines. Een mooi geheel. De wijnkaart is prijzig. Vriendelijk onthaal, maar niet echt professionele bediening. Het moet ook allemaal snel gaan. De sfeer is druk en rumoerig. Aangename loungebar en prachtige binnentuin.

À Gand, ce restaurant doit sa renommée à sa cuisine franco-belge classique, à base de produits frais. Nous commandons le croquant de thon et son carpaccio de tomate cœur de bœuf, cake aux olives et sorbet tomaté. Le thon est cuit correctement et le carpaccio est bon, mais le sorbet anesthésie les papilles. Le deuxième envoi se compose de cabillaud parfaitement cuit sur peau et accompagné de coques, de la lavande de mer et d'une sauce aux senteurs de langoustine divinement assaisonnée. Quel beau tableau ! Les vins ne sont pas donnés. L'accueil est sympathique, mais le service manque de professionnalisme. Ça doit aller vite. Le cadre est bruyant. Bar confortable et joli patio.

 Le Grand Bleu

Snepkaai 15 - 9000 Gent
℘ 09 220 50 25
info@legrandbleu.be - http://www.legrandbleu.be
🕐 20:30 ⁷⁄₇
🍴 12-43

Bekend kreeftenrestaurant. Populair gaat hier samen met kwaliteit. De producten zijn goed en de bereidingen verzorgd. Wie dan zoiets als kreeft ook nog tegen een scherpe prijs aanbiedt, verdient een pluim. Die prijzenpolitiek geldt ook voor lunch en menu's. Reserveren is hier een absolute must.

Célèbre restaurant de homard. Popularité rime ici avec qualité. Les produits sont de bonne qualité et les préparations sont soignées. Le restaurateur qui parvient à proposer du homard à prix d'ami, mérite toute notre admiration. Cette politique des prix vaut également pour le lunch et les menus. Réservation obligatoire !

Le Homard Rouge

Ketelvest 9 - 9000 Gent
℘ 09 233 87 03
olivier.peeters1@hotmail.com - http://www.lehomardrouge.be
🕐 22:00 🔒 ma/lu za/sa zo/di 🔒 ma/lu zo/di
📅 14 jours en sept. / 14 dagen in sept.
🍴 30-65 🍴 17-65

Kreeft speelt hier uiteraard de eerste viool. Gepocheerd, gebakken, geroosterd of geflambeerd. Exemplaren van 500 of 800 gram. En in het seizoen ook nog oosterscheldekreeft of babykreeft. Naast garnaalkroketten vindt men hier ook vrij uitzonderlijk kreeftenkroketten. We zitten hier dan ook aan tafel bij echte specialisten. Wie van scampi of gamba's houdt, kan kiezen uit diverse bereidingen.

Il va de soi que le homard joue ici le premier violon. Poché, poêlé, rôti ou flambé. Des exemplaires de 500 ou 800 grammes. Et, en saison, le homard de l'Escaut oriental ou le baby-homard. Outre les croquettes aux crevettes, vous y trouverez aussi des croquettes au homard exceptionnelles. Nous sommes chez un véritable spécialiste. Si vous préférez des scampis ou des gambas, qu'à cela ne tienne, vous avez le choix entre différentes préparations.

Jan Van den Bon

Koning Leopold II Laan 43 - 9000 Gent
℘ 09 221 90 85 📠 09 245 08 92
info@janvandenbon.be - http://www.janvandenbon.be
🕐 21:30 🔒 ma/lu za/sa zo/di 🔒 ma/lu zo/di
📅 1 sem. Pâques, 15 juil. - 8 août, 2 sem. Noël / 1 week Pasen, 15 jul - 8 aug, 2 weken Kerstmis
🍴 45-98 🍴 37-44

Restaurant Jan Van den Bon vierde zijn 25ste verjaardag in 2011. Wij zaten echter niet aan het feest. Waar was de gevoelige klassieke hand die deze keuken al een kwarteeuw een eigen gelaat geeft. In de plaats kregen we licht gedecoreerde borden die weinig uitnodigend oogden. Ze vertelden vooral het verhaal van een chef die plots eigentijdse, technische elementen in zijn oeuvre wil incorporeren. Het was niet zomaar een akkefietje. Is Jan Van den Bon het koken verleerd? Nee, dat is te gek om te verwoorden. We kijken uit naar meer homogene borden waarin producten herkenbaar blijven. Innovatie mag maar moet wel onderbouwd gebeuren en logisch geïntegreerd worden. We kijken uit naar zijn keuze en houden de quotering van 16 in beraad.

Cet établissement a fête son 25e anniversaire en 2011. Par contre, nous n'avons pas été à la fête… Où était donc passée la subtilité classique qui présidait aux destinées culinaires de cette maison depuis un quart de siècle. Au lieu de cela, nous avons reçu des plats surchargés peu séduisants sur le plan visuel. Ils témoignent surtout de la volonté d'un chef d'incorporer à brûle-pourpoint à son répertoire des éléments techniques contemporains. Jan Van den Bon a-t-il perdu tous ses acquis culinaires ? Non, il nous est impossible de traduire notre impression en mots… Nous attendons impatiemment de retrouver des assiettes plus homogènes où les produits restent reconnaissables. Nous sommes ouverts à l'innovation, mais elle doit être solidement étayée et logiquement intégrée. Nous attendons de voir le tournant qu'il prendra et nous réservons notre décision quant à la note de 16.

Karel De Stoute

Vrouwebroersstraat 5 - 9000 Gent
℡ 09 224 17 35
restkareldestoute@gmail.com - http://www.restkareldestoute.be
🍽 21:00   ⌂ ma/lu za/sa zo/di   🛏 ma/lu zo/di
📅 1 sem. mars, 2 sem. sept. / 1 week maart, 2 wek. sept.
🍴 43-58   🍷 18-36   🥂 59

De jonge chef Thomas De Muynck heeft op enkele jaren tijd een zekere renommée opgebouwd met zijn frisse en evenwichtige keuken op basis van verse producten. Hij kan vooral heel goed smaken op elkaar afstemmen. Dat blijkt ook uit het menu met eerst king crab met avocado, kropsla, koolrabi en toast. Dan volgt smaakvolle pladijs met garnalen, waterkers, broccoli en kappertjes. Zeeduivel krijgt het pittige gezelschap van pancetta, pasta, rucola en zuiderse groentjes. Het restaurant is idyllisch gelegen in de middeleeuwse wijk Patershol.

Le jeune chef Thomas De Muynck s'est façonné une belle renommée en quelques années avec une cuisine à la fois fraîche et équilibrée reposant sur des produits frais. Il marie habilement les goûts, comme l'illustre le premier plat de son menu: crabe royal à l'avocat, laitue pommée, chou-rave et toast. Idem dito pour sa succulente plie aux crevettes, cresson de fontaine, brocoli et petits câpres. La lotte s'accompagne de notes relevées de pancetta, pâtes, roquette et légumes provençaux. Le restaurant bénéficie d'un emplacement idyllique dans le quartier du Patershol.

👍 Korenhuis

Korenlei 10 - 9000 Gent
℡ 09 269 77 44   📠 09 233 93 94
info@korenhuis.be - http://www.korenhuis.be
🍽 22:00 zo/di
🍴 35-59   🍷 16-34   🥂 35

NZET

Oudburg 58 - 9000 Gent
📞 09 225 62 22   🖨
nzet@skynet.be
🕐 22:00 ⁷⁄₇
📅 15 juil. 15 août / 15 juli - 15 aug.
🍴 35-65   🍷 40-70

Wars van trends met oog voor pure smaken geeft Mauro Menichetti vorm aan zijn culinaire ideeën. Hij houdt het graag ogenschijnlijk eenvoudig. Maar eenvoud is niet eenvoudig. Zijn aanpak verraadt een groot gevoel voor product,- en smaakidentiteit. Wat hij brengt is daarom aangenaam en confronterend lekker. Zoals bijvoorbeeld een buitengewone risotto of venusschelpjes die perfect gegaard zijn en subtiel op smaak gebracht worden. Ook in zijn wijnkeuze toont hij zich trouwens als een veeleisende professional.

Rebelle aux nouvelles tendances, Mauro Menichetti est un inconditionnel des goûts authentiques et purs. Visuellement, il aime jouer la carte de la simplicité. Ce qui n'est pas simple… Son approche trahit un grand respect de l'identité des produits et des goûts. Ses envois sont dès lors agréables et présentent un beau relief gustatif. Ce fut, par exemple, le cas de cet étonnant risotto aux palourdes à la cuisson parfaite et subtilement assaisonnée. Il montre aussi tout son professionnalisme dans le choix de ses vins.

Pakhuis

Schuurkenstr. 4 - 9000 Gent
📞 09 223 55 55   🖨 09 225 71 05
info@pakhuis.be - http://www.pakhuis.be
🕐 23:00   zo/di   zo/di
📅 12 - 27 juil. / 12 - 27 juli
🍴 26-43   🍷 35-53

Chef Koen Lefever kookt zoals hij is. Integer en met zin voor nuances. Veel van zijn gerechten zijn gebaseerd op terroir producten afkomstig van eigen hoeve in de Bresse streek. Met voorop natuurlijk de befaamde kip die hij veelzijdig bereidt. In het oesterseizoen vinden we hier elk jaar een uitzonderlijke selectie lekkers uit onder meer Frankrijk, Engeland en Nederland. Boeiende wijnkaart met veel aandacht voor het werk van kleinschalig opererende wijnboeren. Innemend interieur en leuk stadsterras.

Le chef Koen Lefever cuisine comme il vit : il est intègre et a le sens des nuances. Un grand nombre de ses plats sont basés sur des produits du terroir et de sa propre ferme en Bresse. Il dispose ainsi du célèbre poulet qu'il décline en de multiples préparations. À la saison des huîtres, nous trouvons ici chaque année une sélection exceptionnelle, entre autres, des Pays-Bas, de l'Angleterre et de la France. Cellier très intéressant mettant en lumière le travail de petits vignerons. Intérieur avenant et terrasse agréable.

 Volta

Nieuwewandeling 2b - 9000 Gent
📞 09 324 05 00
🕐 23:00   zo/di   zo/di
🍴 26-43   🍷 35-53

Olly Ceulenaere, tot 2009 souschef van Kasteel Withof in Brasschaat inspireerde zich voor het nieuwe restaurant Volta op Parijse brasseries zoals Le Chateaubriand en Frenchie die de klassieke brasseriestijl atypisch en op een eigentijdse manier invullen. 's Middags serveert hij een vlotte twee gangenlunch, aangevuld met hoofdgerechten en desserts als suggesties. 's Avonds staat een vijfgangen diner op het menu. We namen er zowel lunch als avondmaal en aten er eenvoudige gerechten met mooie smaakcombinaties en structuren zoals een smeuïge brandade van kabeljauw met gepocheerd hoeve-ei en witloofsalade in de lunch; oester met een frisse begeleiding van komkommer en winterrammenas, met te zware yoghurthangop, perfect gegaarde kabeljauw met rauwe en smeuïge bloemkool met kappers en wulken en rosé gebakken spiering van in Nevele gekweekte Brasvarvarkens met crème van pastinaak, quinoa, schuim van spek en trompette de la mort. Beperkte wijnkaart met overwegend jonge wijnen en mooie selectie wijnen van het glas.

Olly Ceulenaere a officié jusqu'en 2009 comme second du Kasteel Withof à Brasschaat. Pour son nouveau restaurant Volta, il s'est inspiré de brasseries parisiennes atypiques comme Le Chateaubriand et Frenchie, qui mettent le style classique des brasseries à la sauce contemporaine. Le midi, il sert un sympathique lunch en deux services, complété par des suggestions de plats et de desserts. Le soir, c'est le tour d'un menu cinq services. Nous avons testé le lunch et le repas du soir et avons dégusté des plats simples aux associations gustatives et aux structures agréables. Le lunch se compose d'une brandade de cabillaud fondant, d'un œuf de ferme poché et d'une salade de chicons. Citons également l'huître avec accompagnement tout en fraîcheur de concombre et de radis d'hiver. Le tout nappé d'une sauce au yahourt trop lourde. Sans oublier le cabillaud cuit à la perfection avec chou-fleur cru et sauce onctueuse aux câpres et bulots, et échine rosée de porc Brasvar élevé à Nevele, crème de panais, quinoa, espuma de lard et trompette de la mort. Carte des vins limitée, dominée par des crus jeunes, et belle sélection de vins au verre.

 de Vitrine

Brabantdam 134 - 9000 Gent
📞 **09 336 28 08**
http://www.de-vitrine.be
🕐 0:00 🔒 ma/lu za/sa zo/di 🔒 ma/lu zo/di

de Vitrine is de langverwachte 'bistro' van Kobe Desramaults, de chef van In de Wulf. Daarvoor vertimmerde hij een oude slagerij in de rosse buurt van Gent. Matthias Speybroeck en Niels Desnouck, oudgedienden van In de Wulf, zijn de chefs die Vitrine leiden. Er wordt enkel met menu's gewerkt: 's middags is er een driegangenlunch voor € 24 euro, 's avonds kun je in twee shifts reserveren voor een vijfgangendiner voor € 45. We nemen het vijfgangenavondmenu dat start met licht gezouten rauwe kabeljauw, zaadpeulen van radijs, gemarineerde radijs, gepofte granen, korianderbloemen en dille. Vervolgens een smaakbom van geroosterde warmoes met krokante stengel en blad met daarover geraspte harde geitenkaas. Dan volgt een sappig stukje pladijs met smakelijke rode biet, en ingekookte saus met melkwei en melde. Perfect gebakken botermals lamsvlees komt met botererwten, frisse munt en bearnaise. Het nagerecht combineert kersen, een luchtige kersencrème met friszuur karnemelkijs en een geroosterde zoete brioche. We aten vijf verrassende gerechten, fris en licht, rijk aan contrast en structuur.

de Vitrine est le « bistro » tant attendu de Kobe Desramaults, le chef de In de Wulf. À cet effet, il a transformé une ancienne boucherie du quartier rouge de Gand. Matthias Speybroeck et Niels Desnouck, qui ont tous deux officié au In De Wulf, sont les chefs de cette Vitrine. Une seule formule au programme: les menus. À midi, un déjeuner à trois plats pour 24 euros, et le soir, il est possible de réserver un dîner à cinq menus pour 45 euros, deux services sont prévus. Nous avons choisi le dîner à cinq plats, qui commence par du cabillaud cru légèrement salé accompagné de cosses de graines de radis, de radis mariné, de grains soufflés, de fleurs de coriandre et d'aneth. Ensuite, une véritable bombe gustative de betterave rôtie avec sa tige et sa feuille croquantes coiffées de râpures de fromage de chèvre dur. Le plat suivant était une plie succulente à souhait et sa délicieuse betterave rouge, accompagnée d'une sauce réduite de petit-lait et d'arroche. Pour bien continuer, de l'agneau à la cuisson parfaite entouré de petits pois, menthe fraîche et béarnaise. Le dessert combine des cerises, une crème aux cerises très légère relevée d'une glace au lait battu aigrelette et d'une brioche douce et grillée. Cinq plats surprenants, alliant fraîcheur et légèreté, contrastes et structures à foison.

Ghent Marriott

Korenlei 10 - 9000 Gent

☏ 09 233 93 93   📠 09 233 93 94
info@marriottghent.com - http://www.marriottghent.com
🔓 0:00 ⁷⁄₇
🛏 150   ᴷₖ 555   ℗ 35-95   🍽 95   🕐 12   💲 555

Ghent River Hotel

Waaistr. 5 - 9000 Gent

☏ 09 266 10 10   📠 09 266 10 15
info@ghent-river-hotel.be - http://www.ghent-river-hotel.be
🔓 0:00 ⁷⁄₇
🛏 77   ᴷₖ 135   🕐 2

Harmony

Kraanlei 37 - 9000 Gent

☏ 09 324 26 80   📠 09 324 26 88
info@hotel-harmony.be - http://www.hotel-harmony.be
🔓 0:00 ⁷⁄₇
🛏 24   ᴷₖ 137-185   🕐 1   💲 227

Astoria Hotel

Achilles Musschestr. 39 - 9000 Gent

☏ 09 222 84 13   📠 09 220 47 87
info@astoria.be - http://www.astoria.be
🔓 0:00 ⁷⁄₇
🛏 25   ᴷₖ 75-129   🕐 4   💲 139

Castelnou

Kasteellaan 51 - 9000 Gent

☏ 09 235 04 11   📠 09 235 04 04
info@castelnou.be - http://www.castelnou.be
🔓 0:00 ⁷⁄₇
🛏 48   ᴷₖ 78-126   ℗ 89-148   🍽 148

🏨 Novotel Gent Centrum

Goudenleeuwplein 5 - 9000 Gent
📞 09 224 22 30   🖨 09 224 32 95
H0840@accor.com - http://www.novotel.com
🔒 0:00   ⁷/₇
🛏 113   🛌 165   🅿 4

Afsnee

👨‍🍳⁽¹⁴⁾ Fontein Kerse   ☺

Broekkanststr. 52 - 9051 Afsnee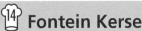
📞 09 221 53 02   🖨 09 221 53 02
fonteinkerse@pandora.be - http://www.fonteinkerse.be
🔒 21:30   🔒 di/ma wo/me   🔒 di/ma wo/me zo/di
🗓 16 - 31 janv., 16 - 31 juil. / 16 - 31 jan., 16 - 31 juli
🍽 25-58   🍷 14-29   🍴 50

Tijdens de week pakt chef Dominique Lampaert uit met een andere kaart dan tijdens het weekend. Hij rekent op werkdagen op gasten die minder tijd hebben maar toch lekker willen eten. Zijn keuken heeft hij dan ook in die zin aangepast. Hij blijft wel met dezelfde zorg koken, alleen ligt de klemtoon iets anders. Zijn klantgedreven aanpak heeft duidelijk succes.

Le chef Dominique Lampaert propose une carte pour la semaine et une autre pour les week-ends. Les jours ouvrables, il cible un public qui a moins de temps, mais qui souhaite quand même manger des plats goûteux. Il a aussi adapté sa cuisine en ce sens. Dans les deux cas toutefois, il continue à travailler avec le même souci du moindre détail, tout en apportant, ci et là, les nuances nécessaires. Son approche orientée client a clairement du succès.

Heusden (O.-Vl.)

👨‍🍳⁽¹³⁾ Rooselaer   🍇

Berenbosdreef 18 - 9070 Heusden (O.-Vl.)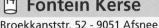
📞 09 231 55 13
info@rooselaer.be - http://www.rooselaer.be
🔒 21:30   🔒 wo/me   🔒 di/ma wo/me
🗓 début sept. / begin sept.
🍽 35-70   🍷 40-60   🍴 49

Wanneer wij op een mooie zomeravond binnenkomen in 'de' Rooselaer, dan staan wij eerst even verbaasd naar de brandende open haard te kijken. Tot mevrouw ons met een glimlach vertelt dat ze daarop kreeften grilt. Juist, ja, natuurlijk! Rooselaer, dat is gegrilde kreeft en vlees. Het is niet dat wij hier voor het eerst komen, maar wij hadden het – gezien de mooie zomeravond – over het hoofd gezien. En het is ook niet zo dat je hier alleen grillgerechten kunt eten. Aan onze tafel smullen ze van een superklassieke rog. Een traditionele smaakkeuken, dat is waar dit restaurant in de ruime omgeving om bekendstaat. De vele vaste klanten bewijzen dat daar een plaats voor is. Meer dan ooit misschien? Zeker met een goede prijs-kwaliteitverhouding. Eten kan ook in de prachtige tuin.

Nous entrons dans « le » Rooselaer une belle soirée d'été et qu'elle ne fut pas notre surprise de découvrir le feu ouvert allumé… Jusqu'à ce que Madame nous explique, avec un petit sourire, qu'elle y grillait des homards. Bien sûr, nous sommes chez le spécialiste du homard et des viandes grillés ! Ce n'est pas que nous y venions pour la première fois, mais nous avions oublié cet élément compte tenu de la belle soirée. Et puis, il n'y a pas que des grillades. Nous avons ainsi dégusté une raie superclassique. Une cuisine de goûts et de traditions, telle est la réputation de ce restaurant dans la région. L'affluence des clients habitués prouve que cette formule a ses adeptes. Peut-être plus que jamais? Certainement avec un bon rapport prix/qualité. On peut aussi se régaler dans un superbe jardin.

Lochristi

 t Hoveke van Barevelt ☺

Heistr. 59 - 9080 Lochristi
℡ 09 326 09 00   📠 09 326 09 02
info@hoveke.be - http://www.hoveke.be
🍴 21:30   🔒 ma/lu di/ma za/sa   🔒 ma/lu di/ma
🍴 39   🍷 385-54   🍴 46

 De Lozen Bor

Lozen Boer 3 - 5 - 9080 Lochristi
℡ 09 355 54 91   📠 09 355 29 53
info@delozenboer.be - http://www.delozenboer.be
🍴 14:00   🔒 wo/me vr/ve za/sa   🔒 ma/lu di/ma wo/me do/je vr/ve za/sa zo/di
🍴 49-75   🍷 20-41   🍴 97

Dit restaurant serveert een Franse keuken, puur en eerlijk. Aan de basis ligt een goede productkeuze. De bereidingen zijn smaakvol en de cuissons perfect. Het restaurant is alleen 's middags open. Chef-eigenaar Patrick Neyt bereidt dan een creatieve lunch. 's Avonds is het een feestzaal. De hapjes zijn al een voorgerecht op zich: holle oester, gekarameliseerde ganzenlever, gemarineerde gravlaxzalm, consommé, grijzegarnalensla, buikspek op lage temperatuur gegaard, en een gegrilde Guilvinec-langoustine. Op tafel verschijnt meteen ook verse hoeveboter met het embleem van het huis, en een knapperig zuurdesembroodje. Als eerste gerecht zijn er Bretonse coquilles, in soja gemarineerde blauwvistonijn, sorbet van mango en gebakken langoustine. Alles kraakvers! Het hoofdgerecht is lamszadel. Het Franse lammetje is van superieure kwaliteit en perfect rosé gebakken. Erbij komt een zalfje van aardpeer en artisjok, tomaat en mini-witloof. De kaaskar toont perfect gerijpte kazen en je krijgt er deskundige uitleg bij. Als dessert is er chocolademoelleux met sorbet van passievruchten en citroen, en vers fruit.

Ce restaurant propose une cuisine française juste et authentique. Tout repose sur le choix des bons produits. Les préparations sont savoureuses, les cuissons parfaites. Le restaurant n'ouvre que le midi. Le chef et propriétaire, Patrick Neyt, se charge de vous concocter un lunch créatif. Le soir, l'établissement se transforme en salle de réception. Les mises en bouche pourraient servir d'entrée à elles seules: huître creuse, foie gras caramélisé, saumon gravlax mariné, consommé, salade de crevettes grises, poitrine de lard cuite à basse température et langoustine du Guilvinec grillée. Pain au levain croustillant et beurre de ferme estampillé de l'emblème de la maison nous sont proposés. L'entrée décline les Saint-Jacques de Bretagne. Celles-ci sont accompagnées de thon rouge mariné au soja, de sorbet à la mangue et de langoustine poêlée. Rien que des produits frais ! La selle d'agneau est servie en plat. L'agneau français est de qualité supérieure et la cuisson rosée est parfaitement maîtrisée. En accompagnement: pommade de topinambours et d'artichauts, tomate et petite endive. Le chariot de fromages est garni de fromages parfaitement affinés. Un petit mot d'explication et les voilà dans notre assiette. Le dessert nous présente un moelleux au chocolat, son sorbet citron-fruit de la passion et ses fruits frais.

15 D' Oude Pastorie

Hijfte - Center 40 - 9080 Lochristi

📞 09 360 84 38   🖨 09 360 84 39
info@doudepastorie.com - http://www.doudepastorie.com
🕘 21:00   🔒 wo/me za/sa   🔒 di/ma wo/me zo/di
📅 1 sem. Päques, 3 sem. juil./août, 2 sem. fin de l'année /
1 week Pasen, 3 wek. juli/aug., 2 wek. eindejaar
🍴 35-65   🍷 20-38   🍴 55

Met intens smaakrijke gerechten blijft chef Jan Audenaert zijn klanten in de watten leggen. Hij toont daarbij ook meer en meer zijn talent om zijn borden decoratief te stileren. Hij verliest zich daarbij gelukkig niet in al te veel details. De hoofdproducten genieten zijn hoofdbekommernis. Zoals bijvoorbeeld een ongewone associatie van sardienen met eendenlever. Allebei rauw geserveerd, vervlecht hij beide lekkernijen tot een geheel met behulp van zoetzure kerstomaatjes en vruchtvlees van rode paprika. Zijn vermogen om diverse ingrediënten tot een mooi geheel te combineren toont hij daarna met dorade royale, kokkels, mosseltjes, scheermes en venusschelp. Elk ingrediënt is met zorg bereid en perfect van textuur. Boseend krijgt nadien een rokerige, kruidige toets die het markante vlees aanzienlijk opwaardeert. Ook over de rijke waaier van garnituren (uiring, raapjes, pruim, paddenstoelen en bulgur) niets dan lof. Over elk detail lijkt goed nagedacht. Zoveel harmonie in het bord creëer je niet in één, twee, drie.

Fort de ses envois intensément goûteux, le chef Jan Audenaert sait comment dorloter ses invités. Son talent artistique s'affirme de plus en plus lors du dressage. Fort heureusement, il a toutefois su rester sobre. Il mise tout sur ses produits phares. C'était le cas d'une bien étrange association de sardines et de foie gras de canard, servis tous deux crus... Étonnamment, il parvient à magnifier ce mariage contre nature en un ensemble très intéressant à l'aide de tomates cerise aigres-douces et de la chair de poivron rouge. Il démontre encore par la suite sa capacité de fusionner divers ingrédients en un tout harmonieux: dorade royale, coques, petites moules, couteaux et palourdes. Chaque ingrédient est préparé avec soin et arbore une texture parfaite. Un canard sauvage se pare ensuite de notes fumées et épicées qui renforcent considérablement le caractère marquant de la chair. Nous ne tarissons pas d'éloges pour le large éventail de garnitures: rondelles d'oignons, petits navets, prunes, champignons et boulgour. Chaque détail est mûrement réfléchi. Il faut reconnaître qu'une telle harmonie est le résultat d'un long cheminement et ne se crée pas de toutes pièces.

🏨 Arriate

Antwerpse Steenweg 92 - 9080 Lochristi
📞 09 326 83 00   🖨 09 367 90 30
info@hotelarriate.be - http://www.hotelarriate.be
🕘 0:00   7/7
📅 1 sem. janv. / 1 week jan.
🛏 8   🔑 77-98

Sint-Denijs-Westrem

🏨 Holiday Inn Gent Expo

Maaltekouter 3 - 9051 Sint-Denijs-Westrem
℡ 09 220 24 24　📠 09 222 66 22
hotel@holiday-inn-gentexpo.com -
http://www.holiday-inn.com/gent-expo
🔓 0:00 ⁷⁄₇
🛏 162　🍴k 193　🍴k♿ 95-212　🅿 145-312　🛏 312　🚗 7　🛏s 243

Zwijnaarde

⑬ De Klosse　🌿L🌿

Grotestwg. - Zuid 49 - 9052 Zwijnaarde
℡ 09 222 21 74　📠 09 371 49 69
info@deklosse.be - http://www.deklosse.be
🔓 21:00　🔒 ma/lu za/sa zo/di　🔒 ma/lu zo/di
🧳 vac. de Carnaval, 15 juil. - 8 août / Krokusvak., 15 juli - 8 aug.
🍽 30-55　🍽 35-70　🍴 55

Dit huis staat bekend om zijn klassieke en betaalbare keuken. De talrijke klanten kunnen dat duidelijk waarderen. Klassiek is al meteen de millefeuille van super-verse griet en zalm, met spinazie en een maltesersaus (Hollandse saus met jus van bloedappelsien). Er komen heerlijke asperges bij. De kwartel is gevuld met gedroogde tomaten, de boutjes zijn gekonfijt, zeer goed gekruid en niet uitge-droogd; de saus is verrijkt met sherry. Hierbij hoort een smaakvol zout pannen-koekje. Afsluiten doen wij met een mooi gepresenteerde panna cotta van aman-delen met gelei van ananas en mango. Zeer vriendelijk onthaal. Ruime parking.

La maison est connue pour sa cuisine classique et abordable. Les nombreux clients apprécient. On retrouve d'emblée le côté classique dans le millefeuille de barbue et de saumon, épinards et sauce maltaise (sauce hollandaise au jus d'orange san-guine). De délicieuses asperges complètent le tableau. Vient ensuite une caille farcie aux tomates séchées. La sauce est parfumée au sherry. Très bien assaison-nées, les cuisses confites sont loin d'être sèches. De savoureuses crêpes salées leur donnent la réplique. Le dessert nous dévoile une panna cotta aux amandes bien présentée, flanquée d'une gelée d'ananas et de mangue. Accueil très chaleureux. Vaste parking.

Genval

⑮ L' Amandier　♡☺🌿L🌿

r. Limalsart 9 - 1332 Genval
℡ 02 653 06 71　📠
amandier.degenval@hotmail.com - http://www.amandier.be
🔓 21:00　🔒 wo/me za/sa　🔒 wo/me zo/di
🧳 1 - 15 janv., 16 - 31 août / 1 - 15 jan., 16 - 31 aug.
🍽 37-58　🍽 18-24　🍴 50

Nouveau look en 2012 pour cette charmante maison dont les gastronomes de la région connaissent bien l'agréable salle à manger. Dès janvier, celle-ci s'ouvrira sur une cuisine ouverte autour de laquelle s'attabler sera également désormais possible. Côté assiette, rien ne change. La qualité et la constance sont au rendez-vous. Certes quelques notes créatives apparaissent au gré de l'inspiration du chef et… de la famille, mais les envois restent maîtrisés afin de conserver un plaisir constant chez une clientèle faite d'habitués de longue date et de nouveaux conquis chaque jour. Il est clair que l'éternel sourire de Stéphanie, en salle, contribue également à donner une touche supplémentaire au plaisir que l'on a à savourer par exemple, le carpaccio de bœuf aux copeaux de foie gras, la langoustine en tempura et juste poêlée ou encore la lotte servie juteuse à souhait avec quelques moules bouchot parfumées au thym et curry. La courte sélection vineuse est effectuée par Stéphanie et vous emmène principalement en Espagne et en France.

Nieuwe look in 2012 voor dit charmante huis waarvan de gastronomen uit de streek de aangename eetzaal maar al te goed kennen. Deze eetzaal zal vanaf januari uitgeven op een open keuken, waarrond voortaan ook tafeltjes zullen staan. Geen verandering op het vlak van de gerechten. Kwaliteit en constantheid zijn van de partij. Er duiken zeker enkele creatieve toetsen op afhankelijk van de inspiratie van de chef en … de familie, maar de gerechten blijven beheerst om het constante genot te verzekeren van de klanten die bestaan uit jarenlange habitués en dagelijkse nieuwkomers. Het is duidelijk dat de eeuwige glimlach van Stéphanie in de zaal ook een extra dimensie geeft aan het genot dat men bijvoorbeeld ervaart bij het eten van de rundcarpaccio met schilfers foie gras, langoustine in tempura en kort aangebakken of sappige zeeduivel met enkele bouchot-mosseltjes geparfumeerd met tijm en kerrie. De korte wijnselectie wordt samengesteld door Stéphanie, die u voornamelijk meevoert naar Spanje en Frankrijk.

⑬ ↗ Genval les Bains

av. du Lac 87 - 1332 Genval
☎ 02 655 73 73   🖶 02 655 74 44
genval-les-bains@martinshotels.com -
http://www.genvallesbains.com
🕐 0:00   7/7
🍽 41-48   🍷 38-60   🥃 60

Dans le superbe cadre offert par ce palace 5 étoiles en bordure du lac, avec une jolie vue sur celui-ci, Olivier Grégoire relève le défi d'une carte relativement longue, rythmée autour de salades et autres plats « fitness » d'une part, et de crustacés, poissons et viandes de l'autre. Parmi celle-ci, nous avons puisé un carpaccio d'espadon aux agrumes, la pastilla de volaille fermière au chèvre 'bio' et des croquettes de crevettes pas trop mal faites même si l'appareil était un rien trop liquide. On salue la belle sélection de vins au verre qui permet à chacun de découvrir, à son rythme, une sélection vineuse internationale intéressante. Le revoilà dans la course avec le retour de la 1ère toque.

In het prachtige kader van dit 5-sterren luxehotel aan de oevers van het meer, met een prachtig zicht hierop, gaat Olivier Grégoire de uitdaging aan van een relatief lange kaart met enerzijds salades en andere 'fitness' gerechten, en anderzijds schaaldieren, visgerechten en vleesgerechten. Wij opteerden voor carpaccio van zwaardvis met citrusvruchten, pastilla van hoevekip met 'bio' geitenkaas en redelijk goed bereide garnaalkroketten – ook al was het mengsel een tikkeltje te vloeibaar. Wij waarderen de mooie selectie wijnen per glas, waardoor iedereen in zijn tempo een interessante internationale wijnselectie kan ontdekken. Hij is weer helemaal mee, met de terugkeer van de eerste koksmuts.

Château du Lac

av. du Lac 87 - 1332 Genval
☏ 02 655 71 11 🖷 02 655 74 44
cdl@martinshotels.com - http://www.martinshotels.com
🛏 0:00 ⁷⁄₇
♨ 122 🛏 405 🛏 130-425 🕐 2 💲 750

Martin's Manoir

av. Hoover 8 - 1332 Genval
☏ 02 65 56 31 1 🖷 02 65 56 45 5
 - http://www.martinshotels.com
🛏 0:00 ⁷⁄₇
♨ 12 🛏 100-260

Rixensart

👍 Le St Quai Toile

av. de Mérode 93 - 1330 Rixensart
☏ 02 653 01 49 🖷 02 653 01 49
lestquaitoile@gmail.com - http://www.lestquaitoile.be
🛏 22:30 ⁷⁄₇
🍴 12-35 🍽 35

Martin's Lido

r. de Limalsart 20 - 1330 Rixensart
☏ 02 634 34 34 🖷 02 634 34 44
lido@martinshotels.com - http://www.martinshotels.com
🛏 0:00 ⁷⁄₇
🗓 15 juil. - 1 août / 15 juli - 1 aug.
♨ 27 🛏 210 🛏 60-220 ▯ 4

Geraardsbergen

🍴 t Grof Zout
😊

Gasthuisstraat 20 - 9500 Geraardsbergen
☏ 054 42 35 46
info@grofzout.be - http://www.grofzout.be
🛏 21:00 🔒 ma/lu za/sa 🔒 ma/lu zo/di
🗓 vac. de Carnaval, 2 dern sem d'août & 1ère sem sept of 20 août -
11 sept / Krokusvak., 2 laatste weken aug & 1ste week sept of 20 aug -
11 sept
🍴 35-52 🍽 52-64 🍷 50

Marniek De Wandel 'wandelt' tussen de klassieke en de moderne keuken en
brengt ze samen in soms verrassende combinaties. Zo zijn er als voorgerecht ge-

bakken mosselen met knolselder en kokos met een friszure jus van mosselen met pickles. Klassieker is het hoofdgerecht: gebakken patrijs geparfumeerd met rozemarijn, gebraiseerde zoete ui en wortelen met erbij geprakte aardappelen met spruitjes. Voor €52 eet je hier een vijfgangen chefs menu (3 gangen al voor €35).

Le cœur de Marniek De Wandel balance entre la gastronomie classique et la cuisine moderne. Le chef les mêle au sein d'associations parfois surprenantes. En entrée, il propose des moules sautées, céleri-rave à la coco, jus de moules acidulé au pickles. Le plat de résistance joue dans le registre classique: perdreau sauté sur bois de romarin, carottes et oignons doux braisés, purée de pomme de terre aux feuilles de choux de Bruxelles. Le menu cinq services du chef est proposé à 52 € (35 € pour 3 services).

Pand 19

Stationsplein 19 - 9500 Geraardsbergen
☏ 054 41 53 17
info@pand19.be - http://www.pand19.be
🕐 22:00   🔒 za/sa zo/di   🔒 zo/di
📅 16 - 31 août. / 16 - 31 aug
🍴 45-55   🍴 33-55   🍷 60

Ann de Roy verhuisde Pand 19 van de binnenstad van Geraardsbergen naar de gezinswoning aan de rand van de stand met mooi panorama op het glooiende landschap. De stallingen naast het huis werden tot restaurant verbouwd. Een driegangen suggestiemenu wordt er voor €45 aangeboden. Daarop onder meer tartaar van tonijn met groentjes en picklesmayonaise, filet van eendenborst met witloof, appel en curry en flensjes met kaneel, appel en calvadosijs. Ook op de kaart staan gerechten met hoge herkenningswaarde zoals een fish stick van kabeljauw 'op eigen wijze' met huisbereide tartaarsaus en kruidensla en als hoofdgerecht huisbereide stoverij met donkere Leffe, champignons en frieten.

Le Pand 19 est passé du centre-ville de Grammont à la périphérie, où Ann de Roy l'a aménagé dans la maison familiale. Il offre désormais une vue imprenable sur un paysage en pente douce. Les étables voisines de la maison ont été transformées en restaurant. Un menu trois services nous est proposé au prix de 45 €: tartare de thon aux petits légumes, mayonnaise au pickles ; filet de canard aux endives, pomme et curry ; crêpes à la cannelle, pomme et glace au calvados. La carte renferme elle aussi des plats au nom évocateur, notamment les fish sticks du chef (cabillaud), sauce tartare maison et salade d'herbes potagères. En plat de résistance: carbonnades à la Leffe brune, champignons et frites.

De Verborgen Tuin

Gasthuisstraat 35 - 9500 Geraardsbergen
☏ 054 41 23 43   📠 054 41 09 41
deverborgentuin@telenet.be - http://www.deverborgentuin.be
🕐 21:00   🔒 di/ma wo/me za/sa   🔒 di/ma wo/me
🍴 40-120   🍴 25-50   🍷 50

De Verborgen Tuin kwam vorig jaar voor het eerst binnen in de gids. Ondertussen bevestigt chef Steven Van Snick dat hij niet stil blijft zitten. Zijn bereidingen winnen aan diepte. We proeven van subtiel gerookte oosterscheldepaling met goed vast en sappig vlees, met friszoete tomaat, frisse selder en kruiden. Duif uit Steenvoorde krijgt een correcte behandeling, rosé gebraden, licht pittig gekruid, en komt met een combinatie van witlof en beukenzwammetjes. Zijn vrouw Lotte blijft ons de hele maaltijd met zorg en met de glimlach omringen. We merken ook dat de wijnkaart uitgebreid en meer divers werd. Het ziet er veelbelovend uit voor de jonge chef en zijn vrouw.

Ce restaurant est entré dans le guide l'année dernière. Entre-temps, le chef Steven Van Snick ne s'est pas reposé sur ses lauriers. Ses préparations gagnent en profondeur. Nous avons goûté une anguille de l'Escaut oriental subtilement fumée, dont la chair était succulente et ferme, et qui s'accompagnait d'une tomate suave et fraîche, de céleri et d'herbes, également très frais. Le pigeonneau de Steenvoorde est correctement exécuté: cuit rosé, légèrement corsé, et secondé d'une association de witloofs et de shimejis. Son épouse, Lotte, nous a gratifiés pendant tout le repas d'une attention sans faille et d'un bien agréable sourire. Le cellier s'est étendu et s'est diversifié. Cet établissement est très prometteur pour ce jeune chef et son épouse.

Gerpinnes ▷ Charleroi

Gesves

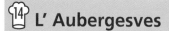 **L' Aubergesves**

Pourrain 4 - 5340 Gesves
083 67 74 17   083 67 81 57
aubergesves@skynet.be - http://www.laubergesves.be
20:30   ma/lu di/ma   ma/lu di/ma do/je zo/di
5 - 14 janv., 9 - 17 mars, 7 - 22 déc. / 5 - 14 jan., 9 - 17 maart, 7 - 22 dec.
44-55   46-65   66

En bordure de route, cette auberge se démarque par un décor rustique mais chaleureux. La carte est assez classique avec un menu du marché en 3 ou 4 services. Nous avons débuté notre repas par un saumon en 2 préparations ; mariné à l'aneth et cendré en bouleau, de bonne facture. Idem dito pour le bar sauvage, d'une chair succulente. L'assortiment de desserts était un rien trop sucré. La cave propose quelques belles sélections principalement en Bourgogne et Bordeaux.

Langs de rand van de weg onderscheidt dit restaurant zich door een rustiek maar gezellig decor. De kaart is redelijk klassiek, met een 3- of 4-gangen marktmenu. Wij zetten onze maaltijd in met zalm op twee wijzen: gemarineerd met dille en op berk gerookt – van goede makelij. Idem dito voor de wilde zeebaars met sappig vlees. Het assortiment desserts was een tikkeltje te zoet. In de kelder liggen enkele mooie selecties, Bourgogne en Bordeaux.

Borlo

 **Het Pachthof**

Thewitstr. 8 - 3891 Borlo
011 88 39 23
info@pachthof.com - http://www.pachthof.com
0:00   7/7
12   100-150   20

Gits ▷ Roeselare

Gooik

 t Kreukeltje

Lenniksestraat 65 - 1755 Gooik
☏ 054 56 81 07   🖷 054 56 80 36
info@tkreukeltje.be - http://www.tkreukeltje.be
🕑 21:00   🔒 di/ma wo/me za/sa   🔒 di/ma wo/me zo/di
📅 vac. de Carnaval, 21 juil - 15 aout, vac. de l'automne / Krokusvak.,
21 jul - 15 aug, Herfstvak.
🍽 35-65   🍷 47-121   🍴 50

Vakkennis en productbeheersing zijn hier de motor van het kookgebeuren. De hapjes zetten meteen de toon, met onder meer eigengemaakte foie gras met pruimen en bloemkoolsoep met kingkrab. Alles is vers. Een mooi voorgerecht is open ravioli van nieroogkreeftjes, prei, oesterzwam en kervelwortel. Er is een goed evenwicht tussen de smaken. Goed is ook de sint-jakobsschelp met gerookte paling, knolselder (iets te prominent), kalfsjus en groene kruiden. Ronduit schitterend gebracht, is een sappig stuk ibericovarken met Baskische piperade, erwten en lichtzure winterpostelein. De nagerechten zijn verzorgd en copieus. De kosmopolitische wijnkaart biedt voor elk wat wils.

Le savoir-faire et la maîtrise du produit sont ici le moteur. Les amuse-bouche donnent d'emblée le ton, avec notamment du foie gras maison aux prunes, et la soupe de chou-fleur au crabe royal. Tout est de toute première fraîcheur. Nous entrons dans le vif du sujet avec une raviole ouverte de langoustines, poireaux, pleurotes et racine de cerfeuil. L'équilibre des saveurs est au rendez-vous. La coquille Saint-Jacques à l'anguille fumée, céleri-rave (un peu trop présent), jus de veau et légumes verts tient ses promesses. Exécuté avec maestria, le porc Iberico bien juteux est servi avec de la piperade basque, des petits pois et du pourpier d'hiver. Les desserts sont soignés et copieux. La carte des vins est cosmopolite: chacun y trouvera son bonheur.

 De Verleiding

Ninoofsestwg. 181 - 1755 Gooik
☏ 02 532 26 24   🖷 02 532 26 24
info@de-verleiding.be - http://www.de-verleiding.be
🕑 21:30   🔒 ma/lu di/ma za/sa   🔒 ma/lu di/ma zo/di
🍽 30-55   🍴 46

Christophe Cornelis verleidt met prettig geprijsde menu's en een gezellige, huiselijke sfeer. Hij benadert de keuken klassiek met hier en daar een verrassend element: gerookte eendenborst met kalfszwezerik en perzik; coquilles met mosseltjes en garnalen; en reebok met zalf van rode biet, boschampignons, spek en kweepeer. Boeiende all-round wijnkaart. Zomertuinterras met mooi uitzicht.

Christophe Cornelis séduit par des menus à prix d'ami et une ambiance conviviale et familiale. Le classicisme règne en cuisine, mais est ponctué, ci et là, de quelques éléments plus surprenants : magret de canard fumé au ris de veau et poire ; Saint-Jacques aux moules et crevettes ; chevreuil et sa pommade de betteraves rouges, champignons des bois, lard et coing. Cellier cosmopolite très intéressant. À la belle saison, la terrasse avec vue est parfaite.

Gosselies ▷ Charleroi

Gouy-lez-Piéton ▷ Charleroi

Gozée ▷ Charleroi

Grâce-Hollogne ▷

Grand-Halleux ▷ Vielsalm

Grandhan ▷ Durbuy

Grandrieu ▷ Beaumont

Grandvoir ▷ Neufchâteau

s Gravenvoeren

De Kommel

Kommel 1 - 3798 s Gravenvoeren
℡ 04 381 01 85   📠 04 381 23 30
info@dekommel.be - http://www.dekommel.be
🔖 0:00
📅 1 - 17 janv. / 1 - 17 jan.
🛏 16   ⌖ 75-90   ⌖ 85-105   ⌖ 105

Grez-Doiceau

⑬ Au Gré du Train   ☺ ᴸ

pl. Gustave Baugniet 1a - 1390 Grez-Doiceau
℡ 010 22 30 22
willemsxav@gmail.com - http://www.augredutrain.be
🔖 22:00   🔒 za/sa   🔒
📅 15 juil. - 1 août, Noël - Nouvel An / 15 juli - 1 aug.,
Kerstmis - Nieuwjaar
⌖ 29   ⌖ 25-60   ⌖ 18

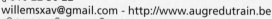

Dans cette ancienne gare de Grez-Doiceau, à côté de la plus en plus célèbre école de clown, Xavier Willems, en bon chef de gare, vous reçoit le temps d'un repas. Et Dieu sait qu'il aime soigner ses hôtes, souvent des habitués, au travers de ses envois bien finis. Que ce soit pour l'un de ses lunchs attractifs (16 euros les deux services !!!), son menu du mois (3 services à 29 euros) ou pour un repas en soirée autour de ses rognons sauce Baugé, on ne s'y trompe pas. La qualité rime ici avec cordialité même si le professionnalisme du service n'a rien à envier à certaines grandes maisons. Une carte des vins triée, et c'est original, par prix, permet à chacun de faire son choix. Le tout à des prix inversement proportionnels à la taille des villas du Golf du Bercuit.

In dit voormalige station van Grez-Doiceau, naast de steeds beroemdere clownschool, ontvangt Xavier Willems u als een goede stationschef voor een etentje. En het is algemeen geweten dat hij zijn gasten – vaak habitués – graag verwent met zijn mooi afgewerkte gerechten. Of het nu is voor een van zijn aantrekkelijke lunches (16 euro voor een 2-gangenlunch!!!), zijn maandmenu (3-gangenmenu tegen 29 euro) of een diner met niertjes in Baugésaus: hier vergist men zich niet. Kwaliteit gaat hier hand in hand met hartelijkheid, ook al moet het professionalisme van de bediening niet onderdoen voor bepaalde grote huizen. De wijnkaart is – origineel – gesorteerd volgens de prijs, zodat iedereen zijn keuze kan maken. En dat alles tegen prijzen die omgekeerd evenredig zijn met de grootte van de villa's in de buurt van de Golf du Bercuit.

 ## La Marmite du Colombier ☺

av. Comte Gérard d'Ursel 134 - 1390 Grez-Doiceau
☏ 010 84 22 23
info@lamarmiteducolombier.be -
http://www.lamarmiteducolombier.be
🔓 0:00 🔒 ma/lu za/sa zo/di 🔒 wo/me zo/di
15-32   32-60   50

Dans une élégante ferme et carré, cette adresse discrète et peu visible mérite pourtant que l'on s'y arrête. Surtout depuis que le chef Paul, que nous avions connu Chez Louis y a repris les fourneaux. La salle à manger est petite et les chaises et tables en bois contribuent à un cachet plus d'estaminet que de gastro-chic. Il n'empêche, le bougre n'a pas perdu de sa maîtrise. Surtout lorsqu'il prépare les produits de la Ferme de la Tour qu'il affectionne (et nous aussi) tels que ce foie gras au torchon avec sa confiture d'oignons et brioche chaude ou le magret aux trois poivres qui confirme que le chef est bon saucier. Courte mais intéressante sélection vineuse et service cordial complètent le tableau.

In een elegante vierkantshoeve treffen we dit discrete adresje aan dat niet goed zichtbaar is maar toch de moeite loont om halt te houden. Vooral sinds chef Paul, die we kennen van Chez Louis, hier achter het fornuis staat. De eetzaal is klein en de houten tafels en stoelen wekken eerder de indruk van een kroeg dan van een chic gastronomisch restaurant. Dat neemt echter niet weg dat de chef zijn gerechten goed beheerst. Vooral als hij de producten bereidt van La Ferme de la Tour waaraan hij verknocht is (en wij ook), zoals foie gras in doek met uienconfituur en warm briochebrood, of eendenfilet met saus van drie pepers die bevestigt dat de chef ook een goede sausenmaker is. Een beknopte maar interessante wijnselectie en een vriendelijke bediening vervolledigen het plaatje.

Grimbergen ▷ Bruxelles environs - Brussel omstreken

Groot-Bijgaarden ▷ Bruxelles environs - Brussel omstreken

Gullegem ▷ Wevelgem

Haacht ▷ Leuven

Haaltert

 Apriori

Sint-Goriksplein 19 - 9450 Haaltert
℡ 053 83 89 54
info@a-priori.be - http://www.a-priori.be
🍴 0:00   🔒 di/ma wo/me za/sa   🔒 di/ma wo/me
📅 3 sem. en août, Noël et Nouvel An / 3 weken in aug.,
Kerstmis en Nieuwjaar
🍽 39-72   🍷 60-120   🍴 54

Kristof Coppens is een rusteloze chef, immer op zoek naar een heel eigen stijl. Hij is een ijverige beoefenaar van de nieuwe keukentechnieken, maar verliest zich niet in formalisme. De technieken zijn de basis om de klanten te blijven plezieren en verrassen met smakelijke gerechten, mooi gepresenteerd en in overeenstemming met de seizoenen. Hij blijft daarmee een mooi voorbeeld.

Kristof Coppens ne s'arrête jamais. Il recherche sans cesse comment exprimer son propre style. Il s'exerce sans cesse à l'utilisation des dernières techniques culinaires, mais ne se perd en vain formalisme. Les techniques sont l'assise sur laquelle il faut continuer de faire plaisir aux convives et de les surprendre avec des plats particulièrement goûteux, bien présentés et en parfait accord avec les saisons. Il reste ainsi un bien bel exemple.

Kerksken

 Bresca

Driehoekstraat 27 - 9451 Kerksken
℡ 053 39 59 20   📠 053 39 59 21
info@bresca.be - http://www.bresca.be
🍴 0:00   🔒 ma/lu za/sa   🔒 ma/lu zo/di
📅 23 septe. - 6 janv. / 23 sept. - 6 januari
🍽 50-60   🍴 65

Frédéric van Quaethem werkte de voorbije acht jaar als souschef bij Geert Van der Bruggen (Lijsterbes, Berlare). Sinds 2010 is hij zijn eigen baas in Bresca. We nemen drie gerechten uit het menu. Carpaccio van Sint-Jakobsvruchten wordt gecombineerd met fijngesnipperde koolrabi en appel, en veldsla. Romige en frisse toetsen en wisselende structuren kenmerken dit gerecht. Vervolgens gebakken rog in een korst van vadouvankruiden, gedomineerd door stukken gebrande prei en puree van zoete uien. Een gerecht dat frisheid ontbeert. Het hoofdgerecht zit terug in balans: malse fazantenborst waarop een dun laagje eendenlever, flinterdunne selderreepjes, knolselderpuree en een krokante salade van witloof en hazelnoot. De chef brengt met slechts enkele ingrediënten krachtige smaken en wisselende structuren samen. Het evenwicht is soms nog wat zoek, maar de prijzen zijn aantrekkelijk.

Ces huit dernières années, Frédéric van Quaethem a officié comme second de Geert Van der Bruggen (Lijsterbes, Berlare). Depuis 2010, il s'est mis à son compte et a ouvert le Bresca. Nous avons jeté notre dévolu sur trois plats du menu. Un carpaccio de Saint-Jacques est marié à un émincé de chou-rave et pommes et de la mâche. Ponctué de touches crémeuses tout en fraîcheur, cet envoi alterne les structures. S'ensuit une raie en croûte de vadouvan, dominée par une julienne de poireaux frits et une purée d'oignons doux. Le plat manque de fraîcheur. Le plat de résistance renoue avec l'équilibre: tendre poitrine de faisan surmontée d'une fine tranche de foie gras de canard. En accompagnement: émincé de céleri, purée de céleri-rave et salade croquante d'endives et de noisettes. À partir de quelques ingrédients, le chef donne naissance à des saveurs puissantes et à des structures variées. L'équilibre fait parfois défaut, mais les prix sont avantageux.

Haasrode ▷ Leuven

Habay-la-Neuve

 Les Plats Canailles de la Bleue Maison

r. du Pont d'Oye 7 - 6720 Habay-la-Neuve
℘ 063 42 42 70 📠 063 42 28 52
info@lesforges.be - http://www.lesforges.be
🕤 22:30 🔒 ma/lu di/ma 🔓 ma/lu di/ma
📅 1 - 17 janv., 3 - 12 sept. / 1 - 17 jan., 3 - 12 sept.
🍽 19-35 🍷 64

L'endroit jouit d'un cadre pittoresque et verdoyant, propice à la fréquentation de la terrasse. L'assiette vaut le détour avec une préférence pour des préparations aux mille et une saveurs. Carpaccio de cerf déposé délicatement sur une tarte fine d'oignons ou filet de daurade à l'huile d'agrumes en sont les témoins ce jour-là. Mais une cuisine canaille, c'est aussi une bonne côte à l'os à la fleur de sel, dixit le chef. Nous on confirme.

Dit plekje geniet van een pittoresk en groen kader dat uitnodigt om een bezoekje te brengen aan het terras. De keuken is een ommetje waard, met een voorkeur voor bereidingen met duizend-en-één smaken. Carpaccio van hert, subtiel geschikt op een fijne uientaart, of goudbrasemfilet met citrusvruchtenolie getuigen daarvan die dag. Maar hier vindt u evengoed een lekkere côte à l'os met fleur de sel, dixit de chef. Wij bevestigen dat.

 Les Ardillières du Pont d'Oye

r. du Pont d'Oye 6 - 6720 Habay-la-Neuve
℘ 063 42 22 43 📠 063 42 28 52
info@lesforges.be - http://www.lesforges.be
🕤 0:00
🛏 9 🛏 90-165 🅿 150-215 🛏 215 🛏 1 🅂 255

 Château du Pont d'Oye

r. du Pont d'Oye 1 - 6720 Habay-la-Neuve
℘ 063 42 01 30 📠 063 42 01 36
info@chateaudupontdoye.be - http://www.chateaupontdoye.be
🕤 0:00
🛏 18 🛏 65-90 🅿 95-270 🛏 270 🛏 4 🅂 190

Haine-Saint-Pierre ▷ Charleroi

Halle

15 Les Eleveurs

Suikerkaai 1A - 1500 Halle
☎ 02 361 13 40   🖨 02 363 32 78
andy.de.brouwer1@telenet.be - http://www.les-eleveurs.be
🛏 21:30   🔒 ma/lu za/sa zo/di   🔒 ma/lu zo/di
📅 1 - 7 janv. / 1 - 7 jan.
🍽 50-85   🍽 50-150   🍷 68

Het restaurant van Ladychef of the Year 2009 Sofie Dumont. Zij heeft intussen ook een mediacarrière, maar is toch in de eerste plaats een enthousiaste chef-kok met veel vakkennis. Haar keuken is eerder klassiek, maar verveelt nooit. Wij starten met gebakken en gepocheerde kalfshersentjes, perfect van uitvoering en vergezeld van prima tartaarsaus. Als tweede voorgerecht zijn er segrijnslakjes in een groen kruidensausje, dat door zijn hartigheid de wat fletse meringue van bintjes compenseert. De hoofdschotel is een juist gegrild stuk dikke tarbot met een mosterdsaus en een prima bearnaise. De puree met parmezaan valt wat massief uit. Als dessert komt sommelier Andy De Brouwer met een experiment: de klassieke Normandische pannenkoek wordt getopt met een mooi opgeklopte sabayon van calvados. Een voltreffer. Waarom heeft niemand hier ooit eerder aan gedacht? Sofie Dumont serveert een genereuze keuken, waarin alleen nog hier en daar een detail aan verfijning kan winnen. Correcte prijzen.

À la barre de ce restaurant, on retrouve Sofie Dumont, sacrée Lady Chef en 2009. La carrière médiatique qu'elle a embrassée depuis lors n'a pas entamé son enthousiasme et sa connaissance du métier. Sa cuisine, plutôt classique, ne lasse jamais. La cervelle de veau frite et pochée ouvre le bal. D'excellente facture, elle est nappée d'une sauce tartare tout aussi maîtrisée. La deuxième entrée se compose d'escargots nappés d'une sauce aux herbes potagères, qui contrebalance le côté sucré de la meringue de bintjes un peu terne. En plat de résistance: beau tronçon du turbot grillé à point, sauce moutardée et excellente béarnaise. La purée au parmesan tient bien au corps... À l'heure du dessert, le sommelier Andy De Brouwer tente une expérience: la traditionnelle crêpe normande se voit couronnée d'un sabayon de calvados très bien tourné. Bien joué ! Pourquoi n'y a-t-on jamais pensé ? Sofie Dumont nous offre une cuisine généreuse, où seuls quelques petits détails pourraient gagner en raffinement. Prix corrects.

13 't Kriekske

Kapittel 10 - 1500 Halle
☎ 02 380 14 21
🛏 21:00   🔒 ma/lu di/ma   🔒 ma/lu di/ma
🍽 20-35

Eigenaar Victor Van Roy vierde in 2011 dertig jaar 't Kriekske. Hoeveel mensen zijn hier inmiddels gepasseerd voor zijn uitstekende mosselen? Gelegen aan de rand van het Hallerbos heeft 't Kriekske iets mythisch gekregen. Alleen al de weg naar deze landelijke afspanning is een aparte belevenis die zeker heeft bijgedragen tot het succes. Maar versta ons niet verkeerd. We willen geen afbreuk doen aan de culinaire waarden die dit instituut gedurende drie decennia vorm heeft gegeven. Naast de zilte Zeeuwse seizoenlekkernij zit je in 't Kriekske ook zeer goed voor tal van andere lekkernijen. Zelf gerookte zalm, ter plaatse gefileerde maatjes of buitengewoon rundvlees met authentieke frieten zijn evenzeer grote publiekstrekkers.

Le propriétaire Victor Van Roy a célébré en 2011 les trente ans de 't Kriekske. Des générations entières ont déjà goûté ses moules extraordinaires... Situé à la lisière du Hallerbos, 't Kriekske est devenu une sorte de mythe dans l'histoire de notre gastronomie. Le chemin à emprunter pour arriver à cet ancien relais rural est déjà une expérience en soi qui a aussi contribué au succès de l'établissement. Mais ne vous méprenez pas ! Loin de nous l'idée d'écorner les valeurs culinaires qui ont forgé cette véritable institution pendant trois décennies. Outre les délices iodés de saison, 't Kriekske vous réserve également encore bien d'autres surprises culinaires. Saumon fumé maison, maatjes détaillé en filet sur place ou bœuf exceptionnel avec d'authentiques frites sont autant de temps forts qui ont marqué et marqueront encore le subconscient d'un public très nombreux.

Les Eleveurs

Suikerkaai 1A - 1500 Halle
℡ 02 361 13 40   🖨 02 361 24 62
les.eleveurs@myonline.be - http://www.les-eleveurs.be
🔓 0:00   7/7
🍴 16   🔑 105-165

Ham

⑬ Da Gianni

Olmensesteenweg 4 - 3945 Ham
℡ 011 64 64 01
http://www.ristorantedagianni.be
🔓 22:00   🔒 ma/lu di/ma wo/me   🔒 ma/lu di/ma wo/me
🍴 30-60

Chef Gianni Di Lernia wil in zijn ristorante een familiale sfeer creëren en houdt het daarom kleinschalig (36 plaatsen). Familiaal betekent in de Italiaanse traditie ook dat je met goede, verse producten kookt en die eenvoudig maar vakkundig op tafel brengt. Ook Di Lernia houdt van eenvoud, maar dan in de zin van smaken echt tot hun recht te laten komen. Hij doet dat in verfijnde gerechten zoals tarbot op lage temperatuur met zomergroentjes, of dorade royale in zoutkorst met coeur de boeuf-tomaat en rozemarijnaardappelen. De wijnkaart met 250 referenties is exclusief Italiaans.

Le chef Gianni Di Lernia entend créer une ambiance familiale dans son ristorante, raison pour laquelle il a limité le nombre de couverts à 36. Dans la tradition italienne, l'adjectif familial est synonyme de produits frais et de qualité, préparé simplement, mais dans les règles de l'art. Di Lernia est aussi un chantre de la simplicité, mais dans le sens d'une sublimation des goûts. Il déploie ces principes dans des plats raffinés comme le turbot à basse température flanqué de ses petits légumes d'été ou encore la dorade royale en croûte de sel accompagnée de tomates cœur de bœuf et de pommes de terre au romarin. Les 250 références de la carte de vins font honneur aux terroirs italiens.

Hamme (O.-Vl.) ▷ Dendermonde

Hamme-Mille

👍 La Flamme Blanche

Chaussée de Louvain 54 - 1320 Hamme-Mille
📞 010 22 48 38
info@laflammeblanche.be - http://www.laflammeblanche.be
🛏 22:00 🔒 ma/lu za/sa 🔒 ma/lu
🍴 39 🍷 35

Hamoir

🎩¹³ Le clos vieux mayeur

rue du vieux mayeur 2 - 4180 Hamoir
📞 086 40 13 02 🖨 086 45 59 19
info@leclosvieuxmayeur.be - http://www.leclosvieuxmayeur.be
🛏 0:00 🔒 ma/lu di/ma za/sa 🔒 ma/lu di/ma zo/di
🍴 35-45 🍷 53

Pari réussi pour Benoît et Marie-Loïc, de transformer cette vieille grange en un restaurant. Deux menus sont simplement proposés se déclinant en trois ou quatre temps (35 et 45 €) avec une la sélection des vins à prix tout doux. Derrière les fourneaux, Alain et Benoît travaillent à quatre mains et surtout deux cœurs battant à l'unisson pour des préparations pleines de personnalité et de soucis du détail. On vous invite à commencer par un trio de Saint-Jacques parfaitement « raidies » suivi d'une crème de cèpes au foie gras. L'heure du choix se fera entre le meilleur du veau et ses légumes ou le sandre à la crème de moutarde en un mélange de goûts et de couleurs du plus bel effet. Les desserts sont faits maison.

Het was een goede beslissing van Benoît en Marie-Loïc om deze oude schuur te verbouwen tot een restaurant. Er worden gewoon twee menu's voorgesteld, met drie of vier gangen (35 en 45 €), en een aantrekkelijk geprijsde wijnselectie. Achter het fornuis werken Alain en Benoît ijverig maar vooral eensgezind samen aan gerechten die blijk geven van een sterke persoonlijkheid en oog voor detail. Wij nodigen u uit om te beginnen met een trio van perfect gebakken Sint-Jakobsvruchtjes, gevolgd door roomsoep van eekhoorntjesbrood met foie gras. Vervolgens moet een keuze worden gemaakt tussen het beste van het kalf met groentjes, of snoekbaars met mosterdroomsaus en een mix van smaken en kleuren met een prachtig effect. De desserts zijn huisbereid.

Hamont-Achel

🎩¹³ Koeckhofs

Michielsplein 4 - 3930 Hamont-Achel
📞 011 64 31 81 🖨 011 66 24 42
info@koeckhofs.com - http://www.koeckhofs.com
🛏 21:00 🔒 ma/lu za/sa zo/di 🔒 ma/lu zo/di
📅 26 déc. - 8 janv., 2 semaines en juil. / 26 dec. - 8 januari,
2 weken in juili
🍴 35-70 🍷 85

Een slimme horecaman bereidt vandaag herkenbare gerechten tegen een correcte prijs. Bij Mark Bonneu is het nooit anders geweest. Hij werkt daarenboven met mooie producten die hij onder meer verwerkt in de klassiekers van het huis, zoals zeebaars in zoutkorst (op reservatie). De menu's zijn populair en liefhebbers haasten zich naar hier in het asperge- en het wildseizoen.

Si vous voulez réussir dans l'horeca, vous devez aujourd'hui préparer des plats reconnaissables à un prix correct. Cela a toujours été le credo de Mark Bonneu. Par ailleurs, il travaille de beaux produits qu'il utilise, entre autres, dans de grands classiques de la maison, comme le bar en croûte de sel (sur réservation). Les menus ont la cote et les amateurs se précipitent pour déguster le menu d'asperges et le menu de chasse en saison.

Koeckhofs

Michielsplein 4 - 3930 Hamont-Achel
☎ 011 64 31 81   🖨 011 66 24 42
info@koeckhofs.be - http://www.koeckhofs.be
🕐 0:00
📅 1 - 3 janv. / 1 - 3 jan.
🍴 16   ᴋ 80-130   80-95   95

Hampteau

👍 Le Rucher

r. du Moulin 24 - 6990 Hampteau
☎ 084 46 79 01   🖨 084 46 79 01
soniadebatty@yahoo.fr - http://restolerucher.voila.net
🕐 20:30   🔒 wo/me   🔒 di/ma wo/me
📅 fin juin - début juil. / eind juni - begin juli
27-35   35-50

Ham-sur-Heure ▷ Charleroi

Ham-sur-Heure-Nalinnes ▷ Charleroi

Hannut

👨‍🍳 P'tit Gaby

rue de Tirlemont 5 - 4280 Hannut
☎ 019 63 37 72
http://www.le-ptit-gaby.be
🕐 0:00   🔒 ma/lu za/sa   🔒 ma/lu zo/di
35-42

En plein centre de Hannut, découvrez une bien sympathique maison: Le p'tit Gaby. Un intérieur moderne haut en couleurs aux murs rouge vif, aux jolies tables, aux sièges confortables et à l'accueil chaleureux. La patronne a un charmant accent renvoyant à son Portugal natal. La carte n'est pas très longue et se complaît dans des compositions très personnelles dans lesquelles les produits sont intelligemment mis en valeur sans détours inutiles, sans vaines fioritures. Comme pour ce tartare d'espadon rafraîchi à la mangue ou le perdreau et feuille de vigne impeccable.

Ontdek in het hartje van Hannut een heel leuk huis: Le p'tit Gaby. Een kleurrijk modern interieur met felrode muren, mooie tafels, comfortabele stoelen en een warm onthaal. De bazin heeft een charmant accent dat herinnert aan haar geboorteland Portugal. De kaart is niet echt lang en schept behagen in zeer persoonlijke composities waarin de chef de producten verstandig tot hun recht laat komen zonder nutteloze omwegen en zonder vergeefse versiersels. Zoals deze tartaar van zwaardvis met de frisse toets van mango, of de onberispelijke jonge patrijs in wingerdblad.

Hansbeke ▷ Gent

Hasselt

Bar Tre

Botermarkt 19 - 3500 Hasselt
☏ 011 22 88 13
bartre@bartre.com - http://www.bartre.com
🍴 22:00   🔒 di/ma zo/di   🔒 di/ma
💶 35-45

Blue Olive

Zuivelmarkt 22 - 3500 Hasselt
☏ 011 72 72 70   🖨 011 72 72 71
info@blueolive.be - http://www.blueolive.be
🍴 22:00   🔒 zo/di   🔒
💶 35-50

👨‍🍳 Eetboetiek Jurgen

Diesterstr. 18 - 3500 Hasselt
☏ 011 21 03 70
info@jurgeneetboetiek.be - http://www.jurgeneetboetiek.be
🍴 21:00   🔒 wo/me za/sa   🔒 wo/me zo/di
💶 35-59   🍷 52

Ons jongste bezoek dateerde van vlak voor de verhuis naar het nieuwe pand, waar Jurgen en zijn echtgenote in het vervolg hun klanten zullen blijven ontvangen volgens de formule van obligate lunch en menu. Als je alleen aan het fornuis staat brengt dat immers beperkingen met zich mee, maar die mogen voor de klant natuurlijk niet opvallen, en Jurgen gaat het aantal gasten dan ook verder beperken. We hebben in het bord vastgesteld dat de chef in een overgangsfase zat. De keuken was zoals steeds verzorgd en gebaseerd op goede producten, en voor ons hoeft het niet persé altijd innoverend te zijn, maar de chef leek toch te koken met de handrem op en het was allemaal een beetje té braaf. Eerst een sappig en kraakvers slibtongetje met wat gestoofde groentjes erbovenop, allemaal wel OK maar het miste toch wel diepte om te kunnen boeien. Bij lekkere filet van lam met een klassieke jus, kwamen verse tagliatelli met broccoli. Een mooi kaasassortimentje zorgde ervoor dat de lunch zijn 39euro ten volle waard was. Maar als de keuze beperkt blijft tot een klein aantal gerechtjes mogen die toch meer vrolijkheid uitstralen Hopelijk zal de chef op zijn nieuwe locatie een tandje bijsteken. Hij kan dat. Het nieuwe adres vindt u vanaf eind 2011 op www.jurgeneetboetiek.be.

Notre dernière visite est intervenue juste avant son déménagement. Jurgen et son épouse poursuivront à la nouvelle adresse la formule des lunchs et menus obligatoires. Quand vous officiez seul aux fourneaux, il va de soi que vous devez tout mettre en œuvre pour que le client ne remarque rien, raison pour laquelle Jurgen va encore réduire le nombre de couverts. Dans l'assiette, nous avons constaté que le chef est entré dans une phase transitoire. Comme à l'accoutumée, ses envois étaient basés sur des produits de bonne qualité. Même si nous ne recherchons pas toujours l'innovation à tous crins, force est de reconnaître que le chef semblait toutefois cuisiner avec le frein à main et tout était un peu trop… mesuré. Nous commençons par une solette succulente et très fraîche coiffée de quelques petits légumes cuits vapeur. Un tableau très correct, mais manquant toutefois de relief gustatif pour passionner le palais. Le filet d'agneau, savoureux, s'accompagne d'un jus classique et de tagliatelles fraîches et du brocoli. Un superbe assortiment de fromage justifiait enfin le prix de 39 euros pour le lunch. Cependant, si le choix reste limité à un cercle très réduits de plats, ils devraient respirer un peu plus de joie et avoir un peu plus d'allant. Gageons que le chef puisse à nouveau donner un petit coup d'accélérateur dans son nouvel environnement. Il a toutes les qualités pour y arriver. Vous trouverez la nouvelle adresse à partir de la fin 2011 sur ww.jurgeneetboetiek.be.

16 Figaro

Mombeekdreef 38 - 3500 Hasselt
☎ 011 27 25 56   📠 011 27 31 77
figaro@figaro.be - http://www.figaro.be
🕘 21:30   🛏 ma/lu do/je   🍴 ma/lu do/je
📅 1 - 20 août / 1 - 20 aug.
🏷 65-80   🍷 25-40   🍴 95

Jacques Colemont staat al meer dan vier decennia aan het roer van zijn Figaro. Ambitie en een grote belangstelling voor nieuwe keukentendensen drijven hem. Een grote constante in zijn keuken is het gebruik van regionale producten die zich handhaven naast Europese producten van topkwaliteit. Met zo min mogelijk componenten brengt hij gerechten met een maximum aan smaak. In het Figaro-menu start hij met een Russische salade met tonijn, parmezaan en wasabi. Correct gebakken sint-jakobsvruchten combineert hij met jonge prei en het zachte vlees van kippenoesters. Bij het compacte vlees van gebakken staartvis geeft hij romige Ratte-aardappelen en zacht pittige bosuitjes. Als 'tussendoortje' een klassieker: gebakken ganzenlever met appeltjes en Calvados. We sluiten af met een geroosterd graankuikentje met bloemkool en zomertruffel. Naast de uitstekende keuken blijft de familiale sfeer een van de troeven van het restaurant. Mevrouw Colemont is een hartelijke gastvrouw die elke klant tot in de puntjes verzorgt.

Jacques Colemont tient la barre de son Figaro depuis plus de quatre décennies ! Il animé par l'ambition et un grand intérêt pour les dernières tendances culinaires. Une grande constante sans sa cuisine est l'utilisation de produits régionaux qui côtoient des produits européens de qualité irréprochable. Avec un minimum d'ingrédients, il envoie des plats avec un maximum de goûts. Dans le menu Figaro, il commence par une salade russe où le thon rencontre le parmesan et le wasabi. Il combine aussi des Saint-Jacques justement cuites à de jeunes poireaux et à la chair tendre de sot-l'y-laisse. Il associe la chair compacte d'une lotte poêlée à des pommes de terre Ratte crémeuses et à de petits oignons légèrement corsés. En « entremets », un classique: foie gras d'oie poêlé, pommes et calvados. Nous terminons par un poussin de grain rôti accompagné de chou-fleur et de truffe d'été. Outre la cuisine, excellente, l'atmosphère familiale des lieux reste un des atouts de cette maison. Madame Colemont est une maîtresse de maison très sympathique qui veille au moindre détail.

De Goei Goesting

Zuivelmarkt 18 - 3500 Hasselt

✆ 011 32 52 82   🖷 011 32 59 59

info@degoeigoesting.be - http://www.degoeigoesting.be
⌖ 22:00   ⁷⁄₇
📅 28-52   🍷 50-90   🍴 46

De Goei Goesting blijft haar naam als levendige brasserie waarmaken. Een eigentijds informeel interieur is daar niet vreemd aan naast een 'elk wat wils'-keuken. De ruim opgevatte kaart biedt immers keuze te over. Zowel traditionele en zeer herkenbare brasseriegerechten als creaties met een moderne twist dingen hier naar de gunst van de bezoeker die snel, lekker en comfortabel op prijs stelt.

Cette brasserie vivante continue à faire honneur à son nom (en néerlandais « Goesting » signifie envie) et l'intérieur informel et contemporain n'y est certainement pas étranger. En cuisine, il y en a pour tous les goûts. La carte très étoffée propose en effet un choix extraordinaire : tant des plats traditionnels et des plats de brasserie bien connus que des créations avec une touche de modernité. De quoi faire le bonheur des visiteurs, particulièrement satisfaits de la vitesse du service, du goût des plats et du confort des lieux.

JER

Persoonstr. 16 - 3500 Hasselt
✆ 011 26 26 47   🖷 011 26 26 48

info@jer.be - http://www.jer.be
⌖ 22:00   🔒 ma/lu di/ma za/sa   🔒 ma/lu di/ma
📅 38-75   🍷 24-48   🍴 55

Het motto Just Eat Right maakt JER gelukkig waar. Meer nog, hier wordt continu op niveau gekookt. Vooral op het vlak van garing blijft de chef hogen ogen gooien. Langoustines geeft hij een perfecte behandeling. Ze krijgen verder in combinatie met kalfskop een aanzienlijke meerwaarde. Ook snoekbaars verschijnt met een heerlijke textuur en netjes verwarmd op het bord. Grijze garnalen en een extract van groene curry met limoen doet de fijne vis nog meer opleven.

Fort heureusement, le JER concrétise la devise Just Eat Right. Mais il va plus loin, car il propose en permanence une cuisine de haut niveau. Le chef brille surtout par sa maîtrise des cuissons. Il traite ainsi les langoustines avec un infini respect. Et elles prennent une tout autre valeur et association avec la tête de veau. Le sandre se profile avec une magnifique texture et doucement réchauffé sur l'assiette. Crevettes grises et un extrait de curry vert au limon donnent encore nettement plus de relief au poisson.

t Kleine Fornuis

Kuringerstwg. 80 - 3500 Hasselt
✆ 011 87 37 28

info@hetkleinefornuis.be - http://www.hetkleinefornuis.be
⌖ 22:00   🔒 za/sa   🔒 do/je zo/di
📅 25-70   🍷 52-63   🍴 49

De zaak heeft zijn naam niet gestolen want men zit hier klein en knus behuisd. We proeven van heerlijke kreeft à la nage die volgens de regels van de kunst sappig en verrijkt met verse, knapperige groentjes geserveerd wordt. Daarna volgen zeetongfilets met blanke boter en perfect gebakken kalfszwezeriken met een aangenaam mosterd en honingsausje. Ook de ruime porties en fijne prijzen plezieren.

Ce restaurant confortable aux proportions modestes porte bien son nom. Nous dégustons un délicieux homard à la nage, préparé dans les règles de l'art, juteux à souhait et agrémenté de petits légumes croquants. S'ensuivent des filets de sole au beurre blanc et des ris de veau poêlés à la perfection, arrosés d'une agréable sauce au miel et à la moutarde. Les portions généreuses et les prix abordables font du bien.

t Kleine Genoegen

Raamstr. 3 - 3500 Hasselt
☎ 011 22 57 03 📠
kleinegenoegen@resto.be - http://www.kleinegenoegen.be
🍴 22:00 🛏 ma/lu zo/di 🛏 ma/lu zo/di
📅 3 sem. juil. / 3 wek. juli
🍽 20-49 🍷 50

Culinaire acrobatie is niet aan chef Johan Koeken besteed. Hij staat stevig met beide voeten op de grond om aan een pure productkeuken smaak en vorm te geven. Dat is al meer dan twintig jaar zijn basisrecept voor succes. Waarom zou hij aan die formule veel sleutelen? Treffend lekker zijn bijvoorbeeld garnaalkroketten of zijn consommé. Andere begrippen uit de klassieke keuken smaken ook zoals ze moeten smaken. Geef bij wijze van spreken aan deze chef vis, vlees, schaal, - of schelpdieren en hij toont met natuurlijke flair wat ze in de keuken waard zijn.

N'attendez pas du chef Johan Koeken qu'il vous gratifie d'acrobaties culinaires. Il a les deux pieds sur terre et est un ardent défenseur d'une cuisine de produits, tout en pureté, à assaisonner et à mettre en forme sans trahir la base. Telle est sa recette du succès depuis plus de vingt ans. Pourquoi changerait-il son cap d'un iota ? Ces croquettes aux crevettes ou son consommé font mouche à tous les coups. D'autres grands classiques ont le « goût de jadis ». Que ce soit du poisson, des fruits de mer ou de la viande, ce chef vous démontrera tous leurs potentiels intrinsèques avec un naturel et une intuition d'une rare efficacité.

Kookpunt

Hemelrijk 13 - 3500 Hasselt
☎ 011 72 79 69 📠 011 72 79 69
info@kookpunt.be - http://www.kookpunt.be
🍴 22:00 🛏 za/sa zo/di 🛏 ma/lu zo/di
📅 16 juil - 30 juil / 16 juli. - 30 juli
🍽 19-60 🍽 47-69 🍷 37

Wij blijven fan van de gemarineerde zeebaars met sesam, wakame, limoen en earl grey. Met dit gerecht nestelde dit restaurant zich vorig jaar weer in ons hart. Interessant vinden wij ook het assortiment van vier voorgerechtjes. Proeven en ontdekken blijft namelijk onze favoriete hobby. Het 'hapjesmenu' bekoort om dezelfde reden. Bij de hoofdgerechten staan Belgische klassiekers als rog en zee-tong naast meer mediterraan geïnspireerde gerechten met tonijn en lam. Er is een lunch voor €19.

Nous restons des inconditionnels du bar mariné au sésame, algues wakame, limon et Earl Grey. Grâce à ce plat, cette adresse avait reconquis ses lettres de noblesse l'année dernière. Nous avons aussi trouvé l'assortiment des quatre petites entrées intéressant, car la dégustation et la découverte demeurent notre hobby favori. Le menu « bouchées » fait mouche pour la même raison. Les plats de résistance sont de grands classiques du répertoire culinaire belge comme la raie et la sole. En marge, quelques plats plus méditerranéens, avec du thon et de l'agneau. Le lunch s'affiche à 19 euros.

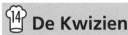 De Kwizien

Jeneverplein z/n - 3500 Hasselt
☎ 011 24 23 44   📠 011 22 62 22
info@dekwizien.be - http://www.dekwizien.be
🍴 22:00   🔒 di/ma wo/me za/sa   📅 di/ma wo/me
📅 2 sem. juil. / 2 wek. juli
💶 32-79   🍴 44

Chef Csaba Ignacz werkt in een open keuken. U kunt hem dus bezig zien in zijn cuisine. Hebt u 'm? De chef brengt zijn gerechten goed op smaak en combineert ook trefzeker. Dat heeft het restaurant na amper enkele jaren al een trouw cliënteel opgeleverd. Er is een menu met een stevige opener: terrine van ganzenlever met diksap van appel en granaatappel; dan dorade royal met pickles van seizoensgroenten; het hoofdgerecht is parelhoen met croûte van polenta en sausje van blauwe druiven. Wijn als begeleider van de gastronomische maaltijd krijgt een prominente plaats en de prijzen zijn zeer redelijk. U mag ook uw eigen fles meebrengen. Het is hier gezellig zitten en dat mag de gastvrouw op haar conto schrijven.

Le chef Csaba Ignacz officie dans une cuisine ouverte. Vous pouvez donc l'admirer dans ses œuvres... Ses assaisonnements sont précis et ses combinaisons, percutantes. Autant d'atouts qui ont eu tôt fait d'attirer une clientèle de nombreux habitués. L'entrée en matière du menu est plutôt, disons, généreuse: terrine de foie gras d'oie au sirop de pomme et grenade ; ensuite une dorade au pickles de légumes de saison. Le plat principal était une pintade en croûte de polenta avec une petite sauce aux raisins noirs. Les vins jouent les premiers violons de cette symphonie gastronomique et les prix sont très abordables. Vous pouvez aussi apporter votre propre bouteille. Nous y avons passé un très agréable moment. La maîtresse de maison n'y est certainement pas étrangère.

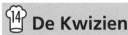 t Claeverblat

Lombaardstr. 34 - 3500 Hasselt
☎ 011 22 24 04   📠 011 23 33 31
info@claeverblat.be - http://www.claeverblat.be
🍴 21:00   🔒 do/je za/sa zo/di   📅 do/je zo/di
💶 17-45   🍴 75

Na 34 jaar hing ladychef Sidy Pelssers in 't Claeverblat haar koksmuts aan de haak. Ze liet haar zaak in centrum Hasselt over aan de 35-jarige Peter Piatkowski. Hij tekent ook voor een klassieke keuken die wel iets meer eigentijdse schwung uitstraalt dan die van zijn voorganger. Piatkowski gebruikt mondjesmaat en netjes ondersteunend nieuwe technieken. Hij heeft ook aandacht voor het mondgevoel en werkt zowel in hartige als zoete gerechten met fijne zuren als smaakversterkend effect. Bij gepelde gerst als risotto bereid, serveert hij naast schijfjes fijne chorizo ook inktvis. Smaakdragers zijn verder pesto van mizuna en prikkelende toetsen van chardonnay-azijn. Bij een perfect gebakken Amerikaanse striploin verrast hij met een apart aardappelpureetaartje en geglaceerde uitjes die als echte smaakbommetjes plezieren. Als slotstuk creëert hij rond kruidige maispolenta diverse garnituren, waaronder crème van sinaasappel, krokante witte chocolade, fris gepocheerde wijnnectarines, ijs van zuiver smakende cassis en vinaigrette van passievruchten.

Après 34 ans de bons et loyaux services, la Lady Chef Sidy Pelssers ('t Claeverblat) a raccroché sa toque. Elle a laissé son établissement du centre de Hasselt aux mains de Peter Piatkowski (35 ans). Il pratique lui aussi une cuisine classique, qui s'inscrit néanmoins dans un esprit un peu plus contemporain que celle de son prédécesseur. Piatkowski trouve une belle base dans les nouvelles techniques, dont il use sans en abuser. Soucieux du plaisir des papilles, il ponctue ses plats salés et sucrés d'un brin d'acidité pour rehausser le goût. Outre de fines rondelles de chorizo, l'orge perlé en risotto se voit accompagné de seiche. Il parfume également ses préparations au pesto de mizuna et au vinaigre de chardonnay pour donner du mordant. Le chef crée la surprise en flanquant son entrecôte américaine cuite à la perfection d'une tartelette à la purée de pomme de terre et d'oignons glacés qui déclenchent une véritable explosion de saveurs. Une polenta de maïs relevée marque le tomber de rideau. Elle s'adjoint diverses garnitures: crème d'orange, croquant de chocolat blanc, nectarines de vigne pochées, glace au cassis pur goût et vinaigrette aux fruits de la passion.

 Holiday Inn Hasselt

Kattegatstr. 1 - 3500 Hasselt
℡ 011 24 22 00 📠 011 22 39 35
hotel@holiday-inn-hasselt.com - http://holiday-inn.com/hasseltbel
🔓 0:00 ⁷⁄₇
🛏 107 🔑 179 🔑 118-198

 **Express By Holiday Inn Hasselt**

Thonissenl. 37 - 3500 Hasselt
℡ 011 37 93 00 📠 011 37 93 01
hotel@espress-hrhasselt.com - http://www.hrexpress.com/exhasselt
🔓 0:00 ⁷⁄₇
🛏 89 🔑 115

De Groene Hendrickx

Zuivelmarkt 25 - 3500 Hasselt
℡ 011 28 82 10 📠 011 28 82 11
groene@lodge-hotels.be - http://www.lodge-hotels.be
🔓 0:00 ⁷⁄₇
🛏 22 🔑 135 🛏 6 💲 125

Lummen

Intermotel

Klaverbladstraat 7 - 3560 Lummen
℡ 013 52 16 16 📠 013 52 20 78
info@intermotel.be - http://www.intermotel.be
🔓 0:00 ⁷⁄₇
📅 25 - 31 déc. / 25 - 31 dec.
🛏 47 🔑 78-110 98-150 🍽 150 🛏 6 💲 145

Wimmertingen

⑭ Vous Lé Vous

Wimmertingenstr. 76 - 3501 Wimmertingen
☎ 011 74 81 85   📠 011 74 81 95
info@vouslevous.be - http://www.vouslevous.be
🕐 20:30   🔒 ma/lu wo/me zo/di   🔒 ma/lu zo/di
📅 24-dec / 24-dec
💶 35-55   🍴 50

Giovanni Oosters is een vaste gast in de selectie van Beste Groenterestaurants. De enthousiaste chef neemt groenten en kruiden als uitgangspunt voor de creatie van zijn gerechten. Hij serveert ze puur vegetarisch of combineert ze met schaal- en schelpdieren, vis of vlees. Hij start de maaltijd onder meer met een verrassende praline waarin een espuma van appel en selder, ijslollie van paprika, Nobashi garnaal met een espuma van geuze, toastje van roggebrood met schapenkaas en radijs, of carpaccio van rund met ansjovis. Het eerste gerecht wordt geserveerd in een kommetje van aardewerk gevuld met stukjes krab, bechamelsaus en smeuïge aardappelpuree afgewerkt met krokante groenten waaronder broccoli, prei, radijs, rode biet en jonge prei. Het is origineel maar betrekkelijk zwaar. Het tweede gerecht bestaat uit een vel kroepoek bedekt met een speelse combinatie van diverse kruiden en bloemen met fijngeraspte mierikswortel, gelei van paardenbloem en een op lage temperatuur gegaard hoeve-ei dat ook dit gerecht nodeloos zwaar maakt. In het derde gerecht speelt hij de natuurlijke smaak van oosterscheldekreeft uit in een combinatie van gepekelde jonge kommkommer, komkommersorbet, rauwe gemarineerde komkommer en sorbet ervan, bernagie en overbodige crumble van spelt. Tot slot duif, correct gegaard gecombineerd met onder meer sponscake van zoethout, bitter amarantblad, kroepoek van olijven, aardappelen, schijfje sinaas, sorbet van wortel met citroengeranium, tuinbonen en cantharellen. Hier gaan de smaken alle kanten uit en ontbreekt de eenheid. Giovanni Oosters kookt met visie, maar iets meer schrappen zou de gerechten ten goede komen.

Giovanni Oosters figure systématiquement dans le palmarès des meilleurs restaurants de légumes. Pétri d'enthousiasme, ce chef prend les légumes et les herbes comme point de départ pour créer ses plats. Il les sert et plats purement végétariens ou les combine à des fruits de mer, des crustacés, du poisson ou de la viande. Pour commencer, une étonnante praline contenant un espuma de pomme et de céleri, une sucette glacée au poivron, une crevette de Nobashi flanquée d'un espuma à la gueuze, un toast au pain de seigle au fromage de chèvre et radis, ou un carpaccio de bœuf aux anchois. Le premier plat est servi dans un petit plat en terre cuite: morceaux de crabe, sauce béchamel et purée de pomme de terre onctueuse avec, et touche finale, des légumes croquants (brocoli, poireau, radis, betterave rouge et jeune poireau). Original, certes, mais très lourd… Le deuxième plat se compose d'une feuille de chips de crevette habillée d'une combinaison ludique de différentes herbes et fleurs, de raifort finement râpé, de gelée de pissenlit et d'un œuf de ferme cuit à basse température aussi inutile que lourd. Dans le troisième plat, il mise sur le goût naturel du homard de l'Escaut oriental dans une alliance de jeune concombre et saumure, concombre cru mariné et son sorbet, bourrache et un crumble d'épeautre qui joue les incrustes… Enfin, un pigeonneau à la cuisson correcte avec, entre autres, un sponscake de réglisse, une feuille d'amarante amère, une chips aux olives, des pommes de terre, une tranche d'orange, un sorbet de carottes au géranium citron, fèves et chanterelles. Les goûts s'écartèlent aux quatre points cardinaux et l'unité brille par son absence. Giovanni Oosters a manifestement une vision culinaire, mais il serait bien inspiré de rayer quelques ingrédients inutiles de ses plats, tout bénéfice pour l'harmonie.

Hastière-Lavaux ▷ Dinant

Heist-aan-Zee ▷ Knokke-Heist

Herbeumont ▷ Bouillon

Herentals

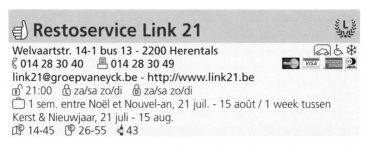

👍 **Restoservice Link 21** ⚜L⚜

Welvaartstr. 14-1 bus 13 - 2200 Herentals
✆ 014 28 30 40   🖶 014 28 30 49
link21@groepvaneyck.be - http://www.link21.be
🕐 21:00   🔒 za/sa zo/di   🔓 za/sa zo/di
📅 1 sem. entre Noël et Nouvel-an, 21 juil. - 15 août / 1 week tussen
Kerst & Nieuwjaar, 21 juli - 15 aug.
🍽 14-45   🍽 26-55   🍷 43

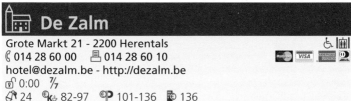

🏨 **De Zalm**

Grote Markt 21 - 2200 Herentals
✆ 014 28 60 00   🖶 014 28 60 10
hotel@dezalm.be - http://dezalm.be
🕐 0:00   ⁷/₇
🛏 24   🔑 82-97   🅿 101-136   💰 136

Hertsberge ▷ Brugge

Herve

🍴15 **Aux Etangs de la Vieille Ferme** 🍇

Maison du Bois 66 - 4650 Herve
✆ 087 67 49 19   🖶 087 66 23 10
info@auxetangs.be - http://www.auxetangs.be
🕐 0:00   🔒 ma/lu di/ma za/sa   🔓 ma/lu di/ma
📅 1 - 12 janv., 1 sem. Toussaint / 1 - 12 jan., 1 week Allerheiligen
🍽 50-75   🍽 65-100   🍷 77

Comme son nom l'indique, cette adresse est sise dans les murs d'une authentique vieille ferme superbement rénovée par un couple amateur de pierres anciennes et de charme préservé. Ce qui se ressent lorsque l'on a la chance de profiter des beaux jours sur la superbe terrasse dominant le parc, en partie aquatique, de 4 hectares. Dans l'assiette, le menu dégustation se déclinait ce jour-là autour d'une crème parmentière aux lentilles du Puy et son jambon Iberico de Bellota, de cuisses de grenouilles à l'ail et persil ou encore de ce pigeonneau d'Anjou et son jus réduit tranché au sirop de noisette servi avec quelques poireaux et fenouil. En salle, Monsieur met en avant le talent de son épouse aux fourneaux en proposant l'un des vins de la jolie carte riche de centaines de références intéressantes.

Zoals de naam aangeeft, is dit adresje gelegen binnen de muren van een authentieke oude hoeve die prachtig gerenoveerd werd door een koppel dat houdt van oude stenen en gevrijwaarde charme. Dat is voelbaar als u het geluk hebt op een mooie dag te kunnen genieten van het prachtige terras dat uitsteekt boven het park – deels met waterpartijen – van 4 hectare. We namen die dag het degustatiemenu: parmentière roomsoep met linzen van Le Puy en Ibérico de Bellota ham, kikkerbilletjes met look en peterselie, en jonge duif van Anjou met jus op smaak gebracht door hazelnootsiroop en geserveerd met prei en venkel. In de zaal zet Meneer het talent van zijn echtgenote aan het fornuis nog kracht bij door een van de wijnen voor te stellen die te vinden zijn op de mooie kaart met honderden interessante referenties.

⑬ Vincent Cuisinier de Campagne

Saremont 10 - 4650 Herve
℡ 087 66 06 07
lesaremont@skynet.be -
http://www.vincentcuisinierdecampagne.blogspot.com
🕐 21:00 ma/lu zo/di
📅 2 sem. juil., Noël - Nouvel An / 2 wek. juli, Kerstmis - Nieuwjaar
💶 29-46 🍴 45

Si vous ne trouvez pas Vincent derrière ses fourneaux, c'est qu'il crapahute dans les bois à la recherche de perles rares. Ici tout respire la nature, que ce soit dans l'assiette ou le décor. Honneur aux produits de la région avec l'œuf de ses poules cuit dans un bouillon à la triple de Val Dieu, la poitrine de poulet pochée au lait et à la sauge et quelques fromages de lait de vache, brebis et chèvre pour clôturer la ballade gourmande.

Als u Vincent niet achter zijn fornuis vindt, dan loopt hij waarschijnlijk in de bossen op zoek naar zeldzame pareltjes. Hier staat alles in het teken van de natuur, zowel op het bord als in het interieur. Er wordt hulde gebracht aan de streekproducten met ei gekookt in bouillon met tripel van Val Dieu, in melk gepocheerde kippenborst met salie en enkele kazen van koemelk, schapenmelk en geitenmelk ter afronding van de lekkere maaltijd.

Battice

🏠 Domaine du Haut Vent

r. de Maestricht 100 - 4651 Battice
℡ 087 31 08 01   📠 087 78 65 99
domaineduhautvent@skynet.be -
http://www.domaineduhautvent.be
🕐 0:00 ⁷⁄₇
🛏 14   🛏k 88   🛏k 88-98   🅿 70 🚗 2

Charneux

⑬ Le Wadeleux ☺

Wadeleux 417 - 4654 Charneux 🚗🏠♿⛱
📞 087 78 59 12   🖨 087 78 58 96
http://www.wadeleux.be
🛏 0:00   🔒 wo/me do/je   🔓 wo/me do/je
🍽 30   🍷 36-50

A l'accueil, la souriante Joëlle fera tout pour que votre repas soit parfait. Le chef, Patrick, met en valeur les produits de la région amoureusement choisis. On pioche à la carte un œuf de ferme poché et meurette et ses petits gris, la cuisse de volaille de Gérard Sart façon coq au vin ou la pêche du jour grillée aux champignons des bois. Plutôt qu'une banale sélection de vins, on vous propose un choix de vins au verre bien assortis à votre plat. La maison se complète d'un hôtel qui déploie aussi ses charmes ; seul le chuchotement du ruisseau voisin vous éveillera.

U wordt verwelkomd door de vriendelijke Joëlle, die alles in het werk stelt om uw maaltijd perfect te laten verlopen. De chef, Patrick, werkt met streekproducten die hij met liefde kiest. Op de kaart kiezen we een gepocheerd scharrelei in wijnsaus met segrijnslakken, gevogeltebout van Gérard Sart op coq-au-vin wijze of gegrilde vis van de dag met boschampignons. In plaats van een banale wijnselectie worden hier wijnen per glas voorgesteld die perfect passen bij uw gerecht. Dit is tevens een heel charmant hotel – enkel het geluid van het nabijgelegen kabbelende beekje zal u wakker maken.

Heure (Nam.) ▷ Marche-en-Famenne

Heusden (O.-Vl.) ▷ Gent

Heusden-Zolder ▷ Zolder

Heusy ▷ Verviers

Hever ▷ Boortmeerbeek

Heverlee ▷ Leuven

Heyd

👍 La Gargouille

Rowe dé Remoleu 20 - 6941 Heyd
📞 086 49 92 10   🖨 086 49 92 10
resto-la-gargouille@hotmail.com - http://www.lagargouille.be
🕐 21:00   🔒 ma/lu di/ma wo/me do/je vr/ve za/sa   🔒 di/ma wo/me do/je
💼 1 - 7 juil., 25 - 31 août / 1 - 7 juli, 25 -31 aug.
💶 30-44   🍴 45

Hoeilaart ▷ Bruxelles environs - Brussel omstreken

Hoeselt ▷ Tongeren

Hoogstraten

👍 Armiaen

Heilig Bloedlaan 299 - 2320 Hoogstraten
📞 03 314 85 99   🖨 03 314 85 99
armiaen@telenet.be - http://www.armiaen.be
🕐 21:00   🔒 za/sa zo/di   🔒 zo/di
💼 1 sem. janv., 1 sem. mai, 2 sem. juil / 1 week jan., 1 week mei, 2 wek. juli.
💶 52-65   💶 50-85   🍴 76

👍 De Tram

Vrijheid 192 - 2320 Hoogstraten
📞 03 314 65 65
info@de-tram.be🕐 21:30   🔒 ma/lu zo/di   🔒 ma/lu zo/di
💼 15 - 28 fév., 15 - 31 août / 15 - 28 feb., 15 - 31 aug.
💶 40-65   💶 17-30   🍴 57

🏨 Hostellerie De Tram

Vrijheid 192 - 2320 Hoogstraten
📞 03 314 65 65
info@de-tram.be🕐 0:00   7⁄7
💼 14 - 28 fév., 15 - 31 août / 14 - 28 feb., 15 - 31 aug.
🔑 5   🔑 105-115

Hotton ▷ Marche-en-Famenne

Houffalize

 Cocoon Hotel Du Commerce

r. du Pont 10 - 6660 Houffalize
✆ 061 28 80 15   🖨 061 28 89 79
commerce@cocoonhotels.eu - http://www.cocoonhotels.eu
🔓 0:00 ⁷/₇
🛏 42   ♿ 41-45   🅿 20-40   🛌 40   🚗 4

Wibrin

 Le Coeur de l'Ardenne

r. de Tilleul 7 - 6666 Wibrin
✆ 061 28 93 15   🖨 061 28 93 15
lecoeurdelardenne@skynet.be - http://www.lecoeurdelardenne.be
🔓 0:00 ⁷/₇
📅 31 déc - 20 janv. / 31 dec - 20 jan
🛏 5   ♿ 85-100

Housse

 Le Jardin de Caroline

rue saivelette 8 - 4671 Housse
✆ 04 387 42 11   🖨 04 387 42 11
lejardindecaroline@belgacom.net -
http://www.lejardindecaroline.be
🔓 0:00 🔒 di/ma wo/me   🔒 di/ma wo/me
🍴 29-52   🍷 49

Située dans la banlieue verte de Liège, cette élégante et chaleureuse maison vous propose la rutilante et originale cuisine de Frédéric Cornuau, un chef qui apporte toute son imagination (et elle est vaste !), son talent et son sens de la découverte à des préparations de terroir aux accents de classicisme subtilement revus. Un jardin (c'est normal) et une terrasse pour l'apéritif ou pour tout votre repas. La carte fait fi des 'tendances' et interprète, au gré de l'humeur et de la personnalité du chef, un répertoire haut en couleurs. Celles-ci transparaissent dans nos langoustines en trois cuissons idéalement servies avec une rémoulade de céleri et une acidité amenée par de la pomme et la vinaigrette sur le tourteau qui leur partageait l'assiette. Beau duo aussi que ce canard et sa sauce aux poivres multiples adoucie par la compotée de coings. Sans oublier de vous citer les mérites d'une subtile et bien diversifiée carte des vins.

Dit elegante en gezellige huis, gelegen in de groene rand van Luik, stelt u de schitterende en originele keuken van Frédéric Cornuau voor, een chef die al zijn fantasie (en hij heeft er veel!), zijn talent en zijn ontdekkingszin aanwendt om streekgerechten met subtiel herziene classicistische accenten te bereiden. Een tuin (dat spreekt voor zich) en een terras voor het aperitief of voor de hele maaltijd. De kaart lapt alle 'trends' aan haar laars en brengt – op het ritme van het humeur en de persoonlijkheid van de chef – een kleurrijk repertoire. Dat komt allemaal tot uiting in onze langoustines op drie wijzen die perfect geserveerd worden met een remoulade van selder en Noordzeekrab met daarop appel en vinaigrette die voor een zure toets zorgen. Nog een mooi duo: eend met saus op basis van verschillende pepers, verzacht door kweeperenmoes. En dan hebben we het nog niet gehad over de verdiensten van de subtiele en goed gediversifieerde wijnkaart.

Houtave

 De Roeschaert ☺ ⚜

Kerkhofstr. 12 - 8377 Houtave
℡ 050 31 95 63   🖳
http://www.deroeschaert.be
🔓 20:30   🔒 ma/lu di/ma   🔒 ma/lu di/ma zo/di
🗓 15 août - 31 août - 1 sept. -7 sept., vac. de Noël / 15 aug. - 31 aug. - 1 sept. -7 sept., Kerstvak.
💶 275-55   🍴 62

Bart Vansteenkiste werkt met mooie, verse producten. Een van zijn specialiteiten is de in Vlaanderen stilaan mythische eendenlever uit Bekegem, die hij bakt en combineert met peer, rozijnen en Luikse stroop. Er is al een tweegangenmenu voor € 27,50 met keuze uit drie bereidingen met schaaldieren, of noordzeetong, of eendenlever. Als hoofdgerecht wacht vis volgens dagaanvoer, Ierse ribeye, of filet van hert. Qua prijs-kwaliteit kan dat tellen. De gastvrouw-sommelier heeft een boeiende wijnkaart samengesteld.

Bart Vansteenkiste travaille de beaux produits d'une grande fraîcheur. Une de ses spécialités est le foie de canard de Bekegem, un délice et passe de devenir mythique en Flandre, qu'il poêle et marie à des poires, des raisins secs et du sirop de Liège. Il propose déjà un menu à deux plats pour 27,50 euros avec un choix de trois préparations de crustacés, sole de mer du Nord ou encore foie de canard. En plat de résistance, du poisson en fonction des arrivages du jour, ou alors un faux-filet irlandais ou une noisette de cerf. Excellent rapport qualité/prix. La maîtresse de maison et sommelière a concocté une carte des vins passionnante !

Houthalen

 De Barrier

Grote Baan 9 - 3530 Houthalen   🚗 🏨 ♿ 🎦 ⛭
℡ 011 52 55 25   🖳 011 52 55 45
info@debarrier.be - http://www.debarrier.be
🔓 0:00
🗓 1 - 7 janv., 2 sem. juil. / 1 - 7 jan., 2 wek. juli
🍴 7   🍷 200   🚗 3

Houthalen-Helchteren

Innesto

Grote Baan 9 - 3530 Houthalen-Helchteren
☏ 011 52 55 25
innesto@bartclaes.be - http://www.innesto.be
🕐 0:00   🔒 ma/lu za/sa zo/di   🔒 ma/lu zo/di
📅 11 - 23 avr, 16 - 31 juil 26 déc - 2 janv / 11 - 23 apr, 16 - 31 juli, 26 dec - 2 jan
🍴 38-70   🍷 26-46   🍶 50

Na de overname van De Barrier door Bart Claes Catering veranderde de naam in Domein De Barrier en werd na een grondige verbouwing een uithangbord gecreëerd met restaurant Innesto. In de keuken staat Koen Verjans. Hij werkte onder meer in de Oosthoek (Knokke), Clos St. Denis, De Mijlpaal (Tongeren), was drie jaar souschef in 't Zilte en kookte daarna nog even in de golfclub Bossenstein. Hij werkt zeer productgericht en brengt rijke gerechten met een mix van ingetogen en evenwichtige smaakaccenten. In het menu 'Innesto' brengt hij gebakken zeebaars en kokkeltjes samen met twee frisse garnituren: een savarin van waterkers met citrus en yoghurt begeleidt de zeebaars, een salade van venkel, zeekraal en komkommer combineert hij met de kokkeltjes. Griet en kreeft komen samen op het bord: krokant gebakken griet met enkele bereidingen van jonge raapjes en morieljes in een wisselend spel van structuren en smaakcombinaties. Het fijngesneden vlees van kreeft verwerkt hij in een cannelloni met een schaaldierenjus met verjus. Het hoofdgerecht is een combinatie van kalf en zwezerik: de zwezerik krokant gebakken met een focaccia van gekonfijte tomaat, rosé gebakken kalfsmedaillon met een barigoule van artisjok. De desserts zijn complex in smaken: cake van witte chocolade en lychee, met rozencrème en krokante rijst met yoghurt, en ganache van koffie-chocolade, met een cremeux van karamel en ijs van banaan en citrus. Dit is een interessante nieuwkomer.

Après la reprise de De Barrier par Bart Claes Catering, le nom est devenu Domein De Barrier et, au terme d'une transformation radicale, est devenue l'enseigne avec le restaurant Innesto. Koen Verjans officie en cuisine. Il a travaillé dans de grandes maisons (entre autres Oosthoek (Knokke), Clos Saint-Denis, De Mijlpaal (Tongres)), a été trois ans sous-chef au 't Zilte et a ensuite encore travaillé au club de golf Bossenstein. Homme de produit, il propose des plats riches avec un mariage de touches gustatives à la fois équilibrées et discrètes. Le menu Innesto propose un bar poêlé aux coques avec deux garnitures rafraîchissantes: un savarin de cresson de fontaine aux agrumes et yaourt avec le bar et une salade de fenouil, salicorne et concombre avec les coques. Barbue et homard s'associent sur l'assiette: barbue cuite croquante avec quelques préparations de jeunes navets et de petites morilles, dans une subtile interaction de structures et de combinaisons gustatives. La chair du homard finement tranchée constitue la farce d'un cannelloni, baignant dans un jus de crustacés au verjus. Le plat principal est une combinaison de veau et de ris de veau. Ce dernier est cuit croquant avec une focaccia aux tomates confites, et le médaillon de veau, cuit rosé avec des artichauts en barigoule. Les desserts présentent une rare complexité gustative: cake au chocolat blanc et lychee, crème à la rose et riz croquant au yaourt, et une ganache de chocolat au café avec un crémeux de caramel, et glace à la banane et agrume. Un nouveau venu très intéressant.

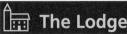 **The Lodge**

Guldensporenlaan 1 - 3530 Houthalen-Helchteren
☏ 011 60 36 36   🖶 011 60 36 37
houthalen@lodge-hotels.be - http://www.lodge-hotels.be
🔓 0:00   ⅞
♨ 17   ⚑ 70

Houthalen-Helchteren ▷ Houthalen

Hove

 De Laet - Van Haver

Kapelstraat 102 - 2540 Hove   ♿ ❄ ⛱
☏ 03 455 63 71
info@delaet-vanhaver-dining.com -
http://www.delaet-vanhaver-dining.com
🔓 21:00   🔒 ma/lu zo/di   🔒 ma/lu zo/di
📅 18 déc - 2 janv / 18 dec - 2 jan
🍴 40-60   🍷 11-35   🍴 50

Slager Luc De Laet heroriënteerde recentelijk zijn restaurant. De focus komt voornamelijk op bereidingen met vlees te liggen. Apart is de entrecotekaart die keuze beidt uit een zevental rassen. De Laet selecteert zelf zijn runderen en kiest alleen vrouwelijke dieren van minstens vier jaar oud. Die leveren meestal smaakvoller vlees dan ossen of jonge stieren en zo kan hij een hoge kwaliteit aan zijn klanten garanderen. We proeven van onder meer Chianina en Aberdeen Angus. Beide stukken zijn perfect gerijpt en dito gegaard waardoor het markante karakter van elk entrecote mooi tot zijn recht komt. Op de vleeskaart staan ook minder bekende stukken zoals endvogel, middenrifspier en wangen. De wijnkaart was al boeiend en won nog aan inhoud.

Le boucher Luc De Laet a récemment donné une nouvelle orientation à son restaurant. Il se concentre principalement sur des préparations de viande. Une carte séparée est ainsi dédiée à l'entrecôte - déclinée en pas moins de sept races. De Laet sélectionne lui-même ses bêtes et ne choisit que des vaches d'au moins quatre ans. Elles produisent généralement des viandes plus goûteuses que les bœufs ou les jeunes taureaux, et il peut ainsi garantir une haute qualité à ses clients. Nous avons goûté, entre autres, les races Chianina et Aberdeen Angus. Les deux pièces sont parfaitement pendues et cuites, ce qui permet d'exprimer la quintessence du caractère de chaque entrecôte. La carte des viandes propose aussi des pièces moins connues comme la macreuse, le diaphragme et les joues. La carte des vins est passionnante et s'est encore enrichie.

Huizingen ▷ Bruxelles environs - Brussel omstreken

Hulshout

⑮ Hof ter Hulst ♡ ☺

Kerkstr. 19 - 2235 Hulshout
☎ 015 25 34 40   🖨 015 25 34 36
info@hofterhulst.be - http://www.hofterhulst.be
🕐 21:30   🔒 ma/lu di/ma za/sa   🔒 ma/lu di/ma
📅 18 juil - 5 août / 18 juli - 5 aug
🍴 35-59   🍷 50-90   🍶 47

Escoffier is in goede handen bij Johan Schroven. De klassiekers uit het omvang-rijke repertoire van de Franse chef zet hij naar zijn hand in hedendaagse berei-dingen die opvallen door hun evenwicht en lichtheid. Licht gebakken nog knap-perige langoustines verwerkt hij in een salade en serveert hij met een tartaar van artisjok, appel en avocado. Luchtig gebakken kabeljauw komt met een korst van mosterd en gekonfijte tomaat, afgewerkt met een vleesjus geparfumeerd met balsamico. Het zijn diepe smaken die de fijne vis evenwichtig ondersteunen.

Escoffier est en de bonnes mains chez Johan Schroven. Celui-ci imprime aux classiques d'un vaste répertoire de la cuisine française une touche personnelle dans des plats contemporains qui brillent par leur équilibre et leur légèreté. Lan-goustines mi-cuites encore croquantes, mises en scène dans une petite salade et accompagnées d'un tartare d'artichaut, de pomme et d'avocat. Un cabillaud divinement cuit se pare d'une croûte de moutarde et de tomates confites, avec, en touche finale, un jus de viande parfumé au balsamique. Ces goûts profonds confèrent un très bel équilibre au poisson.

Huy

⑮ La Bouteille à la Mer 🍇 ☺

r. des Rotisseurs 4 - 4500 Huy   ♿ ❄
☎ 085 23 60 02   🖨 085 31 27 22
labouteillealamer@skynet.be -
🕐 22:00   🔒 ma/lu zo/di   🔒 ma/lu zo/di
🍴 39-69

S'il y a bien des bouteilles que l'on n'a pas envie de jeter à la mer, ce sont bien celles que l'on trouve ici (et que l'on va pêcher soi-même dans la cave avec le pa-tron). Le concept est posé. Un patron jovial, passionné du jus de la treille pendant qu'en cuisine, la chef prépare le meilleur de la mer qui assortira les vins de notes iodées rafraîchies d'herbes et de légumes croquants. Poissons et crustacés rivali-sent ici dans l'assiette pour le plus grand plaisir des amateurs du genre.

Als er zo van die flessen zijn die men niet in de zee wil gooien, dan zijn het wel degelijk die welke hier te vinden zijn (en die men zelf samen met de baas gaat zoeken in de kelder). Het concept is duidelijk. Een joviale baas met een grote wijn-passie, en in de keuken een chef die het beste van de zee bereidt om de wijnen te vergezellen van jodiumtoetsen verfrist met kruiden en knapperige groenten. Op het bord nemen vis en schaaldieren het hier tegen elkaar op, tot groot genot van de liefhebbers hiervan.

🍴 Li Cwerneu ♡ ☺

Grand'Place 2 - 4500 Huy
📞 085 25 55 55 📠 085 25 55 55
info@licwerneu.be - http://www.licwerneu.be
🔓 21:30 🔒 ma/lu di/ma wo/me do/je vr/ve za/sa zo/di 🔒 ma/lu zo/di
🍽 50-85 🍽 21-34 🍷 75

Si elle n'en mettait pas déjà autant dans ses assiettes, on lui offrirait bien des fleurs à la lady chef. Il faut dire que les herbes, plantes aromatiques et fleurs, c'est un peu une de ses spécialités. Si vous préférez la choucroute garnie sans légèreté et équilibre, inutile d'accourir ici. Il ne faut pas pour autant être végétalien pour venir manger dans cette petite maison (mieux vaut réserver) voisine de la maison communale. Car après le défilé de légumes du moment qui entame la dégustation, on attaque avec le maquereau vinaigrette suivi de quelques tomates anciennes et fleurs au jus de sureau noir. Festival de saveurs et textures avec une belle maîtrise de l'acidité. Pour suivre, on épinglera encore le cabillaud tendre et juteux comme il faut, servi avec de la tétragone avant le presa d'Ibérico Bellota, artichauts et salicornes. Impossible de passer sous silence le mélo cake maison qui ferait se convertir le plus fanatique des anti-chocolat. Pierre, épaulé en salle par un jeune dynamique et courtois, assure toujours avec le même sourire et la même bienveillance un service professionnel et détendu à la fois. Chapeau d'ailleurs à eux car ils parviennent, et ce n'est pas facile, à énoncer l'entièreté de l'intitulé des plats tout en donnant envie d'y goûter. Et ce, alors que, bien souvent, devant une telle liste pléthorique de composantes, le personnel de salle énumère les ingrédients de l'assiette comme on récite une liste de courses. Très belle carte des vins dans laquelle on laisse généralement puiser le sommelier pour se faire surprendre avec de belles découvertes.

Mocht ze er al niet zo veel in haar gerechten gebruiken, dan zouden we de lady chef maar al te graag bloemen schenken. Het moet gezegd dat kruiden en aromatische planten en bloemen een van haar specialiteiten zijn. Als u een voorkeur hebt voor choucroute met alles erop en eraan zonder enig evenwicht, dan bent u hier niet aan het juiste adres. Maar u moet ook geen veganist zijn om te komen eten in dit kleine huisje (het is aanbevolen te reserveren) naast het gemeentehuis. Want na het defilé van groenten van het moment waarmee de degustatie van start gaat, volgt eerst makreel met vinaigrette en dan enkele oude tomatenvariëteiten en bloemen met vlierjus. Een festival van smaken en texturen met een goed beheerste zuurheid. Vervolgens malse en sappige kabeljauw, geserveerd met zomerspinazie, en presa van Iberico Bellota, artisjokken en zeekraal. Onmogelijk om de huisbereide melo cake stilzwijgend voorbij te laten gaan... Die zou zelfs de meest fanatieke chocoladehaters bekeren. Pierre, die in de zaal ondersteund wordt door een dynamische en hoffelijke jonge medewerker, verzekert altijd met dezelfde glimlach en dezelfde welwillendheid een professionele en tegelijkertijd vlotte bediening. Petje af trouwens voor hen, want zij slagen erin – en dat is niet gemakkelijk – om de hele benaming van de gerechten uit te spreken en de gasten tegelijkertijd zin te geven om ervan te proeven. En dat terwijl het zaalpersoneel de ingrediënten gezien de lange lijst maar al te vaak aframmelt als een boodschappenlijstje. Zeer mooie wijnkaart waaruit de sommelier doorgaans een keuze mag maken om de gasten te verrassen met mooie ontdekkingen.

🏨 Best Western hotel Sirius

Quai de Compiègne 47 - 4500 Huy
📞 085 21 24 00 📠 085 21 24 01
info@hotelsirius.be - http://www.hotelsirius.be
🔓 0:00 ⁷/₇
🛏 26 🍳 95-200 🛏 2

Domaine du Château de la Neuville

Av. de l'industrie 62 - 4500 Huy
☎ 085 31 18 33   🖷 085 82 45 19
chateaudelaneuville@skynet.be -
http://www.chateaudelaneuville.be
🕐 0:00 7/7
⚲ 9   ⚲ 57-99   ⚲ 85-155   ⚲ 155   ⚲ 2   ⚲ 115

Hotel du Fort

ch. Napoléon 5 - 9 - 4500 Huy
☎ 085 21 24 03   🖷 085 23 18 42
info@hoteldufort.be - http://www.hoteldufort.be
🕐 0:00 7/7
⚲ 27   ⚲ 110   ⚲ 67-117   ⚲ 84-130   ⚲ 130

Amay

🎩 Frédéric Catoul

r. des Trois-Sœurs 14 A - 4540 Amay
☎ 085 31 60 67   🖷 085 31 60 67
frederic.catoul@skynet.be - http://www.frederic-catoul.be
🕐 21:00 🔒 ma/lu za/sa 🔒 ma/lu zo/di
🍴 45-70 🍷 61-79 🍴 60

Toute l'équipe de Frédéric Catoul vous accueille sur les hauteurs de Amay, dans cette superbe villa. Un décor chaleureux agrémenté de quelques tableaux modernes et un service à l'avenant. Dans l'assiette, un croustillant de baby homard et foie gras poêlé précédait un panaché d'agneau et sa réduction de cassonade brune. Le tout tient la route de la constance et de la qualité.

Het hele team van Frédéric Catoul verwelkomt u in de heuvels van Amay, in deze prachtige villa. Een gezellig decor, versierd met enkele moderne schilderijen en een bediening die navenant is. Op het bord babykreeft en gebakken foie gras, gevolgd door melange van lam met reductie op basis van bruine suiker. Constant en kwaliteitsvol.

Ieper

👍 Pacific Eiland

Eiland 2 - 8900 Ieper
☎ 057 20 05 28   🖷 057 42 42 92
info@pacificeiland.be - http://www.pacificeiland.be
🕐 21:30 🔒 di/ma 🔒 ma/lu di/ma
📅 16 - 29 fév, 22 oct - 7 nov / 16 - 29 feb, 22 okt - 7 nov
🍴 15-50 🍷 10-48 🍴 70

 **Ariane**

Slachthuisstr. 58/60 - 8900 Ieper
𝄢 057 21 82 18   ⌨ 057 21 87 99
info@ariane.be - http://www.ariane.be
🕐 0:00 ⁷⁄₇
📅 1 - 3 janv. / 1 - 3 jan.
🛏 58   ♿ 122-178   🍽 180-236   🛏 236

Elverdinge

 Hostellerie St-Nicolas

Veurnseweg 532 - 8906 Elverdinge
𝄢 057 20 06 22   ⌨ 057 46 98 99
info@hostellerie-stnicolas.com -
http://www.hostellerie-stnicolas.com
🕐 20:45   🔒 ma/lu zo/di   🔒 ma/lu zo/di
📅 2 - 10 janv., 10 - 17 avril, 6 - 24 août / 2 - 10 jan., 10 - 17 april,
6 - 24 aug.
🍽 55-100   🍽 92-145   🍷 75

Toveren met smaken is wat chef Franky Vanderhaeghe doet. Hij werkt met de beste producten, durft daarmee te spelen en creëert tegelijk elegante gerechten. Wij lunchen met fijn smakende zeebaars, goed gekruide couscous en zalig schuim van kreeftenbisque met vadouvan, waarvan wij de smaak niet snel zullen vergeten. Het hoofdgerecht is wilde eend die wegsmelt in de mond, met puree van zoete aardappel en abrikozensaus. Te veel zoet? Neen, het gerecht is perfect in balans en het is lang geleden dat wij eend zo goed hebben gegeten. Het nagerecht is hemels lekker beurre-noisette-ijs met aardbei en kalamansi. Wij zijn nu helemaal verkocht! Prachtig terras met tuin. Discrete en gastvrije bediening. Wij komen terug.

Franky Vanderhaeghe est un illusionniste des goûts. Inconditionnel des meilleurs produits, il ose les faire dialoguer en créant d'élégantes harmonies. Nous y avons été un midi et avons commencé par un bar au goût très fin, flanqué de coucous bien relevé et d'un espuma divin de bisque de homard au vadouvan dont nos papilles se souviendront encore longtemps. Le plat principal est un canard sauvage dont la chair est aussi tendre qu'une fesse d'ange, il est accompagné de purée de patate douce et d'une sauce à l'abricot. Trop de douceurs me direz-vous ? Que nenni ! Le plat est parfaitement équilibré. Cela faisait longtemps que du canard nous avait laissé un tel souvenir. Le dessert est divinement bon: une glace au beurre noisette, aux fraises et kalamansi. Nous sommes conquis ! La terrasse est de la même eau. Service discret et convivial. Nous reviendrons !

Incourt

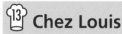 Chez Louis

ch. de Jodoigne 7 - 1315 Incourt
📞 010 86 69 77   🖨 010 88 90 61
chezlouis@skynet.be - http://www.chezlouis.be
🛏 0:00 🔒 ma/lu za/sa 🔒 ma/lu
📅 19 - 27 fév, 23 sept - 1er oct - entre oct et fin mars fermé le dimanche soir / 19 - 27 feb, 23 sept - 1 okt - tss okt en einde maart gesloten op zondagavond
💶 40-60

Les habitués vous le diront, chez Louis, c'est un peu comme une deuxième maison: on s'y sent bien. Un personnel accueillant, une cuisine de brasserie revisitée, le tout dans un cadre sympa. Les cuisines ont accueilli un tandem de jeunes chefs qui en veulent et qui nous le démontrent dans l'assiette sans pour autant prendre de risques, ce qui est loin d'être une mauvaise idée. Notre festival de fruits de mer et poissons a débuté par quelques bulots et huîtres de Zélande pour se mettre en appétit. Ensuite, belle démonstration que ce dos de cabillaud cuit sur peau à la florentine dont la cuisson était parfaite. Le homard et belle-vue était de la même veine. La carte des vins pourrait s'enrichir de vins de vignerons plus engagés mais chacun y trouve de quoi étancher sa soif.

De habitués zullen het u zeggen: Chez Louis, dat is een beetje een tweede thuis, we voelen ons daar goed. Vriendelijk personeel en een brasseriekeuken met nieuwe accenten, en dat alles in een leuk kader. In de keukens is een tandem aan de slag van jonge chefs die ambitie hebben en dat ook tonen op het bord, zonder evenwel risico's te nemen – wat helemaal geen slecht idee is. Ons zeevruchten- en visfestival ging van start met enkele wulken en Zeeuwse oesters om de eetlust op te wekken. Vervolgens een mooie demonstratie: op vel gebakken kabeljauwhaasje op Florentijnse wijze met een perfecte cuisson. De kreeft in belle-vue was van hetzelfde allooi. De wijnkaart zou wat uitgebreid kunnen worden met wijnen van meer geëngageerde wijnbouwers, maar er is voor elk wat wils om de dorst te lessen.

Itterbeek ▷ Bruxelles environs - Brussel omstreken

Ittre ▷ Nivelles

Izegem

↗ La Durée ☺

Leenstr. 28 - 8870 Izegem
📞 051 31 00 31   🖨 051 31 29 97
rest@laduree.be - http://www.laduree.be
🛏 21:30 🔒 ma/lu zo/di 🔒 ma/lu zo/di
📅 10 jrs. vac. de Pâques, 2 prem sem d'août, 24 déc. - 3 janv / 10 d. paasvak., 1 ste 14d aug., 24 dec - 3 jan
💶 40-95 💶 38-85 🍴 135

Angelo Rosseel heeft een bijzondere gave om de smaken van ingrediënten te verrijken en ze harmonieus samen te brengen. Dat de chef jaar na jaar een trapje hoger kookt, ervoeren we tijdens onze meest recente maaltijd. Die start met een interessant hapjesassortiment waarin fristonen de spijsvertering op gang brengen. Bijzonder smakelijk is het eerste voorgerecht: een eigen interpretatie van tomaat-garnaal met oude tomatenrassen, een subtiele garnalenparfait en een garnalencocktail opgemaakt met een vederlichte mayonaise geparfumeerd met tijm en bieslook. Het is een contrastrijk gerecht waarin diverse smaken tot een mooi evenwicht worden gebracht. Vervolgens een supergerecht: marbré van courgette en mozzarella, met handgerolde couscous met raz el hanout, gepofte quinoa met parelmoer, bijzonder fijne rauw gemarineerde sardines en rolletje zuur gemarineerde courgette. Even uitbundig van smaak is het derde gerecht: op de graat gebakken pladijs met boterzachte scheermesjes, mosseltjes en kokkeltjes, sappige langoustine, toast met rouille en krachtige bouillon van bouillabesse. Alle registers staan open voor het hoofdgerecht, maar dat valt in een dipje: de suprême van kip is te ver gegaard en op het randje van droog. Ze wordt gebracht met gebakken polenta, boontjes en paddenstoelen en een gembersaus. Het dessert gaat weer crescendo, ook in de fristonen: een combinatie van braambes en framboos met frambozencrème en vanille-ijs in een gebakje gevuld met amandelcrème, gebakken abrikozen, abrikozencrème, rauwe amandelen en crumble van geroosterde amandel. De inspanningen van de chef worden beloond met een derde koksmuts.

Angelo Rosseel n'a pas son pareil pour sublimer les goûts des ingrédients et les marier en un ensemble harmonieux. Le chef ne cesse de gravir les échelons, cela ne fait aucun doute. Nous l'avons en effet remarqué au cours de notre dernier repas. Entrée en matière avec un assortiment de mises en bouche où les touches de fraîcheur nous ont mis en appétit. La première entrée était particulièrement goûteuse: une interprétation très personnelle de la tomate/crevettes avec d'anciennes variétés de tomates, un parfait de crevettes très subtil et un cocktail de crevettes réalisé avec une mayonnaise d'une rare légèreté, parfumée au thym et à l'ail. Un plat très contrasté où les différents goûts s'assemblent pour tendre vers un parfait équilibre. Ensuite, un super-plat: un marbré de courgette et mozzarella, avec du couscous roulé main au raz el hanout, du quinoa soufflé aux reflets nacrés, des sardines crues particulièrement raffinées et une petite roulade de courgettes marinées et acidulées. Cette exubérance gustative se retrouve aussi dans le troisième plat: plie cuite sur l'arête et accompagnée de couteaux, de moules et de coques d'une rare tendreté, d'une langoustine succulente, d'un toast avec de la rouille et d'un bouillon de bouillabaisse d'une belle puissance. C'est avec impatience que nous attendons le plat de résistance, mais ce fut une petite désillusion: le suprême de poulet est trop cuit, presque sec. Il est secondé de polenta, de haricots, de champignons et d'une sauce au gingembre. Nouveau crescendo ensuite avec le dessert, également tout en fraîcheur: une combinaison de mûres et de framboises à la crème de framboise et glace vanille, et une petite pâtisserie farcie à la crème d'amande, abricots rôtis, crème d'abricot, amandes crues et crumble d'amandes grillées. Les efforts déployés par le chef sont couronnés d'une troisième toque.

🏛️ De Smaak ♡

Gentsestr. 27 - 8870 Izegem
📞 051 32 14 75   📠 051 69 85 78
info@desmaak.be - http://www.desmaak.be
🕘 21:30   🔒 wo/me za/sa   🔒 di/ma wo/me
📅 29 juil. - 16 août , 24 déc - 5 jan / 29 juli - 16 aug., 24 dec - 5 jan.
🍽️ 20-43   🍷 45-54   🥂 58

Vriendelijkheid kost geen geld. Dat hebben ze hier goed begrepen. De sommelier ontvangt correct, even later komt de gastvrouw ons groeten, en na de maaltijd is het de beurt aan de chef om aan tafel te verschijnen. Maar in een restaurant met deze naam moeten we uiteraard meer dan ooit kijken naar wat in het bord komt. Dat is eerst paling, volgens het boekje gestoofd en ook zeer aantrekkelijk gebracht, met groene kruiden die door hun zurigheid de vette vis perfect begeleiden. Lekker! Ook bij het tweede gerecht valt al meteen de doordachte presentatie op: heilbot in de oven met arroz negro, artisjok en zeekraal. De combinatie is oké, de rijst is smeuïg en de artisjok maakt het allemaal nog een beetje Spaanser. Geslaagd alweer. Veel smaak zit ook in de varkenswangetjes op lage temperatuur gegaard, met een gratin van courgette waarvoor wij de chef een extra pluim geven. Er is immers veel werk aan en dus zie je dat niet vaak meer op restaurant. Chef Wouter Creytens bevestigt zijn score en heeft nog groeipotentieel. De wijnkaart is top en de prijzen zijn zeer correct. Mooie tuin.

La sympathie et le sourire ne coûtent rien. Ils l'ont parfaitement compris à cette adresse. Dans un premier temps, le sommelier nous a reçus correctement, un peu plus tard, ce fut au tour de Madame de nous saluer et, après le repas, nous avons eu le plaisir de voir le chef. Mais dans un restaurant avec un tel nom (« le goût »), nous devons plus que jamais radioscopier le contenu des assiettes. Pour commencer, de l'anguille, étuvée selon les règles de l'art, avec une présentation séduisante et diable, avec des herbes vertes dont l'acidité équilibrait parfaitement le gras du poisson. Délicieux ! La présentation longuement réfléchie saute également aux yeux lors du service du second plat : elbot cuit au four avec de l'arroz negro (riz noir à l'encre de seiche), de l'artichaut et de la salicorne. L'association tient la route, le riz est onctueux et l'artichaut renforce encore un peu le caractère espagnol du plat. À nouveau une réussite. Les petites joues de porc à basse température sont une fois encore des concentrés de goût, elles sont secondées d'un gratin de courgettes pour lequel nous félicitons tout particulièrement le chef. Il suppose en effet beaucoup de travail et on ne le voit donc plus si souvent dans les restaurants. Le chef Wouter Creytens confirme son score et a encore un beau potentiel de croissance. La carte des vins est parfaitement composée et les prix sont très corrects. Beau jardin.

⑭ Villa Red ☺

Leenstr. 51 - 8870 Izegem
℡ 051 30 38 58   🖷 051 30 38 36
info@villared.be - http://www.villared.be
🍴 21:30   🔒 za/sa zo/di   🔒 wo/me zo/di
📅 2 1ères semaines d' août, vac. de Noël / eerste 2 weken augustus, Kerstvakantie
🍽 35-48   🍷 36-71   🥂 50

Dave Debal bevestigt met zijn smakelijke klassieke keuken. De chef gebruikt verse kwaliteitsproducten. In het driegangenmenu (€ 35) zit gemarineerde wilde zalm met geitenkaas, wilde postelein en artisjokcrème, of gepaneerd buikspek met Reypenaer en gerookte paprika. Dan is er pladijs met lardo, witlof, jus van mossel en mosterdzaad, of ossenhaas van simmental met knolselder, venkel, franceline en Rodenbach Grand Cru. Afsluiten doe je met een chocoladedessert of kaas. Zeer vriendelijke ontvangst.

Dave Debal confirme son statut avec sa cuisine classique et goûteuse. Le chef utilise des produits de qualité d'une grande fraîcheur. Dans le menu à trois plats (35 euros), l'on trouve du saumon sauvage mariné au fromage de chèvre, pourpier sauvage ou alors une poitrine de porc pannée au Reypenaer et poivron fumé. Ensuite, une plie au lardo, witloof, jus de moule et graine de moutarde, ou un filet de bœuf de Simmental au céleri-rave, fenouil, franceline et Rodenbach Grand Cru. Pour terminer, dessert au chocolat ou fromage. Accueil très sympathique.

Ter Weyngaerd

Burgemeester Vandenbogaerdelaan 32 - 8870 Izegem
℡ 051 30 95 41   🖨 051 31 96 52
info@terweyngaerd.be - http://www.terweyngaerd.be
🕐 21:00   🔒 wo/me   🔒 ma/lu di/ma wo/me zo/di
📅 9 - 19 avril, 23 juil. - 15 août / 9 - 19 april, 23 juli - 15 aug.
🍽 30   🍷 45-60   🍴 38

Izel ▷ Florenville

Jabbeke

Ganache

Gistelsteenweg 278 - 8490 Jabbeke
℡ 0478 57 65 51
info@restaurantganache.be - http://www.restaurantganache.be
🕐 22:00   🔒 ma/lu di/ma   🔒 ma/lu di/ma
📅 vacances de Pâques, 15 - 30 oct / paasvak, 15 - 30 okt
🍽 30-45   🍷 13-26

In deze nieuwe zaak wordt goed gewerkt. Dat zie je meteen aan de verzorgde amuses, waaronder een coquille met sojasaus. In alles wat volgt, valt eerst op dat de baktijden correct zijn. Er is een zeer smakelijke gebakken roodbaars met zalf van parmezaan en espuma van knoflookaardappel. Vrij zoet is de zeewolf, geglaceerd met lardo di colonnata, fettucini met truffel en gebakken oesterzwam. Er is ook een klassiek lamskroontje, met auberginekaviaar, sausje met balsamico, en aardappelgratin. Originaliteit springt uit het dessert van cuberdon, onder andere als crumble en ijs. Een huis met potentieel!

Ce nouveau restaurant fait du bon travail, et témoignent d'emblée les amuse-bouche soignés, notamment la Saint-Jacques en sauce soja. Tous les plats sont marqués par le respect des temps de cuisson. Au programme: sébaste savoureux, crème de parmesan et espuma de pomme de terre à l'ail. Relativement sucré, le loup de mer bardé de Lardo di Colonnata est accompagné de fettucini à la truffe et de pleurotes. Le plat de résistance se compose d'une couronne d'agneau, agrémentée d'un caviar d'aubergine, d'une sauce au vinaigre balsamique et d'un gratin dauphinois. Tout en originalité, le dessert nous offre une déclinaison autour du cuberdon, notamment en crumble et en glace. Voilà un établissement qui a du potentiel !

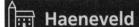 Haeneveld

Krauwerstr. 1 - 8490 Jabbeke
℡ 050 81 27 00   🖨 050 81 12 77
info@haeneveld.be - http://www.haeneveld.be
🕐 0:00
🍴 8   🛏 80   🛏 100-120   🅿 30-50   🎫 50   🚗 1   Ⓢ 120

Jalhay

 Au Vieux Hêtre

rte de la Fagne 18 - 4845 Jalhay
℡ 087 64 70 92   🖷 087 64 78 54
vieuxhetre@skynet.be - http://www.vieuxhetre.com
🕐 0:00   🔒 ma/lu di/ma   🔒 ma/lu di/ma
25-45   14-28

A quelques minutes du centre de Spa, cette charmante hostellerie vous accueille pour un moment de détente et de plaisirs culinaires au calme. Les produits défilent dans les assiettes au gré des saisons, magnifiés par une chef classique qui connaît ses gammes et maîtrise son piano. Poissons, crustacés ou gibiers tremblent sous ses couteaux pour donner le meilleur d'eux-mêmes dans des assiettes qui ne manquent ni de sel, ni de piment. Par beau temps, profitez de la terrasse.

Op enkele minuten van het centrum van Spa verwelkomt dit charmante hotel-restaurant u voor een moment van ontspanning en culinair genot in alle rust. Op het ritme van de jaargetijden worden seizoensproducten geserveerd die op een hoger niveau worden getild door een klassieke chef die perfect weet wat hij kan. Vis, schaaldieren of wild beven onder zijn messen om het beste van zichzelf te geven in gerechten waarin zout noch pittigheid ontbreekt. Geniet bij mooi weer van het terras.

🏨 Hostellerie Au Vieux-Hêtre

rt. de la Fagne 18 - 4845 Jalhay
℡ 087 64 70 92   🖷 087 64 78 54
vieuxhetre@skynet.be - http://www.vieuxhetre.com
🕐 0:00
🛏 12   60-180   65-85   85

Jambes (Namur) ▷ Namur

Jodoigne

 Aux petits oignons

ch. de Tirlemont 260 - 1370 Jodoigne
℡ 010 76 00 78
info@auxpetitsoignons.be - http://www.auxpetitsoignons.be
🕐 0:00   🔒 wo/me za/sa   🔒 di/ma wo/me
🗓 janv. , 1 sem. sept. 1 sem. juin / jan., 1 week sept., 1 week juni
19-45   19-27

Cette maison villageoise peut paraître simple et pourtant, elle renferme un véritable trésor. Il vous suffit de lire la carte pour vous mettre l'eau à la bouche. Stéphane, notre grand de demain de l'année 2008, sait comment faire plaisir à ses clients avec un cou de cochon de Piétrain confit à l'ancienne, fondant en bouche pour ensuite craquer devant ce duo de ris de veau et écrevisses et ses jeunes légumes. Laetitia s'occupe de la salle en parfaite maîtresse de maison. La carte des vins évolue chaque jour.

Deze landelijke woning ziet er misschien eenvoudig uit, maar toch verbergt ze een echte schat. Het volstaat de kaart te lezen om het water in de mond te krijgen. Stéphane, onze Jonge Topchef van het jaar 2008, weet hoe hij zijn klanten kan plezieren met op grootmoeders wijze gekonfijte nek van Piétrain-varken die smelt in de mond, gevolgd door een heerlijk duo van kalfszwezerik en rivierkreeftjes met jonge groentjes. Laetitia waakt als de perfecte vrouw des huizes over de zaal. De wijnkaart evolueert dagelijks.

Le Matuvu

Rue Saint jean 35 - 1370 Jodoigne
(010 80 56 49
info@lematuvu.com - http://www.lematuvu.com
🍴 0:00   🔒 za/sa zo/di   🛏 zo/di

Mélin

La villa du Hautsart ♡ ☺

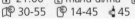

Rue de Hussompont 29 - 1370 Mélin
(010 81 40 10   🖨 010 81 44 34
villa.hautsart@lavilladuhautsart.com -
http://www.lavilladuhautsart.com
🍴 21:00   🔒 ma/lu di/ma   🛏 ma/lu di/ma zo/di
🍽 30-55   🍷 14-45   🥄 45

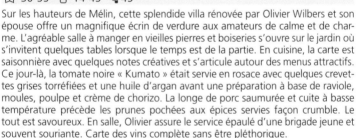

Sur les hauteurs de Mélin, cette splendide villa rénovée par Olivier Wilbers et son épouse offre un magnifique écrin de verdure aux amateurs de calme et de charme. L'agréable salle à manger en vieilles pierres et boiseries s'ouvre sur le jardin où s'invitent quelques tables lorsque le temps est de la partie. En cuisine, la carte est saisonnière avec quelques notes créatives et s'articule autour des menus attractifs. Ce jour-là, la tomate noire « Kumato » était servie en rosace avec quelques crevettes grises torréfiées et une huile d'argan avant une préparation à base de raviole, moules, poulpe et crème de chorizo. La longe de porc saumurée et cuite à basse température précède les prunes pochées aux épices servies façon crumble. Le tout est savoureux. En salle, Olivier assure le service épaulé d'une brigade jeune et souvent souriante. Carte des vins complète sans être pléthorique.

In de heuvels van Mélin biedt deze prachtige villa die door Olivier Wilbers en zijn echtgenote gerenoveerd werd, de liefhebbers van rust en charme een prachtig groenkader. De aangename eetzaal in oude stenen en houtwerk geeft uit op de tuin waar bij mooi weer enkele tafeltjes worden gedekt. In de keuken wordt een seizoensgebonden kaart bereid met enkele creatieve accenten. Aantrekkelijke menu's staan hier centraal. Die dag werd de zwarte 'Kumato' tomaat geserveerd in rozet met enkele gebrande grijze garnalen en arganolie. Daarna een bereiding op basis van ravioli, mosselen, inktvis en roomsaus met chorizo. Het gepekelde en op lage temperatuur gegaarde varkensrugstuk werd gevolgd door gepocheerde pruimen met specerijen, opgediend als crumble. Allemaal overheerlijk. In de zaal garandeert Olivier de bediening, met de steun van een jonge brigade die vaak een glimlach tevoorschijn tovert. Volledige zij het niet overvolle wijnkaart.

Piétrain

 Le Damison 😊 L

Rue Longue 167 - 1370 Piétrain
☎ 010 81 35 22   📠 010 81 35 22
info@ledamison.be - http://www.ledamison.be
🕘 21:30   🔒 ma/lu di/ma wo/me   🔒 ma/lu di/ma wo/me
📅 20 - 30 sept. / 20 - 30 sept.
🍴 39-50   🍷 43-52   🍴 52

Le cadre est magique, avec son vieux porche, ses poutres apparentes et un splen-dide jardin agrémenté d'un plan d'eau. Un service souriant mené avec brio par la sœur du chef (et toute jeune maman). Le chef aime à travailler des produits de sa région comme le porc de Piétrain que l'on retrouvera notamment dans les mises en bouche. Pour débuter, un filet de turbot, un rien trop cuit malheureusement, s'accompagnait d'une sauce lait de coco, curry et citronnelle, subtilement dosée. Le carré de veau en basse température souffre de la même maladie, dommage. On se lèche toutefois les babines en finale avec ce moelleux aux châtaignes. Carte des vins intéressante sans être pléthorique.

Het kader is magisch, met het oude portaal, de zichtbare balken en een prachtige tuin met waterpartij. De zus van de chef (een jonge moeder) zorgt voor een uitstekende en vriendelijke bediening. De chef werkt graag met producten uit zijn regio, zoals het Piétrain-varken dat onder meer terug te vinden is in de ape-ritiefhapjes. Om te beginnen een – jammer genoeg iets te veel gebakken – tar-botfilet met een sausje op basis van kokosmelk, kerrie en citroenkruid – subtiel gedoseerd. Het op lage temperatuur gegaarde kalfsribstuk was in hetzelfde bedje ziek – jammer. De afsluiter, een moelleux met kastanjes, was echter om de lippen bij af te likken. Interessante, zij het niet overvloedige wijnkaart.

Juprelle

 ô de vie

Chaussée de Tongres 98 - 4450 Juprelle
☎ 04 246 41 24
info@odevie-restaurant.be - http://www.odevie-restaurant.be
🕘 21:00   🔒 ma/lu za/sa zo/di   🔒 ma/lu zo/di
🍴 28-115

Olivier Massart fait partie des jeunes poulains de la gastronomie liégeoise. Il signe une cuisine moderne, sans abuser des techniques et des structures nouvelles. Sa carte ne renferme que 5 plats, proposés dans le menu quatre ou cinq services. Les aventuriers se laisseront tenter par le menu dix services. Baptisé "Découverte du futur", il met en scène des portions réduites. Nous optons pour le menu cinq services. Nous dégustons notamment une gelée de mangue qui manque de fraî-cheur et un couteau écrasé par une vinaigrette relevée. Citons également le car-paccio de Saint-Jacques à la crème aigre et au caviar belge. Pour accompagner la bisque équilibrée: brunoise de légumes croquants et chair de crabe, mousse de coco et dim sum de crevettes. La poitrine de veau cuite à basse température, le homard fondant et le lard saumuré s'adjoignent une escorte à base d'artichaut, de purée de pommes de terre, de tapenade de tomates séchées et de sauce ho-mardine flambée. Tout en fraîcheur, le moelleux au chocolat, le sorbet aux fruits de la passion et la gelée passion-abricot marquent le tomber de rideau. Même si le chef est encore en quête d'équilibre, tous les espoirs sont permis.

Olivier Massart is een van de jonge veulens van de Luikse gastronomie. Hij laat zich opmerken met moderne gerechten waarin nieuwe technieken en structuren spaarzaam zijn verwerkt. Zijn kaart vermeldt slechts vijf gerechten die in een menuformule van vier of vijf gangen worden aangeboden.Voor de avonturiers stelt hij een tiengangenmenu voor met kleine gerechtjes dat hij de naam 'Découverte du futur' meegeeft. Uit het vijfgangenmenu proeven we gerechten waaronder een combinatie van mangogelei die frisheid ontbeert, met een scheermesje gedomineerd door een pittige vinaigrette en carpaccio van jakobsschelp met zure room en Belgische kaviaar. Maar ook een evenwichtige schaaldierensoep met brunoise van knapperige groenten en krabvlees, schuim van kokos en dimsum van garnaal. Of traag gegaarde kalfsborst, sappige kreeft en een gepekeld stukje buikspek samen met artisjok, aardappelpuree, tapenade van gedroogde tomaat en 'gebrande' saus van kreeft. Chocolademoelleux, passievruchtijs en gelei van abrikoos en passievrucht vormen een frisse afsluiter. Hoewel de chef nog zoekt naar evenwicht in zijn gerechten, zijn de verwachtingen hooggespannen.

Kalmthout

 **Restaurant Zilverden** ☺

Kapellenstwg. 454 - 2920 Kalmthout

℡ 03 666 66 62 ⎙ 03 666 82 78
zilverden@skynet.be - http://www.zilverden.be
🕐 22:00 🔒 di/ma wo/me za/sa 🔒 di/ma wo/me
🍴 50 🍷 40 ⬩65

Kapellen (Antw.) ▷ Antwerpen

Kaprijke

 **Hof ter Groeninghe**

Vrouwstr. 3 - 9970 Kaprijke

℡ 09 373 54 10 ⎙ 09 373 92 01
info@hoftergroeninghe.be - http://www.hoftergroeninghe.be
🕐 0:00 ⁷⁄₇
🍴 4 ♨K 120 ♨K⬩ 95-145

Kasterlee

 Helsen

Pastorijstraat 27 - 2460 Kasterlee
℡ 014 72 92 02
info@restauranthelsen.be - http://www.restauranthelsen.be
🕐 0:00 🔒 ma/lu zo/di 🔒 ma/lu zo/di
🍴 44-62 ⬩59

Voor de opening van zijn eigen restaurant deed Frédéric Helsen ervaring op in Kempense restaurants zoals Vin Perdu (Turnhout) en 't Zilte in Mol. Het eerste gerecht toont meteen dat de chef met weinig ingrediënten boeiende smaken brengt. Zacht gepekelde zalm combineert hij met jonge paksoi en asperges, met komkommer en krokante selder, met friszure verse kaas en crème van daslook. Het is een fris en evenwichtig gerecht. Een mooi stuk hagelwitte zacht gegaarde heilbot combineert hij met erwten, gekonfijte aardappeltjes, een groene pri-meurasperge uit het Franse Pertuis en witte asperges. Malse, sappige hoevekip brengt hij met crème van zandwortel, een loempia met fricassee van de kippen-boutjes, bospaddenstoelen, krokante tuinbonen en parmezaan/souffléaardappe-len. Evenwichtige bereidingen met leuke contrasten in smaak en textuur voeren hier de toon.

Avant d'ouvrir son restaurant, Frédéric Helsen s'est fait la main dans des établis-sements en Campine, notamment le Vin Perdu (Turnhout) et 't Zilte (Mol). Le premier envoi prouve que le chef n'a besoin que de quelques ingrédients pour créer des saveurs exaltantes. Le saumon saumuré se dote d'une escorte compo-sée de pak-choï, d'asperges, de concombre et de céleri croquant. Sans oublier le fromage frais acidulé et la crème à l'ail des ours. Fraîcheur et équilibre sont au rendez-vous. Un beau tronçon de flétan cuit à basse température est agrémenté de petits pois, de pommes de terre confites, d'une asperge verte de Pertuis et d'asperges blanches. Arrosé d'une crème de carotte de sable, le poulet de ferme tendre et fondant s'accompagne d'un loempia à la fricassée de cuisse de poulet, de champignons des bois, de fèves des marais croquantes et d'un soufflé de pommes de terre au parmesan. Attendez-vous à des préparations équilibrées et à d'intéressants contrastes de saveurs et de textures.

Potiron

Geelsebaan 73 - 2460 Kasterlee
014 85 04 25   014 85 04 26
info@potiron.be - http://www.potiron.be
21:30   wo/me do/je za/sa   wo/me do/je
16 janv. - 3 fév., 11 juil. - 2 août / 16 jan. - 3 feb., 11 juli - 2 aug.
24-39   40-55   49

Chef Dirk Ver Heyen krijgt een punt extra omdat hij blijft vooruitgaan en zijn crea-tiviteit combineert met respect voor de ingrediënten. Kruiden en groenten komen uit de eigen tuin, en de chef rookt zelf zijn zalm (met beuk en eik). Die zalm is top: zeer zacht gerookt en perfect licht zoet van smaak. Super zijn ook de vingerdikke 'Kasterse' asperges met een mousseline van eitje en boter. Als derde gerecht is er boterzachte rug van Duke of Berkshire-varken, met spruitenstamppot en don-kere, intens smakende jus met girollen. Dessert is eigengemaakt (of wat dacht u !) speculoos- en vanilleroomijs. Het ijs is intens van smaak, maar niet te zoet. Potiron blijft een aanrader voor wie lekker en betaalbaar wil eten. Heel goede wijnkaart voor deze stijl van restaurant-bistro. Zeer vriendelijk onthaal.

Dirk Ver Heyen se voit décerner un point de plus: il a encore progressé et il allie créativité et respect des ingrédients. Les herbes aromatiques et les légumes pro-viennent de son potager. L'homme fume lui-même son saumon (au hêtre et au chêne). Un saumon au sommet: délicatement fumé et légèrement acidulé de goût. On applaudit les asperges de Kasterlee, bien dodues, en sauce mousseline. Le troisième service fait place à de la longe de porc Duke of Berkshire, extra tendre, accompagnée de potée aux choux de Bruxelles et nappée d'un jus brun aux saveurs intenses aux girolles. Le dessert nous dévoile un duo de glace spécu-loos et vanille faite maison (comme on pouvait s'y attendre). La glace fait exploser les saveurs, sans être trop sucrée. Potiron reste un bon plan pour bien manger à un prix abordable. La carte des vins est très séduisante pour ce type de restaurant-bistrot. Accueil très chaleureux.

De Watermolen

Houtum 61 - 2460 Kasterlee
☏ 014 85 23 74   🖨 014 85 23 70
info@watermolen.be - http://www.watermolen.be
🔒 21:30   7/7
🗓 1 - 14 janv., 16 août - 2 sept. / 1 - 14 jan., 16 aug. - 2 sept.
🍽 42-85   🍷 20-48   🍴 52

Zo meteen volgt het goede nieuws, maar eerst het slechte: de start is zwak. De velouté van kip is smakeloos, en de garnalen die met rucola op het bord verschijnen, komen uit een pakje. Het wordt iets beter met mi-cuit van tonijn, limoenjelly, avocado, sorbet van wasabi, komkommer en groene appel. Mooi gepresenteerd en de smaak van de tonijn is zeer goed, maar hij is iets te droog. De afwerking met sesamzaadjes is ook niet zo gelukkig, want ze domineren te veel. Maar dan! Dan komt duif, perfect gegaard in hooi. De smaak is zeer intens, met een lichte hooitoets, en de geur is heerlijk. Er komen lekkere gebakken kalfszwezeriken bij. Een repasse maakt het feest compleet. Top in hun eenvoud zijn daarna de verse aardbeien met heerlijk smeuïg roomijs. Het hoofdgerecht en het dessert, en de mooie presentatie ervan, overtreffen de verwachtingen. Uitstekende wijnkaart.

Une bonne et une mauvaise nouvelle. On commence par la mauvaise: l'entrée n'a pas le niveau. Le velouté de poulet manque de goût tandis que la roquette et les crevettes dressées sur l'assiette sont tout droit sorties de leur sachet. Le niveau monte d'un cran avec le thon mi-cuit, gelée de citron vert, avocat, sorbet au wasabi, concombre et pomme verte. Rien à redire côté dressage. Le thon est très savoureux, bien qu'un peu sec. Les graines de sésame offrent une touche finale quelque peu maladroite, car elles prennent trop l'ascendant. Soit... Vient alors le pigeon cuit au foin: saveurs intenses, petite pointe de foin et parfum divin. Le volatile est flanqué de ris de veau. Une repasse conclut les festivités. La glace onctueuse et ses fraises fraîches sont d'une simplicité divine. Le plat de résistance et le dessert, particulièrement bien dressés, ont dépassé nos attentes. Livre de cave remarquable.

De Watermolen

Houtum 61 - 2460 Kasterlee
☏ 014 85 23 74   🖨 014 85 23 70
info@watermolen.be - http://www.watermolen.be
🔒 0:00   7/7
🗓 1 - 14 janv., 16 août - 2 sept. / 1 - 14 jan., 16 aug. - 2 sept.
🛏 18   🇰 170   🇰♿ 113-202   🅿 100   🚗 2   💲 170

Den en Heuvel

Geelsebaan 72 - 74 - 2460 Kasterlee
☏ 014 85 04 97   🖨 014 85 04 96
info@denenheuvel.be - http://www.denenheuvel.be
🔒 0:00   7/7
🛏 24   🇰 110   🇰♿ 80-140   🅿 95-99   💶 99

Lichtaart

De Pastorie

Plaats 2 - 2460 Lichtaart
📞 014 55 77 86   🖨 014 55 77 94
info@restaurantdepastorie.be - http://www.restaurantdepastorie.be
🕐 21:00   🔒 ma/lu di/ma   🔒 ma/lu di/ma zo/di
📅 1 sem à la nouvel an., vac. de Pâques, 2 dern sem d'août / 1 week
met nieuwjaar, Paasvak., laatste 2 weken aug
🍴 45-83   🍷 85-100   🍸70

Carl Wens staat borg voor een feestelijke keuken in een comfortabel luxueus kader. Alles is er tot in de puntjes verzorgd. Leuk is de zin voor moderniteit die hij netjes gedoseerd in zijn keuken brengt. Meer dan geslaagd is bijvoorbeeld de eigentijdse combinatie van paling, ganzenlever en buikspek waarin hij zich door oosterse smaakmakers laat inspireren. In het traditionele kader van De Pastorie waait wel degelijk een zacht vernieuwende bries zonder dat de vertrouwde klassieke basis verloochend wordt. Prachtig terras.

Carl Wens est le gardien d'une cuisine festive dans un cadre luxueux et confortable. Tout est étudié jusque dans les moindres détails. Nous apprécions son sens de la modernité qu'il distille avec parcimonie dans ses envois. Sa combinaison très contemporaine d'anguille, de foie gras d'oie et de la poitrine de porc est plus que réussie. Il s'y laisse ainsi inspirer par des épices de la cuisine orientale. Dans le cadre traditionnel de De Pastorie, nous avons noté cette douce brise du renouveau qui ne renie pas la base classique. Superbe terrasse.

Keerbergen

Hof Van Craynbergh

Mechelsebaan 113 - 3140 Keerbergen
📞 015 51 65 94   🖨 015 51 65 94
info@hofvancraynbergh.be - http://www.hofvancraynbergh.be
🕐 21:30   🔒 ma/lu di/ma wo/me za/sa   🔒 ma/lu di/ma zo/di
📅 1 sem vac automne, 1 sem vac de carnaval, 1 sem vac. de Pâcuqes,
9 juil. - 2 août / 1 week herfstvak., 1 week krokusvak., 1 week paasvak.,
9 juli - 2 aug.
🍴 60-74   🍷 62-85   🍸80

Ignace Reuhel en zijn echtgenote Ann werken al 15 jaar hard om van hun burgerlijk kasteeltje een pleisterplaats voor grote en kleine lekkerbekken te maken. Want ook kinderen hebben bij hen een voetje voor, niet alleen met speciaal voor hen gecreëerde menu's maar ook met de grote speeltuin, boomhut en de kinderboerderij. Ignace kookt zeer seizoengebonden en blijft enthousiast nieuwe gerechten creëren. We proefden van het verjaardagsmenu '15 jaar HVC' dat startte met verschillende bereidingen van ganzenlever: een crème brulée, een mousse met perenchutney en een klassieke terrine. Vervolgens een goed in smaak uitgediepte bouillon met jumbomossel, langoustinestaart en zeetong met spinazie. Gevolgd door een stukje in de oven gebakken zeebarbeel met een groenteassortiment van paprika, artisjok en gekonfijte tomaat met parfum van basilicum. Als hoofdgerecht een half wilde patrijs, correct gebakken, met garnituur van kleine witloofstronkjes, dooierzwammen en aardappelen met pancetta. Sorbetijs van frambozen en een yuzucrème zorgden voor een verfrissend nagerecht.

Voilà 15 ans qu'Ignace Reuhel et son épouse Ann travaillent d'arrache-pied pour attirer les gourmets, jeunes et moins jeunes, dans leur petit château bourgeois. Chez eux, les enfants sont soignés aux petits oignons. Outre les menus conçus spécialement pour eux, ils profitent de la plaine de jeux, de la cabane et de la ferme pédagogique. Ignace laisse voguer sa cuisine au gré des saisons et n'hésite jamais à innover. Nous jetons notre dévolu sur le menu spécial quinzième anniversaire, qui décline le foie gras d'oie: crème brûlée, mousse au chutney de poires et terrine classique. S'ensuivent un bouillon bien assaisonné où baignent une moule Jumbo, une queue de langoustine et une sole aux épinards. Nous dégustons ensuite un tronçon de rouget au four, accompagné d'une jardinière de légumes: poivron, artichaut et tomate confite, parfumée au basilic. Le plat de résistance se compose d'un demi-perdreau sauvage, cuit comme il se doit et flanqué d'une garniture à base d'endives, de girolles et de pommes de terre à la pancetta. Le sorbet à la framboise et la crème de yuzu mettent un point final rafraîchissant au repas.

Huiskamerrestaurant Postelein

Tremelobaan 136A - 3140 Keerbergen
℡ 016 53 86 89
info@postelein.be - http://www.postelein.be
🍴 22:00   🔒 ma/lu di/ma   🛏 ma/lu di/ma zo/di
💼 vac. Pâques, 15 - 31 août / Paasvak. , 15 - 31 aug.
🍴 40-65   🍷 40-60   🍴 60

The Paddock

Raymond Lambertslaan 4 - 3140 Keerbergen
℡ 015 51 19 34   🖨 015 52 90 08
the.paddock@skynet.be - http://www.thepaddock-keerbergen.be
🍴 21:00   🔒 wo/me do/je   🛏 wo/me do/je
💼 3 sem fév, 15 août - 10 sept. / 3 wek feb, 15 aug. - 10 sept.
🍴 44-82   🍷 75   🍴 90

Weinig restaurants genieten zo'n bekendheid vanwege hun asperges als dit evergreen adresje in het groen van Keerbergen. Maar de reputatie van The Paddock enkel tot het witte goud herleiden, zou weinig correct zijn. Integendeel, Chris en Firmin De Vogel geloven net in een keuken die focust op specialiteiten waarvan asperges voor hen de meest voor de hand liggende lijken. Ook in het wildseizoen is dit adres een uitstekende locatie om bijvoorbeeld haas, fazant of patrijs te laten serveren. In de koude januarimaand komen liefhebbers van zuurkool aan hun trekken, en wie graag een aromatische hoevekip à la bouillabaisse wil proeven, reserveert hier in de zomermaanden een tafeltje.

Peu de restaurants jouissent d'une telle renommée grâce à leurs asperges... C'est pourtant le cas de cette adresse incontournable dans la région verdoyante de Keerbergen. Mais il serait un peu réducteur de confiner la réputation de The Paddock au sol or blanc. En effet, Chris et Firmin De Vogel sont les chantres d'une cuisine ciblée sur des spécialités dont les asperges sont les plus évidentes pour eux. À la saison de la chasse, cette adresse est aussi très intéressante: le lièvre se la dispute au faisan et à la perdrix. Au cours du mois le plus froid de l'année, janvier, les amateurs de choucroute trouveront leur bonheur. Quant à ceux qui souhaitent goûter le poulet fermier à la bouillabaisse, ils réserveront une table pendant les mois d'été.

Kemmel

 Hostellerie Kemmelberg

Kemmelbergweg 34 - 8956 Kemmel
℡ 057 45 21 60   🖨 057 44 40 89
info@kemmelberg.be - http://www.kemmelberg.be
🔓 21:00   🔒 ma/lu di/ma   🔒 ma/lu di/ma
📅 2 janv. - 10 fév / 2 jan. - 10 feb
🍽 35-70   🍷 52-79   🍴 50

Klassiek en smakelijk zijn de belangrijkste kenmerken van de keuken van Solange Bentin (Lady Chef of the Year 2000). Soms vertonen haar gerechten wel enig gebrek aan evenwicht, doordat ze te veel smaken samenbrengt. Er is een menu 'Lady Chef 2000', dat start met kreeft met tomaat en crème van ansjovis. Dan is er roggevleugel met San Daniele-ham en melk van kokosnoot en limoen, en daarna fricassee van hartzwezerik en eekhoorntjesbrood. Als hoofdgerecht krijg je wilde eend en ganzenlever met vijgen en perzik, en het dessert combineert chocolade en roze pompelmoes. Er is al een viergangenweekmenu voor € 35. Ruime wijnkaart. Mooi terras met schitterend uitzicht (je bent hier op de top van de Kemmelberg!).

Les envois de Solange Bentin (Lady Chef of the Year 2000) allient classicisme de bon aloi et goûts puissants. Cependant, ses plats présentent parfois un manque d'équilibre en raison d'une trop grande diversité gustative. Le menu « Lady Chef 2000 » commence avec du homard aux tomates et crème d'anchois. Ensuite, une aile de raie au jambon San Daniele, lait de coco et limon, suivie d'une fricassée de ris de veau et de cèpes. En plat de résistance, de l'oie sauvage et du foie gras d'oie aux figues et pêches, et le dessert marie chocolat et pamplemousse rose. Il y a déjà un menu à quatre plats pour 35 euros. Carte des vins très étendue. Belle terrasse avec une vue imprenable (n'oubliez pas que vous êtes sur le mont Kemmel !).

Kerksken ▷ Haaltert

Klemskerke ▷ De Haan

Kluisbergen

 ↗ **Deauville**

Bloemenlaan 1 - 9690 Kluisbergen
℡ 055 20 88 17   🖨 055 30 25 28
info@restaurantdeauville.be - http://www.restaurantdeauville.be
🔓 21:30   🔒 wo/me za/sa   🔒 di/ma wo/me
🍽 16-59   🍷 58-83   🍴 50

Jan Supply, ex-souschef van 't Molentje, is de chef van Deauville. Met hem schakelt het restaurant in een hogere versnelling. We kiezen het vijfgangenmenu met passende wijnen waarin eigenaar Stijn Derlijn zijn kennis optimaal benut. De beste gerechten uit het menu zijn geroosterde sardines met romig zacht vlees in combinatie met krokante zwarte quinoa, gel van geroosterde paprika en poivrade van artisjok. De vette vis en de rokerige paprikasmaak gaan hier goed samen. Ook van goede huize is de risotto met basilicum, smeuïg met nog licht krokante

korrel, met geschaafde pecorino en scheermesjes met perfect zachte textuur, venusschelpen en mosselen. Sappig licht gerookt vlees van jong konijn wordt gecombineerd met jonge snijboontjes, erwten en prinsessenbonen en een subtiele
saus met een emulsie van ganzenlever. En als frisse afsluiter aardbeien, luchtig
opgeklopte crème van witte chocolade, sorbet van vlier en citrusmacaron. Prijs-
plezier is hier optimaal.

Jan Supply, ex-sous-chef de 't Molentje est le chef du Deauville. Il hisse le restaurant à un niveau supérieur. Nous avons choisi le menu à cinq plats accompagnés des vins assortis, un exercice où excelle le propriétaire, Stijn Derlijn. Un
des meilleurs plats du menu était les sardines rôties, dont la chair était tendre et
moelleuse, accompagnées de quinoa noir croquant, d'un gel de poivrons rôtis et
d'artichauts poivrade. Le poisson gras et le goût fumé du poivron se marient en
effet parfaitement. Le risotto au basilic est de la même veine, crémeux avec des
grains encore légèrement croquants sous la dent, idéalement secondé par du
pecorino, bien dosé, et des couteaux dont la texture douce fait des merveilles, de
praires et de moules. Ensuite, du lapereau légèrement fumé, succulent, combiné
à de jeunes mange-tout, petits pois et haricots princesse, et à une sauce subtile
avec une émulsion de foie gras d'oie. Pour conclure ce repas en fraîcheur, des
fraises, une crème de chocolat fouettée et aérienne, un sorbet au sureau et un
macaron aux agrumes. Rapport prix/plaisir optimal.

 **La Sabliere**

Bergstr. 40 - 9690 Kluisbergen
℡ 055 38 95 64 🖶 055 38 78 11
info@lasabliere.be - http://www.lasabliere.be
🔒 0:00 7/7
📅 20 - 24 fév., 20 - 31 août, déc. / 20 - 24 feb., 20 - 31 aug., dec.
🚗 10 ⓚ 130-150 🅿 85-110 🛏 110 🚗 4 ⓢ 330

Knokke ▷ Knokke-Heist

Astoria Palace

Zeedijk 550 - 8300 Knokke-Heist
℡ 050 62 15 50
info@restaurantastoria.be - http://www.astoriapalace.be
🔒 0:00 7/7
🍽 32-86

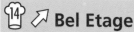 **Bel Etage**

Guldenvliesstr. 13 - 8300 Knokke-Heist
℡ 050 62 77 33
http://www.restaurantbeletage.be
🔒 22:00 🔒 wo/me 🔒 wo/me
📅 2 sem. en juin, 2 sem. en nov. / 2 weken in juni, 2 weken in november
🍽 50-70 🍽 18-33

Fabrice Vuillemin blijft flink aan de weg timmeren. Recentelijk stak hij zijn huiskamerrestaurant helemaal in het nieuw. Daardoor steeg het comfortniveau aanzienlijk. Zelf heeft hij ook iets meer ruimte en mogelijkheden in zijn open keuken
waardoor zijn gerechten nog aan kracht hebben gewonnen. Hij blijft alles zelf
doen wat zijn concept vrij uniek maakt. Dat wordt door zijn trouwe clientèle ook

fel gesmaakt. Vuillemin kookt dicht tegen het product en heeft een beperkte kaart, maar hier kom je om een chef volledig zijn ding te laten doen. Lekker informeel entertainment. En op een hoger niveau dan vorig jaar.

Fabrice Vuillemin remet sans cesse son travail sur le métier pour évoluer. Il a récemment complètement rénové sons restaurant-salon avec, à la clé, un niveau de confort nettement accru. Il a désormais aussi un peu plus d'espace et de possibilités dans sa cuisine ouverte, et cela se traduit par des plats plus puissants. Il continue à se la jouer solo, ce qui rend son concept assez unique. Et très apprécié par une clientèle résolument fidèle. Vuillemin a un infini respect du produit, a une carte limitée, certes, mais l'on y vient avant tout pour laisser le chef s'exprimer pleinement. Un délicieux divertissement informel… Un niveau supérieur à l'année passée !

 # Le Bistro de la Mer

Oosthoekplein 2 - 8300 Knokke-Heist
℡ 050 62 86 98   📠 050 62 86 99
lebistrodelamer@hotmail.com
🕐 22:30   di/ma wo/me   di/ma wo/me
🗓 2 sem fin juin, 2 sem fin déc / 2 weken eind juni, 2 weken eind dec
🍽 25   💶 15-34

De bistro van Jef De Gelas zorgt ervoor dat ook de brasseriekeuken in Knokke waardig vertegenwoordigd is. Hij brengt aparte sfeer en vooral gerechten die elders in de mondaine badplaats nauwelijks te vinden zijn. We denken bijvoorbeeld aan zijn fameuze salade van varkenspoot met vinaigrette. Daarnaast zit men hier ook goed voor zeer lekkere garnaalkroketten, gerookte paling, kalfszwezeriken en voortreffelijk bereid rundvlees.

Le bistro de Jef De Gelas représente dignement la cuisine de brasserie à Knokke. Il propose une ambiance particulière et surtout des plats qu'il est difficile de trouver ailleurs dans la cité balnéaire mondaine. Nous pensons, par exemple, à sa fameuse salade de pied de porc-vinaigrette. Vous y dégusterez aussi d'excellentes croquettes aux crevettes, de l'anguille fumée, des ris de veau et du bœuf parfaitement préparé.

 # Bistro De Snippe

De Wielingen 5 - 8300 Knokke-Heist
℡ 050 62 81 62
info@desnippe.be - http://www.desnippe.be
🕐 21:00   wo/me do/je   wo/me do/je
🍽 20-48   💶 50-70

Een gastro-bistro noemen de uitbaters het zelf en die term kan hier met recht en reden als keurmerk gelden. Gezelligheid gaat hand in hand met een eerlijke traditionele keuken op basis van mooie producten. Lauwe koningskrab is vers en vlezig, maar de groentjes zijn te lang gewokt en de bieslooksaus is overladen. Top is de rivierpaling met veertien kruiden. De paling smelt weg in de mond en is overweldigend van smaak, en de veertien kruidensaus is heerlijk fris en rins. Het recept ervan blijft wel geheim! Er is nog plaats voor een gekaramelliseerde pannenkoek, die je kunt krijgen in small, medium en large. Leuk! Ons pannenkoekje is krokant, de appeltjes zijn zoet en de calvados overheerst niet te veel. Wij zijn aangenaam verrast door de complexe en pure smaken. Een bank vooruit!

Ce 'gastro-bistro' autoproclamé est ici synonyme de label de qualité. La convivialité va de pair avec une cuisine traditionnelle et sincère, à base de bons produits. Le crabe royal tiède est charnu et d'une grande fraîcheur, mais les petits légumes ont été poêlés trop longtemps au wok et la sauce ciboulette est trop chargée.

L'anguille aux 14 herbes est sensationnelle. Elle fond littéralement en bouche et fait chanter les pailles. Les 14 herbes apportent une touche fraîche et acidulée. La recette est classée 'secret défense' ! Nous avons encore un peu de place pour une crêpe caramélisée, en version small, medium ou large. Une bonne idée ! La nôtre était croustillante, les pommes délicatement caramélisées et le calvados ne dominait pas l'ensemble. Nous avons été agréablement surpris par la complexité et l'authenticité des saveurs. Du bon travail salué d'un point supplémentaire !

 Cedric

Koningslaan 230A - 8300 Knokke-Heist
☏ 050 60 77 95
info@restaurant-cedric.be - http://www.restaurant-cedric.be
🕐 22:00   🔒 ma/lu di/ma   🛏 ma/lu di/ma
📅 1 - 10 juil., 10 jrs. déb. déc. / 1 - 10 juli, 10 d. beg. dec.
🍽 25-38   🍷 48-85   🥄 40

De klassiek geschoolde chef Cédric Poncelet heeft in Knokke een trouw cliënteel opgebouwd die zijn aanpak waardeert. Een aantal van zijn traditionele bereidingen zijn dan ook van een constant hoge kwaliteit zoals zijn ganzenleverpastei waarbij hij een fijne chutney van vijgen en druiven serveert. Het bord werkt hij verder af met gelei van sauternes. Een brioche maakt het feestelijk gerecht compleet. Ook kabeljauw is hier in goede handen. Mooi sappig gegaard met daarbij geprakte aardappeltjes met spinazie en vorstelijke mousselinesaus. Afsluiter is een onvervalste café glacé. Een evergreen onder de desserts die Poncelet met zorg bereidt en hier een passend platform krijgt.

De formation classique, le chef Cédric Poncelet a su fidéliser une clientèle d'habitués qui apprécient son approche. Un certain nombre de ses préparations traditionnelles présentent en permanence un haut niveau de qualité comme sa terrine de foie gras d'oie servie avec un chutney de figues et de raisins raffinés en diable. La touche finale étant une gelée de sauternes et une brioche crée pour l'ambiance festive. Le cabillaud est traité avec le plus grand respect. Cuisson sur l'arête parfaite et, en accompagnement, une écrasée de petites pommes de terre à l'épinard et une sauce mousseline royale. En note finale, un authentique café glacé. Un incontournable au pays des desserts, que Poncelet prépare avec soins tout en le sublimant.

 ↗ **Le Chardonnay**   ☺

Swolfsstr. 7 - 8300 Knokke-Heist
☏ 050 62 04 39   🖷 050 85 99 65
restaurant@chardonnay.be - http://www.chardonnay.be
🕐 21:30   🔒 wo/me   🛏 wo/me
📅 fin nov. - déb. déc. / eind nov. - beg.dec.
🍽 19-50   🍷 12-44   🥄 51

Dit blijft een gewaardeerd adres voor liefhebbers van verse vis. De chef serveert klassieke gerechten en houdt het eenvoudig. Wij bestellen noordzeevissoep en beklagen het ons niet. Er verschijnt een groot diep bord met veel vis, onder meer kabeljauw en tarbot. De vis ligt mooi geschikt in een smaakvolle soep en valt niet uiteen, wat wijst op een perfecte garing. De langoustine en garnaaltjes zijn wel te taai. Ook de garnaalkroketten stemmen tevreden. Ze zijn knapperig en rijkelijk gevuld met garnalen. De vulling is iets te vloeibaar. We nemen nog een royaal stuk vers gebakken appeltaart. Dit is echte taart, geen cake, je proeft de boter! Heerlijk. Het is ontspannen genieten in dit kleine restaurantje.

Cette adresse garde la cote auprès des amateurs de poisson frais. Le chef propose des plats classiques et mise sur la simplicité. Nous jetons notre dévolu sur la soupe de poisson de la mer du Nord. Et nous ne le regrettons pas. Nous voyons arriver une grande assiette creuse, copieusement garnie en poissons, notamment du cabillaud et du turbot. Le poisson nage dans une soupe savoureuse. Il ne se défait pas, preuve d'une cuisson parfaite. La langoustine et les crevettes sont cependant trop coriaces. Les croquettes de crevettes nous donnent elles aussi satisfaction tant elles sont croquantes et généreusement farcies de crevettes. Un bémol: la farce est un peu trop liquide. Nous terminons par un gros morceau de tarte aux pommes. C'est une véritable tarte, pas un cake. On goûte bien le beurre ! Un délice. Côté ambiance, il fait bon se détendre dans ce petit restaurant.

Charl's

Kalvekeetdijk 137 - 8300 Knokke-Heist

℡ 050 60 80 23   🖨 050 61 40 55

info@charls.be - http://www.charls.be

🍽 22:00   🔒 ma/lu di/ma   🔒 ma/lu di/ma

🗓 5 - 22 mars, 11 - 21 juin, 12 - 22 nov / 5 - 22 maart, 11 - 21 juni, 12 - 22 nov

🍽 16-36   🍷 40-60

In Knokke is het altijd een beetje zomer, maar probeer deze topbrasserie toch vooral te bezoeken als de zon écht schijnt. Dan kun je eten in de prachtige tuin. Op de kaart staan klassiekers uit de brasseriekeuken onder het motto: eenvoudig, vers en kwaliteitsvol. De liefhebbers van garnalen krijgen het moeilijk om te kiezen: de garnaalkroketten zijn van de beste die er zijn; er is ook aardappel met handgepelde Zeebrugse garnalen en room van bieslook; en tomaat met garnalen. Smakelijke hoofdgerechten zijn hoevekip, filet pur of rib-eye met verse frietjes.

Même si c'est toujours un peu l'été à Knokke, essayez toutefois de vous y rendre quand le soleil luit brillamment. Vous pourrez alors vous régaler dans un jardin somptueux. La carte recèle des classiques du répertoire de brasserie sous la bannière de la simplicité, de la fraîcheur et de la qualité. Les amoureux des crevettes n'auront que l'embarras du choix: les croquettes aux crevettes sont de la meilleure eau ; et puis il y a aussi ces pommes de terre aux crevettes de Zeebrugge épluchées à la main et leur crème de ciboulette et, enfin, la tomate-crevettes. Au nombre des plats de résistance très goûteux citons le poulet fermier, le filet pur ou le faux-filet avec leurs frites fraîches.

⁽¹⁴⁾ ↗ La Ciboulette   🍇♡☺

Bronlaan - Oosthoekplein 1 - 8300 Knokke-Heist

℡ 050 60 06 04   🖨 050 60 06 04

🍽 22:00   🔒 ma/lu di/ma wo/me do/je vr/ve za/sa zo/di   🔒 wo/me do/je

🗓 28 nov - 26 déc. / 28 nov - 26 dec.

🍽 39   🍷 50-75

Dit restaurant is zeer populair bij de bewoners van Knokke. Zij krijgen hier waar voor hun geld. Wij nemen het menu: eerst is er tonijn met sorbet van appel en komkommer, en crunch van kroepoek en wasabi. Een verfijnd geheel: alle producten ondersteunen elkaar. Wij gaan de oosterse toer op met gazpacho met crème van ras el hanout, en crunch van spek die het lekker afmaakt. Er is nog een perfect gebakken ossenhaas met champignons, pepersaus en frietjes. Dit restaurant verdient een punt meer. Uitstekende wijnkaart met 700 referenties.

Ce restaurant est très prisé par les habitants de Knokke, car ils présentent un excellent rapport qualité/prix. Nous prenons le menu: en entrée, du thon avec un sorbet de pomme et concombre, un crunch de chips de crevettes et wasabi. Un ensemble raffiné où tous les produits font chorus. Nous mettons ensuite le cap sur l'orient avec un gazpacho à la crème de raz el hanout, et un crunch de lard en belle touche finale. En plat principal, un filet de bœuf, parfaitement cuit, aux champignons, sauce au poivre et frites. Ce restaurant mérite un point de plus. Carte des vins brillante de 700 références.

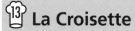 **La Croisette**

Van Bunnenplein 24 - 8300 Knokke-Heist
℡ 050 61 28 39   📠 050 61 63 47
🕐 21:00   🔒 di/ma wo/me   🔒 di/ma wo/me
📅 fin juin - déb. juil., fin sept. - déb. oct., fin janv. - déb. févr. /
eind juni - begin juli, eind sept. - begin okt., eind januari - begin febr.
🍽 25-45   🍷 47   🥄 41

Genoemd naar de beroemde Franse promenade aan de Azurenkust, heeft dit kleinschalige restaurant geheel eigenhandig een stevige reputatie opgebouwd. Wars van alle trends en media-aandacht staat deze Croisette synoniem voor een lekkere en prijsvriendelijke verskeuken. De marktgedreven aanpak pleziert zowel de lokale lekkerbek als de toerist op zoek naar culinaire meerwaarde.

Avec ce nom évoquant la Côte d'Azur, ce petit restaurant s'est forgé une solide réputation et ne comptant sur ces forces vives. Rebelle à toutes les tendances et à l'attention des médias, la Croisette est synonyme de cuisine fraîche, délicieuse et à prix d'ami. L'approche orientée marché réjouira à la fois le gourmet local et le touriste à la recherche de plus-value culinaire.

L' Echiquier ☺

De Wielingen 8 - 8300 Knokke-Heist   ❄
℡ 050 60 88 82   📠
http://www.lechiquier.be
🕐 21:00   🔒 di/ma wo/me   🔒 ma/lu di/ma wo/me
📅 9 - 27 janv. / 9 - 27 jan
🍽 27-56   🍷 17-26   🥄 32

Escabeche 🍇☺

Dumortierlaan 94 - 8300 Knokke-Heist   🏠 ❄
℡ 050 60 76 50   📠 050 60 33 50
http://www.escabeche.be
🕐 0:00   🔒 di/ma wo/me   🔒 di/ma wo/me
📅 mars, fin juin, 12 - 25 nov. / maart, eind juni, 12 - 25 nov.
🍷 51-74

Kim Verhasselt is een chef die met slechts enkele ingrediënten smaakvolle combinaties componeert. Evenwicht, finesse en lichtheid kenmerken zijn bereidingen. Hij bevestigde het nogmaals met een zuivere tartaar van langoustine, het zoete, romige vlees treffend begeleid met een salade van avocado, komkommer en algen, een saus met dashi, dropjes zure room en haringkaviaar. Voor het hoofdgerecht pakt hij uit met de op huid gebakken zonnevis met een salade van noordzeekrab en friszure appel en spitskool, en een schaaldierenjus met het frisse accent van citroengras. Een tweede koksmuts is binnen.

Kim Verhasselt ne se contente que de quelques ingrédients pour composer des symphonies goûteuses. Équilibre, finesse et légèreté caractérisent ses préparations. Il le confirme une fois encore avec un tartare de langoustines d'une très grande pureté dont la chair douce et crémeuse dialogue avec une salade d'avocats, de concombre et d'algues, une sauce au dashi, et quelques gouttes

GRAND CRU CLASSÉ

C H A T E A U

La Marzelle

2001

*Très flateur, gras et mature.*****
- La Revue du Vin de France -

2002

*Frech red fruit aroma, very attractive
on the palet. Recommanded wine.*
- Decanter Jancis Robinson -

2003

Médaille de bronze.
- Decanter World Wine Awards -

2001 - 2002 - 2003

Demi-finaliste Coupe des Grand Cru Classés de St-Emilion.
- Vinexpo -

2004

Une construction savoureuse, beaucoup de charme.
- JM Quarin -
One of my favourite St-Emilion Grand Cru Classé wines.
- Andreas Larsson, World's best sommelier -

2005

90/100
- Wine Spectator -

2006

Le grand guide des vins de France. 16/20.
- Bettane & Desseauve -

2007

*With ample body, remarkable value, very much
better than many of its neighbours. 16/20.*
- Hugh Johnson, The world of Fine Wine -
*Clearly one of the revelations of this vintage.
The 2007 is probably even better than the 2005.*
- Andreas Larsson, World's best sommelier
*La bouche généreuse, sans fard,
exprime le bon raisin sur un fond boisé.**
- Guide Hachette -

2008

Beaucoup de fruits noirs, bien fait. 91/100.
- Bernard Burtschy -
*Belle structure, fraîche et tendue, bouche ronde,
soyeuse et souple, bien fruitée.*****
- Decanter -

2009

Fleshy, fat, succulent flavours with silky tannins. 90/100.
- Robert Parker -
Velvety tannins, long finish, very well done. 94/100.
- Wine Spectator -

de crème épaisse et de caviar de hareng. Pour le plat de résistance, il nous propose un saint-pierre cuit à l'unilatéral avec sa salade de crabe de la mer du Nord, pommes acidulées et chou pointu, le tout entouré d'un jus de crustacés avec les notes de fraîcheur de la mélisse. La deuxième toque est coiffée.

 ## Esmeralda

Jozef Nellenslaan 161 - 8300 Knokke-Heist
℃ 050 60 33 66   🖷 050 60 33 46
restaurant.esmeralda@skynet.be -
http://www.restaurantesmeralda.be
🔓 21:30   🔒 ma/lu di/ma   🔒 ma/lu di/ma
📅 21 juin - 2 juil., 21 sept. - 1er oct., 20 déc. - 20 janv. / 21 juni - 2 juli,
21 sept. - 1 okt, 20 dec. - 20 januari.
🍴 20-50   🍷 50-90

Keukencarrières van meer dan 35 jaar zijn zeldzaam. Stefan Verhasselt staat daar zelden bij stil. Hij toont nog altijd met passie dat koken voor hem een ambacht is. Gedreven door kwaliteit koopt de fijnproever nog altijd zeer kritisch in. Garnalen zijn dagvers en ter plaatse met de hand gepeld. Dat verschil proef je en daarom is er geen plaats voor een alternatief. Verhasselt is een classicus maar heeft voeling met het actuele culinaire gebeuren. Hij houdt de vinger aan de pols wat zijn keuken licht en extra smakelijk maakt. Zeebaars onder zoutkorst, langoustines op de plancha en fazant met witlof zijn maar enkele toppers uit zijn rijk geschakeerd repertoire.

Des carrières de plus de 35 ans sont rares dans le monde culinaire. Stefan Verhasselt est toujours en mouvement. Toujours pétri de passion, il démontre que la cuisine est avant tout un art. Ne se contentant que d'une qualité irréprochable, ce fin gourmet achète encore ces produits avec un esprit critique poussé à son paroxysme. Les crevettes sont fraîches du jour et sont épluchées à la main sur place. Cette différence de qualité se goûte et c'est la raison pour laquelle Stefan ne cèdera jamais pour une alternative, forcément de moins bonne qualité. Verhasselt est un classique, certes, mais est il est au fait des évolutions culinaires actuelles. Il suit de très près les derniers développements pour en retirer les éléments susceptibles d'alléger sa cuisine et en renforcer ses goûts. Bar en croûte de sel, langoustines a la plancha et faisan aux witloofs ne sont que quelques-uns des grands classiques de son répertoire très étendu.

Il Trionfo

Zeedijk 580 - 8300 Knokke-Heist
℃ 050 60 40 80
http://www.iltrionfo.be

Il Trionfo wordt door de familie Pungitore uitgebaat: moeder en zoon in de keuken, vader en schoondochter in de zaal. Zonder meer lekker en vers gemaakt is een duo ravioli van kreeft en   zwaardvis met een sausje van scampi. Met de twee volgende gerechten wordt een tandje bij gestoken. Vitello tonnato is heel verfijnd dankzij sappig vlees en smaakvol bereide saus. De Pungitore's zijn terecht fier op hun versie van deze klassieker. Daarna wordt tonijntartaar geserveerd die vergezeld wordt door een gepocheerd eitje met truffel die de vis een bijkomende dimensie geeft en zelfs een hoofdrol opeist. Hoogtepunt van de maaltijd is tagliata van chianina rund, fijn gerijpt en geserveerd met een subtiele crème van rucola en gebakken aardappeltjes met rozemarijn. Huisgemaakte tartufo met chocolade en nougat sluit een mooie maaltijd af. Boeiende wijnkaart met ruime selectie per glas. Gastvrij onthaal. Terras.

C'est l'ensemble de la famille Pungitore qui règne sur Il Trionfo: mère et fils sont aux fourneaux tandis que le père et sa bru veillent sur la salle. Le duo de ravioles de homard et espadon sur une sauce aux scampis sont tout bonnement délicieux. A l'instar des plats qui suivent. Le vitello tonnato se révèle très fin et idéalement composé d'une viande juteuse et d'une sauce haute en saveurs. Les Pungitore ne sont pas peu fiers de cette version familiale du classique. Pour suivre, tartare de thon escorté d'un oeuf à la truffe qui confère au poisson une dimension supplémentaire en prenant même le dessus gustativement parlant. En point d'orgue du repas, la tagliata de chianina, finement tranchée et subtilement servie sous une crème de roquette et pommes de terre au romarin. Le tartufo maison au chocolat et nougat ponctue l'ensemble de manière idéale. Belle cave avec une vaste sélection de vins au verre. Accueil cordial et terrasse

Jardin Tropical

Zwaluwenlaan 12 - 8300 Knokke-Heist

050 61 07 98   050 61 61 03

info@jardintropical.be - http://www.jardintropical.be

21:30   wo/me do/je   wo/me do/je

2 sem. mars, début juil., 2 sem.oct. / 2 weken maart, begin juli, 2 weken okt.

39-92   39-125   92

Een gezellig restaurant waar je je echt aan zee voelt. Maar ons humeur wordt al meteen verbrod door de amuses: een fijn stukje makreel mist frisse toetsen, een gepaneerd bolletje mozzarella met veelkleurige blokjes tomaat is vooral mooi, en het glazen potje met krabsla, smaakloze bloemkoolmousse en felgroene kruiden-saus is een dieptepunt. Wij gaan toch door met een lentesalade, waarin drie flinke stukken ganzenlever de boventoon voeren. Ze krijgen gezelschap van groene boontjes, zeekraal, bloemkool, artisjok en courgette. De smaken vullen elkaar niet aan. Dat gebrek aan smaaksamenhang is ook het euvel bij de asperges op zijn Vlaams met langoustines en Ibericoham. Van het eerste hoofdgerecht onthouden we alleen de goed gegaarde zeebarbeeltjes. Er volgen nog twee sappige stukjes parelhoen met verrassende kruimels van chorizo. We hebben in onze gerechten zeer weinig creativiteit, diepgang en complexiteit gevonden. Dat vertaalt zich in de quotering.

Ce restaurant charmant fleure bon l'iode. Mais le vent tourne dès les amuse-bouche: le fin morceau de maquereau manque de fraîcheur tandis que la boule de mozzarella panée et ses dés de tomate hauts en couleurs sont juste esthétiques. On touche le fond avec la verrine de salade de crabe, sa mousse de chou-fleur insipide et sa sauce aux herbes vert vif. Nous poursuivons quant même avec une salade printanière, où trois gros morceaux de foie gras prennent l'ascendant. Ils sont accompagnés de haricots verts, de salicorne, de chou-fleur, d'artichaut et de courgette. Les saveurs ne se complètent pas. Ce manque de cohérence gustative n'épargne pas les asperges à la flamande, leurs langoustines et jambon iberico. Nous retiendrons la bonne cuisson des rougets. S'ensuivent deux morceaux fondants de pintade assortis d'un étonnant émietté de chorizo. Nos plats manquent de créativité, de consistance et de complexité. La note s'en ressent.

 t Kantientje

Ramskapellestraat 61 - 8300 Knokke-Heist
℘ 050 60 54 11
kantientje@skynet.be - http://www.kantientje.be
🕒 21:30 🔒 di/ma wo/me do/je 🔒 di/ma wo/me
📅 21 nov - 9 déc, 12 - 23 mars, 25 juin - 6 juil / 21 nov - 9 dec,
12 - 23 maart, 25 juni - 6 juli
💶 45-75

Dominique Pille staat borg voor verfijnde burgerkeuken en zoekt daarvoor vooral producten uit zijn omgeving. Garnalen en Noordzeevis krijgen bijvoorbeeld een voorkeursbehandeling. Maar ook liefhebbers van kreeft worden op hun wenken bediend met diverse bereidingen. 't Kantientje heeft misschien niet echt meer dat typische volkse, uitbundige karakter van de vroegere locatie maar naast degelijke gastronomie en professionele service is ook de ambiance hier gelukkig nog altijd verzekerd.

Dominique Pille assure une cuisine bourgeoise raffinée et recherche à cet effet surtout des produits de proximité. Crevettes et poissons de la mer du Nord sont ses ingrédients préférés. Les amateurs de homard seront aussi soignés aux petits oignons avec différentes préparations. S'il est vrai que 't Kantientje n'a plus le caractère exubérant et typiquement populaire de l'ancienne adresse, l'ambiance n'en reste pas moins assurée ici et vient renforcer une gastronomie de bon niveau et un service professionnel.

Lispanne

Jozef Nellenslaan 201 - 8300 Knokke-Heist
℘ 050 60 05 93   🖶 050 62 64 92
- http://www.lispanne.be
🕒 21:30 🔒 di/ma wo/me 🔒 di/ma wo/me
📅 2 dern. sem. janvier, dern. sem juin, prem. sem. oct. /
2 laatste weken jan., laatste week juni, 1ste week okt.
💶 18-47   💶 38   💶 47

Klassieke Franse gerechten worden hier op hoog niveau gebracht. En dan nog op een steenworp van het Albertstrand én tegen betaalbare prijzen. Waar voor je geld, heet dat. Een wowfactor hoef je niet te zoeken. Alle aandacht gaat naar product en cuisson. Het is gewoon genieten, met bijvoorbeeld asperges op zijn Vlaams. Maar ook de Gillardeau-oesters mogen er zijn: vol en vet met een zachte, zoete nasmaak. Daar is al de ossenhaas, mooi dichtgeschroeid, mals en sappig. De jus gaat er lichtjes over. Zin voor detail blijkt uit de kraakverse gemengde sla, die haar smaak haalt uit de samenstellende ingrediënten en niet uit te veel oliën allerhande. Wat ze hier beogen, is dat je culinair tafelt in een gezellige ambiance.

Le restaurant sert une cuisine française classique de haut niveau. Qui plus est, à un jet de pierre de l'Albertstrand et à des prix abordables. C'est ce qu'on appelle en avoir pour son argent. Ici, pas d'effet de surprise. Toute l'attention se cristallise sur les produits et les cuissons. On se fait tout simplement plaisir, par exemple en dégustant des asperges à la flamande. Les huîtres Gillardeau sont aussi de la partie. Généreuses et dodues, elles déposent un petit goût doux et sucré sur la langue. Sans oublier le filet de bœuf saisi, tendre et fondant. Le jus apporte une note de légèreté. La salade mixte traduit un grand souci du détail. Elle tire son goût de l'association des ingrédients et non d'une utilisation excessive d'huiles en tous genres. Objectif de la maison: vous faire vivre une expérience culinaire dans une ambiance conviviale.

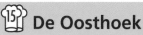 **De Oosthoek**

Oosthoekplein 25 - 8300 Knokke-Heist
℡ 050 62 23 33 📠 050 62 25 13
deoosthoek@scarlet.be - http://www.deoosthoek.be
🔓 21:30 🔒 di/ma wo/me 🔒 wo/me
📅 1 sem. déb. mars , 1 sem. fin juin, 3 sem. fin nov. - déb. déc. /
1 week beg. maart , 1 week eind juni, 3 wek. eind nov. - begin dec.
🍽 35-90 🍷 70-150 🍴53

Over het eten hoor je ons niet klagen, het is af en toe subliem. En ook de vriendelijke ontvangst door de gastvrouw is van die aard om je meteen goedgezind te maken. Maar als je tot anderhalf uur moet wachten op een gerecht, dan gaat dat wegen op het tafelplezier. Wij starten met licht gemarineerde tonijn die smaakt naar meer. De portie had wel groter gemogen gezien de prijs. Dat geldt ook voor de paling met groene kruiden, die - opnieuw - zeer lekker is. Er is nog perfect gebakken eend met erwtencrème en miniartisjok, en een fantastisch pannenkoekje met eendenmaagjes. Wij hebben goed gegeten, maar ook veel te lang moeten wachten. En de prijzen à la carte zijn gepeperd.

Nous n'avons rien à reprocher à la cuisine, parfois sublime. Rien non plus à redire à l'accueil chaleureux de la maîtresse de maison, pour immédiatement commencer le repas dans les meilleures conditions. Par contre, une attente d'une demi-heure pour un plat, cela gâche le plaisir à table. Nous avons commencé avec du thon légèrement mariné. On en redemande, surtout quand on compare la portion au prix… Même constat pour l'anguille aux herbes vertes, un plat à nouveau très goûteux. Vient suite un canard, toujours parfaitement cuit, avec une crème de petits pois, un mini-artichaut et une petite crêpe farcie aux gésiers, fantastique. Excellente repas, mais attentes bien trop longues.

 Open Fire

Zeedijk-knokke 658 - 8300 Knokke-Heist
℡ 050 60 17 26
info@openfire.be - http://www.openfire.be
🔓 0:00 🔒 ma/lu 🔒 ma/lu
🍽 19-42 🍷 11-47

Dit typische, verzorgde Zeedijk restaurant biedt alle klassiekers die men op zo'n locatie mag verwachten. Maar daarnaast is er gelukkig ook meer dan voldoende ruimte voor creatief werk. Verfijnd en verrassend is bijvoorbeeld een javanais van ganzenlever en peperkoek met pittige chutney van vijgen en peren. Of in sesamkorst gebakken tonijnfilet met spitskool die ook het traditionele 'kustrepertoire' ruim overstijgt. Interessante 'zeelunch' in het laagseizoen.

Ce restaurant typique de la digue de mer, très soigné, propose tous les classiques qu'on est en droit d'attendre d'une telle adresse. Cependant, le chef se ménage encore des espaces de liberté pour un travail créatif. Citons ainsi un plat raffiné et surprenant : un javanais de foie gras d'oie et pain d'épices relevé d'un chutney corsé de figues et de poires. Ou ce filet de thon poêlé en croûte de sésame accompagné de chou pointu qui dépasse très largement le répertoire classique de la côte. « Lunch de la mer » intéressant et basse saison.

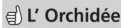 L' Orchidée

Lippenslaan 130 - 8300 Knokke-Heist

📞 050 62 38 84   📠 050 62 51 88

orchidee@skynet.be - http://www.orchideethai.be

🕐 1:00   🔒 ma/lu di/ma wo/me do/je vr/ve za/sa   🔒 wo/me

📅 2 sem. fin mai, 7 nov. - 7 déc. / 2 weken eind mei, 7 nov. - 7 dec.

🍴 20-40   🍷 30-60   🥄 55

Sel Gris

Zeedijk 314 - 8300 Knokke-Heist

📞 050 51 49 37   📠 050 51 49 97

info@restaurantselgris.be - http://www.restaurantselgris.be

🕐 21:30   🔒 wo/me do/je   🔒 wo/me do/je

📅 10 - 20 janv., 13 - 23 juin / 10 - 20 jan., 13 - 23 juni

🍴 32-85   🍷 25-45   🥄 45

Dit restaurant gaat voort op de ingeslagen weg van een eerlijke en heerlijke keuken, waarvoor wij het eerder bejubelden. De trefwoorden blijven versheid en creativiteit. Wij gaan lunchen en doen dat in een vol restaurant. Toch vindt de chef de tijd om gedag te komen zeggen. Aan tafel gaan lekkere en mooi gepresenteerde aperitiefhapjes vooraf aan een smakelijke tartaar van witblauwrund, die een trefzekere begeleiding krijgt van kaviaar, broodkrokant, kwarteleitje en mayonaise van rucola. Alle smaken schuiven feilloos in elkaar en het gerecht is ook visueel weer een pareltje. Hetzelfde geldt voor half gegaarde tonijn met soyashiso, komkommer en kruidenroom. Uit dit gerecht blijkt ook hoe de bordesthetiek van Sergio Herman zich verbreidt. Het hoofdgerecht is een perfect gebakken duif met een smeuïge risotto, tomaat, miniartisjok en cecina. In alle gerechten zijn de combinaties geslaagd, de producten top en de borden een streling voor het oog. Chef Frederik Deceuninck zit duidelijk goed in zijn professionele vel en heeft nog heel wat in zijn mars. Mooie wijnkaart.

Ce restaurant poursuit sur sa lancée avec une cuisine sincère et délicieuse que nous avions déjà saluée auparavant. Les mots clés de cet établissement sont la fraîcheur et la créativité. Nous y avons déjeuné. Salle comble. Pourtant, le chef prend le temps de saluer ses invités. Les mises en bouche sont savoureuses et bien présentées avec une mention particulière pour ce tartare de blanc-bleu belge, succulent, parfaitement secondé de caviar, croquant de pain, œuf de caille et mayonnaise de roquette. Tous les goûts se marient harmonieusement et le plat est une œuvre d'art sur le plan visuel. Même constat pour le thon mi-cuit au soyashiso, concombre et crème aux herbes. Ce plat est aussi révélateur de la diffusion de l'esthétique de l'assiette selon Sergio Herman. Le plat principal est un pigeonneau à la juste cuisson. Il est accompagné d'un risotto onctueux, tomate, mini-artichaut et cecina (galette de farine de pois chiches). Les combinaisons font mouche dans tous les plats, les produits sont exceptionnels et les assiettes sont de véritables tableaux. Le chef Frederik Deceuninck est visiblement dans son élément et a encore une belle marge de progression. Belle carte des vins.

👍 Si Versailles

Zeedijk 795 - 8300 Knokke-Heist   ♿ ❄ ⛱
📞 050 60 28 50   🖨 050 62 58 65
info@siversailles.be - http://www.siversailles.be
🔓 0:00   🔒 di/ma wo/me   🔒 di/ma wo/me
📅 14 nov - 16 dec - pdt les vacances scol uniquement fermé le mer /
14 nov - 16 dec - tijdens schoolvakanties enkel gesloten op woe

🏛 Approach

Kustlaan 172 - 8300 Knokke-Heist   🚗 🛏 🏠 ❄ 🏢 🈺
📞 050 61 11 30   🖨 050 61 16 28
info@hotel-approach.com - http://www.hotel-approach.com
🔓 0:00   7/7
🛏 24   🔑 159   🛏 7   🛏 318

🏛 Atlanta

J. Nellenslaan 162 - 8300 Knokke-Heist   🚗 🛏 🏠 🏢
📞 050 60 55 00   🖨 050 62 28 66
info@atlantaknokke.be - http://www.atlantaknokke.be
🔓 0:00   7/7
📅 11 janv. - 4 mars / 11 jan. - 4 maart
🛏 33   🔑 95-135   🅿 151-193   🛏 193

🏛 Binnenhof

Jozef Nellenslaan 156 - 8300 Knokke-Heist   🚗 ♿ 🏢 🈺
📞 050 62 55 51   🖨 050 62 55 50
info@binnenhof.be - http://www.binnenhof.be
🔓 0:00   7/7
🛏 25   🔑 95-200

🏛 Lugano

Villapad 14 - 8300 Knokke-Heist   🚗 🏢
📞 050 63 05 30   🖨 050 63 05 20
info@hotellugano.be - http://www.hotellugano.be
🔓 0:00   7/7
📅 9 janv. - 11 fév. / 9 jan. - 11 feb.
🛏 25   🔑 160-270

Manoir du Dragon

Albertlaan 73 - 8300 Knokke-Heist
✆ 050 63 05 80   🖨 050 63 05 90
info@manoirdudragon.be - http://www.manoirdudragon.be
🔓 0:00   7/7
🧳 15 nov. - 15 déc. / 15 nov. - 15 dec.
🛏 6   🛏 250-300   🛏 10   🛏 500

Memlinc

Elizabetlaan 2 - 8300 Knokke-Heist
✆ 050 60 11 34   🖨 050 61 57 43
info@memlinc.be - http://www.memlinc.be
🔓 0:00   7/7
🧳 5 janv. - 12 fév. / 5 jan. - 12 feb.
🛏 62   🛏 115-195   🅿 30 🛏 6   🛏 275

Des Nations

Zeedijk - Het Zoute 704 - 8300 Knokke-Heist
✆ 050 61 99 11   🖨 050 61 99 10
info@hoteldesnations.be - http://www.hoteldesnations.be
🔓 0:00   7/7
🧳 10 janv. - 3 mars, 14 nov. - 20 déc. / 10 jan. - 3 maart, 14 nov. -
20 dec.
🛏 29   🛏 150-450   🛏 7   🛏 450

Nelson's Hotel

Meerminlaan 36 - 8300 Knokke-Heist
✆ 050 60 68 10   🖨 050 61 18 38
info@nelsonshotel.be - http://www.nelsonshotel.be
🔓 0:00   7/7
🧳 janv., fév., oct., fermé le mardi, mercredi et jeudi / jan., feb., okt.,
gesloten op dinsd., woensd. en donderd.
🛏 40   🛏 100-150   🅿 72-97   🛏 97   🛏 8   🛏 300

Parkhotel

Elizabetlaan 204 - 8300 Knokke-Heist
✆ 050 60 09 01   🖨 050 62 36 08
parkhotelknokke@skynet.be - http://www.parkhotelknokke.be
🔓 0:00   7/7
🧳 1 janv. - 12 fév. / 1 jan. - 12 feb.
🛏 14   🛏 95-145   🅿 150-210   🛏 210

Adagio

Van Bunnenlaan 12 - 8300 Knokke-Heist
📞 050 62 48 44 🖨 050 62 59 36
info@hoteladagio.be - http://www.hoteladagio.be
🔓 0:00 ⁷/₇
♿ 20 🛏 90-135

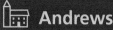 **Andrews**

Kustlaan 72 - 8300 Knokke-Heist
📞 050 61 08 47 🖨 050 61 04 90
hotelandrews@telenet.be
🔓 0:00 ⁷/₇
💼 3 janv. - 3 fév. / 3 jan. - 3 feb.
♿ 10 🛏 140-190

Les Arcades

Elizabetlaan 50 - 8300 Knokke-Heist
📞 050 60 10 73 🖨 050 60 49 98
hotel.les.arcades@telenet.be - http://www.hotellesarcades.be
🔓 0:00 ⁷/₇
💼 30 janv. - 10 fév., 15 nov. 1 déc. / 30 jan. - 10 feb., 15 nov. - 1 dec.
♿ 13 🛏 140-180

Figaro

Dumortierlaan 127 - 8300 Knokke-Heist
📞 050 62 00 62 🖨 050 62 53 28
info@hotelfigaro.be - http://www.hotelfigaro.be
🔓 0:00 ⁷/₇
💼 9 - 27 janv., du 15 okt au 31 mars ouvert seul le vend., sam. et dim.,
15 nov. - 10 déc. / 9 - 27 jan., van 15 okt - 31 maa enkel open op vrij.,
zat en zon. 15 nov. - 10 dec.
♿ 16 🛏 90-150

Golf Hotel Zoute

Zoutelaan 175 - 8300 Knokke-Heist
📞 050 61 16 14 🖨 050 62 15 90
golfhotelzoute@skynet.be - http://www.golfhotelzoute.be
🔓 0:00 ⁷/₇
♿ 22 🛏 120-145 ♿ 4 🍴 165

 Hotel du Soleil

Patriottenstr. 15 - 8300 Knokke-Heist
℡ 050 51 11 37   📠 050 51 69 14
info@hoteldusoleil.be - http://www.hoteldusoleil.be
🔓 0:00   7/7
27   70-150   22-25   25   5   250

Lido

Zwaluwenlaan 18 - 8300 Knokke-Heist
℡ 050 60 19 25   📠 050 61 04 57
info@lido-hotel.be - http://www.lido-hotel.be
🔓 0:00   7/7
38   94-125   124-155   155

Rose de Chopin

Elizabetlaan 94 - 8300 Knokke-Heist
℡ 050 63 05 30   📠 050 63 05 20
info@hotellugano.be - http://www.hotellugano.be
🔓 0:00   7/7
9   189-345

Ter Zaele

Oostkerkestr. 40 - 8300 Knokke-Heist
℡ 050 60 12 37   📠 050 61 19 73
terzaele@skynet.be - http://www.hotelterzaele.be
🔓 0:00   7/7
18   80-100   24

Heist-aan-Zee

👍 A L'Improviste ♡

Zeedijk 245 - 8301 Heist-aan-Zee
℡ 050 51 51 11
a-l-improviste@base.be - http://www.a-l-improviste.be
🔓 21:45   ma/lu do/je   ma/lu do/je
📕 pdt les périodes de vacances seulement fermé le jeudi /
tijdens vakantieperiodes enkel gesloten op donderdag
28-55   37-73

Bartholomeus

Zeedijk 267 - 8301 Heist-aan-Zee
℡ 050 51 75 76 — 🖷 050 51 75 76
rest.bartholomeus@pandora.be -
http://www.restaurantbartholomeus.be

🔓 21:00   🔒 di/ma wo/me do/je   🔒 di/ma wo/me do/je
📁 vac. de Noël, 10 jrs. avril, 10 jrs. juin, 10 jrs. sept., / kerstvak.,
10 dag april, 10 dagen juni, 10 d. sept.,
🍽 61-127   🍷 26-90   ◄89

Bart Desmidt behoort tot het kleine kransje topchefs van dit land. Hij kookt beheerst en met veel gevoel. Getuige een coquille met schuim van champignon, ijs van kokkel en komkommer. Een hapje dat straalt van fijne smaakcombinaties. Het wordt nog beter met citrusvruchtvlees, gelei van krab, krabkrokantje en brioche met avocado. Ook hier weer een mooie combinatie van zoet, zuur en bitter, maar de portie is minuscuul. Dat euvel keert terug in het hoofdgerecht: zeeduivel met tuinbonen, groene asperges en een coulis van groene kruiden. Het gerecht is puur gebracht en de kruidensmaken zijn zeer zuiver, maar zoals gezegd, is de portie veel te klein. We worden nog aangenaam verrast door de kaasschotel: warme vacherin met venkel, lente-ui en krokantjes. Eindelijk een chef die iets doet met kaas en er zich niet mee tevredenstelt om de kazen van de kaasmeester op een bord te leggen. Bart Desmidt bevestigt als een van onze grote chefs, maar met de prijzen die hij hanteert, moeten ook de porties voldoende groot zijn. Wij konden onze honger niet stillen met het kleinste menu (dus niet eens de lunch!). Mooie wijnkaart, al zijn de marges wel groot. Wij misten ook een sommelier voor de interactie met de klant. De bediening is vriendelijk en tegelijk passend bij de klasse van het huis. Mooi uitzicht op de Noordzee.

Bart Desmidt a rejoint le cercle très fermé des grands chefs de ce pays. En cuisine, il fait preuve de maîtrise et il a du cœur. Pour preuve: la Saint-Jacques et sa mousse de champignons, glace aux coques et concombre. Une mise en bouche qui brille par la délicatesse de ses associations gustatives. Le niveau monte encore d'un cran au moment de passer à la suite: pulpe d'agrumes, gelée de crabe, croquant au crabe et brioche d'avocat. Une fois de plus, sucré, acide et amer se marient à merveille, mais la ration est minuscule. Le plat de résistance pêche par le même vice. Au menu: lotte aux fèves des marais, asperges vertes et coulis d'herbes potagères. Malgré l'authenticité du plat et la pureté des saveurs des herbes, les portions ne sont pas suffisamment généreuses. Le fromage nous réserve une agréable surprise: vacherin chaud au fenouil, jeunes oignons et croquants. Voilà enfin un chef qui travaille le fromage et ne se contente pas de poser le choix du maître fromager sur une assiette. Bart Desmidt conforte son statut de grand chef, mais vu les prix qu'il pratique, les portions devraient être suffisamment consistantes. Le petit menu ne nous a pas rassasiés (alors on imagine le lunch !). Beau livre de cave, malgré les marges bien trop importantes. L'absence de sommelier dessert l'interaction avec le client. Dommage. Le service est prévenant et à la hauteur du raffinement de la maison. Vue imprenable sur la mer du Nord.

↗ Brasserie Bristol

Zeedijk 291 - 8301 Heist-aan-Zee
℡ 050 51 21 12 — 🖷 050 51 81 12
info@brasseriebristol.be - http://brasseriebristol.be

🔓 21:00   🔒 wo/me do/je   🔒 wo/me do/je
📁 19 - 31 déc / 19 - 31 dec
🍷 40-70

Het is een drukke bedoening wanneer wij in een stampvolle Brasserie Bristol binnenkomen, maar er heerst een aangename sfeer. Dit etablissement is en blijft populair door de perfecte mix van ligging, goede producten die top bereid worden, én zeer aanvaardbare prijzen. Alles wat vanavond op het bord komt, is een toonbeeld van smaakcombinatie, superlekker en mooi opgediend. Als (enige) hapje is er rauwe zalmfilet met een dressing op basis van gember. Daarna eten wij vitello tonnato met aardappelsalade en gerookte paling; rode tonijn als tartaar en half gebakken met zoetzure oosterse groenten; perfecte garnaalkroketten; en een zeer fijne rundertartaar met salade en frietjes. Wij hebben bijzonder smakelijk getafeld. Een punt meer is zeker verdiend. Zeer mooie wijnkaart.

C'était le branle-bas de combat quand nous sommes entrés un soir dans cette brasserie, bondée, mais l'ambiance y reste agréable. Cet établissement est et reste très prisé grâce à un mix parfait d'un emplacement adéquat, de bons produits préparés à la perfection et de prix très abordables. Tous les plats qu'il nous a été donné de déguster ce soir sont autant de modèles de combinaisons gustatives réussies, délicieuses, et très bien présentées. La seule mise en bouche est un filet de saumon cru avec une sauce à base de gingembre. Nous avons ensuite mangé un vitello tonnato accompagné d'une salade de pommes de terre et d'anguille fumée; le thon rouge se décline en tartare et mi-cuit avec des légumes orientaux aigres-doux; les croquettes aux crevettes son parfaites ; et le tartare de bœuf, très fin, avec sa salade et ses fruites. De très bons moments culinaires… Un point de plus est certainement mérité. Très beau cellier.

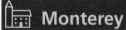
Monterey

Bocheldreef 4 - 8301 Heist-aan-Zee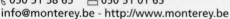
✆ 050 51 58 65   🖶 050 51 01 65
info@monterey.be - http://www.monterey.be
🛄 0:00 ⁷⁄₇
🗓 15 nov. - 25 déc. / 15 nov. - 25 dec.
⌖ 8   ⌖ₖ 90-160

Koksijde

Apropos 🙂

Jaak Van Buggenhoutlaan 26 - 8670 Koksijde
✆ 058 51 52 53   🖶 058 52 41 82
info@aproposkoksijde.be - http://www.aproposkoksijde.be
🛄 21:00 🔒 do/je 🔒 wo/me do/je
🍽 20-80 🍽 48-85 ⌖ 55

Karl en Els serveren eenvoudige lekkere gerechten. De klassieke basis van de keuken krijgt hedendaagse en oosterse elementen mee. Er is als voorgerecht slaatje van kreeft met mango en passievruchtenvinaigrette; of langoustinetartaar met haringkaviaar en rucolamayonaise; als hoofdgerecht kalfszwezerik, reebokfilet of gebakken zeetong. De prijzen van de menu's zijn scherp. Leuk zijn ook de summersalads, die je bij mooi weer op het terras kunt verorberen.

Karl et Els servent des plats simples et délicieux. La base classique de la cuisine se mâtine d'éléments contemporains et orientaux. En entrée, une petite salade de homard accompagnée de mangue et d'une vinaigrette aux fruits de la passion ; ou un tartare de langoustine au caviar d'hareng et une mayonnaise à la roquette ; en plat de résistance, ris de veau, filet de chevreuil ou sole meunière. Les prix des menus sont serrés. En été, vivez le grand moment des « summer salads » à savourer sans modération sur la terrasse.

De Kelle

Zeelaan 265 - 8670 Koksijde
📞 058 51 18 55   🖨 058 51 07 55
info@dekelle.be - http://www.dekelle.be
🕐 21:30 ma/lu di/ma zo/di
🗓 20 fev - 28 fev, 1 juil - 13 juil / 20 feb - 28 feb, 1 jul - 13 jul
🍽 25-60   🍷 60-100   🍴 60

Visbereidingen zijn hier troef, want chef Thierry Cornelis is een kind van de zee. Hij varieert volgens het seizoen op een klassieke basis. Er is een mooi Vissersmenu vol nobele producten, dat start met Bretonse kreeft, gerookte oosterscheldepaling en ook verrassend gelakte sot-l'y-laisse in Japanse bouillon; dan coquilles met oester en jonge spinazie; zeebaars met tomaten, artisjok en venkel; en tarbot met langoustine, garnaaltjes en kreukels. Bij het restaurant hoort een ronduit schitterend stadstuinterras, waar het aangenaam tafelen is als de zon schijnt.

Les plats de poisson valent le détour ! Ce n'est pas étonnant, puisque le chef Thierry Cornelis est un enfant des embruns… Il décline ses plats en fonction des saisons tout en se basant sur une assise classique. Son menu spécial Poissons est une collection de produits nobles: homard breton, anguille fumée de l'Escaut occidental et d'étonnants sot-l'y-laisse laqués dans un bouillon japonais; coquilles Saint-Jacques aux huîtres et jeunes pousses d'épinard; bar aux tomates, artichaut et fenouil ; et turbot aux langoustines, crevettes et bigorneaux. Le restaurant est doté d'une superbe terrasse où il est agréable de s'attabler sous les rayons du soleil.

 Sea Horse

Zeelaan 254 - 8670 Koksijde
📞 058 52 32 80   🖨 058 52 32 75
info@seahorsekoksijde.be - http://www.seahorsekoksijde.be
🕐 21:30   🔒 wo/me   🔒 wo/me
🗓 1 sem. mars, 1 sem oct / 1 week in maart, 1 week in okt
🍽 34-60   🍷 50-75   🍴 52

Eddy Van Loven zet de culinaire familietraditie voort met fel gesmaakte gerechten 'van aan 't zeetje'. Dan denkt u uiteraard aan gebakken zeetong en tarbot, en die zijn er ook, maar u kunt hier evengoed terecht voor ganzenlever met peperkoek of tournedos met peperroom. Toeristen én habitués vinden elkaar hier. Verschillende menu's. Ruime wijnkaart.

Eddy Van Loven perpétue la tradition culinaire familiale avec des plats « iodés » très goûtus. Et si vous pensiez bien évidemment à la sole et au turbo poêlés, vous pouvez également y déguster du foie gras d'oie avec du pain d'épices ou un tournedos à la sauce au poivre. Vous y trouverez à la fois des touristes et des habitués. Différents menus sont disponibles. Carte des vins étendue.

 ↗ **Ten Bogaerde**   ♡

Ten Bogaerdelaan 10 - 8670 Koksijde
📞 058 62 00 00   🖨 058 62 00 78
info@tenbogaerde.be - http://www.tenbogaerde.be
🕐 21:00   🔒 ma/lu di/ma   🔒 ma/lu di/ma zo/di
🗓 3 sem. fcarnaval , 3 sem. juin , 3 sem. oct. / 3 wek. krokus , 3 wek. juni , 3 wek. okt.
🍽 38-62   🍷 15-50

In dit restaurant staat het product centraal. Op de tafels ligt zelfs een boekje waarin de leveranciers vermeld staan. En dat zijn niet van de minste. Wij besluiten om enkele gerechten te delen. Beginnen doen we met zeer lekkere carpaccio van zeebaars, perfect van dikte, met komkommerbolletjes die voor veel frisheid zorgen, zure room, radijsjes en crème van selder. De chef beheerst zijn cuissons, concluderen we uit een mooi bordje kalfszwezeriken, met onder meer eekhoorntjesbrood en sperziebonen erbij. Er is ook perfect gebakken staartvis in de oven, smakelijk gebracht met curry, en een sublieme kabeljauw, op zijn Provençaals met artisjok, olijven, honingtomaat en gepofte aubergine. Hoeft het te verbazen dat het restaurant afgeladen vol zit? Chef Iain Wittewrongel bereidt op basis van uitstekende producten een lichte en natuurlijke seizoenkeuken. De wijnkaart is zeer verscheiden en van een hoog niveau. Een tweede koksmuts is binnen!

Restaurant de produits par excellence. À telle enseigne, qu'un petit livret placé sur la table renseigne les fournisseurs. Que du beau monde ! Nous avons décidé d'échanger quelques plats. Nous commençons par un délicieux carpaccio de bar, d'une épaisseur idéale, avec des petites billes de concombre, gages d'une très belle fraîcheur, de la crème épaisse, des petits radis et une crème de céleri. Le chef maîtrise les cuissons comme nous avons pu le constater sur une très belle assiette de ris de veau, entourés, entre autres, de cèpes et de haricots verts. N'oublions pas non plus cette lotte au four, parfaitement cuite et assaisonnée au curry et un cabillaud sublime à la provençale, avec artichauts, olives, tomate miel et aubergine soufflée. Inutile de dire que le restaurant fait toujours salle comble ! Le chef Iain Wittewrongel signe des envois naturels de saison sur la base de produits d'excellente qualité. La carte des vins est diversifiée et d'un haut niveau. Et une toque de plus !

Casino Hotel

Maurice Blieckstr. 6 - 8670 Koksijde
℡ 058 51 41 51   🖷 058 52 29 10
info@casinohotel.be - http://www.casinohotel.be
🛏 0:00 ⁷⁄₇
🧳 4 janv. - 4 fév. / 4 jan. - 4 feb.
🛏 39   ♨ 90-200   🛏 1   💲 200

Bel-Air Hostellerie

Koninklijke Baan 95 - 8670 Koksijde
℡ 058 51 77 05   🖷 058 51 16 93
bel-air.koksijde@skynet.be - http://users.skynet.be/bel-air
🛏 0:00
🧳 1 - 7 janv., 23 - 30 juin., 16 - 30 sept., 12 nov. - 3 déc. / 1 - 7 jan., 23 - 30 juni, 16 - 30 sept., 12 nov. - 3 dec.
🛏 4   ♨ 95-122   Ⓟ 155-175   🛏 175

Carnac

Koninklijke Baan 62 - 8670 Koksijde
℡ 058 51 27 63   🖷 058 52 04 59
info@hotelcarnac.be - http://www.hotelcarnac.be
🛏 0:00
🧳 15 nov. - 15 déc. / 15 nov. - 15 dec.
🛏 12   ♨ 80-90   Ⓟ 136-146   🛏 146

Soll Cress

Koninklijke Baan 225 - 8670 Koksijde
(058 51 23 32   058 51 91 32
hotel@sollcress.be - http://www.sollcress.be
0:00
41   85-125   65-75   75

Kortrijk

Argendael

Doorniksestwg. 195 - 8500 Kortrijk
(056 31 51 45
info@argendael.be - http://www.argendael.be
22:00   wo/me za/sa   di/ma wo/me
30 août - 8 sept. / 30 aug. - 8 sept.
55-70   8-21   70

Restaurant Argendael is ondergebracht in een fraai gerenoveerd gebouw met mooi terras. Ontvangst is hartelijk. Bij het aperitief krijgen we vijf lekkere, eenvoudige hapjes. De chef steekt duidelijk meer werk in zijn gerechten. Voorgerecht is in stukjes gesneden, licht gegrilde Black Angus met crème van Belle de Fontenay en een bavarois van rucola. Daarnaast verschijnt op het andere bord perfect gebakken langoustines uit IJsland die fijn gekruid met daarbij salade van diverse soorten tomaten, gerookte buffelmozzarella en ponzu vinaigrette die het geheel pep geeft. Zijn de voorgerechten netjes gedoseerd gekruid dan missen de hoofdgerechten op dat vlak wat spanning. Gebakken rug van speenvarken is onvoldoende op smaak gebracht. Fijn is crunch van aardappel en gel van pickles geeft gelukkig wel pit. In het andere hoofdgerecht misten we bij correct aan het been gegaard kalfsvlees opnieuw kruiden. Het vlees zelf was van hoge kwaliteit. Crème van gegrilde aubergines, violette artisjok, aardappeltjes en jus en coulis van waterkers en dragon zorgen voor aangename en gevarieerde vegetale toetsen. Als nagerecht proeven we van perfecte chocolade moelleux.

Le restaurant Argendael a pris ses quartiers dans une belle bâtisse rénovée avec terrasse. L'accueil est cordial. L'apéritif s'accompagne de délicieux amuse-bouche tout en simplicité. Le chef se donne indéniablement plus de la mal pour les plats. L'entrée nous dévoile un émincé de Black Angus légèrement grillé, flanqué d'une crème de Belle de Fontenay et d'un bavarois à la roquette. L'autre convive déguste des langoustines d'Islande parfaitement poêlées et délicatement assaisonnées. En accompagnement: salade de tomates diverses, mozzarella di buffala fumée et vinaigrette au ponzu pour le mordant. Si les entrées sont correctement assaisonnées, les plats de résistance manquent un peu de panache. La longe de cochon de lait n'est pas suffisamment relevée. Le croquant de pomme de terre est réussi. Quant au gel de pickles, il apporte fort heureusement un peu de peps. Bien que cuit comme il se doit, le veau à l'os souffre lui aussi de ce manque d'assaisonnement. La viande n'en est pas moins d'excellente qualité. La crème d'aubergines grillées, l'artichaut violet, les pommes de terre ainsi que le jus et le coulis de cresson de fontaine et d'estragon ponctuent le tout de notes végétales agréables et variées. En dessert, nous dégustons un moelleux au chocolat parfaitement exécuté.

Broel

Broelkaai 8 - 8500 Kortrijk
☎ 056 21 83 51   🖷 056 20 03 02
infobroel@hotelbroel.be - http://www.hotelbroel.be
🕐 22:30 🔒 za/sa 🔒
🍴 47-69 🍷 34-66 🍴 58

Klokhof

Sint-Anna 2 - 8500 Kortrijk
☎ 056 22 97 04   🖷 056 25 73 25
info@klokhof.be - http://www.klokhof.be
🕐 21:00 🔒 ma/lu za/sa 🔒 ma/lu zo/di
🎒 carnaval - 22 juil. - 12 août / Krokus - 22 juli - 12 aug
🍴 55-90 🍷 75-90 🍴 55

Een divers publiek, van fijnproevers tot families, vindt de weg naar de eerlijke gerechten van Piet Lecot. Hij kookt op een klassieke basis en met producten van nobele origine zoals kreeft uit Guilvinec, tong, melklam van Sisteron of jonge duif uit Bresse. Prachtig ruim terras. Ook feestzaal en hotel.

Un public très diversifié, des gourmets aux familles, se presse au portillon pour savourer les plats délicieux de Piet Lecot. Sa cuisine est classique et ne contente que de produits de nobles origines comme le homard de Guilvinec, la langue et l'agneau de lait de Sisteron ou les pigeonneaux de Bresse. La terrasse est superbe et très vaste. Salle de fête et hôtel complètent le tableau.

Kwizien Céline ☺

Gentsestwg. 29 - 8500 Kortrijk
☎ 056 20 05 03   🖷
kwizienceline@telenet.be - http://www.kwizienceline.be
🕐 0:00 🔒 di/ma wo/me 🔒 ma/lu di/ma wo/me
🎒 10 j. fév., 2 sem août / 10 d. feb, 2 weken aug
🍴 34 🍷 32-45 🍴 52

Messeyne

Groeningestr. 17 - 8500 Kortrijk
☎ 056 21 21 66   🖷 056 45 68 22
hotel@messeyne.com - http://www.messeyne.com
🕐 21:30 🔒 za/sa zo/di 🔒 zo/di
🎒 1ère semaine d' août / 1ste week augustus
🍴 50-60 🍷 55-65 🍴 62

Klaas Lauwers is een jonge chef met veel talent. Hij combineert de traditionele en moderne Franse keuken. Hij toont meteen zijn kunnen met schitterende varkenswangetjes, savooikool, spek, wonton met gehakt, en bearnaise. Een prikkelende combinatie van zout en lichtzoet, smeuïg en fris. Hopscheuten van eerste keus met gepocheerd eitje, en een uitstekende mousseline van witbier vormen in al hun eenvoud een intens smakend gerecht. Duif uit Anjou (bijna juist gegaard), met lamsoor, knolselder en cantharellen wordt pittig opgepept door een donkere saus op basis van port. Zeer geslaagd. Dat kan ook gezegd worden van het dessert: een taartje van bitterzoete chocolade, met vijgenpasta, hazelnoot, en enkele subtiele drupjes crème anglaise die het smaakenpalet finaal afmaken.

Klaas Lauwers est un jeune chef bourré de talent. Il fait la synthèse des cuisines françaises traditionnelle et moderne. Il ne tarde pas à faire montre de son potentiel. Ses joues de porc d'exception sont agrémentées de chou vert, de raviolis au haché et de béarnaise. Une association sucré-salé tout en fraîcheur, qui ne manque pas de titiller les papilles. Tout en simplicité, les pousses de houblon, l'œuf poché et la excellente mousseline à la bière blanche forment un plat aux saveurs intenses. Une sauce au porto vient booster le pigeonneau d'Anjou (presque cuit à la perfection), sa lavande de mer, son céleri-rave et ses chanterelles. Chapeau ! Idem pour le dessert: tartelette au chocolat amer, pâte de figue et noisette. Des gouttes discrètes de crème anglaise viennent compléter la palette gustative.

 # Oud Walle

Walle 199 - 8500 Kortrijk
☏ 056 22 65 53
info@oudwalle.be - http://www.oudwalle.be
🕤 21:30 🔒 wo/me za/sa 🔒 wo/me zo/di
⌤ dern sem déc - prem sem janv, 21 juil - 15 août / laatste week
dec - 1ste week jan, 21 juli - 15 aug
🍽 34-75 🍷 60-85 🥄47

Chef Frederik Desmet blijft op niveau koken. Hij verwerkt kwaliteitsproducten in elegante gerechten. Het menu 'Smaken en Kleuren' doet zijn naam alle eer aan. Je start met Belgisch witblauwrund en koningskrab met rammenas en vinaigrette van gember en soja. Dan is er zeeduivel met eekhoorntjesbrood en erwtjes, en daarna wilde eend met gebakken ganzenlever. Er is al een driegangenmenu voor € 34.

Le chef Frederik Desmet continue sur sa lancée. Il transforme des produits de qualité en plats élégants. Le menu « Goûts et Couleurs » fait honneur à son intitulé. Vous commencez par du bœuf blanc-bleu belge et du crabe royal au raifort et vinaigrette de gingembre et de soja. Ensuite, un tronçon de lotte aux cèpes et petits pois, suivi par du canard sauvage avec du foie gras d'oie poêlé. Il y a un menu à trois plats pour 34 euros.

 # St-Christophe

Minister Tacklaan 5 - 8500 Kortrijk
☏ 056 20 03 37 🖨 056 20 01 95
info@stchristophe.be - http://www.stchristophe.be
🕤 21:30 🔒 ma/lu 🔒 ma/lu zo/di
🍽 30-125 🍷 25-80 🥄49

Olivier Dewulf zweert bij een fijne gastronomische keuken op basis van eersteklas producten. Je mag hier met enige verwachtingen naartoe komen, zelfs voor een eenvoudige lunch. Nu ja, eenvoudig! Het voorgerecht is rivierkreeft met Zeeuwse mossel, pijlinktvis, knoflook, tomaat en crème van bloemkool, en als hoofdgerecht krijg je jonge patrijs met knolselder, koffie, lardo di colonnata, dragon en appel. En dat voor € 30. Tal van menu's. Mooi terras.

Olivier Dewulf ne jure que par une cuisine gastronomique et raffinée reposant sur des produits de tout premier ordre. Vous pouvez légitimement venir en ces lieux avec un certain nombre d'attentes, même pour un simple lunch. Enfin, le mot est peut-être mal choisi. En entrée, écrevisse aux moules de Zélande, seiche, ail, tomate et crème de chou-fleur, et, en plat principal, un perdreau au céleri-rave, café, lardo di colonnata, estragon et pomme ; le tout pour 30 euros ! Nombreux menus. Belle terrasse.

Table d'Amis

Walle 184 - 8500 Kortrijk
℡ 056 32 82 70
info@tabledamis.be - http://www.tabledamis.be
🕐 21:00　🔒 ma/lu za/sa zo/di　🔒 ma/lu zo/di
📅 1 sem. Pâques, 2 sem. août, 23 - 31 déc. / 1 week Pasen, 2 wek. aug.,
23 - 31 dec.
🍴 34-85　🍷 70-96　🥄 46

Matthieu Beudaert, onze ontdekking van het Jaar voor Vlaanderen in gids 2011, gaat op zijn elan verder en bevestigt zijn positie als topadres in het Kortrijkse. Zijn keuken gaat stilaan nog meer naar de essentie, al blijft ze modern in concept en presentatie. Na een paar zeer verfijnde amuses kozen we gemarineerde zeebaars met komkommer, kokkels en bouillon van algen. Heel evenwichtig en toch verrassend fris. De wilde tarbot werd geserveerd met morieljes, een saus van vin jaune en groene asperges: perfect van cuisson en versheid, subtiel van begeleiding. Ook het Texels melklam, met faisellekaas, doperwtjes en tuinbonen, lichtjes geparfumeerd met een kardamon-vanille olie verdedigt de twee koksmutsen met brio. En als afsluiter was het moeilijk kiezen tussen chocolade-bloedsinaas en cacao, of de klassieke dame blanche. We hadden geen spijt die laatste gekozen te hebben. Vriendelijke vrouwelijke bediening. Dit restaurant heeft verder groeipotentieel, en we zullen het graag op de voet blijven volgen.

Dans le guide précédent, le Chef Matthieu Beudaert était la Découverte de l'Année pour la Flandre. Nous ne nous étions pas trompés, puisqu'il confirme cette année son statut d'incontournable dans la région de Courtrai. À l'instar de nombreux autres grands chefs, son style va droit à l'essence de chaque plat. Nous avons essayé le bar mariné, entouré de concombre, coques et bouillon d'algues. Un plat équilibré et d'une grande fraîcheur, parfait pour bien commencer le repas. Le chef démontre ensuite toute sa maestria avec un turbot sauvage à la cuisson parfaite, subtilement flanqué de petites morilles, d'une sauce au vin jaune et d'asperges vertes. Un plat de la même eau était l'agneau de lait de Texel au fromage en faisselle, petits pois et fèves, légèrement parfumés avec une huile de vanille et cardamome. En note finale, nous avons choisi une dame blanche classique dont nous nous souvenons encore… Le chef « en a encore sous le pied », mais mérite d'ores et déjà un point de plus. Belle carte des vins. Terrasse en saison.

Broel

Broelkaai 8 - 8500 Kortrijk
℡ 056 21 83 51　🖨 056 20 03 02
infobroel@hotelbroel.be - http://www.hotelbroel.be
🕐 0:00　⁷/₇
📅 16 juil. - 7 août / 16 juli - 7 aug.
🛏 58　🔑 120-165　🍴 12　Ⓢ 190

Grand Hotel Damier

Grote Markt 41 - 8500 Kortrijk
℡ 056 22 15 47　🖨 056 22 86 31
info@hoteldamier.be - http://www.hoteldamier.be
🕐 0:00　⁷/₇
🛏 46　🔑 85-230　🍴 3　Ⓢ 300

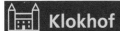

Klokhof

Sint Anna 2 - 8500 Kortrijk
℡ 056 22 97 04   🖷 056 25 73 25
info@klokhof.be - http://www.klokhof.be
🛏 0:00
📅 1 - 4 janv., 18 juil. - 14 août / 1 - 4 jan., 18 juli - 14 aug.,
🚗 8   🔑 103-133   🅿 1

Messeyne

Groeningestr. 17 - 8500 Kortrijk
℡ 056 21 21 66   🖷 056 45 68 22
hotel@messeyne.com - http://www.messeyne.com
🛏 0:00   7/7
📅 1 - 7 août / 1 - 7 aug.
🚗 27   🔑 120   🔑 120-135   🅿 5   Ⓢ 165

Parkhotel

Stationsplein 2 - 8500 Kortrijk
℡ 056 22 03 03   🖷 056 22 14 02
info.parkhotel@parkhotel.be - http://www.parkhotel.be
🛏 0:00   7/7
🚗 98   🔑 102-129

Ibis Hotel Kortrijk Centrum

Doorniksestr. 26 - 30 - 8500 Kortrijk
℡ 056 25 79 75   🖷 056 22 62 80
reservations@ibiskortrijk.com - http://www.ibishotel.com
🛏 0:00   7/7
🚗 82   🔑 80   🔑 83-106

Kennedy

President Kennedypark 1 - 8500 Kortrijk
℡ 056 20 06 87   🖷 056 22 12 73
info@hotelkennedy.be - http://www.hotelkennedy.be
🛏 0:00   7/7
📅 30 juil. - 16 août / 30 juli - 16 aug.
🚗 80   🔑 175   🔑 125-193   ©P 34   🅿 2

Bissegem

 David Selen

Meensesteenweg 199 - 8501 Bissegem
☎ 056 37 41 05
resto@davidselen.com - http://www.davidselen.com
🕐 21:00   🔒 wo/me do/je   🔒 wo/me do/je zo/di
🍴 28-90   💶 17-39   ⚡ 57

Wij lunchen in een afgeladen vol restaurant. Er komen vier verzorgde hapjes, waaronder een kleine tajine met taboulé en zalm, en een koud soepje van wortel en tomaat met kabeljauw. Het eerste gerecht is een sushi van (zeer goede) tonijn met asperge (kwaliteit kan beter) en crumble van wasabi, soya en asperge. Zeer verfijnd. Dat geldt ook voor het Spaanse speenvarkentje, al mag de portie groter zijn. Het is duidelijk dat de chef voor kwaliteitsproducten gaat. Het label 'zeer lekker' geven we ook aan het dessert, île flottante. Mooie wijnkaart. Dit restaurant zit in de lift. Prachtig terras. Afgesloten speeltuin.

Nous dégustons notre lunch dans un restaurant plein à craquer. Quatre amuse-bouche soignés ouvrent le bal ; citons le mini tajine au taboulé et au saumon et le gaspacho de carotte et tomate au cabillaud. Le premier envoi nous dévoile un sushi de (très bon) thon aux asperges (peut mieux faire côté qualité) ainsi qu'un crumble au wasabi, soja et asperge. Très raffiné. Idem pour le cochon de lait espagnol. Les portions auraient toutefois pu être plus généreuses. Nul doute que le chef mise sur les produits de qualité. Le dessert, une île flottante, nous semble lui aussi très bon. Beau livre de cave. Ce restaurant a le vent en poupe. Superbe terrasse. Plaine de jeux fermée.

 Langue d'Oc

Meensestwg. 155 - 8501 Bissegem
☎ 056 35 44 85
info@languedoc.be - http://www.languedoc.be
🕐 22:00   🔒 di/ma wo/me   🔒 di/ma wo/me zo/di
🍴 40-85   💶 18-32   ⚡ 55

Een stukje Sud-Ouest in Zuidwest-Vlaanderen? Ja, waarom niet eigenlijk. Het is een leuk geografisch gegeven, en tegelijk ben je automatisch mee met de vandaag gehypte groentekeuken. Maar de aandacht voor groenten is hier ook écht deel van het culinaire gebeuren. Dat uit zich in fijne vegetarische gerechten zoals risotto van carnarolirijst met een ragout van groenten en basilicumpesto. Vlees en vis krijgen ook ruim hun deel met bijvoorbeeld gegrilde kreeft, tuinkruiden, risotto en gerookte prei, of tournedos van Charolaisrund met zout van Guérande en reductie van Banyuls. Specialiteit is de in huis gemaakte foie gras. Er is een middaglunch voor €25. Groot tuinterras.

Une parcelle du Sud-Ouest au Sud-Ouest de la Flandre ? Et pourquoi pas ! Coïncidence géographique plutôt souriante, automatiquement doublée d'une cuisine de légumes très tendance. Les légumes jouent en effet un rôle phare en cuisine. Cette approche s'exprime ainsi dans des plats végétariens raffinés comme ce risotto de riz carnaroli rehaussé d'un ragoût de légumes et d'un pistou de basilic. Cependant, viandes et poissons s'expriment ici aussi parfaitement avec, par exemple, un homard grillé aux herbes potagères, risotto et poireaux fumés ou un tournedos de Charolais au sel de Guérande et réduction de Banyuls. Le foie gras maison est une spécialité. Le déjeuner s'affiche à 25 euros. Grande terrasse côté jardin.

Kuurne

 Het Bourgondisch Kruis

Brugsestwg. 400 - 8520 Kuurne
☎ 056 70 24 55   🖨 056 70 56 65
info@het-bourgondisch-kruis.be -
http://www.het-bourgondisch-kruis.be
🕐 21:00   🔒 wo/me   🍴 di/ma wo/me do/je zo/di
🗓 10 jrs. vac. de Pâques, 25 juil. - 19 août / 10 d. paasvak.,
25 juli - 19 aug.
🍽 30-60   🍷 55-85   🥄 50

David Demey kent zijn klassiekers en aarzelt niet om ze een modern jasje aan te trekken. Daarnaast heeft hij ook geen moeite om producten mooi met elkaar te laten versmelten. Terrine van ganzenlever combineert hij vlot met coquilles. Lamsvlees uit Limousin laat hij extra goed smaken dankzij chorizo en een saus op basis van ansjovis. Wie echter liever traditioneel tafelt, wordt hier op zijn of haar wenken bediend. Boeiende zakenlunch met meerkeuze aan gerechten.

David Demey connaît ses gammes et n'hésite pas à leur donner une touche de modernité. Par ailleurs, il n'a aucune difficulté à fusionner les produits et des ensembles très intéressants. Il combine ainsi une terrine de foie gras d'oie avec des coquilles Saint-Jacques ou donne un beau contraste gustatif à une pièce d'agneau du Limousin avec du chorizo et une sauce à base d'anchois. Si vous préférez des plats plus traditionnels, vos moindres désirs seront comblés. Lunch d'affaires passionnant avec un choix multiple de plats.

Marke (Kortrijk)

 Fond et Fumet

Rekkemsestraat 224 - 8510 Marke (Kortrijk)
☎ 0484 69 56 95
info@fond-fumet.be - http://users.telenet.be/fondfumet
🕐 21:00   🔒 ma/lu di/ma wo/me do/je vr/ve za/sa   🍴 ma/lu di/ma zo/di
🗓 dern 10 jours d'août, 10 jours à partir de Noël / laatste 10 dagen van aug, 10 dagen vanaf Kerstmis
🍽 35-45

De gastvrouw onthaalt ons zeer vriendelijk in een gezellig huiselijk kader. De maaltijd begint veelbelovend met een super aspergeroomsoepje, rillettes van het huis en chips van garam masala. Het eerste gerecht is een op beuk en eik gerookte Noorse zalm, met asperges uit Moorsele, zuurdesemkrokantje, boterzalf en gel van whiskey. Dit is verrukkelijk van smaak ! De zalm is vettig en geurig, het krokantje past heerlijk, en de asperges zijn van superkwaliteit. Alleen de whiskeygel brengt niets bij. De garnaalkroket die volgt, is iets te krokant, maar de vulling met verse grijze garnalen is goed. De garnituur is te overdadig, met overheersende citrus en pesto van peterselie. De chef herpakt zich met smaakvolle lamsfilet, begeleid door spitskool, zandwortel, peulen en geraspte kleipatatjes. Smakelijk is ook de intense saus van pinot noir en verse dragonblaadjes. Het nagerecht is een onvervalste topper: heerlijk vers gedraaid roomijs van vanille en pistache, met ook nog tartine russe gevuld met pistachecrème. Chef Jürgen Maene is een gedreven kok. We gaan er nog van horen! De wijnkaart biedt veel mooie referenties. Prachtig terras met zuiderse accenten.

La maîtresse de maison nous réserve un accueil chaleureux, dans un cadre convivial. Le velouté aux asperges, les rillettes du chef et les chips au garam masala donnent le coup d'envoi d'un repas qui s'annonce prometteur. En entrée, nous dégustons du saumon de Norvège fumé au bois de chêne et de hêtre, des asperges de Moorsele, un biscuit croquant au levain, une crème au beurre et une gelée au whisky. Un délice ! Le saumon est dodu et parfumé, le croquant est tout à fait à sa place et les asperges sont de première qualité. Seule la gelée au whisky n'apporte pas grand-chose. La croquette de crevettes servie ensuite est un peu trop croustillante, mais la farce aux crevettes grises est bonne. Dominée par les agrumes et le pesto au persil, la garniture est trop envahissante. Le chef se rattrape avec le filet d'agneau accompagné de chou pointu, de carottes, de légumineuses et de pommes de terre de Hollande râpées. Sa sauce au pinot noir et aux feuilles d'estragon frais est tout aussi appétissante. Le dessert nous offre un moment de pur bonheur : glaces vanille et pistache minute, tartine russe fourrée à la crème de pistache. Le chef Jürgen Maene ne manque pas d'enthousiasme. On va en entendre parler ! Le livre de cave affiche de belles références. Sans oublier la superbe terrasse, qui fleure bon le Sud.

Ten Beukel

Markekerkstr. 19 - 21 - 8510 Marke (Kortrijk)
℡ 056 21 54 69   🖨 056 32 89 65
info@tenbeukel.be - http://www.tenbeukel.be
🔓 21:00   🔒 ma/lu za/sa   🔒 ma/lu di/ma wo/me do/je zo/di
📅 9 - 18 avr, 13 août - 5 sept. / 9 - 18 apr, 13 aug. - 5 sept.
📖 45-78   📖 18-32   🍴 55

Mia Segers ('Lady Chef of the Year 1995') kookt lekker, vrij klassiek, en met veel oog voor de presentatie op het bord. Een goede combinatie, met frisse smaken, is op lage temperatuur gegaarde makreel met zeegroentjes en vinaigrette van basilicum. Dan zijn er gegrilde coquilles met crème van butternut en citroentijm. Ook hier zitten de smaken goed. Het wordt nog beter met filet van duif in portwijn met toast van champignons. Dit is een heel mooi gerecht: alles is perfect in harmonie. In het dessert zit dan toch nog een avontuurlijke verrassing: muntmascarpone, lekker met chocolade en sinaasappel.

Mia Segers (Lady Chef of the Year 1995) propose une cuisine délicieuse, assez classique, très visuelle et esthétique. Une jolie composition, tout en fraîcheur, est le maquereau cuit à basse température avec des légumes marins et une vinaigrette au basilic. Ensuite, des Saint-Jacques grillées avec une crème de butternut et thym citron. Les goûts sont ici aussi bien maîtrisés. Et on gravit encore un échelon avec le suprême de pigeonneau au porto et toast aux champignons. Un plat superbe où tout est parfaitement en harmonie. Le dessert recèle encore une surprise aventureuse: mascarpone à la menthe, un délice avec du chocolat et de l'orange.

Villa Marquette

Cannaertstr. 45 - 8510 Marke (Kortrijk)
℡ 056 20 18 16   🖨 056 20 14 37
info@villamarquette.com - http://villamarquette.com
🔓 22:00   🔒 ma/lu   🔒 ma/lu zo/di
📖 40-55   📖 18-45   🍴 55

Chef Eric Barbier bereidt een Frans geïnspireerde keuken en werkt graag met nobele seizoenproducten (kreeft, truffel, zeevruchten, er is zelfs een menu met coquilles). Er is verder gebakken eendenlever met charlotteaardappel en chutney van vijgen, daarna tajine van wilde zalm met krokante groenten, of runderhaas met gekonfijte sjalotten en rodewijnsaus. Tal van menu's en een tweegangenlunch voor € 35. Chique inrichting.

Le chef Éric Barbier mitonne des plats inspirés de la cuisine française et aime à travailler des produits nobles de saison (homard, truffe, fruits de mer ; il propose même un menu articulé autour de la Saint-Jacques). Un plat intéressant était le foie gras de canard poêlé aux pommes de terre Charlotte et chutney de figues ; idem pour le tajine de saumon sauvage ou le filet de bœuf aux échalotes confites et sauce au vin rouge. Grand nombre de menus et lunch à deux plats pour 35 euros. Aménagement élégant.

Kruibeke

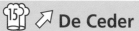 **De Ceder**

Molenstr. 1 - 9150 Kruibeke
(03 774 30 52   ᛛ 03 296 45 07
restaurant.deceder@skynet.be - http://www.restaurantdeceder.be
21:00   ma/lu za/sa zo/di   ma/lu zo/di
1 - 12 janv, 25 mars - 1er avril, 15 juil. - 5 août, 29 oct - 4 nov /
1 - 12 jan, 25 maart - 1 apr, 15 juli - 5 aug., 29 okt - 4 nov
30-62   19-36   45

Talent rijpt met de jaren. Federick Schaffrath kookt elk jaar een stukje scherper en verfijnt zijn smaakcombinaties. We proefden van het degustatiemenu dat startte met een carpaccio van kalfsvlees 'tonnato style' met goed op smaak gebrachte salade van krab met selder en appel, gepresenteerd in een rolletje van kalfsvlees, tartaar van kalf met kappertjes, koolrabi, fris kruidige vadouvanmayonaise, dropjes yoghurt en frisse limoen. Vervolgens een mooi stukje correct gebakken en kraakverse pladijsfilet met mosseltjes geparfumeerd met citroengras, 'bonbons' van spinaziecrème en een aardappelbolletje met curryboter. Als hoofdgerecht een combinatie van goed gekruide botermalse filets van wilde eend, bospaddenstoeltjes, balletjes met eendenlever, spinazie en knolseldercrème. Daarbij komen goed gekozen wijnen van sommelier Stefan Camerlinck. Voor de perfecte gaartijden, evenwichtige smaakcombinaties en mooie structuren en vooral zijn constante evolutie belonen we de chef met een punt extra.

On dit que le talent se bonifie avec le temps. La cuisine de Frederick Schaffrath est chaque année plus précise et ses combinaisons gustatives, plus raffinées. Nous avons essayé le menu Dégustation qui commençait par un carpaccio de veau « tonnato style » secondé d'une salade bien assaisonnée de crabe, céleri et pomme, présentée dans une roulade de veau, d'un tartare de veau aux câpres, chou-rave, d'une mayonnaise relevée au vadouvan, d'une grande fraîcheur, et de gouttelettes de yaourt et limons frais. Ensuite, un beau filet de plie à la cuisson correcte avec des moules parfumées à la mélisse, des « bonbons » de crème d'épinards et une sphère de pomme de terre au beurre de curry. En plat de résistance, une combinaison de magret de canard sauvage très tendre et bien relevé, accompagné de champignons des bois, de boulettes de foie gras de canard, d'épinard et de crème de céleri-rave. Les vins d'accompagnement sont parfaitement sélectionnés par le sommelier Stefan Camerlinck. Pour récompenser les temps de cuisson parfaits, les combinaisons gustatives équilibrées et les belles structures, et surtout l'évolution constante, le chef reçoit un point de plus.

Kruishoutem ▷ Waregem

Kuurne ▷ Kortrijk

La Hulpe

⑬ La Salicorne

r. Pierre Broodcoorens 41 - 1310 La Hulpe
📞 02 654 01 71   📠 02 653 71 23
la.salicorne@yucom.be - http://www.lasalicorne.be
🕐 22:00   ma/lu zo/di   ma/lu zo/di
Carnaval, 1 - 24 juil., Toussaint / Krokus, 1 - 24 juli, Allerheiligen
🍽 18-35   🍷 36-58   ⚑ 48

Lorsque l'on transforme l'un des plus beaux établissements de bouche de la région en brasserie, on récupère, forcément, un cadre, un personnel et une cave qui plaisent aux amateurs. Côté assiette, si l'on a eu des hauts et des bas, force est de constater que luncher ici reste un must en rapport qualité-prix. Pour le reste, on aime les maatjes et marbré de légumes de saison rehaussés d'une vinaigrette de cassis mais un peu moins le dos de dinde et waterzooï et ses plates de Florenville façon vapeur. Jolie petite terrasse à l'arrière.

Als men een van de mooiste eethuizen van de streek ombouwt tot een brasserie, dan is het resultaat natuurlijk een kader, personeel en een kelder die in de smaak vallen bij de liefhebbers. Op het bord kenden we dan wel hoogtes en laagtes, maar we kunnen enkel vaststellen dat hier lunchen een must blijft qua prijs-kwaliteitverhouding. Voor het overige houden we van de maatjes en de gemarmerde seizoensgroentjes met cassisvinaigrette, maar iets minder van de kalkoenrug in waterzooi met gestoomde 'Plates de Florenville' aardappelen. Mooi terrasje achteraan.

⑬ La Table de l'épicerie gourmande

Rue des Combattants 18 - 1310 La Hulpe
📞 02 652 27 25
francoisgillard@skynet.be
🕐 14:30   ma/lu di/ma wo/me do/je vr/ve za/sa zo/di
20 juil.-10 aout, 1 sem. Pâques / 20 jul.-10 aug. , 1 week Pasen
🍽 15-25   🍷 25-45

Comme son nom l'indique, on entre ici dans une épicerie. Ce qui est pratique car si certains produits vous plaisent dans l'assiette, vous pouvez les acheter sur place. Principalement les légumes, les fromages et les vins. Le chef est un autodidacte passionné. L'inspiration méditerranéenne de sa cuisine et de sa cave porte le signe de la Botte comme pour ce risotto aux asperges impeccable en goût et textures. Idem dito pour le homard à la méditerranéenne sur tagliatelles fraîches. Le tout est bien préparé, simple et goûteux. Que demander de mieux ?

Zoals de naam aangeeft, stappen we hier binnen in een kruidenierswinkel. Dat is trouwens praktisch, want als bepaalde producten op uw bord u bevallen, dan kunt u ze ter plaatse kopen. Voornamelijk de groenten, kazen en wijnen. De chef is een gepassioneerd autodidact. De mediterrane inspiratie van zijn keuken en zijn kelder draagt een Italiaanse stempel, zoals deze risotto met asperges die zowel qua smaak als qua texturen onberispelijk is. Idem dito voor de kreeft op mediterrane wijze op verse tagliatelle. Alles is goed bereid, eenvoudig en smaakvol. Wat wil een mens nog meer?

Dolce La Hulpe Brussels

ch. de Bruxelles 135 - 1310 La Hulpe
📞 02 290 98 00   🖨 02 290 99 00
lahulpe.reservation@doce.com -
http://www.dolcelahulpebrussels.com
🕐 0:00   7/7
⚐ 251   ℚₖ 410   ℚₖ 112-427   ⚐ 13   💲 850

La Louvière ▷ Charleroi

La Roche-en-Ardenne

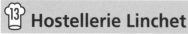

⑬ Hostellerie Linchet

rte de Houffalize 11 - 6980 La Roche-en-Ardenne
📞 084 41 12 23 - 084 41 13 27   🖨 084 41 24 10
info@hostellerie-linchet.be - http://www.hostellerie-linchet.be
🕐 20:30   🔒 di/ma wo/me vr/ve   🔒 ma/lu di/ma wo/me do/je
📅 janv., 1-10 feb., 1 - 15 juil. / jan., 1-10 feb., 1 - 15 juli
🍽 38-65   🍷 39-69   🥂 55

L'hostellerie vous ouvre ses portes sur les hauteurs de la Roche-en-Ardenne. La carte navigue entre les classiques de la cuisine française, le magret de canard de Challans au miel et jus de truffes, la salade de homard et sa vinaigrette à l'huile de noisette. Service et ambiance d'hostellerie familiale.

Het hotel-restaurant verwelkomt u in de heuvels van La Roche-en-Ardenne. Op de kaart staan klassiekers uit de Franse keuken, filet van Challans-eend met honing en truffeljus en salade van kreeft met notenolievinaigrette. Familiale bediening en sfeer.

Laarne

⑭ Kasteel van Laarne

Eekhoekstr. 7 - 9270 Laarne
📞 09 230 71 78   🖨 09 230 33 05
info@kasteelvanlaarne-rest.be -
http://www.kasteelvanlaarne-rest.be
🕐 21:00   🔒 ma/lu di/ma   🔒 ma/lu di/ma zo/di
📅 1 - 7 janv., 8 - 31 juil. / 1 - 7 jan., 8 - 31 juli
🍽 50-60   🍷 18-45   🥂 65

Dit restaurant bevestigt zijn opwaardering van vorig jaar met een creatieve klassieke keuken. Er is een aantrekkelijk geprijsd Prestigemenu. Dat start met kort gebakken Schotse langoustine, gedroogd ossenvlees en vichyssoise met groene asperges. Dan is er filet van merlu met tomatencompote, prei, gnocchi van polenta en gemarineerde radijzenvinaigrette. Het hoofdgerecht is parelhoenborst met ratatouille van zuiderse groenten, jus met dragon en een kroketje van de bil met crème van Gouda. Afsluiten doe je met île flottante met limoen, rode vruchten, vanillesaus, en olijfolie met munt. Een extra troef van het restaurant is de ligging: je tafelt in een van de bijgebouwen van het schitterende dertiende-eeuwse kasteel van Laarne. Het terras met zicht op het kasteel en de slotgracht is een van de mooiste van het land! Interessante wijnkaart.

Ce restaurant confirme sa montée en grade l'année dernière grâce à une cuisine à la fois classique et créative. Le menu Prestige s'affiche à un prix intéressant. Nous commençons avec une langoustine écossaise juste saisie, servie avec de la viande de bœuf séchée et une vichyssoise aux asperges vertes. Ensuite, un filet de merlu avec une compotée de tomates, poireau, gnocchis de polenta et une vinaigrette aux radis marinés. Le plat principal est un suprême de pintade à la ratatouille de légumes provençaux, accompagné d'un petit jus à l'estragon, d'une croquette de la cuisse avec de la crème de gouda. Pour terminer en beauté, une île flottante au limon, fruits rouges, sauce vanille et huile d'olive à la menthe. Un atout supplémentaire de cet établissement est son emplacement. Imaginez-vous vous attabler dans l'une des annexes d'un superbe château du XIIe siècle. La terrasse avec vue sur le château et les douves est une des plus belles du pays ! Cellier intéressant.

Lacuisine ▷ Florenville

Lanaken

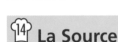 **La Source**

Paalsteenlaan 90 - 3620 Lanaken
089 73 97 70 — 089 72 16 47

info@labutteauxbois.be - http://www.labutteauxbois.be
21:30 — ma/lu za/sa zo/di — ma/lu zo/di
19 fév - 1er mars / 19 feb - 1 maart
35-100 — 145-495 — 60

Vijfentwintig jaar verfijnde gastronomie wordt gevierd met een Zilveren Degustatiemenu. Daarin mogen ook Limburgse producten schitteren, en zo'n regionale insteek vinden wij altijd fijn. Als starter is er oosterscheldekreeft met aardbeien van Tievishoeve, dan snoekbaars met sjink (rauwe ham) van Livar-varken, gevolgd door kalfszwezerik en Maaslandse asperges, en daarna Bresseduif, ganzenlever, kaas en dessert. Er is een lunch voor € 35. De ligging (in hostellerie La Butte aux Bois) is ronduit schitterend. Prachtig terras met mooi uitzicht op het domein.

À l'occasion du 25e anniversaire de cette maison de bouche très raffinée, l'établissement a créé un menu dégustation « Argent ». Il met aussi superbement en lumière des produits limbourgeois, une touche régionale que nous apprécions toujours. Pour commencer, du homard de l'Escaut oriental avec des fraises de Tievishoeve, ensuite du sandre au sjink (jambon cru limbourgeois) de porcs Livar, suivis par du ris de veau et des asperges de Maasland, et ensuite un pigeonneau de Bresse, foie gras d'oie, fromage et dessert. Le lunch est proposé à 35 euros. L'emplacement (dans l'hostellerie La Butte aux Bois) est tout bonnement sublime. Superbe terrasse avec une vue imprenable sur le domaine.

 La Butte aux Bois

Paalsteenlaan 90 - 3620 Lanaken
089 73 97 70

info@labutteauxbois.be - http://www.labutteauxbois.be
0:00 7/7
40 — 355 — 169-394 — 125-195 — 195 — 10 — 355

 **Eurotel**

Koning Albertlaan 264 - 3620 Lanaken
📞 089 72 28 22   📠 089 72 28 24
info@eurotel-lanaken.be - http://www.eurotel-lanaken.be
🔓 0:00 ⁷⁄₇
🛏 79 🍴 110 🍴 86-126 🅿 111-151 📶 151 🚗 4

Lasne

 Bellini

Chaussée de Louvain 453 - 1380 Lasne
📞 02 354 75 97   📠 02 633 13 83
http://www.piscopo.be
🔓 0:00 🔒 za/sa zo/di 🔒 zo/di
🍽 28-51

Un cadre lougne et décontracté avec quelques boiseries, pour cette adresse lasnoise branchée. On y vient pour y savourer une cuisine méditerranéenne savoureuse et simple préparée par le chef Nando. Les pennes se dégustent à toutes les sauces, l'escalope simplement accompagnée d'une tranche de jambon de Parme et de sauge fraîche tandis que le filet d'espadon se fait sauter 'a la plancha'. Superbe terrasse pour profiter d'un chianti ou d'un autre flacon de la Botte.

Een ontspannen lounge kader met wat houtwerk voor dit trendy adresje in Lasne. U geniet hier van een heerlijke en eenvoudige mediterrane keuken die wordt bereid door chef Nando. De penne is verkrijgbaar met allerlei sausen, de escalope gewoon vergezeld van een sneetje Parmaham en verse salie. De zwaardvisfilet wordt dan weer gebakken 'a la plancha'. Schitterend terras om te genieten van een chianti of een andere Italiaanse fles.

 Le Petit-Fils

r. de l'Abbaye 13A - 1380 Lasne
📞 02 633 41 71   📠 02 633 51 11
info@lepetitfils.be - http://www.lepetitfils.be
🔓 21:30 🔒 ma/lu zo/di 🔒 ma/lu zo/di
🍽 19-70 🍽 65 🍷 49

Après une expérience mitigée l'année passée, nous espérions que cette année soit plus bénéfique pour cette superbe maison lasnoise. Après quelques mises en bouche, le saumon gravelax rivalisait difficilement avec une abondance d'aneth. Belle surprise ensuite avec le rouget en croûte de pain dont la cuisson était parfaite, le tout accompagné d'une compotée d'échalotes, amenant un côté sucré. Hélas, les poissons de notre bouillabaisse ensuite étaient trop cuits et manquaient de relief. Le chef nous a habitués à mieux. Nous espérons qu'il se ressaisira.

Na de gemengde ervaring van vorig jaar hoopten we dat dit jaar gunstiger zou zijn voor dit prachtige huis in Lasne. Na enkele aperitiefhapjes kon de gravad lax zalm maar moeilijk op tegen de overvloed aan dille. Vervolgens een aangename verrassing met perfect gegaarde poon in broodkorst, vergezeld van sjalottenmoes die voor een zoete toets zorgde. Helaas was de vis van onze bouillabaisse daarna te gaar en had dit gerecht te weinig reliëf. We zijn beter gewend van de chef. We hopen dat hij zich herpakt.

Plancenoit

 Le Vert d'Eau

r. de la Bachée 131 - 1380 Plancenoit
📞 02 633 54 52   🖶 02 633 54 52
levertdeau@skynet.be - http://www.vertdeau.be
🍴 21:00   🛏 di/ma za/sa   🔒 ma/lu di/ma
Ⓒ Carnaval, 1 - 23 juil. / Krokus, 1 - 23 juli
🍽 35-42   🍷 40-60   🥂 55

Toujours sur sa lancée, Michel Close a fait de cet endroit un lieu de plus en plus fréquenté où l'on peut déguster des mets originaux. Notre foie gras poêlé s'accompagnait de quelques dattes forts succulentes pour ensuite laisser la place à une blanquette de homard et sa duxelles de légumes, correcte. Pour les plats de consistance, pigeon et jarret de veau se tenaient la main et satisfaisaient sans pour autant exploser. Le chef en garde sous le coude mais sait faire plaisir à ses clients. La carte des vins se veut hétéroclite, ce qui ravira les amateurs de découvertes sur les conseils avisés du maître des lieux.

Michel Close gaat door op zijn elan en heeft van dit restaurant een plek gemaakt die steeds meer wordt bezocht en waar u originele gerechten kunt eten. Bij onze gebakken foie gras werden enkele uiterst smaakvolle dadels geserveerd, gevolgd door correct bereide ragout van kreeft met duxelles van groenten. Als hoofdgerecht gingen duif en kalfsschenkel hand in hand. Bevredigend, zonder echter te overdonderen. De chef heeft nog troeven achter de hand maar slaagt erin zijn klanten te plezieren. De wijnkaart is zeer gevarieerd. Dit zal in de smaak vallen bij liefhebbers van ontdekkingen op deskundig advies van de maître van de zaak.

Lauwe

 Culinair

Dronckaertstr. 508 - 8930 Lauwe
📞 056 42 67 33   🖶 056 42 67 34
info@restaurantculinair.be - http://www.restaurantculinair.be
🍴 21:15   🔒 ma/lu   🔒 ma/lu wo/me zo/di
Ⓒ 20 fév - 1 mars, 20 août - 6 sept. / 20 feb - 1 maart, 20 aug. - 6 sept.
🍽 34-80   🍷 58-95   🥂 50

Steven Dehaeze kan goed smaken combineren. Maar in zijn gerechten ontbreekt net dat ietsje meer dat ze op een hoger niveau brengt. Wij kiezen het ontdekkingsmenu en krijgen lekkere hapjes: lolly van ganzenlever met crumble van pistache, sorbet van meloen met pata negra en gelei van porto, kreeft met taboulé en guacamole… Het eerste gerecht verrast met zijn samenhang: sardines met gel en carpaccio van tomaat, crumble van zwarte olijven, en gekonfijte citroen die frisheid brengt. Een al even aantrekkelijke combinatie – ook visueel – is sint-jakobsvrucht met mosselen, venusschelp, zalfje van peterseliewortel en frisse waterkers. Maar het geheel is iets te zout. Als hoofdgerecht krijgen wij op lage temperatuur gegaarde wilde eend met spinazie, pompoen, beukenzwammetjes en sausje van xerezazijn. En opnieuw zijn er die smaken die elkaar netjes aanvullen. Fraai terras. Een puntje bij.

Steven Dehaeze jongle avec les goûts avec bonheur. Cependant, il manque encore ce petit quelque chose à ses plats, qui lui permettrait de gravir un échelon de plus. Nous avons choisi le menu Découverte et nous avons reçu de délicieuses mises en bouche: sucette de foie gras d'oie avec un crumble de pistache, sorbet de melon au pata negra et gelée de porto, homard au taboulé et guacamole… Le premier plat surprend par sa cohérence: sardines avec un gel et un carpaccio de tomate, crumble d'olives noires et du citron confit pour la fraîcheur. Une autre composition tout aussi attirante – aussi sur le plan visuel – est la noix de Saint-Jacques avec des moules, palourdes, pommade de persil racine et toute la fraîcheur du cresson de fontaine. Cependant, l'on déplorera que l'ensemble soit trop salé. En plat de résistance, nous découvrons un canard sauvage cuit à basse température avec sa farandole d'épinard, de potiron, de jeunes shimejis et une petite sauce au vinaigre de xérès. Une fois de plus, les goûts se complètent parfaitement. Superbe terrasse ! Un point supplémentaire.

⑭ De Mangerie

Wevelgemstr. 37 - 8930 Lauwe
📞 056 42 00 75   📠 056 42 42 62
info@demangerie.be - http://www.demangerie.be
🕘 21:00   🔒 ma/lu za/sa   🔒 ma/lu zo/di
📅 20 fév. - 8 mars, 23 juil - 10 août / 20 feb - 8 maart, 23 juli - 10 aug
🍴 35-57   🍴 55-75   🍷 40

Chef Nick Vandenborre kookt met veel smaakdiepgang. Tegelijk houdt hij het graag licht. Er is een menu met eerst wilde zalm die pep krijgt van soja-ijs en geroosterde sesam; dan lotte met sabayon van ansjovis en zuiderse groenten; en als hoofdgerecht wilde eend met rode ui, sinaasappel, koffie en szechuan. Ook in het zoete register zorgt hij voor aangenaam reliëf.

Le chef Nick Vandenborre donne beaucoup de contraste gustatif à ses plats. Dans le même temps, il joue la carte de la légèreté. Un menu propose du saumon sauvage joliment relevé d'une glace au soja et de sésame torréfié ; ensuite, une lotte accompagnée d'un sabayon d'anchois et de légumes provençaux. En plat de résistance, canard sauvage aux oignons rouges, orange, café et poivre de Sichuan. Il maîtrise aussi les reliefs gustatifs dans le registre sucré.

Lavaux-Sainte-Anne

⑰ ↗ Lemonnier

r. Baronne Lemonnier 82 - 5580 Lavaux-Sainte-Anne
📞 084 38 88 83   📠 084 38 88 95
info@lemonnier.be - http://www.lemonnier.be
🕘 21:00   🔒 di/ma wo/me   🔒 di/ma wo/me
📅 12 - 19 avr., 18 - 28 juin, 3 - 13 sept, 17 déc. - 11 jan. / 12 - 19 apr.,
18 - 28 juni, 3 - 13 sept, 17 déc. - 11 jan.
🍴 35-68   🍴 20-44   🍷 76

La machine est lancée et nos deux compères (…et fils) ne vont pas s'arrêter en si bon chemin. Lors de notre visite, nous avons pu faire l'expérience de cette belle envolée gastronomique. Après de superbes mises en bouche, jolie composition que ce homard disposé sur une lamelle de calamar et agrémenté de corne de cerf, un pissenlit local. L'explosion de saveurs se poursuit d'une Saint-Jacques à la cuisson irréprochable et son risotto à la moelle et scarole pour le côté fraîcheur. Quelques pouce-pieds, crustacés très rares pour le petit plus. Que dire ensuite de ce chevreuil en deux préparations, la gigue saignante et goûteuse et un boudin d'épaule dans son bouillon avec quelques trompettes de la mort. Un vrai régal qui ravit nos papilles. La descente se fait tout en douceur sur une figue rôtie et sa glace au bois de chêne. La carte des vins fera le plaisir de tous les aficionados du jus de la treille. La 3ème toque est, sans conteste, amplement méritée.

UNE BONNE RECETTE POUR VOTRE FLOTTE ? IL SUFFIT DE COMBINER LES BONS INGRÉDIENTS.

LeasePlan Fleet Balance : un équilibre parfait entre coûts, service et considérations écologiques. Plus d'infos sur www.leaseplan.be

LeasePlan

It's easier to leaseplan

WWW.LEASEPLAN.BE

De machine draait goed en onze twee vrienden (… en zonen) zijn niet van plan te stoppen nu ze zo goed op dreef zijn. Tijdens ons bezoek konden we deze mooie gastronomische vlucht ervaren. Na prachtige aperitiefhapjes volgde een fraaie compositie: kreeft op een plakje calamaris gegarneerd met weegbree, een lokale paardenbloem. De smaakexplosie werd voortgezet met onberispelijk gebakken Sint-Jakobsnootjes op risotto met merg en andijvie voor een frisse toets. Enkele eendenmossels – zeer zeldzame schaaldieren – als extraatje. Daarna reebok op twee wijzen: even aangebakken smaakvolle bout, en worst van schouder in bouillon met enkele hoornen des overvloeds. Een waar genot voor onze smaakpapillen. De landing vindt plaats in zachtheid op een gebakken vijg en eikenhoutijs. De wijnkaart zal in de smaak vallen bij alle fervente wijnliefhebbers. De derde koksmuts is ontegensprekelijk ruimschoots verdiend.

Maison Lemonnier

r. Baronne Lemonnier 82 - 5580 Lavaux-Sainte-Anne
📞 084 38 88 83   🖨 084 38 88 95
info@lemonnier.be - http://www.lemonnier.be
🛏 0:00
📅 12 - 19 avril, 18 - 28 juin, 3 - 13 sept., 17 - 11 janv. / 12 - 19 april, 18 - 28 juni, 3 - 13 sept., 17 - 11 jan.
🍴 9   🅺 120   🅺 107-132

Leest ▷ Mechelen

Leuven

👨‍🍳 **d' Artagnan**

Naamsestraat 72 - 3000 Leuven
📞 016 29 26 26
info@restaurantdartagnan.be - http://www.restaurantdartagnan.be
🛏 21:00   🔒 ma/lu za/sa zo/di   🔒 ma/lu zo/di
🍴 34-62   🅿 50-70   🍷 48

Ernest Kalse heeft zijn restaurant verhuisd, maar het culinaire concept is gebleven. Hij werkt op basis van prima producten, streek- en seizoengebonden, en tegen betaalbare prijzen. Er is nu ook een vaste kaart, als aanvulling op de suggesties en menu's. Het grootste talent van de chef is dat hij de smaak van eenvoudige gerechten mooi kan optillen. De wijnkaart biedt hoofdzakelijk Franse, Spaanse en Italiaanse referenties, van landwijn tot château. Tuinterras.

Ernest Kalse a déménagé son restaurant en conservant toutefois son concept culinaire. Homme de produits de grande qualité, régionaux, et saisonniers, il propose des plats abordables. Outre les suggestions et menus, il propose désormais aussi une carte fixe. Le plus grand talent de ce chef est de sublimer le goût de préparations simples. La carte des vins se tourne essentiellement vers la France, l'Espagne et l'Italie, des vins de pays aux grands domaines. Terrasse et jardin si le cœur vous en dit.

Beluga

Krakenstr. 12 - 3000 Leuven   ♿ ❄
☏ 016 23 43 93
beluga.restaurant@telenet.be - http://www.restaurantbeluga.eu
🍴 21:30   🔒 ma/lu za/sa zo/di   🔒 ma/lu zo/di
📅 25 juil. - 7 août, 24 - 31 déc. / 25 juli - 7 aug., 24 - 31 dec.
🍽 36-55   🍽 46-75   🍷 56

Wim Janssens leidt zijn knusse, stadse bistro gelijk een echte ambachtsman. Geen meeloperij maar authentiek keukenwerk zonder al te veel dikdoenerij, lijkt zijn leidmotief. Hij kiest resoluut voor mariene producten en geeft daarbij ook minder voor de hand liggende vissoorten een smakelijk platform. Hij werkt daarvoor nauw samen met zijn visleveranciers die zijn eigenzinnige keuze best kunnen waarderen. Wim Janssens houdt van variatie en wil zijn gasten graag origineel verrassen. Het is een kenmerk van zijn enthousiaste aanpak waarvoor zijn klanten makkelijk terugkomen. Zijn open keuken is voor hem het perfecte podium om zijn visie over te dragen. Hij bedient zijn gasten graag ook zelf. Een transparant concept dus.

Wim Janssens dirige son bistro cossu et urbain comme un véritable artisan. Il ne marche dans les pas de personne, mais propose une cuisine authentique, sans vouloir en jeter plein la vue… Il opte résolument pour les produits de la mer et donne voix au chapitre à des espèces de poissons plus rares. À cet effet, il collabore étroitement avec des poissonniers qui mettent le mieux en valeur ses choix originaux. Wim Janssens aime varier les plaisirs et surprendre ses convives agréablement. Cet enthousiasme de tous les instants invite les clients à revenir. Sa cuisine ouverte est pour lui un podium parfait pour transmettre sa vision. Il aime aussi à servir lui-même ses clients. Un concept 100% transparent…

 Botaniq   ☺ L

Kapucijnenvoer 48 - 3000 Leuven   🚗 ♿ ❄
☏ 016 22 23 17   🖨 016 62 43 17
info@botaniq.be - http://www.botaniq.be
🍴 21:30   🔒 ma/lu di/ma za/sa zo/di   🔒 zo/di
🍽 28-48   🍷 70

Verse producten van het seizoen vinden elke dag hun weg naar een aantrekkelijk geprijsde lunch (€ 28) en een avondmenu met bijna dezelfde kwaliteit (€ 48). Het menu start met ganzenlever, kippenoester, pruim, chutney en kruidensla; dan is er pladijs met grijze garnalen, bloemkool, tomaat, selder en kappertjes; en Baskisch varken krijgt gezelschap van butternutpompoen, artisjok, girollen, blini en jus. Laat je verrassen door de wijnen.

Les produits frais de la saison alimentent chaque jour un lunch très accessible (28 euros) et un menu en soirée, avec quasiment la même qualité (48 euros). Le menu démarre avec un foie gras d'oie, des sot-l'y-laisse, le tour aromatisé aux prunes, chutney et salade d'herbes; nous passons ensuite à une plie aux crevettes grises, chou-fleur, tomate, cèleri et câpres. Ensuite, une pièce de porc basque dialoguant avec du potiron butternut, de l'artichaut, des girolles, un blini et un petit jus. Les vins vous surprendront.

👍 Brasserie Improvisio

Brusselsestr. 63B - 3000 Leuven
📞 016 20 76 46
improvisio@telenet.be - http://www.brasserieimprovisio.be
🕐 22:00   🔒 zo/di   🔒 ma/lu zo/di
🗓 août / augustus
🍴 29-39   🍷 36-53   🥂 44

👍 Meating Room

Oude Markt 12 - 3000 Leuven
📞 016 20 00 43   📠
reservatie@meatingroom.be - http://www.meatingroom.be
🕐 23:00   🔒 ma/lu di/ma   🔒 di/ma
🍴 25-50   🍷 35-60

⑭ ↗ Oesterbar

Muntstr. 23 - 3000 Leuven
📞 016 29 06 00
info@oesterbar.be - http://www.oesterbar.be
🕐 22:00   🔒 za/sa zo/di   🔒 ma/lu di/ma wo/me do/je zo/di
🗓 1 - 8 janv, 20 - 26 fév, 2 - 15 avr, 6 août - 4 sept, 29 oct - 4 nov /
1 - 8 jan, 20 - 26 feb, 2 - 15 apr, 6 aug - 4 sept, 29 okt - 4 nov
🍴 55-70   🥂 75

Liefhebbers van vis, schaal- en schelpdieren: hier moet je zijn. Bijvoorbeeld voor de Zeevruchtenschotel Oesterbar. Wij krijgen een assortiment oesters, met twee Fines de Claires d'Oléron, een platte Zeeuwse, een platte Colchester, een holle Gillardeau en een Zeeuwse. De oesters zijn heerlijk vers en intens, zilt en vlezig van smaak. Op de schotel liggen ook twee perfect gekookte Bretonse langoustines. Ze zijn knapperig en mooi zoet-zilt van smaak. Ook de koningsgarnalen zijn perfect van beet. Er zijn uiteraard palourdes, clams en wulken, maar de kreukeltjes moeten we missen. Jammer. Er komt boerenbrood en boter op tafel, en een heerlijk potje licht romige mayonaise met verse kruiden. Een geslaagd gerecht. Wij nemen nog crème brûlée als dessert. Hij is goed van smaak, niet te zoet, maar wel te vast. Dit is een heerlijk restaurantje, vooral natuurlijk voor de liefhebbers van het genre. Die kunnen hier ook terecht voor klassiekers als gegratineerde oesters met champagne, en kreeft thermidor. De producten zijn onberispelijk vers, je proeft de zee! Zeer gemoedelijke ontvangst. Er is een klein, gezellig terras.

Amateurs de poissons, crustacés et coquillages: c'est ici que vous trouverez votre bonheur. Le plateau de fruits de mer Oesterbar est incontournable. Il se compose d'un assortiment d'huîtres: deux fines de claire d'Oléron, une huître plate de Zélande, une plate de Colchester, une creuse Gillardeau et une creuse de Zélande. Les huîtres sont d'une grande fraîcheur et d'une grande intensité, salines et charnues. Deux langoustines bretonnes parfaitement cuites trônent aussi sur le plateau. Elles sont croustillantes et marient magnifiquement douceur et salinité. Les crevettes géantes sont croquantes à souhait. Citons encore les palourdes, les clams et les bulots, mais les bigorneaux sont aux abonnés absents. Dommage ! Le tout est servi avec du pain de campagne et du beurre, sans oublier le gros pot de mayonnaise onctueuse aux herbes. Splendide ! Nous prenons la crème brûlée en dessert. Elle a bon goût, n'est pas trop sucrée, mais elle est trop ferme. C'est une bonne maison, surtout si l'on aime les produits de la mer. C'est aussi une adresse incontournable pour les classiques tels que les huîtres gratinées au champagne et le homard thermidor. Les produits sont d'une fraîcheur irréprochable: c'est la mer qui s'invite à table. Accueil très décontracté. Petite terrasse, bien agréable.

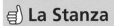 La Stanza ♡ ☺

Wandelingenstr. 8 - 3000 Leuven
☏ 016 50 30 66
🛏 22:00 🔒 ma/lu za/sa zo/di 🔒 ma/lu zo/di
🍽 28-54 🍷 30 ♦ 54

Trente ✿ ♡

Muntstr. 36 - 3000 Leuven
☏ 016 20 30 30
kwinten@trente.be - http://www.trente.be
🛏 21:00 🔒 ma/lu zo/di 🔒 ma/lu zo/di
🗓 24 - 31 déc. / 24 - 31 dec.
🍽 50-65 🍷 20-35 ♦ 56

Onze Jonge Topchef 2011 van Vlaanderen zet in zijn huisje in de Muntstraat zijn weg naar de gastronomische top voort. Een attente, vriendelijke en professionele bediening waakt er over een gezellige zaal die elegant is ingericht. In de keuken is Kwinten De Paepe ijzersterk. Hij bereidt gerechten die eigenlijk eenvoudig zijn, maar doortrokken zijn van een elegante aromatische complexiteit die in de smaak valt bij de liefhebbers van frisheid en finesse, maar ook bij wie van streekproducten houdt. Om te beginnen zalm en granny smith met een beetje venkel en dille. Daarna, onder andere, Sint-Jakobsnootje, bloemkool en hazelnoot gecombineerd in een elegante harmonie van zachtheid en knapperigheid. Het vervolg was al even voortreffelijk. Het moet dan ook niet gezegd dat reserveren hier meer dan noodzakelijk is.

Notre grand de demain 2011 pour la Flandre poursuit son ascension gastronomique dans sa petite maison de la munstraat. Un service attentif, cordial et professionnel y veille sur une salle cossue élégamment aménagée. Côté assiette, Kwinten De Paepe assure en envoyant des plats au demeurant simples mais empreints d'une élégante complexité aromatique qui réjouit tant les amateurs de fraîcheur et de finesse que ceux qui souhaitent que l'assiette fleure bon le terroir. Saumon et granny smith entament le repas et duettistes avec un peu de fenouil et d'aneth. Pour suivre, épinglons notamment la noix de Saint-Jacques où chou-fleur et noisette se marient dans une élégante cérémonie de fondant et de croquant. La suite étant de la même veine, inutile de dire que réserver ici est plus que nécessaire.

Zarza 🍇

Bondgenotenlaan 92 - 3000 Leuven ❄ ⛱
☏ 016 20 50 05 🖨 016 20 50 07
info@zarza.be - http://www.zarza.be
🛏 22:00 🔒 zo/di 🔒 zo/di
🗓 fin juil. - déb. août / eind juli - beg. aug.
🍽 42-56 🍷 49-68 ♦ 61

Stef Vervoort bereidt fijne, evenwichtige gerechten waarmee hij je smaakpapillen wil verwennen en tegelijk wil bijdragen tot je gezondheid. Hij werkt met fijne, verse producten. Interessante menu's en tweegangenlunch voor € 24. Goede wijnkaart én aandacht voor bier als begeleider van de maaltijd.

Stef Vervoort mitonne des plats raffinés et équilibrés. Tout en régalant vos papilles, il contribue aussi à votre santé. En effet, il travaille des produis frais et sains. Menus intéressants et lunch à deux plats pour 24 euros. Belle carte des vins et bières assorties aux plats.

⑬ t Zwart Schaap

Boekhandelstr. 1 - 3000 Leuven
☏ 016 23 24 16   🖷 016 22 58 56
info@tzwartschaap.com - http://www.tzwartschaap.com
🕮 21:30   🔒 ma/lu zo/di   🔒 ma/lu zo/di
📅 15 juil. - 15 août / 15 juli - 15 aug.
55-61   55-65   55

In een historisch gebouw in het centrum van Leuven bereidt Dirk Vanparijs smakelijke bistrogerechten. Er zijn scampi's met lookboter, lotte met prei, lamsnootjes met mosterd van Tierenteyn, konijn met bruine Leffe … De chef kent zijn vak en gebruikt verse ingrediënten.

Dans un immeuble historique du centre de Louvain, Dirk Vanparijs prépare de délicieux plats du répertoire de bistro. Scampis au beurre à l'ail, lotte au poireau, noisettes d'agneau à la moutarde de Tierenteyn, lapin à la Leffe brune… Le chef connaît parfaitement son métier et utilise des ingrédients frais.

🏛 Martin's Klooster

Predikherenstr. 22 - 3000 Leuven
☏ 016 21 31 41   🖷 016 22 31 00
kh@martinshotels.com - http://www.martinshotels.com
🕮 0:00   7/7
103   370   370

🏛 Binnenhof

Maria-Theresiastr. 65 - 3000 Leuven
☏ 016 20 55 92   🖷 016 23 69 26
info@hotelbinnenhof.be - http://www.hotelbinnenhof.be
🕮 0:00   7/7
57   152   156-172   3   180

🏛 Novotel Leuven Centrum

Vuurkruisenlaan 4 - 3000 Leuven
☏ 016 21 32 00   🖷 016 21 32 01
H3153@accor.com - http://www.novotel.com
🕮 0:00   7/7
139   210   97-228

Blanden

 Meerdael

Naamsestwg. 90 - 3052 Blanden
☏ 016 40 24 02
meerdael@skynet.be - http://www.meerdael.be
🍴 21:00   🔒 ma/lu za/sa zo/di   🛏 ma/lu zo/di
💼 Carnaval, août, Noël et Nouvel An / Krokus, aug., Kerst en Nieuwjaar
🍽 38-59   🍷 50-99   🍴 84

Jean-Marc Cosyns kookt met nobele producten, zoals kreeft en zeetong in een open ravioli met mozzarella en jus van kreeft met citroengras. Er is gegrilde tarbot met boterboontjes, of Bretoense langoustines met risotto. In het vleesregister noteren wij een jong duifje met erwtenmousse, spek en zilveruitjes. U eet in een gezellige huiselijke sfeer en met wat geluk op het mooie terras.

Jean-Marc Cosyns travaille de nobles produits comme le homard et la sole, servis dans une raviole ouverte avec de la mozzarella et un jus de homard et de mélisse. Il y a aussi le turbot grillé avec les haricots beurre ou les langoustines bretonnes au risotto. Côté viande, nous notons un pigeonneau avec une mousse de petits pois, lardons et petits oignons. L'ambiance est familiale et conviviale, et si les cieux sont cléments, profitez du jardin.

Haacht

 Dumon

Wilgen 1 - 3150 Haacht
☏ 016 23 07 34   🖨 016 29 24 95
dumon@telenet.be - http://www.dumon.be
🍴 21:30   🔒 di/ma wo/me   🛏 di/ma wo/me
💼 fin novembre / eind november
🍽 39-65   🍷 15-49   🍴 54

Haasrode

 **Bremberg**

Bremberg 1 - 3053 Haasrode
☏ 016 40 19 96   🖨 016 40 34 22
receptie@bremberg.be - http://www.bremberg.be
🍴 0:00
💼 16 juil. - 7 août, 24 - 31 déc. / 16 juli - 7 aug., 24 - 31 dec.
🛏 28   🍴 85-115

Heverlee

Arenberg

Kapeldreef 46 - 3001 Heverlee
℡ 016 22 47 75 🖷 016 29 40 64
restaurant.arenberg@telenet.be -
http://www.restaurantarenberg.be
🕘 21:30 🔒 ma/lu zo/di 🔒 ma/lu wo/me zo/di
📅 1 - 5 janv., 17 - 25 avril, 24 juil. - 15 août, 30 oct. - 7 nov. / 1 - 5 jan.,
17 - 25 april, 24 juli - 15 aug, 30 okt. - 7 nov.
🍷 64-76 🍷 50 🍴 78

Chef Lieven Demeestere is een van de leiders van een nieuwe generatie in de top-gastronomie, met een eigen stijl én een drang naar perfectionisme. Tegelijk is zijn keuken toegankelijk. Opvallend in elk gerecht is de balans, bijvoorbeeld tussen zilt en zoet in de sint-jakobsnootjes, geroosterd a la plancha (goed sappig ook), met crème van pastinaak, gekonfijt buikspek, jus van hazelnoot en hazelnootboter. Het gerecht oogt mooi, is zeer harmonieus van smaak en geeft een prettig mond-gevoel. Perfect! Naast balans en harmonie valt de lichtheid op in noordzeetong met garnalen, luchtige espuma van aardappel en gelei van schaaldieren. Zo licht en toch zoveel smaak! Deze chef beheerst zijn palet en zijn technieken. Kalfsvlees van topkwaliteit is perfect gegrild en krijgt het kleurrijke gezelschap van konfijt van sjalot, crème van paddenstoelen en witlof. Het bord wordt aan tafel begoten met een fenomenale truffeljus. Ook in dit gerecht heeft alles zijn plaats. Arenberg biedt een culinaire ervaring van hoog niveau. De ontvangst is zeer gastvrij en de jeugdige brigade creëert een levendige en gezellige atmosfeer.

Fort d'un style bien à lui et d'un naturel perfectionniste, le chef Lieven Demees-tere compte parmi les étoiles de la gastronomie nouvelle génération. Sa cuisine n'en reste pas moins accessible. Chaque plat surprend par son équilibre. Citons les noix de Saint-Jacques rôties 'a la plancha' (mais bien juteuses), qui oscillent entre l'amer et le sucré. Elles sont flanquées de panais, de poitrine confite, d'un jus et d'un beurre noisette. Ce plat, qui flatte les pupilles, respecte l'harmonie des saveurs et laisse une agréable sensation dans la bouche. Rien à dire ! Outre l'équi-libre et l'harmonie, on notera également la légèreté de la sole de mer du Nord aux crevettes, espuma aéré de pomme de terre et gelée de crustacés. Quelles saveurs pour un plat si léger ! Le chef maîtrise sa palette et ses techniques. Le veau de pre-mière qualité est parfaitement grillé. Sa suite haute en couleur se compose d'un confit d'échalote et d'une crème de champignons et d'endives. Une fois servie, l'assiette est arrosée d'un jus de truffe sensationnel. Une fois de plus, tout est à sa place. L'Arenberg garantit une expérience culinaire de haut niveau. L'accueil est très chaleureux et la jeune brigade se charge de la convivialité et du dynamisme.

Couvert Couvert

Sint-Jansbergsestwg. 171 - 3001 Heverlee
℡ 016 29 69 79 🖷 016 29 59 15
veerle@couvertcouvert.be - http://www.couvertcouvert.be
🕘 21:00 🔒 ma/lu zo/di 🔒 ma/lu zo/di
📅 1 - 7 janv. , 2 sem. Pâques, 25 août - 7 sept. / 1 - 7 jan. , 2 wek. Pasen,
25 aug. - 7 sept.
🍷 67-80 🍷 90-120 🍴 95

Laurent en Vincent Folmer blijven hun vermogen tonen om producten verfijnd met elkaar te associëren. Intrigerend en voorbeeldig is de zorg waarmee ze verse sardienen en smaakrijke tomaten tot één kruidig smaakvol geheel vervlechten. Bij vlees van sappige wilde eend en bijzonder geslaagde polenta serveren ze wijnperzik met verrassende mieriksshwortel die voor een boost in het bord zorgt. Na een fijne selectie van kaasmeester Fried Elsen met onder meer een indrukwekkende Tomme de Salers is het nog genieten van een koud-warme creatie met chocolade en karamelroomijs met pittige zoute boter.

Laurent et Vincent Folmer continuent à prouver leur capacité d'associer des produits avec un raffinement rare. Expérience intrigante et combien exemplaire que cette association de sardines fraîches et de tomates très goûteuses en un tout relevé et contrasté. Par ailleurs, ils accompagnent encore un canard sauvage succulent et une polenta particulièrement réussie de pêche de vigne boostée par une touche surprenante de raifort. Après une superbe sélection du maître-fromager Fried Elsen avec, entre autres, une époustouflante tomme de Salers, nous nous régalons encore d'une création chaud/froid au chocolat et crème glacée au caramel avec un beurre salé qui ne manquait décidément pas de piment.

Den Bistro ☺

Hertogstr. 160 - 3001 Heverlee
☎ 016 40 54 88   🖨 016 40 80 91
den.bistro@skynet.be - http://www.denbistro.be
🔓 21:30   🔒 di/ma wo/me za/sa   🔒 di/ma wo/me
🍽 39   🍷 36-54   🥂 57

Het Land aan de Overkant 🍇

L. Scheursvest 85 - 3001 Heverlee
☎ 016 22 61 81   🖨 016 22 59 69
info@hetlandaandeoverkant.be -
http://www.hetlandaandeoverkant.be
🔓 21:00   🔒 ma/lu za/sa zo/di   🔒 ma/lu zo/di
📅 10 jrs. déb. sept. / 10 d. beg. sept.
🍽 58-68   🍷 19-35   🥂 66

De jonge Wim Dejonghe, intussen vennoot van de twee oorspronkelijke eigenaars, mikt op een kwaliteitsvolle keuken door het aantal producten op het bord te verveelvoudigen. Wat soms nadelig kan zijn. Langoustine, gemarineerd rund, stukjes mozzarella gehuld in zwarte zaadjes en een heel assortiment kruiden vormden ons eerste voorgerecht. De smaken waren aanwezig, maar leken alle richtingen te willen uitgaan. Vervolgens een heel verfijnd gerecht: messenheft in tartaar, een verwijzing naar de voorliefde van de chef voor producten uit de zee. Qua vlees was het piepkuiken perfect, mals en heel smaakvol. In de kelder rust een beknopte maar veelbelovende selectie.

Désormais associé aux deux propriétaires historiques, le jeune Wim Dejonghe mise sur une cuisine de qualité en multipliant les produits dans l'assiette. Ce qui peut parfois le desservir. Langoustine, bœuf mariné, pépites de mozzarella en habit de graines noires et tout un assortiment d'herbes composaient notre 1ère entrée. Les saveurs étaient présentes mais cela semblait vouloir partir dans tous les sens. Tout en finesse ensuite, un couteau de mer et tartare rappelle l'amour du chef pour les produits de la mer. Côté terre, la chair du poussin est parfaite, moelleuse et goûteuse à souhait. Au cellier, la bible est courte mais prometteuse.

⌂ Boardhouse

J. Vandenbemptenlaan 6 - 3001 Heverlee
𝄞 016 31 44 44   🖨 016 31 44 54
info@boardhouse.be - http://www.boardhouse.be
🕐 0:00 7/7
📅 15 août - 3 sept. / 15 aug. - 3 sept.
🍴 10   🅺 115   🅺 79-139   🍴 2   ⓢ 150

Vaalbeek

⒀ De Bibliotheek

Gemeentestr. 12 - 3054 Vaalbeek
𝄞 016 40 05 58   🖨 016 40 20 69
info@debibliotheek.be - http://www.debibliotheek.be
🕐 21:00 🍴 wo/me do/je 🍴 wo/me do/je
📅 vac. de Carnaval, 16 - 31 juil. / Krokus vak., 16 - 31 juli
🍽 33-66 🍷 56-65 🍴 46

Gezelligheid en nostalgie zijn extra troefkaarten in dit restaurant tussen het Meerdaalwoud en het Heverleebos, waar je tafelt tussen kasten met boeken. De gerechten zijn onvervalst klassiek zoals americain met frietjes of gebakken tongetjes meunière tot klassiek met een eigentijds accent zoals Luikse salade met tartaar van makreel, tomatenfondue en mierikswortelcrème, of Argentijnse filet mignon met gevulde mini - artisjok en steppegras. Topwijnen per glas. Terras.

Convivialité et nostalgie sont les atouts supplémentaires de ce restaurant situé entre la forêt de Meerdael et la forêt de Heverlee. On s'y attable entre des bibliothèques garnies de livres. Les plats vont d'authentiques classiques comme l'américain/frites ou les solettes meunières à des classiques revisités à la sauce contemporaine comme la salade liégeoise avec un tartare de maquereau, une fondue de tomates et une crème de raifort, ou encore ce filet mignon de bœuf argentin, mini-artichaut farci et steppegras. Excellents flacons au verre. Terrasse pour la belle saison.

Wilsele

⒂ Luzine

K. Begaultlaan 15/6 - 3012 Wilsele
𝄞 016 89 08 77
luzine@luzine.be - http://www.luzine.be
🕐 21:00 🍴 ma/lu za/sa zo/di 🍴 ma/lu zo/di
📅 21 - 27 déc. / 21 - 27 dec.
🍽 55-95 🍷 25-39 🍴 85

Het restaurant van Jeroen Meus is tijdens de weekends een van de populairste van het land. Dat valt af te leiden uit het reserveringsboek. De begenadigde televisieman spreekt het publiek duidelijk aan. Ondanks zijn drukke activiteiten buiten de keuken zorgt hij ervoor dat Luzine zijn mannetje kan staan. Als een volleerde entrepreneur en verstandige investeerder heeft hij daarvoor de structuur gecreëerd waardoor zijn restaurant juist dankzij zijn televisiewerk betere kwaliteit kan garanderen. Of met andere woorden: ook al is de chef himself niet aanwezig, toch gooit de zaak over heel de lijn hoge ogen. Mensen ontgoochelen staat niet in Meus' draaiboek. Ook niet in zijn receptenboek. Kreeft houdt de chef extreem sappig. Een fijne salade en zachte geitenkaas ondersteunen nog eens extra dat aangename aspect. Parfum van vers geraspte bergamotcitroen zorgt via de neus voor smaakversterking. Respect voor het product toont deze ambachtsman ook met heerlijk krokant gebakken zeebaarsfilet waar kleine slakjes en gebrande boter extra hartige body brengen. Op televisie houdt hij zijn keukenwerk terecht makkelijk. In Luzine toont hij met zijn team zijn klasse die onze 'dagelijkse kost' ruim overstijgt.

À la vue du carnet de réservations, le restaurant de Jeroen Meus est un des plus populaires du pays le week-end... Cet homme très télégénique sait comment séduire les foules. En dépit de ses nombreuses activités extra-culinaires, il veille à ce que Luzine maintienne son cap. Entrepreneur aguerri et investisseur intelligent, il a créé la structure à cet effet. Résultat: son restaurant peut garantir une meilleure qualité précisément grâce à son travail à la télévision. En d'autres termes: même si le chef n'est pas présent en personne, cette adresse en impose ! En effet, décevoir ne fait pas partie du vocabulaire de Jeroen. Pas plus que de sa cuisine ! Son homard reste ainsi extrêmement juteux. Aspect encore renforcé par une salade raffinée et un fromage de chèvre assez doux. Le parfum de citron bergamote fraîchement râpé renforce les impressions olfactives – étonnante expérience. Cet artisan démontre aussi un grand respect pour le produit, avec un filet de bar cuit croquant auquel de petits escargots et un beurre noir relevé donnaient un certain coffre. À la télévision, le travail en cuisine apparaît très simple, à dessein. Par contre, au Luzine, il montre toute l'étendue de son talent et de sa classe, avec sa brigade, bien au-delà de notre « pain quotidien »…

Leuze-en-Hainaut

Le Chalet de la Bourgogne

ch. de Tournai 1 - 7900 Leuze-en-Hainaut
℡ 069 66 19 78   ℻ 069 66 19 78
http://www.everyoneweb.fr/lechaletdelabourgogne
⏰ 21:30   wo/me   ma/lu di/ma wo/me do/je zo/di
20-55   19-29   50

Yann Cousin vous ouvre les portes d'une cuisine qui fleure bon les produits de nos amis de l'Hexagone. Honneur à la langoustine bretonne simplement pochée, escalope de foie gras d'oie fumé ou ce sympathique trio provençal ; tempura de gambas, gaspacho de tomates et mozzarella. L'adresse rassemble les gourmands du coin…ou de plus loin.

Yann Cousin opent voor u de deuren van een keuken waarin de producten van onze Franse vrienden centraal staan. Hulde aan de Bretoense langoustine, eenvoudig gepocheerd, gerookte eendenlever of een sympathiek Provençaals trio: tempura van gamba's, gazpacho van tomaat en mozzarella. Een adresje voor lekkerbekken uit de buurt … of van verder.

La Cour Carrée

ch. de Tournai 5 - 7900 Leuze-en-Hainaut
℡ 069 66 48 25   ℻ 069 66 18 82
info@lacourcarree.be - http://www.lacourcarree.be
⏰ 0:00 7/7
15 jrs. àpd. 24 déc. / 15 dg. vanaf 24 dec.
9   50-70

Libramont-Chevigny

🏠 Best Western L'Amandier

av. de Bouillon 70 - 6800 Libramont-Chevigny
📞 061 22 53 73   🖨 061 22 57 10
🔓 0:00 ⁷⁄₇
🛏 24   🍴 75-95   🅿 25

Lichtaart ▷ Kasterlee

Lichtervelde ▷ Torhout

Liège

👍 La Cucinella

r. de la Casquette 26 - 4000 Liège
📞 04 222 36 52   🖨 04 222 36 52
g.marzano@skynet.be -
🔓 0:00   🔒 wo/me zo/di   🔒 wo/me zo/di
🍴 20-35   🍷 27-32

👍 L' Ecailler   ☺

r. des Dominicains 26 - 4000 Liège
📞 04 222 17 49   🖨 04 387 63 74
info@lecailler.be - http://www.lecailler.be
🔓 22:30 ⁷⁄₇
🍷 42-57

🎩 El Pica Pica   ♥ ☺

r. Hors Château 62 - 4000 Liège
📞 04 221 39 74   🖨 04 250 56 31
info@elpicapica.be - http://www.elpicapica.be
🔓 22:00   🔒 ma/lu za/sa zo/di   🔒 ma/lu zo/di
📅 1 - 15 janv., 15 jrs. été / 1 - 15 jan., 15 dag. zomer
🍴 25-47   🍷 12-32   🔑 60

Ce restaurant tourne clairement à plein régime. Son secret ? Sa cuisine délicieuse, son ambiance agréable et son service sans faute (un atout dans un établissement très fréquenté). Qui dit Espagne dit tapas et c'est ce qu'on vous propose ici. Mais ne vous méprenez pas, il s'agit de tapas gastronomiques. Un gaspacho de champignons ouvre le bal de bien belle manière. Nous dégustons également une escabèche de maquereau aux saveurs pures et sa langoustine. Un plat goûteux. S'ensuit un rouleau de printemps à la citronnelle et aux légumes. Le troisième envoi (lard en sauce aux cacahuètes) se place lui aussi sous le signe des saveurs généreuses. Alors que nous pensions que la perfection n'était pas loin, une pintade un peu trop sèche, cuite à basse température, mais légèrement brûlée, nous donne malheureusement tort. Dommage, car le chef a incontestablement du potentiel. Belle carte des vins, exclusivement espagnole.

Dit restaurant draait duidelijk op volle toeren. Dat heeft uiteraard met het lekkere eten te maken, maar er heerst ook een aangename sfeer én de bediening is zeer goed. Dat laatste is in een drukke zaak echt een pluspunt. Spaans betekent tapas en dat is ook wat je hier krijgt, maar vergis je niet: de tapas zijn hier van gastronomisch niveau. Een koud soepje van champignons is een mooie opener. Er is escabeche van verse en zuiver smakende makreel met langoustine. Een zeer smaakvol gerecht. Daarna krijgen we een eenvoudig, maar zeer fris lenterolletje met citroengras en groenten. Het derde gerecht – buikspek met pindasaus – zit opnieuw in het rijke, smaakvolle register. Net als we denken dat de perfectie om de hoek loert, is er helaas een iets te droge parelhoen, traag gegaard, maar ook een beetje aangebrand. Spijtig, want de chef heeft onmiskenbaar potentieel. Mooie wijnkaart met allemaal Spaanse wijnen.

 L' Epicerie

Rue de la Boucherie 9 - 4000 Liège
℡ 04 223 02 22
http://sites.resto.com/lepicerie
🍴 0:00 🔒 ma/lu za/sa zo/di 🔒 zo/di
🗋 Noël et Nouvel An / Kerst en Nieuwjaar
💶 20-35

Julien Marzano a fait de cet endroit un lieu dédié à la cuisine franco-italienne. Le décor se veut intimiste et chaleureux. Les gambas rôties aux coquillages et pesto de tomates séchées ou encore le classique osso bucco et ses légumes fondants sont autant d'ambassadeurs de cette cuisine duale au travers de subtils mélanges de saveurs qui raviront les papilles. Le tout s'arrose du jus de la treille transalpine.

Julien Marzano heeft van deze plaats een plekje gemaakt dat in het teken staat van de Frans-Italiaanse keuken. Het interieur is intimistisch en gezellig. Gebakken gamba's met schepjes en pesto van gedroogde tomaten en de klassieke osso bucco met malse groentjes zijn stuk voor stuk ambassadeurs van deze tweedelige keuken met subtiele mengelingen van smaken die de papillen in vervoering brengen. Bij dat alles wordt trans-Alpijnse wijn geschonken.

👍 Folies Gourmandes

r. des Clarisses 48 - 4000 Liège
℡ 04 223 16 44
🍴 0:00 🔒 ma/lu 🔒 ma/lu zo/di
💶 29 🍷 42-49 🍴 51

👍 Frédéric Maquin

r. des Guillemins 47 - 4000 Liège
℡ 04 253 41 84 🖨 04 253 41 84
info@fredericmaquin.be - http://www.fredericmaquin.be
🍴 22:00 🔒 ma/lu di/ma za/sa 🔒 ma/lu di/ma
🗋 2 sem. janv., 3 sem. juil./août / 2 wek. jan., 3 wek. juli/aug.
💶 20-65 🍷 35-45 🍴 50

👍 Grand café de la gare

Gare des guillemins 20 - 4000 Liège
📞 04 222 43 59
contact@grandcafedelagare.be - http://www.grandcafedelagare.be
🕐 22:00 7/7
🍽 17-20 🍷 24-55

⑭ ↗ Héliport

Esplanade Albert 1er 7 - 4000 Liège
📞 04 252 13 21   🖨 04 252 57 50
info@restaurantheliport.be - http://www.restaurantheliport.be
🕐 21:45 🔒 ma/lu za/sa zo/di 🔒 ma/lu zo/di
🧳 31 juil. - 15 août / 31 juli - 15 aug.
🍽 35-72 🍷 88-100 🍸 55

Cette adresse nous avait laissé sur notre faim l'année passée. Et pourtant, Dieu sait si nous avons été les premiers à saluer le talent de Frédéric. Nous revoilà donc, armés de notre fourchette, pour un second round dans la cité ardente. Pour commencer, une langoustine rôtie impeccablement cuite et un foie pané aux épices japonaises, le tout subtilement accompagné d'un carpaccio et vinaigrette de mangue et papaye apportant le côté acidulé à l'ensemble. Ensuite l'œuf poché, fricassée d'asperges et émulsion de volaille se laissait surprendre par une salinité un rien trop présente. Nous avons apprécié la raviole de joue et queue de bœuf et le filet de veau en basse température. Le mot de la fin pour ce duo fraise/rhubarbe tout en douceur. Le point supplémentaire donnerait-il le signe d'un redécollage ? A l'héliport, tout est possible… on croise les doigts.

Dit adresje liet ons vorig jaar op onze honger zitten. En het is nochtans algemeen geweten dat wij het talent van Frédéric als eersten prezen. We zijn dus opnieuw van de partij, gewapend met een vork, voor een 'second round' in de vurige stede. Om te beginnen een onberispelijk gebakken langoustine en in Japanse kruiden gepaneerde lever, subtiel vergezeld van carpaccio en vinaigrette van mango en papaja die voor de zure toets zorgen. Vervolgens liet het gepocheerde ei met mix van asperges en gevogelte-emulsie zich verrassen door een iets te nadrukkelijke zoutheid. Daarna genoten we van de ravioli van rundwang en ossenstaart en de op lage temperatuur gegaarde kalfsfilet. Het duo van aardbei en rabarber kreeg het laatste woord. Zou het extra puntje het teken zijn voor een nieuwe start? In Héliport is alles mogelijk… Wij duimen.

⑯ Le Jardin des Bégards ♡ ☺

bld. de la Sauveniere 70 - 4000 Liège
📞 04 222 92 34   🖨 04 222 92 44
sprlpichi@skynet.be - http://www.lejardindesbegards.be
🕐 21:30 🔒 ma/lu za/sa zo/di 🔒 ma/lu zo/di
🧳 16 - 31 oct. / 16 - 31 okt.
🍽 35-75 🍷 36-72

A l'abri de l'agitation urbaine, la table de François Piscitello bénéficie, à l'instar de sa cuisine, de l'un des plus beaux environnements de la cité et d'une renommée justifiée de l'une des meilleures tables de la Principauté. Nous avons pu en bénéficier lors d'une de nos visites avec cette association très surprenante et audacieuse entre un veau de lait et des vongoles en tartare. Cuisson parfaite pour notre thon rouge au pesto de coriandre et artichauts. Le reste est du même acabit prouvant les talents du chef. L'efficace service du sommelier, deux fois primé Sommelier de l'année (2010 & 2011) de la Province de Liège, fait oublier l'atmosphère qui, sans lui, pourrait vite devenir un peu trop austère.

Weg van de stedelijke drukte geniet het restaurant van François Piscitello – net zoals zijn keuken – van een van de mooiste omgevingen van de stad en van een terechte reputatie als een van de beste restaurants van het prinsbisdom. Wij stelden dat zelf vast tijdens een van onze bezoeken, met een zeer verrassende en gewaagde combinatie van melkkalf en vongole in tartaar. Perfecte cuisson voor onze rode tonijn met pesto van koriander en artisjokken. De rest was van hetzelfde allooi en bewijst het talent van de chef. De efficiënte bediening van de sommelier, die twee keer werd uitgeroepen tot Sommelier van het Jaar (2010 & 2011) van de Provincie Luik, doet de sfeer vergeten die zonder hem al snel ietwat te streng zou kunnen worden.

Le jongleur des saveurs

rue en Bergerue 6 - 4000 Liège
℡ 04 232 19 17

lejongleurdessaveurs@gmail.com
0:00   di/ma zo/di   di/ma zo/di
27-32

Le Labo 4

Quai Edouard Van Beneden 22 - 4000 Liège
℡ 04 344 24 04
info@lelabo4.be - http://www.lelabo4.be
7/7

Remparts Notger

rue Jaspar 2 - 4000 Liège
℡ 04 230 73 30
info@rempartsnotger.com - http://www.rempartsnotger.com
0:00   7/7
30-50   46-53

Niché au cœur du nouvel hôtel 4 étoiles de Liège, le Jala Hôtel, le restaurant des Remparts Notger affiche un cadre lumineux, moderne et confortable. Un personnel jeune mais courtois y assure un service diligent tandis qu'en cuisine, c'est un chef qui est loin de débuter qui assure les envois. Michel Damoiseau est en effet bien connu des gastronomes liégeois. Que ce soit de son époque « Marguerite » à Ans ou durant les années qui suivirent aux côtés de Robert Lesenne dans plusieurs adresses. Cette expérience, on la savoure dans cette queue de homard en céviche relevée d'un morceau de pince pané et rafraîchi de la présence de navets croquants et juteux. Pour suivre, le cabillaud impeccable malgré un jus de coco un rien en retrait, assure l'essentiel. En finale, les fraises poêlées et glace à la violette d'un côté, le moelleux au chocolat de l'autre, confirment la première toque d'entrée. Vivement la suite. La carte des vins est en chantier mais les fondations sont plus que positives.

Restaurant Remparts Notger, gevestigd in het nieuwe 4-sterrenhotel van Luik, Jala Hotel, biedt een modern en comfortabel kader dat baadt in het licht. Jong maar hoffelijk personeel verzekert er toegewijd de bediening, terwijl in de keuken een chef staat die niet aan zijn proefstuk toe is. Michel Damoiseau is immers goed gekend bij de Luikse gastronomen. Van zijn tijd in de 'Marguerite' in Ans of van de periode dat hij aan de zijde van Robert Lesenne werkte op verschillende adresjes. Deze ervaring is onder meer te proeven in een ceviche van kreeftenstaart geserveerd met een stukje gepaneerde schaar en knapperige en sappige raapjes. Vervolgens onberispelijke kabeljauw, ondanks de kokossaus die wat achterblijft. Tot slot gebakken aardbeien en viooltjesijs aan de ene kant, en moelleux van chocolade aan de andere kant. Twee desserts die de eerste koksmuts bevestigen – om te beginnen. Leve het vervolg. De wijnkaart is nog in opbouw, maar de funderingen zijn al meer dan positief.

 # Le Sélys

Crown Plaza - Mont Saint Martin 9-11 - 4000 Liège
☎ 04 267 68 04
http://www.crowneplazaliege.be
🛏 0:00 ⁷⁄₇
🍽 395-120

La célèbre chaîne hôtelière Crown Plaza, vient d'ouvrir un hôtel 5 étoiles à Liège. Elle y propose 2 restaurants. D'un côté, la brasserie avec en spécialité des préparations servies en cocotte et, de l'autre, le gastronomique que nous avons eu le plaisir de visiter. Le chef, Raphaël Sabel a fait ses armes notamment à l'Eclipse. Lors de notre visite, nous avons dégusté une variation du thon en cru, tartare et mi-cuit, tout en fraîcheur alors que le cabillaud pêchait par une cuisson trop longue. Une cuisine en plein rodage mais les débuts s'annoncent prometteurs.

De bekende hotelketen Crown Plaza heeft onlangs een 5-sterrenhotel geopend in Luik. Daarin zijn 2 restaurants ondergebracht. Enerzijds de brasserie met als specialiteit bereidingen in cocotte, en anderzijds het gastronomische restaurant dat wij met genoegen bezochten. De chef, Raphaël Sabel, verdiende zijn sporen onder meer in l'Eclipse. Bij ons bezoek opteerden we voor een variatie van tonijn – rauw, tartaar en kortgebakken. Heel fris, terwijl de kabeljauw toch net iets te gaar was. Een keuken die zich nog volop aan het inwerken is. Maar het begin is al veelbelovend.

 # Le Shanghai 🍇♡☺

pl. de la Cathédrale 104 - 4000 Liège 🏠♿❄
☎ 04 222 22 63   🖨 04 223 00 50
http://www.leshanghai.be
🛏 22:30 🔒 di/ma 🔒 di/ma
🍽 20-49 🍷 20-46 🍴 37

Tout ici respire l'Asie, que ce soit au niveau du mobilier traditionnel ou de la carte. La culture gastronomique chinoise y est largement représentée. Consommé de cailles au ginseng, dés de poulet à la mode de Sichuan ou canard fumé au thé sont des classiques parfaitement exécutés. La cave n'est pas en reste puisque elle regorge de plus de 1200 références permettant, chose rare ou du moins peu aisée, une belle association mets/vin.

Hier ademt alles Azië, zowel het traditionele meubilair als de kaart. De Chinese gastronomische cultuur is hier sterk vertegenwoordigd. Consommé van kwartels met ginseng, kippenblokjes op Sichuanwijze of gerookte eend met thee zijn perfect bereide klassiekers. De kelder doet niet onder: meer dan 1.200 referenties voor – wat vreemd of toch minstens niet echt gangbaar is – een mooie combinatie van gerechten/wijn.

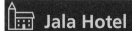 Jala Hotel

rue Jaspar 2 - 4000 Liège
℡ 04 230 73 30   🖨 04 230 73 31
http://www.jalahotel.be
🔓 0:00 ⁷⁄₇
🛏 12   ⚿k 48   ⚿k♿ 50-60   🅿 65-82   🏨 82

⛪ Ramada Plaza Liège City Center

Quai St-Leonard 36 - 4000 Liège
℡ 04 228 81 11   🖨 04 227 45 75
gm@ramadaplaza-liege.com - http://www.ramadaplaza-liege.com
🔓 0:00 ⁷⁄₇
🛏 149   ⚿k 134   ⚿k♿ 114-149   🅿 149-184   🏨 184

🏨 Campanile

r. Jean Baptiste Juppin 17 - 4000 Liège
℡ 04 224 02 72   🖨 04 224 03 80
liege@campanile.com - http://www.campanile.com
🔓 0:00 ⁷⁄₇
🛏 68   ⚿k 95   ⚿k♿ 81-106   🅿 92-125   🏨 125

🏨 Le Cygne d'Argent

r. Beeckman 49 - 4000 Liège
℡ 04 223 70 01   🖨 04 222 49 66
info@cygnedargent.be - http://www.cygnedargent.be
🔓 0:00 ⁷⁄₇
🛏 20   ⚿k 98   ⚿k♿ 84-107

Angleur

🏨 Le Val d'Ourthe

r. de Tilff 412 - 4031 Angleur
℡ 04 365 91 71   🖨 04 365 62 89
http://www.horest.be
🔓 0:00 ⁷⁄₇
🛏 8   ▮ 3   🛏 4

Ans

👍 La Fontaine de Jade

r. de l'Yser 321-323 - 4430 Ans
📞 04 246 49 72   📠 04 263 69 53
lafontainedejade@gmail.com - http://www.lafontainedejade.com
🕐 23:00   🔒 di/ma   🔓 di/ma
🍴 15-40   🍷 21-30

🎩14 Gavius

r. de l'Yser 106 - 4430 Ans
📞 04 247 35 15   📠 04 247 35 03
info@gavius.be - http://www.gavius.be
🕐 20:30   🔒 ma/lu za/sa zo/di   🔓 ma/lu
📦 juil. / juli
🍴 325-45   🍷 40-60   🥂 55

L'extérieur de la devanture ne rend pas grâce à la décoration intérieure signée de la main de Pinto. Au fond de la salle, on peut admirer une superbe cuisine ouverte où s'affairent le chef et son équipe. Les vins sont en vitrine juste derrière le bar et classés par région d'Italie bien sûr ! La carte aussi rend hommage à la botte. Pour commencer, quelques gambas simplement rôties saupoudrées d'épices, accompagnées d'une purée de haricots blancs donnant ce côté velouté au plat. Sans doute un rien trop… Pour suivre, le mi-cuit de thon affichait une belle fraîcheur mais était un rien trop cuit. La roulade d'aubergine, la roquette et les pommes de terre rissolées sur leur sauce aux poivrons étaient impeccables. Ceci ne sauve toutefois pas la perte d'un point. Un rien plus d'attention devrait permettre son retour rapide. Côté cave, si vous êtes perdus entre le barolo et le montepulciano, demandez conseil !

De buitengevel doet de interieurdecoratie van de hand van Pinto geen eer aan. Achteraan in de zaal kunnen we een prachtige open keuken bewonderen waar de chef en zijn team aan het werk zijn. De wijnen staan in een vitrinekast vlak achter de bar, geklasseerd volgens Italiaanse streek natuurlijk! Ook de kaart brengt hulde aan Italië. Om te beginnen enkele gewoon gebakken gamba's bestrooid met kruiden en vergezeld van puree van witte bonen die het gerecht iets veloutéachtigs bezorgt. Misschien een tikkeltje overdreven… Vervolgens kort gebakken tonijn – mooi vers, maar ietwat te veel gebakken. De roulade van aubergine, de notensla en de gebakken aardappeltjes op paprikasaus waren onberispelijk. Dat kan het verlies van een punt echter niet tegengaan. Ietsje meer aandacht, en het punt zal snel opnieuw verdiend zijn. Wat de kelder betreft: vraag raad als u de weg kwijt bent tussen de barolo en de montelpulciano!

Boncelles

 La Villa

rte. du Condroz 94 - 4100 Boncelles
☏ 04 336 74 65   🖷 04 336 00 06
info@lavillaboncelles.be - http://www.lavillaboncelles.be
🕗 0:00   🔒 ma/lu di/ma   🔒 ma/lu di/ma
🧳 1 - 7 janv., 1 - 7 sept. / 1 - 7 jan., 1 - 7 sept.
🍴 35-45   🍴 35-45   🍷 50

Que vous soyez brasserie ou plutôt restaurant plus cosy, vous avez ici tout à la même adresse. Ce qui explique la carte relativement longue qui, parfois, peut faire peur aux gastronomes qui ont eu des déconvenues dans des adresses travaillant avec moins de frais que de surgelés. Ici pourtant, on déguste des croquettes aux crevettes un baby-homard à la nage et un canard sauvage à l'orange plus que corrects. La carte des vins, elle aussi, est accessible à tout type d'amateur de vin sans être celle des passionnés.

Of u nu van een brasserie houdt of eerder van een gezelliger restaurant, hier hebt u alles op hetzelfde adres. Dat verklaart de relatief lange kaart die soms wel afschrikkend kan zijn voor gastronomen die al tegenvallers hebben gehad op adresjes die met minder vers dan diepgevroren werken. Hier geniet u nochtans van meer dan correcte garnaalkroketten, babykreeft à la nage en wilde eend met sinaasappel. Ook de wijnkaart is toegankelijk voor elk type van wijnliefhebber, zonder de kaart van de gepassioneerde wijnliefhebbers te zijn.

Embourg

 L' Atelier cuisine 🆕

voie de l'Ardenne 99 - 4053 Embourg
☏ 04 371 31 62   🖷 04 371 31 62
atelier-cuisine@skynet.be - http://sites.resto.com/lateliercuisine/
🕗 0:00   🔒 ma/lu za/sa   🔒 ma/lu
🍴 23-35   🍴 25-45

Esneux

 L'Air de rien 🆕 ♡

Chemin de la Xhavée 23 - 4130 Esneux
☏ 04 225 26 24
info@lairderien.be - http://www.lairderien.be
🕗 0:00   🔒 ma/lu di/ma wo/me za/sa   🔒 ma/lu di/ma
🍴 20-57   🍴 28   🍷 71-94

Jamais un restaurant n'a aussi bien porté son nom. Une salle toute simple, béton lissé au sol, pierres blanches au mur, poutres apparentes. Les meubles et les couverts viennent de chez Ikéa. Mais qu'importe. Car…l'air de rien, ce qui tombe dans l'assiette, c'est tout sauf de la cuisine de grande surface. Après quelques mises en bouche intrigantes, on débute avec une splendide figue rôtie caramélisée dissimulée sous un monticule de poudre de foie gras étonnant. Pour suivre, une sole impeccable est servie sous un jus de poulet rôti avec une très belle purée de panais et une déclinaison fort réussie autour du céleri. On est clairement dans une grande maison. Le chevreuil et ses truffes blanches suivis d'une dégustation de fromages excessivement bien sélectionnés, le confirment. Bravo. La carte des vins peut s'étoffer un peu même si elle contient de bonnes bouteilles à prix justes. Service efficace d'un jeune garçon sympathique.

Nooit eerder was de naam van een restaurant zo toepasselijk. Een eenvoudige zaal, glad beton op de vloer, witte stenen muur, zichtbare balken. De meubels en het bestek komen van bij Ikea. Maar dat is niet wat telt. Want … wat hier op het bord terechtkomt, is allesbehalve supermarktkeuken. Na enkele intrigerende aperitiefhapjes startten we met een schitterende gekarameliseerde gebakken vijg verstopt onder een bergje verrassend poeder van foie gras. Vervolgens werd een onberispelijke zeetong geserveerd met jus van gebakken kip, een zeer mooie puree van pastinaak en een uiterst geslaagde interpretatie van selder. We bevinden ons duidelijk in een groot huis. Dat wordt nog maar eens bevestigd door het ree met witte truffel, gevolgd door een degustatie van perfect geselecteerde kazen. Bravo. De wijnkaart zou nog wat uitgebreid kunnen worden, ook al staan er mooie flessen tegen correcte prijzen op. Efficiënte bediening door een sympathieke jonge ober.

Flémalle

 ## Le Gourmet Gourmand

Grand'Route 411 - 4400 Flémalle
☏ 04 233 07 56 🖨 04 233 19 21
gourmetgourmand@skynet.be - http://www.gourmetgourmand.be
🕘 21:00 🔒 ma/lu za/sa 🔒 ma/lu di/ma wo/me do/je zo/di
🍽 35-45 🍷 53-82 ♨ 65

Les époux Gaillard ont fait de leur passion un métier et pratiquent une cuisine respectueuse de la nature et des produits. La carte se déguste au gré des saisons entre le boudin noir du pays de Liège rôti et sa fricassée de Jonagold suivi du filet de biche et vinaigre de prunes. Quant au gourmand iodé, il optera plus pour le homard au filet de safran et gâteau de légumes. On déjeune au jardin par beau temps.

Het echtpaar Gaillard heeft van zijn passie zijn beroep gemaakt en legt zich toe op een keuken met respect voor de natuur en de producten. De kaart is seizoensgebonden en varieert van gebakken zwarte pens uit de streek van Luik met fricassee van jonagold gevolgd door reefilet met pruimenazijn. Lekkerbekken die wat jodium willen, opteren eerder voor de kreeft met een vleugje saffraan en groentetaart. Bij mooi weer kunt u eten in de tuin.

Liers

 ## La Bartavelle

r. Provinciale 138 - 4042 Liers
☏ 04 278 51 55
info@labartavelle.be - http://www.labartavelle.be
🕘 21:00 🔒 za/sa zo/di 🔒 ma/lu di/ma wo/me do/je zo/di
🍽 35-40 🍷 42-50 ♨ 60

Coup de neuf à la Bartavelle avec l'arrivée d'une nouvelle lady chef, Roxane Vrancken. La source d'inspiration ne change pas puisqu'elle puise ses recettes au gré des senteurs provençales chères à la maison. La cassolette de fruits de mer à la marseillaise flambée au pastis, le filet de rouget au pesto de noix ou le suprême de pintade cuit en basse température en sont les dignes représentants. Le jardin vous accueille par beau temps.

Er waait een nieuwe wind door la Bartavelle met de komst van een nieuwe lady chef, Roxane Vrancken. De inspiratiebron verandert niet, aangezien ze zich voor haar recepten baseert op de Provençaalse geuren die dit restaurant zo dierbaar zijn. Ovenschoteltje van zeevruchten op Marseillaanse wijze, geflambeerd met pastis, poonfilet met pesto van noten of op lage temperatuur gebakken parelhoen zijn daarvan waardige vertegenwoordigers. Bij mooi weer kunt u terecht in de tuin.

Neupré

 L' Apropos

Rue Bonry 146 - 4120 Neupré
℡ 04 382 13 00

daniel.fournier@teledisnet.be - http://www.lapropos.be
🍴 22:00   🔒 ma/lu di/ma   🛏 ma/lu di/ma
📅 24 déc - 8 janv, 2 sem en mai, 2 sem début sept / 24 dec - 8 jan,
2 weken in mei, 2 weken begin sept
🍽 26-31   🍷 13-18

Sur les hauteurs de la principauté, 2 passionnés, amoureux de la bonne chair et du vin, ont décidé d'ouvrir cette charmante maison de rangée aux amateurs de cuisine méditerranéenne. Le tout dans un décor aux tons chauds et confortables. Nous avons pioché à la carte le carpaccio d'espadon et pour mon vis-à-vis, celui de bœuf. Un plat tout en fraîcheur avec une dominante un peu trop marquée du citron et de l'huile. Ensuite, place à un superbe risotto et ses accompagnements d'une part, ou à une saltimbocca de porcelet à la cuisson irréprochable. Les vins font honneur aux accents du Sud. Une belle découverte…à propos…

In de heuvels van het prinsbisdom hebben 2 gepassioneerde mensen met een liefde voor lekker vlees en wijn beslist om deze charmante rijwoning te openen voor de liefhebbers van een mediterrane keuken. Allemaal in een decor van warme en comfortabele tinten. We kozen op de kaart de carpaccio van zwaardvis, en aan de overkant die van rund. Een fris gerecht, met een net iets te uitgesproken dominantie van citroen en olie. Vervolgens een schitterende risotto met garnituur aan de ene kant, of saltimbocca van perfect gebakken speenvarken. De wijnen zetten de zuiderse accenten kracht bij. Een mooie ontdekking…

Saint-Georges-sur-Meuse

 ↗ **Philippe Fauchet**

r. Warfée 62 - 4470 Saint-Georges-sur-Meuse
℡ 04 259 59 39
philippe.fauchet@skynet.be - http://www.philippefauchet.be
🍴 21:00   🔒 ma/lu di/ma za/sa   🛏 ma/lu di/ma
📅 15 jrs. été et 15 jrs. hiver / 15 d. zomer en 15 d. winter
🍽 30-75   🍷 22-35   🍶 66

Philippe Fauchet est des maîtres ès goûts de la province de Liège. Il réfléchit minutieusement à chaque élément du repas. Sa cuisine est précise, les moindres détails sont étudiés et les goûts sont époustouflants. Il travaille les légumes avec exubérance et les assemble avec créativité. En entrée, Philippe nous propose un dialogue de structures et de surprises gustatives dans un bouillon clairet de palourdes, où la chair pure et bien ferme du cabillaud est discrètement soutenue par des légumes (poireau mariné, émincé de poireau cru et tomates zébrées vertes), la granny smith et le kalamansi assurant la touche de fraîcheur et le quinoa, une texture douce sous la dent. Le plat de résistance montre que le chef maîtrise parfaitement ses temps de cuisson: suprêmes de caille fondants et succulents, les cuisses étant confites et la peau caramélisée. Une garniture luxuriante de salade de betteraves rouges et de bettes, de jets de pois chiches et de haricots est subtilement assaisonnée au gingembre et à l'ail. Une sauce à l'ortie assure une touche de fraîcheur. Le dessert est une combinaison passionnante d'acidité et de douceurs avec un riz sauvage soufflé à l'huile d'olive, des biscuits au yaourt croquants, un abricot frais et du riz au lait. Tant de maestria méritait bien un point de plus. Cerise sur le gâteau, Philippe devient le lauréat wallon du concours « Restaurant de légumes de l'année ».

Philippe Fauchet is een van de smaakmakers van de provincie Luik. Over elk onderdeel van de maaltijd denkt hij zorgvuldig na. Hij kookt precies, met oog voor detail, en imponeert met volle smaken. Hij werkt uitbundig met groenten en verwerkt ze op een creatieve manier in zijn gerechten. Voor het voorgerecht pakt Fauchet uit met een wisselend spel van structuren en smaakverrassingen in een heldere bouillon van tapijtschelpen waarin het zuivere, goed vaste vlees van kabeljauw discreet wordt ondersteund door groenten zoals gemarineerde prei, snippers rauwe prei en green zebra-tomaten; granny smith en kalamansi voor de fristoets en zachte quinoa. Het hoofdgerecht toont dat de chef zijn gaartijden perfect beheerst: malse en sappige kwartelborsten, de boutjes gekonfijt en het vel gekaramelliseerd. Een uitbundige garnituur van salade van rode biet en snijbiet, scheutjes kikkererwt en boontjes wordt subtiel gekruid met look en gember. Saus van brandnetels zorgt voor een verfrissend accent. Het dessert is een boeiende combinatie van zuur en zoet met in olijfolie gepofte wilde rijst, knapperige yoghurtkoekjes, verse abrikoos en rijstpap. Een punt extra is hier op zijn plaats. Bovendien wordt Philippe Fauchet de Waalse winnaar van de wedstrijd 'Groenterestaurant van het Jaar'.

Saint-Nicolas (Lg.)

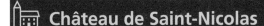

Château de Saint-Nicolas

r. Ferdinand Nicolay 227 - 4420 Saint-Nicolas (Lg.)
℡ 04 235 01 80   🖶 04 235 01 81
chateaudesaintnicolas@skynet.be -
http://www.chateaudesaintnicolas.be
🔓 0:00   7/7
♿ 6   ♨ 79-99   🏠 2   💲 129

Seraing

 Le Cercle de Wallonie

Esplanade du Val 1 - 4100 Seraing
📞 04 330 36 30   🖨 04 330 36 31
info@cerclewallonie.be - http://www.cerclewallonie.be
🔓 0:00   🔒 za/sa zo/di   🔒 ma/lu di/ma wo/me do/je vr/ve za/sa zo/di
🍽 50-75

Après Namur, le Cercle de Wallonie a ouvert à Liège, au Val-Saint-Lambert. Nous l'annonçons en exclusivité, ce cercle très privé ouvre désormais son restaurant au public mais uniquement le midi, sur réservation et… en tenue correcte. Voilà bien un endroit où (se) faire plaisir à table dans un cadre somptueux. La brigade est coachée par David Cicigoï mais est dirigée de main de maître par le chef local, David Grondal. La carte étant la même qu'à Namur, on y trouve, en petites, moyennes ou grandes portions, les noix de Saint-Jacques, le cœur de cabillaud et sa paëlla ou la papillote de daurade aux chicons côté terre, tandis qu'en saison, le gibier côtoie la bleue des prés, la longe de porc Iberico en jus de gueuze et ses légumes racines.

Na Namen opende de Cercle de Wallonie een restaurant in Luik, in Val-Saint-Lambert. Een primeur: deze uiterst gesloten kring opent voortaan zijn restaurant voor het publiek, maar enkel 's middags, na reservatie en … in deftige kledij. Een plaats om te genieten in een weelderig kader. De brigade wordt gecoacht door David Cicigoï, maar wordt met meesterhand geleid door de lokale chef, David Grondal. De kaart is dezelfde als in Namen, met kleine, middelgrote of grote porties Sint-Jakobsnootjes, kabeljauwhaasje met paella of papillot van goudbrasem met witlof. In het seizoen prijkt op de kaart wild naast Bleue des Prés rund en longhaasje van iberico-varken met geuzejus en wortelgroentjes.

 Au Moulin à Poivre

r. de Plainevaux 30 - 4100 Seraing
📞 04 336 06 13   🖨 04 336 07 52
info@aumoulinapoivre.be - http://www.aumoulinapoivre.be
🔓 0:00   🔒 ma/lu di/ma za/sa   🔒 ma/lu di/ma zo/di
📅 1 - 15 août / 1 - 15 aug.
🍽 38-48   🍽 51-70   🍴 53

Un décor sur le thème du raffinement et de la simplicité accueille les gastronomes d'un jour. Cette maison est tenue par un duo de choc, Jean et Carole Collette. Les envois font honneur aux bases de la cuisine française et sont remis au goût du jour. On pouvait déguster ce jour-là les gambas rôties à l'huile d'olive rehaussées aux herbes fraîches pour ensuite fondre devant le duo d'agneau parfumé au romarin. Le choix du vin se fait sous l'œil avisé (et avec les conseils) de la maîtresse des lieux.

De gastronomen voor één dag worden verwelkomd in een decor dat in het teken staat van raffinement en eenvoud. Dit restaurant wordt gerund door een dynamisch duo, Jean en Carole Collette. De gerechten zijn een eerbetoon aan de basis van de Franse keuken en zijn in een nieuw kleedje gestopt. Die dag aten we in olijfolie gebakken gamba's met verse kruiden, gevolgd door een duo van lam geparfumeerd met rozemarijn. De wijnkeuze wordt gemaakt onder het deskundige oog (en met tips) van de bazin des huizes.

Sprimont

 Didier Galet

r. du Grand Bru 27 - 4140 Sprimont
℡ 04 382 35 60   🖷 04 382 35 63
info@didiergalet.be - http://www.didiergalet.be
🍴 20:30   🔒 ma/lu di/ma   🔒 ma/lu di/ma zo/di
📅 1 sem. fin juin, 2 sem. fin août, 1 sem. Noël / 1 week eind juni,
2 wek. eind aug., 1 week Kerstmis
🍽 25-60   🍷 50-70   🥄 35

Didier Galet met tout son savoir-faire dans ses envois pour le plus grand plaisir de nos papilles. Respect des cuissons, équilibre des saveurs et explosion en bouche qualifient chacune de nos expériences. Le talent se déguste autour de dim sum d'escargots et leur jus de cresson, d'une volaille bio de la région tout simplement accompagnée d'un beurre d'herbes aromatiques ou le filet de poisson selon la pêche et sa moutarde japonaise. Le tout confortablement installés dans la superbe maison dont l'intérieur vient joliment d'être réaménagé. Madame, en salle, veille courtoisement sur sa clientèle.

Didier Galet stelt al zijn knowhow ten dienste van zijn gerechten, tot groot genot van onze smaakpapillen. Respect voor de cuissons, evenwichtige smaken en explosie in de mond, zo kunnen we onze ervaringen omschrijven. Het talent laat zich proeven in de dim sum van escargots met waterkersjus, biologisch gevogelte uit de streek gewoon vergezeld van kruidenboter, of visfilet afhankelijk van de vangst met Japanse mosterd. En dat allemaal terwijl we comfortabel plaatsnemen in de prachtige woning waarvan het interieur onlangs mooi heringericht werd. Mevrouw staat in de zaal en waakt hoffelijk over haar klanten.

Lier

 Cuistot 🍇

Antwerpsestr. 146 - 2500 Lier   ♿ ⛱
℡ 03 488 46 56
info@restaurantcuistot.be - http://www.restaurantcuistot.be
🍴 21:00   🔒 ma/lu di/ma wo/me do/je za/sa   🔒 ma/lu di/ma
📅 déb. janv., 2 sem. l'été / beg. jan., 2 wek. zomer
🍽 48-80   🥄 64

Wij beginnen met kort gebakken hamachi-tonijn en drie hapjes in nori gerolde tartaar van tonijn. Een lekker en mooi eerste gerechtje, maar het mist smaakcontrast. Dat komen we later nog tegen: zeer verse ingrediënten, creatieve combinaties, maar het smaakt allemaal een beetje flauw. Wij gaan door met twee stukjes roodbaars en één (heel dikke) beetgare asperge in een fijne garnalenbouillon. Daarna is er vitello tonnato: mals kalfsvlees (gerookt, maar dat is er niet aan te proeven), met onder meer een verrassend schepje ijs met een lichte hint van kappers. Het kan de klassieke variant niet doen vergeten. Minder geslaagd is ook de combinatie van ribstuk van Black Angus (op zich excellent) met een wat zoeterige choronsaus. De prijzen zijn al op het niveau van de ambitie van de chef. Gedurfde wijnkaart (maar de 'aangepaste wijnen' worden niet overdreven gul geschonken). Zeer vriendelijke ontvangst.

Nous entrons dans le vif du sujet avec le thon hamachi juste saisi et trois bouchées de tartare de thon et feuilles de nori. Une belle entrée et matière, dont les saveurs ne sont toutefois pas assez contrastées. Il s'agit là d'un bémol récurrent: les ingrédients sont on ne peut plus frais et les associations imaginatives, mais l'ensemble reste toujours un peu fade. S'ensuit un bouillon de crevettes où nagent deux pièces de sébaste et une (énorme) asperge croquante. Nous poursuivons avec un vitello tonnato: le veau tendre (fumé, mais on ne le goûte pas) est servi avec une quenelle de glace subtilement ponctuée de câpres. Une variante qui ne fait pas oublier la version classique. Au rayon des associations moins heureuses, on épingle également l'entrecôte de Black Angus (excellente en soi) nappée d'une sauce Choron plutôt sucrée. Les prix sont déjà à la hauteur des ambitions du chef. Livre de cave audacieux (mais les vins en accord avec les mets ne sont pas servis à profusion). Accueil très amical.

Numerus Clausus ☺

Keldermansstr. 2 - 2500 Lier   ♿ ❄ ⛱
☎ 03 480 51 62
info@numerusclausus.be - http://www.numerusclausus.be
🍴 21:30   🔒 ma/lu za/sa zo/di   🔒 ma/lu zo/di
📅 1 sem. janv., 2 sem. sept. / 1 week jan., 2 wek. sept.
🍽 32-35   🍷 41-56

Numerus Clausus is een erg geliefd restaurant. Reserveren is niet altijd makkelijk. Wij vermoeden dat de goede prijs-kwaliteitverhouding daar voor een groot stuk tussenzit, want we missen toch wat verfijning op het bord. Het aperitiefhapje is wel een perfect smaakmakertje: maatje met gesnipperde zure appel, fijne boontjes, rode ui en kruiden. Het eerste gerecht is geelvintonijn, iets te ver gemarineerd, met twee mooie krokantjes van kreeft die goed op smaak gebracht zijn. Daarna is er gebakken pladijsfilet met avocado, grijze garnalen en een ijskoud bieslooksausje dat niet echt harmonieert bij de warme vis. Het hoofdgerecht zijn twee rolletjes saltimbocca van kalf, die te klein en daardoor jammer te ver gegaard zijn. Een leuke Italiaanse toets komt van een sateetje van kort gegrilde tomaat, courgette en mozzarella. Mooie, uitgebreide wijnkaart.

Le Numerus Clausus est très prisé. Il n'est pas toujours aisé de réserver une table, ce qui s'explique sans doute en grande partie par le bon rapport qualité-prix, car les assiettes manquent quelque peu de raffinement. La mise en bouche qui accompagne l'apéritif ouvre l'appétit: maatje, émincé de pomme acidulée, haricots fins, oignon rouge et herbes potagères. La première entrée associe le thon jaune un peu trop mariné à deux beaux croquants de homard bien assaisonnés. Pour suivre: filet de plie à l'avocat, crevettes grises et sauce glacée à la ciboulette (qui brise l'harmonie avec le poisson chaud). Le plat de résistance met en scène deux saltimboccas de veau, trop chiches et, dès lors, trop cuits. Dommage ! Le saté de mozzarella, courgettes et tomates juste saisies mâtine le plat d'une agréable touche italienne. Beau livre de cave étoffé.

🏠 Hof van Aragon

Aragonstr. 2 - 6 - 2500 Lier   🚗 📶 ✿
☎ 03 491 08 00   🖨 03 491 08 10
info@hofvanaragon.behttp - http://www.hofvanaragon.be
🛏 0:00   7/7
🛏 20   🛏 75-109   🅿 95-159   🛏 159   🛏 4   🛏 119

Broechem

 **Bossenstein**

Maas en Moor 16 - 2520 Broechem
℡ 03 485 64 46   🖷 03 485 78 41
hotel@bossenstein.be - http://www.bossenstein.be
🕔 21:30   🔒 ma/lu   🔒 ma/lu
🛏 1 - 19 janv. / 1 - 19 jan.
🍽 45   🍷 55-68   🍴 60

Het restaurant van Golf- en Polo Club Bossenstein gaat voor klassiek. De gerechten komen correct en authentiek op het bord, maar voor vernieuwing moet u elders zijn. Dat sluit geen aangename verrassingen uit, zoals dat hapje van ravioli met grijze garnalen in een heerlijke garnalenbouillon. Het voorgerecht is groene en gele courgette in de vorm van pappardelle, kort gegaard en secuur op smaak gebracht, met sappige sneetjes kalfsentrecote en een subtiele gorgonzoladressing. Dan zijn er prima lamskoteletjes uit Pauillac, vrij sober begeleid door groene groenten, en met dauphinaardappelen waarvan de puree te vlak is. Dit is toch eerder klassiek in de betekenis van saai. En als u niet zou weten dat u in het restaurant van een golfclub zit, dan merkt u dat meteen aan de wijnkaart, de bediening, de inrichting en de locatie met absoluut een van de mooiste terrassen in de provincie Antwerpen.

Le classicisme est le credo du restaurant du club de golf et de polo Bossenstein. Les envois sont corrects et authentiques. Si vous êtes amateur d'innovation, mieux vaut par contre passer votre chemin. Cependant, ce conservatisme n'exclut pas d'agréables surprises comme cette bouchée composée d'un ravioli de crevettes grises dans un exquis bouillon de crevettes. En entrée, un duo de courgettes verte et jaune façon pappardelle, juste saisies et parfaitement assaisonnées, avec de succulentes petites tranches d'entrecôte de veau et une sauce subtile au gorgonzola. Ensuite, les délicieuses côtelettes d'agneau de Pauillac, accompagnées assez sobrement de légumes verts et de pommes dauphine dont on regrettera la purée trop lisse. Tout cela est plutôt classique dans l'acception « triste » du terme. Et si vous aviez oublié que vous étiez dans le restaurant d'un club de golf, vous le remarquerez directement à la carte des vins, au service, à l'aménagement et au site, avec l'une des plus belles terrasses de la province d'Anvers.

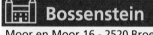 **Bossenstein**

Moor en Moor 16 - 2520 Broechem
℡ 03 485 64 46   🖷 03 485 78 41
hotel@bossenstein.be - http://www.bossenstein.be
🕔 0:00   7/7
🛏 1 - 15 janv. / 1 - 15 jan.
🛏 15   🛏 135-175   🛏 1

Liers ▷ Liège

Ligny

👍 Le Coupe-Choux

r. Pont Piraux 23 - 5140 Ligny
📞 071 88 90 51   🖨 071 88 90 51
coupechoux@skynet.be - http://www.lecoupechoux.be
🕐 20:30   🔒 wo/me   🔒 ma/lu di/ma wo/me do/je zo/di
🍽 33-40   🍷 35-55

Lillois-Witterzée ▷ Braine-l'Alleud

Limelette ▷ Wavre

Lisogne ▷ Dinant

Lissewege ▷ Zeebrugge

Lives-sur-Meuse ▷ Namur

Lobbes ▷ Charleroi

Lochristi ▷ Gent

Lokeren

t Vier Emmershof   ☺ L

Krommestr. 1 - 9160 Lokeren
📞 09 348 63 98   🖨 09 348 00 02
info@vieremmershof.be - http://www.vieremmershof.be
🕐 0:00   🔒 ma/lu di/ma   🔒 ma/lu di/ma zo/di
📅 1 - 10 sept. / 1 - 10 sept.
🍽 34-38   🍴 51

Pierre Van Den Abbeele kookt graag met producten van het seizoen en de markt. Hij wil zijn klanten daarmee in alle opzichten verrassen. Een kaart is er niet, de chef komt zelf vertellen wat hij zal bereiden. Dat is een klassieke keuken met fijne smaken. Zoveel van de verrassing willen wij wel prijsgeven. Er is al een markt-menu voor €35. Mooie tuin.

Pierre Van Den Abbeele aime à cuisiner des produits de saison et du marché. Il entend avant tout surprendre ses invités tous azimuts. Point de carte, mais un chef qui vient expliquer en personne ce qu'il va concocter. Il signe une cuisine classique et raffinée. Et c'est tout ce que nous divulguerons de toutes ces surprises ! Il y a déjà un menu du marché à 35 euros. Beau jardin.

 Biznis Hotel

Zelebaan 100 - 9160 Lokeren
📞 09 326 85 00   🖨 09 326 85 01
info@biznishotel.be - http://www.biznishotel.be
🔓 0:00 ⁷⁄₇
📋 2 sem. juil. / 2 wek. juli
🛏 14   ♨ 100-170   🚪 34   🍴 1

 La Barakka

Kerkplein 1 - 9160 Lokeren
📞 09 340 56 86   🖨 09 340 56 80
info@labarakka.com - http://www.labarakka.com
🔓 0:00
📋 1 - 15 sept. / 1 - 15 sept.
🛏 13

Lommel

 Cuchara

Lepelstraat 3 - 3920 Lommel
📞 011 75 74 35
info@cuchara.be - http://www.cuchara.be
🔓 21:00   🍴 ma/lu za/sa zo/di   🍴 ma/lu zo/di
📋 pas encore / nog niet
🍽 30-65   🍷 75

Chef Jan Tournier blijft verbazen met een keuken die soms verfijnd prikkelt en dan weer eerder oppervlakkigheid uitstraalt. Gelukkig zijn de voorbeelden van het eerste in de meerderheid. Graag zien we toch meer eenheid in het geheel. Fijn is gelakte kalfszwezerik die knapperig weghapt onder meer frisse toetsen van geitenkaas en citroen verbena. Ook aan de Anjou-duif met een crème van pittige kaas en aangename zure jus hebben we een mooie herinnering.

Le chef Jan Tournier continue à nous surprendre avec une cuisine qui tantôt aiguillonne par son raffinement et tantôt se borne à une certaine superficialité. Fort heureusement, les exemples du premier cas de figure sont nettement plus nombreux. Nous aimerions toutefois un peu plus d'unité dans les plats. Mention pour le ris de veau laqué, croquant et relevé de touches de fraîcheur de fromage de chèvre et de verveine citron. Le pigeonneau d'Anjou et sa crème de fromage piquant et un agréable jus acidulé nous a également laissé de bien beaux souvenirs.

Lompret ▷ Chimay

Louvain-la-Neuve ▷ Ottignies

Loyers ▷ Namur

Lummen ▷ Hasselt

Maarkedal ▷ Oudenaarde

Maarke-Kerkem ▷ Oudenaarde

Maaseik

👍 Kasteel Wurfeld

Kapelweg 60 - 3680 Maaseik
📞 089 56 81 36   🖨 089 56 87 89
info@kasteelwurfeld.be - http://www.kasteelwurfeld.be
🕐 21:30   🔒 ma/lu di/ma za/sa   🔒
🍴 29-60   🍴 40-50   🥂 57

👍 Tiffany's

Markt 19 - 3680 Maaseik
📞 089 56 40 89   🖨
http://www.tiffanysmaaseik.blogspot.com
🕐 21:00   🔒 ma/lu za/sa   🔒 ma/lu
◯ / wisselend
🍴 29-35

🏨 Van Eyck

Markt 48 - 3680 Maaseik
📞 089 86 37 00   🖨 089 86 37 01
info@hotel-vaneyck.be - http://www.hotel-vaneyck.be
🕐 0:00   7/7
◯ 24 déc. / 24 dec.
🛏 28   🛏 169   🛏 130-160   🛏 5   🛏 249

🏨 Kasteel Wurfeld

Kapelweg 60 - 3680 Maaseik
📞 089 56 81 36   🖨 089 56 87 89
info@kasteelwurfeld.be - http://www.kasteelwurfeld.be
🕐 0:00   7/7
🛏 33   🛏 90-146   🅿 38

Maasmechelen

 Da Lidia

Rijksweg 215 - 3630 Maasmechelen
℡ 089 76 41 34   📠 089 77 42 10
info@dalidia.be - http://www.dalidia.be
🕐 22:30   🔒 ma/lu di/ma   🔒 ma/lu di/ma
🍽 35-75   🍷 25-50   🍴 55

Een restaurant van enige omvang kan ook kwaliteit bieden. Dat bewijzen ze hier ten overvloede: de gerechten zijn uitstekend en de sfeer is aangenaam huiselijk. Wij proeven van goed gerijpte parmaham, zacht zoet van smaak, met geurige galiameloen. Ook de carpaccio van rund is van een uitstekende kwaliteit en wordt, zoals het hoort, op kamertemperatuur geserveerd. Goede producten zijn duidelijk de basis van deze smakelijke keuken. Dat bevestigt de vitello tonnato. Die is subtiel, fris en perfect van harmonie. Intens van smaak is ossenhaas met elegante, pittige pizzaiola-saus. Een goed opgesteven, romige en luchtige tiramisu is een juweeltje van een dessert. Da Lidia wil je van een lekkere maaltijd laten genieten in een authentieke Italiaanse ambiance, en slaagt daar met verve in. De volledig Italiaanse wijnkaart is zeer uitgebreid.

Qui a dit que les restaurants de grande capacité ne proposaient pas une cuisine de qualité ? Il suffit de venir ici: on savoure d'excellents plats dans une ambiance familiale des plus agréables. Nous dégustons un jambon de Parme correctement affiné et légèrement sucré, escorté de son melon Galia délicieusement parfumé. Lui aussi d'excellente facture, le carpaccio de bœuf est servi comme il se doit, à température ambiante. La cuisine savoureuse de l'établissement mise résolument sur les bons produits. Le vitello tonnato nous donne raison: un bel exemple de subtilité, de fraîcheur et d'harmonie. Avec le filet pur de bœuf et sauce pizzaïola raffinée et relevée, les saveurs intenses sont au rendez-vous. Tout en légèreté, le tiramisu ferme et velouté est un vrai délice. Le Da Lidia se fait fort de vous servir une cuisine bien tournée dans une ambiance italienne authentique. Mission accomplie ! Livre de cave très étoffé et exclusivement italien.

 Il Fiore

Rijksweg 560 - 3630 Maasmechelen
℡ 089 70 45 66   📠 089 70 45 99
diana.pani@pandora.be - http://www.ilfiore.be
🕐 23:00   🔒 di/ma wo/me za/sa   🔒 di/ma
🍽 36-59   🍷 42-69   🍴 55

Versheid, respect voor de seizoen en eenvoudige bereidingen zijn de basiskenmerken van de Italiaanse keuken. Dit is ook de basis van Dino Bagnato die gerechten die wortelen in de traditionele keuken van Italië een flinke reputatie opbouwde. De gastvrijheid van zijn vrouw Diana maakt het plaatje compleet. Succulente bereidingen zijn onder meer gnocchi met rode biet en crème van tomaat en dorade met kappertjes, tomaatjes en gebakken aardappelen opgefrist met citroensaus. Dino brengt met slechts enkele ingrediënten diepe en expressieve smaken, zonder het evenwicht te verliezen. Dit blijft een huis van vertrouwen en een van de beste Italiaanse restaurants van Limburg.

Fraîcheur, respect des saisons et simplicité des préparations sont les principales caractéristiques de la cuisine italienne. C'est également la base de Dino Bagnato qui a su forger une solide réputation pour des plats qui s'enracinent dans la cuisine traditionnelle italienne. La convivialité de son épouse, Diana, complète le tableau. Au nombre des préparations succulentes, citons les gnocchis aux betteraves rouges et à la crème de tomate, et la dorade aux câpres, petites tomates et pomme rissolées, le tout rafraîchi avec une sauce au citron. Il suffit de quelques ingrédients à Dino pour atteindre une profondeur et une expressivité gustatives rares tout en conservant l'équilibre. Une maison de confiance et un des meilleurs restaurants italiens du Limbourg.

⑬ La Strada ♡

Rijksweg 634 - 3630 Maasmechelen
℘ 089 76 69 12
info@restaurantlastrada.be - http://www.restaurantlastrada.be
🗝 22:00 🔒 ma/lu za/sa zo/di 🔒 ma/lu
📅 27 dec - 2 jan., 17 juli - 2 aug / 27 dec - 2 jan., 17 juli - 2 aug
🍴 29-49 🍴 35-55

Dit restaurant kan een breed publiek bekoren, maar is geen gastronomische hoogvlieger. De prijzen zijn pittig, de gerechten mochten dat iets meer zijn. Krokant gebakken zeetong is te vlak van smaak. Er komt een klein beetje licht zurige botersaus bij. Trio van tonijn (licht aangebakken, tartaar, carpaccio) toont dat de chef met goede producten werkt. Dat merken we ook bij gegrilde lamskoteletjes met verse tuinkruiden. Het vlees heeft wel iets te lang gegaard en krijgt te ruim bemeten gezelschap van wortelschijfjes. Wat in deze gerechten vooral ontbreekt, is durf. Ze zouden winnen bij meer smaak, meer contrasten, en verrassing in de combinatie. Goede, Italiaans geïnspireerde wijnkaart. Oprecht vriendelijke ontvangst.

Ce restaurant, qui séduit un large public, ne peut pas être qualifié de gastronomique. L'addition est salée et les plats devraient faire mieux. La sole croquante est trop fade. Elle est arrosée d'un filet de sauce au beurre aigrelette. La trilogie de thon (saisi, tartare et carpaccio) prouve que le chef travaille de bons produits. Idem pour les côtelettes d'agneau grillées aux herbes potagères. La viande est un peu trop cuite et son cortège de rondelles de carotte est trop long. On regrette le manque d'audace de ces envois. Des saveurs plus appuyées, plus contrastées et plus surprenantes leur feraient le plus grand bien. Bonne sélection vineuse d'inspiration italienne. Accueil franchement amical.

⑭ ↗ 't Vuchterhoês

Rijksweg 226 - 3630 Maasmechelen
℘ 089 77 10 06
info@vuchterhoes.be - http://www.vuchterhoes.be
🗝 21:30 🔒 wo/me do/je za/sa 🔒 wo/me do/je
🍴 28-49 🍴 13-29 🍷 56

Dit is het type zaak waar velen vandaag naar op zoek zijn: ongedwongen sfeer, vriendelijke bediening en gerechten met herkenbare ingrediënten. De chef kookt met kwaliteitsproducten en maakt daar smaakvolle combinaties mee. Onze papillen staan snel op scherp dankzij heerlijk luchtige amuses: soepje van tuinkers, en espuma van asperges en pata negra. Het eerste gerecht geeft meteen de richting aan: tartaar van verse tonijn heeft veel diepgang. Hetzelfde geldt voor de asperges op zijn Vlaams. Dan is er parelhoen van uitstekende kwaliteit met saus van morieljes. Wij proeven krachtige aardse tonen. Sabayon van framboos met vanille-ijs en verse frambozen is alweer een smaakbommetje, maar wel licht. Voor zoveel culinaire klasse en Limburgse gastvrijheid geven wij graag een extra punt.

C'est précisément ce type d'établissements que les nombreux gourmets recherchent: ambiance décontractée, service chaleureux et plats avec des ingrédients reconnaissables. Le chef utilise des produits irréprochables et les assemble en concentrés de saveur. Nos papilles sont rapidement activées grâce à de légères mises en bouche: potage de cresson alénois et un espuma d'asperges et pata negra. Le premier plat donne directement le ton: un tartare de thon frais d'un goût intense. Même constat pour les asperges à la flamande. Ensuite, une pintade, excellente, et sa sauce aux morilles aux notes terreuses et puissantes. Pour conclure, un sabayon de framboise à glace vanille et des framboises fraîches – une autre bombe gustative, mais qui sait se faire légère. Un point de plus pour la classe de la cuisine et l'hospitalité toute limbourgeoise.

Machelen (Bt.) ▷ Bruxelles environs - Brussel omstreken

Maisières ▷ Mons

Maldegem

👍 Elckerlijc

Kraailokerkweg 17 - 9990 Maldegem
📞 050 71 52 63   🖨 050 71 47 22
info@elckerlijc.be - http://www.elckerlijc.be
🕙 22:00   🛏 wo/me   🛏 wo/me
🍴 25-75   🍷 10-46   🍽 55

🏠 Wilgenhof

Pot- en Zuidhoutstr. 4 - 9990 Maldegem
📞 050 71 53 66   🖨 050 71 92 43
info@wilgenhof.be - http://www.wilgenhof.be
🕙 0:00   7/7
📅 3 janv. - 28 févr. / 3 jan. - 28 feb.
🛏 5   🛏 66-82   🍷 48-50   🍽 50

Malmedy

🧑‍🍳⁽¹⁴⁾ Albert Ier

pl. Albert Ier 40 - 4960 Malmedy
📞 080 33 04 52   🖨 080 33 06 16
info@hotel-albertpremier.be - http://www.hotel-albertpremier.be
🕙 21:00   🛏 wo/me do/je   🛏 wo/me do/je
📅 1 sem. Carnaval, 1 - 15 juil. / 1 week Krokus, 1 - 15 juli
🍴 47-52   🍷 51-62

Bienvenue en Italie. Mais pas celle des pizzas surgelées que l'on met dans un four à bois faussement décoratif par un moustachu sifflotant du Claude Barzotti. Car l'élégant patron n'a rien d'un pizzaïolo. Son élégante décontraction plaît aux amateurs de cuisine transalpine qui viennent savourer ici une gastronomie gorgée de soleil comme là-bas. Le dos de cabillaud est servi sur une fondue de tomates au basilic et pesto avec une purée de petits pois tandis que le ris de veau s'escorte d'une bisque de langoustine, melon et gingembre. Fraîcheur et saveur garanties.

Le cellier transalpin lui aussi, s'enrichit d'une formidable collection de grappas qui ravira les amateurs.

Welkom in Italië. Maar niet het Italië van de diepgevroren pizza's die in een schijnbaar decoratieve oven worden geschoven door een kerel met snor die zachtjes een deuntje van Claude Barzotti fluit. De elegante chef is immers allesbehalve een pizzabakker. Zijn elegante ongedwongenheid valt in de smaak bij de liefhebbers van de trans-Alpijnse keuken die hier komen genieten van zonovergoten gastronomie zoals in Italië. Het kabeljauwhaasje wordt geserveerd op coulis van tomaten met basilicum en pesto en erwtenpuree, terwijl bij de kalfszwezerik bisque van langoustine, meloen en gember geserveerd worden. Frisheid en smaak verzekerd. Ook de trans-Alpijnse kelder is verrijkt met een schitterende collectie grappa's die gesmaakt worden door de liefhebbers.

 **Maison Geron**

rt. de la Ferme Libert 4 - 4960 Malmedy
℡ 080 33 00 06   🖶 080 77 03 17
info@geron.be - http://www.geron.be
🚗 0:00 ⁷⁄₇
♨ 12   ♨ 75-95 🍴 1

Malonne ▷ Namur

Marche-en-Famenne

 **Les 4 Saisons**   ☺

rte de Bastogne 108 - 6900 Marche-en-Famenne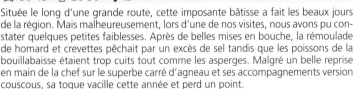
℡ 084 32 18 10   🖶 084 32 18 81
sarahmatgen@skynet.be
🚗 21:00   🔒 wo/me   🔒 di/ma wo/me zo/di
📅 Carnaval / Krokus
🍴 30-45   🍷 20-30   🥂 42

Située le long d'une grande route, cette imposante bâtisse a fait les beaux jours de la région. Mais malheureusement, lors d'une de nos visites, nous avons pu constater quelques petites faiblesses. Après les belles mises en bouche, la rémoulade de homard et crevettes pêchait par un excès de sel tandis que les poissons de la bouillabaisse étaient trop cuits tout comme les asperges. Malgré un belle reprise en main de la chef sur le superbe carré d'agneau et ses accompagnements version couscous, sa toque vacille cette année et perd un point.

Dit indrukwekkende gebouw langs een grote weg valt in de smaak bij de mensen in de streek. Maar tijdens een van onze bezoekjes konden we jammer genoeg enkele zwakke puntjes vaststellen. Na mooie aperitiefhapjes leed de remoulade van kreeft en garnalen onder een overmaat aan zout, terwijl de vis in de bouillabaisse te gaar was – net zoals de asperges. Ondanks het feit dat de chef een en ander kon rechtzetten met het prachtige lamsribstuk met zijn garnituren in couscousversie, wankelt de koksmuts dit jaar en verliest het restaurant een punt.

Château d'Hassonville

rte d'Hassonville 105 - 6900 Marche-en-Famenne
📞 084 31 10 25   🖨 084 31 60 27
info@hassonville.be - http://www.hassonville.be
🍴 21:00 🛏 ma/lu di/ma 🍽 ma/lu di/ma
🗓 1 - 15 janv. / 1 - 15 jan.
🍴 55-75 🍷 71-91 🍴 55

Laissez-vous surprendre par le cadre magique des lieux. On déjeune au jardin par beau temps, sinon dans une magnifique salle digne de Moulinsart. Dans les assiettes, ode à la cuisine gastronomique où le croustillant de cèpes et foie gras d'oie poêlé et émulsion de lardo di colonata, la côte de veau de Corrèze et mousseline de rattes du Touquet se dégustent à la carte. Le capitaine Haddock appréciera la cave bien achalandée.

Laat u verrassen door het magische kader van deze plaats. Bij mooi weer eet u in de tuin, anders in een prachtige zaal die Molensloot waardig is. Op de borden wordt hulde gebracht aan de gastronomische keuken, met op de kaart knapperig eekhoorntjesbrood en gebakken foie gras met emulsie van lardo di colonata, ribstuk van Corrèze-kalf en mousseline van Ratte du Touquet aardappeltjes. Kapitein Haddock zal de goed voorziene kelder op prijs stellen.

 # La Glordiette

r. de Bastogne 18 - 6900 Marche-en-Famenne
📞 084 37 98 22   🖨 084 37 98 22
info@lagloriette.net - http://www.lagloriette.net
🍴 21:00 🛏 ma/lu 🍽 ma/lu wo/me
🗓 1 sem. janv., 27 août - 9 sept. / 1 week jan., 27 aug.- 9 sept.
🍴 22-55 🍷 40-65 🍴 32

Véronique et Olivier Bauche vous ouvrent les portes de leur superbe maison de maître sur les hauteurs de Marche-en-Famenne. Une passion des produits se traduit par une fraîcheur et un relief intéressant dans des envois tels que l'aile de raie en escabèche au fromage blanc aux fines herbes suivie d'un clin d'œil à la région avec la côte de porc des prairies d'Ardennes aux girolles.

Véronique en Olivier Bauche verwelkomen u in hun prachtige herenhuis in de heuvels van Marche-en-Famenne. Een grote passie voor de producten vertaalt zich in de versheid en het interessante reliëf van gerechten zoals roggevleugel met platte kaas met tuinkruiden, gevolgd door een knipoog naar de streek met Ardens varkensribstuk met cantharellen.

 # Quartier Latin

r. des Brasseurs 2 - 6900 Marche-en-Famenne
📞 084 32 17 13   🖨 084 32 17 12
contact@quartier-latin.be - http://www.quartier-latin.be
🍴 22:30 7/7
🍴 30-55 🍷 25-75 🍴 50

Quartier Latin

r. des Brasseurs 2 - 6900 Marche-en-Famenne
✆ 084 32 17 13 🖶 084 32 17 12
contact@quartier-latin.be - http://www.quartier-latin.be
🛏 0:00 ⁷⁄₇
🍴 60 ♨ 160 ♨ 113-196 ⓟ 148-266 ▮ 1 🛏 185-266
🚗 9 🅢 155

Heure (Nam.)

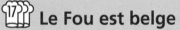

Le Fou est belge 🍇 ♡ ☺

rte de Givet 24 - 5377 Heure (Nam.)
✆ 086 32 28 12 🖶 086 32 39 02
lefouestbelge@belgacom.net - http://www.lefouestbelge.be
🛏 0:00 🔒 ma/lu zo/di 🔒 ma/lu do/je zo/di
📅 1 - 18 janv., 19 - 27 fév., 24 juin - 18 juillet, 28 oct. - 5 nov.,
16 - 31 déc. / 1 - 18 jan., 19 - 27 feb., 24 juni - 18 juli, 28 okt. - 5 nov.,
16 - 31 dec.
🍴 45-60 🍷 56-76 🥄 58

Oui, il est fou ce Belge. Mais seulement en cuisine et nous, on aime bien. Tout est soigné, préparé à la maison, et respect des saisons avec de belles découvertes. Chaque envoi est une nouvelle expérience gustative que nous fait vivre Daniel Van Lint. Prenez cette salade de crevettes grises de Zeebrugge, patiemment épluchée à la main et délicatement posée sur un voile de saumon fumé/salé. Pour les amateurs de cuisine d'antan, le chef prépare la tête de veau et tortue comme il y a plus de 40 ans, à découvrir sans tarder tout comme ce sublime boudin noir au foie gras d'oie et ses pommes caramélisées. Le plaisir est aussi visuel. A chaque visite, une nouvelle palette de couleurs et de saveurs incomparables. Beau cellier pour les...fous de vins.

Ja, hij is echt gek die Belg. Maar alleen in de keuken, en wij houden daar wel van. Alles is verzorgd, huisbereid, met respect voor de seizoenen en met mooie ontdekkingen. Elk gerecht is een nieuwe smaakervaring die Daniel Van Lint ons laat beleven. Neem nu die salade van Zeebrugse grijze garnalen, geduldig met de hand gepeld en subtiel op een sluier van gerookte/gezouten zalm geschikt. Voor de liefhebbers van de keuken van weleer bereidt de chef kalfskop 'en tortue' zoals meer dan 40 jaar geleden. Het ontdekken waard, net zoals de schitterende zwarte pens met foie gras en gekarameliseerde appeltjes. Ook het visuele genot is verzekerd. Bij elk bezoek een nieuw palet van weergaloze kleuren en geuren. Mooie kelder … voor wie gek is van wijnen.

Marcinelle ▷ Charleroi

Marcourt

Relais de l'Ourthe

r. du Moulin 3 - 6987 Marcourt

☏ 084 47 76 88   🖶 084 47 70 85
info@relais-ourthe.be - http://www.relais-ourthe.be
🔓 21:00   🔒 ma/lu di/ma wo/me do/je vr/ve   🔒 di/ma wo/me
📅 12 - 24 janv.,26 juin-15 juil. / 12 - 24 jan., 26 juin - 15 juil
🍴 28-58   🍷 17-45   🍴 45

Marenne

Les Pieds dans le Plat   🍇 ☺

r. du Centre 3 - 6990 Marenne

☏ 084 32 17 92   🖶 084 36 63 99
jm.dienst@belgacom.be - http://www.lespiedsdansleplat.be
🔓 0:00   🔒 ma/lu di/ma   🔒 ma/lu di/ma wo/me do/je
📅 15 déc. - 15 janv. / 15 dec. - 15 jan.
🍴 35-50   🍷 50-100   🍴 50

Les pieds dans le plat, Jean-Michel Dienst les mets tous les jours pour le bonheur des gastronomes. Avec parfois des excès qui peuvent irriter certains clients. Situé entre Marche et Hotton, cette imposante demeure en pierre abrite une salle joliment décorée avec une véranda pour profiter de la clarté des lieux. Pour ce qui est de la cuisine, on fait confiance au chef avec les cuisses de grenouilles et risotto avec une tuile à l'ail pour rehausser les saveurs, la sole simplement meunière et beurre au citron confit ou le maigre vapeur coulis de poivron doux.

Jean-Michel Dienst pakt elke dag opnieuw flink uit tot groot genoegen van de gastonomen. Soms met excessen die bepaalde klanten kunnen irriteren. In dit imposante stenen gebouw tussen Marche en Hotton treffen we een mooi gedecoreerde zaal aan met een veranda om te genieten van de helderheid van deze locatie. Wat de keuken betreft, vertrouwt men op de chef met kikkerbilletjes in risotto met een lookkrakertje om de smaken op een hoger niveau te tillen, zeetong gewoon à la meunière met boter van gekonfijte citroen of gestoomde zeebaars met paprikacoulis.

Marke (Kortrijk) ▷ Kortrijk

Martelange

 Vertige des Saveurs

r. Roche Percée 1 - 6630 Martelange
☎ 063 60 04 28   📠 063 60 13 92
info@vertige-des-saveurs.com - http://www.vertige-des-saveurs.com
🕐 21:00   🔒 wo/me do/je   🔒 wo/me do/je
🍽 24-60   🍴 60

Ce restaurant est juché sur une colline dominant le parc de la Haute-Sûre, avec une vue sur la province de Luxembourg et le Grand-Duché. Frédéric Bolis et son épouse Nathalie ont repris le restaurant et l'hostellerie An der Stuff il y a cinq ans environ. Nous nous y sommes rendus pour leur participation au concours du meilleur Restaurant de légumes du Benelux. Le repas commence par une déclinaison de tomates: en potage, en tartare fortement parfumé au clou de girofle, en gelée et en sorbet. Si l'on peut saluer l'idée, il n'en reste pas moins que l'ensemble manquait d'harmonie. Ensuite, une pièce de porc cuite à basse température, malheureusement trop longtemps. Résultat: une viande sèche... En accompagnement, une crème de chou-fleur, dominée par la crème, du melon rôti et de la polenta. Nous avons constaté un manque de créativité dans l'utilisation des légumes. D'autres plats péchaient également par un manque de finesse et de fraîcheur. À la lumière de ce qui précède, nous devons fort malheureusement retirer un point.

Dit restaurant ligt op een heuvel in het park van La Haute Sûre die uitkijkt op de provincie Luxemburg en het Groothertogdom. Frédéric Bolis en zijn vrouw Nathalie namen het restaurant en de hostellerie An der Stuff zo'n vijf jaar geleden over. We trekken ernaartoe voor zijn deelname aan de wedstrijd 'Beste Groenterestaurant van de Benelux'. De maaltijd opent met een gerecht waarin hij tomaat op verschillende manieren verwerkt: onder meer als een soepje, als tartaar sterk geparfumeerd met kruidnagel, als een gelei en in een sorbet. Het is een leuk idee, maar het schiet zijn doel voorbij door een gebrek aan harmonie. Dan volgt traag gegaard varkensvlees dat echter te ver gegaard en daardoor droog is, met een crème van bloemkool waarin de room overheerst, gebakken meloen en gebakken polenta. Groenten worden hier weinig creatief gebruikt. Ook in de andere gerechten die we proeven, missen we finesse en frisheid. We moeten daarvoor jammer genoeg een punt aftrekken.

 Vertige des Saveurs

r. Roche Percée 1 - 6630 Martelange
☎ 063 60 04 28   📠 063 60 13 92
info@vertige-des-saveurs.com - http://www.vertige-des-saveurs.com
🕐 0:00
🛏 10   🍽k 84   🍽k 82-92   🍷 110-195   🍾 195

Mater ▷ Oudenaarde

Mechelen

 ## D'Hoogh Restaurant

Grote Markt 19 - 2800 Mechelen
☏ 015 21 75 53   📠 015 21 67 30
dhoogh@telenet.be - http://www.dhoogh.be
🕤 21:15   🔒 ma/lu di/ma za/sa   🔒 ma/lu di/ma zo/di
📅 1 sem. à Pâques, 3 1ères sem. d' août / 1 week met Pasen,
3 eerste weken van aug.
🍴 60-73   🍷 26-44   🥄 60

Alles ademt klasse in dit restaurant op de eerste verdieping van een prachtig (beschermd) herenhuis. Klasse en traditie zijn hier van dezelfde woordfamilie en dat merk je aan het slaatje van handgepelde grijze garnalen met een superbe velouté van champignons en een langoustine in filodeeg. Zeer klassiek, maar puur en eerlijk. Volgen perfect gebakken medaillons van ganzenlever op een appeltaartje, geblust met honing en sherryazijn. Mooi evenwicht tussen de zoete honing en de frisse sherryazijn. Het overheerlijke vlees van jong duifje uit de Landes krijgt kraakverse spinazie mee en een prachtig geconcentreerde portsaus (zeker niet te zoet). Dit is een klassieker van het huis, de chef heeft dit gerecht perfect onder de knie. Afsluiten doen we met koffie en superlekkere eigengemaakte cakejes. De wijnkaart biedt zéér betaalbare flessen. Dit is een huis van vertrouwen, waar de bediening persoonlijk en tegelijk top is.

Dans ce restaurant aménagé au premier étage d'une splendide maison de maître (classée), tout respire la classe. Ici, raffinement et tradition vont de pair. Le chef en apporte la preuve dès l'entrée: salade de crevettes grises épluchées à la main, superbe velouté de champignons et langoustine en pâte filo. Classique, mais authentique et juste. Pour suivre: tatin de foie gras correctement poêlé et déglacé au miel et au vinaigre de Xérès. Bel équilibre entre le miel sucré et le vinaigre rafraîchissant. Le pigeonneau des Landes à la viande succulente se voit flanqué d'épinards et d'une sauce au porto magistralement concentrée (et en aucun cas trop sucrée). C'est un classique de la maison ; le chef le maîtrise à la perfection. Nous terminons par un café et de délicieuses mignardises maison. La carte des vins recèle plusieurs crus très abordables. Nous sommes en présence d'une valeur sûre, garante d'un service personnalisé et irréprochable.

 ## Folliez Restaurant

Korenmarkt 19 - 2800 Mechelen
☏ 015 42 03 02   📠 015 42 03 08
info@folliez.be - http://www.folliez.be
🕤 21:30   🔒 za/sa zo/di   🔒 za/sa zo/di
📅 1 sem. janv., 15 juil. - 7 août / 1 week jan., 15 juli - 7 aug.
🍴 40-105   🍷 65-95   🥄 65

Chef Marc Clement kookt met goesting en dat merken we in het bord. Hij krijgt daarvoor ook alle mogelijkheden van zijn baas Danny Vanderschueren, die zichzelf niet als een 'patron' opstelt. En dat levert duidelijk resultaten op. Clement werkt met een scherpe focus, wat resulteert in fijnzinnige gerechten die plezieren door de nauwkeurige smaakdefinitie en haarzuivere gaartijden. Folliez staat niet meteen bekend als een aspergerestaurant maar er zijn weinig plaatsen waar ze beter en met zoveel zorg geserveerd worden. Elk product lijkt hier trouwens wel in goede handen. Zoals bijvoorbeeld ook gele rugvintonijn die als tataki uitermate verfijnd tot zijn recht komt. Ook met een bereiding van een kwaliteitsvolle kip toont Clement zich als een gedegen productchef. Hij laat de lekkernij ogenschijnlijk eenvoudig primeren boven persoonlijke franje. Van het Landes-hoen proeven

LES CAPRICES D'Antoine

CÔTES-DU-RHÔNE
APPELLATION CÔTES-DU-RHÔNE CONTROLÉE

Antoine

OGIER
Depuis 1859

PRODUCT OF FRANCE

LES CAPRICES D'Antoine
CÔTES-DU-RHÔNE
APPELLATION CÔTES-DU-RHÔNE CONTROLÉE

CHÂTEAUNEUF-DU-PAPE
OGIER
Depuis 1859

SÉLECTION CÔTES DU RHÔNE
VIN DU MOMENT
SÉLECTION CÔTES DU RHÔNE

we zowel borst als billenvlees die kip, regio én chef alle eer aandoen. Met een decor van snijbonen, tuinbonen, erwtjes en morieljes is het geluk compleet. Net zoals van de wijnkaart die sommelier Danny Vanderschueren al vele jaren met veel liefde voor het vak samenstelt. Weinig gastheren kunnen trouwens zo bevlogen over hun wijnkelder spreken. Maar daarnaast verstaat hij ook de kunst om een wijnkaart te presenteren waarin zowel de veeleisende wijnprofessional als de gewone liefhebber makkelijk hun gading vinden. Folliez is dan ook een terechte laureaat voor onze trofee Wijnkaart van het jaar. Tot slot nog dit. Het restaurant zal vanaf april 2012 een andere locatie hebben gezien een verhuis naar Hotel Montreal in de Duivenstraat op het programma staat."

Le chef Marc Clement cuisine avec envie et ça se remarque dans l'assiette. Son patron, Danny Vanderschueren (qui ne se considère pas personnellement comme tel) lui donne carte blanche dans ce domaine. Les résultats sont à l'avenant. Clement reste concentré, ce qui donne lieu à des plats raffinés qui séduisent par leur définition gustative et l'exactitude des temps de cuisson. Folliez n'est pas d'emblée connu comme un restaurant spécialisé en asperges, mais il y a peu d'endroits où ce légume est aussi bien mis à l'honneur et servi avec maestria. Tous les produits semblent ici en de bonnes mains. Nous en avons la démonstration avec le thon jaune et tataki. Un poulet d'excellente qualité apporte la preuve que Clement est un chef attaché au produit. Il fait primer l'apparente simplicité de ce produit sur les fioritures personnelles. La préparation de la poularde des Landes fait honneur à la volaille, au terroir et au chef. Son escorte de haricots verts, de fèves des marais, de petits pois et de morilles complète le tableau. On ne peut qu'applaudir une cuisine aussi raffinée. Et que faire devant la superbe carte des vins que le sommelier Danny Vanderschueren constitue depuis des années avec passion ? Ils sont peu, les hôtes, à pouvoir parler avec autant de verve de leur cave. Le tout en maîtrisant parfaitement l'art de présenter leur carte afin de ravir tant les professionnels exigeants que les amateurs. Folliez est donc le candidat tout désigné pour notre trophée de la plus belle carte des vins de l'année. Attention, le restaurant déménagera en avril 2012 aux portes de Malines, au sein de l'Hôtel Montréal, sur la druivenstraat.

Best Western Hotel Gulden Anker

Ridder Dessainlaan 2 - 2800 Mechelen
℡ 015 42 25 35   📠 015 42 34 99

info@guldenanker.be - http://www.bestwestern.com
🛏 0:00   ⁷⁄₇
🛏 34   🛏 114   🛏 76-126   🅿 24-29   🛏 29

Vé

Vismarkt 14 - 2800 Mechelen
℡ 015 20 07 55   📠 015 20 07 60

info@hotelve.com - http://www.hotelve.com
🛏 0:00   ⁷⁄₇
🛏 36   🛏 84-231   🛏 6   🛏 231

Carolus

Guido Gezellelaan 49 - 2800 Mechelen
℡ 015 28 71 41   📠 015 28 71 42
info@hetanker.be - http://www.hetanker.be
🕐 0:00 ⁷⁄₇
🧳 24 - 31 déc. / 24 - 31 dec.
⚷ 22   ⓔₖ♿ 78-97

Den Wolsack

Wollemarkt 16 - 2800 Mechelen
℡ 015 56 95 20   📠 015 56 95 25
info@denwolsack.com - http://www.denwolsack.com
🕐 0:00 ⁷⁄₇
⚷ 17   ⓔₖ♿ 78-138   ℗

Holiday Inn Express Mechelen

Veemarkt 37C - 2800 Mechelen
℡ 015 44 84 20   📠 015 44 84 21
info@hiexpress-mechelen.com -
http://www.hiexpress.com/mechelen
🕐 0:00 ⁷⁄₇
⚷ 69   ⓔₖ♿ 85-155

NH Mechelen

Korenmarkt 22 - 24 - 2800 Mechelen
℡ 015 42 03 03   📠 015 42 03 03
nhmechelen@nh-hotels.com - http://www.nh-hotels.com
🕐 0:00 ⁷⁄₇
⚷ 43   ⓔₖ 160   ⓔₖ♿ 83-194

Novotel Mechelen Centrum

Van Beethovenstr. 1 - 2800 Mechelen
℡ 015 40 49 50   📠 015 40 49 51
H3154@accor.com - http://www.novotel.com
🕐 0:00 ⁷⁄₇
⚷ 122   ⓔₖ 250   ⓔₖ♿ 77-268   ⚷ 1

Leest

🍴⁽¹⁴⁾ t Witte Goud

Dorpstraat 5 - 2811 Leest
☎ 015 63 62 75
bruno@twittegoud.be - http://www.twittegoud.be
🍴 21:00 🔒 ma/lu za/sa 🔒 ma/lu
🛏 pas encore connue / nog niet gekend
🛏 32-63 🍷 54-65 🍴 45

Bruno Iwens bevestigt met zijn creatieve keuken op klassieke leest. Hij is een productchef met een gezonde aandacht voor de eigen streek. In dit geval is dat meer dan gewettigd! Zijn maandmenu volgt uiteraard het seizoen. Je krijgt bijvoorbeeld verse en gerookte zalm op verschillende manieren, daarna gebakken filet en gekonfijte bout van jonge Anjou-duif met boskoopappel, siroop van appel en balsamico, gevolgd door lotte met amandelen, dooierzwammen en jus van truffel. Het hoofdgerecht is heilbot met nobashigarnaal, bouchotmosseltjes, selder en mousseline. Er is al een driegangenmenu voor € 32. Tuinterras.

Bruno Iwens confirme le bien-fondé de sa cuisine créative basée sur le modèle classique et sur une approche régionale de son approvisionnement et produits sains et de qualité. Une approche toute légitime ! Son menu mensuel suit bien évidemment le rythme des saisons. Vous recevrez, par exemple, un saumon frais et fumé déclinés de différentes manières, puis un suprême poêlé et une cuisse confite de pigeonneau d'Anjou rehaussé de pommes boskoop, de sirop de pomme et de balsamique, suivis par une lotte aux amandes, chanterelles et jus de truffe. Le plat principal est un elbot entourée de crevettes Nobashi, moules de bouchot, cèleri et mousseline. La maison propose un menu à trois plats pour 32 euros. Terrasse et jardin.

Rijmenam

🏰 In den Bonten Os

Rijmenamseweg 214 - 2820 Rijmenam
☎ 015 52 04 50 📠 015 52 07 19
info@bontenos.be - http://www.bontenos.be
🍴 0:00 ⁷⁄₇
🛏 1 - 8 janv. / 1 - 8 jan.
🚗 23 🍷 90-155 ℗🚗 1 🅢 225

Sint-Katelijne-Waver

🍴⁽¹⁵⁾ Centpourcent

Antwerpsestwg. 1 - 2860 Sint-Katelijne-Waver
☎ 015 63 52 66
info@centpourcent.be - http://www.centpourcent.be
🍴 21:30 🔒 ma/lu zo/di 🔒 ma/lu zo/di
🛏 38-75 🍴 55

Axel Collona-Cesari en zijn vriendin Anneleen namen midden 2010 afscheid van de Auberge du Pêcheur in Sint-Martens-Latem en startten met hun eigen restaurant. Daar toont Axel dat hij zijn scherpte en zin voor detail behouden heeft en zijn kooktijden perfect beheerst. Het eerste voorgerecht is een combinatie van fris gemarineerde en even gebakken tonijn met een superverse tartaar van obsiblue tijgergarnaal, crunch van zwarte zuurdesem en fluwelige lauwe sushirijst. Vervolgens een sappig stukje zeebaars, kort gebakken met citrusvruchten, ijzerkruid en groene mango, zee-oor, geraspte kastanje, gemarineerde paddenstoelen en druppels chlorofyl. Als hoofdgerecht correct rosé gebraden jonge duif uit Anjou met een crème van paddenstoelen, enoki's met chardonnay-azijn en goudblad en een zoete makaron van geroosterde cacao. Een eigenzinnige creatie van dame blanche sluit het gerecht af: bolletjes roomijs omhuld met chocolade met gelei van tonkabonen en ganache van pecannoten.

Axel Collona-Cesari et son amie Anneleen ont pris congé à la mi-2010 de l'Auberge du Pêcheur de Laethem-Saint-Martin pour lancer leur propre restaurant. Axel y démontre qu'il a conservé son sens aigu du détail et sa maîtrise parfaite des cuissons. La première entrée, très fraîche, est une association de thon mariné, mi-cuit, accompagné d'un tartare de crevettes tigrées Obsiblue, un crunch de levain noir et du riz à sushi tiède presque velouté. Ensuite, un petit morceau de bar, succulent, juste saisi, secondé de jus d'agrume, de verveine, de mangue verte, d'ormeau, de châtaigne râpée, de champignons marinés et de quelques gouttes de chlorophylle. En plat de résistance, du pigeonneau d'Anjou cuit rosé avec une crème aux champignons enoki au vinaigre de chardonnay et feuille d'or, et un macaron doux au cacao torréfié. Une création originale autour de la dame blanche clôture le repas et beauté: petites boules de glace enveloppées de chocolat avec une gelée de fèves tonka et une ganache de noix de pécan.

Meise ▷ Bruxelles environs - Brussel omstreken

Mélin ▷ Jodoigne

Menen

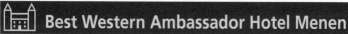

Best Western Ambassador Hotel Menen

Wahisstr. 36-42 - 8930 Menen
℡ 056 31 32 72   🖨 056 31 55 28
ambassador@ambassadorhotel.be - http://www.ambassadorhotel.be
🕐 0:00 7/7
🛏 30   ♔k 157   ♔k♿ 89-173   ♔ 4   💲 207

Rekkem

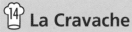 ## La Cravache ☺

Gentstr. 215 - 8930 Rekkem
📞 056 42 67 87   📠 056 42 67 97
info@lacravache.be - http://users.telenet.be/lacravache.be
🕐 0:00   🔒 di/ma   🔒 ma/lu di/ma zo/di
🍽 39-65   🍷 68-125   🍴 58

Wij zijn een beetje ontgoocheld door de beperkte kaart. Als vleeshoofdgerecht is er bijvoorbeeld alleen keuze tussen lam en eendenborstfilet. De hapjes zijn alvast zeer verzorgd. Wij proeven van een sublieme bisque en een heerlijk loempiaatje van kip. Wij worden nog beter gezind van de asperges op Vlaamse wijze met zalm: perfect krokante asperges met een lekker botersausje. Dit is een klassieker, maar je moet hem kunnen bereiden! Er is nog een zeer lekker stukje tarbot, al had het stukje iets groter mogen zijn. Wij hebben goed gegeten. De wijnkaart is bedroevend: niets herkenbaars, geen riesling, geen chenin…

La carte limitée nous déçoit quelque peu. Si on opte pour un plat principal à base de viande, le choix se limite à l'agneau et au magret de canard. Les amuse-bouche quant à eux sont très soignés. Nous nous délectons d'une sublime bisque et d'un délicieux loempia au poulet. Le saumon et ses asperges à la flamande nous ravissent encore plus. Les asperges croquantes à souhait sont nappées d'une succulente sauce au beurre. Il s'agit certes d'un classique, mais encore faut-il savoir l'accommoder. Le tronçon de turbot (un peu petit) sonne juste. Nous avons fait bonne chère. La carte des vins est plutôt médiocre. Aucune référence: ni riesling, ni chenin...

Merendree

 ## 't Aards Paradijs ❤

Merendreedorp 65 - 9850 Merendree
📞 09 371 57 66   📠 09 371 68 56
info@aardsparadijs.be - http://www.aardsparadijs.be
🕐 21:00   🔒 ma/lu di/ma wo/me za/sa   🔒 ma/lu di/ma wo/me
📅 19 déc - 12 janv. / 19 dec - 12 jan
🍽 50-125   🍷 19-50   🍴 65

Lieven Lootens was onze vorige 'Groentechef van het Jaar' en bevestigt ook dit jaar zijn status. Van de eigenhandig uitgebouwde hoeve van zijn overgrootouders maakte hij een restaurant met sprookjesachtige allures en romantische charme. In deze setting komt de intelligente natuurlijke keuken van Lootens goed tot zijn recht. We nemen het seizoenmenu en starten met een compositie van bloemen, kruiden en groentjes. Vervolgens knapperige, goed malse zeekat met een smaakvolle umami-oester met een garnituur van zeegroenten. Gebakken zeebarbeel combineert hij met watermeloen, venkel en tomaat, afgewerkt met kreeftenjus en Romeinse kervel. Als hoofdgerecht sappige, diep smakende runderrib van Black Angus met marjolein begeleid door een groentemix van artisjok, dooierzwam en tuinbonen. Voor het nagerecht kiest hij voor de friszoete bessen van in de duinen groeiende duindoorn die hij combineert met chocolade, jasmijn, gember en sinaasappel. We sluiten af met een combinatie van vlierbes, bosbes en cassisbes, fris afgewerkt met rode klaverzuring met het zoete contrast van meringue en marshmallow. Hier worden alle zintuigen op scherp gezet.

Lieven Lootens était notre précédent chef de légumes de l'année et confirme son statut. Il a métamorphosé la ferme construite par ses arrière-grands-parents en un restaurant féérique, romantique et élégant. Dans un tel décor, la cuisine intelligente et naturelle de Lieven parvient à s'exprimer pleinement. Nous prenons le menu de saison et nous commençons par une composition de fleurs, herbes et petits légumes. Ensuite, une seiche croquante et bien tendre avec une délicieuse huître umami et une garniture de légumes marins. Il combine la barbue avec du melon, du fenouil et de la tomate, la touche finale étant du jus de homard et du cerfeuil romain. En plat de résistance une côte de bœuf de Black Angus à la marjolaine. Que de goûts ! Elle est accompagnée d'un méli-mélo de légumes (artichaut, chanterelles et fèves). Pour le dessert, il a choisi des baies suaves et fraîches d'argousier (elles poussent dans les dunes), qu'il marie avec du chocolat, du jasmin, du gingembre et de l'orange. Nous terminons avec une combinaison de baies de sureau, myrtilles et cassis avec, en touche finale, de la surelle rouge parfaite en contraste avec la meringue et le marshmallow. Tous les sens sont ici en émois…

Mettet ▷ Profondeville

Middelkerke

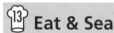 **Eat & Sea**

Zeedijk 72 - 8430 Middelkerke
℡ 059 30 85 60
info@eatandsea.be - http://www.eatandsea.be
🍴 21:30   🔒 ma/lu di/ma   🔒 ma/lu di/ma
🍽 29-44   🍷 35-55

Met zicht op zee geniet je hier van bouillabaisse, kreeft, tong, tarbot, zeevruchten… Voor de onverbeterlijke vleeseters is er ossenhaas en varkenshammetje, die allebei met zorg bereid op tafel verschijnen. De chef durft te vernieuwen, maar dat gaat nooit ten koste van de essentie van het product. Mooie wijnsuggesties.

En observant la mer, vous pouvez y déguster une bouillabaisse, du homard, de la sole, du turbot, des fruits de mer… Pour les inconditionnels de la viande, la maison propose filet pur de bœuf et jambonneau, tous deux préparés avec beaucoup de soins. Le chef ose l'innovation, sans que cela ne nuise jamais à l'essence même des produits. Belles suggestions vineuses.

 **Mange-Tout**

Oostendelaan 292 - 8430 Middelkerke
℡ 059 30 61 65
restaurantmangetout@hotmail.com - http://www.restaurantmangetout.be
🍴 21:30   🔒 ma/lu di/ma   🔒 ma/lu di/ma
🍽 30-70   🍷 50-70   🥄 40

Chef Gregory Schatteman bevestigt en verdient daarmee zijn vorig jaar voorspelde tweede koksmuts. Wij krijgen een mooie variatie van hapjes, die stuk voor stuk een frisse toets hebben die de maag opent. Er is onder meer krokantje van pickles met rillette, kaaskoekje met crème van Oud Brugge, en keurig gebakken scheermesjes met paprika. De aangename frisse toetsen zullen de hele maaltijd lang terugkomen en zorgen telkens voor een perfect evenwicht. Het eerste gerecht is een toast met licht gemarineerde makreel, rauwe halve radijsjes en een jus van appelen en snijbonen die een mooie lentegroene kleur heeft en voor wat zuur zorgt. Dit gerecht valt op door zijn lichtheid en is ideaal als starter. Er volgt een mooi stukje pladijs dat goed is afgekruid (dat is wel nodig bij deze vis) en nog een mooie zilte smaak meekrijgt van espuma van dashi. Twee witte asperges die even de boter gezien hebben, bekronen dit smaakvolle gerecht. Het eerder geroemde evenwicht komt terug in noordzeesepia met crème van aubergines en een friszure saus van olijfolie, citroensap en een beetje curry. Het hoofdgerecht van melkkalf overstijgt nog het niveau van de voorgerechten! Het vlees is botermals en perfect gekruid. Er komt een stukje knapperig, zalvende zwezerik bij en enkele kroketjes met crème van kikkererwten. Gregory Schatteman serveert een fijne keuken op basis van seizoensproducten van uitstekende kwaliteit. Er is een interessante wijn-kaart, die de gastvrouw met veel charme en passie voorstelt.

Le chef Gregory Schatteman persiste et signe ; il décroche la deuxième toque qu'on lui prédisait l'an dernier. En préambule, nous dégustons une suite d'amuse-bouche dont la fraîcheur met en appétit: croquant de rillette au pickles, tuile de fromage à la crème de Vieux Brugge, couteaux poêlés au poivron. Les pointes de fraîcheur ponctueront tout le repas, gage d'un équilibre parfait. La première entrée se compose d'un toast au maquereau légèrement mariné, de demi-ra-dis crus et d'un jus de pommes et de mange-tout qui confère une jolie couleur printanière et un brin d'acidité au plat. Voilà un envoi empreint de légèreté, qui a tout à fait sa place en entrée. S'ensuit une darne de plie assaisonnée de bien belle façon (indispensable avec ce poisson). L'espuma de dashi se charge de la note saline. Deux asperges blanches sautées au beurre couronnent ce délicieux envoi. L'équilibre annoncé plus tôt se retrouve dans la sépia de la mer du Nord en crème d'aubergines et sauce acidulée à l'huile d'olive, au jus de citron et au curry. Le veau de lait servi en plat principal est encore un cran au-dessus des entrées. Parfaitement assaisonnée, la viande fond sur la langue. Elle s'accompagne d'un morceau de ris de veau à la fois tendre et croquant et de quelques croquettes à la crème de pois chiches. Gregory Schatteman signe des envois raffinés à base de produits de saison et de premier choix. Le livre de cave n'est pas dénué d'intérêt. La maîtresse de maison le présente avec charme et passion.

👍 La Tulipe

Léopoldlaan 81 - 8430 Middelkerke
📞 059 30 53 40   📠 059 30 61 39
info@latulipe.be - http://www.latulipe.be
🍽 21:00   🛏 di/ma   🛏 ma/lu di/ma zo/di
📅 1ère et 2ème semaines oct. / de eerste +twee weken okt.
🍴 25-89   🍷 5-37   ⚓ 50

👍 De Vlaschaard

Leopoldlaan 246 - 8430 Middelkerke
📞 059 30 18 37   📠 059 31 40 40
vlaschaard@telent.be - http://www.de-vlaschaard.be
🍽 21:30   🛏 di/ma wo/me   🛏 di/ma wo/me
📅 2 sem janv / 2 weken jan
🍴 28-75   🍷 18-75   ⚓ 65

Excelsior

Arthur Degreefplein 9 - 8430 Middelkerke
℡ 059 30 18 31   🖷 059 31 27 02
info@hotelexcelsior.be - http://www.hotelexcelsior.be
🛏 0:00 ⁷⁄₇
🧳 9 - 28 janv. / 9 - 28 jan.
🛏 32   ⓚ 50-125

Honfleur

P. de Smet de Naeyerstr. 19 - 8430 Middelkerke
℡ 059 30 11 88   🖷 059 31 02 41
info@hotel-honfleur.be - http://www.hotel-honfleur.be
🛏 0:00 ⁷⁄₇
🧳 Carnaval, 1-10 déc. / Krokus, 1-10 dec.
🛏 13   ⓚ 65-100   ⓟ 25

Mirwart

👍 Auberge du Grandgousier

r. du Staplisse 6 - 6870 Mirwart
℡ 084 36 62 93   🖷 084 36 65 77
grandgousier@skynet.be - http://www.grandgousier.be
🛏 20:30 🔒 di/ma wo/me 🔒 di/ma wo/me
🧳 2 janv. - 17 fév. , 25 juin - 12 juil. , 27 août - 13 sept. / 2 jan. - 17 feb.,
25 juni - 12 juli, 27 aug. - 13 sept
🍽 34-65   🍷 46-71   🍴 59

Auberge du Grandgousier

r. du Staplisse 6 - 6870 Mirwart
℡ 084 36 62 93   🖷 084 36 65 77
grandgousier@skynet.be - http://www.grandgousier.be
🛏 0:00
🧳 2 janv. - 17 fév., 25 juin - 12 juil., 27 août - 13 sept. / 2 jan. - 17 feb.,
25 juni - 12 juli, 27 aug. - 13 sept.
🛏 9   ⓚ 57-80   ⓟ 72-80   🛏 80

Le Beau Site

pl. Communale 5 - 6870 Mirwart
℡ 084 36 62 27   🖷 084 36 71 18
info@le-beau-site.be - http://www.le-beau-site.be
🛏 0:00
🛏 9   ⓚ 81-90

Mol

Corbie

Corbiestr. 64 - 2400 Mol
✆ 014 31 98 71   📠 014 32 07 21
info@corbiehotel.com - http://www.corbie.be
🕐 0:00 ⁷⁄₇
📅 24 - 31 déc. / 24 - 31 dec.
🛏 27   ♦k 150   ♦k♿ 40-160

Hippocampus

St Jozefslaan 79 - 2400 Mol
✆ 014 81 08 08   📠 014 81 45 90
chef@hippocampus.be - http://www.hippocampus.be
🕐 0:00 ⁷⁄₇
📅 fin août / eind aug.
🛏 4   ♦k 119   ♦k♿ 96-138   ⊕P 89-156   🍴 156   🛏 2   ⓢ 145

Momignies ▷ Chimay

Monceau-sur-Sambre ▷ Charleroi

Mons

L' Art des Mets

r. des Clercs 9 - 7000 Mons
✆ 065 88 51 00   📠 065 82 51 00
guylaurent.decamp@artdesmets.net - http://www.artdesmets.net
🕐 21:00   🔒 ma/lu za/sa   🔒 ma/lu zo/di
📅 3 - 16 janv., 24 juil. - 13 août / 3 - 16 jan., 24 juli - 13 aug.
🍴 25-50   🍷 52-69   ☕ 62

L'art est sur les murs, tout autour de nous mais aussi dans l'assiette. Cette passion confère à la cuisine du nouveau chef une dimension authentique mêlée de créativité. On découvre à la carte un saumon aux mille et une saveurs, une longe de porc Iberico aux griottes accompagnée de pied de porc en carpaccio, étonnant, ou le cabillaud au bouillon d'algues. Une adresse à suivre.

Kunst op de muren, overal rondom ons, maar ook op het bord. Deze passie bezorgt de keuken van de nieuwe chef een authentieke dimensie doorspekt van creativiteit. Op de kaart ontdekken we zalm met duizend-en-één smaken, rugstuk van iberico-varken met kersenzuurtjes vergezeld van varkenspoot in carpaccio – verrassend – of kabeljauw met bouillon van algen. Een adresje om te volgen.

La Cinquième Saison

r. de la Coupe 25 - 7000 Mons
☏ 065 72 82 62   🖨 065 72 82 61
pierre-yves.gosse@skynet.be -
🔓 21:00   🔒 ma/lu zo/di   🔒 ma/lu zo/di
💼 1 sem. Pâques, 1 - 15 août, 1 sem. Toussaint / 1 week Pasen,
1 - 15 aug., 1 week Allerheiligen
🍽 29-75   🍷 16-32

Certes la salle est étroite et ceux qui souhaitent une stricte intimité devront espérer disposer de l'une des rares tables un peu plus isolées. Le cadre n'en est pas moins épuré, élégant et agréable pour passer un bon déjeuner attablé. Dans l'assiette, le chef Gosse envoie des préparations fines, bien tranchées, majoritairement sur la base de produits du terroir. Lors de l'une de nos dernières visites, nous avons, entre autres, dégusté une fine tartelette à la rhubarbe, surmontée d'un foie poêlé avant un magret de canard escorté de quelques groseilles vertes et de navet par exemple. En salle, le service impeccable est cornaqué par Gaëtan Calderini qui vous aidera à puiser parmi une superbe cave, le flacon qui vous permettra de vous faire plaisir à vous et à votre convive. Réservation indispensable.

De zaal is inderdaad smal, en wie strikte intimiteit wil kan enkel hopen op een van de weinige tafeltjes die iets meer afgezonderd staan. Maar het kader is toch strak, elegant en aangenaam om een leuk tafelmoment te beleven. Chef Gosse bereidt verfijnde en weldoordachte gerechten, voor het merendeel op basis van streekproducten. Bij een van onze laatste bezoekjes aten we onder andere een fijn taartje met rabarber, met daarop gebakken foie gras. Vervolgens eendenfilet met enkele groene aalbessen en raap bijvoorbeeld. In de zaal wordt de onberispelijke bediening in goede banen geleid door Gaëtan Calderini, die u zal helpen om uit de schitterende kelder de fles te kiezen waarmee u zichzelf en uw tafelgenoot plezier kunt doen. Reserveren is noodzakelijk.

Les Enfants Gâtés ♡☺

r. du Bertaimont 40 - 7000 Mons
☏ 065 72 39 73
les_enfants_gates@live.be
🔓 22:00   🔒 ma/lu za/sa   🔒 ma/lu zo/di
💼 2 sem. en août / 2 weken in aug.
🍽 30-40   🍷 30-45   ⚴50

Ambiance familiale pour cette adresse menée de main de maître par le chef Matta Badros qui a repris l'établissement il y a maintenant deux ans. La carte aux accents bistrotiers se compose entre autres d'un onglet à l'échalote ou d'un millefeuille de sardines tandis que les menus attractifs emportent les suffrages des clients. Il faut dire que les assiettes sont généreuses sans être pantagruesques.

Er heerst een familiale sfeer op dit adresje dat meesterlijk wordt geleid door chef Matta Badros die het etablissement intussen twee jaar geleden overnam. Op de kaart met bistroaccenten staan onder andere longhaasje met sjalot of millefeuille van sardines, terwijl de aantrekkelijke menu's de voorkeur van de klanten wegdragen. Het moet gezegd dat de borden weelderig zijn zonder overdadig te zijn.

 **Les Gribaumonts**

r. d' Havré 95 - 7000 Mons
℡ 065 75 04 55   🖶 065 22 84 14
restaurant@lesgribaumonts.be -
http://www.restaurantlesgribaumonts.be
🍴 22:00   🔒 ma/lu za/sa zo/di   🔒 ma/lu zo/di
🍽 28-70   🍷 40-80   🥄 60

Après avoir été dans les travaux des mois durant, le couple de patrons a enfin posé ses valises à Mons dans cette jolie maison qu'ils ont superbement réaménagée. L'intérieur est fait de pierre bleue, de bois et de verre en une déclinaison lumineuse, sobre et moderne à la fois. Le tout ouvrant sur la cuisine. Nicolas, en salle, n'a pas son pareil pour présenter les vins en détail. La majorité des clients lui font d'ailleurs une confiance aveugle. Et ils ont raison. Dans l'assiette, la cuisine de Lisa n'a pas souffert du déménagement. Certes la carte est courte et les intitulés de plats semblent 'simples', mais une fois plongés dans l'assiette, la touche du chef est bien présente. Que ce soit le thon en mi-cuit escorté de mille et une saveurs fruitées et en herbe sans pour autant perdre de sa superbe, ou cette préparation juteuse et gourmande à la fois de barbue aux chicons et à la kriek, tout est là. Sans être compliquée, la préparation est subtile et complexe. De beau travail. La régularité et la poursuite de telles recherches devraient permettre à Lisa de garder le bon cap. Nous en tous cas, nous suivrons son sillage.

Na maandenlange werkzaamheden nam het eigenaarskoppel eindelijk zijn intrek in dit mooie huis in Bergen dat prachtig heringericht werd. Het interieur bestaat uit blauwsteen, hout en glas – tegelijkertijd helder, sober en modern. Met zicht op de keuken. Nicolas staat in de zaal en slaagt er als geen ander in de wijnen uiterst gedetailleerd voor te stellen. De meeste klanten vertrouwen hem trouwens blindelings. En ze hebben gelijk. Op het bord heeft de keuken van Lisa niet geleden onder de verhuizing. De kaart is natuurlijk kort en de benamingen van de gerechten lijken 'eenvoudig', maar als u zich onderdompelt in het bord merkt u dat de 'touch' van de chef duidelijk aanwezig is. Of het nu is bij de halfgebakken tonijn met duizend-en-één fruitige aroma's of bij die sappige en tegelijkertijd overheerlijke bereiding van griet met witlof en kriek: alles is aanwezig. De bereiding is subtiel en complex, zonder gecompliceerd te zijn. Mooi werk. De regelmaat en het verdere streven naar dergelijke combinaties zouden Lisa in staat moeten stellen om de juiste koers te blijven varen. Wij varen in elk geval in haar kielzog.

 L'impératif'ment belge

rue de Nimy 14 - 7000 Mons
℡ 065 31 21 88
daphnee.laminne@hotmail.com -
http://sites.resto.com/imperatifmentbelge/
🍴 0:00   🔒 zo/di   🔒 zo/di
🍽 25-35

C'est sous le regard de Paul Magritte, de Jacques Brel et de Manneken Pis que l'on s'attable ici. Le temps d'un repas détendu dans un cadre convivial, on déguste les spécialités belges autour de vins produits par... des Belges, ici ou ailleurs. A la carte, on débutera par les harengs marinés aigre-doux, les croustillants de petits gris de Namur et leur beurre aïoli ou, pourquoi pas, une bonne bière accompagnée de l'assiette de tapas proposant les spécialités belges en 7 versions tapas. Pour suivre, les boulets de Liège à la Chimay bleue, le moules-frites ou le filet américain préparé à la minute côté classique ou, plus terroir, l'hâte levée maison et la côtelette de porc à l'berdouille. Le tout se fait dans une ambiance détendue et idéalement animée.

Hier neemt u plaats onder het toeziende oog van Paul Magritte, Jacques Brel en Manneken Pis. Tijdens een ontspannen maaltijd in een gezellig kader geniet u van Belgische specialiteiten en wijnen geproduceerd door... Belgen – hier of elders. Op de kaart staan om te beginnen zoetzure gemarineerde haringen, Naamse segrijnslakken met lookboter of – waarom niet? – een lekker biertje vergezeld van een tapasbord met Belgische specialiteiten in 7 tapasversies. Vervolgens klassiekers zoals balletjes op Luikse wijze met blauwe Chimay, mosselen met frietjes of filet americain, of meer streekgebonden gerechten zoals huisbereid gestoofd varkensvlees en varkenskotelet met 'berdouille'. En dat alles in een ontspannen sfeer en een ideale drukte.

 ## La Crèmerie

Chaussée du Roeulx 549 - 7000 Mons
℡ 065 33 52 30
alain.cottem@tvcablenet.be - http://www.la-cremerie.be
🔓 0:00 🔒 ma/lu di/ma 🔒 ma/lu di/ma
🍽 25-25 🍷 25-30 🍴 50

Figure montoise très connue, le chef Alain Cottem, a fait ses armes dans plusieurs maisons avant d'ouvrir la sienne, en bordure de la chaussée de Mons. Une déco classique avec son carrelage grand-mère pour une cuisine du terroir. Un menu unique avec une sélection de produits du marché. Mises en bouche assez surprenantes dont cette escavèche de congre. Les poissons de notre bouillabaisse viennent en droite ligne de Nantes chaque semaine, fraîcheur garantie. Petit bémol quant à l'assaisonnement de la truite à l'Orval, qui lui aurait amené un sans faute. Réussite pour la côtelette de porc à l'berdouille, mélange subtil de purée et de sauce. La carte des vins doit encore grandir. Nous saluons cette entrée d'une 1ère toque.

Chef Alain Cottem, een bekend figuur in Bergen, werkte eerste in verschillende restaurants voordat hij zijn eigen zaak opende nabij de Chaussée de Mons. Een klassiek interieur met tegels uit grootmoeders tijd en een streekgebonden keuken. Eén enkel menu met een selectie marktproducten. Redelijk verrassende aperitiefhapjes, zoals de gekookte zeepaling. De vis in onze bouillabaisse komt elke week rechtstreeks van Nantes – versheid verzekerd. Enkel de kruiding van de forel met Orval liet wat te wensen over. De varkenskotelet met 'berdouille', een subtiele mengeling van puree en saus, was dan weer geslaagd. De wijnkaart moet nog groeien. Wij belonen deze nieuwkomer met een eerste koksmuts.

La Madeleine

rue de la Halle 42 - 7000 Mons
℡ 065 35 13 70
🔓 22:00 🔒 ma/lu 🔒 ma/lu
📅 1-15 jan, 1-15 juli / 1-15 jan, 1-15 juli
🍽 35 🍷 35-55 🍴 50

Le truculent Luc Broutard, non content de sa Table du Boucher, a pensé aux amateurs d'iode en ouvrant la Madeleine. Ici le produit de la pêche est à l'honneur sous l'égide du chef Didier Marszalkowski. On y vient pour déguster des huîtres tout en simplicité avant un tempura de scampis et sa sauce asiatique. Ensuite le poisson selon l'arrivage se pare de ses plus beaux habits avec un quinoa et son filet d'huile. Les vins se choisissent à l'étal ou à la carte. Pour les amateurs, une carte des thés, dont certains sont assemblés maison, est passionnément commentée par Thierry le volubile maître d'hôtel.

Luc Broutard, een kleurrijk figuur, stelde zich niet tevreden met zijn Table du Boucher. Hij dacht ook aan de visliefhebbers toen hij La Madeleine opende. Hier staat alles in het teken van zeeproducten, onder leiding van chef Didier Marszalkowski. U eet hier oesters in alle eenvoud, gevolgd door tempura van scampi's en Aziatische saus. Vervolgens vis afhankelijk van de aanvoer met prachtige garnituren zoals quinoa met een scheutje olie. De wijnen worden gekozen aan het stalletje of op de kaart. Voor de liefhebbers is er ook een theekaart, met enkele zelf samengestelde theevariëteiten, die vol passie becommentarieerd wordt door Thierry, de welbespraakte maître d'hôtel.

 Marchal

Rampe Sainte-Waudru 4 - 7000 Mons
📞 065 31 24 02   📠 065 36 24 69
contact@marchal.be - http://www.marchal.be
🍴 22:30   🔒 ma/lu di/ma wo/me   🔒 ma/lu di/ma wo/me do/je zo/di
📅 1 - 7 janv., 1 - 15 août / 1 - 7 jan., 1 - 15 aug.
🍽 29-50   🍷 51-56   🍴 42

🍳⁽¹⁴⁾ Sel et Sucre

r. de Nimy 6 - 7000 Mons
📞 065 59 05 07   📠 065 87 59 44
restaurant@sel-et-sucre.be - http://www.sel-et-sucre.be
🍴 21:00   🔒 ma/lu za/sa   🔒 ma/lu wo/me zo/di
📅 1 - 7 janv., 22 - 31 juil., 1 - 7 sept. / 1 - 7 jan., 22 - 31 juli, 1 - 7 sept.
🍽 35-55   🍷 18-26   🍴 42

Pas facile de se faire une place dans ce quartier fort « estudiantin ». Pourtant Jean-Christophe et Audrey y sont arrivés ! Le sourire de madame et les talents du chef en ont séduit plus d'un. En cuisine, on suit les saisons, ce qui donne dans l'assiette le cabillaud assorti de quelques supions, olives et tomates confites, un ris de veau rôti et déglacé au balsamique blanc et un petit air de cocktail pour nos fraises.

Het is niet gemakkelijk om vaste voet aan de grond te krijgen in deze zeer 'studentikoze' wijk. Nochtans zijn Jean-Christophe en Audrey hierin geslaagd! De glimlach van mevrouw en het talent van de chef hebben al veel mensen verleid. In de keuken worden de seizoenen gevolgd. Op het bord resulteert dat in kabeljauw met enkele inktvisjes, olijven en gekonfijte tomaten, gebakken kalfszwezerik geblust met witte balsamico en een cocktaillook voor onze aardbeien.

🍳⁽¹³⁾ La Table des Matières

r. Grand Trou Oudart 16 - 7000 Mons
📞 065 84 17 06   📠 065 84 91 45
renato.carati@skynet.be - http://www.tablemat-resto.be
🍴 22:00   🔒 wo/me za/sa   🔒 wo/me zo/di
📅 16 juil. -16 août / 16 juli - 16 aug.
🍽 18-40   🍷 35-65   🍴 55

Dans un cadre qui fleure bon l'Italie, le chef Renato Carati redonne ses lettres de noblesse à la cuisine transalpine. Pas de techniques sophistiquées ni d'associations novatrices. Ici, on cuisine en toute simplicité, avec le cœur. C'est précisément sa quête de l'authenticité qui lui vaut son succès. Les antipasti sont à la hauteur de ceux qu'on sert dans les quartiers populaires de Rome. Sans trop de fioritures, mais les saveurs sont au rendez-vous. Comme quoi on peut faire simple et bon. Ne manquez pas sa pasta al ragù, qui traduit, dès la première bouchée, la force de la cuisine de Carati.

good meat

Delivering the finest meat

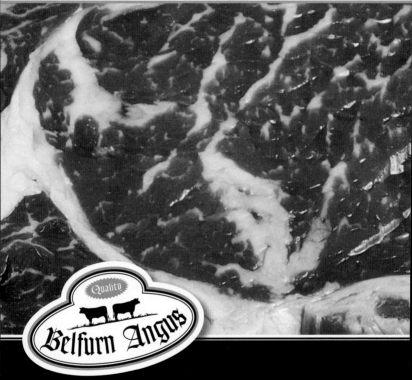

In een omgeving met aandoenlijk Italiaanse allure brengt chef Renato Carati de trans-Alpijnse keuken treffend tot leven. Niet met gesofisticeerde technieken of innoverende associaties, maar gewoon simpel en uit het hart. Hij dankt zijn ruime aanhang juist aan zijn streven naar authenticiteit. De antipasti smaken zoals ze ook op een terras in een volkse wijk van Rome kunnen bekoren. Zonder veel franje maar wel herkenbaar hartig. Simpel mag en kan ook lekker zijn. Probeer hier bijvoorbeeld pasta met een treffelijke ragù en men proeft meteen waar de kracht van Carati's keuken ligt.

La Table du boucher

r. d'Havré 49 - 7000 Mons
℡ 065 31 68 38   🖷 065 33 48 65
cb_resto@hotmail.com - http://www.lucbroutard.be
🕐 23:00   7/7
💶 12-35

Le moins que l'on puisse dire, c'est que nous ne nous sommes pas trompés, l'année passée, en élevant Luc Broutard et sa table au rang de Brasserie de l'année. Depuis, le restaurant a vu défiler bon nombre de chefs et de gastronomes de tout le pays désireux de goûter à la viande du boucher. Car il est vrai que l'on peut déguster des viandes ici comme nulle part ailleurs. Maturées par le chef, elles sont ensuite cuites à sa manière, saignantes sans baigner dans leur jus, rosées ou rouges comme il le faut. Le tout est servi avec un festival de salades, petits légumes et tendres frites croustillantes ou… aligot à faire se damner un Saint. Les amateurs de plats plus cuisinés se régaleront des cannellonis de queue de bœuf, d'une tête de veau ou… du cassoulet maison. La cave est présentée à vue afin que chacun y puisse choisir son étiquette. Le nouveau décor, un rien plus moderne, et la cuisine - désormais en partie ouverte - confortent encore un peu plus l'image d'un professionnalisme sans faille. Le service, rôdé et attentif, est assuré par une brigade fidèle et sympathique.

Het minste wat we kunnen zeggen, is dat we ons vorig jaar niet vergist hebben toen we Luc Broutard en zijn restaurant uitriepen tot Brasserie van het Jaar. Sindsdien kwamen in het restaurant tal van chefs en gastronomen uit het hele land langs om het vlees van de slager te proeven. Want het is inderdaad zo dat u hier vlees kunt eten zoals nergens anders. Het vlees wordt door de chef gerijpt en vervolgens bereid op zijn manier, saignant zonder te baden in jus, rosé of rood zoals het hoort. Dit wordt geserveerd met een festival van salades, groentjes en knapperige frietjes of … overheerlijke aligot. De liefhebbers van complexere gerechten zullen genieten van de cannelloni's van ossenstaart, kalfskop of … huisbereide cassoulet. De kelder is zichtbaar, zodat iedereen zijn etiket kan kiezen. Het nieuwe decor is een tikkeltje moderner en de keuken is voortaan gedeeltelijk open. Dat versterkt nog iets meer het imago van een weergaloos professionalisme. De goed ingewerkte en attente bediening wordt verzekerd door een trouwe en vriendelijke brigade.

Saint James

pl. de Flandre 8 - 7000 Mons
℡ 065 72 48 24   🖷 065 72 48 11
hotelstjames@hotmail.com - http://www.hotelstjames.be
🕐 0:00   7/7
🛏 21   ⓚ 83   ⓚ 85 107

Baudour

 D' Eugénie à Emilie

pl. de la Résistance 1 - 7331 Baudour ❄
℡ 065 61 31 70/0477 59 76 35   📠 065 61 31 79   [MasterCard] [VISA] [AMERICAN EXPRESS] [D]
info@fernez.com - http://www.fernez.com
🍽 21:30   🛏 ma/lu di/ma za/sa   🛏 ma/lu di/ma wo/me zo/di
💶 35-85   🍷 62-85

Dans sa maison de fine bouche qui fait face à son adresse plus « brasserie pour les grandes gueules », Eric Fernez assure un moment de plaisir garanti dans l'assiette et dans le verre. Côté cuisine, ce jour-là, nous nous sommes régalés d'un gâteau de homard, sole et foie gras qui affichait une très belle finesse malgré un léger manque d'assaisonnement. Pour suivre, d'irréprochables asperges du Pertuis servies avec une pointe d'huile et quelques copeaux de parmesan pour les pointes, crème d'œuf et beurre de truffes pour le reste. Vient ensuite un turbot, croustillant de pied de porc et quelques coques cuites au naturel rehaussés d'un jus fait à base des cuissons des 3 éléments de l'assiette: superbe. En finale, un soufflé au chocolat, sur une verrine de glace vanille et mousse de menthe et verveine. Le tout assorti d'une très belle sélection vineuse que vous piochez vous-même ou que le chef vous conseille avec justesse.

In zijn restaurant voor lekkerbekken tegenover zijn adresje dat eerder een 'brasserie voor grote bekken' is, garandeert Eric Fernez een moment van genot – zowel op het bord als in het glas. Qua keuken genoten we die dag van een taart van kreeft, tong en foie gras die heel geraffineerd was, ondanks een tikkeltje te weinig kruiding. Daarna onberispelijke asperges van Le Pertuis met een vleugje olie en enkele parmezaanschilfers op de punten en eierroom en truffelboter op de rest. Daarna tarbot, knapperige varkenspoot en enkele gekookte kokkels in een jus op basis van het kookvocht van de 3 elementen op het bord: schitterend. Tot slot chocoladesoufflé op een klok van vanille-ijs en mousse van munt en ijzerkruid. Bij dat alles wordt een zeer mooie wijnselectie geserveerd waaruit u zelf uw keuze maakt of die de chef u aanbeveelt.

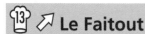 **Le Faitout**

place de la Resistance 1 - 7331 Baudour ❄ ⌂
℡ 065 64 48 57/0470 10 60 33   [MasterCard] [VISA] [AMERICAN EXPRESS] [D]
emilie@fernez.com - http://www.lefaitout-fernez.com
🍽 22:00   ⁷⁄₇
💶 30-35   🍷 29-61

On y fait tout bien, tel pourrait être désormais le slogan ici. Car de brasserie, cette adresse n'en a que le meilleur de l'appellation. Pas de viande baignant dans son jus avec des mauvaises frites ni de sauces en sachet. Ici, c'est une déclinaison de tomates du jardin, un vol-au-vent de ris de veau impeccable ou un pain perdu de brioche aux pommes sautées avec sa glace vanille qui vous réjouissent sans sourciller. Amateurs de boulettes sauce tomate maison également bienvenus. Service de brasserie et carte des vins plus qu'évoluée avec des grands noms à prix corrects. Bref, Eric Fernez a solidement cornaqué l'équipe et cela se goûte. La première toque est acquise.

'Hier wordt alles goed gedaan' – dat zou hier voortaan de slogan kunnen zijn. Want dit adresje heeft enkel het beste van de benaming 'brasserie'. Geen vlees dat baadt in zijn jus met slechte frieten of saus uit een zakje. Hier geniet u zonder de wenkbrauwen te fronsen van tomaten uit de tuin, een onberispelijke volau-vent van kalfszwezerik of verloren briochebrood met gebakken appeltjes en vanille-ijs. Ook liefhebbers van huisbereide balletjes in tomatensaus zijn welkom.

Brasseriebediening en een meer dan rijk gevulde wijnkaart met grote namen tegen correcte prijzen. Kortom: Eric Fernez heeft het team goed wegwijs gemaakt, en de gasten proeven dat. De eerste koksmuts is binnen.

Eugies (Frameries)

🍳[14] L' Assiette au Beurre

r. de l'Industrie 278 - 7080 Eugies (Frameries)

📞 065 67 76 73   📠 065 66 43 87

jeanlouis.simonet@skynet.be - http://www.assietteaubeurre.be

🕐 20:30   🔓 ma/lu   🔒 ma/lu do/je zo/di

📅 18 juil. - 10 août / 18 juli - 10 aug.

💶 28-48

C'est toujours l'œil vif et la moustache affûtée, que Jean-Louis Simonet vous reçoit dans son antre. Après quelques mises en bouche, bel équilibre entre moelleux et croquant que ce carpaccio de veau à l'huile de radis et ses radis et caprons tranchés. L'aile de raie, un plat qu'affectionne le chef, se donne tout simplement avec quelques épinards tandis que notre agneau rosé se la joue tout miel avec cet ananas confit au poivre rose. Le chef maîtrise ses classiques et on en redemande. Carte des vins bien achalandée.

Het is nog altijd met zijn scherpe blik en zijn verzorgde snor dat Jean-Louis Simonet u verwelkomt in zijn tempel. Na enkele aperitiefhapjes volgde een mooi evenwicht tussen zacht en knapperig met carpaccio van kalf met radijsolie, radijsjes en kappertjes. De roggenvleugel, een gerecht waaraan de chef verknocht is, wordt gewoon geserveerd met wat spinazie, terwijl het rosé lam honingzoet opgediend wordt met gekonfijte ananas met roze peper. De chef beheerst zijn klassiekers en wij kunnen er niet genoeg van krijgen. Uitgebreide wijnkaart.

Maisières

🍳[16] L' Impératif

r. grande 208 - 7020 Maisières

📞 065 35 52 55   📠 065 31 16 19

limperatif@hotmail.com - http://www.resto.be

🕐 21:00   🔓 di/ma za/sa   🔒 di/ma do/je zo/di

📅 Vacances de carnaval, 23 juil. - 13 août / Krokusvakantie, 23 juli - 13 aug.

💶 38-70   💶 22-38   🍴 65

L'Impératif de Benoit Meusy semble se dresser comme un arrêt obligatoire sur la route de Mons. Et force est de constater que les amateurs de fine cuisine gastronomique évolutive y trouveront leur plaisir. Le menu tout iode proposait ce jour-là le cannelloni de ramonasse farci au tourteau servi avec quelques pickles de légumes d'automne sur une vinaigrette de betteraves rouges et une mayonnaise au vin jaune et huile de colza. Fabuleux festival de saveurs et senteurs. Les Saint-Jacques bretonnes ensuite se pâmaient sur une purée de racine de persil avec quelques coques relevées au beurre d'herbes et un coulis de cresson de fontaine. Génial. En plat, le dos de cabillaud en croûte de fromage, son chicon à la purée de châtaigne et l'émulsion à la bière rivalisaient d'inventivité avec leur caramel de chicorée, entre douceur et amertume, et la mousseline de pommes de terre à l'orge torréfié. La tarte tatin revue et corrigée par le chef ponctue l'ensemble de fort belle manière. En salle, Rodolphe Quéhé, lauréat du Grand Concours

Laurent-Perrier 2011, vous emmène dans de superbes associations qui font merveille (et surtout mouche) avec les envois hauts en couleurs du chef. Une adresse incontestablement à suivre.

L'Impératif van Benoit Meusy lijkt zich te profileren als een verplichte halte op de baan naar Bergen. En we kunnen enkel vaststellen dat de liefhebbers van de verfijnde evolutieve gastronomische keuken hier aan hun trekken zullen komen. Het vismenu bestond die dag uit cannelloni van rammenas gevuld met Noordzeekrab en opgediend met enkele pickles van herfstgroenten op een vinaigrette van rode biet en een mayonaise met Jurawijn en koolzaadolie. Een fabelachtig festival van smaken en geuren. Vervolgens Bretoense Sint-Jakobsvruchten op een puree van peterseliewortel met enkele kokkels op smaak gebracht met kruidenboter en coulis van waterkers. Geniaal. Als hoofdgerecht kabeljauwhaasje in kaaskorst met witlof, kastanjepuree en emulsie met bier die qua inventiviteit de strijd aangingen met chicoreikaramel, tussen zoet en bitter, en aardappelmousseline met gebrande gerst. De door de chef herziene en verbeterde 'tarte tatin' sloot het geheel mooi af. In de zaal helpt Rodolphe Quéhé, laureaat van de Grand Concours Laurent-Perrier 2011, u om prachtige keuzes te maken die perfect samengaan met de kleurrijke gerechten van de chef. Een adresje om ontegensprekelijk te volgen.

Nimy

Mercure Mons

r. des Fusilles 12 - 7020 Nimy
℡ 065 72 36 85   🖷 065 72 41 44
hotel.mercure.mons-fb@skynet.be - http://www.mercure.be
🖫 0:00 ⁷⁄₇
🛏 53   ♔ 109   ♔♿ 125-137

Montignies-Saint-Christophe ▷ Beaumont

Montigny-le-Tilleul ▷ Charleroi

Mont-Saint-Guibert

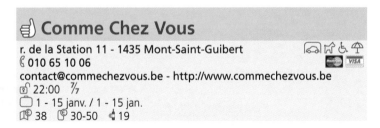

👍 Comme Chez Vous

r. de la Station 11 - 1435 Mont-Saint-Guibert
℡ 010 65 10 06
contact@commechezvous.be - http://www.commechezvous.be
🖫 22:00 ⁷⁄₇
🗋 1 - 15 janv. / 1 - 15 jan.
🍽 38   🍷 30-50   🍴 19

Sapori Del Sud

Rue Edouard Bélin 1 - 1435 Mont-Saint-Guibert
℡ 010 45 49 11
saporidelsud@skynet.be - http://www.saporidelsud.be
🕐 0:00 🔒 za/sa zo/di 🔒 ma/lu di/ma wo/me zo/di

Mont-sur-Marchienne ▷ Charleroi

Mopertingen ▷ Bilzen

Mouscron

 ## Mets Gusta

r. du Phenix 29 - 7700 Mouscron ♿ ❄ ⛱
℡ 056 34 49 55   📠 056 48 04 53
info@metsgusta.be - http://www.metsgusta.be
🕐 21:30 🔒 ma/lu zo/di 🔒 ma/lu zo/di
📅 vac. de Carnaval, dern sem.juil, 1 sem. août / Krokusvak., juli,
1 week aug.
🍽 35 🍽 35-50 🍷 58

Bois exotique et ambiance cosy font de cette adresse le repère du jeune chef Jérémy Vanderbeke. Une cuisine qui se mange avec les yeux tout en jouant avec les épices et les saveurs du monde. Au menu, quelques fines tranches d'Iberico avant de plonger sur l'encornet juste saisi au basilic, risotto au parmesan et chorizo précédant un ris de veau façon tajine, carottes et navets glacés.

Het exotische hout en de gezellige sfeer maken van dit adresje het richtpunt van de jonge chef Jérémy Vanderbeke. Een keuken die een streling voor het oog is en waarin gewerkt wordt met kruiden en smaken van over de hele wereld. Op het menu: enkele fijne sneetjes iberico, gevolgd door kort aangebakken pijlinktvisjes met basilicum, risotto met parmezaanse kaas en chorizo, en vervolgens kalfszwezerik op tajinewijze met wortelen en geglaceerde raapjes.

 ## Le Petit Boclé

r. Boclé 56 - 7700 Mouscron
℡ 056 33 21 00   📠 056 33 21 00
c.debrabandere@belgacom.net - http://www.lepetitbocle.be
🕐 21:30 🔒 wo/me za/sa 🔒 wo/me zo/di
📅 15 août - 6 sept. / 15 aug. - 6 sept.
🍽 32-68 🍽 40-70 🍷 53

Un feuilleté de foie gras parfaitement poêlé ouvre le bal, accompagné de miel et de pommes. Classique et calorique, mais ô combien délicieux ! Pour suivre: turbot grillé sur l'arête, de première fraîcheur mais un peu trop fin. Il est nappé d'une très bonne béarnaise et accompagné de pommes de terre sautées un peu trop cuites. C'est particulièrement satisfaits que nous reprenons le chemin de la maison. Le restaurant propose une cuisine classique, correcte et abordable. Le service se fait avec le sourire.

Ons eerste gerecht is een perfect gebakken ganzenlever met een zeer fijn, dun bladerdeeggebakje en appeltjes in honing gedrenkt. Klassiek en calorierijk, maar o zo lekker. Dan is er op de graat gegrilde tarbot, kraakvers maar iets te dun. Er komt een zeer goede bearnaise bij en gebakken aardappelen die iets te gaar zijn. Wij keren bijzonder tevreden naar huis terug. Je eet hier een correcte en betaalbare klassieke keuken. Bediening met de glimlach.

👍 Au Petit Château

bd. des Allies 243 - 7700 Mouscron
☎ 056 33 22 07   📠 056 84 02 11
aupetitchateau@skynet.be - http://www.aupetitchateau.be
🍴 21:15   🛏 wo/me   🍴 ma/lu di/ma wo/me zo/di
📅 10 jours fin janvier / 10 dagen in jan.
🍽 25-60   🍷 47-85   🍴 47

👍 Restaurant Madame

r. Roi Chevalier 17 - 7700 Mouscron
☎ 056 34 43 53   📠 056 34 54 30
restaurant-madame@skynet.be - http://www.restaurant-madame.be
🍴 21:00   🛏 ma/lu di/ma wo/me   🍴 ma/lu di/ma wo/me zo/di
📅 16 juil. - 14 août / 16 juli - 14 aug.
🍽 28-52   🍷 34-60   🍴 48

🏰 Best Western Hotel Alize Mouscron

Passage Saint-Pierre 34 - 7700 Mouscron
☎ 056 56 15 61   📠 056 56 15 60
alize@hotelalize.be - http://www.hotelalize.be
🍴 0:00   7/7
🛏 58   🛏 73-191   🛏 7   💲 216

Estaimbourg

👨‍🍳 ¹³ La Ferme du Château

pl. de Bourgogne 2 - 7730 Estaimbourg
☎ 069 55 72 13   📠 069 55 72 13
http://www.lafermeduchateau.net
🍴 21:30   🛏 wo/me   🍴 ma/lu di/ma wo/me do/je zo/di
📅 2 sem. Carnaval, 3 sem. août / 2 wek. Krokus, 3 wek. aug.
🍽 52-62   🍷 53-78   🍴 73

Bienvenue à la ferme du château dans un décor où pendent quelques œuvres d'art pour le plaisir des yeux. En ce qui concerne la cuisine, elle propose un beau panel de la gastronomie française classique. Ravioles de foie gras et tartufata, noix de Saint-Jacques et King Crabe sur une pommade de panais ou encore pigeonneau de Bresse et son écrasée de pommes de terre.

Welkom in La ferme du château in een decor waar enkele kunstwerken hangen als streling voor het oog. De keuken biedt een mooi assortiment van de klassieke Franse gastronomie. Ravioli van foie gras en tartuffata, Sint-Jakobsvruchtjes en koningskrab op een zalfje van pastinaak, of jonge duif uit Bresse met geplette aardappelen.

Munkzwalm ▷ Zwalm

Namur

 Bienvenue chez Vous ♡

av. Cardinal Mercier 27 - 5000 Namur
✆ 0477 29 96 83
cedricdelsaut@skynet.be -
http://www.restaurantbienvenuechezvous.be
🕘 21:00   🔒 ma/lu zo/di   🔒 ma/lu zo/di
🍴 32-59   ♟ 50

Cédric Delsaut orchestre des envois contemporains et créatifs. Ce chef passionné accueille personnellement ses clients et vient présenter les plats qu'il va leur concocter. Il a donc carte blanche. Accompagné de glace au gingembre, de tomate et d'asperges, un crabe royal ouvre le bal. Il est arrosé d'un bouillon de poisson aux saveurs intenses, mais raffinées. S'ensuit une truite parfaitement fumée, dont chaque bouchée fond sur la langue. Elle est nappée d'une onctueuse crème à la pistache, au vrai goût de pistache. Des morceaux d'asperges vertes et des fleurs du jardin complètent le tableau. Le plat suivant foie gras d'oie et de canard, glace au yuzu déclenche un véritable feu d'artifice de saveurs. Le chef poursuit sur sa lancée avec le cabillaud et sa superbe escorte de moules au vin rouge. Au vin rouge ? Oui, vous avez bien lu. Loin d'enlever aux moules leur salinité, cette préparation leur confère même un petit goût sucré. En accompagnement: délicieux risotto aux champignons. Éblouissant ! Composé de melon, de glace au melon et de meringue, le dessert juxtapose les saveurs sucrées avec brio. Un délice en toute simplicité ! Le chef Cédric Delsaut nous épate. Son style vient greffer une dose d'inventivité sur une base classique. Les vins sont sélectionnés avec soin. On adore ce restaurant aménagé dans une superbe maison de maître et plongé dans une ambiance agréablement familiale.

Cédric Delsaut maakt eigentijdse creatieve gerechten. Hij is een gepassioneerde chef, die ook zelf de klanten ontvangt en daarna komt vertellen wat hij zal bereiden. U moet hem dus wel carte blanche geven. Wij krijgen eerst een mooi ogend bord met verse, vlezige kingkrab, gemberijs, tomaat en asperges. Het geheel wordt overgoten met een visbouillon met een doordringende, maar fijne smaak. Daarna is er perfect gerookte forel, die bij elke beet wegsmelt in de mond, met romige pistachecrème, die echt naar pistache smaakt. Stukjes groene asperge en tuinbloemetjes maken het af. Voor het volgende gerecht - foie gras van gans en eend met yuzu-ijs - hebben wij maar één woord: vuurwerk in de mond! De chef gaat door op zijn elan met kabeljauw, die waarlijk fantastisch gezelschap krijgt van in rode wijn gekookte mosselen. Rode wijn? Jawel, en de mosselen hebben niet alleen hun ziltheid behouden, maar hebben er een fijne zoete smaak bij gekregen. Er hoort nog zalige champignonrisotto bij. Overweldigend! Het dessert van meloen met meloenijs en meringue brengt verschillende zoete smaken mooi bij elkaar en is heerlijk lekker in zijn eenvoud. Chef Cédric Delsaut verbluft met smaken, in een stijl die inventiviteit ent op een klassieke basis. De wijnen zijn met veel zorg gekozen. Wij koesteren dit restaurant, ook voor zijn gezellige huiselijke sfeer in een prachtig herenhuis.

Le Cercle de Wallonie

av. de la Vecquée 21 - 5000 Namur
☎ 081 73 40 80   🖨 081 73 60 70
info@cerclewallonie.be - http://www.cerclewallonie.be
0:00   za/sa zo/di   ma/lu di/ma wo/me do/je vr/ve za/sa zo/di
25-35   45-65   45

C'est toujours dans le magnifique cercle de Wallonie sur les hauteurs de Namur que David Cicigoï règne en maître dans les cuisines. A chaque produit sa préparation. Que vous soyez plutôt classique, contemporain ou d'ailleurs. Les plats se plient à vos envies en fonction de votre appétit, petit, moyenne ou grosse faim. Du côté de l'étable, la bleue des prés se déguste d'un cannelloni aux champignons des bois à l'inverse de son pendant exotique, le filet de canette paré d'une texture de potiron et gingembre confit. Attention, le cercle n'est ouverte au public que le midi et sur réservation. Tenue correcte exigée. Splendide terrasse en été.

Het is nog altijd in de prachtige Cercle de Wallonie in de Naamse heuvels dat David Cicigoï de touwtjes van de keuken in handen heeft. Elk product zijn bereiding. Of u nu eerder klassiek, eigentijds of van elders bent. De gerechten plooien zich naar uw verlangens afhankelijk van uw eetlust – kleine, matige of grote honger. Qua vlees wordt het Bleue des Prés rund geserveerd met een cannelloni met boschampignons, terwijl zijn exotische tegenhanger, de filet van jonge eend, opgediend wordt met een textuur van pompoen en gekonfijte gember. Opgelet: Le cercle is enkel 's middags en na reservatie open voor het publiek. Deftige kledij vereist. Schitterend terras in de zomer.

Les Champs-Elysées

av. Albert Ier 149 - 5000 Namur
☎ 081 23 14 26   🖨 081 23 01 25
champselysee@skynet.be - http://www.champselysees.be
22:00   7/7
25-35   30   31

Chez Chen

r. Borgnet 8 - 5000 Namur
☎ 081 22 48 22   🖨 081 24 12 46
http://www.chez-chen.be
22:00   di/ma   di/ma
2 sem. mars, 2 sem. oct. / 2 wek. maart, 2 wek. okt.
20-45   20-50

Une cuisine à l'épreuve du temps où les grands classiques de la cuisine chinoise ont leur place. La carte présente une grande sélection de plats allant de la soupe 'nid d'hirondelle' aux plats en sauce et en passant par quelques suggestions. Nous avons épinglé l'assortiment d'entrées à la vapeur, gambas parfumées à l'ail et au gingembre, dés de caille sautés aux cinq parfums.

Een keuken die de tand des tijds trotseert en waarin de grote klassiekers uit de Chinese keuken hun plaats hebben. Op de kaart staan tal van gerechten, gaande van 'zwaluwnestsoep' tot sausgerechten over enkele suggesties. Wij opteerden voor het assortiment gestoomde voorgerechten, gamba's met look en gember en gebakken kwartelblokjes met vijf kruiden.

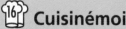 Cuisinémoi

r. Notre Dame 44 - 5000 Namur
📞 081 22 91 81   🖨 081 22 43 83
resto@cuisinemoi.be - http://www.cuisinemoi.be
🕯 21:30   🔒 ma/lu za/sa zo/di   🔒 ma/lu zo/di
🍴 35-65   🍷 20-30   🔔 53

Au pied de la Citadelle, vous êtes sans conteste dans la meilleure adresse de bouche de Namur. Et pour cause. Il y a d'abord le cadre sympathique, tout en longueur, donnant sur une cuisine ouverte surplombant la salle. Il y a aussi le très beau rapport qualité prix qui reste l'une des références dans le domaine. Le sourire de Catherine et sa passion pour les vins découverte ensuite, qui vous font passer un agréable moment dès lors que vous vous intéressez un minimum au jus de la treille. Enfin, last but not least, les envois de Benoît qui tel un métronome (marathonien oblige), envoie avec rigueur et précision des assiettes faites de classiques de terroir rehaussés de notes créatives, de touches subtiles et de mises en relief savantes des produits utilisés. On se régale ainsi de Saint-Jacques d'Erquy escortées d'un artichaut, de coques et de parmesan ou encore du joli mariage entre le homard bleu et la queue de bœuf dont les témoins sont quelques épinards en branches, un céleri rave et une poignée de poireaux. Les carnivores se réjouiront du filet de bœuf irlandais et ses frites maison ou, en saison de la préparation impeccable du chevreuil et son gratin de parmesan servi avec un peu de figues.

Aan de voet van de citadel bevindt u zich ontegensprekelijk in het beste eetadresje van Namen. En niet zonder reden! Er is om te beginnen het sympathieke kader, helemaal in de lengte, dat uitgeeft op een open keuken die uitsteekt over de zaal. Er is ook de zeer goede prijs-kwaliteitverhouding die een van de referenties ter zake blijft. De glimlach van Catherine en haar passie voor wijnen zorgen ervoor dat u een aangenaam moment beleeft als u een minimum aan belangstelling voor het druivennat hebt. En tot slot, last but not least, de gerechten van Benoît die als een metronoom (hij is niet voor niets een marathonloper) met een grote nauwgezetheid en precisie borden bereidt met regionale klassiekers die op een hoger niveau worden getild met creatieve accenten, subtiele toetsen en vernuftige accentueringen van de gebruikte producten. Wij genieten onder andere van Sint-Jakobsvruchtjes van Erquy vergezeld van artisjok, kokkels en parmezaan, of het mooie huwelijk van blauwe kreeft en ossenstaart met als getuigen wat spinazie, een knolselder en een handvol prei. De carnivoren zullen weg zijn van de filet van Iers rund met huisgemaakte frietjes of, in het wildseizoen, de onberispelijke bereiding van ree met parmezaangratin en enkele vijgen.

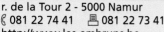 Les Embruns

r. de la Tour 2 - 5000 Namur
📞 081 22 74 41   🖨 081 22 73 41
http://www.les-embruns.be
🕯 20:30   🔒 ma/lu zo/di   🔒 ma/lu di/ma wo/me do/je zo/di
📅 1 - 15 janv.,8 - 21 sept., 15 - 31 déc. / 1 - 15 jan., 8 - 21 sept., 15 - 31 dec.
🍴 18-46   🍷 20-50

S'attabler à l'arrière d'une poissonnerie, voilà une idée plus qu'ingénieuse pour être sûr de la fraîcheur du poisson. Et si le chef n'a rien d'Ordralfabetix, son poisson ravit tous les gaulois (et les autres) qui viennent s'attabler chez lui. Et avec une expérience de quelques milliers de marées, cela se comprend. De la connaissance de chacun de ses poissons à leur préparation, il allie plaisir et talent pour le plus grand bonheur de ses clients. Et rien ne l'arrête, sans mauvais jeu de mot, pour satisfaire ses habitués. Des maatjes au homard en passant par les croquettes aux crevettes maison, plaisir iodé garanti !! Petite sélection vineuse intéressante dont une belle découverte luxembourgeoise du patron.

Plaatsnemen achteraan in een viswinkel: dat is nog eens een meer dan vindingrijk idee om zeker te zijn van de versheid van de vis. En de chef heeft dan wel niets van Kosturnix, maar zijn vis valt toch in de smaak bij alle Galliërs (en anderen) die bij hem komen eten. En met de enkele duizenden getijden die hij op de teller heeft staan, is dat verstaanbaar. Hij kent al zijn vissen en weet hoe ze bereid moeten worden. Hij combineert plezier met talent, tot groot genoegen van zijn klanten. En niets kan hem stoppen om zijn trouwe klanten tevreden te stellen. Van maatjes over huisbereide garnaalkroketten tot kreeft, jodiumhoudend plezier verzekerd!! Kleine interessante wijnselectie, waaronder een mooie Luxemburgse ontdekking van de baas.

⬮ Espièglerie 🍇 ☺

r. des Tanneries 13 - 5000 Namur
☎ 081 24 00 24   🖷 081 24 00 25
info@tanneurs.com - http://www.tanneurs.com
🔓 21:30   🔒 za/sa   🔒 zo/di
🍽 22-57   🍷 22-55   ⑂ 60

⑭ Parfums de cuisine ♡ ☺

Rue du Bailly 10 - 5000 Namur
☎ 081 22 70 10
parfumsdecuisine@hotmail.com - http://www.parfumsdecuisine.net/
🔓 22:00   🔒 ma/lu zo/di   🔒 ma/lu zo/di
🍽 24-44

On ne la lui fait pas, à Eric Lekeu. La cuisine, il connaît et la pratique depuis plus de 30 ans déjà. Passionné du produit, amoureux du plat mijoté mais respectueux du goût de chacun, il sait proposer, au travers de sa carte, un panel court mais varié de plats qui ravissent tant les fins becs difficiles que les amoureux du terroir. Madame se pâmera devant la lotte du jour et ses petits légumes, servie avec quelques coquillages, tandis que Monsieur plonge sur le mi-cuit de thon rouge intelligemment dressé sur quelques haricots bien frais et une thoïonade légèrement rehaussée de wasabi. Pour suivre, le pigeonneau d'Anjou fait le beau pour séduire la volaille jaune, ses ris de veau impeccables et écrevisses tendres à souhait. Apothéose de cette visite, les abricots poêlés et une glace aux amandes qui ne demande qu'à être aimée. Une courte mais très sympathique carte des vins, triés par « arômes », ravit les amateurs de découverte.

Hij is niet van gisteren, die Eric Lekeu. Het is intussen al meer dan 30 jaar dat hij kookt en de keuken kent. Met zijn passie voor het product, zijn liefde voor gestoofde gerechten en zijn respect voor ieders smaak stelt hij op zijn kaart een beknopte maar gevarieerde lijst van gerechten voor die zowel moeilijke fijnproevers als liefhebbers van streekgerechten bekoren. Mevrouw zal weg zijn van de zeeduivel van de dag met groentjes, opgediend met enkele schelpdieren, terwijl Meneer zich te goed doet aan de kortgebakken rode tonijn die vernuftig gedresseerd is op enkele frisse boontjes en een thoïonade die lichtjes op smaak is gebracht met wasabi. Vervolgens geeft de jonge duif van Anjou het beste van zichzelf met geel gevogelte, onberispelijke kalfszwezeriken en supermalse rivierkreeftjes. Als apotheose van dit bezoek: gebakken abrikozen en amandel-ijs dat ongetwijfeld bij iedereen in de smaak valt. Een beknopte maar uiterst sympathieke wijnkaart, gesorteerd volgens 'aroma's', verheugt de liefhebbers van ontdekkingen.

Le temps des cerises

rue des brasseurs 22 - 5000 Namur
📞 081 22 53 26
cerises@cerises.be - http://www.cerises.be
🕐 0:00   🔒 ma/lu za/sa zo/di   🔒 ma/lu zo/di
💶 30-45

Autrefois, c'étaient les artistes et acteurs du théâtre tout proche qui venaient, entre collègues, profiter de la cuisine généreuse et goûtue de Dominique Renson, un personnage haut en couleur et en saveurs. Les murs sont d'ailleurs emplis de signatures célèbres de stars du théâtre, du music-hall et autres spectacles à succès. Dans l'assiette, le patron désormais de retour aux fourneaux, vous envoie une cuisine légèrement inspirée de la générosité du Sud-Ouest dans une ambiance détendue plus proche du bouchon lyonnais que du troquet parisien sans âme.

Vroeger waren het de artiesten en de acteurs van de nabijgelegen schouwburg die onder collega's kwamen genieten van de weelderige en overheerlijke keuken van Dominique Renson, een kleurrijk en smaakvol personage. De muren staan trouwens vol met handtekeningen van bekende sterren uit de theater- en variétéwereld en andere succesvolle spektakels. De baas staat weer achter het fornuis. Hij bereidt gerechten die lichtjes geïnspireerd zijn op de generositeit van het zuidwesten, in een ontspannen sfeer die eerder aanleunt bij een Lyonese 'bouchon' dan bij een zielloze Parijse tent.

Château de Namur

av. de l'ermitage 1 - 5000 Namur
📞 081 72 99 00   🖨 081 72 99 99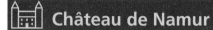
info@chateaudenamur.com - http://www.chateaudenamur.com
🕐 0:00   ⁷⁄₇
🛏 24   🔑 170   🔑 115-230   🍴 5

Les Tanneurs

r. des Tanneries 13 - 5000 Namur
📞 081 24 00 24   🖨 081 24 00 25
info@tanneurs.com - http://www.tanneurs.com
🕐 0:00   ⁷⁄₇
🛏 30   🔑 215   🔑 70-225   🍴 29-80   🛏 80   🍴 6   🍴 215

Grand Hotel De Flandre

pl. de la Station 14 - 5000 Namur
📞 081 23 18 68   🖨 081 22 80 60
info@hotelflandre.be - http://www.hotelflandre.be
🕐 0:00   ⁷⁄₇
🛏 33   🔑 99   🔑 79-110

Ibis Namur Centre

r. du Premier Lanciers 10 - 5000 Namur
℡ 081 25 75 40   🖶 081 25 75 50
H3151@accor.com - http://www.ibishotel.com
🔓 0:00 ⁷⁄₇
🛏 92   ⬢ₖ 100   ⬢ₖ 84-114

Flawinne

⑬ L'intuition

rue aimable vigneron colin 9 - 5020 Flawinne
℡ 081 87 89 10

lintuition@skynet.be 🔓 0:00 🔒 wo/me za/sa 🔒 di/ma wo/me zo/di

🍽 16-30

La devanture et le cadre d'une maison familiale archi-classique cachent bien leur jeu ! L'accueil se fait en famille. Pendant que maman s'occupe du service, papa fait la petite main sous l'œil avisé de Ludivine, la chef. La carte se compose d'un menu unique mais la chef est prête à satisfaire toutes vos envies. Pour commencer, 3 superbes cannellonis à l'encre de seiche et tomate, farcis de cuisses de grenouilles. Un délice qui se poursuit par d'irréprochables ris de veau croquants à souhait et leur risotto sur une sauce échalotes. Détonnant que ce duo, filet de bar et maquereau fumé maison, sauce mousseline et mange-tout. Le dessert n'est pas en reste avec la spécialité de la maison. La cave à vins est courte mais devrait évoluer au rythme de la progression du chef. Nul doute que l'adresse se chuchote bien au-delà de ce petit village…

De gevel en het kader van een aartsklassieke gezinswoning laten niet in hun kaarten kijken! Het onthaal is familiaal. Terwijl mama instaat voor de bediening, helpt papa in de keuken onder het toeziende oog van Ludivine, de chef. De kaart bestaat uit één menu, maar de chef is bereid om tegemoet te komen aan al uw verlangens. Om te beginnen 3 prachtige cannelloni's met inktvisinkt en tomaat, gevuld met kikkerbillen. Een lekkernij die voortgezet wordt met onberispelijke kalfszwezeriken die heerlijk krokant zijn en risotto op een sausje van sjalot. Uitstekend duo van zeebaarsfilet en huisgerookte makreel met mousselinesaus en peultjes. Het dessert doet al niet onder, met de specialiteit van het huis. De wijnkelder is kort maar zou moeten evolueren naarmate de chef vooruitgang boekt. Dit adresje gaat waarschijnlijk ook buiten dit dorpje over de lippen…

Floreffe

👍 Le Relais Gourmand

r. Emile Lessire 1 - 5150 Floreffe
℡ 081 44 64 34   🖶 081 44 64 34

relaisgourmand@skynet.be - http://www.relaisgourmand.be
🔓 21:00 🔒 wo/me 🔒 ma/lu di/ma wo/me do/je zo/di
📅 1ère sem janv, 3ième sem mars, 3ième et 4ième sem août /
1ste week jan, 3de week maart, 3de en 4de week aug.
🍽 32-40   🍷 38-48   🍴 45

Jambes (Namur)

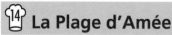 La Plage d'Amée

r. des Peupliers 2 - 5100 Jambes (Namur)
℡ 081 30 93 39   🖨 081 30 94 81
plagedamee@scarlet.be - http://www.laplagedamee.be
🕐 22:00   🔒 ma/lu   🔒 ma/lu zo/di
📅 fin déc./déb. janv., 1 sem. Pâques, 10jrs. sept. / eind dec./beg. jan.,
1 week Pasen, 10d. sept.
🍽 35-45   🍽 16-29   🍷 50

C'est au bord de la Meuse que l'on prend place dans cet endroit magique en été, avec une superbe terrasse, le tout emballé dans un décor design et contemporain. La cuisine est goûteuse et savoureuse avec de réelles surprises. Nous avons pu déguster ce jour-là un homard à la tartufata et poireaux assez simple avant d'entamer un entremet fort intéressant. La glace fromage et huile d'olive turbinée à la minute était exceptionnelle de goût et d'onctuosité. Petit bémol quant à la cuisson du veau en médaillon pourtant bien accompagné. La cave propose une sélection assez large du vignoble français.

Aan de oevers van de Maas neemt u hier plaats op deze locatie die in de zomer betoverend is, met een prachtig terras, en dat alles gehuld in een eigentijds designdecor. De keuken is smaakvol en lekker, met echte verrassingen. Wij kozen die dag kreeft à la tartuffata en redelijk eenvoudige prei, gevolgd door een heel interessant tussengerecht. Het zelfgedraaide ijs van kaas en olijfolie was opmerkelijk qua smaak en smeuïgheid. Iets minder was de cuisson van de kalfsmedaillon, waarbij nochtans een mooie garnituur werd geserveerd. Op de wijnkaart staat een redelijk uitgebreide selectie Franse wijnen.

Lives-sur-Meuse

🏨 Best Western New Hotel De Lives

ch. de Liège 1178 - 5101 Lives-sur-Meuse
℡ 081 58 05 13   🖨 081 58 15 77
info@newhoteldelives.com - http://www.newhoteldelives.com
🕐 0:00   7/7
🛏 20   🛏 70-140   🅿 22-52   52   2   140

Loyers

🍳 Atelier de Bossimé   🔵 ♡ ☺

rue bossimé 2 - 5101 Loyers
℡ 0478 13 71 25
http://atelierdebossime.be
🕐 22:00   🔒 za/sa zo/di   🔒 di/ma wo/me zo/di
🍽 23-45

La ferme, Ludovic Vanackere est tombé dedans quand il était petit. Aujourd'hui, sa maman agricultrice exploite une ferme au sein de laquelle il vient d'ouvrir sa table. Et le circuit court (avec passage obligé par l'abattoir), il aime à le privilégier pour tout ce qui est dans l'assiette. Celle-ci affiche une étonnante maturité malgré le tout jeune âge du chef. Nous avons ainsi été enchantés du sandre à 48 °C et son jus de poireau et bette, une queue de bœuf au céleri confit, livèche et cake de betterave ou la pintade farcie au foie gras irréprochable. Le tout servi par le chef, seul, en salle. Quelle maestria. La toque est coiffée, évidemment, d'entrée.

Ludovic Vanackere is al van jongs af aan vertrouwd met het boerderijleven. Vandaag runt zijn mama een boerderij waarin hij zopas zijn restaurant heeft geopend. De chef bevoorrecht graag het korte circuit (met verplichte passage in het slachthuis) voor alles wat op het bord komt. De gerechten geven blijk van een verrassende maturiteit, ondanks de heel jonge leeftijd van de chef. Wij werden aangenaam verrast door de snoekbaars op 48 °C met jus van prei en snijbiet, ossenstaart met gekonfijte selder, eppekruid en cake van biet, of de onberispelijke parelhoen gevuld met foie gras. Dat alles wordt door de chef in zijn eentje opgediend in de zaal. Wat een meesterschap. De koksmuts is natuurlijk meteen binnen.

Malonne

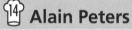

⑭ Alain Peters

Trieux des Scieurs 22 - 5020 Malonne
℡ 081 44 03 32　📠 081 44 60 20
alainpeters@scarlet.be - http://www.lepotaufeu.be
🍽 21:00　🔒 ma/lu di/ma　🔒 ma/lu di/ma wo/me do/je zo/di
🗓 12 - 16 janv., 13 - 21 avril, 21 sept. - 11 oct. / 12 - 16 jan.,
13 - 21 april, 21 sept. - 11 okt.
🏷 30-46　🏷 45-60　🍷 52

Après plusieurs années sous la dénomination "pot-au-feu", c'est dorénavant sous le nom de son propriétaire que cette demeure accueille les gourmands de la région. Côté cuisine, rien ne change mis à part une carte sans cesse renouvelée selon les envies du chef. Les petits gris mijotent au pot-au-feu et herbes fraîches, tout comme la sélection de poissons du moment tandis que le canard mulard se laque au miel et se parant de quelques fèves des marais et accompagnement. La terrasse vous accueille par beau temps.

Dit adresje luisterde enkele jaren naar de naam 'pot-au-feu' maar ontvangt de lekkerbekken uit de streek voortaan onder de naam van zijn eigenaar. In de keuken verandert er niets, behalve de kaart die constant vernieuwd wordt afhankelijk van de verlangens van de chef. De segrijnslakken worden gestoofd met verse kruiden, net zoals de selectie vissoorten van het moment. De bastaardeend wordt dan weer gelakt met honing en geserveerd met enkele tuinbonen. Bij mooi weer zijn de gasten welkom op het terras.

Temploux

⑰ L' Essentiel

r. Roger Clément 32 - 5020 Temploux
℡ 081 56 86 16　📠 081 56 86 36
info@lessentiel.be - http://www.lessentiel.be
🍽 21:30　🔒 ma/lu zo/di　🔒 ma/lu zo/di
🗓 1 sem. Pâques, 2 sem. juil, 2 sem. fin déc. / 1 week Pasen, 2 wek. juli,
2 wek. eind dec.
🏷 32-60　🏷 60-70　🍷 50

Raphaël Adam a relevé le dur pari, il y a quelques années, de succéder à Benoit Gerdsorff. Pari plus que réussi puisqu'il y a même plus qu'imprimé sa patte. Saumon d'Ecosse, carrelet rôti et autre bar de ligne sont ici idéalement mis en valeur. Permettant au chef de coiffer, au passage, une troisième toque chez GaultMillau il y a peu. Et ce ne sont pas les projets qui manquent puisqu'une rénovation complète de la cuisine lui permettra, cette année, d'encore plus nous ravir. En salle, sa charmante épouse veille désormais sur les tables et sur la cave avec attention et gentillesse.

Raphaël Adam is enkele jaren geleden de moeilijke uitdaging aangegaan om Benoit Gerdsorff op te volgen. Een meer dan geslaagde uitdaging, aangezien hij veel meer heeft gedaan dan enkel zijn stempel gedrukt. Schotse zalm, gebakken schol en lijnbaars komen hier perfect tot hun recht. Daardoor behaalde de chef kort geleden een derde koksmuts bij GaultMillau. En hij heeft plannen in overvloed. Dankzij een volledige renovatie van de keuken zal hij ons dit jaar nog meer in vervoering kunnen brengen. In de zaal waakt zijn charmante echtgenote voortaan aandachtig en vriendelijk over de tafels en de kelder.

Wépion

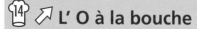 **L' O à la bouche**

rue armand de Wasseige 1 - 5100 Wépion
✆ **081 583 483**

http://www.restaurantloalabouche.be
🐓 0:00   🔒 ma/lu za/sa zo/di   🔒 ma/lu zo/di
💶 40-65

Nous avions découvert Olivier sur les hauteurs de Namur mais c'est à quelques jets de fraise de la Meuse, à Wépion, dans sa nouvelle cuisine que ce jeune chef a réussi à nous surprendre. C'est dans un décor épuré et décontracté, que Madame vous énonce la carte et les suggestions. Nous nous sommes laissé tenter par les noix de Saint-Jacques bretonnes à la japonaise qui titillaient juste ce qu'il fallait les papilles. En face, de belles gambas géantes et leur émulsion à l'ail doux. Belle surprise que ce mi-cuit de thon juste snacké façon riviera. Quelques olives de Nice, câpres, supions au piment d'Espelette apportent le soleil à ce plat dont l'équilibre était parfait. Que dire du pain perdu et son embeurrée de pommes qui nous fait retomber en enfance. Que dire, sinon que nous avons eu l'eau à la bouche, ce qui hisse l'adresse à la 1ère toque !

We ontdekten Olivier in het Naamse heuvelland, maar het is op een boogscheut van de Maas, in Wépion, dat deze jong chef er in zijn nieuwe keuken in slaagde om ons te verrassen. Het decor is strak en ongedwongen. Mevrouw maakt u wegwijs in de kaart en de suggesties. Wij lieten ons verleiden door de Bretoense Sint-Jakobsnootjes op Japanse wijze die de smaakpapillen optimaal prikkelden. Aan de overkant: mooie reuzengamba's met lookemulsie. Vervolgens een aangename verrassing: halfgebakken tonijn op Rivièra wijze. Enkele olijven van Nice, kappertjes en inktvis met piment d'Espelette bezorgden dit perfect evenwichtige bord een vleugje zon. Het verloren brood met gebakken appeltjes katapulteerde ons terug naar onze kindertijd. Dit maar om te zeggen dat we echt het water in de mond kregen, wat dit adresje zijn eerste koksmuts oplevert!

La Petite Marmite

ch. de Dinant 683 - 5100 Wépion
℡ 081 46 09 06
http://www.lapetitemarmite.be
🍴 20:45   🛏 ma/lu   🛏 ma/lu do/je zo/di
📅 10 jrs. Pâques, 1 - 21 oct. / 10 d. Pasen, 1 - 21 okt.
🍽 40-50   🍽 40-70   🍷 60

On y fait bouillir de bonnes choses dans la marmite d'Yvan de Coninck: langoustines grillées à l'huile aromatisée à l'ail, scampis sauce Nantua gratinés ou encore sole en différentes préparations. Et les carnivores ne sont pas en reste: carré d'agneau, ris de veau ou tournedos de bœuf sont aussi à la carte.

Er worden lekkere dingen gekookt in de marmiet van Yvan de Coninck. Gegrilde langoustines met lookolie, gegratineerde scampi's met Nantuasaus, zeetong op verschillende wijzen, … Ook de vleeseters blijven niet op hun honger zitten. Lamsribstuk, kalfszwezerik of rundtournedos staan ook op de kaart.

 ## Villa Gracia

ch. de Dinant 1455 - 5100 Wépion
℡ 081 41 43 43   📠 081 41 12 25
hotel@villagracia.com - http://www.villagracia.com
🛏 0:00   ⁷⁄₇
🛏 6   🛏 153   🛏 104-172   🚗 2

Wierde

 ## ↗ Le D' Arville   ♡ ☺ ⚜

r. d'Arville 94 - 5100 Wierde
℡ 081 46 23 65   📠 081 56 88 39
info@ledarville.be - http://www.ledarville.be
🍴 21:30   🛏 ma/lu za/sa   🛏 ma/lu zo/di
📅 1 - 15 janv., 16 sept. - 5 oct. / 1 - 15 jan., 16 sept. - 5 okt.
🍽 26-85   🍽 39   🍷 59

A un jet de pierre de la Nationale 4, on s'arrête dans cette charmante ferme superbement aménagée par le couple Bourguignon, jeunes parents de jumelles. L'assiette est ici en constante évolution et en recherche permanente. Olivier a toutefois compris qu'il faut mettre des balises pour ne pas trop « partir vers l'assiette qui fume bleu » et cela plaît aux clients. Dans l'assiette, les huîtres royales en trois préparations et le canard et ses cuisses confites en entrée, avant un cœur de cabillaud servi avec quelques couteaux de mer et une crème aux herbes rehaussée de girolles sautées. Vous êtes carnivore ? Jetez vous sur l'osso bucco de jarret de veau de lait et son original compagnon du jour, un calamar cuit 'a la plancha'. Anouck, la charmante sommelière, épaulée par une brigade efficace, contribue à faire passer un très agréable moment à chacun des convives. Le tout mérite clairement un point de plus cette année.

Op een boogscheut van de N4 houden we halt in deze charmante hoeve die prachtig werd ingericht door het koppel Bourguignon, de jonge ouders van een tweeling. Het bord ondergaat hier een constante evolutie en een permanente verfijning. Olivier heeft echter begrepen dat er grenzen moeten worden gesteld om niet te veel te evolueren naar 'een bord met blauwe rook', en dat valt in de smaak bij de klanten. Op het bord: koningsoesters op drie wijzen en eend met gekonfijte eendenbout als voorgerecht, gevolgd door kabeljauwhaasje met enkele mesheften en een roomsaus met kruiden en gebakken cantharellen. Eerder carnivoor? Stort u op de osso bucco van melkkalfsschenkel met zijn originele compagnon van de dag, pijlinktvis 'a la plancha'. Anouck, de charmante sommelière die wordt bijgestaan door een efficiënte brigade, draagt ertoe bij dat alle gasten hier een zeer aangenaam moment beleven. Het geheel verdient dit jaar duidelijk een puntje meer.

Nassogne

 La Gourmandine ☺

r. Masbourg 2 - 6950 Nassogne
✆ 084 21 09 28
lagourmandine@belgacom.net - http://www.lagourmandine.com
🕘 21:00 🔒 ma/lu di/ma 🔒 ma/lu di/ma zo/di
🍴 25-55 🍷 55

Dans leur hôtel-restaurant au cœur du village ardennais, Paul Fourier et son épouse tiennent bon la barre de la qualité malgré une clientèle fluctuante au gré du business et du tourisme saisonnier. Si nous avions tiré la sonnette d'alarme l'année passée, le chef semble reparti sur la voie de la constance et de la qualité qu'il a toujours affichée jusqu'ici. En témoignent son foie gras, figues confites au vin rouge et petite brioche au cumin pour débuter, suivi d'un saumon sur un superbe jus de crustacés et quelques asperges. En plat, original que cet agneau cuit dans le lait qui lui confère une belle tendreté escorté d'épinards au chorizo et haricots coco. Avant une finale tout en douceur fort réussie. En accompagnement, une sélection de vins à prix intéressants proposés par Madame Fourier tout sourire. Ce jour-là, le soleil était de la partie, nous avons donc pu profiter de la très agréable terrasse. La seconde toque devrait vite être de retour.

In hun hotel-restaurant in het hartje van dit Ardense dorp mikken Paul Fourier en zijn echtgenote op kwaliteit, ondanks de klanten die variëren naargelang de business en het seizoenstoerisme. Vorig jaar trokken we aan de alarmbel, maar de chef geeft opnieuw blijk van de constantheid en de kwaliteit die we hier altijd gewend waren. Daarvan getuigen zijn foie gras, gekonfijte vijgen met rode wijn en kleine brioche met komijn om te beginnen, gevolgd door zalm op een schitterende schaaldierenjus en enkele asperges. Origineel hoofdgerecht: in de melk gekookt en daardoor supermals lam, vergezeld van spinazie met chorizo en kokosbonen. Vervolgens een uiterst geslaagde zoete finale. Daarbij een selectie wijnen tegen interessante prijzen, met de glimlach voorgesteld door Mevrouw Fourier. Die dag was de zon van de partij. We konden dus genieten van het zeer aangename terras. De tweede koksmuts zou snel moeten terugkeren.

 🡕 **Le Jardin des Senteurs**

r. Masbourg 30 - 6950 Nassogne
✆ 084 21 06 96   📠 084 21 40 62

info@lebeausejour.be - http://www.lebeausejour.be
🕘 21:00 🔒 wo/me do/je 🔒 wo/me do/je
📅 8 - 26 janv., 24 juin - 5 juil., 26 août - 13 sept. / 8 - 26 jan., 24 juni - 5 juli, 26 aug.- 13 sept.
🍴 45-65 🍷 52-63 🍷 65

Equilibre et constance, voire évolution permanente, respect et utilisation importante du produit local, sont autant de qualité que l'on peut attribuer à cette magnifique adresse. Lors de notre visite nous avons pu admirer l'évolution du chef notamment avec un filet de sole dans un bouillon de truffe, dont le goût ne gâchait pas l'équilibre du plat, surmonté d'une écume de châtaigne, assez originale. Idem dito pour la volaille fermière d'une cuisson irréprochable. La glace à l'huile de truffe qui accompagnait un pain perdu brioché termine de nous convaincre. L'ensemble nous invite à ajouter, cette année, un point à la table de Nicolas Alberty.

Evenwicht en constantheid, en zelfs permanente evolutie, respect en een aanzienlijk gebruik van lokale producten. Dat zijn stuk voor stuk kwaliteiten die we kunnen toeschrijven aan dit prachtige adresje. Tijdens ons bezoek konden we de evolutie van de chef bewonderen, onder meer met tongfilet in truffelbouillon waarvan de smaak geen afbreuk deed aan het evenwicht van het gerecht, gegarneerd met – redelijk origineel – kastanjeschuim. Idem dito voor het onberispelijk bereide gevogelte. Het ijs met truffelolie bij verloren briochebrood overtuigde ons. Wij kennen dit jaar een extra punt toe aan de keuken van Nicolas Alberty.

Beau Sejour

r. de Masbourg 30 - 6950 Nassogne
084 21 06 96   084 21 40 62
info@lebeausejour.be - http://www.lebeausejour.be
0:00
10 - 27 janv., 20 - 30 juin, 29 août - 15 sept. / 10 - 27 jan., 20 - 30 juni, 29 aug. - 15 sept.,
25   85-115   105-180   180

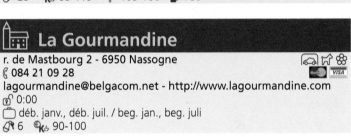

La Gourmandine

r. de Mastbourg 2 - 6950 Nassogne
084 21 09 28
lagourmandine@belgacom.net - http://www.lagourmandine.com
0:00
déb. janv., déb. juil. / beg. jan., beg. juli
6   90-100

Nazareth

Nazareth

Autostrade E17 - 9810 Nazareth
09 385 60 83   09 385 70 43
info@hotelnazareth.be - http://www.hotelnazareth.be
0:00   7/7
80   80-100   25-50   50   4   155

Eke

👍 Bonaparte

Steenweg 231 - 9810 Eke
📞 09 385 54 74   🖨 09 321 08 97
info@restaurantbonaparte.be - http://www.restaurantbonaparte.be
🕐 22:00 ⁷⁄₇
💶 35-45 🍽 10-35 🍷 47

🍽 Lotus Root

Stationsstr. 33 - 9810 Eke
📞 09 280 07 77   🖨 09 280 07 78
chef@lotusroot.eu - http://www.lotusroot.eu
🕐 21:00 🔒 ma/lu di/ma za/sa 🔒 ma/lu di/ma
🗓 2 sem. juil./août, 1 sem. nov. / 2 wek. juli/aug., 1 week nov.
💶 55-90 🍷 50

Dit is de uitgelezen plaats voor de lekkerbek met zin voor avontuur. Chef Jan Verhelst maakt boeiende combinaties met bekende en minder bekende ingrediënten. Hij is meteen bij de les met een fijne tartaar van langoustine, gemengd met witte balsamico en sesamolie. Voor extra pit zorgen drie soorten sappige tomaten Het tweede gerecht is een hemels lekker duifje met een saus van Colombiaanse chocolade die heel goed past. Er komen nog fijngesneden pijpajuin en tarwekorrels bij. Ronduit fascinerend hoe al die elementen harmoniëren. Daarna is er zwaardvis, zacht van beet en vol van smaak, met een romige amandelsaus en sherry. Het sausje mag wat pittiger, de sherry komt er niet door. Ook de desserts zijn een belevenis: er is panna cotta met ijs van kardemom dat niet te doordringend smaakt. Dan is er chocolade-ijs met gekonfijte sinaasappel (dat blijft een verfrissende combinatie!), en een bananenmousse die smelt in de mond. Heerlijk. Intrigerend lekker is tenslotte de ietwat zoete bioyoghurt met fris zurige sorbet van tamarillo, limoen en gember. Wij zijn het roerend eens: de gerechten van Jan Verhelst zijn inventief, verrassend en verfijnd. Zeer goede, avontuurlijke wijnkaart, die de hartelijke gastvrouw Caroline met veel gloed voorstelt.

Les gourmets qui ont soif d'aventure ont frappé à la bonne porte. Le chef Jan Verhelst compose des associations détonantes à base d'ingrédients plus ou moins connus. Il en apporte d'emblée la preuve avec un succulent tartare de langoustines au vinaigre balsamique blanc et à l'huile de sésame. Trois variétés de tomates juteuses viennent ajouter une touche de peps au plat. Le deuxième envoi se compose d'un pigeonneau divin en sauce au chocolat colombien. Le mariage est réussi. En accompagnement: émincé de jeunes oignons et grains de blé. L'harmonie des éléments est tout bonnement fascinante. S'ensuit un espadon tendre et savoureux, arrosé d'une sauce crémeuse aux amandes et au xérès. Celle-ci aurait pu être un rien plus relevée ; le xérès ne ressort pas. Les desserts valent eux aussi le détour: panna cotta et glace à la cardamome juste comme il faut, glace au chocolat et orange confite (quelle association rafraîchissante !), mousse de banane fondante. Un délice. Délicieusement intrigant, le yaourt bio un rien sucré s'accompagne d'un sorbet acidulé tamarillo-citron vert-gingembre. Nous sommes tous d'accord: Jan Verhelst signe des envois inventifs, surprenants et raffinés. Très bon livre de cave, plutôt audacieux. Caroline joue les maîtresses de maison accueillantes et nous présente la bible avec beaucoup de ferveur.

Sint-Huibrechts-Lille

Sint-Hubertushof

Broeklant 23 - 3910 Sint-Huibrechts-Lille
☏ 011 66 27 71   🖶 011 66 28 83
sinthubertushof@telenet.be - http://www.sinthubertushof.be
🛏 21:00   🔒 ma/lu di/ma za/sa   🔒 ma/lu di/ma
🍽 37-55   🍷 60-90   🍴 55

In dit voormalige boothuis aan de rand van het kanaal vindt een fijne, klassieke keuken met nobele producten zoals kreeft, tarbot en wilde eend. Die krijgen een plaats in de menu's, de (zondag)lunch en op de kaart als klassiekers. Degelijke wijnkaart. Mooie tuin met terras.

Dans cet ancien hangar à bateaux, sur les rives du canal, vous trouverez une cuisine raffinée et classique utilisant des produits nobles comme le homard, le turbot et le canard sauvage. Ils sont les acteurs des menus, du lunch (du dimanche) et de la carte où ils interprètent les classiques. Carte des vins correcte. Beau jardin et belle terrasse.

Neufchâteau

Cap au Vert

ch. du Moulin de la Roche 24 - 6840 Neufchâteau
☏ 061 27 97 67   🖶 061 27 97 57
geers@capauvert.be - http://www.capauvert.be
🛏 0:00
🗓 1 janv. - 12 fév. / 1 jan. - 12 feb.
🛏 12   🔑 59-118   🛏 105-164   🛏 164

Grandvoir

Les Claytones du Cap

ch. du Moulin de la Roche 24 - 6840 Grandvoir
☏ 061 27 97 67
geers@capauvert.be - http://www.capauvert.be
🛏 20:30   🔒 ma/lu   🔒 ma/lu zo/di
🗓 1 janv. - 12 fév. / 1 jan. - 12 feb.
🍽 46-77

Neupré ▷ Liège

Nieuwerkerken (Limb.) ▷ Sint-Truiden

Nieuwkerken-Waas ▷ Sint-Niklaas

Nieuwpoort

Charlie's Dinner

Albert I laan 326A - 8620 Nieuwpoort
€ 058 24 29 40
info@charliesdinner.be - http://www.charliesdinner.be
🍴 22:00 wo/me do/je vr/ve za/sa zo/di
📆 2 sem. janv., 2 sem. avril, 2 sem. oct. / 2 wek. jan, 2 wek. april,
2 wek. okt.
💶 43-58

In dit 'avondrestaurant op reservatie' bereidt de chef een eerlijke, eenvoudige en klassieke keuken. Garnaalkroketten moet je eten waar de reputatie ze voorafgaat. Hier is dat zo. Er zijn nog enkele klassiekers, zoals gebakken zeetong of jonge duif in de oven gebraden. De suggesties zijn meer seizoengebonden en daarnaast heb je mediterraan geïnspireerde bereidingen zoals jonge tarbot met pasta, tomatensaus en koningskruid. Wereldwijnkaart.

Dans ce « restaurant du soir sur réservation », le chef signe des envois classiques, simples et savoureux. La qualité des croquettes aux crevettes est souvent proportionnelle à leur réputation: c'est le cas ici. Vous y dégusterez aussi quelques classiques comme la sole poêlée ou le pigeonneau rôti au four. Les suggestions se déclinent au rythme des saisons, tandis que des préparations d'inspiration méditerranéenne comme le turbotin aux pâtes, sauce tomate et basilic vous sont également proposées. Cellier cosmopolite.

Grand Cabaret

Kaai 12 - 8620 Nieuwpoort
€ 0493 72 96 51   🖨 058 24 19 79
info@grandcabaret.be - http://www.grandcabaret.be
🍴 1:00   🔒 wo/me do/je   🔒 wo/me do/je
🍽 54-81   💶 16-81

Vincent Florizoone blijft gerechten uit de Vlaamse en Belgische keuken op een eigenzinnige manier schwung geven. Hij heeft daarvoor expertise, technisch vermogen en vooral ook veel feeling in huis. Als fijnproever toont hij echter eveneens ook graag respect voor tradities. Met zijn veelzijdige keuken blijft hij dan ook een breed publiek bereiken.

Vincent Florizoone continue à interpréter à sa façon des plats de la cuisine belge et flamande. Et cela ne manque pas de piment. Il détient les atouts pour ce faire : l'expertise, les capacités techniques et surtout l'intuition. Fin gourmet, il fait montre également d'un grand respect pour les traditions. Grâce à cette cuisine polyvalente, il parvient à toucher un public très large.

🏠 Martinique

Brugse Stwg. 7 - 8620 Nieuwpoort
€ 058 24 04 08   🖨 058 24 04 07
info@hotelmartinique.be - http://www.hotelmartinique.be
🍴 0:00   7/7
📆 janv. / jan.
🛏 6   🔑 55-60   🍽 80-85   🍳 85

 Hotel Cosmopolite

Albertlaan I 141 - 8620 Nieuwpoort
📞 058 23 33 66   📠 058 23 81 35
info@cosmopolite.be - http://www.cosmopolite.be
🔓 0:00 7/7

Nimy ▷ Mons

Ninove

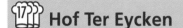 Hof Ter Eycken 🍇

Aalstersestwg. 298 - 9400 Ninove
📞 054 33 70 81   📠 054 32 81 74
hoftereycken@skynet.be - http://www.hoftereycken.be
🔓 21:30 🔒 di/ma wo/me za/sa 🔒 di/ma wo/me
🛏 Carnaval, sem. juil., 1 sem. août / Krokus, 2 wek. juli, 1 week aug.
🍽 40-79 🍷 70-100 🍴 52

De bereidingen van chef Philippe Vanheule zijn klassiek, maar hij weet toch te boeien door juiste en smakelijke combinaties. Dunne plakjes preskop, chiffonade van spinazie, gebakken langoustines en kalfshersentjes krijgen pep met een oosterse vinaigrette. Sint-jakobsnootjes uit Dieppe worden gebakken op de plancha en geserveerd met een subliem toastje met merg en Belgische kaviaar. Een aardappelsoepje met gepocheerd ei en truffel combineert op een zeer overtuigende wijze eenvoudige en nobele ingrediënten. Bij het hoofdgerecht ligt de nadruk volledig op het product, een zadel van jong lam uit Pauillac. Wij zijn zeer tevreden en gaan bovendien met een licht gevoel van tafel. Mis in het seizoen niet het magnifieke assortiment zelfgekweekte tomaten niet, of de buitengewone paling in 't groen. Goed gevulde wijnkelder. Professionele bediening.

Les envois du chef Philippe Vanheule sont classiques. Cependant, il parvient à y mettre le relief nécessaire grâce à des combinaisons gustatives bien senties. Carpaccio de tête pressée, chiffonnade d'épinard, langoustines poêlées et cervelles de veau reçoivent un petit coup de fouet avec une vinaigrette aux aromes orientaux. Les Saint-Jacques de Dieppe sont poêlées 'à la plancha' et servies sur un toast à la moelle et au caviar belge – superbe ! Un potage de pommes de terre avec un œuf poché et de la truffe combine de manière très convaincante des ingrédients simples et nobles. Dans le plat de résistance, l'accent est mis sur le produit, une selle d'agneau de lait de Pauillac. Nous sommes très satisfaits de notre repas et repartons l'estomac léger. En saison, ne manquez sous aucun prétexte le fabuleux assortiment de tomates cultivées par la maison ni l'anguille au vert. Cellier bien garni. Service professionnel.

🏛 De Kalvaar

Brakelsestwg. 562 - 9400 Ninove
📞 054 50 44 35   📠 054 50 44 80
info@dekalvaar.be - http://www.dekalvaar.be
🔓 0:00 7/7
🛏 1 sem. après Carnaval, 1 sem. sept. / 1 week na krokusvac., 1 week sept.
🛏 14 🛏 76 🛏 70-90 🍽 85-130 🛏 130 🛏 1

Nivelles

La Cave à Jules

r. de l'étuve 2 - 1400 Nivelles
℡ 067 21 37 10

lacaveajules@gmail.com - http://www.lacaveajules.be
🍴 22:00   🔒 za/sa zo/di   🔓 za/sa zo/di
💶 30-40   🍷 18-29

Désormais installés dans une petite rue piétonne à quelque centaines de mètres de leur ancienne adresse, les membres de la fine équipe de la Cave à Jules accueillent ici les amateurs d'un verre et d'une assiette bien assortis. Le patron bordelais fera tout pour vous faire goûter autre chose que des étiquettes tandis qu'en cuisine, le chef prépare des envois simples mais bien faits et réjouissant les plus fins becs. On a apprécié ainsi le domino de thon rouge aux points de wasabi et les croquettes de crevettes artisanales avant la côte de biche grillée et son beurre aux girolles. Les dames sont particulièrement gâtées le mardi soir puisqu'elles paient un joli menu le prix du lunch tandis que leur… Jules puisera l'un des intéressants flacons de la cave.

Het fijne team van La Cave à Jules, dat nu gevestigd is in een klein voetgangersstraatje op enkele honderden meters van het vroegere adres, verwelkomt hier de liefhebbers van een glas en een bord die goed op elkaar zijn afgestemd. De baas uit Bordeaux stelt alles in het werk om u iets anders te laten proeven dan de etiketten, terwijl de chef in de keuken eenvoudige maar goede gerechten bereidt die de grootste fijnproevers weten te bekoren. Zo genoten wij van domino van rode tonijn met wasabi en artisanale garnaalkroketten, gevolgd door gegrild ribstuk van ree met cantharellenboter. Op dinsdagavond worden de dames verwend, want dan betalen ze voor een mooi menu de prijs van een lunch, terwijl hun … Jules een van de interessante flessen uit de kelder kiest.

Le Champenois   ☺

r. des Brasseurs 14 - 1400 Nivelles
℡ 067 21 35 00   🖨 067 21 35 00

http://www.lechampenois.be
🍴 21:00   🔒 wo/me za/sa   🔓 wo/me zo/di
📅 2 sem. Pâques, 3 sem. août / 2 wek. Pasen, 3 wek. aug.
💶 33-43   🥂 49

Ittre

Le Chabichou

Grand Place 3 - 5 - 1460 Ittre
℡ 067 56 02 11   🖨 067 56 02 12

http://www.chabichou.be
🍴 21:30   🔒 ma/lu za/sa   🔓 ma/lu zo/di
📅 24 dec.-03 jan. / 24 dec.-03 jan.
💶 36-47   🍷 44

Le Relais du Marquis

r. de la Planchette 18 - 1460 Ittre
☎ 067 64 71 71   🖶 067 64 81 60
information@relaisdumarquis.be - http://www.relaisdumarquis.be
🕐 0:00 ⁷/₇
🧳 1 - 15 janv., 22 - 31 dec. / 1 - 15 jan., 22 - 31 dec.
🛏 38   ♦к 90   ♦к 79-110   ♦ 97-154   🍴 154

Noirefontaine

 ## Auberge du Moulin Hideux

rte du Moulin Hideux 1 - 6831 Noirefontaine   🚗 ⛱
☎ 061 46 70 15   🖶 061 46 72 81
info@moulinhideux.be - http://www.moulinhideux.be
🕐 20:30   🔒 wo/me do/je   🔒 wo/me
🧳 1 déc. - 14 fév., semaine 14 fév. - 1 avril / 1 dec. - 14 feb, week.
14 feb.- 1 april
🍴 38-95   🍴 50-100   🍷 50

Au 387 ème sapin, vous tournez à droite. Et vous voilà arrivés dans ce que l'on peut qualifier de réel ambassadeur des relais du silence. Ici, tout n'est que sérénité et zénitude. Des chambres hyper douillettes à la piscine couverte en passant par la terrasse donnant sur le plan d'eau ; tout est repos. Même la salle à manger, en soirée, semble baignée de cette forme de quiétude naturelle. Pourtant, c'est désormais la dynamique et jeune génération Lahire qui veille sur cette charmante hostellerie. Julien, le fils, signe des envois sympathiques comme cette huître pochée aux algues et mise en bouche avant la terrine de gibier sauvage à souhait, adouive d'une écrasée de potimarron et de sa mousse de col vert. Le tout est puissant et maîtrisé à la fois. Pour suivre, le cabillaud et sa sauce crème de manioc et moules avant un chevreuil en civet un rien trop sec, servi avec deux « tam-tam » de pommes de terre et quelques airelles nature dont l'acidité amenait une belle fraicheur au plat. Les chariots de fromage de chez Van Tricht et de dessert de la maison ponctuent l'ensemble de belle manière. Madame veille sur une brigade bien rôdée en salle.

Aan de 387ste spar slaat u rechtsaf, en u komt aan bij een echte ambassadeur van de Relais du Silence. Hier heerst enkel sereniteit en een zen-sfeer. Gaande van de supergezellige kamers tot het overdekte zwembad over het terras met uitzicht op de waterpartij; alles straalt rust uit. Zelfs de eetzaal lijkt 's avonds te baden in deze vorm van natuurlijke kalmte. Nochtans is het nu de dynamische en jonge generatie Lahire die dit charmante hotel-restaurant uitbaat. Julien, de zoon, bereidt sympathieke gerechten zoals deze gepocheerde oester met algen als aperitiefhapje, gevolgd door een terrine van wild, verzacht door geplette pompoen en een mousse van wilde eend. Het geheel is krachtig en tegelijkertijd beheerst. Vervolgens kabeljauw met roomsaus op basis van maniok en mosselen, gevolgd door een ietwat te droge ragout van reebok geserveerd met aardappelen en enkele veenbessen natuur waarvan de zuurheid het gerecht een mooie frisse toets bezorgde. Het geheel werd mooi afgerond met de kazen van bij Van Tricht en de huisbereide desserts. Mevrouw waakt over een goed ingewerkte brigade in de zaal.

Auberge du Moulin Hideux

rte du Moulin Hideux 1 - 6831 Noirefontaine
℡ 061 46 70 15   🖷 061 46 72 81
info@moulinhideux.be - http://www.moulinhideux.be
🔓 0:00
📅 18 dec 2011 - 22 mars 2012 / 18 dec 2011 - 22 maart 2012
🛏 10   ♨k 215   ♨k↻ 185-215   🅿 360   🚗 2   💲 260

Nossegem ▷ Bruxelles environs - Brussel omstreken

Noville-sur-Méhaigne

 L' Air du Temps

ch. de Louvain 181 - 5310 Noville-sur-Méhaigne
℡ 081 81 30 48   🖷 081 81 28 76
info@airdutemps.be - http://www.airdutemps.be
🔓 21:00   🔒 ma/lu za/sa zo/di   🔒 ma/lu zo/di
📅 1 sem. Pâques, 2 sem. août, 2 sem. Noël et Nouvel An /
1 week Pasen, 2 wek. aug., 2 wek. Kerst en Nieuwjaar
🍴 85-110   🍷 35-60   🥄 123

Elle est flagrante la dichotomie entre les aficionados et les opposants à l'Air du Temps. Pour nous, les trois toques sont ici bien en place et certainement méritées. Rappelons-le, le chef est, à la base... sommelier de formation. Tout ce qu'il sait, ce qu'il crée, ce qu'il partage avec sa brigade, avec les jeunes de l'émission « Comme un chef » ou avec les nombreux clients qui se pressent chez lui, c'est de l'expérience et de la passion pure. Il a appris, sur le tard, et s'est formé, à force de courage et d'implication dans son métier. Pour arriver à ce niveau qui est, de loin, l'un des plus haut du pays. Mais après avoir été l'un des papes du mouvement Elbulliste du pays, San a posé des balises et est revenu, comme beaucoup, à un mouvement plus porté sur le produit (même s'il ne l'avait jamais vraiment quitté). Cela se traduit par une brandade de morue, une déclinaison de tomates et de fleurs, une sardine saline dans son bouillon au genmaïcha ou le pluma d'Iberico fumé au bois de cerisier et son jardin potager constitué d'herbes, fleurs et autres légumes tout droit sortis du potager maison. Acidité et croquant sont ainsi maî-trisés et permettent à chacun de repartir non pas léger mais tout sauf lourd. Ce qui, en gastronomie, fait toute la différence. Attention, l'établissement déménage à l'été 2012 dans une élégante ferme en bordure du charmant petit village de Liernu. Autre changement cette année, le retour de Maxime Demuynck pour veil-ler sur la cave (et la salle).

De dichotomie tussen de fervente aanhangers en de tegenstanders van de l'Air du Temps is echt flagrant. Volgens ons zijn de drie koksmutsen hier op hun plaats en zeker verdiend. We herinneren eraan dat de chef eigenlijk ... sommelier van opleiding is. Alles wat hij weet, wat hij creëert, wat hij deelt met zijn brigade, met de jongeren in de uitzending 'Comme un chef' of met de vele klanten die zich rond hem verdringen, is ervaring en pure passie. Hij heeft het vak op latere leeftijd geleerd en heeft zich opgewerkt op basis van moed en engagement voor zijn vak. Om dit niveau te bereiken dat – veruit – een van de hoogste van het land is. Maar nadat hij een van de coryfeeën van de El Bulli-trend in ons land was, heeft San zijn grenzen gesteld en is hij – zoals velen – teruggekeerd naar een beweging die meer gericht is op het product (ook al had hij die trend nooit echt laten varen). Dat vertaalt zich in brandade van kabeljauw, een variatie van tomaten en bloemen, een zilte sardine in bouillon met genmaïcha of pluma van Iberico gerookt op kersenhout met moestuin van kruiden, bloemen en andere groenten die recht uit de eigen groentetuin komen. Zuurheid en knapperigheid worden zo perfect in evenwicht gebracht, zodat de gasten niet met een licht gevoel maar toch met een allesbehalve zwaar gevoel weggaan. En dat maakt op gastronomisch vlak het grote verschil. Opgelet: het restaurant verhuist vanaf zomer 2012 naar een elegante boerderij aan de rand van het charmante dorpje Liernu. En nog een verandering dit jaar: de terugkeer van Maxime Demuynck, die opnieuw waakt over de kelder (en de zaal).

Ohain

Cette charmante auberge fait les beaux jours de la petite commune d'Ohain. On y déguste une cuisine classique teintée de modernité grâce au jeune chef fort en verve créative. Tataki de saumon gravelax aux légumes racines, pigeonneau rôti aux chicons et massepain ou la cocote de homard et Saint-Jacques au riz basmati. Si la constance se maintient, l'évolution devrait suivre.

Deze charmante herberg kent veel succes in de kleine gemeente Ohain. U proeft hier een klassieke keuken met enkele moderne toetsen dankzij de jonge chef die op creatief vlak goed op dreef is. Tataki van gravad lax zalm met wortelgroenten, gebakken jonge duif met witlof en marsepein of cocotte van kreeft en sintjakobsnootjes met basmatirijst. Als de constantheid standhoudt, zou de evolutie moeten volgen.

Oignies-en-Thiérache

Après quelques heurts, on salue le retour de Jacky en cuisine afin de redresser la barre. Notre visite s'est déroulée en demi-teinte. D'un côté, une superbe escalope de saumon aux épinards préparée dans les règles de l'art ainsi qu'une bintje au foie gras de canard. De l'autre des quenelles de brochet qui manquaient un rien d'assaisonnement. Mais la reprise est là. Nous sommes curieux de revenir. Par contre, cette adresse possède la plus belle carte des vins de la région.

Na enkele strubbelingen juichen we de terugkeer van Jacky in de keuken toe om de lat hoger te leggen. Ons bezoek was echter tweeledig. Enerzijds een prachtig zalmlapje met spinazie bereid volgens de regels van de kunst en een bintje met foie gras. Anderzijds quenelles van snoek die een tikkeltje te weinig gekruid waren. Maar het herstel is ingezet. We zijn al nieuwsgierig om terug te keren. Dit adresje heeft daarentegen de mooiste wijnkaart van de streek.

Oostakker ▷ Gent

Oostduinkerke

👍 Eglantier

Albert-I Laan 141 - 8670 Oostduinkerke
📞 058 51 32 41   🖨 058 52 04 21
info@restauranteglantier.be - http://www.restauranteglantier.be
🍴 20:30   🔒 ma/lu di/ma   🔓 ma/lu di/ma
📅 4 - 15 déc, 2 janv - 9 fév / 4 - 15 dec, 2 jan - 9 feb
🍽 35-55   🍷 46-71   ⚡ 55

🏨 Albert I

Astridplein 11 - 8670 Oostduinkerke
📞 058 52 08 69   🖨 058 52 09 04
hotelalbert@skynet.be - http://www.hotel-albert.be
🍴 0:00   7⁄7
🛏 22   🔑 69-115

🏨 Hof ter Duinen

Albert I laan 141 - 8670 Oostduinkerke
📞 058 51 32 41   🖨 058 52 04 21
info@hofterduinen.be - http://www.hofterduinen.be
🍴 0:00   7⁄7
📅 2 janv. - 10 fév., 10 - 21 déc. / 2 jan. - 10 feb., 10 - 21 dec.
🛏 21   🔑 100-150   💰 180-255   🏷 255

Oosteeklo

👍 Torenhuyze

Rijkestr. 10 - 9968 Oosteeklo
📞 09 373 43 63   🖨
info@torenhuyze.be - http://www.torenhuyze.be
🍴 22:00   🔒 ma/lu di/ma   🔓 ma/lu di/ma
🍽 30-75   🍷 53-65   ⚡ 40

Oostende

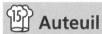 Auteuil

Albert-I Promenade 54 - 8400 Oostende
℡ 059 70 00 41
resto.auteuil@skynet.be - http://www.auteuil.be
🍴 21:00 🗓 ma/lu di/ma wo/me do/je 🗓 wo/me do/je
🍽 32-59 🍷 63-73 🥂 57

Chef Isabelle Arpin kookt fijn en creatief en heeft veel aandacht voor producten. In het menu 'Nanas' start je met makreel met kokkels, zure room, vinaigrette met Westmalle, Ratte-aardappel en mosterd van Tierenteyn. Dan is er suprême van met honing gelakte Bresse- duif met krokantje met aubergines, dadels en ras el hanout. Het hoofdgerecht is staartvis met bloemkool, gekonfijte tomaat en crème van pickles. Dit is een van de betere huizen uit de omgeving en dat merk je aan de drukke klandizie.

Isabelle Arpin signe des envois raffinés et créatifs et sait choisir les bons produits. Le menu « Nanas » commence par du maquereau aux coques, crème épaisse, vinaigrette à la Westmalle, rattes et moutarde de Tierenteyn. Ensuite, le suprême du pigeonneau d'Anjou, laqué au miel, avec un croquant d'aubergine, de dattes et de ras el hanout. En plat de résistance, de la lotte accompagnée de chou-fleur, de tomates confites et d'une crème de pickles. Une des meilleures maisons des environs… comme en témoigne d'emblée l'afflux de chalands.

 Bistro Mathilda

Leopold II-laan 1 - 8400 Oostende
℡ 059 51 06 70 📠 059 51 06 70
info@bistromathilda.be - http://www.bistromathilda.be
🍴 22:30 🗓 ma/lu di/ma 🗓 ma/lu di/ma
📅 28 fév. - 15 mars, 20 juin - 1 juil., 24 oct. - 8 nov. / 28 feb. - 15 maart, 20 juni - 1 juli, 24 okt. - 8 nov.
🍽 55- 🍷 30-60 🥂 60

Bistro Mathilda is totaal vernieuwd: er is een eetzaal bijgekomen op de eerste verdieping en op de menukaart prijken nu ook meer gesofisticeerde gerechten naast de klassiekers. Absolute aanraders blijven de gerechten met versgepelde noordzeegarnalen, zoals garnalen met jonge slablaadjes, tomaat, hardgekookt ei en mayonaise; garnaalkroketten; en tatjespap met garnalen, karnemelkpuree, gepocheerd hoeve-eitje en gesmolten hoeveboter. Ook een topper van het huis is tartaar van rundvlees 'Blonde d'Aquitaine', maar die is nu helaas papperig. Wij missen de beet die een echte tartaar nodig heeft! En wij zijn ook niet helemaal tevreden met het nagerecht van framboos, mokka, biscuit en chocolade. Het is al beter geweest bij Mathilda.

Ce bistro a reçu une cure de jouvence complète: le premier étage s'enrichit d'une salle et la carte des menus propose des plats plus sophistiqués parallèlement aux classiques. Les incontournables restent les plats avec des crevettes grises de la mer du Nord épluchées à la main, comme les crevettes avec un mesclun de jeunes pousses, tomate, œuf cuit dur et mayonnaise; les croquettes aux crevettes ; la tatjespap 'aux crevettes' – purée au lait battu, petit œuf fermier poché et beurre fermier fondu. Un autre grand moment est souvent le tartare maison de Blonde d'Aquitaine, mais cette fois il était malheureusement un peu pâteux. Il nous manquait la résistance sous la dent qu'offre un tartare digne de ce nom ! Et nous ne sommes pas non plus tout à fait satisfaits de notre dessert de framboise, mokka, biscuit et chocolat. Mathilda nous a habitués à mieux !

Enoteca Del Berebene

Madridstraat 6 - 8400 Oostende
☎ 059 80 19 84
info@espacedivin.com - http://www.espacedivin.com/enoteca
🕐 22:00   🔒 ma/lu di/ma zo/di   🔒 ma/lu zo/di
🍴 12-20

Royaal geserveerde gerechten die daarbij vol van smaak zijn en aangenaam geuren. Dat vind je in deze 'Italian winebar & shop'. En 150 wijnen, waarvan je er vele per glas kunt proeven. Ook dat mogen wij niet onvermeld laten Je kunt aan de toog zitten, voor een bord verse antipasti die zeer gewaardeerd zijn, of voor pasta vongole of andere Italiaanse klassiekers. Eenvoudig, puur en lekker: is dat niet het kenmerk van een goede Italiaan?

Des portions plantureuses, une explosion de goûts et d'arômes agréables. Voilà le programme de cet « Italian winebar & shop ». N'hésitez pas à y déguster un des 150 vins dont un grand nombre sont servis au verre. Encore un élément à signaler : vous pouvez vous attabler au comptoir pour des antipasti très frais et très appréciés, ou pour des pâtes aux palourdes ou encore d'autres classiques de la péninsule. Simple, pure et délicieuse, une cuisine italienne de très bon niveau.

 Gloria

Albert I Promenade 60 - 8400 Oostende
☎ 059 80 66 11   🖨 059 80 66 29
info@restaurantgloria.be - http://www.restaurantgloria.be
🕐 21:30   🔒 wo/me do/je   🔒 wo/me do/je
🍴 38-59   🍴 49-88   🍷 55

Sedert begin 2011 staat Stijn Cornelis aan het fornuis. Hij zorgt voor een klassiek geïnspireerde marktkeuken met onder meer schaal, - en schelpdierenbisque, terrine van ganzenlever en garnaalkroketten bij de voorgerechten. Naast vertrouw traditioneel werk toont hij zijn fijne hand ook met minder de voor de hand liggende bereidingen. Zoals bijvoorbeeld met gegrilde babylangoest die hij op smaak brengt met aromatische vadouvan boter.

Depuis le début 2011, Stijn Cornelis officie en cuisine. Il propose une cuisine classique selon les arrivages du marché avec, entre autres, des bisques de crustacés et de coquillages, une terrine de foie gras d'oie, et des croquettes aux crevettes pour les entrées. Parallèlement aux envois traditionnels, il montre toute sa finesse également dans des préparations un peu plus osées. Comme cette baby-langouste grillée au beurre de Vadouvan très aromatique.

 Le Grillon

Visserskaai 31 - 8400 Oostende
☎ 059 70 60 63   🖨 059 51 52 51
http://www.legrillon.be
🕐 22:00   🔒 do/je   🔒 wo/me do/je
📅 oct. / okt.
🍴 29-44   🍴 50-75

Marina

Albert-I Promenade 9 - 8400 Oostende
☎ 059 70 35 56   🖷 059 51 85 92
restomarina@skynet.be - http://www.resto-marina.be
🕐 22:00   🔒 do/je   🔒 do/je
🍴 45-75   🍷 70

Met restaurant Marina in Oostende is chef Domenico Acquaro één van de peet-vaders van de Italiaanse keuken in ons land. Daarvoor baseren we ons niet op subjectieve gevoelens maar wel op een aantal feiten. Sinds 1973 staat hij continu borg voor een kwaliteitsgedreven keuken die hem ook officiële erkenningen ople-verde. Wie zo lang zorgvuldig de Italiaanse gastronomie uitstekende diensten be-wijst, wordt terecht als een ambassadeur erkend. Al heeft peetvader of godfather in deze context, een meer prozaïsche en tot de verbeelding sprekende betekenis.

Le chef Domenico Acquaro est un des pères spirituels, certains diront un des parrains, de la cuisine italienne de haut vol dans notre pays. C'est la raison pour laquelle nous ne nous baserons par sur des sentiments subjectifs, mais sur un certain nombre de faits. Depuis 1973, il est le garant d'une cuisine placée sous le signe de la qualité et du raffinement, ce qui lui a valu bien des reconnaissances. Quiconque rend d'excellents services à la gastronomie italienne avec autant de classe et d'élégance peut légitimement être reconnu comme ambassadeur. Quoique, dans ce cas, le titre de parrain ait une signification plus prosaïque et parle davantage à l'imagination…

Ostend Queen

Monacoplein z/n - 8400 Oostende
☎ 059 44 56 10
yves@ostendqueen.be - http://www.ostendqueen.be
🕐 21:30   🔒 ma/lu di/ma wo/me za/sa   🔒 ma/lu di/ma wo/me
🗓 9 janv - 1 fév, 25 juin - 12 juil / 9 jan - 1 feb, 25 juni - 12 juli
🍴 50-70   🍷 18-80

Savarin

Promenade Albert I 75 - 8400 Oostende
☎ 059 51 31 71   🖷 059 51 33 30
restaurant@savarin.be - http://www.savarin.be
🕐 0:00   🔒 ma/lu   🔒 ma/lu
🍴 44-84   🍷 60

Floris Panckoucke geeft het twee decennia oude restaurant Savarin een nieuw elan. De nog jonge chef (ex Maison Vandamme en Hof van Cleve) brengt boeien-de gerechten vol frisse toetsen. Zo vormen zilte, friszure en geroosterde smaken een mooi evenwicht in een bereiding van oesters met een gelei van soja, parfait van yuzu, mayonaise van sesam en van wasabi, gemarineerde rammenas met een tartaar van oester met koriander, en een sesamkoekje. Ook in het tweede voorgerecht zitten de smaken goed: twee grote, correct gebakken jakobsschel-pen met een puree van butternut, een schijfje gemarineerde butternut, krokant gebakken schorseneren met een roomsaus met Oud Brugge-kaas en een sherry-saus met fijn gesnipperde bieslook. Fazant uit Diksmuide is de basis voor het rijke hoofdgerecht: drie repen sappige fazantenborst, het boutje ontbeend en in een rolletje verpakt, met puntjes appelcrème en veenbessencrème, witlofcompote, crème van knolselder, dooierzwammen en cantharellen, souffléaardappelen en een lekkere jus. Ook in de desserts trekt hij de frisse registers open: Citrus Martini

Yoghurt met een granité van roze pompelmoes, schuim van Martini met citroen-zeste, gel van pompelmoes en yoghurt en munt, citrusschuim en verschillende soorten citrusfruit. En als afsluiter een chocolademoelleux met een lopende kern van Cabernet Sauvignonazijn en stukjes doyennépeer.

Floris Panckoucke a donné un nouveau souffle au restaurant Savarin, qui existe depuis une vingtaine d'années. Ce chef encore jeune (ancien de la Maison Van-damme et du Hof van Cleve) propose des plats intéressants où les touches rafraî-chissantes abondent. Ainsi, les saveurs salines, acidulées et empyreumatiques s'équilibrent agréablement dans une préparation d'huîtres à la gelée de soja, un parfait de yuzu, une mayonnaise au sésame et au wasabi, du raifort mariné, un tartare d'huître et de coriandre, et une tuile au sésame. La deuxième entrée est tout aussi savoureuse: deux grandes coquilles Saint-Jacques braisées, accom-pagnées d'une purée de courge butternut, d'une tranche de courge butternut marinée, de salsifis braisés croquants, le tout nappé de sauce à la crème au Vieux Bruges et de sauce au sherry à l'émincé de ciboulette. Le faisan de Dixmude constitue la base d'un plat de résistance d'une grande richesse: trois tranches de poitrine de faisan juteuse, une cuisse désossée en roulade, des larmes de crème aux pommes et de crème aux airelles, une compotée de chicons, une crème de céleri-rave, des girolles et des chanterelles, un soufflé de pommes de terre et un délicieux jus. Les desserts ne manquent pas non plus de fraîcheur: Yaourt Citrus Martini avec un granité de pamplemousse rose, espuma de Martini au zeste de citron, gelée de pamplemousse avec yaourt et menthe, espuma d'agrumes et différents types d'agrumes. Pour terminer, un moelleux au chocolat avec un cœur de vinaigre de cabernet sauvignon et des dés de poire Doyenne.

Acces

Van Isegheml. 21 - 25 - 8400 Oostende
℡ 059 80 40 82   🖷 059 80 88 39
info@hotelacces.be - http://www.hotelacces.be
🛏 0:00 ⁷⁄₇
🛏 63   🛏 84-126   🅿 116-153   🛏 153

Andromeda Hotel & Thalassa

Kursaal Westhelling 5 - 8400 Oostende
℡ 059 80 66 11   🖷 059 80 66 29
joy@andromedahotel.be - http://www.andromedahotel.be
🛏 0:00 ⁷⁄₇
🛏 91   🛏 186   🛏 123-203   🛏 1   🛏 246

Golden Tulip Bero Oostende

Hofstr. 1A - 8400 Oostende
℡ 059 70 23 35   🖷 059 70 25 91
info@hotelbero.be - http://www.hotelbero.be
🛏 0:00 ⁷⁄₇
🛏 72   🛏 105-170   🛏 3

Hotel Europe

Kapucijnenstr. 52 - 8400 Oostende
℡ 059 70 10 12   📠 059 80 99 79
info@europehotel.be - http://www.europehotel.be
🕐 0:00 ⁷⁄₇
🛏 87   ⓚ⇩ 65-255

Thermae Palace

Koningin Astridlaan 7 - 8400 Oostende
℡ 059 80 66 44   📠 059 80 52 74
info@thermaepalace.be - http://www.thermaepalace.be
🕐 0:00 ⁷⁄₇
🛏 149   ⓚ 350   ⓚ⇩ 186-366   ℗ 46 ⓒ 10   Ⓢ 350

Burlington

Kapellestraat 90 - 8400 Oostende
℡ 059 55 00 30   📠 059 70 81 93
info@hotelburlington.be - http://www.hotelburlington.be
🕐 0:00 ⁷⁄₇
🛏 45   ⓚ⇩ 75-124

Glenmore

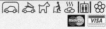

Hofstr. 25 - 8400 Oostende
℡ 059 70 20 22   📠 059 70 47 08
info@hotelglenmore.be - http://www.hotelglenmore.be
🕐 0:00 ⁷⁄₇
🗓 2 janv. - 19 fév. / 2 jan. - 19 feb.
🛏 41   ⓚ⇩ 95-150   ℗ 28

Hotel Du Bassin

Visserskaai 1 - 8400 Oostende
℡ 059 70 33 83   📠 059 80 36 78
info@hoteldubassin.be - http://www.hoteldubassin.be
🕐 0:00 ⁷⁄₇
🗓 janv. / jan.
🛏 20   ⓚ⇩ 79-109   ℗ 23 1   ⓒ 1

Hotel Imperial

Van Iseghemlaan 76 - 8400 Oostende
℡ 059 80 67 67   📠 059 80 78 38
info@hotel-imperial.be - http://www.hotel-imperial.be
🕐 0:00 ⁷⁄₇
🛏 61   ⓚ⇩ 90-160

Hotel Pacific

Hofstr. 11 - 8400 Oostende
℡ 059 70 15 07   🖷 059 80 35 66
info@pacifichotel.com - http://www.pacifichotel.com
🔓 0:00 ⁷⁄₇
♨ 53   ⓚ 75-150

Louisa

Louisastr. 8B - 8400 Oostende
℡ 059 50 96 77   🖷 059 51 37 55
info@hotellouisa.be - http://www.hotellouisa.be
🔓 0:00 ⁷⁄₇
♨ 26   ⓚ 60-120

Du Parc

Marie Joséplein 3 - 8400 Oostende
℡ 059 70 16 80   🖷 059 80 08 79
hotel@duparcoostende.com - http://www.hotelduparc.be
🔓 0:00 ⁷⁄₇
🛏 8 - 26 janv. / 8 - 26 jan
♨ 53   ⓚ 56-134

Ramada Ostend

Leopold II laan 20 - 8400 Oostende
℡ 059 70 76 63   🖷 059 80 84 06
info@ramada-ostend.com - http://www.ramada-ostend.com
🔓 0:00 ⁷⁄₇
♨ 90   ⓚ 180   ⓚ 80-200   ⓟ 90-200   💶 200

Bredene

⑬ Le Homard et la Moule

Duinenstraat 325 - 8450 Bredene
℡ 059 32 02 28
info@lhomardetlamoule.be - http://www.lhomardetlamoule.be
🔓 21:00   🔒 ma/lu di/ma   🔒 ma/lu di/ma
🍴 40-55   🍴 56-126   🍷 55

Kreeft is de specialiteit van het huis. Donald Deschagt geeft het beestje graag enkele Japanse toetsen mee, zoals in kreeft met dashi, sojaboon, lotuswortel en bonito. Die frisse, pittige toetsen komen ook in andere bereidingen terug en maken alles licht en tegelijk smaakvol. Een oordeelkundig gebruik van de nieuwste keukentechnieken draagt daar nog toe bij.

Le homard est la spécialité de la maison. Donald Deschagt lui ajoute encore volontiers quelques touches japonisantes comme dans le homard au dashi, fève de soja, racine de lotus et bonite. Ces notes fraîches et corsées se retrouvent aussi dans d'autres préparations et rendent tout à la fois plus léger et plus goûteux. Une utilisation judicieuse des dernières techniques culinaires y contribuent encore davantage.

Oudenburg

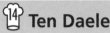 **Ten Daele** ♡ ☺

Brugsestwg. 65 - 8460 Oudenburg
℡ 059 26 80 35 🖷 059 26 80 35
🕑 20:00 ma/lu di/ma wo/me do/je zo/di
🍴 23-45 🍷 50 🍶 37

Een vaste waarde dankzij de goede prijs-kwaliteitverhouding. De keuken is vrij klassiek, Frans-Belgisch en seizoengebonden. Populair zijn vooral de menu's. Interessante klantvriendelijk geprijsde wijnkaart. Mooi terras.

Une valeur sûre grâce à un bon rapport qualité/prix. Cuisine assez classique, saisonnière et d'inspiration franco-belge. Les menus sont prisés. Les vins s'affichent à prix d'ami. Belle terrasse.

Oostkamp ▷ Brugge

Oostmalle

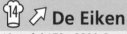 **De Eiken** ☺

Lierselei 173 - 2390 Oostmalle
℡ 03 311 52 22 🖷 03 311 69 45
info@de-eiken.be - http://www.de-eiken.be
🕑 20:30 🔒 ma/lu di/ma za/sa 🔒 ma/lu di/ma zo/di
📅 les vac. scolaires courtes, 2 dern sem juil - 1ère sem août / de korte schoolvak., 2 laatste weken juli - 1ste week aug
🍴 50-75 🍷 72-105 🍶 60

Jean-Marie Smets blijft gepassioneerd als chef. Met zorg verzamelt hij kwaliteitsproducten uit eigen streek, waarmee hij dan gerechten bereidt die harmonieus van smaak, meestal juist afgemeten en weldoordacht zijn. Maar de chef is te braaf en verrast niet voldoende. Dat blijkt bijvoorbeeld uit het voorgerecht van Schotse zalm 'op vier wijzen': de tartaar van zalm is klassiek en ook de met soja, mirin en honing gelakte zalm geeft slechts een zeer bescheiden knipoog richting Aziatische keuken. Het hoofdgerecht maakt meer indruk: een verse, hagelwitte scholfilet is sappig en krijgt gezelschap van een heerlijke puree van belle de fontenay met stukjes kingkrab. Er hoort nog een saus bij op basis van Westmalle Tripel. Zeer lekker! Een punt meer is hier op zijn plaats. Aangenaam terras.

Jean-Marie Smets reste un chef passionné. Il sélectionne avec soin des produits régionaux de qualité, avec lesquels il orchestre des envois harmonieux, bien dosés et bien pensés. Mais le chef est trop sage et ne joue pas assez la carte de la surprise. On le constate dès l'entrée, avec la 'tétralogie' de saumon écossais. Le tartare est classique. Le soja, le mirin et le saumon laqué au miel ne font qu'un modeste clin d'œil à la cuisine asiatique. En revanche, le plat principal impressionne. D'une grande fraîcheur et d'un blanc immaculé, le filet de plie est succulent et s'accompagne d'une délicieuse purée de Belle de Fontenay parsemée de dés de crabe royal. À cela s'ajoute une sauce à la Triple Westmalle. Un délice ! Un point de plus, amplement mérité. Agréable terrasse.

Haute Cookure ♡

Herentalsebaan 30 - 2390 Oostmalle
☏ 03 322 94 20   🖶 03 322 94 21
info@hautecookure.be - http://www.hautecookure.be
🕐 21:00   🔒 di/ma wo/me za/sa   🔒 di/ma wo/me
💼 vac. de Pâques, août, vac. de Noël / paasvak., aug., Kerstvak.
🍽 52-79   🍷 61-74   🍴 80

Je wordt al meteen verwelkomd met vier smakelijke hapjes bij het aperitief (ook wie het lunchmenu neemt). Wij krijgen salsa verde met scampi, toastje met gerookte paling, gemarineerde zalm met rettich, en een dotje venkelcrème. Alles is fris van smaak en leuk gepresenteerd. Er komt ook meteen een broodje bereid met trappist van het nabijgelegen Westmalle. De carpaccio van smeuïg Iers rundvlees krijgt extra contrast door gekonfijte tomaatjes en krokante quinoa. Smaakrijk is de rosé gebakken tonijn. Hier en daar is de vis toch iets te veel gegaard. De kruiding mocht ook iets geprononceerder. Met enthousiasme vertelt de gastvrouw vertelt intussen over haar wijnkeuzes. Haar wereldse wijnkaart is uitstekend en verandert geregeld. Prijs-kwaliteit is dit huis zeker een aanrader. Bij goed weer kun je op het terras eten.

Nous sommes accueillis avec un apéritif et quatre délicieux amuse-bouche (compris aussi avec le lunch): salsa verde aux scampis, toast d'anguille fumée, saumon mariné au raifort et larme de crème de fenouil. La fraîcheur des saveurs n'a d'égale que l'esthétique de la présentation. On nous amène un petit pain à la trappiste de l'abbaye de Westmalle toute proche. Le carpaccio de bœuf irlandais offre un contraste détonant avec les tomates confites et le quinoa croquant. Le thon rosé engendre une explosion de saveurs. Çà et là, il est toutefois un peu trop cuit. En outre, l'assaisonnement pourrait être un rien plus prononcé. Non sans enthousiasme, l'hôtesse commente le choix des vins. L'excellent livre de cave sillonne le monde et se renouvelle régulièrement. Le rapport qualité-prix vaut le détour. Par beau temps, prenez place en terrasse.

Opglabbeek

Slagmolen 🍇♡

Molenweg 177 - 3660 Opglabbeek
☏ 089 85 48 88   🖶 089 81 27 82
info@slagmolen.be - http://www.slagmolen.be
🕐 21:30   🔒 di/ma wo/me za/sa   🔒 di/ma wo/me
💼 1 - 13 janv., 1 sem. Pâques, 15 août - 3 sept., 1 sem. Toussaint / 1 - 13 jan., 1 week Pasen, 15 aug. - 3 sept., 1 week Allerheiligen
🍽 85-110   🍷 85-120   🍴 125

Bert Meewis kookt intens en joviaal. Daarvoor verweeft hij hedendaagse keukentechnieken doorheen een klassiek uitgepuurd repertoire dat op een steeds groter wordend vast cliënteel kan rekenen. Zijn eigentijdse aanpak valt duidelijk meer en meer in de smaak. De Slagmolen zit dan ook zelden om fijnproevers verlegen wat bewijst dat een versmolten keuken helemaal bij de tijd is. Groots is een pure salade van vers bereide kreeft met heerlijke mangosaus die tot de laatste beet blijft boeien. Ook tarbot krijgt een vorstelijke behandeling op maat van de wensen van de klant. We bestellen de vis met op het moment zelf gemaakte béarnaise en vers gekookte aardappeltjes. Hier en nu keuken die met kennis van zaken en liefde vorm krijgt, blijft beklijven. We vallen in herhaling maar dezelfde methodiek kenmerkt de bereiding van zalig lamsvlees dat met een simpel gebonden vleesjus en aardappel in de schil op tafel verschijnt. Ook dit gerecht is opnieuw een ijkpunt

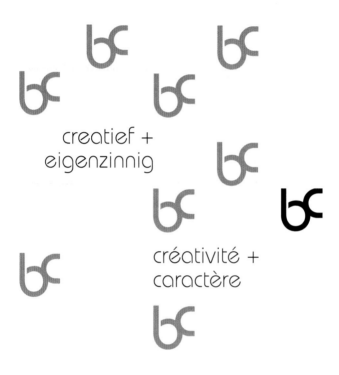

creatief +
eigenzinnig

créativité +
caractère

belgocatering
a chef's taste

www.belgocatering.com

waarmee Bert Meewis bevestigt dat hij geheel op zijn manier tot de culinaire elite van ons land mag gerekend worden.

Bert Meewis signe une cuisine intense et joviale. À cet effet, il intègre intimement des techniques culinaires contemporaines à un répertoire épuré, une formule qui attire des chalands de plus en plus nombreux. Son approche contemporaine semble remporter de plus en plus de suffrages. De Slagmolen ne décontenance que rarement les fins gourmets, preuve s'il en est que la cuisine fusion est dans l'air du temps. Bravo pour cette salade, d'une grande pureté, de homard fraîchement préparé, et accompagnée d'une délicieuse sauce à la mangue, dont les sensations étaient vivaces jusqu'à la dernière bouchée. Le turbot est aussi traité comme un roi et est préparé selon les souhaits du client. Nous avons commandé du poisson avec une béarnaise à la minute et de petites pommes de terre nature. Une cuisine contemporaine mise en place en connaissance de cause et avec passion, marque les esprits. Au risque de nous répéter, la même méthode caractérise la préparation de cette viande d'agneau divine qui s'affiche avec un simple jus de viande lié et des pommes de terre en robe des champs. Ce plat est à nouveau une référence, preuve s'il en est que Bert Meewis confirme qu'il peut être considéré comme un membre à part entière de l'élite gastro de notre pays.

Opont ▷ Paliseul

Opwijk

 ## Le Saisonnier

Klei 85 - 1745 Opwijk
℡ 052 37 52 38   🖶 052 37 52 38   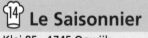
lmignon@lesaisonnier.be - http://www.lesaisonnier.be
🏠 21:30   🛏 di/ma wo/me za/sa   🛏 di/ma wo/me
⬜ 1 sem. vac. de Carnaval, 3 sem. juil., 1 sem vac. d'automne /
1 week krokusvak., 3 wek. juli, 1 week herfstvak.
🍴 35-59   🍷 62-86   🍷 53

Een classicus die niet ongevoelig blijft voor smakelijke moderne toetsen. Zo willen we chef Luc Mignon graag omschrijven. Als fijnproever kiest hij graag ook voor het betere product. Dat leiden we af uit zijn Noorse kreeft die hij elegant met een champagne saus combineert. Ook in zijn vleeskeuze toont hij zich als een kritische ambachtsman. Bij Ibérico varken of Iers premium rundvlees serveert hij naast aardpeer en schorseneren ook een smakelijke ragout van diverse granen.

Un chantre du classicisme qui ne reste pas de marbre face à certaines avancées modernes et goûteuses. C'est ainsi que nous aimons décrire le chef Luc Mignon. Fin gourmet, il opte aussi pour les meilleurs produits comme en témoigne le homard norvégien élégamment secondé d'une sauce au champagne. En matière de viandes, il se montre aussi un artisan intraitable. Il marie ainsi le porc ibérique ou le bœuf premium irlandais à des topinambours, des scorsonères et un délicieux ragout de différentes céréales.

Ottignies

Le Chavignol

r. de l'Invasion 99 - 1340 Ottignies
📞 010 45 10 40   🖨 010 45 54 19
ciuro@lechavignol.com - http://www.lechavignol.com
🛏 21:00   🔒 di/ma wo/me   🔒 di/ma wo/me zo/di
🍽 28-49   🍷 19-32

L'accueil sympathique par la patronne reste un must pour cette adresse braban-çonne. Quelques sélections écrites à la main viennent s'ajouter aux 2 menus pour composer la carte. Nous y avons puisé un tartare de bar au citron d'une incroyable fraîcheur, magnifié par quelques asperges vertes parfaitement cuites et des lan-goustines. Belle gourmandise avec ce foie gras juste saisi et ses pommes allumet-tes, finement dosé au niveau des saveurs. Le rouget barbet et l'agneau qui suivi-rent étaient un peu décevant par rapport au reste. Attention à ne pas se relâcher.

Het vriendelijke onthaal door de bazin blijft een must voor dit Brabantse adresje. De kaart bestaat uit enkele handgeschreven selecties bovenop de 2 menu's. Wij opteerden voor ongelofelijk frisse tartaar van zeebaars met citroen, kracht bij-gezet door enkele perfect gekookte groene asperges en langoustines. Nog een lekkernij: kort aangebakken foie gras met pommes allumettes, subtiel gedoseerd qua smaken. De zeebarbeel en het lam die volgden, stelden enigszins teleur in vergelijking met de rest. Opgelet: niet verflauwen!

Louvain-la-Neuve

Empreintes Nomades

r. rabelais 26 - 1348 Louvain-la-Neuve
📞 010 45 61 60   🖨 010 45 54 89
empreintesnomades@skynet.be -
http://www.empreintesnomades.be/
🛏 0:00   7/7
🍽 14-22   🍷 18-27

Loungeatude

Place Polyvalente (derrière la Ferme du Biéreau) 1
1348 Louvain-la-Neuve
📞 010 45 64 62   🖨 010 81 23 62
hello@loungeatude.be - http://www.loungeatude.be
🛏 22:00   🔒 za/sa zo/di   🔒 zo/di
🍷 36-41

MadZebu

Place de l'université 15 - 1348 Louvain-la-Neuve
℡ 010 45 07 57
madzebu@live.be - http://www.madzebu.be
23:00 7/7
1 janvier / 1 januari
15   30-55

Respect-Table

Terrasse des ardennais 20 - 1348 Louvain-la-Neuve
℡ 010 45 89 58
respect.table@gmail.com - http://www.respect-table.be
21:00   zo/di   ma/lu za/sa zo/di
1 - 15 août / 1 - 15 aug.
18-23

Cette adresse, c'est un peu comme un grand potager. On vient y puiser sa dose de légumes journalière, hebdomadaire ou…mensuelle. La chef Dadou n'a pas son pareil pour agrémenter ceux-ci de petites salades de quinoa, de flan de truite fumée ou de cuisse de canard confite au coing. En finale, le dilemme est cornélien entre le gâteau au chocolat et la tarte au citron. Le tout dans une ambiance banquettes de bois, tableau noir à 3 entrées et 3 plats et un seul vin, servi à la ficelle, par des étudiants toujours souriants.

Dit adresje is een beetje zoals een grote moestuin. Men komt er zijn dagelijkse, wekelijkse of … maandelijkse dosis groenten halen. Chef Dadou heeft zijn gelijke niet om deze op te luisteren met slaatjes van quinoa, flan van gerookte zalm of gekonfijte eendenbout met kweepeer. Voor het dessert volgt een onmogelijk dilemma tussen chocoladetaart en citroentaart. Dat alles in een sfeer die wordt gekenmerkt door houten banken, een krijtbord waarop 3 voorgerechten en 3 hoofdgerechten staan, evenals één enkele wijn die per cm wordt verkocht en geserveerd wordt door immer glimlachende studenten.

Mercure Louvain-La-Neuve

bl. de Lauzelle 61 - 1348 Louvain-la-Neuve
℡ 010 45 07 51   🖷 010 45 09 11
H2200@accor.com - http://www.mercure.com/2200
0:00 7/7
77   k 139

Oudenaarde

Cesar

Markt 6 - 9700 Oudenaarde
℡ 055 30 13 81   🖷 055 33 02 36
info@hotel-cesar.be - http://www.hotel-cesar.be
0:00 7/7
10   k 80-125   P 35-55   55

De Rantere

Jan zonder Vreeslaan 8 - 9700 Oudenaarde
📞 055 31 89 88   📠 055 33 01 11
info@derantere.be - http://www.derantere.be
🔓 0:00 ⁷⁄₇
🛏 28   🛏 85-125

La Pomme d'Or

Markt 62 - 9700 Oudenaarde
📞 055 31 19 00   📠 055 46 04 46
info@pommedor.be - http://www.pommedor.be
🔓 0:00 ⁷⁄₇
🛏 10   🛏 80-130

De Zalm

Hoogstr. 4 - 9700 Oudenaarde
📞 055 31 13 14   📠 055 31 84 40
info@hoteldezalm.be - http://www.hoteldezalm.be
🔓 0:00 ⁷⁄₇
📅 8 - 31 juil., 24 - 31 déc. / 8 - 31 juli, 24 - 31 dec.
🛏 9   🛏 80-120   🍴 100-160   🍴 160

Maarke-Kerkem

👍 Het Genot op den Berg 🍇

Bovenstr. 4 - 9680 Maarke-Kerkem
📞 055 30 35 56   📠 055 30 40 24
info@genotopdenberg.be - http://www.genotopdenberg.be
🔓 21:00   🔒 ma/lu di/ma wo/me   🔒 ma/lu di/ma wo/me
📅 2 sem. fév., 1 sem. juil.,1 sem. sept., 22 déc - 5 janv. / 2 wek. feb.,
1 week juli, 1 week sept., 22 dec - 5 jan
🍽 26-61   🍽 34-89   🍴 56

Mater

⒕ Zwadderkotmolen ☺

Zwadderkotstr. 2 - 9700 Mater
📞 055 49 84 95   📠 055 49 84 95
- http://www.zwadderkotmolen.be
🔓 21:30   🔒 di/ma wo/me   🔒 di/ma wo/me
📅 19 déc - 15 janv, 30 août - 3ième sem sept. / 19 dec - 15 jan., 30 aug.
- 3 de week sept
🍽 35-50   🍴 40

Waar voor je geld. Dat is wat je krijgt in deze prachtige molen midden in het groen van de Zwalmstreek. De keuken is klassiek en correct. Alle gerechten zijn mooi in balans. Dat merken we meteen aan de (superverse) gepocheerde coquilles met lichte mousseline van de plaatselijke tripel van Ename, en schorseneren. De smaken vloeien in elkaar. Dan is er knolselderssoep die een extra toets meekrijgt dankzij vers gerookte paling. Kwartelborstjes krijgen punch door het gezelschap van aardpeer, wortel, pastinaak en zilveruitjes, én een doordringend, maar niet te krachtig fondsausje met salie. En dan is het tijd voor een Braeckmanjenever met sorbet van groene appel. Niet zoet, wel lekker! Duo van ossenhaas en kalfszwezeriken komt met een zeer goede graantjesmosterdsaus, maar het gerecht is vrij zwaar. Pastinaak en worteltjes zijn opnieuw van de partij. En dan is er nog echte tarte tatin, met vanilleroomijs en een superbe crème anglaise.

Poussez la porte de ce superbe moulin niché au cœur de la région verdoyante de Zwalm. Ici, on en a pour son argent. La cuisine se veut classique et correcte. Tous les plats présentent un bel équilibre. Pour preuve: les Saint-Jacques (de première fraîcheur) pochées et mousseline légère de Tripel Ename locale et scorsonères. Les saveurs sont en parfaite harmonie. Vient ensuite la soupe de céleri-rave, que l'anguille fumée ponctue d'un brin d'originalité. Topinambour, carotte, panais et petits oignons donnent un coup de fouet aux filets de caille. Le tout arrosé d'une sauce à la sauge intense mais pas trop forte. Il est à présent temps de passer au genièvre Braeckman et son sorbet de pomme verte. Un délice non sucré ! Nappé d'une excellente sauce à la moutarde en grains, le duo formé par le filet de bœuf et les ris de veau est toutefois relativement lourd. Panais et carottes sont une fois de plus de la partie. Bouquet final: authentique tarte des demoiselles Tatin, glace vanille et superbe crème anglaise.

Oudenburg ▷ Oostende

Oud-Turnhout ▷ Turnhout

Ouwegem

 Benoit en Bernard Dewitte

Beertegemstr. 52 - 9750 Ouwegem
℘ 09 384 56 52
info@benoitdewitte.be - http://www.benoitdewitte.be
🔓 0:00 🔒 ma/lu za/sa 🔒 ma/lu zo/di
📅 17 juil - 3 août, 23 déc - 5 janv / 17 juli - 3 aug, 23 dec - 5 jan
🍽 28-80 🍽 61-75 🍴 40

Een Oost-Vlaamse landelijke enclave en een zuiders geïnspireerde keuken. Het is de geslaagde cocktail van de gebroeders Dewitte. Het restaurant en de bijgebouwen liggen rond een binnentuin gegroepeerd waar fruitbomen voor schaduw zorgen. De sfeer is uitbundig in de zomer, knus en gezellig in de winter. We nemen als voorgerecht een taartje van aubergines gecombineerd met een ratatouille vol geconcentreerde smaken, met basilicum, een mengsel van jonge sla en snippers pata negra. Het hoofdgerecht bestaat uit sappige en malse lamscarré met cannelloni gevuld met ricotta en limoen, met een mix van warmoes en tuinboontjes, paddenstoeltjes en een fijne jus geparfumeerd met rozemarijn. Liefhebbers van volle smaken, maar ook van finesse, worden hier nooit bedrogen.

Une enclave rurale en Flandre orientale et une cuisine d'inspiration méditerranéenne, tel est le cocktail réussi des frères Dewitte. Le restaurant et ses annexes entourent un jardin intérieur où des arbres fruitiers ménagent un peu d'ombre.

L'ambiance est exubérante en été, conviviale et cossue, en hiver. En entrée, nous prenons une tartelette d'aubergine et sa ratatouille, véritable concentré de goûts, au basilic, mesclun de jeunes pousses et peluches de pata negra. Le plat de résistance se compose d'un carré d'agneau, succulent et tendre à souhait, rehaussé d'un cannelloni fourré à la ricotta et au limon, avec une combinaison de bettes et de fèves, de petits champignons et d'un jus très raffiné et parfumé au romarin. Les amoureux des goûts puissants, mais raffinés, seront ici toujours aux anges.

Overijse ▷ Bruxelles environs - Brussel omstreken

Paliseul

 Au Gastronome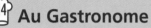

r. de Bouillon 2 - 6850 Paliseul
℡ 061 53 30 64   ⊟ 061 53 38 91
info@augastronome.be - http://www.augastronome.be
🕐 21:00   🔒 di/ma wo/me   🔒 di/ma wo/me
🍴 25-30   🍴 42-50

Dans cette maison qui a fait les beaux jours de la gastronomie des années durant avec Michel Libotte que nous remercions au passage pour toutes ces années, Louis-Marie Piron a 'installé' un tout nouveau restaurant dont il a confié les clés (et les fourneaux) à Clément Petitjean. Celui-ci ne délaisse pas pour autant la Grappe d'Or mais a envoyé depuis celle-ci une équipe jeune et motivée réalisant les fiches techniques élaborées par le chef florenvillois. Le tout dans un décor moderne qui surprendra les habitués des lieux et à des prix plus qu'accessibles (30 euros le menu 3 services au choix !!!). Lors de notre visite 3 semaines après l'ouverture, nous avons dégusté de belles ravioles de langoustines à la sauce nantua ainsi qu'un compressé de lièvre qui, lui, manquait un rien de relief. Superbe dorade ensuite, servie avec quelques 'frites' de panais et un très joli beurre blanc ainsi qu'une touche de fenouil pour rafraîchir. Le chariot de fromages, encore un peu court, et les desserts chocolatés ainsi que la glace turbinée minute ponctuent l'ensemble joliment. La cave a conservé quelques belles bouteilles.

In deze woning waar de gastronomie jarenlang hoogtij vierde met Michel Libotte, die we terloops bedanken voor al die jaren, heeft Louis-Marie Piron een gloednieuw restaurant 'gevestigd' waarvan hij de sleutels (en het fornuis) heeft toevertrouwd aan Clément Petitjean. Deze laat de Grappe d'Or echter niet aan zijn lot over, maar heeft vandaar een jong en gemotiveerd team gestuurd dat de technische fiches van de chef uit Florenville volgt. Dat alles in een modern kader dat de vaste bezoekers van dit restaurant zal verrassen, en tegen meer dan redelijke prijzen (30 euro voor een 3-gangenmenu naar keuze!!!). Tijdens ons bezoek drie weken na de opening genoten we van mooie ravioli van langoustines met nantuasaus en geperst hazenvlees dat net iets te weinig reliëf had. Vervolgens schitterende goudbrasem, opgediend met enkele 'pastinaakfrieten' en prachtige blanke boter, evenals een vleugje venkel voor een frisse toets. De – nog ietwat beperkte – dessertkazen, de chocoladedesserts en het zelfgedraaide ijs vormen een mooie afsluiter. In de kelder bleven enkele mooie flessen bewaard.

La Hutte Lurette

r. de la Station 64 - 6850 Paliseul
℡ 061 53 33 09　🖶 061 53 52 79
info@lahuttelurette.be - http://www.lahuttelurette.be
🛏 21:00　🔒 wo/me　🔒 di/ma wo/me
📅 18 févr. - 26 mars / 18 feb. - 26 maart
🍽 25-50　📖 30-43　🍴 40

La Table de Maxime  ♡ ☺

Our 23 - 6850 Paliseul
℡ 061 23 95 10　🖶 061 23 95 18
info@tabledemaxime.be - http://www.tabledemaxime.be
🛏 21:00　🔒 ma/lu di/ma　🔒 ma/lu di/ma
📅 1 - 17 janv., 25 juin - 10 juil. / 1 - 17 jan., 25 juni - 10 juli
🍽 35-60　📖 21-35　🍴 55

Dans sa superbe bâtisse dont l'étage offre quelques jolies chambres bien confortables, Maxime poursuit son ascension dans le monde de la gastronomie. Dans la salle à manger s'ouvrant sur les champs avoisinants et égayée d'un âtre où brûle, en hiver, un grand feu de bois, une équipe jeune et dynamique veille au service. Notre dégustation débute par un saint-pierre mariné au king crabe rehaussé d'une glace à l'oseille et de légumes croquants. Pour suivre, quelques langoustines au coco et curry de foie d'oie fumé résultent en une très belle préparation. Tout comme le filet de rouget au jambon d'Ardennes et bolognaise de crevettes grises qui témoignent de la créativité maîtrisée du chef. On en redemande et on y reviendra à ta table Maxime. D'ici là, on se remémorera également les intéressantes découvertes proposées par le sommelier.

In zijn prachtige gebouw met boven enkele uiterst comfortabele en mooie kamers zet Maxime zijn weg naar de gastronomische top verder. In de eetzaal met zicht op de aanpalende velden en een gezellige haard die in de winter brandt, waakt een jong en dynamisch team over de bediening. Onze degustatie begint met gemarineerde zonnevis met koningskrab, zuringijs en knapperige groentjes. Daarna enkele langoustines met kokos en curry van gerookte ganzenlever: een prachtige bereiding. Net zoals de poonfilet met Ardense ham en de bolognaise van grijze garnalen die getuigen van de beheerste creativiteit van de chef. Dat smaakt naar meer. We komen hier zeker terug. Ondertussen zullen we ons ook de interessante ontdekkingen herinneren die de sommelier voorstelt.

Opont

La Table de Maxime

Our 23 - 6852 Opont
℡ 061 23 95 10　🖶 061 23 95 18
infe@tabledemaxime.be - http://www.tabledemaxime.be
🛏 0:00
📅 1 - 17 janv., 25 juin - 10 juil. / 1 - 17 jan., 25 juni - 10 juli
🛏 9　🔑 80-150　📖 80-185　🛏 300-185　🛏 1

Pepinster ▷ Verviers

Perwez

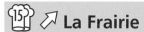

⑮ ⤴ La Frairie

av. de la Roseraie 9 - 1360 Perwez
℡ 081 65 87 30   📠 081 65 87 30
frairie@swing.be - http://www.lafrairie.be
🕐 21:30   🔒 ma/lu zo/di   🔒 ma/lu di/ma zo/di
📅 15 juil. - 15 août, fin déc. / 15 juli - 15 aug., eind dec;
🍽 40-75   🍷 60

Cette adresse a connu des hauts et des bas depuis quelques années. Lors de l'une de nos visites, nous avons toutefois pu nous rassurer sur le retour en grâce du chef. Est-ce le cadre désormais plus lumineux ou un changement d'équipe ? Toujours est-il que les mises en bouche se constituent d'une excellente moule bouchot marinée au fenouil et sa feuille en croquant. Nous poursuivons sur notre lancée avec une féra marinée au miso simplement saisie par la marinade. Notre seconde entrée joue les montagnes russes entre l'explosion de saveurs du chorizo en cubes et le risotto un rien en retrait. Belle prouesse technique pour suivre avec cette caille des Dombes farcie à la langue et au ris de veau. Le niveau général nous rassure: le chef reprend son ascension, on est prêt à pousser mais… à lui de nous tirer. La 2ème toque est de retour pour l'y encourager.

Dit adresje heeft sinds enkele jaren hoogtes en laagtes gekend. Tijdens een van onze bezoekjes werden we echter gerustgesteld dat de chef er helemaal opnieuw staat. Is het dit kader dat nu meer baadt in het licht of de verandering van team? De aperitiefhapjes bestonden alleszins uit een uitstekende gemarineerde bouchot-mossel met knapperig venkelblaadje. Daarna gingen we verder op hetzelfde elan met gemarineerde houting met miso, gewoon aangebraden. Ons tweede voorgerecht zorgde voor een roetsjbaan tussen de smaakexplosie van chorizo in blokjes en de risotto die ietwat op de achtergrond bleef. Vervolgens een mooie technische krachttoer met Dombes-kwartel gevuld met kalfstong en -zwezerik. Het algemene niveau stelt ons gerust: de chef zet zijn weg naar de top voort. Wij zijn bereid om hem een duwtje in de rug te geven, maar … het is aan hem om ons te raken. De tweede koksmuts is terug, om hem daarin aan te moedigen.

Thorembais-les-Béguines

⑬ Fruits de la passion

Ch. de Charleroi 6 - 1360 Thorembais-les-Béguines
℡ 010 88 08 06   📠 010 88 08 06
fruitsdelapassion@skynet.be - http://www.fruitsdelapassion.be
🕐 22:00   🔒 ma/lu di/ma wo/me zo/di   🔒 ma/lu di/ma wo/me zo/di
🍽 19-55   🍽 25-50   🍷 19

Certes, le cadre est gentil, convivial plus que soigné, détendu plus que rigoureux. Et le service, aux yeux des plus difficiles, bien plus campagnard que citadin. Il n'empêche, les produits, la passion et le talent sont ici réunis. En effet, le chef, fort d'une passion aussi dévorante que celle de Vincent le sommelier pour le vin, propose une cuisine qui en atteste. Simple, goûteuse et… de plaisir. Lorsqu'il fait venir Serge le Nantais et ses paniers en droite ligne de la côte bretonne, ça sent l'iode à plein nez. Lorsque l'on assortit l'assiette de quelques produits du Beaujolais qui ont profité de la remontée du jus de la treille pour faire mousser le palais de la région, on s'émeut, le temps d'un lunch ou d'un souper. Ici les plats canailles tels que la langue de veau ou l'andouillette AAAAA côtoient les salades d'herbes fraîches cueillies par le chef dans son jardin ou les lentilles et leur petit lard confit.

Le tout assorti de vins tout fruit et à des prix sans vinaigre.

Het kader is zeker eerder vriendelijk en gezellig dan verzorgd te noemen, en eerder ongedwongen dan uiterst strikt. En de bediening is in de ogen van de meest veeleisenden veeleer plattelands dan stedelijk. Maar dat neemt niet weg dat goede producten, passie en talent hier samen aanwezig zijn. De chef, die kan bogen op een passie die even groot is als die van Vincent – de sommelier – voor zijn wijn, stelt een keuken voor die hiervan getuigt. Eenvoudig, smaakvol en … vol genoegen. Als hij Serge-le-Nantais met zijn manden recht van de Bretoense kust laat komen, ruikt het volop naar jodium. Als op het bord enkele producten uit de Beaujolais worden gedresseerd die tot groot smaakgenot van de gasten opgewerkt zijn met druivennat, dan staat dit borg voor een geslaagde lunch of een geslaagd diner. Hier staan gerechten zoals kalfstong en andouillette AAAAA op de kaart naast salades met verse kruiden die de chef in zijn tuin heeft geplukt of linzen met gekonfijt spek. Bij dat alles worden fruitige wijnen geserveerd tegen aantrekkelijke prijzen.

Philippeville ▷ Charleroi

Piétrain ▷ Jodoigne

Plancenoit ▷ Lasne

Polleur ▷ Theux

Poperinge

 ## D' Hommelkeete

Hoge Noenweg 3 - 8970 Poperinge
℡ 057 33 43 65   🖶 057 33 65 74
hommelkeete@yahoo.com - http://www.hommelkeete.com
🕐 0:00   🔒 ma/lu di/ma wo/me   🔒 ma/lu di/ma wo/me zo/di
📅 15 juil. - 15 août, Noël et Nouvel An / 15 juli - 15 aug., Kerstmis en Nieuwjaar.
🍴 35-58   🍷 10-65   ♨ 80

Johan Debrabandere is een echte productchef. Hij werkt dan ook graag met mooie ingrediënten van dichtbij zoals zeetong, grijze garnalen en tarbot. Nog dichter bij huis vindt hij hopscheuten (wij zijn in Poperinge, de hoofdstad van de hopteelt!). De chef is een groot pleitbezorger van deze delicatesse, die hij zelf verwerkt met gebakken sint-jakobsnootjes en bospaddenstoelen in champagne. In het wildseizoen leeft hij zich uit in pasteien. Een productman is meestal ook een seizoenman.

Johan Debrabandere est un véritable chef de produits. Il aime aussi travailler des ingrédients de haut vol bien de chez nous comme la sole, les crevettes grises et le turbot. Toujours dans le registre de la proximité, il mise aussi sur les jets de houblon (nous sommes à Poperinge, la capitale de la culture du houblon !). Le chef est un vrai ambassadeur de ce mets délicat, qu'il travaille avec des noix de Saint-Jacques poêlées et des champignons des bois au champagne. À la saison du gibier, il s'exprime dans de belles compositions de pâtés. Un homme de produits doublé d'un homme de saisons.

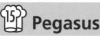 **Pegasus**

Guido Gezellestr. 7 - 8970 Poperinge
☏ 057 33 57 25 🖨 057 33 54 25
info@pegasusrecour.be - http://www.pegasusrecour.be
🕙 21:30 🛏 ma/lu zo/di 🛏 ma/lu zo/di
📅 18 déc - 5 janv., 2 - 15 avril, 29 août - 8 sept. / 18 dec - 5 jan.,
2 - 15 april, 29 aug. - 8 sept.
💶 67-125

Bert Recour bereidt mooie gerechten met veel smaakdiepgang en evenwicht. Hij werkt met kwaliteitsproducten die hij duidelijk graag uit de nabije omgeving betrekt. Wat de bereidingen zelf betreft, laat hij zich ruimer inspireren. Er is een maandmenu met eerst gerookte paling met butternut, postelein en zure room. Uit de Noordzee komt pladijs, die de chef combineert met sabayon van schaaldieren. Daarna volgt een voorwaar rijkelijk bord van coquilles met herfsttruffel en ganzenlever, en het hoofdgerecht is wilde eend uit de IJzervallei met zoete mais, knolselder en sinaasappel. Voor de liefhebbers zijn er nog hoevekazen 'van aan de schreve'. Er is al een driegangenlunch voor € 35. Het kader is exuberant barok.

Bert Recour signe de beaux plats avec une profondeur gustative et un équilibre de bon aloi. Il travaille avec des produits de qualité qu'il aime manifestement trouver à proximité. Pour ce qui est des préparations en elles-mêmes, son inspiration est plus large. Le menu du mois commence par une anguille fumée avec une courge butternut, du pourpier et de la crème épaisse. La plie vient de la mer du Nord et se pare d'un sabayon de crustacés. Ensuite, une assiette assurément généreuse de Saint-Jacques à la truffe d'automne et au foie gras d'oie. Le plat principal est un canard sauvage de la vallée de l'Yser accompagné de maïs doux, de céleri-rave et d'orange. Pour les amateurs, ne manquez pas les fromages fermiers du terroir. Un menu à trois plats s'affiche déjà à 35 euros. Le cadre est baroque et exubérant.

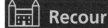 **Recour**

Guido Gezellestr. 7 - 8970 Poperinge
☏ 057 33 57 25 🖨 057 33 54 25
info@pegasusrecour.be - http://www.pegasusrecour.be
🕙 0:00 ⁷⁄₇
🛏 14 🔑 325 🔑 91-341 🅿 165-254 📠 254 🛏 1 💲 325

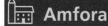 **Amfora**

Grote Markt 36 - 8970 Poperinge
☏ 057 33 94 05 🖨 057 30 19 05
info@hotelamfora.be - http://www.hotelamfora.be
🕙 0:00 ⁷⁄₇
📅 15 nov. - 8 déc. / 15 nov. - 8 dec.
🛏 8 🔑 85 🔑 79-113 🅿 75-85 📠 85 🛏 1

Hotel de la Paix

Grote Markt 20 - 8970 Poperinge
☏ 057 33 95 78   🖶 057 33 96 54
info@hoteldelapaix.be - http://www.hoteldelapaix.be
🔓 0:00   ⁷⁄₇
📋 1 sem. vac. de Pâques, 22 déc. - 8 janv. / 1 week paasvak.,
22 dec. - 8 jan.
🛏 4   ᴋ 100   🅿 28   🛏 1

 Manoir Ogygia

Veurnestr. 108 - 8970 Poperinge
☏ 057 33 88 38   🖶 057 33 29 11
info@ogygia.be - http://www.ogygia.be
🔓 0:00   ⁷⁄₇
📋 1 - 10 janv., 21 août - 1 sept. / 1 - 10 jan., 21 aug. - 1 sept.
🛏 9   ᴋ 140-210   🅿

Profondeville

 La Sauvenière

ch. de Namur 57 - 5170 Profondeville
☏ 081 41 33 03   🖶 081 57 02 43
benoiturbain@lasauveniere.be - http://www.lasauveniere.be
🔓 21:30   🔒 ma/lu   🔒 ma/lu di/ma wo/me do/je zo/di
🍽 25-55   🍷 30-67   ⚬ 35

Arbre (Nam.)

 L' Eau Vive

rte de Floreffe 37 - 5170 Arbre (Nam.)
☏ 081 41 11 51   🖶 081 41 40 16
resto@eau-vive.be - http://www.eau-vive.be
🔓 21:00   🔒 di/ma wo/me za/sa   🔒 di/ma wo/me
📋 10 jrs. Pâques, 5 jrs. fin juin, 16- 31 août., Noël et Nouvel An /
10 d. Pasen, 5 d. eind juni, 16 - 31 aug., Kerst en Nieuwjaar
🍽 40-85   🍷 95

Cette jolie petite maison avec sa grande verrière ouvrant sur la cascade cache une grande adresse gastronomique. Que ce soit attablé au bord de l'eau ou dans l'agréable salle à manger, on passe toujours ici de très beaux et bons moments. Pierre Résimont est un des chefs de file de la génération actuelle. Ils sont nombreux, les jeunes, qui sont passés ici et qui font désormais parler d'eux… ailleurs. Le chef lui, reste fidèle à lui-même et à sa cuisine. On débute par les huîtres de Gillardeau servies avec quelques bettes et un peu de Lomo sous une écume iodée. Pour suivre, quelques belles Saint-Jacques et leur mousseline de potimarron montée au foie gras avant le filet de maigre et ses moules bouchot au céleri et chorizo. On le voit, le chef maîtrise les beaux produits, leurs saveurs et les équilibres. Et il est rare

d'être déçu et sortant d'ici. Certes la créativité et l'évolutivité ne sont pas ici des priorités mais, finalement, une belle assiette de beaux produits bien faits, n'est-ce pas ce que l'on recherche ? Madame et une brigade efficace assurent un service cordial et professionnel. Très belle carte des vins.

Achter dit mooie huisje met zijn grote glazen deur met zicht op de waterval gaat een groot gastronomisch adres schuil. Of u nu een tafeltje hebt aan het water of in de aangename eetzaal, u beleeft hier altijd zeer mooie en lekkere momenten. Pierre Résimont is een van de aanvoerders van de huidige generatie. Ze zijn talrijk, de jongeren die hier aan de slag gingen en die voortaan over zich doen spreken … elders dan. De chef blijft trouw aan zichzelf en aan zijn keu- ken. We beginnen met Gillardeau-oesters geserveerd met enkele snijbietjes en een beetje Lomo onder schuim met jodium. Daarna enkele mooie Sint-Jakobs- nootjes met pompoenmousseline met foie gras, gevolgd door zeebaarsfilet met bouchot-mosseltjes met selder en chorizo. Het is duidelijk: de chef beheerst de mooie producten, hun smaken en de evenwichten. En bij het weggaan bent u hier maar zelden teleurgesteld. Creativiteit en evolutiviteit zijn hier dan wel geen prioriteiten, maar is een mooi bord met mooie producten uiteindelijk niet wat we willen? Mevrouw verzekert samen met een efficiënte brigade een vriendelijke en professionele bediening. Zeer mooie wijnkaart.

Mettet

⑬ ↗ Le Metin

r. Albert Ier 123 - 5640 Mettet
☏ 071 72 54 50
fabarbier@euphonynet.be - http://www.lemetin.be
🅟 0:00   🍴 wo/me do/je za/sa   🍽 wo/me do/je
📅 3 sem. été, Noël et Nouvel An / 3 wek. zomer, Kerstmis en Nieuwjaar
🍽 15-30   🍷 10-25   🍴 45

Ce fils de boucher privilégie les produits de l'étable parmi d'autres suggestions à la carte. Avec beaucoup (trop) de choix. Nous avons pioché pour la 1ère entrée, des asperges blanches, un lobe de foie gras poêlé et un jambon fumé en effeuil- lage fort agréable. Après le lard confit aux oignons, le bœuf et 2 préparations, tartare et entrecôte, se déguste sans peine. La carte des vins est un peu courte mais la première toque pointe le bout de son nez.

Deze slagerszoon geeft de voorrang aan vleesproducten naast andere suggesties op de kaart. Met (te) veel keuze. Wij kozen als 1e voorgerecht witte asperges, ge- bakken foie gras en gerookte ham – heel aangenaam. Vervolgens lieten gekonfijt spek met uien en rund op 2 wijzen – tartaar en entrecote – zich moeiteloos eten. De wijnkaart is ietwat kort, maar de eerste koksmuts komt om de hoek loeren.

Puurs

🏠 Van Reeth's Koffiebranderij

Hoogstr. 19 - 2870 Puurs
☏ 03 889 00 57   🖶 03 899 18 65
info@vanreethpuurs.be - http://www.vanreethpuurs.be
🅟 0:00   ⁷⁄₇
🚗 10   ☕ 80-120

Quenast

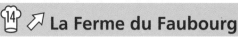 **La Ferme du Faubourg**

r. du Faubourg 2 - 1430 Quenast
📞 067 63 69 03   📠 067 63 69 03
http://www.lafermedufaubourg.be
🔒 21:00   🔓 ma/lu di/ma   🔓 ma/lu di/ma
🗓 janv. / jan.
🍽 23-55   🍷 40-60   🥂 33

Certes le cadre est un peu vieillot mais l'accueil est chaleureux. Nous prenons connaissance de la carte, écrite à la main, pour choisir le duo de foies gras, parfaitement maitrisé au niveau des textures et saveurs. Le tout s'accompagnait d'une sélection de 15 sels d'origine internationale. La minute de bar rehaussé d'un filet d'huile et de citron se voulait simple mais goûteux comme avec notre méli-mélo de Saint-Jacques et soles. La cave recèle quelques belles surprises. Le point supplémentaire est acquis.

Het kader is inderdaad wat verouderd, maar het onthaal is heel vriendelijk. Wij nemen kennis van de – handgeschreven – kaart en kiezen het duo van foie gras, perfect beheerst qua texturen en smaken. Bij dat alles werd een selectie van 15 zoutvariëteiten van internationale herkomst geserveerd. De zeebaars met een scheutje olie en citroen was eenvoudig maar smaakvol, zoals onze mix van Sint-Jakobsvruchtjes met zeetong. In de kelder liggen enkele aangename verrassingen. Het extra punt is binnen.

Raeren

👍 **Casino**   ♡ ☺

Aachenerstrasse 9 - 4730 Raeren
📞 087 86 61 00   📠 087 86 61 00
maassen.casino@skynet.be - http://www.casino-eynatten.be
🔒 21:00   🔓 di/ma wo/me   🔓 di/ma wo/me
🗓 Carnaval, 21 juil. - 15 août. / Krokus, 21 juli - 15 aug.
🍽 38-55   🍷 36-58

👍 **Zum Onkel Jonathan**

Hauptstrasse 49 - 51 - 4730 Raeren
📞 087 85 80 30   📠 087 85 80 31
info@onkel-jonathan.be - http://www.onkel-jonathan.be
🔒 21:00   🔓 za/sa zo/di   🔓 zo/di
🍽 22-32   🍷 11-18

 **Zum Onkel Jonathan**

r. Principale 49 - 51 - 4730 Raeren
📞 087 85 80 30   📠 087 85 80 31
info@onkel-jonathan.be - http://www.onkel-jonathan.be
🔒 0:00   7/7
🛏 4   🛏 51-115   🅿 71-135   🛏 135

Ragnies ▷ Charleroi

Ransart ▷ Charleroi

Reet

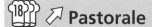

Pastorale

Laarstr. 22 - 2840 Reet
℡ 03 844 65 26   🖷 03 844 73 47
pastorale@belgacom.net - http://www.depastorale.be
🕘 21:00   🔒 ma/lu za/sa zo/di   🔒 ma/lu zo/di
📅 26 déc - 9 janv, 1er - 11 avr., 15 juil. - 8 août / 26 dec - 9 jan,
1 - 11 apr, 15 juli - 8 aug
🍽 55-170   🍷 113

Het is gewoon onmogelijk om de passie van de chef voor esthetiek en creativiteit niet op te merken. Zodra u binnenstapt in het imposante gebouw, betreedt u de eetzalen waar u verrast wordt door een constructie van houten latten die recht uit het gebint van een kathedraal lijken te komen. Aan de muren hangen lcd-schermen waarop ontspannende en kleurrijke beelden worden vertoond. Een attente en professionele brigade, kracht bijgezet door twee gespecialiseerde sommeliers en de aanwezigheid van Mevrouw De Pooter, staat borg voor een bediening die gelijke tred houdt met de topkeuken van onze chef van het jaar. Bij mooi weer kunt u plaatsnemen in de schitterende tuin, in een echte oase van groen. Qua gerechten geven de chef en zijn brigade klassieke basissen een creatieve en perfect evenwichtige toets. De ganzenlever wordt bereid in verschillende structuren en opgediend met vijg, peer en … venkel waarvan de frisheid een mooi tegenwicht vormt voor de 'vette' kant van de lever. De op lage temperatuur gegaarde zalm wordt opgediend met mierikswortel waarvan de kracht perfect in bedwang wordt gehouden, terwijl de zwezeriken krokant geserveerd worden met gelei van ossobucco en enkele sappige en fruitige tomaten. En dat zijn maar enkele van de gerechten die we proefden in het kader van een schitterend menu dat zowel een streling voor het oog als voor de smaakpapillen was. Als afsluiter van de avond volgde een festival van zoetigheden met frambozen, witte chocolade en basilicum. De zeer mooie wijnkaart is volledig en internationaal, met een sterke vertegenwoordiging van Duitse wijnen. Als u zin hebt om die te ontdekken, geef dan de vrije hand aan de sommelier of aan zijn jonge maar veelbelovende collega Liselotte. Zij zullen u meenemen op een reis die u zich niet zult beklagen.

Impossible de ne pas remarquer la passion du chef pour l'esthétisme et la créativité. Une fois entré dans l'imposante demeure, on accède aux salles à manger où l'on est surpris de croiser un montage de lattes en bois semblant tout droit sorties de la charpente d'une cathédrale. Aux murs, des écrans LCD diffusent des images relaxantes et colorées. Une brigade prévenante et professionnelle, rehaussée de deux sommeliers pointus et de la présence de Madame De Pooter, assure un service à la hauteur de la cuisine de haut vol de notre chef de l'année. Les beaux jours, un splendide jardin permet de prendre place dans une réelle oase de verdure. Côté assiette, le chef et sa brigade distillent des notes créatives et parfaitement équilibrées sur des bases classiques. Le foie d'oie est préparé en différentes structures et est servi avec une figue, une poire et…du fenouil dont la fraicheur contrebalance le côté « gras » du foie. Le saumon basse température est servi avec un raifort dont la puissance était idéalement contenue tandis que les ris de veau sont servis croquant avec une gelée d'osso bucco et quelques tomates juteuses et fruitées à souhait. Et ce ne sont là que quelques-uns des plats dégustés au cours d'un formidable menu haut en saveurs et plaisirs tant visuels que gustatifs. La ponctuation de la soirée se fait au travers d'un festival de douceurs et autres framboises au chocolat blanc et basilic. La très belle carte des vins est complète et internationale avec une franche représentation des vins allemands. Si vous souhaitez découvrir ceux-ci, laissez faire le sommelier ou sa jeune mais prometteuse collègue Liselotte, vous ne serez pas déçus du voyage.

Rekem

 Danny Vanderhoven

Steenweg 280 - 3621 Rekem
℡ 089 24 05 26
info@vanderhoven-danny.be - http://www.vanderhoven-danny.be
🕐 0:00   🔒 ma/lu di/ma za/sa   🔒 ma/lu

Danny Vanderhoven verhuisde van La Source, het restaurant van La Butte aux Bois, naar zijn eigen zaak tussen de velden aan de steenweg. Hij is een selfmade-kok die in de leer ging bij zijn laatste werkgever en bij Alex Clevers (Vivendum), souschef werd bij Luc Bellings en tot slot chef werd in La Butte aux Bois. Het viergangen XXL menu opent met een zacht gekruide tartaar van kalfsvlees met rauwe gezouten Sint-Jakobsschelp, zoetzuur gemarineerde wortelsoorten, sel-dersorbet en sponscake van schaaldierenfond. Pladijs combineert hij met een krachtige tomatencompote, met de hand gepelde garnalen, crumble van malto en sesamolie, en geitenkaas met honing. Het hoofdgerecht is een combinatie van perfect gegaarde duif, gecombineerd met rode biet, brunoise van grotchampig-nons en een krachtige jus met Cabernet Sauvignon. Als dessert: javanais met bit-tere chocolade, mascarpone-ijs, frisse mango en peer en een marshmallow. Met evenwichtige bereidingen waarin zuivere en gevarieerde smaken komt de chef binnen in de clan van de 14.

Danny Vanderhoven a déménagé de La Source, le restaurant de La Butte aux Bois, dans son propre établissement, au milieu des champs. Cet autodidacte a appris les ficelles du métier chez son dernier employeur et chez Alex Clevers (Vivendum), puis a été sous-chef chez Luc Bellings et, enfin, chef à La Butte aux Bois. Le menu XXL à quatre plats commence avec un tartare de veau légèrement assai-sonné avec des Saint-Jacques crues et salées, des variétés de carottes marinées à l'aigre-doux, un sorbet de céleri-rave et un sponscake au fond de crustacés. Il marie la plie à une puissante compotée de tomates, à des crevettes épluchées à la main, un crumble de malte et d'huile de sésame, et du fromage de chèvre au miel. Le plat principal est une combinaison de pigeonneau parfaitement cuit et secondé par de la betterave rouge, une brunoise de champignons de Paris et un jus puissant au cabernet sauvignon. En dessert, un javanais au chocolat amer, glace au mascarpone, et une note fraîcheur conférée par la mangue et la poire, et un marshmallow. Fort de ses préparations équilibrées brassant des goûts purs et variés, le chef entre dans le cercle des 14.

Rekkem ▷ Menen

Rendeux

Le Château de Rendeux

r. de Hotton 0 - 6987 Rendeux
📞 084 37 00 00   🖨 084 37 00 01
chateau.rendeux@skynet.be - http://www.chateau-rendeux.com
🛏 0:00 ⁷⁄₇
🛏 16   🍴 65-95   🅿 77-93   📖 93   🚗 1

Hostellerie Relais de l'Ourthe

r. du Moulin 3 - 6987 Rendeux
📞 084 47 76 88   🖨 084 47 70 85
info@relais-ourthe.be - http://www.relais-ourthe.be
🛏 0:00
📅 12 - 24 janv, 26 juin - 15 juil. / 12 - 24 jan, 26 juni - 15 juli
🛏 6   🍴 80-140   🅿 71-107   📖 107   🚗 2   🍷 140

Reninge

't Convent

Halve Reningestr. 1 - 8647 Reninge
📞 057 40 07 71   🖨 057 40 11 27
info@tconvent.be - http://www.tconvent.be
🛏 21:00   🔒 di/ma wo/me   🔒 di/ma wo/me
📅 3 - 18 janv., 27 août - 12 sept. / 3 - 18 jan., 27 aug. - 12 sept.
🍴 65-168   🍴 85-140   🍷 62

Als adres voor truffelbereidingen geniet 't Convent tot over de landgrenzen bekendheid. Maar ook buiten het truffelseizoen mag de Frans –Belgische geïnspireerde keuken op veel belangstelling rekenen. Net als de fraai ingerichte hotelkamers en extra verwenfaciliteiten die dit 'klooster' een heel eigen luxekarakter geven. Prachtig gelegen en ideale locatie om van alle dagdagelijkse drukte even sereen afstand te nemen.

La réputation des préparations à base de truffe de 't Convent dépasse nos frontières. En dehors de la saison des truffes, vous y trouverez aussi une cuisine d'inspiration franco-belge très intéressante. Tout comme les chambres de l'hôtel superbement aménagées et les équipements de ce « couvent » qui confèrent un caractère luxueux si particulier. Emplacement superbe et idéal pour s'évader du tintamarre et des vicissitudes du quotidien.

Retie

 Villa Tilia

Peperstr. 11 - 2470 Retie
℡ 014 38 91 00   🖨 014 38 91 01
info@villatilia.be - http://www.villatilia.be
🔒 0:00   7/7
🚗 8   ♦k 165   🚗 2

Riemst ▷ Tongeren

Rijkevorsel

🧑‍🍳 Waterschoot   ☺

Bochtenstr. 11 - 2310 Rijkevorsel
℡ 03 314 78 78   🖨 03 314 78 78
info@restaurant-waterschoot.be -
http://www.restaurant-waterschoot.be
🔒 21:30   🔒 ma/lu za/sa zo/di   🔒 ma/lu zo/di
🗓 19 - 27 fév / 19 - 27 feb
🍽 39-62   🍷 63-75   🍴 59

Als hapje krijgen wij een maatje met zure appel, samen met een aspergesoepje met sinaasappel. Het rijke palet van aan smaken zullen we nog tegenkomen. Hier scherpen rins, zoet, warm en koud alvast de honger aan. Op het bord verschijnt dan verse jonge makreel, zeer kort op het vel gegrild. Daarbij horen een frisse marinade van rozenbottel, pittige crème van courgette, lente-ui, en gelei van rode biet die zure toetsen meebrengt. De smaken vullen elkaar mooi aan. Een dikke moot verse Schotse zalm toont dat de chef veel aandacht heeft voor garing. Intense diepgang komt van de garnituur: heerlijk schuim van honingtomaatjes, en gelei van komkommer en munt. Aandacht en gevoel voor garing zijn ook weer duidelijk aanwezig in de suprême van zwartpoothoen - in drie malse, sappige sneetjes - met al dente gegaarde asperges, krokante oesterzwammen, en jus op basis van Xerez-azijn. Klassiek verzorgd en alles perfect op temperatuur. Wij hebben lekker gegeten. Philippe Waterschoot is niet de meest creatieve chef, maar hij blinkt wel uit in de keuze van kwaliteitsproducten en in uitgebalanceerde combinaties.

En guise d'entrée en matière, on nous propose un maatje à la pomme aigrelette, avec une petite soupe d'asperges à l'orange. Nous ne manquerons pas de retrouver par ailleurs la riche palette de saveurs. L'aigre et le sucré, le chaud et le froid, nous mettent déjà en appétit. L'entrée se compose d'un jeune maquereau, grillé sur peau, sa marinade de cynorhodon, crème de courgette relevée, jeunes oignons et gelée de betterave rouge pour la touche acidulée. Les saveurs se complètent admirablement bien. Une généreuse darne de saumon écossais montre que le chef maîtrise ses temps de cuisson. C'est la garniture qui apporte la structure: excellente mousse de tomates cerises au miel et gelée de concombre à la menthe. La maîtrise de la cuisson se retrouve dans le suprême de poularde 'pattes noires', présenté en trois lamelles tendres et juteuses, avec des asperges al dente, des pleurotes et un jus à base de vinaigre de xérès. Classique et soigné. Tout est servi à la bonne température. Nous avons fait bonne chère. Philippe Waterschoot ne déborde pas de créativité, mais il se distingue par le choix de produits de qualité et l'équilibre de ses associations.

Rijmenam ▷ Mechelen

Rillaar ▷ Aarschot

Rixensart ▷ Genval

Robertville

Hôtel des Bains & Welness

Haelen 2 - 4950 Robertville
℅ 080 67 95 71   📠 080 67 81 43
info@hoteldesbains.be - http://www.hoteldesbains.be
🔓 0:00 ⁷⁄₇
▢ janv. / jan., 1 sem. paques
⌂ 13   ⌂ 52-105   Ⓟ 94-126   ⌂ 126   ⌂ 6   Ⓢ 110

La Chaumière du Lac

r. du Barrage 23 - 4950 Robertville
℅ 080 44 63 39   📠 080 44 46 01
info@chaumieredulac.be - http://www.chaumieredulac.be
🔓 0:00
⌂ 10   ⌂ 65-85   Ⓟ 85-110   ⌂ 110

Rochefort

👍 Auberge des Pérées

r. des Pairees 37 - 5580 Rochefort
℅ 084 36 62 77
info@perees.be - http://www.perees.be
🔓 20:30 🔒 di/ma wo/me 🔒 di/ma wo/me
▢ 22 janv. - 7 fév., 22 sept. - 7 oct. / 22 jan. - 7 feb., 22 sept. - 7 okt.
⌂ 28-43   ⌂ 42-49   ⌂ 42

La Malle Poste

de Behogne 46 - 5580 Rochefort
℅ 084 21 09 86   📠 084 22 11 13
info@malleposte.be - http://www.malleposte.be
🔓 0:00 ⁷⁄₇
▢ 16 - 26 janv. / 12 - 26 jan.
⌂ 23   ⌂ 200   ⌂ 90-240   Ⓟ 80-155   ⌂ 155

Eprave

Auberge du Vieux Moulin

r. de l'Aujoûle 51 - 5580 Eprave
℡ 084 37 73 18 🖶 084 37 84 60
auberge@eprave.com - http://www.eprave.com
🔓 0:00
🧳 2 - 26 janv. / 2 - 26 jan.
🛏 19 🗝 175 🗝 105-205 🍽 130-255 🛏 255 🕐 2

Rochehaut

🏷 Auberge de la Ferme ☺

r. de la Cense 12 - 6830 Rochehaut
℡ 061 46 10 00 🖶 061 46 10 01
contact@aubergedelaferme.com -
http://www.aubergedelaferme.com
🔓 20:30 🔒 ma/lu di/ma 🔒 zo/di
🧳 9 - 26 janv / 9 - 26 jan
🍽 35-75 🍽 50-60 🍴 42

Le petit village de Rochehaut est sans doute le village le plus connu de Wallonie. Il faut dire que Michel Boreux est un expert en marketing et qu'il sait vendre sa région. Que ce soit dans ses assiettes ou au travers de ses activités. Un élevage, une ferme, plusieurs exploitations dont le restaurant gastronomique - autant d'activités qui ne sont pas pour déplaire aux visiteurs. La cuisine est généreuse autour de thématiques fleurant bon le terroir et sa version spéciale oméga 3. On pioche à la carte la chartreuse de confit de coq des prés servie tout simplement avec une vinaigrette, le carré d'agneau maison cuit au four et ses légumes d'été ou le cabillaud royal cuit à la vapeur surmonté d'un beurre blanc. On prend l'apéro dans la jolie cave autour d'un bon jambon fumé maison.

Het dorpje Rochehaut is ongetwijfeld het bekendste dorp van Wallonië. Het moet gezegd dat Michel Boreux een marketingexpert is die zijn streek weet te verkopen. Of het nu is via zijn gerechten of zijn activiteiten. Een veehouderij, een boerderij, verschillende zaken waaronder het gastronomische restaurant,... Allemaal dingen die in de smaak zullen vallen bij de bezoekers. De overvloedige keuken brengt hulde aan thema's die de streek in de verf zetten. Er is ook een speciale omega-3-versie. Wij kozen op de kaart de chartreuse van konfijt van 'Coq des Prés', gewoon opgediend met een vinaigrette, in de oven gebakken ribstuk van zelfgekweekt lam met zomergroenten of gestoomde koningskabeljauw met blanke boter. We namen het aperitief in de mooie kelder, met een stukje huisbereide gerookte ham.

Auberge de la ferme

r. de la Cense 12 - 6830 Rochehaut
℡ 061 46 10 00 🖶 061 46 10 01
contact@aubergedelaferme.be - http://www.aubergedelaferme.be
🔓 0:00 ⁷⁄₇
🧳 9 - 26 janv. / 9 - 26 jan.
🛏 20 🗝 65-150 🍽 100-185 🛏 185 🕐 4 🅢 150

🏰 Auberge de l'An 1600

r. du Palis 7 - 6830 Rochehaut
𝄞 061 46 40 60   🖨 061 46 83 82
info@an1600hotel.be - http://www.an1600.be
🛢 0:00
📦 1 - 31 janv., 15 juin - 5 juil. / 1 - 31 jan., 15 juni - 5 juli
🚗 10   ⓟ 90-125   🛏 125   🚗 10   💲 135

🏰 Auberge de la Fermette et Auberg'Inn

r. de la Cense 4 - 6830 Rochehaut
𝄞 061 46 10 00   🖨 061 46 10 01
contact@aubergedelaferme.com -
http://www.aubergedelaferme.com
🛢 0:00   7⁄7
📦 9 - 26 janv. / 9 - 26 jan.
🚗 34   🍴ₖ 60-100   ⓟ 80-130   ▮ 1   🛏 60-130

🏰 Auberge du Palis et des Planteurs

r. du Palis 12 - 14 - 6830 Rochehaut
𝄞 061 43 10 00   🖨 061 46 10 01
contact@aubergedelaferme.com -
http://www.aubergedelaferme.com
🛢 0:00   7⁄7
🚗 15   🍴ₖ 75-100   ⓟ 105-130   🛏 130

Rocourt ▷ Liège

Roeselare

👨‍🍳 Boury

Diksmuidsesteenweg 53 - 8800 Roeselare
𝄞 051 62 64 62
info@restaurantboury.be - http://www.restaurantboury.be
🛢 0:00   🔒 di/ma wo/me   🔒 di/ma wo/me
🍽 57-74

Tim Boury kreeg een gedegen opleiding in onder meer Comme Chez Soi en Oud Sluis. Als chef in de Gentse Belga Queen werd hij bekroond tot Vischef van het Jaar. Sinds eind 2010 kookt hij in zijn eigen restaurant. Het eerste gerecht uit het Bourymenu is een combinatie van smeuïge tartaar van Limousin-kalf gecombineerd met gepocheerde zilte oester, puree van Roseval-aardappel, friszure crème van Tierenteyn-pickles en crumble van gedroogde chips. Dan volgt gegrilde tongfilet met stevig en smakelijk visvlees, in combinatie met een brunoise van krab en avocado, gesmolten aardappelpuree, schijfjes in olijfolie en citroensap gemarineerde krokante butternutpompoen en opgeschuimde saus van vadouvankruiden. Voor het derde gerecht brengt de chef twee bereidingen van sint-jakobsnoten samen, een perfect gebakken sint-jakobsnoot en een brunoise van rauwe jakobsnoot, met een puree van bloemkool en witlof, hazelnootvinaigrette, puntjes grondwitlof en winterpostelein. Het hoofdgerecht bestaat uit sneetjes rosé gebakken hinderug met een crème van peterseliewortel, reepjes witte kool, beukenzwammetjes en ingekookte saus met arabicakoffie. Het zijn degelijke combinaties die uitblinken in evenwicht qua smaak en structuur, met correcte gaartijden en wisselende fristoetsen.

Tim Boury a bénéficié d'une solide formation, notamment au Comme Chez Soi et au Oud Sluis. Au Belga Queen à Gand, il a été élu chef poissonnier de l'année. Depuis la fin de 2010, il cuisine dans son propre restaurant. L'entrée en matière du menu Boury est un méli-mélo de tartare de veau limousin, huître pochée, purée de pommes de terre Roseval, crème acidulée de pickles Tierenteyn et crumble de chips séchés. Pour suivre, un filet de sole aussi robuste que savoureux, accompagné d'une brunoise de crabe et d'avocat, de la purée de pommes de terre fondante, de rondelles de courge butternut marinées à l'huile d'olive et au jus de citron et d'un espuma de Vadouvan. Pour le troisième plat, le chef a réuni deux préparations de noix de Saint-Jacques: une noix braisée à la perfection et une brunoise de noix de Saint-Jacques crue, purée de chou-fleur et chicon, vinaigrette à la noisette, pointes de chicons et pourpier d'hiver. Le plat de résistance se compose de tranches de selle de biche rosé, arrosées d'une crème de persil racine, de lamelles de chou blanc, de pleurotes et d'une réduction à l'arabica. Autant de combinaisons appréciables qui se distinguent par leur équilibre entre saveur et structure, des temps de cuisson corrects et une variété de touches pleines de fraîcheur.

⑭ Eethuis Pieter ☺

Delaerestr. 32 - 8800 Roeselare
℡ 051 20 00 07   🖨 051 20 06 53
info@eethuispieter.be - http://www.eethuispieter.be
🍴 22:30   🔒 di/ma wo/me za/sa   🔒 ma/lu di/ma wo/me zo/di
🧳 20 juil. - 5 août / 20 juli - 5 aug.
🍽 39-   🍷 40-70   🍴 58

Chef Pieter Lauwers serveert elke dag een keuzemenu voor € 39. Dat is een verantwoorde prijs voor wat je krijgt. Dat zijn steevast no-nonsensebereidingen zoals gerookte kwartelborst of kort aangeschroeide gemarineerde zalm. Als hoofdgerecht is het smullen van roggenvleugel met noisetteboter en kappertjes, of van tournedos met saus van pomerol en beukenzwammetjes. En dan is er nog warme appeltaart met ijs en butterscotchsaus. Er staan ook nog enkele suggesties op een krijtbord. De trouwe klandizie komt hier ook voor de gezellige sfeer.

Le chef Pieter Lauwers propose tous les jours un menu à choix multiple pour 39 euros. Un prix raisonnable vu la qualité de l'assiette. Ces préparations vont droit au but, sans fanfreluches, comme son suprême de caille fumé ou son saumon mariné mit-cuit. Le plat de résistance est une aile de raie au beurre noisette et câpres ou un tournedos avec sa sauce au pomerol et ses shiitakes, deux plats dont on redemande ! Et, en finale, une tarte aux pommes chaude avec une glace et une sauce au caramel Butterscotch. Vous pouvez aussi choisir une des suggestions reprises sur l'ardoise. Une clientèle fidèle y vient aussi pour l'ambiance conviviale.

⑬ Ma Passion ♡

Diksmuidsestwg. 159 - 8800 Roeselare
℡ 051 69 83 18   🖨 051 69 87 25
info@ma-passion.be - http://www.ma-passion.be
🍴 0:00   🔒 di/ma wo/me   🔒 di/ma wo/me
🧳 1 sem. Pâques, 25 juil. - 7 août / 1 week Pasen, 25 juli - 7 aug.
🍽 28-69   🍷 28-38   🍴 40

Chef Kris Verscheure benadert de recente evoluties in de keuken zoals het hoort: hij gebruikt de nieuwste technieken om lichte en tegelijk diep smakende gerechten te maken. Zo was het trouwens ook ooit bedoeld! De chef heeft ook oog voor die andere smaakvoorwaarde: verse producten van het seizoen. Op die manier is het ongegeneerd genieten van een menu met ganzenlever met koekkruiden, girollen met kikkerbil, grietbot met tomaat en spinazie, wilde eend met rode ui en minishiitake, en als dessert chocolade en sinaasappel. Er is al een driegangenlunch voor € 30.

Le chef Kris Verscheure approche les récentes évolutions de la cuisine comme il se doit: il utilise les dernières techniques pour réaliser des plats à la fois légers et goûteux. Tel était aussi leur but initial ! Le chef veille également sur d'autres aspects conditionnant le goût comme les produits frais de saison. De cette manière, l'on apprécie d'autant plus un menu avec foie gras d'oie aux épices, girolles avec cuisses de grenouille, tronçon de barbue aux tomates et épinards, canard sauvage avec oignon rouge et mini-shiitakes et, en dessert, déclinaison autour du chocolat de l'orange. Il y a déjà un lunch à trois plats pour 30 euros.

👍 De Ooievaar

Noordstr. 91 - 8800 Roeselare

📞 051 20 54 86   🖨 051 24 46 76
info@restaurantdeooievaar.be -
http://www.restaurantdeooievaar.be
🕐 0:00   🔒 ma/lu   🔒 ma/lu zo/di
📅 1 sem. fév., 3 sem. juil. - août / 1 week feb., 3 wek. juli - aug.
🍽 22-35   🍷 50-70   🍴 40

🎩 't Heerenhuys

Diksmuidsesteenweg 132 - 8800 Roeselare

📞 051 25 47 80
diner@restauranttheerenhuys.be -
http://www.restauranttheerenhuys.be
🕐 22:00   🔒 ma/lu zo/di   🔒 ma/lu zo/di
🍽 50-68   🍴 68

Dit restaurant is niet toevallig ondergebracht in een mooi herenhuis. Op de kaart staan eerder klassieke gerechten, weliswaar met een moderne toets én met het product in de hoofdrol. Bij het aperitief komen voorzichtige hapjes: gebakken broodsneetjes met gehakte olijfjes, witte worst met rozijntjes, en gekonfijte gele tomaatjes met tijm en zacht yoghurtsausje. Ons eerste gerecht is al meteen een voltreffer: zalige bisque van versgepelde noordzeegarnalen. Dan krijgen wij wilde zalm, gerookt en kort gebakken, met pesto van groene asperges en zalf van granny smith. Dit staat op de kaart als 'toppertje van de chef' en dat is terecht. Het hoofdgerecht is een smaakbommetje: superzacht Australisch lamsvlees met ratatouille en handgerolde couscous. Wij zijn meer dan tevreden. Kleine, maar gevarieerde wijnkaart met prima prijszetting.

Ce n'est pas un hasard si ce restaurant a été aménagé dans une superbe maison de maître. La carte reprend des plats plutôt classiques avec quelques touches de modernité et mettent en évidence le produit tout puissant. À l'apéritif, quelques prudentes mises en bouche: toast à la tapenade d'olives, boudin blanc aux raisins secs et tomates jaunes confites associées à une sauce au yaourt douce et thym. Le premier plat met immédiatement dans le mille: une délicieuse bisque de crevettes grises de la mer du Nord fraîchement épluchées. Ensuite, du saumon sauvage fumé et juste saisi au pesto d'asperges vertes et pommade de granny smith. Sur la carte, ce plat est renseigné comme la coqueluche du chef, à raison ! Le plat de résistance est une véritable bombe gustative: agneau australien fondant avec une ratatouille et du couscous roulé main. Nous sommes plus que satisfaits. La carte des vins est courte, mais variée et arbore des prix intéressants.

⑬ De Witte Merel

H. Spilleboutdreef 50 - 8800 Roeselare
℡ 051 69 49 20
ivan.dejonghe@gmail.com - http://www.bistrodewittemerel.be
🍴 21:30   🔒 za/sa zo/di   🛏 za/sa zo/di
📅 1ère quinzaine août / eerste 15 dagen aug
🍽 20-48   🍷 44-55

Brasseriegerechten die naam waardig, moeten vooral veel smaak hebben. Want ze zijn het resultaat van een traditie die ze continu verfijnd heeft. Zulke gerechten vind je hier. Klassiek? Nostalgisch? Wel ja, zelfs in de naamgeving van de gerechten. Maar wat maakt het uit? Als het maar lekker is. En dus is het genieten van terrine van eendenlever met uienconfituur en kramiektoast, kalfskroon op grootmoeders wijze, en gebakken sliptongetjes met karnemelkstampers.

Des plats de brasserie dignes de ce nom doivent surtout être goûteux. Car ils sont les héritiers d'une tradition qui les a sans cesse affinés. C'est ce type de cuisine que vous trouverez ici. Classique ? Nostalgique ? Eh bien, oui, jusque dans les noms des plats. Mais qu'importe ! Tant que c'est délicieux. Nous nous sommes donc régalés d'une terrine de foie gras de canard avec sa confiture d'oignons et cramique toasté, d'une couronne de veau façon grand-mère et de solettes meunières avec une purée au lait battu.

🏨 Chamdor

Robaardstr. 10 - 8800 Roeselare
℡ 051 24 58 27   📠 051 43 66 85
info@hotelchamdor.be - http://www.hotelchamdor.be
🍴 0:00   ⁷⁄₇
🛏 4   🚗 2

Rumbeke

⑬ Cà d'Oro

Hoogstr. 97 - 8800 Rumbeke
℡ 051 24 71 81   📠 051 24 56 27
cadoro@skynet.be -
🍴 21:00   🔒 di/ma wo/me do/je vr/ve   🛏 di/ma wo/me do/je vr/ve
📅 24 déc - 6 janv / 24 dec - 6 jan
🍽 28-38   🍷 19-29   🍴 45

Dit is een authentiek Italiaans restaurant, en dat zeggen wij om twee redenen: je eet de keuken van het schiereiland in al haar smakelijke verscheidenheid, én ze zijn hier niet te beroerd om zelf hun pasta te maken. Mooie wijnkaart voor ieders beurs.

Restaurant italien authentique pour deux raisons: vous y découvrirez la cuisine de la péninsule dans toute sa diversité gustative et la maison se donne la peine de préparer ses propres pâtes. Superbe carte des vins avec des flacons pour toutes les bourses.

 Vijfwegen Bis

Hoogstraat 166 - 8800 Rumbeke
℡ 051 24 34 72   🖶 051 24 16 74
info@hotel-vijfwegen.be - http://www.hotelvijfwegen.be
🛏 0:00   ⁷/₇
🛏 20   🍴 69-115   🍽 84-150   🛏 150

Ronsele

Landgoed Den Oker

Stoktevijver 36 - 9932 Ronsele   🚗 🏠 ♿ ❄ ⌂
℡ 09 372 40 76   🖶
- http://www.landgoeddenoker.be
🕐 21:00   🔒 ma/lu wo/me   🔒 ma/lu wo/me zo/di
📅 1 - 18 mars, 15 - 25 juil., 1 - 20 sept. / 1 - 18 maart, 15 - 25 juli,
1 - 20 sept.
🍽 36-88   🍷 32-46   🥂 46

Dietrich Degrave blijft investeren om het zijn klanten naar de zin te maken. Dat gaat ver, tot de aanschaf van een unieke koffiemachine. De chef serveert een degelijke productkeuken zonder pretentie. Smaak is wat telt, ook in het menu met eerst schorseneren en coquilles, daarna pladijsfilet en garnaaltjes, een velouté van groene kool met reblochon, en als hoofdgerecht hert met gekaramelliseerd witlof en rodewijnsaus. Je krijgt nog een dessert en uiteraard… een espresso! Er is een driegangenlunch (ook 's avonds) voor € 36,50.

Dietrich Degrave continue d'investir pour satisfaire ses clients. Et il pousse la logique très loin, jusqu'à l'achat d'une machine à café unique. Le chef sert une cuisine de produits très correcte et sans prétention. Tout est dans le goût, comme dans le menu qui commence avec des scorsonères et des Saint-Jacques, et se poursuit par un filet de plie aux crevettes, un velouté de chou vert au reblochon, et, en plat de résistance, du cerf avec des chicons caramélisés et une sauce au vin rouge. Le dessert et, bien évidemment, l'espresso, terminent le repas en beauté. La maison propose un lunch à trois plats (également en soirée) pour 36,50 euros.

Ruisbroek (Bt.) ▷ Bruxelles environs - Brussel omstreken

Rumbeke ▷ Roeselare

s Gravenvoeren ▷ Gravenvoeren

Sainte-Cécile

Prieuré de Conques

r. de Conques 2 - 6820 Sainte-Cécile
℡ 061 41 14 17   🖨 061 41 27 03
info@conques.be - http://www.conques.be
🍽 20:30   🔒 di/ma wo/me   🔒
🗓 1 janv. - 10 mars, 29 août. - 8 sept., en sem. du 15 nov. au 20 déc. /
1 jan. - 10 maart, 29 aug. - 8 sept., in de week van 15 nov. tot 20 dec.
🍴 33-65   🍷 45-60   🍴45

Francis De Naeyer et son fils Jérôme proposent une cuisine classique en privilégiant des produits de qualité et de proximité. On pioche à la carte pour composer son menu, en 2, 3 et 4 services. Ce jour-là, un carpaccio d'agneau gaumais et julienne d'artichaut précédait des sardines bretonnes du jour farcies au pistou et une truite au bleu sauce mousseline.

Francis De Naeyer en zijn zoon Jérôme stellen een klassieke keuken voor die voorrang verleent aan kwaliteits- en streekproducten. De gasten kiezen gerechten op de kaart om een 2-, 3- of 4-gangenmenu samen te stellen. Die dag: carpaccio van lam uit de Gaumais en julienne van artisjok, gevolgd door Bretoense sardines gevuld met pesto en forel 'au bleu' met mousselinesaus.

☝ Sainte-Cécile

r. Neuve 1 - 6820 Sainte-Cécile
℡ 061 31 31 67   🖨 061 31 50 04
contact@hotel-ste-cecile.be - http://www.hotel-ste-cecile.be
🍽 21:00   🔒 ma/lu   🔒 ma/lu zo/di
🗓 8 janv. - 2 fév., 19 fév. - 15 mars, 27 août - 6 sept. / 8 jan. - 2 feb.,
19 feb. - 15 maart, 27 aug. - 6 sept.
🍴 30-65   🍷 47-60   🍴45

🏰 Hostellerie Du Prieuré de Conques

r. de Conques 2 - 6820 Sainte-Cécile
℡ 061 41 14 17   🖨 061 41 27 03
info@conques.be - http://www.conques.be
🍽 0:00   ⁷/₇
🗓 1 janv. - 10 mars, 29 août - 8 sept., 14 nov. - 21 déc. (fermé en sem.) /
1 jan. - 10 maart, 29 aug. - 8 sept., 14 nov. - 21 dec. (gesl. in de week)
🛏 16   🛏127-140   🅿 100-114   🛏 114   🚗2

🏰 Hostellerie Saint-Cécile

r. Neuve 1 - 6820 Sainte-Cécile
℡ 061 31 31 67   🖨 061 31 50 04
contact@hotel-ste-cecile.be - http://www.hotel-ste-cecile.be
🍽 0:00   ⁷/₇
🗓 8 janv. 2 fév., 19 fév. -13 mars, 27 août - 6 sept. / 8 jan - 2 feb.,
19 feb. - 13 maart, 27 aug. - 6 sept.
🛏 14   🛏 110   🛏 102-132   🅿 174-194   🛏 194

Saintes

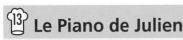 **Le Piano de Julien** ☺

pl. A. Dupont 44 - 1480 Saintes
☏ 02 355 05 41   📠 02 355 26 07
LePianodeJulien@gmail.com - http://www.resto.be
🕐 21:00   🔒 wo/me   🔒 ma/lu wo/me do/je zo/di
🍴 22-35   🍷 30-40

Un décor sans chichis pour cette sympathique adresse du Brabant wallon. Actif à son piano, le chef nous compose une symphonie gastronomique autour de produits du marché, que l'on pêche dans son menu unique. Pour les amateurs, croquettes aux crevettes maison et pièce de bœuf du limousin font les beaux jours de la carte.

Een decor zonder poeha voor dit sympathieke adresje in Waals-Brabant. De chef is actief aan zijn piano en bereidt voor ons een gastronomische symfonie op basis van marktproducten die terug te vinden zijn in zijn enige menu. Voor de liefhebbers prijken op de kaart huisbereide garnaalkroketten en Limousin rund.

Saint-Georges-sur-Meuse ▷ Liège

Saint-Hubert

👍 **Le Cor de Chasse** ☺

av. Nestor-Martin 3 - 6870 Saint-Hubert
☏ 061 61 16 44   📠 061 61 33 15
ph.arnoldy@skynet.be - http://www.lecordechassesainthubert.be
🕐 20:30   🔒 di/ma   🔒 ma/lu di/ma
📅 1 - 15 mars, 15 - 30 juin, 15 - 30 sept. / 1 - 15 maart, 15 - 30 juni, 15 - 30 sept.
🍴 15-42   🍷 32-46

🏠 **Ancien Hôpital**

r. de la Fontaine 23 - 6870 Saint-Hubert
☏ 061 41 69 65   📠 061 41 69 64
info@ancienhopital.be - http://www.ancienhopital.be
🕐 0:00
📅 20 - 30 août, / 20 - 30 aug.
🛏 6   🛏 95-145   🅿 25-45   🍳 45

Le Cor de Chasse

av. Nestor Martin 3 - 6870 Saint-Hubert
061 61 16 44   061 61 33 15
ph.arnoldy@skynet.be - http://www.lecordechassesainthubert.be
0:00
1 - 15 mars, 15 - 30 juin., 15 - 30 sept. / 1 - 15 maart, 15 - 30 juni, 15 - 30 sept.
10   70-72   40-45   45

Awenne

⑬ Les sept fontaines

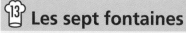

Grand Rue 21 - 6870 Awenne
084 36 65 04   084 36 63 68
info@les7fontaines.be - http://www.les7fontaines.be
21:00   ma/lu di/ma   ma/lu di/ma
Carnaval, 1 sem. vac. de Pâques, 1 - 15 juil. / Krokus, 1 week paasvak., 1 - 15 juli
35-67   12-34   66

L'auberge du sabotier c'est aussi une cuisine de produits où saveurs et équilibre sont au rendez-vous, le tout dans un cadre pittoresque. La carte propose un bonbon de foie gras au gingembre et son manteau de pistache, un ris de veau braisé et son jus nature avec une pointe d'acidité et la poularde jaune accompagnée de quelques légumes printaniers. Le tout dans une ambiance authentique d'auberge campagnarde avec un cellier intéressant.

De Auberge du Sabotier biedt ook een keuken aan waarin smaakvolle producten en evenwicht van de partij zijn, en dat alles in een pittoresk kader. Op de kaart staat een snoep van foie gras met gember in een jasje van pistache, maar ook gestoofde kalfszwezerik met natuurlijke jus en een vleugje zuurheid en mesthoentje vergezeld van enkele lentegroenten. Allemaal in de authentieke sfeer van een plattelandsherberg met een interessante kelder.

L' Auberge du Sabotier

Grand Rue 21 - 6870 Awenne
084 36 65 23   084 36 63 68
info@aubergedusabotier.be - http://www.aubergedusabotier.be
0:00
Carnaval, Pâques, 1 - 15 juil. / Krokus, Pasen, 1 - 15 juli
18   55-103   97-145   145   2   206

Saint-Nicolas (Lg.) ▷ Liège

Saint-Sauveur

Les Marronniers

r. Vertes Feuilles 7 - 7912 Saint-Sauveur
𝄞 069 76 99 58
info@restaurantlesmarronniers.be -
http://www.restaurantlesmarronniers.be
🍴 21:30   🔒 ma/lu di/ma wo/me   🔒 ma/lu di/ma wo/me
💼 1 sem. Carnaval, 2 sem. août / 1 wek. Krokus, 2 sem. aug.
🍽 34-55   🍷 43-55   🥄 49

Saint-Symphorien ▷ Mons

Saint-Vith

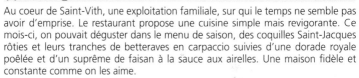 Pip-Margraff   ☺

Hauptstr. 7 - 4780 Saint-Vith
𝄞 080 22 86 63   🖥 080 22 87 61
info@pip.be - http://www.pip.be
🍴 21:00   🔒 ma/lu   🔒 ma/lu zo/di
💼 début avril / begin april
🍽 25-70   🍷 45-70

Au coeur de Saint-Vith, une exploitation familiale, sur qui le temps ne semble pas avoir d'emprise. Le restaurant propose une cuisine simple mais revigorante. Ce mois-ci, on pouvait déguster dans le menu de saison, des coquilles Saint-Jacques rôties et leurs tranches de betteraves en carpaccio suivies d'une dorade royale poêlée et d'un suprême de faisan à la sauce aux airelles. Une maison fidèle et constante comme on les aime.

Een familiebedrijf in het hartje van Sankt Vith waarop de tijd blijkbaar geen vat heeft. Het restaurant biedt een eenvoudige maar oppeppende keuken aan. We namen het seizoensmenu, met deze maand gebakken sint-jakobsvruchtjes met schijfjes biet in carpaccio, gevolgd door gebakken goudbrasem en fazantenfilet met veenbessensaus. Een trouw en constant huis – zoals we het graag hebben.

Zur Post

Hauptstr. 39 - 4780 Saint-Vith
𝄞 080 22 80 27   🖥 080 22 93 10
info@hotelzurpost.be - http://www.hotelzurpost.be
🍴 20:45   🔒 ma/lu di/ma   🔒 zo/di
💼 1 sem en juin, 1 sem sept, 3 sem janv, les mardis 27 nov, 31 juil et 27 fév au soir / 1 week juni, 1 week sept, 3 weken jan, dinsd 27 nov, 31 juli en 27 feb avond
🍽 45-99   🍷 60-99   🥄 99

Sur l'artère principale de cette petite ville où s'épousent l'Ardenne et l'Eifel, cet hôtel 4 étoiles historique jouit d'un restaurant qui est tout sauf typique d'une cuisine d'hôtel. En effet, le chef, Erik Pankert jouit d'une belle expérience inter-nationale qu'il a affinée avant de reprendre, pour la troisième génération consécutive, les fourneaux familiaux. Il y propose notamment ce jour-là, de fines tranches de Saint-Jacques tièdes sur une salade truffée de pommes aux chicons et noisettes. Pour suivre, un impeccable turbot cuit sur l'arête servi avec quelques pâtes fraiches à l'huile de citron et un très onctueux sabayon d'huîtres surmonté de caviar belge. Après quelques langoustines de la même veine servies sur une polenta croustillante avec quelques girolles, voici que bondit le chevreuil local en filet, gigue et burger osé avec sa mayonnaise truffée et la mousseline au céleri et cèpes. En apothéose, le chef évoque son passage dans une pâtisserie avec l'autre interprétation de la poire Belle Hélène.

Aan de hoofdverkeersader van dit stadje waar de Ardennen en de Eifel samen-komen, geniet dit historische vier-sterrenhotel van een restaurant dat een alles-behalve typische hotelkeuken biedt. Chef Erik Pankert kan immers bogen op veel internationale ervaring die hij opdeed voordat hij – als derde opeenvolgende generatie – het familiefornuis overnam. Die dag bereidde hij onder meer fijne plakjes lauwe Sint-Jakobsnoot op een truffelsalade met appeltjes, andijvie en hazelnoot. Vervolgens onberispelijke op graat gebakken tarbot met verse pasta met citroenolie en een zeer smeuïge sabayon van oesters, gegarneerd met Belgische kaviaar. Na enkele al even overheerlijke langoustines geserveerd op knapperige polenta met enkele cantharellen, dook de lokale reebok op in filet, bout en gewaagde burger met truffelmayonaise en mousseline met selder en eekhoorntjesbrood. Als apotheose herinnert de chef ons aan zijn leertijd in een banketbakkerij, met een andere interpretatie van Poire Belle Hélène.

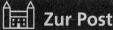 Zur Post

Hauptstrasse 39 - 4780 Saint-Vith
℡ 080 22 80 27   🖨 080 22 93 10
info@hotelzurpost.be - http://www.hotelzurpost.be
🔓 0:00
📅 3 sem. janv., 1 sem. juin, 1 sem. sept., 27 fév., 31 juil., 27 nov. /
3 wek. jan., 1 wek. juni, 1 week sept., 27 feb., 31 jul., 27 nov.
🛏 8   🍴 85-169   🍽 92-115   🛏 115

Relaxhotel Pip-Margraff

Hauptstrasse 7 - 4780 Saint-Vith
℡ 080 22 86 63   🖨 080 22 87 61
info@pip.be - http://www.pip.be
🔓 0:00   7/7
📅 deb. avril, deb. juil. / beg. april, beg. juli
🛏 25   🍴 70-130   🍽 70-100   🛏 100   🛏 3   🔵S 150

Amel

Hotel Kreusch

Auf dem Kamp 179 - 4770 Amel
℡ 080 34 80 50   🖨 080 34 03 69
hotel.kreusch@swing.be - http://www.hotel-kreusch.be
🔓 0:00
📅 1 - 15 juil. / 1 - 15 juli
🛏 12   🍴 48   🍴 50-60   🍽 65-82   🛏 82

Schönberg

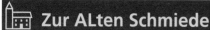

Zur ALten Schmiede

Bleialferstrasse 6 - 4782 Schönberg

℡ 080 54 88 25
zuraltenschmiede@skynet.be - http://www.zuraltenschmiede.be
🔒 0:00
💼 2 - 20 janv. / 2 - 20 jan.
🍴 8   🍷 42-51   ⊕ 59-68   🍽 68

Sart-lez-Spa ▷ Spa

Scherpenheuvel-Zichem

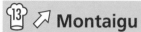

Montaigu

Albertusplein 16 - 3270 Scherpenheuvel-Zichem

℡ 013 44 45 04   📠 013 44 45 24
reservatie@montaigu.be - http://www.montaigu.be
🔒 21:45   🔓 ma/lu di/ma   🔒 ma/lu di/ma
💶 45-65   🍷 50

Hier kookt een chef met ambitie en hij is goed op weg om die waar te maken. Wij starten met verse kaaskroketjes, ruim gevuld en met een mooi korstje. Er hoort een kraakverse gemengde sla bij. Dan volgt gegrilde tonijn met een remouladesaus, en dat gerecht is een absolute verwennerij van de smaakpapillen! De producten zijn vers en van topkwaliteit, en het geheel is bijzonder mooi gepresenteerd. Wij kunnen ook alleen maar met de grootste lof spreken over de entrecote met seizoengroenten, bearnaisesaus en frietjes. Wat een smaak heeft dat vlees! Het krijgt zuur en zalvend weerwerk van de bearnaise met een heerlijke boter- en dragonsmaak. Afsluiten doen we met een dame blanche, mooi uitgevoerd en opnieuw erg smakelijk. De chef kookt nu eens met eenvoudige, dan weer met luxueuze ingrediënten, maar hij creëert altijd verrassing én harmonie. De ontvangst is vlot en zeer vriendelijk, de sfeer gemoedelijk. Dit is een zeer aangenaam adres, met stevig groeipotentieel. Correcte wijnkaart.

Voici un chef qui a de l'ambition et qui est bien parti pour la concrétiser. Nous commençons par des croquettes au fromage à la farce généreuse et à la croûte dorée. Une salade mixte les accompagne. Pour suivre, du thon grillé et sauce rémoulade, un plat qui met les papilles en émoi. Les produits sont de qualité et de première fraîcheur, le tout est joliment présenté. Nous ne pouvons que tarir d'éloges pour l'entrecôte aux légumes de saison, sauce béarnaise et frites. Quelle viande et quelle saveur incomparable ! Une béarnaise onctueuse aux saveurs d'estragon et de beurre lui donne la réplique. Pour terminer, rien de tel qu'une dame blanche, bien exécutée et une fois encore délicieuse. Le chef agrémente des ingrédients tantôt simples, tantôt luxueux, mais crée toujours la surprise et l'harmonie. L'accueil est efficace et très prévenant, l'ambiance est décontractée. C'est une adresse très agréable, qui présente un fort potentiel de croissance. Carte des vins correcte.

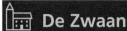 **De Zwaan**

Albertusplein 12 - 3270 Scherpenheuvel-Zichem
℡ 013 77 13 69   🖶 013 78 17 77
geert.breugelmans@skynet.be 🕐 0:00   ⅞
👜 vac. de Carnaval / Krokusvak.
🍴 9   🍷 50-94   🍽 76-146   🍴 146

Schönberg ▷ Saint-Vith

Schoten ▷ Antwerpen

Seraing ▷ Liège

Sinaai-Waas ▷ Sint-Niklaas

Sint-Andries ▷ Brugge

Sint-Denijs-Westrem ▷ Gent

Sint-Eloois-Vijve ▷ Waregem

Sint-Genesius-Rode ▷ Bruxelles environs -
Brussel omstreken

Sint-Huibrechts-Lille ▷ Neerpelt

Sint-Jan-in-Eremo

De Warande ☺

Warande 10 - 9982 Sint-Jan-in-Eremo
℡ 09 379 00 51   🖶 09 379 03 77
info@dewaranderestaurant.be -
http://www.dewaranderestaurant.be
🕐 0:00   🔒 di/ma wo/me   🔒 di/ma wo/me
👜 Carnaval, 19 août - 6 sept. / Krokus, 19 aug. - 6 sept.
🍽 35-43   🍷 41-70   🍴 50

Chef Dirk Boelens maakt een erezaak van de kwaliteit van zijn basisproducten, waarmee hij alles zelf maakt, van aperitiefhapje tot snoepje bij de koffie. Leuk vinden wij het streekgebonden keuzemenu 'De Meetjeslandse Tafel', met bijvoorbeeld polderaardappel en Boekhoutse garnalen; Aardenburgse slakjes met trostomaat en verse tuinkruiden; paling op Sentse wijze met frietjes; en crème brûlée met Leute Bokbier. Je drinkt er een uitgelezen glas wijn of streekbiertje bij.

Que vous soyez dans le jardin à profiter d'une vue magnifique ou dans la salle joliment décorée, laissez-vous surprendre par le talent du maître-queux, Dirk Boelens. Rien n'est laissé au hasard, des mises en bouche jusqu'aux mignardises du café. Le chef met un point d'honneur quant à la qualité de ses produits, ce qui donne dans l'assiette un loup de mer et ses compagnons de table, potiron et tomate, le tout rehaussé d'un soupçon de balsamique, un canard sauvage compote d'oignons rouges et miel ou un King Crab et sa ratatouille. Les vins sont de toutes les nationalités.

Sint-Katelijne-Waver ▷ Mechelen

Sint-Kruis (Brugge) ▷ Brugge

Sint-Martens-Bodegem ▷ Bruxelles environs - Brussel omstreken

Sint-Martens-Latem

⑭ Auberge du Pêcheur - Orangerie

Pontstr. 41 - 9830 Sint-Martens-Latem
✆ 09 282 31 44   🖷 09 282 90 58
info@auberge-du-pecheur.be - http://www.auberge-du-pecheur.be
🛏 0:00   🔒 ma/lu za/sa   🔒 ma/lu
🧳 23 déc - 10 janv, 18 fév - 28 fév / 23 dec - 10 jan, 18 feb - 28 feb
🍴 42-100   🍷 65   🥄 62

De Pêcheur is een gastronomisch begrip in Gent en wijde omgeving. Maar het restaurant (er is ook nog een brasserie) heeft wat van zijn grandeur verloren en er is een opvallend gebrek aan dynamiek. Wij starten met langoustines, gebakken en als tartaar. De tartaar is dradig, puree en blokjes van aubergine geven pit, en een minibolletje ijs van citroengras voegt een frisse en kruidige toets toe. De gebakken langoustine is sappig, maar het Tom Yam-vissausje is een beetje flets voor wie het Aziatische origineel kent. Wij vervolgen met barbarie-eend, waarvan het vlees te rood en moeilijk te snijden is. Het boutje is wel een voltreffer, en gaat goed samen met de romige zoete aardappel. Even aangebakken girollen geven een extra toets. Er is dame blanche als nagerecht: het ijs is te zacht en te romig, maar de flinterdunne Valrhona Araguani-chocolade is perfect bitter en kraakt in de mond. Chef Nikolaas Barrezeele is af en toe inventief, maar zijn gerechten verrassen niet. En gastronomie moet toch dat ietsje meer hebben. Hij moet een puntje inleveren. De prijzen blijven wel op niveau. Zeer goede wijnkaart. Prachtig terras aan de oevers van de Leie.

Le Pêcheur est une véritable institution de la gastronomie gantoise et des environs. Mais le restaurant (il y a aussi une brasserie) a perdu un peu de sa superbe et manque cruellement de dynamisme. Nous entrons dans le vif du sujet avec des langoustines poêlées et en tartare (coriaces). La purée et les dés d'aubergines donnent du mordant au plat. La mini boule de glace à la citronnelle ponctue le tout d'accents épicés rafraîchissants. En dépit de la chair fondante de la langoustine poêlée, le Tom Yum semble un peu terne aux yeux des habitués de l'original asiatique. Nous enchaînons avec le canard de Barbarie, dont la viande, trop rouge, est difficile à couper. Le gigot fait mouche. Il s'accorde à merveille avec le gratin de patate douce. Les girolles juste poêlées apportent un petit quelque chose en plus. En dessert: dame blanche. La glace est trop molle et trop crémeuse, mais les fins copeaux de chocolat Valrhona Araguani libèrent une amertume parfaite et croquent sous la dent. Le chef Nikolaas Barrezeele fait de temps à autre preuve d'inventivité, mais ses plats ne créent pas la surprise. Or, c'est le propre de la gastronomie. Il concède donc un point. Les prix restent dans la même fourchette. Très bon livre de cave. Belle terrasse en bord de Lys.

Auberge du Pecheur - The Green

Pontstr. 41 - 9830 Sint-Martens-Latem
☏ 09 282 31 44   🖶 09 282 90 58
Info@auberge-du-pecheur.be - http://www.auberge-du-pecheur.be
🕐 22:00 ⁷⁄₇
📋 23 déc au soir - 24 déc / 23 dec avond - 24 dec
💶 17-35   🍷 32

⑬ Brasserie Latem

Kortrijksestwg. 9 - 9830 Sint-Martens-Latem
☏ 09 282 36 17   🖶 09 281 06 23
info@brasserielatem.be - http://www.brasserielatem.be
🕐 23:55 🔒 zo/di 🔒 zo/di
📋 11 - 12 nov, vac. de Noël / 11 - 12 nov, Kerstvak.
🍷 50-75

Lekkerbekken komen in groten getale af op de fijne brasseriekeuken van Peter Van Den Bossche én op zijn zeer uitgebreide en zeer gevarieerde wijnkaart. Bij het aperitief zijn er geen hapjes; er liggen alleen enkele sneetjes coppa-ham bij het brood. Als voorgerecht nemen wij sashimi van yellowtail (soort tonijn) en langoustine. De begeleiding is eerder armoedig, op een grote hoeveelheid wasabi na. Daarna, een klassieke tournedos Rossini. Het vlees smaakt, maar het plakje foie gras erbovenop is aan de kleine kant. Het team van Brasserie Latem heeft vanavond een paar steken laten vallen.

Des cohortes de gourmets se ruent pour déguster la fine cuisine de brasserie de Peter Van Den Bossche et savourer les flacons d'un cellier aussi varié qu'étendu. Point de mises en bouche à l'apéritif, juste quelques tranches de jambon Coppa et un peu de pain, nous sommes un peu déçus. En entrée, un sashimi de thon à nageoire jaune et de langoustine. L'accompagnement fait un peu pitié, hormis une bonne dose de wasabi… Ensuite, le tournedos Rossini, un classique. La viande était savoureuse, mais était coiffée d'une tranche de foie gras qui brillait par sa petitesse. La brigade de la Brasserie Latem n'a pas rempli sa mission ce soir…

⑬ Hof ter Leie

Baarle Frankrijkstr. 90 - 9830 Sint-Martens-Latem
☏ 09 281 05 20   🖶 09 281 05 28
info@hofterleie.be - http://www.hofterleie.be
🕐 21:00 🔒 ma/lu di/ma 🔒 ma/lu di/ma
📋 1 - 14 oct. / 1 - 14 okt.
💶 35-85   🍷 22-50   🍴 55

De chef kent zijn cuissons en werkt met verse producten, maar er is weinig inventiviteit te bespeuren. Dat blijkt al meteen bij het aperitiefhapje: maatje met appel en ui. Lekker, maar dat is het dan ook. Een beetje creativiteit mag je toch verwachten? Ook de langoustines, eentje gebakken, de andere als tartaar, zijn correct zonder meer. Het hoofdgerecht springt er in positieve zin uit: mooi gebakken duif met ganzenlever en raapjes, en een lichte, maar fijne jus.

Même s'il maîtrise les cuissons et travaille des produits frais, le chef manque un rien d'inventivité. Premier exemple dès l'apéritif: maatje, pomme et oignon. Les langoustines, l'une poêlée, l'autre et tartare, sont correctes, sans plus. Le plat principal se distingue dans le bon sens du terme: pigeonneau magnifiquement cuit, foie gras d'oie et navets. Le tout baignant dans un fond léger, mais réussi.

⑭ ↗ d' Oude Schuur

Baarle Frankrijkstr. 1 - 9830 Sint-Martens-Latem
☎ 09 282 33 65   📠 09 282 89 21
info@oudeschuur.be - http://www.oudeschuur.be
🍽 21:30   🔒 wo/me do/je   🔒 wo/me do/je
🧳 vac. de Pâques, vac. d'automne / paasvak., herfstvak.
🍴 40-60   🍷 34-80   ♨ 60

Onze tafelgenoot is een frequent bezoeker van dit etablissement. We vertrouwen hem als hij zegt dat we de chef gerust zijn zin kunnen laten doen. We zullen het mij niet beklagen! Als hapjes zijn er een lekker duo van krokantje van ham en espuma van ham, en een mooie salade van vers gepelde garnaaltjes uit Zeebrugge. Het eerste gerecht is een zeer fijne tartaar van verse tonijn, goed op smaak gebracht met soja en mooi gepresenteerd. Wij gaan in stijgende lijn met asperges met zeekraal. De zeekraal lijkt gewaagd, maar past wonderwel; de asperges zijn smakelijk bitter en krokant. Een topgerecht! Ook de verse, goed gebakken coquilles met erwtenpuree en gerookte paling kunnen bekoren. Het hoofdgerecht - tussenribstuk met frietjes - is zoals wij het graag hebben: vlees van topkwaliteit, perfect gebakken en met een supersaus. Wij hebben zeer goed gegeten en wij waren niet alleen. Het restaurant zat vol. Een prima terroirkeuken en scherpe prijzen blijven een onklopbare combinatie. De wijnkaart is een van de beste bourgognewijnkaarten van het land!

Notre compagnon de table est un habitué. Nous lui faisons confiance quand il nous invite à laisser carte blanche au chef et nous n'avons pas regretté pas ce choix. En mises en bouche, nous découvrons un duo de jambon et croquant et espuma et une belle salade de crevettes de Zeebrugge, décortiquées à l'instant. L'entrée aligne un tartare de thon, bien assaisonné, au soja, qui ravit autant les papilles que les pupilles. Nous montons d'un cran avec les asperges aux salicornes. Un choix d'accompagnement plein d'audace, mais qui fait merveille. Les asperges sont croquantes à souhait. Un envoi parfaitement orchestré ! Les Saint-Jacques poêlées à la purée de petits pois et l'anguille fumée sont un régal. Le plat de résistance, entrecôte-frites, est comme nous l'aimons: une viande de qualité supérieure, parfaitement cuite et nappée d'une superbe sauce. Nous nous sommes régalés et nous n'étions manifestement pas les seuls. Le restaurant était complet. Une belle table de terroir et des prix étudiés: voilà une association imbattable. La carte des vins est l'une des meilleures du pays pour les vins de Bourgogne.

⑬ Sabatini

Kortrijksestwg. 114 - 9830 Sint-Martens-Latem
☎ 09 282 80 35   📠 09 282 80 35
restosabatini@skynet.be - http://www.restosabatini.be
🍽 21:00   🔒 wo/me za/sa   🔒 wo/me zo/di
🧳 15 juil. - 15 août, 24 - 31 déc. / 15 juli - 15 aug., 24 - 31 dec.
🍴 51-35   🍷 43-70

Deze vaste waarde in het Gentse geeft een verjongde indruk. Dat heeft vooral te maken met de bediening door zoon en (zeer vriendelijke) schoondochter. Maar wat komt er in het bord? Rundcarpaccio met sliertjes oude parmezaan, frisse dressing en enkele parels balsamico. Een verfrissend en licht voorgerecht. De porties zijn hier niet altijd overdreven groot, zeker gezien de prijzen. Dat blijkt ook uit ons trio van pasta. Wij sluiten af met tiramisu, zeer licht en niet overdreven zoet, én een mooie portie. De sfeer is verjongd, de keuken nog altijd correct Frans-Italiaans. Verwarmd terras.

Cette valeur sûre de Gand a l'air d'avoir pris un coup de jeune. C'est surtout dû au service, assuré par le fils et la bru (très aimable). Dans l'assiette, nous avons eu droit à un carpaccio de bœuf aux copeaux de vieux parmesan, vinaigrette pleine de fraîcheur et quelques perles de balsamique. Une entrée légère et rafraîchissante. Les portions ne sont pas exagérément copieuses, surtout vu les prix. Même constat pour le trio de pâtes. Nous terminons sur un tiramisu, très léger et pas trop sucré. Et cette fois, la portion est généreuse. L'ambiance est jeune, la cuisine franco-italienne reste à la hauteur. Terrasse chauffée.

A Table

Buizenbergstraat 27 - 9830 Sint-Martens-Latem
℡ 09 282 70 68
bobvinois@hotmail.com
🕐 22:30   🔒 wo/me do/je za/sa   🔒 wo/me do/je
💼 juil., Noël & Nouvel - An / juli, Kerst & Nieuwjaar
💶 30-70

Bob Vinois brengt in zijn gezellige bonbonnière een echte smaak- en product-keuken. Hij beheerst bovendien het klassieke sausenarsenaal. Zijn brouillade van ei met gerookte paling is een delicieus voorgerecht en het typeert ook waar Bob zelf van houdt. Een waardig alternatief zijn kikkerbilletjes of kalfshersenen. Wij vervolgen met goed uitgevoerde petits farcis: seizoengroenten opgevuld met een vleesfarce, en aan de overkant van de tafel tarbot. De tarbot (een kleine zes kilo!), een paar uur eerder geleverd, is vakkundig gebakken en wordt geserveerd met een perfecte mousselinesaus en een lekker aardappeltje. Ook vermeldenswaard zijn de gerechten met rood vlees, gegrild op een houtvuur, en de mooie wildbereidingen in het seizoen.

Dans sa charmante bonbonnière, Bob Vinois distille une cuisine axée sur les produits et les saveurs. En outre, il maîtrise l'arsenal des sauces classiques. Sa brouillade d'œufs à l'anguille fumée constitue une entrée délicieuse. Elle en dit long sur les goûts personnels de Bob. Les cuisses de grenouilles et la cervelle de veau offrent une alternative de choix. Nous passons ensuite aux petits farcis bien exécutés: légumes de saison farcis à la viande. L'autre convive jette son dévolu sur le turbot. Livré il y a quelques heures, le poisson (une belle pièce d'un peu moins de six kilos) est cuit de la main de maître et servi accompagné d'une sauce mousseline parfaite et d'une pomme de terre. Sans oublier les viandes rouges grillées au feu de bois et le gibier en saison.

Deurle

Brasserie Vinois   ♡

Philippe de Dentergemlaan 31 - 9831 Deurle
℡ 09 282 70 18   🖨 09 282 68 04
info@brasserie-vinois.com - http://www.brasserie-vinois.com

🕐 22:30   🔒 ma/lu di/ma za/sa   🔒 ma/lu di/ma
💶 40   💶 30-60   🍴 50

Het draait goed in deze typisch Franse brasserie, waar klassieke gerechten aan de actuele smaak zijn aangepast. Clubsandwich met foie gras, pata negra en rucola is een beetje rommelig gepresenteerd, maar origineel en vers. Vol-au-vent met hoevekip heeft zeer veel smaak en is bereid met kwaliteitsingrediënten. En nu mag de presentatie er ook zijn. Er is ook kabeljauw op vel gebakken, met spinazie en mousselinesaus, gemaakt volgens de regels van de kunst. Mooie wijnkaart met leuke ontdekkingen. Vriendelijke ontvangst. Leuk terras.

Tout va bien dans cette brasserie typiquement française, où les mets classiques sont réinterprétés à la mode contemporaine. L'originalité et la fraîcheur du club sandwich de foie gras, pata negra et roquette, font oublier la présentation un peu brouillonne. Riche en goût, le vol-au-vent de poulet fermier est préparé à base d'ingrédients de qualité. Et cette fois, la présentation y est. Accompagné d'épinards et d'une sauce mousseline, le cabillaud cuit sur peau est exécuté dans les règles de l'art. Belle carte des vins, garante de découvertes intéressantes. Accueil cordial. Agréable terrasse.

⑬ Deboeveries

Lijnstr. 2 - 9831 Deurle
℡ 09 282 33 91
- http://www.deboeveries.be
🕐 21:00 🗓 wo/me do/je za/sa 🗓 di/ma wo/me do/je
27-85 40-61 35

Prima adresje voor wie houdt van vaste waarden zoals garnaalkroketten, gebakken zeetong, côte à l'os, dame blanche en Ierse koffie. Op zondagavond serveert de chef deze zaligheden zelfs in een menu tegen een miniprijsje. Hij heeft echter nog heel wat andere culinaire pijlen op zijn boog dan louter evergreens. Zoals coquilles die hij met Breydelspek en pompoenpesto combineert, of platte Zeeuwse oesters die het gezelschap krijgen van groene tuinkruiden en zwezerik.

Petite adresse sympa pour tous ceux qui apprécient les valeurs sûres comme les croquettes aux crevettes, la sole meunière, la côte à l'os, la dame blanche et l'Irish Coffie. Le dimanche soir, le chef propose même ces délices dans un menu affiché à mini-prix. Cependant, il a encore bien d'autres cordes à son arc culinaire que ces incontournables. Comme ces Saint-Jacques qu'il combine avec du lard de Breydel et du pistou de potiron ou les huîtres plates de Zélande qui sont accompagnées d'un ris de veau et d'herbes vertes du potager.

🏰 Auberge du Pêcheur

Pontstr. 41 - 9831 Deurle
℡ 09 282 31 44 📠 09 282 90 58
info@auberge-du-pecheur.be - http://www.auberge-du-pecheur.be
🕐 0:00 7/7
30 125-155 235 2 185

Sint-Martens-Leerne ▷ Deinze

Sint-Martens-Lennik ▷ Bruxelles environs - Brussel omstreken

Sint-Michiels ▷ Brugge

Sint-Niklaas

👍 Kokovin

Heidebaan 46 - 9100 Sint-Niklaas
℡ 03 766 86 61   📠 03 765 08 94
info@kokovin.be - http://www.kokovin.be
🕤 21:30   🔒 di/ma wo/me za/sa   🔒 di/ma wo/me
📅 15 - 31 juil. / 15 - 31 juli
👕 30-52   🍷 40-60   🍴 50

🍺 Den Silveren Harynck 🍇 L

Grote Baan 51 - 9100 Sint-Niklaas
℡ 03 777 50 62   📠 03 766 67 61
http://www.densilverenharynck.be
🕤 0:00   🔒 ma/lu za/sa   🔒 ma/lu do/je zo/di
👕 31   🍴 46

Den Silveren Harynck is al meer dan twintig jaar een vaste waarde. Liefhebbers van moderne gerechten met sprankelende frisheid moeten zich onthouden. Hier domineert het klassieke culinaire patrimonium. We eten er in het wildseizoen en kiezen het viergangenmenu. Dat start met twee met everzwijnham omwikkelde torentjes tartaar van gemarineerd hertenkalf, bekroond met enerzijds krachtig geparfumeerd ganzenleverterrine, anderzijds met een fijn zilte Gillardeau-oester. Reepjes gelei van Sauternes en gerookte peper en truffelcrème werken het gerecht af. Als tweede voorgerecht gebakken jakobsvrucht, een natuur gebakken, twee omwikkeld met gandaham. De krachtige ingekookte saus, de chef heeft er een voorliefde voor-overheerst de romige zilte smaak van de jakobsschelpen. Het hoofdgerecht is een eigen interpretatie van fazant op zijn Brabants met rolletjes sappige fazant en witlof omwikkeld met spek, gebakken witlof, appelbrunoise, het boutje apart geserveerd met veenbessen, een gerstkroket en twee stevige sausen.

Den Silveren Harynck est une valeur sûre depuis plus de vingt ans. Amateurs de plats modernes à la fraîcheur éclatante s'abstenir. Ici, c'est le patrimoine culinaire classique qui trône en maître. De passage à la saison du gibier, nous avons choisi le menu quatre services. Nous entamons les hostilités avec deux tourelles de tartare de faon mariné, bardées de jambon de sanglier, l'une couronnée d'une terrine de foie gras au parfum puissant et l'autre d'une huître Gillardeau délicatement salée. La finition est assurée par des lamelles de gelée de Sauternes et une crème de truffe et poivre fumé. En guise de deuxième entrée, place à des noix de Saint-Jacques, l'une poêlée nature et deux autres bardées de jambon Ganda. La puissante sauce réduite, l'un des dadas du chef, domine l'onctueuse saveur saline des coquilles Saint-Jacques. Le plat de résistance est une interprétation personnelle du faisan à la brabançonne, avec des ballotines de faisan juteux et des chicons bardés de lard, du chicon braisé et une brunoise de pommes. La cuisse est servie à part, accompagnée d'airelles, d'une croquette d'orge et de deux sauces robustes.

Best Western hotel Serwir

Koningin Astridlaan 57 - 9100 Sint-Niklaas
☎ 03 778 05 11   📠 03 778 13 73
info@serwir.be - http://www.serwir.be
🕐 0:00   7/7
📅 24 - 25 déc. / 24 - 25 dec.
🚗 51   🛏 188

 Ibis Sint-Niklaas Centrum

Hemelaerstraat 2 - 9100 Sint-Niklaas
☎ 03 231 31 41   📠 03 231 71 91
ibis@sint-niklaas.com - http://www.ibishotel.com
🕐 0:00   7/7
🚗 85   🛏 75

Nieuwkerken-Waas

16 ↗ **t Korennaer** ☺

Nieuwkerkenstr. 4 - 9100 Nieuwkerken-Waas
☎ 03 778 08 45   📠 03 778 08 43
info@korennaer.be - http://www.korennaer.be
🕐 21:00   🔒 di/ma wo/me   🔒 ma/lu di/ma wo/me
📅 1 - 13 janv., 2 - 13 avr, 9 - 27 juil, 1 sem vac d'automne /
1 - 13 jan., 2 - 13 apr, 9 - 27 juli, 1 week herfstvak
🍴 40-75   🍴 18-35   🍷 52

Chef Edwin Van Goethem streeft altijd naar beter, zowel in de keuken als in de zaal. Hij klimt langzaam maar zeker naar de top. Een extra punt voor de extra inspanningen. Wij zijn meteen aangenaam verrast door de hapjes: flan van langoustines, vitello tonnato en cappuccino van Nieuwkerkse asperges. De chef bevestigt dat hij zijn producten kent en ermee om weet te gaan. Dat merken wij ook aan de prachtig gegaarde sint-jakobsvrucht, escabeche van makreel, en crème en crumble van Rodez-kaas uit Puglia. Er komt tot onze tevredenheid een heel gamma groenten bij: sjalot, tomaat, venkel, rode biet…Fraicheur komt van citroen. Een mooi geheel. Als tweede gerecht is er licht gerookte wilde zeebaars, die een extra smaaktoets krijgt van wulken. Morieljes, zalf en espuma van bloemkool, en crumble van hazelnoot geven ook hieraan een mooi evenwicht. De chef legt meer dan vroeger intensiteit in zijn gerechten, blijkt uit de oosterscheldekreeft, opgepept met een beetje gesmolten pancetta, crispy zwezerik en krokantje van wasabi. De smaak blijft op niveau met super Brits lamsvlees en een complexe, maar geslaagde garnituur van rauwe asperges, (subliem!) gestoomde asperges, artisjok en een fijne jus met munt. Schitterend! Zeer complete wijnkaart tegen competitieve prijzen. Vriendelijke ontvangst.

Le chef Edwin Van Goethem est un perfectionniste, tant en cuisine qu'en salle. Il gravit les échelons, lentement mais sûrement. Ses efforts se voient récompensés d'un point de plus. D'entrée de jeu, nous sommes surpris par les mises en bouche: flan de langoustines, vitello tonnato et cappuccino d'asperges de Nieuwkerke. Le chef confirme qu'il connaît ses produits et sait comment les accommoder. Nous ne manquons pas de le constater encore avec les noix de Saint-Jacques poêlées, escabèche de maquereau et crème et crumble au fromage Rodez de la région des Pouilles. À notre plus grande satisfaction, une farandole de légumes rythme le tout (échalote, tomate, fenouil, betterave rouge). Le citron apporte la note de fraîcheur. Quel beau tableau ! En deuxième entrée, le bar sauvage légèrement fumé tutoie les bulots. Les petites morilles, le chou-fleur et pommade et en espuma, ainsi que le crumble de noisette lui confèrent un bel équilibre. Le chef met davantage d'intensité dans ses envois, comme l'atteste le homard de l'Escaut oriental, dynamisé par la pancetta légèrement fondue, le ris de veau croquant et le croustillant de wasabi. Les saveurs sont toujours au rendez-vous avec l'agneau anglais et une garniture complexe composée d'asperges crues, d'asperges à la vapeur (sublimes), d'artichaut et d'un jus de menthe. Nous sommes aux anges. Livre de cave très complet à des prix compétitifs. Accueil cordial.

Sint-Pauwels

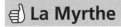 **La Myrthe**

Zandstr. 131 - 9170 Sint-Pauwels
℡ 03 779 72 84   📠 03 779 72 84
info@tzand.com - http://www.tzand.com
🕐 22:00   do/je   do/je
30-45   20-50   11

Sint-Pauwels ▷ Sint-Niklaas

Sint-Pieters-Leeuw ▷ Bruxelles environs - Brussel omstreken

Sint-Truiden

Aen de Kerck Van Melveren

Sint-Godfriedstr. 15 - 3800 Sint-Truiden
℡ 011 68 39 65   📠 011 69 13 05
info@aendekerck.be - http://www.aendekerck.be
🕐 20:30   ma/lu di/ma za/sa   ma/lu di/ma zo/di
Vac. de Carnaval, 2ième sem. de Pâcques, dern. sem. juil. et prem. sem. août, vac. d'automne / Krokusvak.., 2de week Pasen,laatste week juli en eerste van aug. , herfstvak.
48-68   28-43   48

Autodidact Arnout Coëme houdt van een hier-en-nu keuken. Zijn restaurant nodigt daar ook ten dele voor uit. Gelegen in het groene Haspengouw en voorzien van een rijk geschakeerde fruitboomgaard houdt hij makkelijk voeling met de seizoenen. Coëme toont daarbij ook eerbied voor natuurlijk smakende gerechten. Trendy opsmuk is niet meteen aan hem besteed. Hij kiest liever voor puurheid en nuances.

L'autodidacte Arnout Coëme aime la cuisine de terroir et de la saison. Son restaurant l'y invite d'ailleurs en partie. Situé dans la verdoyante Hesbaye et entouré d'un verger riche et diversifié, il suit facilement le rythme des saisons. Coëme témoigne d'un respect remarquable des plats aux goûts naturels. N'y cherchez pas de fioritures tendance, il préfère la pureté et les nuances authentiques.

L' Angelo Rosso

Ridderstr. 2 - 3800 Sint-Truiden
 011 59 16 00   011 59 11 07
l.angelo.rosso@skynet.be - http://www.angelorosso.be
22:30   di/ma wo/me   di/ma wo/me
36-50   40-55   54

Coco Pazzo

Diesterstraat 44 - 3800 Sint-Truiden
 011 88 10 18   011 88 10 18
http://www.cocopazzo.be
22:00   ma/lu di/ma za/sa zo/di   ma/lu
40-60   11-43   62

De Fakkels

Hasseltsestwg. 61 - 3800 Sint-Truiden
 011 68 76 34   011 68 67 63
info@defakkels.be - http://www.defakkels.be
21:30   ma/lu di/ma za/sa   ma/lu di/ma do/je zo/di
1 sem. Pâques, 3 sem. août / 1 week Pasen, 3 wek. aug.
38-68   60-80   51

Chef Paul-Luc Meesen houdt van kwaliteitsproducten, zozeer zelfs dat hij er soms te veel van gebruikt. In het degustatiemenu begin je met gemarineerde Schotse zalm met een salade van avocado, kerstomaat, gele en groene paprika, wafeltje met gerookte zalm en dille. Dan twee bereidingen van doornzeekreeftjes, als tartaar met avruga-kaviaar en gebakken met appel, met komkommer, koriander en lauwe mayonaise van kreeft. En dat gaat zo nog twee gangen en een dessert door. Het is allemaal zonder meer lekker, maar de veelheid van smaken verwart soms papillen en geest.

Le chef Paul-Luc Meesen adore les produits de qualité, parfois peut-être à l'excès…. Le menu dégustation commence avec un saumon d'Écosse mariné accompagné d'une salade d'avocat, tomate-cerise, paprika jaune et vert, gaufrette au saumon fumé et aneth. Ensuite, une double préparation de langoustines, en tartare au caviar avruga et poêlée, accompagnée de pomme, concombre et coriandre, mayonnaise tiède de homard. L'explosion de goûts continue encore pendant deux plats et le dessert.

Truiershuis

Naamsestwg. 42 - 3800 Sint-Truiden
 011 67 31 44   011 69 55 80
info@truiershuis.be - http://www.truiershuis.be
21:30   ma/lu di/ma wo/me do/je   ma/lu di/ma wo/me do/je
2 sem. janv., 2 sem. sept./oct. / 2 wek. jan., 2 wek. sept./okt.
34-50   25-40   43

Nieuwerkerken (Limb.)

Kelsbekerhof

Kerkstr. 2 - 3850 Nieuwerkerken (Limb.)
☏ 011 69 13 87   🖶 011 69 13 87
info@kelsbekerhof.be - http://www.kelsbekerhof.be
🛏 0:00   🔒 di/ma wo/me   🔒 ma/lu di/ma wo/me zo/di
📅 1 - 7 janv. / 1 - 7 jan.
🍽 58-65   🍴 86

Soheit-Tinlot

Le Coq aux Champs

r. Montys 71 - 4557 Soheit-Tinlot
☏ 085 51 20 14   🖶 085 25 20 14
lecoqauxchamps@skynet.be - http://www.lecoqauxchamps.be
🛏 21:00   🔒 ma/lu za/sa zo/di   🔒 ma/lu zo/di
🍽 35-68   🍷 24-45   🍴 45

Dans cette élégante fermette et bord de chaussée, le couple Pauly affiche un beau parcours malgré leur jeune âge. Et ils ne semblent pas prêts de s'arrêter puisqu'ils ont constamment des projets plein la tête. Après avoir pris l'apéritif dans le petit salon, on passe dans la lumineuse salle à manger. On y est accueillis par Madame épaulée d'un sommelier malicieux jonglant avec une jolie cave. Dans l'assiette, le chef se lâche avec un king crab rôti en croûte de corn-flakes servi avec quelques tomates confites et une béarnaise d'huîtres Gillardeau et algues vertes. Pour suivre, les Saint-Jacques sur un gomasio de noisettes et échalotes. Le foie gras de canard est rôti au sautoir et version dim-sum. Ce plat, le chef l'avait élaboré lors de l'expo universelle de Shangaï au sein de laquelle il avait été représenter, avec d'autres, la gastronomie belge. Plus terroir, la poulette de la ferme de Racan est rehaussée de quelques champignons, de comté et de vin jaune. En finale, la tarte aux pommes et caramel mou avant la mousseline de chocolat chaud et thé vert. Tout simplement divin. Une adresse à ne pas manquer et pour laquelle il vaut mieux réserver.

In deze elegante fermette aan de rand van de weg kan het echtpaar Pauly ondanks zijn jonge leeftijd terugblikken op een mooi parcours. En ze zijn duidelijk niet van plan om het hierbij te laten, want ze hebben constant nieuwe plannen in gedachten. Na een aperitiefje in het kleine salon gaan we naar de eetzaal die baadt in het licht. Daar worden we verwelkomd door Mevrouw, die ondersteund wordt door een guitige sommelier die jongleert met een mooie kelder. Op het bord laat de chef zich gaan met koningskrab gebakken in een korst van cornflakes en geserveerd met enkele gekonfijte tomaten en een bearnaise van Gillardeau-oesters en groene algen. Vervolgens Sint-Jakobsnootjes op gomasio van hazelnoot en sjalot. De foie gras is gebakken in een sautoir, in dim-sum versie. De chef bedacht dit gerecht voor de wereldtentoonstelling in Shanghai, waar hij – samen met anderen – de Belgische gastronomie vertegenwoordigde. Meer streekgebonden is het kippetje van de Ferme de Racan, geserveerd met enkele champignons, comté en Jurawijn. Tot slot appeltaart met zachte karamel, gevolgd door warme chocolademousseline en groene thee. Gewoon subliem. Een adresje om niet te missen en waarvoor u beter reserveert.

Soignies

 ↗ **Le Bouchon et l'Assiette**

ch. de Saussois 5A - 7060 Soignies
📞 067 33 18 14   🖨 067 33 68 64
info@bouchonetlassiette.com - http://www.bouchonetlassiette.com
🕐 21:00   🔒 wo/me   🔒 ma/lu di/ma wo/me zo/di
🍴 39-51   🍷 40-60   🍷 57

Il n'y a pas que le décor qui a subi des transformations. La cuisine a évolué vers une tendance plus gastronomique. Nous avons pu en faire l'expérience ce jour-là. Combinaison surprenante que cette brochette de foie gras, ananas et noix de coco, alliant exotisme et acidité. La langoustine se présente en 2 préparations, un cannelloni al dente et simplement rôtie avec une sauce au champagne alliant crémeux et acidité. Sélection vineuse intéressante. Le chef marie avec subtilité les saveurs. Le tout se salue d'un point supplémentaire.

Niet enkel het decor onderging veranderingen. De keuken evolueerde naar een meer gastronomische tendens. We konden dat die dag zelf ervaren. Verrassende combinatie: brochette van foie gras, ananas en kokosnoot – exotisme en zuurheid in één. De langoustine werd geserveerd op 2 wijzen: in een cannelloni al dente en gewoon gebakken met champagnesaus – romigheid en zuurheid in één. Interessante wijnselectie. De chef slaagt erin verschillende smaken subtiel met elkaar te combineren. Dat wordt beloond met een extra puntje.

 La Fontaine Saint-Vincent

r. Léon-Hachez 7 - 7060 Soignies
📞 067 33 95 95   🖨
info@fontainesaintvincent.be - http://www.fontainesaintvincent.be
🕐 0:00   🔒 di/ma   🔒 ma/lu di/ma
📅 1 sem. Carnaval, 15 juil. - 15 août / 1 week Krokus, 15 juli - 15 aug.
🍴 37-53   🍷 50-50   🍷 53

On vient chez Pierre pour ses produits, tout droit sortis de sa propre terre, mais aussi pour l'accueil et le cadre. Les vins sont choisis avec soin selon les exigences du client. Après le gésier, rillettes de maquereau et d'oies et mises en bouche, la pêche aux saveurs peut commencer. Saumon d'Ecosse mariné aux dix herbes et fleurs différentes donnait la main à son voisin, un homard cuit minute, révélant un assaisonnement parfait pour l'ensemble. Sur la même ligne, le filet de bar et ses asperges bicolores. Festival de légumes, dont les premières courgettes du potager, qu'accompagnait notre cote à l'os de Salers. Quelques tranches de truffes d'été pour finir en beauté cette superbe composition. Une terrasse permet également de prendre l'apéro au soleil. Cellier riche et beaux flacons bordelais et bourguignons à prix doux.

Men komt bij Pierre eten voor zijn producten, die recht uit eigen grond komen, maar ook voor het onthaal en het kader. De wijnen worden zorgvuldig gekozen naargelang van de vereisten van de klant. Na het maagje en de rillettes van makreel en gans als aperitiefhapje kon de smaakontdekking van start gaan. Gemarineerde Schotse zalm met tien kruiden en verschillende bloemen, of gekookte kreeft met een perfecte kruiding. In dezelfde lijn, zeebaarsfilet en tweekleurige asperges. Groentefestival, met onder andere de eerste courgettes uit de moestuin, als garnituur bij onze côte à l'os van salers-rund. Enkele schijfjes zomertruffel om deze schitterende samenstelling in schoonheid te eindigen. Er is ook een terras om het aperitief te nemen in de zon. Kelder met veel Bordeauxwijnen en Bourgondische flessen tegen zachte prijzen.

Casteau (Soignies)

Best Western Hotel & Aparthotel Casteau Resort Mons

Chaussée de Bruxelles 38 - 7061 Casteau (Soignies)
✆ 065 32 04 00   🖷 065 72 87 44
info@casteauresort.be - http://www.casteauresort.be
🔓 0:00   ⁷⁄₇
🛏 58   🔑 189   ▮ 32

Soiron ▷ Verviers

Solre-Saint-Géry ▷ Beaumont

Sorinnes ▷ Dinant

Sougné-Remouchamps

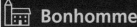 **Bonhomme**

r. de la Reffe 26 - 4920 Sougné-Remouchamps
✆ 04 384 40 06   🖷 04 384 37 19
info@hotelbonhomme.be - http://www.hotelbonhomme.be
🔓 20:30   🔒 wo/me   🔒 wo/me
🍴 36-55   🍴 40-55

 Bonhomme

r. de la Reffe 26 - 4920 Sougné-Remouchamps
✆ 04 384 40 06   🖷 04 384 37 19
info@hotelbonhomme.be - http://www.hotelbonhomme.be
🔓 0:00
📅 Carnaval, 22 - 31 mars, 22 - 30 juin, 1 - 7 sept., 22 - 30 sept, 22 -30
nov., 1 - 7 déc. / Krokus, 22 - 31 maart, 22 - 30 juni, 1 - 7 sept., 22 - 30
sept., 22 -30 nov., 1 - 7 dec.
🛏 12   🔑 75   🔑 89-99   🅿 75-85   🏷 85

Spa

L' Art de Vivre

av. Reine Astrid 53 - 4900 Spa
📞 087 77 04 44   📠 087 77 17 43
info@artdevivre.be - http://www.artdevivre.be
🛏 21:00   🔒 ma/lu wo/me do/je   🔒 wo/me do/je
🍽 35-75   🍷 18-35   🥂 75

Cette grande bâtisse fait les beaux jours des gastronomes venus se ressourcer à Spa. Que ce soit le décor, le service et la cuisine, tout ici est un art … de vivre. Dans l'assiette, tartare de veau et tapenade aux agrumes tout en fraîcheur suivis d'un sébaste grillé sur un carpaccio de courgettes aux accents du Sud et carré d'agneau en croûte de parmesan et herbes fraîches. S'en suivra une balade à la découverte des environs pour clore ce moment de belle façon.

Dit grote gebouw valt in de smaak bij de gastronomen die zich komen herbronnen in Spa. Zowel het decor als de bediening en de keuken: hier is alles kunst … levenskunst. Op het bord kalfstartaar en tapenade met frisse citrusvruchten, gevolgd door gegrilde roodbaars op carpaccio van courgettes met zuiderse accenten en lamsribstuk in een korst van parmezaan en verse kruiden. En tot slot een wandeling om de omgeving te ontdekken en dit moment mooi af te sluiten.

Entre Terre & Mer

av. Léopold 40 - 4900 Spa
📞 087 79 21 41   📠 087 79 21 51
info.spa@radissonblu.com - http://www.radissonblu.com
🛏 22:00   7/7
🍽 38-52   🍷 50   🥂 54

Le Grand Maur

r. Xhrouet 41 - 4900 Spa
📞 087 77 36 16
info@legrandmaur.com - http://www.legrandmaur.com
🛏 21:30   🔒 ma/lu di/ma   🔒 ma/lu di/ma zo/di
📅 1 - 8 janv., 29 août - 8 sept. / 1 - 8 jan., 29 aug. - 8 sept.
🍽 27-40   🍷 27-40   🥂 38

Manoir de Lébioles

Domaine de Lébioles 1/5 - 4900 Spa
📞 087 79 19 00   📠 087 79 19 99
manoir@manoirdelebioles.com - http://www.manoirdelebioles.com
🛏 20:30   🔒 ma/lu di/ma   🔒 ma/lu di/ma
📅 8 - 25 janv. / 8 - 25 jan.
🍽 34-96   🍷 23-41

Elégance et luxe discret résument parfaitement l'ambiance du domaine. On y vient pour se ressourcer la tête mais aussi l'estomac. En véritable passionné, le chef Olivier Tucki prend soin de respecter l'équilibre des produits et les saveurs y associées. Cela donne dans l'assiette un œuf cuit à 63 C° et sa truffe d'automne, en droite ligne de la Bretagne, un turbot sauvage et petites moules bouchots. En saison, le gibier à plumes, canard sauvage et perdreau patte grise vient tout droit de nos contrées. Pour les vins, on puise essentiellement en France.

Elegantie en discrete luxe: een perfecte samenvatting van de sfeer die het domein uitstraalt. U komt hier om te herbronnen, maar ook om de inwendige mens te versterken. Chef Olivier Tucki, die zijn vak gepassioneerd beoefent, respecteert het evenwicht van de producten en de smaken. Op het bord resulteert dat in een eitje gegaard op 63 °C met herfsttruffel en rechtstreeks uit Bretagne wilde tarbot met bouchot-mosseltjes. In het wildseizoen komen de wilde eend en de patrijs rechtstreeks uit onze contreien. De wijnen komen voornamelijk uit Frankrijk.

La Tonnellerie

Parc des Sept Heures 1 - 4900 Spa
℡ 087 77 22 84   🖨 087 77 22 48
latonnellerie@skynet.be - http://www.latonnellerie.be
🍴 21:00   🔒 wo/me   🔒 wo/me
💼 2 sem. nov. / 2 wek. nov.
🍽 30   🍷 45

Radisson Blu Balmoral Hotel

av. Léopold II 40 - 4900 Spa
℡ 087 79 21 41   🖨 087 79 21 51
info.spa@radissonblu.com - http://www.radissonblu.com
🍴 0:00   7/7
🛏 106   🔑 105-120   🚗 21

Radisson Blu Palace Hotel

pl. Royale 39 - 4900 Spa
℡ 087 27 97 00   🖨 087 27 97 01
info.spapalace@radissonblu.com -
http://www.radissonblu.com/palacehotel-spa
🍴 0:00   7/7
🛏 120   🔑 120-190   🅿 151-262   🛏 262   🚗 9   💲 475

A La Heid des Pairs

av. Prof. Henrijean 143 - 4900 Spa
℡ 087 77 43 46   🖨 087 77 06 44
info@laheid.be - http://www.laheid.be
🍴 0:00   7/7
🛏 8   🔑 89-144

Cardinal

pl. Royale 21 - 4900 Spa
℡ 087 77 10 64   🖨 087 77 19 64
hotelcardinal@skynet.be - http://www.hotel-cardinal.be
🍴 0:00   7/7
🛏 29   🔑 70-165

Manoir de Lébioles

Domaine de Lebioles 1/5 - 4900 Spa
✆ 087 79 19 00   🖷 087 79 19 99
manoir@manoirdelebioles.com - http://www.manoirdelebioles.com
🛏 0:00   7/7
📅 3 - 20 janv. / 3 - 20 jan.
🛎 3   🔑 199   🔑⬇ 195-215   🛎 13   Ⓢ 499

Le Pierre

av. Reine Astrid 86 - 4900 Spa
✆ 087 77 52 10   🖷 087 77 52 20
lepierre@lepierre.be - http://www.hotellepierre.be
🛏 0:00   7/7
📅 1 janv. - 7 fév. / 1 jan. - 7 feb.
🛎 14   🔑⬇ 75-150

Le Soyeuru

rt. de Malchamps 5 - 4900 Spa
✆ 087 29 90 00   🖷 087 29 90 09
hotel-restaurant@lesoyeuru.be - http://www.lesoyeuru.be
🛏 0:00   7/7
🛎 5   🔑⬇ 80-100   🛎 1   Ⓢ 160

Sart-lez-Spa

👍 La ferme damzay

avenue joseph jongen 92 - 4845 Sart-lez-Spa
✆ 087 47 51 00
info@lafermedamzai.be - http://www.lafermedamzai.be
🛏 0:00   🔒 di/ma wo/me   🔒 di/ma wo/me
🍴 25-42   🍷 39

🍳 Le Petit Normand

r. Roquez 47 - 4845 Sart-lez-Spa
✆ 087 47 49 04   🖷 087 77 56 00
lepetitnormand@hotmail.com - http://www.lepetitnormand.be
🛏 20:30   🔒 ma/lu di/ma wo/me do/je   🔒 ma/lu di/ma wo/me do/je
📅 janv. / jan.
🍴 32-45   🍴 33-45

Eric et Sandra vous proposent une cuisine simple mais de bon aloi comme en témoignent ce lobe de foie gras mi-cuit à la fleur de Franchimont, suivi d'un suprême de colvert en habits de verdure pour terminer par la véritable tarte tatin. Quelques chambres sont à votre disposition.

Eric en Sandra bieden u een eenvoudige keuken van goede makelij aan. Daarvan getuigen de lob van kort gebakken foie gras met Fleur de Franchimont, gevolgd door filet van wilde eend in het groen en tot slot echte tarte tatin. Er zijn ook enkele kamers beschikbaar.

La Pitchounette

Arbespine 19 - 4845 Sart-lez-Spa
℡ 087 47 44 83   🖨 087 47 49 66
info@hotelpitchounete.be - http://www.hotelpitchounette.be
🛏 0:00   ⁷/₇
🍴 10   🔑 51-77   ⓟ 27

Dorinne

⑬ Le Vivier d'Oies

r. de l'Etat 7 - 5530 Dorinne
℡ 083 69 95 71   🖨 083 69 90 36
http://www.levivierdoies.be
🛏 21:00   🔒 wo/me do/je   🔓 wo/me do/je
📅 16 juin - 4 juil., 16 sept. - 8 oct. / 16 juni - 4 juli, 16 sept. - 8 okt.
🍴 30-69   🍷 25-39   🍴 43

Ambiance chaleureuse et conviviale que l'on retrouve dans la cuisine de Jean-Paul Godelet. On se balade au gré du marché entre les quenelles de volailles et petits gris de Namur au jus de morilles, la lotte braisée aux oignons nouveaux et beurre à la citronnelle ou encore le canard sauvage rôti aux girolles. La terrasse invite à profiter du beau temps.

In de keuken van Jean-Paul Godelet heerst een vriendelijke en gezellige sfeer. Gerechten op basis van het marktaanbod, gaande van quenelles van gevogelte en Naamse segrijnslakken met sap van morieljes tot gestoofde zeeduivel met lente-uien en boter met citroenkruid of gebakken wilde eend met cantharellen. Bij mooi weer kunt u het terras ontdekken.

Sprimont ▷ Liège

Stabroek ▷ Antwerpen

Stavelot

👍 Le Val d'Amblève

rte de Malmedy 7 - 4970 Stavelot
℡ 080 28 14 40   🖨 080 28 14 59
info@levaldambleve.com - http://www.levaldambleve.com
🛏 21:00   🔒 ma/lu   🔓 ma/lu
📅 22 déc. - 20 janv. / 22 dec. - 20 jan.
🍴 43-88   🍷 60-80   🍴 65

🏠 Boutique Hôtel Dufays

r. Neuve 115 - 4970 Stavelot
📞 080 54 80 08   📠 080 39 90 67
dufays@skynet.be - http://www.bbb-dufays.be
🔓 0:00
🛏 ouvert tous les jours pendant vacances incl. lu. et ma. /
open elke dag vakantieperiode incl. ma. en di.
🛏 6   💶 115-125

Stevoort ▷ Hasselt

Stoumont

⑬ Zabonprés

Gare 3 - 4987 Stoumont
📞 080 78 56 72   📠 080 78 61 41
zabonpres@skynet.be - http://www.zabonpres.be
🔓 0:00   ⁷/₇
💶 38-45   💶 32-45

Nous avons pu découvrir une cuisine de Stéphane Op't Roodt comme étant personnelle et intelligente. C'est donc le long de l'Amblève que Zabonprés est installé: une délicieuse et rustique fermette prolongée d'un vaste jardin courant jusqu'au bord de l'eau. Les préparations du chef conjuguent les plaisirs culinaires avec brio. Pot-au-feu de petit gris, pluma d'Iberico et ses tortillas ou rognons de veau façon Rody sont à la carte. Attention aux horaires de fermeture changeant selon les saisons. Mieux vaut appeler avant…

Wij ontdekten de keuken van Stéphane Op't Roodt als een persoonlijke en intelligente keuken. Het is dus langs de Amblève dat Zabonprés gevestigd is: een mooie en rustieke fermette met een grote tuin die tot aan het water loopt. De bereidingen van de chef slagen er met brio in het culinaire genot ten top te drijven. Op de kaart staan gerechten zoals stoofpotje van segrijnslakken, pluma de Ibérico met tortilla's of kalfsniertjes op de wijze van Rody. Opgelet voor de sluitingsuren die veranderen naargelang het seizoen. Het is beter om vooraf te bellen…

Strombeek-Bever ▷ Bruxelles environs - Brussel omstreken

Temploux ▷ Namur

Temse

Clandestino

Cauwerburg 119 - 9140 Temse
📞 03 755 85 89
info@clandestino.nu - http://www.clandestino.nu
🍴 21:30　🔒 ma/lu di/ma za/sa　🔒 ma/lu di/ma
🧳 26 déc.-5 jan. / 26 dec.-5 jan.
🍽 46-115　🍷 10-50　🍴 60

Wouter Van der Vieren, onze eerste groentekok van het jaar, verhuisde zijn restaurant Clandestino van Haasdonk naar Temse. Daarbij verhoogde het comfortniveau voor de klanten en de technische uitrusting voor het keukenpersoneel. We nemen het vijfgangen menu. Frisheid en zuiverheid overheersen het eerste gerecht: een combinatie van verschillende soorten radijs die werden gepekeld, gemarineerd of geroosterd, met tartaar van oester, basilicumolie en dashibouillon. Vervolgens een mooi vast stukje griet met een smaakvolle groene asperge uit het Franse Pertuis, met crème van lamsoor, kokkeltjes en een saus van lamsoor en zure room. Zilte, frisse en zure toetsen zijn volledig in balans. Het derde gerecht is een combinatie van draadjesvlees van varkenspoot, fijne repen inktvis en jonge artisjok met een lichte zuurtoets. Lamsvlees vormt de basis voor het hoofdgerecht, mals rosé gebraden vlees, gepekelde en langzaam gegaarde lamsbuik, crème van knolselder en kappers, drie andijviesoorten, een balkje en zoetzuur van knolselder. Voor het dessert brengt de chef slierten friszuur gemarineerde appel samen met sorbet van groene kruiden, platte kaas en chocoladecrème. Ook hier zit de smaakbalans perfect in evenwicht.

Wouter Van der Vieren, qui était le premier à recevoir le prix du restaurant de légumes de l'année, a déménagé son Clandestino de Haasdonk à Tamise. Tout bénéfice pour le confort des convives et l'équipement technique de la brigade en cuisine. Nous prenons le menu à cinq plats. Fraîcheur et pureté dominent le premier plat: une association de différentes variétés de radis saumurés, marinés ou rôtis, accompagnées d'un tartare d'huîtres, d'huile de basilic et d'un bouillon au dashi. Ensuite, un superbe tronçon de barbue bien ferme avec une asperge verte de Pertuis, très goûteuse, secondé par une crème d'aster maritime, de coques et d'une sauce d'aster maritime et de crème aigre. Les touches iodées, fraîches et aigrelettes sont parfaitement en équilibre. Le troisième plat est une combinaison de daube de pied de porc, de fines tranches de seiche et de jeunes artichauts avec une note légèrement amère. L'agneau est la base du plat de résistance. La viande est rosée et tendre ; le ventre d'agneau saumuré est cuit à basse température et s'accompagne d'une crème de céleri-rave et de câpres, de trois variétés de chicorées et d'un bâtonnet de céleri-rave aigre-doux. En dessert, le chef propose des spirales de pommes marinées, aigrelettes, avec un sorbet d'herbes vertes, du fromage blanc et une crème de chocolat. Ce plat témoigne aussi d'un parfait équilibre gustatif.

La Provence ♡

Doornstr. 252 - 9140 Temse
📞 03 711 07 63　🖨 03 771 69 03
info@restaurantlaprovence.be -
http://www.restaurantlaprovence.be
🍴 21:00　🔒 ma/lu di/ma wo/me do/je vr/ve za/sa　🔒 di/ma wo/me zo/di
🧳 16 août - 3 sept., 26 - 31 déc. / 16 aug. - 3 sept., 26 - 31 dec.
🍽 45-62　🍷 53-68　🍴 58

Chef Gunter Smet blijft klassiek koken, maar creëert intense smaken die goed samengaan, en streeft naar finesse. Culinaire verrukking kan ook het resultaat zijn van de loutere kwaliteit van de gerechten! Smaakharmonie zit al meteen in de vier bereidingen van zalm: mousse met een beetje witte chocolade, gerookt met frisse rauwkost, perfect gegaard, en brandade in een rolletje komkommer. De chef werkt met producten van grote kwaliteit; dat merken we aan de zeeschol met zomerprei, jonge venkel en inktvis. Het is een klassieke bereiding met veel smaak. Gunter Smet houdt ook van een mooie presentatie: hij tovert zonnige kleuren op het bord met kalfslende, zeeaster en bataat. De lapjes kalfsvlees zijn sappig en mals, en jonge bloemkool- en broccoliknopjes geven verfijning. Het dessert is top: een fijn assortiment bosfruit met allerlei zoete smaakbommetjes. Het terras en de fraaie tuin zijn extra troeven van dit drukbezochte restaurant.

Le chef Gunter Smet poursuit sa cuisine classique tout en créant des goûts intenses et parfaitement harmonisés, et en visant une certaine finesse. N'oublions pas que le ravissement culinaire peut aussi être le résultat de la simple qualité supérieure des plats ! Cette harmonie gustative se retrouve directement dans les quatre préparations de saumon : mousse avec un peu de chocolat blanc, fumé avec une fraîcheur de crudités, parfaitement cuit et en brandade dans une roulade de concombre. Le chef travaille des produits de grande qualité. Nous l'avons remarqué, par exemple, dans la limande aux poireaux d'été, jeune fenouil et seiche. Un envoi classique et très goûteux. Gunter Smet aime aussi les belles présentations: en magicien de l'assiette, il y fait apparaître des couleurs ensoleillées avec la longe de veau, aster maritime et patate douce. Les tranches de veau sont tendres et succulentes, et les bouquets de jeunes choux-fleurs et brocolis apportent une touche de raffinement. Le dessert atteint des sommets : joli assortiment d'une multitude de petites bombes gustatives. La terrasse et le superbe jardin sont des atouts supplémentaires de ce restaurant très prisé.

 de Sonne

Markt 10 - 9140 Temse
℡ 03 771 37 73
desonne@telenet.be - http://www.desonne.be
🕐 0:00 wo/me do/je wo/me do/je
48-58 60 55

Tervuren ▷ Bruxelles environs - Brussel omstreken

Theux

14 L' Aubergine

ch. de Spa 87 - 4910 Theux
℡ 087 53 02 59 087 53 02 59
aubergine.theux@skynet.be - http://www.aubergine-theux.be
🕐 21:00 di/ma wo/me di/ma wo/me
29-63 15-25 39

Marc et Cécile mettent tout en œuvre pour offrir un moment de pur bonheur à leurs convives. Le tout dans un cadre sobre mais chaleureux. Aux fourneaux, le chef peaufine une cuisine française aux accents méditerranéens. Calamar grillé aux tomates confites et cébettes, agneau gratiné au pesto d'herbes et galette de pommes de terre vous mettront l'eau à la bouche.

Marc en Cécile stellen alles in het werk om hun gasten een moment van puur geluk te verzekeren. Dat alles in een sober maar gezellig kader. Aan het fornuis bereidt de chef een Franse keuken met mediterrane accenten. De gegrilde calamaris met gekonfijte tomaten en ui en het gegratineerde lam met kruidenpesto en aardappeltaartje doen u meteen watertanden.

Polleur

Hostellerie Val De Hoegne

av. Félix Deblon 1 - 4910 Polleur
☏ 087 22 44 26   📠 087 22 55 91
val-de-hoegne@skynet.be - http://www.valdehoegne.be
🛏 0:00 ⁷⁄₇
🗓 2 janv. - 4 fév. / 2 jan. - 4 feb.
🍴 17   ⬡ₖ 75-97   ⓟ 53-65   🏨 65

Thorembais-les-Béguines ▷ Perwez

Thuin ▷ Charleroi

Thulin ▷ Hensies

Tiegem ▷ Anzegem

Tielt

El Parador

Ruiseleedsestw. 11 - 8700 Tielt
☏ 051 40 58 55   📠 051 40 41 71
info@elparador.be - http://www.elparador.be
🛏 0:00 ⁷⁄₇
🗓 krokusvak., 23 juil. - 14 août / krokusvak.., 23 juli - 14 aug.
🍴 8   ⬡ₖ 67-100   ⓟ 78-122   🏨 122

Shamrock

Euromarktlaan 24 - 8700 Tielt
☏ 051 40 15 31   📠 051 40 40 92
info@shamrock.be - http://www.shamrock.be
🛏 0:00 ⁷⁄₇
🗓 17 juil. - 5 août, 24 - 31 déc. / 17 juli - 5 aug., 24 - 31 dec.
🍴 40   ⬡ₖ 70-135   ⓟ 15 🍴 2   Ⓢ 135

Tielt-Winge ▷

Tienen

Bart De Bondt

Broekstr. 9 - 3300 Tienen
℡ 016 82 75 50   ⊟ 016 82 75 52
info@bartdebondt.eu - http://www.bartdebondt.eu
🍴 21:30   🔒 ma/lu di/ma za/sa   🔒 ma/lu di/ma
💶 33-65   🍷 48

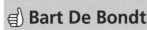 Fidalgo

Outgaardenstr. 23 - 3300 Tienen
℡ 0475 61 21 55
info@fidalgo.be - http://www.fidalgo.be
🍴 21:00   🔒 ma/lu di/ma za/sa   🔒 ma/lu di/ma zo/di
📅 1 s. Pâques, 15 - 31 août, vac. Toussaint / 1 w. Pasen, 25 - 31 aug. , herfstvak.
💶 36-70   💶 58-67   🍷 40

Chef Filip Dewijnants kookt dicht tegen het product. Hij verliest zichzelf niet graag in teveel techniek of te overladen borden wat op zich een kunst is. Zijn voorkeur gaat uit naar een onberispelijk ingrediënt dat op correcte wijze gegaard wordt en mits een paar accenten een hoge toegevoegde waarde krijgt. Zoals bijvoorbeeld smaakvolle pladijs die hij combineert met mosselen, waterkers en een vleugje kerrie. Of zeebaars die het gezelschap krijgt van smaakrijke aardappel, messen en limoen.

Le chef Filip Dewijnants est un homme de produits. Pour lui, l'excès nuit et tout. L'excès de nouvelles techniques de préparation et l'excès d'ingrédients dans l'assiette, par exemple. Pour lui, le dressage de l'assiette est un art en soi. Il préfère les ingrédients irréprochables, cuits correctement et auxquels le chef donne une valeur ajoutée élevée par le coup de main ou l'assaisonnement adéquats. C'est le cas de cette plie qu'il marie à des moules, cresson de fontaine et un soupçon de curry. Ou le bar, associé à des pommes de terre très goûteuses, des couteaux et du limon.

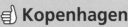 Kopenhagen

Vierde Lancierslaan 40 - 3300 Tienen
℡ 016 82 03 18   ⊟ 016 82 35 94
info@restokopenhagen.be - http://www.restokopenhagen.be
🍴 0:00   🔒 wo/me do/je   🔒 wo/me do/je
💶 32

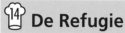 **De Refugie**

Kapucijnenstr. 75 - 3300 Tienen

℡ 016 82 45 32 ▪ 016 82 45 32
derefugie@skynet.be - http://www.derefugie.be
🍴 21:30 di/ma wo/me za/sa di/ma wo/me
1 - 7 janv., 1 - 15 août / 1 - 7 jan., 1 - 15 aug.
35-60 49-70 60

Hier willen we elke dag komen. De gerechten zijn gebaseerd op onberispelijke producten, ze zijn vernieuwend en hebben een eigen signatuur, maar zijn tegelijk pretentieloos lekker. De kwaliteit van de seizoenproducten komt tot uiting in gekonfijte varkenswangetjes met sint-jakobsnoot, pastinaakzalf en gele champignons. Het botermalse vlees wordt goed ondersteund door de garnituur. Het resultaat is een uitgekiende combinatie van smaken, zonder dat de chef een beroep hoeft te doen op trendy ingrediënten of texturen. De kwaliteiten van het huis komen terug in lamskoteletjes, kroketje van lamszwezeriken en seizoengroenten: kwaliteitsproducten, perfecte cuissons en krachtige smaken. Perfect in zijn eenvoud. Er komen ook fijne, betaalbare wijnen op tafel (maar er moet meer aandacht gaan naar de temperatuur). De bediening is hartverwarmend gastvrij. Zeer goede prijs-kwaliteitverhouding. Een topadresje.

Nous aimerions en faire notre quotidien ! Les plats se basent sur des produits irréprochables, ils sont innovants, arborent une signature reconnaissable, mais sont en même temps succulents et sans prétention. La qualité des produits de saison s'exprime également dans des petites joues de porc confites avec une noix de Saint-Jacques, une pommade de panais et des champignons jaunes. La viande, tendre à souhait, est parfaitement soutenue par sa garniture. Le résultat ? Un mix astucieux de goûts, sans que le chef ne doive recourir à des ingrédients ou textures tendance. La qualité de la maison transparaît également dans les côtelettes d'agneau, la croquette de ris d'agneau et les légumes de saison : uniquement des produits de qualité, des cuissons parfaites et de goûts puissants. La perfection dans toute sa simplicité. Ajoutez-y des vins fins et abordables (attention toutefois à la température de service !). Le service de salle est chaleureux et convivial. Excellent rapport prix/qualité. Une superbe petite adresse!

Toernich ▷ Arlon

Tongeren

 **Magis**

Hemelingenstraat 23 - 3700 Tongeren
℡ 012 74 34 64 ▪ 012 21 04 01
info@restaurantmagis.be - http://www.restaurantmagis.be
🍴 21:30 di/ma wo/me za/sa di/ma wo/me
19 - 27 fév, 15 - 30 juil., 28 oct. - 5 nov. / 19 - 27 feb, 15 - 30 juli , 28 okt. - 5 nov.
40-78 60-85 56

Het gebeurt zelden dat we twee menu's in één maaltijd eten. Dimitry Lysens verraste ons zowel met een uitgebreid hapjespalet dat in opbouw al een menu op zich vormde, en met een viergangenmenu waarin hij een foutloos parcours liep. De hapjes gingen van een eenvoudige venkelsla met pure en frisse smaken over kalfskroketjes met zachte kruidige pickles en ansjovis met espuma van komkommer en verschillende soorten tomaat, tot een pittig gekruide 'martino'. De smaak-

Lobster Fish

schelpdieren - crustacés - crustaceans

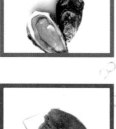

Roterijstraat 20, 8540 Deerlijk (BELGIUM) - Tel: +32 (0)56 70 24 00 - Fax: +32 (0)56 70 34 00
Quai au Bois à Brûler 19, 1000 Brussels (BELGIUM) - Tel: +32 (0)2 223 11 11 - Fax: +32 (0)2 223 12 42
www.lobsterfish.be - info@lobsterfish.be

opbouw van mondverfrissend naar licht tot pittig gekruid was erg boeiend. Het menu zelf opende met een compositie van romig vette maatjesharing opgefrist met verschillende rauw gemarineerde groenten en appel, sorbet van yuzu en erwtenpuree plus dropjes zacht pittige wasabi als contrastelement. Vervolgens een combinatie van romige, subtiel gekruide tartaar van blauwe kreeft, het vlees van de poot apart, een mix van kruiden, bloemblaadjes van goudbloem, rauwe amandel en venkelcrème. Het hoofdgerecht bestaat uit twee bereidingen van Bresse-kip: het stevige knapperig gebakken borstvlees geserveerd met cantharellen, groene asperges, doperwten, zomertruffel en met look geparfumeerde aardappelpuree en een tweede bereiding met rilette van de kip met een kruidensla, crème van ras-el-hanout en yoghurt. Dimitry Lysens toont respect voor de individuele gaartijden van de ingrediënten, speelt met afwisselende smaken en texturen en brengt gerechten vol frisheid en evenwicht. Voor ons is hij de jonge Topchef van Vlaanderen 2012!

Il nous est rarement arrivé de manger deux menus en un seul repas... Dimitry Lysens nous a surpris à la fois avec une palette de mises en bouche très sophistiquées, qui constituaient à elles seules un véritable menu, et avec un menu à quatre plats où il n'a pas commis la moindre faute. Les mises en bouche allaient d'une simple salade de fenouil, aux goûts frais et purs, à un « martino » très relevé en passant par des croquettes de veau et leur pickles doux, des anchois avec un espuma de concombre et différentes variétés de tomates. Le cheminement gustatif de rafraîchissant à légèrement épicé, puis à corsé était des plus passionnant. Le menu proprement dit commençait par une composition de maajtes crémeux à souhait avec différents légumes crus et marinés et de la pomme, du sorbet de yuzu, une purée de petits pois rehaussée de gouttelettes de wasabi légèrement piquante pour le contraste gustatif. Ensuite, une association de tartare de homard bleu subtilement assaisonné, la chair des pattes et des pinces étant présentée séparément, un mix d'herbes, de pétales de souci, d'amandes crues et de crème de fenouil. Le plat de résistance se compose de deux préparations de poulet de Bresse: le suprême cuit croquant servi avec des chanterelles, asperges verges, petits pois, truffe d'été et une purée de pomme de terre parfumée à l'ail et une seconde purée de rillettes de poulet avec une salade aux herbes, une crème de raz-el-hanout et de yaourt. Dimitry Lysens témoigne d'un grand respect pour les cuissons de tous les ingrédients, jongle avec des contrastes de goûts et de textures, et signe des envois gorgés de fraîcheur et d'équilibre. Autant de qualités méritent bien le titre de Grand de Demain pour la Flandre en 2012!

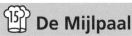 De Mijlpaal ♡

Sint-Truiderstr. 25 - 3700 Tongeren
☏ 012 26 42 77   🖷 012 26 43 77
de_mijlpaal@skynet.be - http://www.demijlpaal.org
🕤 21:00   🔒 do/je za/sa   🔒 wo/me do/je
🗓 1 sem. mars, 2 sem. août, 1 sem. oct. / 1 week maart., 2 wek. aug., 1 week okt.
🍽 35-60   🍷 26-35   🥂 53

Chef Jan Menten werkt eigentijds creatief en gebruikt verse kwaliteitsproducten. Toch vonden we de pieterman in het eerste gerecht. De vis is een beetje kleverig. De garnituur staat wel op punt: mosseltjes met een mooie beet en frisse jonge prei. Dan is er iets te lang gebakken lamfilet met lekkere ravioli van geitenkaas, juist gegaarde lamnek en geroosterde aubergine. Afsluiten doen wij met een smakelijk bordje gerijpte kazen. Wij hebben gezellig geluncht en daar zit de sympathieke gastvrouw voor veel tussen. De chef zelf heeft een paar steken laten vallen. De intentie om kwaliteit te bieden is er nochtans. Hij krijgt het voordeel van de twijfel.

Créatif et en phase avec son époque, le chef Jan Menten n'utilise que des produits frais et de qualité. Pourtant, l'épine de Judas du premier plat était un peu collante.

Rien à redire sur la garniture, de petites moules, une belle betterave et de jeunes et fringants poireaux. Ensuite, nous découvrons un filet d'agneau cuit un peu trop longtemps, mais joliment secondé par une ravioli de fromage de chèvre, des morceaux de collier d'agneau justement cuits et une aubergine grillée. Nous terminons notre repas pas un plateau de fromages bien affinés. Repas fort agréable et le sourire de la maîtresse de maison n'y est pas étranger. Quant au chef, regrettons qu'il lâche un peu prise… L'intention d'offrir la qualité est toujours vivace. Il a le bénéfice du doute pour cette fois…

Genoelselderen

Sapere

Kasteelstraat 26 - 3770 Genoelselderen
℡ 012 24 13 31   📠 012 39 51 60
manonvanpoortvliet@skynet.be - http://www.restaurantsapere.be
🔓 21:00   🔒 ma/lu di/ma wo/me do/je vr/ve za/sa   🔒 ma/lu di/ma wo/me do/je
🗓 15-31 juil. / 15-31 juli
🍴 37-52   🍷 37   🥂 50

Hoeselt

Ter Beuke

Romershovenstr. 148 - 3730 Hoeselt
℡ 089 51 18 81   📠 089 51 11 06
info@terbeuke.com - http://www.terbeuke.com
🔓 21:00   🔒 wo/me za/sa   🔒 wo/me zo/di
🍴 39-69   🍷 51-70

Riemst

Malpertuus

Tongersestwg. 145 - 3770 Riemst
℡ 012 45 15 38   📠 012 45 57 73
info@malpertuus.be - http://www.malpertuus.be
🔓 0:00   ⁷⁄₇
🗓 7 - 11 mars, 11 - 24 juil, 23 - 30 déc. / 7 - 11 maart, 11 - 24 juli, 23 - 30 dec.
🛏 30   🛏 73-160   🍷 81-93   🍴 93

Torgny ▷ Virton

Lichtervelde

 De Bietemolen

Hogelaansstr. 3 - 8810 Lichtervelde
℡ 050 21 38 34   🖷 050 22 07 60
info@debietemolen.com - http://www.debietemolen.be
🍴 21:00   🛏 ma/lu   🗓 ma/lu do/je zo/di
📅 2 - 13 janv., 3 prem sem août / 2 - 13 jan., eerste 3 weken aug
🍽 35-95   🍷 25-35   🍴 80

Sinds 1978 brengt de familie Vanneste een verzorgde klassiek geïnspireerde keuken. Vertrekkend van geselecteerde producten zorgt Patrick Vanneste voor smaakgedreven bereidingen die verfijnd en zonder al te veel overdreven opsmuk echt plezieren. Rechttoe rechtaan keuken die bovendien klantvriendelijk geprijsd wordt.

Depuis 1978, la famille Vanneste propose une cuisine classique et particulière- ment soignée. En se basant sur des produits minutieusement sélectionnés, Patrick Vanneste distille des préparations très goûtues qui font le bonheur des convives, sans verser dans les décorations excessives. Une cuisine sans détours dont le prix reste très raisonnable.

Tournai

 Château d'hiver

Rue muche vache 9 - 7500 Tournai
℡ 069 44 52 26
http://www.chateaudhiver.com
🍴 0:00   🛏 ma/lu za/sa   🗓 ma/lu zo/di
🍽 50-70   🍷 50-65

On accède à cette propriété lainière par le jardin au détour d'une petite ruelle pavée. Intérieur « lounge » sur les tons beiges et noirs et bar illuminé. La carte se décline en menus au sein desquels nous avons pioché un foie gras mi-cuit au sel de Guérande posé sur un crumble croustillant. Gourmets et gourmands se raviront également de ce millefeuille de Saint-Jacques rehaussé d'une mousseline légèrement bisquée. Bel équilibre ensuite pour ce civet de homard dont le risotto était al dente et rehaussé d'une profusion de légumes. La carte des vins est en bonne voie.

U betreedt dit restaurant via de tuin in een bocht van een geplaveid straatje. 'Lounge' interieur met beige en zwarte tinten en verlichte bar. De kaart bestaat uit menu's. Wij opteerden voor kort gebakken foie gras met Guérande-zout op knaperige crumble. Fijnproevers of lekkerbekken zullen ook weg zijn van de millefeuille van Sint-Jakobsnootjes met bisque-mousseline. Vervolgens mooi evenwicht voor de ragout van kreeft met risotto al dente en een overvloed aan groentjes. De wijnkaart gaat de goede kant uit.

Giverny

Quai du Marché au Poisson 6 - 7500 Tournai
℡ 069 22 44 64
http://www.tournai.be
🔓 0:00 🔒 ma/lu 🔒 ma/lu di/ma zo/di
📅 2 - 7 janv., 18 juil. - 06 août. / 2 - 7 jan., 18 juli - 06 aug.
💶 32-65 💶 45-65 🍷 42

Cette adresse fait les beaux jours de la cité aux cinq clochers. L'accueil de Lucie-Anne est chaleureux et la cuisine de bon aloi. Le chef ajoute aux préparations une pointe d'originalité, ce qui donne dans l'assiette une babelutte de sébaste caramélisée au sésame, un couscous de crustacés revisité ou encore le ris de veau aux écrevisses et coulis de carottes-gingembre. Le tout dans une agréable maison le long de l'Escaut.

Dit is een geliefd adresje in de stad met de vijf klokkentorens. Het onthaal van Lucie-Anne is vriendelijk en de keuken is van goede makelij. De chef voegt aan de bereidingen een vleugje originaliteit toe, wat op het bord resulteert in een babelut van gekarameliseerde roodbaars met sesam, couscous van schaaldieren op nieuwe wijze of kalfszwezerik met rivierkreeftjes en coulis van worteltjes en gember. Dat alles in een aangename woning langs de Schelde.

👍 L' Olivier

Quai Notre-Dame 19 - 7500 Tournai
℡ 069 84 34 73 🖨 069 66 70 49
http://www.restololivier.be
🔓 21:30 🔒 za/sa 🔒 ma/lu di/ma wo/me do/je zo/di
📅 1-15 sept. / 1-15 sept.
💶 17-40 💶 29-40 🍷 33

La Paulée Marie-Pierre

Chaussée de Bruxelles 234 - 7500 Tournai
℡ 069 36 00 88 🖨 069 36 00 88
http://www.lapaulee.be
🔓 0:00 🔒 wo/me 🔒 wo/me zo/di
💶 36-44 🍷 50

Jeu de mot entre la fête vigneronne célébrée en Bourgogne et le nom des enfants du chef, David Huylebroeck. On a le choix entre deux menus et une carte assez courte dont quelques suggestions de brasserie. Nous avons opté pour les croquettes de crevettes, impeccables, servies avec une timbale de légumes. Ensuite, le carpaccio de bœuf se démarquait de par sa qualité et ce malgré un manque d'assaisonnement. Gare aux cuissons pour la lotte et la paëlla au cabillaud. Malgré cela, la 1ère toque est acquise.

Een woordspeling tussen het wijngaardfeest dat wordt gevierd in de Bourgognestreek en de naam van de kinderen van de chef, David Huylebroeck. Keuze uit twee menu's en een redelijk beknopte kaart waarop enkele brasseriesuggesties staan. Wij opteerden voor de onberispelijke garnaalkroketten, opgediend met een groentebuideltje. Vervolgens onderscheidde de rundcarpaccio zich door zijn kwaliteit, ondanks ietwat te weinig kruiding. Opgelet voor de cuisson van de zeeduivel en de paella met kabeljauw. Dat neemt echter niet weg dat de eerste koksmuts toch binnen is.

⑬ Si Jamais

Grand Place 9 - 7500 Tournai
℡ 069 76 67 29   📠 069 84 55 54
trenteseaux.phil@belgacom.net - http://www.sijamais.be
🕑 22:30   🔒 za/sa   🔒
📅 / 5 - 18 nov.
🍽 34-75   🍷 15-24   🍴 50

Avec des « si », on peut refaire le monde… Ici point de prises de têtes mais une cuisine aux allures de brasserie revisitée, le tout dans un décor très design. En entrées, carpaccio de lotte marinée en salade de mangue, gambas 'a la plancha'. La marée nous offre le filet de maigre et fèves des marais tandis que de l'étable pointe le ris de veau braisé et sa purée de charlotte aux morilles.

Mocht, mocht, mocht, … Hier geen hersenbrekers maar een keuken met de allure van een anders benaderde brasserie, en dat alles in een uitgesproken designde-cor. Als voorgerecht, carpaccio van gemarineerde zeeduivel met mango en gam-ba's 'a la plancha'. Uit de zee filet van zeebaars met tuinbonen, en uit de stal gestoofde kalfszwezerik met aardappelpuree met morieljes.

🏨 D' Alcantara

r. des Bouchers St. Jacques 2 - 7500 Tournai
℡ 069 21 26 48   📠 069 21 28 24
philippe@hotelalcantara.be - http://www.hotelalcantara.be
🕑 0:00   ⅞
📅 24 - 31 déc. / 24 - 31 dec.
🛏 24   🛏 88-118   🍴 1

🏨 Cathédrale

pl. Saint - Pierre 2 - 7500 Tournai
℡ 069 25 00 00   📠 069 25 00 01
reservation@hotelcathedrale.be - http://www.hotelcathedrale.be
🕑 0:00   ⅞
🛏 51   🛏 105   🛏 107-118   🅿 25

Transinne

⑭ La Bicoque

rue de la colline 58 - 6890 Transinne
℡ 061 65 68 48
http://www.labicoque.be
🕑 0:00   🔒 ma/lu   🔒 ma/lu wo/me zo/di
📅 1-10 jan., 1-12 août / 1-10 jan., 1-12 aug.
🍽 38-78   🍷 40-80   🍴 70

Cette ancienne « bicoque » a été complètement restaurée pour offrir une cuisine gastronomique désormais aux mains du chef, Inan Ozcan. L'intérieur est joliment décoré tandis que l'extérieur s'ouvre sur une sympathique terrasse. Les plats vous sont présentés sur un tableau noir avec un menu balade à la clé. Pour commencer, quelques mises en bouche intéressantes avant de poursuivre avec un carpaccio de veau, escargots sur pic et une salade de févettes, tout en fraîcheur. Vient le tour d'un filet de rouget et son tartare de quinoa rouge germé. Le tout est accompagné d'une fleur de courgette rehaussée d'un agneau en deux préparations ; la côte simplement saisie et l'épaule confite sur une tomate cœur de bœuf. L'équilibre dans l'assiette et la justesse de cuisson sont au rendez-vous. Surprenante adresse donc à découvrir…

Dit oude 'hutje' werd volledig gerestaureerd om een gastronomische keuken aan te bieden die voortaan in handen is van chef Inan Ozcan. Het interieur is mooi aangekleed. Buiten treft u dan weer een leuk terras aan. De gerechten worden voorgesteld op een krijtbord, en er is ook een menu 'ballade'. Om te beginnen enkele interessante aperitiefhapjes, gevolgd door carpaccio van kalf, escargots en salade van boontjes – allemaal heel fris. Vervolgens poonfilet met tartaar van gekiemde rode quinoa. Of courgettebloem met lam op twee wijzen: gebakken ribstuk en gekonfijte schouder op een cœur de bœuf tomaat. Het evenwicht in het bord en de correctheid van de cuisson zijn van de partij. Een verrassend adresje dus om te ontdekken…

Trois-Ponts

La Métairie

Wanne 4 - 4980 Trois-Ponts
℡ 080 86 40 89   📠 080 88 08 37
lametairie@skynet.be - http://www.lametairie.be
🔓 0:00 ⁷⁄₇
📅 15 jrs. avant Pâques, 10 jrs. fin juin, 10 jrs. déb. sept. / 15 d. voor Pasen, 10 d. eind juni, 10 d. be g.sept.
🍴 6   ⓚ 95-110   ⓟ 85

Basse-Bodeux

Auberge du Père Boigelot

r. du Pèlerin 1 - 4983 Basse-Bodeux
℡ 080 68 43 22   📠 080 68 43 11
aubergepereboigelot@skynet.be - http://www.trois-ponts
🔓 0:00 ⁷⁄₇
📅 janv.- févr. / jan.- feb.
🍴 12   ⓚ 80-90   ⓟ 136-146   🛏 146

Tubize

La Petite Gayolle

r. du Bon-Voisin 79 - 1480 Tubize
℡ 067 64 84 44
info@lapetitegayolle.be - http://www.lapetitegayolle.be
🔒 21:30 🔒 ma/lu 🔒 ma/lu do/je zo/di
📅 3 dernières semaines août / 3 laatste weken aug.
🍴 29-40   🍷 42-59   ⓓ 45

Sympathique demeure où détente et bien-être semblent hanter les lieux. Le chef, Xavier Netour, distille une cuisine voguant entre les classiques tels que la sole meunière ou la côte à l'os et des plats plus exotiques comme les gambas en tempura marinés au sambal oelek ou le pata negra Iberico à la moutarde douce au jus de groseille.

Een leuke woning waar ontspanning en welzijn aan de orde zijn. De chef, Xavier Netour, bereidt een keuken die varieert van klassiekers zoals zeetong à la meunière of côte-à-l'os tot exotischere gerechten zoals gamba's in tempura gemarineerd met sambal oelek of pata negra Ibérico met zoete mosterd met aalbessensap.

👍 Pulcinella

r. de Mons 126 - 1480 Tubize
📞 02 355 96 88　🖶 02 395 64 34
mariaaversa@msn.com -
🕐 23:00　🔒 di/ma　🔒 ma/lu di/ma
🛏 15 juil. - 15 août / 15 juli - 15 aug.
🍽 12-30　🍷 15-30

Turnhout

⑬ Cucinamarangon

Patersstr. 9 - 2300 Turnhout
📞 014 42 43 81　🖶 014 43 87 00
info@cucinamarangon.com - http://www.cucinamarangon.com
🕐 21:30　🔒 ma/lu wo/me za/sa　🔒 ma/lu
🛏 20 - 31 août, 24 déc - 3 janv / 20 - 31 aug, 24 dec - 3 jan
🍽 35-60　🍷 20-30　🍷 59

Dit is een instituut in de streek. Fabio Marangon serveert traditionele Italiaanse gerechten (vooral uit de regio Venetië) in een modern jasje. Zijn keuken is fijn, puur en degelijk. Om de twee maanden is er een menu in drie, vier of vijf gangen. Een starter is carpaccio van sint-jakobsvrucht, kervelpesto, rode paprika en komkommerkruid; dan risotto op de wijze van 'Chioggia'; pastarolletje met vulling van kalfsgehakt; en filet van eend met ragout van boschampignons, of grietbot met groenten, limoen en kappertjes. Topwijnkaart met referenties uit heel Italië. Charmante gastvrouw.

Cet établissement est devenu une véritable institution dans la région. Fabio Marangon propose des plats italiens traditionnels (surtout de la région de Vénétie) revisités selon les canons contemporains. Sa cuisine est raffinée, très pure et cohérente. Tous les deux mois, il renouvelle ses menus à trois, quatre ou cinq plats. En mise en bouche, un carpaccio de Saint-Jacques, un pesto au cerfeuil, poivron rouge et bourrache. Ensuite, un risotto à la « Chioggia »; des roulades de pâte avec une face de hachis de veau ; un magret de canard secondé de son ragoût de champignons des bois ou un tronçon de barbue aux légumes, limons et petits câpres. Vins de haut vol avec des références de toute l'Italie. La maîtresse de maison est charmante.

⑬ Lazuli

Koningin Elisabethlei 115 - 2300 Turnhout
℡ 014 72 37 90
restaurantlazuli@gmail.com - http://www.lazuli.be
🔓 0:00   🔒 ma/lu di/ma   🔒 ma/lu di/ma
📋 dern. sem. mai, 1ère sem. sept. / laatste week mei, 1ste 2 wek sept.
🍽 55   🍽 49-75   🍷 75

Meer dan degelijke smaakkeuken zonder overdadige opmaakfranjes en royaal geserveerd. Dat lijkt wel het devies in Lazuli. Aan de binnenhaven van Turnhout doet
de naam niet meteen een exotisch culinair lampje branden. De broertjes Jurgen,
Didier en Glenn Dirkx zoeken hun culinaire inspiratie wel degelijk in eigen contreien. En ze doen dat met kritische zin. Gillardeau-oesters of Aberdeen Angus.
Topproducten maken op zich al een wereld van verschil. De laatst genoemde lekkernij proeven we geschroeid en als roastbeef geserveerd. Een fijne mosterdcrème
brengt smaakreliëf. Dun gesneden rauwe asperges en heet gebakken paddenstoelen plezieren extra door hun scherpe temperatuurcontrast. Zorg voor garing
en textuur ervaren we daarna met een sappig gebakken moot schelvis afgetopt
met krokante tapenade. Romige puree opgepept met bosuitjes en een geutje
botersaus toont een eenvoudige maar scherpe hand in de keuken.

Une cuisine des saveurs plus que correcte, sans fioritures et avec un service royal.
Telle est semble-t-il la devise de Lazuli. Dans le quartier du port intérieur de Turnhout, son nom évoque un joyau exotique. Les frères Jurgen, Didier et Glenn Dirkx
puisent toutefois leur inspiration culinaire tout près de chez nous, et n'oubliant
pas d'exercer leur sens critique. Huîtres Gillardeau ou Aberdeen Angus: des produits de qualité qui font, et soit, déjà toute la différence. Ce délice d'Écosse nous
est servi flambé et rôti. Une délicate sauce moutarde apporte du relief gustatif.
Les asperges crues, finement émincées, et les champignons chauds séduisent par
le contraste des températures. La darne d'aiglefin et sa tapenade croustillante traduisent la maîtrise des cuissons et des textures. La purée onctueuse aux oignons
grelots et la sauce au beurre illustrent la simplicité mais l'efficacité à l'œuvre en
cuisine.

⑮ Savoury ♡ ☺

stwg. op Antwerpen 106 - 2300 Turnhout
℡ 014 45 12 45   🖶 014 45 12 46
savoury@skynet.be - http://www.savoury.be
🔓 21:30   🔒 ma/lu di/ma za/sa   🔒 ma/lu di/ma
📋 15 - 31 juil., 27 - 31 déc. / 15 - 31 juli, 27 - 31 dec.
🍽 35-75   🍽 60-100   🍷 50

Restaurant Savoury is duidelijk een geliefd restaurant. Het wordt druk bezocht.
En elke fijnproever weet het: dat is nooit toeval. Ja, er is de goede prijs-kwaliteitverhouding - altijd een bron van succes - maar chef Kris Lauryssen verrast ook,
van amuses tot dessert. Dat verdient een fikse opwaardering. Al meteen bij de
hapjes toont de chef dat hij smaken kan combineren: maatje met aardappelchips,
sesam en komkommersnippers; Italiaanse rauwe ham met couscous; gerookte
paling met tapenade van groene olijven; en garnalenloempia. Harmonie en variatie krijgen wij ook in het eerste voorgerecht: twee ruime krullen mousse en twee
stukjes gerookte oosterscheldepaling, met voldoende scherp smakende salsa van
avocado, een verfrissend ijsje van granny smith, en rode chioggiabiet als kleurrijk
accent. Het tweede voorgerecht is al even smakelijk: rode poon van uitstekende
kwaliteit, Zeeuwse mosselen, heerlijk zilte scheermessen, en quinoa. Daarna is er
kalfsribstuk: mals, sappig vlees dat extra diepgang heeft gekregen door het te
grillen. Ook de kroketjes van kalfstong en zwezerik zorgen voor tafelplezier. Er
is nog een mooi nagerecht: ijsparfait van witte chocolade en romige, maar lichte

mascarpone, en gekonfijte abrikozen. Kris Lauryssen maakt verfijnde Franse gerechten met veel respect voor de producten. Sfeervol en luxueus kader. Overdekt terras.

Le restaurant Savoury a indéniablement la cote. Il est littéralement pris d'assaut. Tout fin gourmet le sait: ce n'est jamais un hasard. Certes, le restaurant offre un bon rapport qualité-prix (toujours un gage de succès), mais il n'en demeure pas moins que le chef Kris Lauryssen surprend de l'apéritif au dessert. Voilà qui mérite une bonne note. Dès les mises en bouche, le chef prouve qu'il maîtrise les associations gustatives: maatje et chips de pomme de terre, sésame et julienne de concombre ; jambon cru italien et couscous ; anguille fumée et tapenade d'olives vertes ; et loempia aux crevettes. La première entrée se place elle aussi sous le signe de l'harmonie et de la diversité: généreuses noisettes de mousse et double tronçon d'anguille de l'Escaut oriental, salsa d'avocat suffisamment relevée, sorbet rafraîchissant à la Granny Smith et betterave Chioggia pour la couleur. Tout aussi savoureuse, la deuxième entrée agrémente un grondin rouge d'excellente facture de moules de Zélande, de couteaux délicieusement salés et de quinoa. S'ensuit une côte de veau. Le grill a rehaussé l'intensité de la viande tendre et fondante. Les croquettes de langue et de ris de veau nous ravissent les papilles. Le dessert est du même tonneau: parfait glacé au chocolat blanc, mascarpone crémeux mais léger et abricots confits. Kris Lauryssen propose une cuisine française raffinée et travaille dans le respect des produits. Cadre luxueux et élégant. Terrasse couverte.

 Corsendonck Viane

Korte Vianenstr. 2 - 2300 Turnhout
✆ 014 88 96 00   🖨 014 39 02 60
info.delinde@corsendonck.be - http://www.de-linde.be
🔒 0:00 ⁷⁄₇
🛏 84 🍴ₖ 130 🍴ₖ♨ 75-145

 Ter Driezen

Herentalsstr. 18 - 2300 Turnhout
✆ 014 41 87 57   🖨 014 42 03 10
info@ter-driezen.be - http://www.ter-driezen.be
🔒 0:00 ⁷⁄₇
📅 10 - 31 juil., 20 - 31 déc. / 10 - 31 juli, 20 - 31 dec.
🛏 15 🍴ₖ♨ 135-170

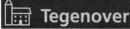 **Tegenover**

Stationstr. 46 - 2300 Turnhout
✆ 014 43 47 05   🖨 014 43 47 75
info@hoteltegenover.be - http://www.hoteltegenover.be
🔒 0:00 ⁷⁄₇
📅 1 - 3 janv., 24 - 31 déc. / 1 - 3 jan., 24 - 31 dec.
🛏 14 🍴ₖ 79 🍴ₖ♨ 59-96

Oud-Turnhout

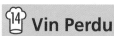 Vin Perdu ☺ 🍇

stwg. op Mol 114 - 2360 Oud-Turnhout
📞 014 72 38 10   🖨 014 72 38 11
info@vinperdu.be - http://www.vinperdu.be
🕐 21:30   🔒 ma/lu di/ma wo/me za/sa   🔒 ma/lu
📅 26 déc - 4 janv, 11 - 20 juil. / 26 dec - 4 jan., 11- 20 juli
🍽 35-60   🍷 49-65   🍴 50

Klantgedreven en prijsbewust maakt Joeri Huybs een meergangenkeuzemenu tegen een vaste prijs waaruit de klanten vrij kunnen kiezen. Niks nieuws onder de zon, zal de kritische lezer opmerken. Inderdaad. Dit systeem bestaat al jaren en is nog steeds in Frankrijk bijzonder populair. Het vergemakkelijkt de keuze voor wie budgetgericht gaat tafelen. Huybs denkt dus ook op dat vlak aan het comfort van zijn gasten. Daarnaast ontwikkelde deze chef een zuivere stijl die respect toont voor de smaak van product of bereiding. Zelf gerookte zalm is een goed voorbeeld van het eerste, en rog gebakken in beurre noisette met kappertjes, rozijnen en croutons is een treffend voorbeeld van het tweede.

C'est en étant à l'écoute des clients et en étudiant minutieusement ses prix que Joeri Huybs a composé un menu à choix multiple. Pour un prix fixe, les convives peuvent donc choisir leurs plats en toute liberté. Rien de neuf sous le soleil, rétorqueront les plus critiques d'entre vous. Effectivement. Ce système existe depuis des années déjà et est encore très populaire outre-Quiévrain. Par contre, cette formule facilite grandement le choix de ceux qui ont un budget à respecter. Huybs pense donc ainsi aussi au confort de ses invités. Parallèlement, ce chef a créé un style d'une grande pureté qui voue le plus grand respect au goût du produit, comme le saumon fumé maison, ou de la préparation, comme le montre la raie au beurre noisette et câpres, raisins de Corinthe et croûtons.

Upigny

👍 La Table d'Upignac

rte de la Bruyère 100 - 5310 Upigny
📞 081 63 50 98   🖨 081 63 50 18
resto.upigny@upignac.be - http://www.upignac.be
🕐 0:00   🔒 ma/lu di/ma wo/me   🔒 ma/lu di/ma wo/me zo/di
🍽 30-42   🍷 37-46   🍴 43

Vaalbeek ▷ Leuven

Varsenare ▷ Brugge

Verviers

 Le Coin des Saveurs ♡

av. de Spa 28 - 4800 Verviers

℡ 087 23 23 60   📠 087 23 23 66
lecoindessaveurs.be@gmail.com - http://www.lecoindessaveurs.be
🍴 21:00   🔒 ma/lu di/ma za/sa   🛏 ma/lu di/ma
📅 1 sem. Pâques, 16 - 31 juil., 1 sem. nov. / 1 week Pasen, 16 - 31 juli, 1 week nov.
🍽 28-40   💲 35-53   🍷 32

Un petit coin de paradis au cœur de Verviers né de la passion de Michel Norga et de sa compagne Geneviève. Une cuisine originale mariant les saveurs où le veau s'allie à un caramel au marsala et le foie gras en terrine à sa pommade de poire au vieux balsamique. Bien loin de rester dans leur coin, les saveurs viennent ici titiller narines et palais. Et l'on s'en réjouit.

Een stukje paradijs in het hartje van Verviers, voortgesproten uit de passie van Michel Norga en zijn partner Geneviève. Een originele keuken met gecombineerde smaken, waarbij kalf hand in hand gaat met karamel met marsala en foie gras in terrine geserveerd wordt met zalf van peer met oude balsamico. De smaken blijven hier helemaal niet in hun hoekje zitten en komen de neusvleugels prikkelen en de smaakpapillen verwennen. Wij genieten daarvan.

Andrimont

 La Bergerie ☺

rte de Henri-Chapelle 158 - 4821 Andrimont

℡ 087 89 18 00   📠 087 78 57 37
http://www.labergeriedandrimont.be
🍴 0:00   🔒 ma/lu di/ma za/sa   🛏 ma/lu di/ma
📅 15 jrs. juin, 15 jrs. sept. / 15 d. juni, 15 d. sept.
🍽 30-40   💲 28-52   🍷 45

Heusy

 La Croustade

r. Hodiamont 13 - 4802 Heusy
℡ 087 22 68 39   📠 087 22 68 39
croustade@skynet.be - http://www.croustade.be
🍴 21:00   🔒 ma/lu za/sa   🛏 ma/lu di/ma wo/me zo/di
📅 1 - 12 janv., 17 - 27 fév, 14 août - 6 sept., 23 - 31 déc / 1 - 12 jan., 17 - 27 feb, 14 aug. - 6 sept., 23 - 31 dec
🍽 33-56   💲 50-65   🍷 45

La devanture, à elle seule, est une invitation à la découverte de cette sympathique adresse que Pascale et Thierry bichonnent avec affection. En cuisine, place au simplissime autour de beaux produits. Poitrine de poularde en croûte d'herbes fraîches, ris de veau croquant rehaussé d'un jus de truffe et vapeur de lotte au beurre de légumes mâtinée d'une touche d'exotisme au curry de Madras. Sélection vineuse intéressante.

De voorgevel is op zich al een uitnodiging om dit sympathieke adresje te ontdekken dat Pascale en Thierry met liefde vertroetelen. In de keuken staat alles in het teken van de grootste eenvoud en mooie producten. Filet van borsthoentje in verse kruidenkorst, knapperige kalfszwezerik met truffeljus en gestoomde zeeduivel met groenteboter en een vleugje exotisme dankzij de Madraskerrie. Interessante wijnselectie.

Pepinster

 ## Hostellerie Lafarque

Douys 20 - 4860 Pepinster
✆ 087 46 06 51   📠 087 46 97 28
welcome@hostellerie-lafarque.com -
http://www.hostellerie-lafarque.com
🍴 20:30   🔒 di/ma wo/me   🔒 di/ma wo/me
🛏 3 janv. - 3 fév. / 3 jan. - 3 feb.
💶 65-115   💶 79-100   🍴 85

Splendide manoir ouvrant sur un parc où l'on aime à s'imaginer le défilé nocturne des chevreuils sur le gazon anglais. On dîne dans une agréable salle à manger vitrée donnant sur ledit parc. Un service jeune, parfois distrait mais sympathique, cornaqué par le patron himself, veille à vous faire passer un bon moment. Samuel Blanc poursuit son chemin, sans sembler vouloir y apporter le réel bouleversement. La cuisine est classique, maîtrisée et bien faite…sans plus. On a apprécié la langoustine en croûte de Kadaïf ainsi que le brocard à la cuisson impeccable servi avec quelques feuilles de tétragone et chips de vitelotte bien croquante. Le tout escorté d'une mousseline qui décevait un rien. La cave est bien achalandée et internationale.

Een prachtig landhuis met zicht op een park waar u zich zo de nachtelijke doortocht van de reeën op het Engels gazon kunt inbeelden. U dineert in een aangename eetzaal met veel glas en zicht op het park. Een jonge, soms verstrooide maar wel vriendelijke bediening onder leiding van de patron zelf, zorgt ervoor dat u hier een aangenaam moment beleeft. Samuel Blanc zet zijn weg voort, blijkbaar zonder voor een echte ommekeer te willen zorgen. De keuken is klassiek, beheerst en goed … zonder meer. Wij apprecieerden de langoustine in Kadaïf-korst en de onberispelijk bereide spiesbok geserveerd met enkele blaadjes zomerspinazie en knapperige chips van vitelotte aardappelen. Vergezeld van een mousseline die ietwat teleurstelde. De kelder is goed bevoorraad en internationaal.

Hostellerie Lafarque

Douys 20 - 4860 Pepinster
✆ 087 46 06 51   📠 087 46 97 28
- http://www.hostellerie-lafarque.com
🍴 0:00
🛏 3 janv. - 3 fév. / 3 jan. - 3 feb.
🚗 5   💰 290   🚗 3

Veurne

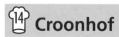 Croonhof

Noordstr. 9 - 8630 Veurne
☏ 058 31 31 28   🖨 058 31 56 81
info@croonhof.be - http://www.croonhof.be
🕐 21:00   🔒 ma/lu zo/di   🔒 ma/lu zo/di
🍴 33-55   🍷 73

In het gastronomisch restaurant van hostellerie Croonhof (nog apart aangeduid met de naam Orangerie) serveert de chef-zoon des huizes een eerlijke keuken op basis van dagverse producten. Kaart en menu's volgen de seizoenen. Het menu 'Zomerwandeling' start met terrine van ganzenlever en chutney van rode uien; dan zeebaars met groene-aspergepunten en saus met Jura-wijn; gegratineerde halve kreeft met pasta en courgette; en om af te sluiten aardbeien en coulis van rabarber. Er is een comfortabele wijnbar met altijd wel enkele flessen per glas. Het interieur is stijlvol en dat geldt ook voor de veertien kamers.

Dans le restaurant gastronomique de l'hostellerie Croonhof (encore affublé du nom « Orangerie »), le chef-fils de la maison sert une cuisine savoureuse basée sur des produits frais du jour. La carte et les menus suivent le fil des saisons. Le menu « balade estivale » débute avec une terrine de foie gras d'oie et un chutney d'oignons rouges. Nous poursuivons avec un bar aux pointes d'asperges vertes et une sauce au vin de Jura, et puis un demi-homard aux pâtes et courgettes. Pour clôturer ce repas, des fraises et du coulis de rhubarbe. La maison propose un confortable bar à vins avec quelques vins au verre. Le décor est élégant, tout comme les quatorze chambres.

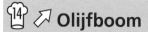 Olijfboom

Noordstr. 3 - 8630 Veurne
☏ 058 31 70 77   🖨 058 31 42 08
olijfboom@pandora.be - http://users.telenet.be/olijfboom
🕐 21:00   🔒 ma/lu zo/di   🔒 ma/lu zo/di
📅 8 - 22 janv., 8 - 15 sept. / 8 - 22 jan., 8 - 15 sept.
🍴 20-55   🍷 35-65   🍷 50

Het hapje vooraf is al meteen top: smakelijke bisque d'homard met veel kreeftenvlees. Dit restaurant heeft faam als productkeuken en bevestigt dat met mooi gekorste varkenshersentjes. Aan het slaatje erbij is nog werk. Een mooi gerecht is de polderaardappel met verse langoustine (perfect van smaak!) en lekkere zwarte truffel. Dan komt de perfect gegrilde griet met verse bearnaise. Schitterende wijnkaart. Deskundige bediening. Dat verdient een punt extra.

On commence fort avec la mise en bouche: délicieuse bisque de homard et chair de homard généreuse. Le restaurant est connu pour sa cuisine axée sur le produit ; une réputation à laquelle la cervelle de porc en croûte fait honneur. La salade qui l'accompagne demande encore un peu de travail. La pomme de terre des Polders, sa langoustine (rien à dire côté saveur !) et sa truffe noire donnent naissance à un très beau plat. La barbue grillée et sauce béarnaise est tout aussi réussi. La carte des vins est exceptionnelle. Service professionnel. Le tout mérite un point de plus.

Vielsalm

Le Val d'Hebron

Hébronnal 10 - 6690 Vielsalm
📞 080 41 88 73   🖨 080 41 80 73
🔓 0:00
📅 1 sem. juin, 16 août - 2 sept. / 1 week juni, 16 aug - 2 sept.
🍴 12   ♦k 58   ♦k⌂ 46-74

Villers-le-Bouillet

👍 Un temps pour soi

Thier du moulin 46 - 4530 Villers-le-Bouillet
📞 085 255 855   🖨 085 213 184
http://www.untempspoursoi.be
🔓 0:00   🔒 ma/lu za/sa   🔒 ma/lu zo/di
🍴 30-50

Villers-sur-Lesse

👨‍🍳¹⁴ Du Four à la Table

r. des Platanes 16 - 5580 Villers-sur-Lesse
📞 084 37 74 99   🖨 084 37 81 34
contact@beausejour.be - http://www.bistroduvin.be
🔓 20:30   🔒 ma/lu di/ma wo/me do/je   🔒 ma/lu di/ma
📅 2 sem. fev., 2 sem. fin juin - déb. juil. / 2 wek. feb, 2 wek. eind juni - beg. juli

Petit relooking de la décoration et du mobilier dans cette charmante adresse ardennaise. La cuisine du sympathique Laurent Van de Vyver ne déçoit pas. Raffinée et légère, elle propose ce jour-là quelques scampis dans un bouillon aromatisé. Pour suivre, cuisson parfaite du perdreau accompagné d'une raviole ouverte et foie gras poêlé. Idem dito pour le chevreuil d'été, tendre comme une fesse d'ange et délicatement parfumé aux fruits rouges. La cave propose une belle sélection vineuse.

De decoratie en het meubilair van dit charmante Ardense adresje ondergingen een minifacelift. De geraffineerde en lichte keuken van de sympathieke Laurent Van de Vyver stelt niet teleur. Die dag enkele scampi's in een gearomatiseerde bouillon. Vervolgens perfect gebakken jonge patrijs met een open ravioli en gebakken foie gras. Idem dito voor het supermalse zomerree, subtiel geparfumeerd met rode vruchten. In de kelder ligt een mooie wijnselectie.

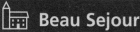 Beau Sejour

r. des Platanes 16 - 5580 Villers-sur-Lesse
℡ 084 37 71 15   📠 084 37 81 34
contact@beausejour.be - http://www.beausejour.be
🛏 0:00
📅 1 - 15 janv., fin juin/déb. juil. / 1 - 15 jan., eind juni/beg. juli
🛏 13   ⓔk 130   ⓔk♿ 102-142

Vilvoorde ▷ Bruxelles environs - Brussel omstreken

Virton

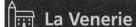 La Venerie

Au Dessus de Rabais 210 - 6760 Virton
℡ 063 57 70 84   📠 063 57 17 87
la-venerie@skynet.be - http://www.la-venerie.com
🛏 0:00 ⅞
📅 1 - 14 janv. / 1 - 14 jan.
🛏 8   ⓔk 76   ⓔk♿ 67-90

Torgny

##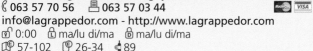

r. de l'Ermitage 18 - 6767 Torgny
℡ 063 57 70 56   📠 063 57 03 44
info@lagrappedor.com - http://www.lagrappedor.com
🛏 0:00 🍴ma/lu di/ma 🍴ma/lu di/ma
🍽 57-102 🍷 26-34 🍾 89

Dans son petit village de Provence belge, Clément Petitjean a acquis sa vitesse de croisière. Son épouse en salle, épaulée d'un sommelier compétent et très aimable, veille à vous faire passer un moment agréable. Aidés qu'ils sont en cela par le cadre exceptionnel ouvrant sur un jardin bénéficiant d'une très belle vue sur la vallée transfrontalière. Dans l'assiette, le menu 'composition des saisons' proposait une trilogie de tomates et leur tartare de crevettes grises à l'agastache et haricots soja fermentés. Très frais. Pour suivre, un impeccable foie gras de canard cuit à l'étouffée escorté de cèpes extraordinaires et d'une écume de maïs frais. Si le flanchet d'Aubrac nous décevait un rien quant à sa cuisson, le final fait d'un crémeux de marrons, chocolat 70% et glace au lait de ferme nous rassurait. Le chef tient le bon bout. Vivement l'année prochaine qu'on voie où il veut nous emmener. Le restaurant étant bien nommé, le sommelier et le chef ont fait un travail très intéressant en cave qui propose une sélection réjouissant tant les buveurs d'étiquette que les amateurs de vins nature et d'autres découvertes sympathiques.

In zijn dorpje in de Belgische Provence zit Clément Petitjean op kruissnelheid. Zijn echtgenote staat in de zaal, bijgestaan door een competente en zeer vriendelijke sommelier, en waakt erover dat alle gasten hier een aangenaam verblijf beleven. Dit wordt in de hand gewerkt door het opmerkelijke kader met zicht op een tuin

Des Hommes
et des Produits

Fournisseur-importateur
de produits de bouche terre et mer

www.paris-brussels-gastronomy.be

die uitgeeft op de prachtige grensvallei. Wij opteerden voor het menu 'composition des saisons'. Om te beginnen een trilogie van tomaten en tartaar van grijze garnalen met agastache en gefermenteerde sojabonen. Zeer fris. Daarna onberispelijke foie gras met buitengewoon eekhoorntjesbrood en schuim van verse maïs. De cuisson van het vangvlees van Aubrac-rund stelde ons een tikkeltje teleur, maar de afsluiter – kastanjeroom, chocolade 70 % en ijs van hoevemelk – stelde ons gerust. De chef is op de goede weg. Leve volgend jaar, dat we kunnen zien waarnaar hij ons wil meenemen. Gezien de passende naam van het restaurant hebben de sommelier en de chef zeer interessant werk verricht in de kelder, die een selectie bevat die zowel etiketdrinkers als liefhebbers van natuurwijnen en andere leuke ontdekkingen zal bekoren.

👍 L' Empreinte du Temps

r. Escofiette 12 - 6767 Torgny
✆ 063 60 81 80   🖷 063 57 03 44
info@lempreintedutemps.be - http://www.lempreintedutemps.be
🕐 0:00   🔒 ma/lu di/ma   🔒 ma/lu di/ma
🍽 22-26   🥂 14-17

🏛 La Grappe d'Or

r. de l'Ermitage 18 - 6767 Torgny
✆ 063 57 70 56   🖷 063 57 03 44
info@lagrappedor.com - http://www.lagrappedor.com
🕐 0:00
🛏 10   🛏 110-140   🅿 130🛏 1

🏛 L' Empreinte du Temps

r. Escofiette 12 - 6767 Torgny
✆ 063 60 81 80   🖷 063 57 03 44
info@lempreintedutemps.be - http://www.lempreintedutemps.be
🕐 0:00
🛏 11   🛏 79-98   🛏 3   🅂 220

Vliermaal ▷ Tongeren

Vrasene

🍺 ↗ Herbert Robbrecht

Hogenakker 1 - 9120 Vrasene
✆ 03 755 17 75   🖷 03 755 17 36
info@herbertrobbrecht.be - http://www.herbertrobbrecht.be
🕐 21:00   🔒 do/je za/sa   🔒 di/ma do/je
📅 1 - 9 janv., vac. de Pâques, 18 juil. - 11 août, vac. de l'automne /
1 - 9 jan., Paasvak., 18 juli - 11 aug., herfstvak.
🍽 40-84   🥂 50-80   🍴 58

Chef Herbert Robbrecht gaat voor zuivere en rijke gerechten die hij componeert met kwaliteitsproducten. Zijn bereidingen zijn vrij klassiek, maar met een opvallende zorg voor garing en smaakharmonie. Er zijn vier verfijnde aperitiefhapjes die naast de eerder genoemde kwaliteiten ook aandacht voor presentatie tonen: een koolrabi-venkelsoepje, Hollandse Nieuwe met prinsessenboontjes, gerookte makreel in sesam- en maanzaadjes, en een avocadocrème met frisse tomatensalade. Het zijn hapjes die de honger aanscherpen. Topproducten vinden we in het voorgerecht met Jabugo-ham, flinterdun, juist van temperatuur en smeltend in de mond, naast cecina de buye en mooi gerijpte manchego. Dit is puur smaak. Het hoofdgerecht zijn twee sappige steenscholfilets, met mosseltjes, garnalen, stukjes makreel, lamsoor en fideua negra (Spaanse pasta met de smaak en kleur van inktvisinkt). Een zeer geslaagde bereiding! Dat zeggen we ook overtuigd van het nagerecht, een à la minute gedraaide dame blanche. De chef houdt bij elk gerecht strak de hoofdtoon aan en legt met de garnering accenten. Een opwaardering is verdiend. Erg uitgebreide wijnkaart en indrukwekkende wijnkelder.

Le chef Herbert Robbrecht compose des plats riches et authentiques à base d'ingrédients de qualité. Bien que relativement classiques, ses préparations traduisent un grand souci de la cuisson et de l'harmonie gustative. Quatre amuse-bouche raffinés ouvrent le bal. Outre la qualité susmentionnée, ils témoignent d'une certaine recherche au niveau de la présentation: soupe au chou-rave et au fenouil, Hollandse Nieuwe aux haricots Princesse, maquereau fumé aux graines de sésame et de pavot et crème d'avocat sur salade de tomates. Autant de mises en bouche qui aiguisent l'appétit. L'entrée met en scène des produits de qualité: le jambon de Jabugo tranché finement est à bonne température et fond dans la bouche. Il est flanqué de Cecina de Buey et de Manchego correctement affiné. Le goût, le vrai ! Le plat de résistance se compose de deux filets de sole fondants, accompagnés de moules, de crevettes, de maquereau, de lavande de mer et fideua negra (pâtes espagnoles colorées et parfumées à l'encre de seiche). Une recette de très bon aloi ! Il en va de même pour le dessert: dame blanche à la minute. Dans tous ses plats, le chef s'en tient à un thème principal, qu'il rehausse çà et là à l'aide de la garniture. Il mérite amplement son point supplémentaire. Livre de cave très étoffé et cave à vin impressionnante.

Vresse-sur-Semois

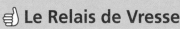 **Le Relais de Vresse** ☺

r. Albert-Raty 72 - 5550 Vresse-sur-Semois
📞 061 50 00 46   🖨 061 50 02 26
le.relais.vresse@skynet.be - http://www.lerelais.be
🕗 20:30   🔒 wo/me do/je   🔒 di/ma wo/me do/je
📅 2 janv. - 6 avril / 2 jan. - 6 april
🛏 23-31   🍽 35-52

Le Relais de Vresse

r. Albert Raty 72 - 5550 Vresse-sur-Semois
📞 061 50 00 46   🖨 061 50 02 26
le.relais.vresse@skynet.be - http://www.lerelais.be
🕗 0:00
📅 3 janv. - 6 avril / 3 jan. - 6 april
🛏 10   🔑 91   🔑 71-99   🅿 110-126   🛏 126

Waarmaarde

De Gouden Klokke

Trappelstr. 25 - 8581 Waarmaarde
℡ 055 38 85 60   🖨 055 38 79 29
info@goudenklokke.be - http://www.degoudenklokke.be
🕐 0:00   🔒 di/ma   🔒 ma/lu di/ma
💶 40-90   🍴 60

Het is aangenaam toeven in dit restaurant, waar chef Thierry Vancoppenolle klassieke gerechten serveert met hier en daar een actuele toets. Wij krijgen lekkere hapjes, waarvan het vissoepje op basis van garnalen met rouille ons het beste smaakt. Daarna zijn er sublieme garnaalkroketten: zeer luchtig en smeuïg, én gevuld met verse garnalen. Een zeer fris gerecht is staartvis, perfect gebakken a la plancha, met olijfolie, raketsla en parmezaan. Wij smullen ook nog van tournedos met twee pepers en salade. Het vlees is zeer lekker en wij krijgen het gebakken zoals gevraagd. Uitgebreide wijnkaart. Zeer mooie tuin met terras.

Qu'il est agréable de se régaler chez Thierry Vancoppenolle. Ses plats classiques s'égayent ci et là de touches plus actuelles et font mouche ! Nos mises en bouche étaient délicieuses: nous avons préféré la bisque de crevettes avec de la rouille. Ensuite, une croquette aux crevettes – sublime: onctueuse, aérienne, et fourrée de crevettes fraîches. Un plat très frais est la lotte, parfaitement cuite a la plancha à l'huile d'olive, et secondée de roquette et parmesan. Nous nous régalons encore avec le tournedos aux deux poivres et salade. La chair est succulente et nous avons reçu la cuisson demandée. Grande carte des vins. Très beau jardin avec terrasse.

Waasmunster

La Cucina

Belselestr. 34 A - 9250 Waasmunster
℡ 052 46 00 29   🖨 052 46 34 59
info@restaurant-lacucina.be - http://www.restaurant-lacucina.be
🕐 21:30   🔒 di/ma wo/me za/sa   🔒 wo/me
💶 36-58   💶 17-30   🍴 57

Een heerlijk adresje is dit, door zijn goede tafel én huiselijke sfeer. De gerechten zijn zuiders geïnspireerd Frans. Pittige crème van ganzenlever komt met carpaccio van sint-jakobsvruchten die verser konden, wasabicrumble en lentescheutjes; eendenkonfijt met gemarineerde beukenzwam geeft een nerveuze finale toets. Wij proeven ook van jonge andijvie, perfect gegaarde zeebarbeel die vers en heerlijk zilt is, en pittige citroencrumble. Een lekker frisse afsluiter is het soepje van opmerkelijk zoete galia-meloen met vlierbloesem en tartaar van watermeloen. Goede wijnkaart. Sympathiek onthaal.

Une adresse de choix: bonne table et atmosphère conviviale. La cuisine nous vient tout droit du Sud de la France. Au menu: crème de foie gras relevée, carpaccio de Saint-Jacques (qui manquaient un peu de fraîcheur), crumble au wasabi et pousses printanières. Le confit de canard et les pleurotes marinés donnent un coup de fouet à l'ensemble. Nous dégustons également une jeune chicorée endive, qui escorte un rouget délicieusement salin et un crumble au citron plein de peps. Nous terminons sur une note de fraîcheur: gaspacho de melon Galia particulièrement sucré à la fleur de sureau et tartare de pastèque. Bon livre de cave. Accueil sympathique.

 **Roosenberg**

Pattotterijstr. 1 - 9250 Waasmunster
℡ 03 722 06 00   📠 03 722 03 63
info@roosenberg.be - http://www.roosenberg.be
🕐 23:55 ⁷⁄₇
🍽 31   💶 30-60

Wij starten met oesters, Gillardeau en Zeeuwse platte, en een bordje pata negra. De producten zijn van topkwaliteit; de smaken ken je. Wat volgt, is het beste vlees dat we in tijden gegeten hebben: op hout gegrild rundvlees van Rubia Gallega (een roodbont ras uit Galicië in Spanje). Het mooi rosé gebakken, gemarmerde vlees heeft een licht zoete smaak met een hazelnootimpressie. Wow! Ook dit product is top. De kwaliteit van de ingrediënten hoeft niet te verwonderen, want Roosenberg deelt leveranciers met de driesterrenrestaurants van dit land. Zeer goede, vernieuwende en verrassende wijnkaart. Vriendelijk onthaal.

Nous commençons les hostilités par des huîtres Gillardeau et des plates de Zélande, d'une part, et une dégustation de pata negra, d'autre part. Les produits sont de qualité, les saveurs au rendez-vous. Nous avons enchaîné sur la meilleure viande qu'il nous ait été donné de manger depuis longtemps: du bœuf Rubia Gallega (une race à robe rouge de Galice, en Espagne), grillé au feu de bois. La viande est bien rosée, marbrée, et possède un petit goût sucré avec une pointe de noisette. Nous sommes conquis. Ce produit est aussi d'excellente facture. La qualité des ingrédients n'a en fait rien de surprenant, car Roosenberg fait appel aux mêmes fournisseurs que des restaurants trois étoiles du pays. Le livre de cave est excellent, à la fois innovant et surprenant. Accueil prévenant.

Waimes

 Bistronôme

rue de la gare 5 - 4950 Waimes
℡ 080 339 539   📠 080 339 539
info@bistronome.be - http://www.bistronome.be
🕐 0:00 ⁷⁄₇
💶 35

Julien et Fabian ont fait quelques belles maisons ensemble avant de suivre des chemins différents pour finalement choisir d'ouvrir leur établissement au cœur de Waimes en 2011. Après avoir aiguisé ses couteaux au Japon, Julien, notre chef, nous fait découvrir son talent empreint d'influences internationales. Nous avons pu déguster le tartare de bœuf aux saveurs asiatiques, un vrai délice, tout en fraîcheur et croquant. De son côté, Fabian s'occupe des clients avec brio en faisant découvrir quelques vins sympathiques. Ces deux jeunes et veulent et nous les encourageons avec leur 1ère toque.

Julien en Fabian werkten samen in enkele mooie etablissementen voordat ze elk hun eigen weg gingen om uiteindelijk te beslissen om in 2011 hun eigen zaak te openen in het hartje van Waimes. Nadat hij zijn messen sleep in Japan, laat Julien – onze chef – ons zijn talent ontdekken dat doordrongen is van internationale invloeden. Wij genoten van de rundtartaar met Aziatische aroma's, een ware lekkernij, tegelijkertijd fris en knapperig. Ondertussen bekommert Fabian zich met brio over de klanten door hen enkele leuke wijnen te laten ontdekken. Deze twee jongeren zetten alles op alles, en wij moedigen hen aan met hun eerste koksmuts.

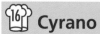 # Cyrano

r. Chanteraine 11 - 4950 Waimes
📞 080 67 99 89   🖨 080 67 83 85
info@cyrano.be - http://www.cyrano.be
🕐 21:30   🔒 ma/lu   🔒 ma/lu
🍴 59-99

Figure emblématique à Waimes, Gerty nous accueille avec le sourire dans son antre. Ici la gastronomie est au centre des assiettes avec comme mot d'ordre, faire plaisir à nos papilles gustatives. Honneur au maquereau et rillette sur son blinis et sa pointe de caviar, s'ensuivent la darne de maigre sur une poêlée de champignons des bois et en saison de chasse, le tournedos de lapereau sauce au vieux Madère. Votre soif sera étanchée de la sélection faite par le chef lui-même à la carte ou…dans la cave dont lui seul a le secret.

Gerty, een emblematisch figuur in Waimes, verwelkomt ons met de glimlach in zijn restaurant. Hier staat de gastronomie centraal, met als doel onze smaakpapillen te verwennen. Hulde aan de makreel in rillette op een blini met een mespuntje kaviaar, gevolgd door ombervis op gebakken bospaddenstoelen en – in het wildseizoen – tournedos van jong konijn met saus op basis van oude maderawijn. Uw dorst wordt gelest door de selectie die de chef zelf maakt op de kaart, of … in de kelder waarvan hij als enige het geheim kent.

👍 H20 Restaurant & Lounge

Haelen 2 - 4950 Waimes
📞 080 67 95 71   🖨 080 67 81 43
info@hoteldesbains.be - http://www.hoteldesbains.be
🕐 21:00   🔒 wo/me   🔒 wo/me zo/di
🗓 janv., 1ere sem. Pâques / jan., 1ste week Pasen
🍴 42-78   🍷 30-72

🏨 Cyrano

r. Chanteraine 11 - 4950 Waimes
📞 080 67 99 89   🖨 080 67 83 85
info@cyrano.be - http://www.cyrano.be
🕐 0:00   7/7
🛏 15   🅿 35-75   🏨 75

🏨 Hostellerie Hotleu

Hotleux 106 - 4950 Waimes
📞 080 67 97 05   🖨 080 67 84 62
info@hotleu.be - http://www.hotleu.be
🕐 0:00
🗓 1 sem janv., 1 sem. juillet / 1 week jan., 1 week juli
🛏 15   k 150   k↓ 90-160   🅿 58-103   🏨 103

Faymonville

 ## Au Vieux Sultan

r. de Wemmel 12 - 4950 Faymonville
℡ 080 67 91 97   🖨 080 67 81 28
info@auvieuxsultan.be - http://www.auvieuxsultan.be
🍴 21:00   ma/lu di/ma   ma/lu zo/di
🍽 20-75   60-80

Rien ne peut ébranler cette adresse depuis des générations. La cuisine offre une belle découverte des produits de saison que le chef magnifie avec passion. Dans l'assiette, le risotto, maquereaux et coulis de crustacés précède le suprême de volaille du Gers aux écrevisses et le dos de cabillaud juste cuit à la vapeur pour les autres. Le jardin est l'endroit idéal pour prendre l'apéritif par beau temps.

Al generaties lang kan niets dit adresje doen wankelen. Hier kunt u prachtige seizoensproducten ontdekken die de chef dankzij zijn passie op een hoger niveau weet te tillen. Op het bord: risotto, makreel en coulis van schaaldieren, gevolgd door filet van gevogelte uit Le Gers met rivierkreeftjes voor de enen en gestoomd kabeljauwhaasje voor de anderen. De tuin is de ideale plaats om bij mooi weer het aperitief te drinken.

 ## Hostellerie Au Vieux Sultan

r. de Wemmel 12 - 4950 Faymonville
℡ 080 67 91 97   🖨 080 67 81 28
info@auvieuxsultan.be - http://www.auvieuxsultan.be
🍴 0:00
📅 24 déc - 15 janv. / 24 dec. - 15 jan.
🛏 10   85   80-90   65-70   70

Walcourt ▷ Charleroi

Wannegem-Lede ▷ Waregem

Wanze ▷

Waregem

 ## Berto ☺

Holstr. 32 - 8790 Waregem
℡ 056 44 30 15   🖨 056 44 30 16
info@berto-waregem.be - http://www.berto-waregem.be
🍴 21:00   ma/lu zo/di   ma/lu zo/di
📅 1 - 21 sept. / 1 - 21 sept.
🍽 50-65   62

David Bertolozzi leerde het vak bij Peter Goossens in Hof van Cleve en creëert met die onschatbare ervaring een seizoenkeuken op Frans-Belgische basis. Er zijn klassiekers zoals gebakken zeetong met puree en verse boschampignons; of krokant gebakken kalfszwezeriken met spinazie, ganzenlever en gefruite aardappel. In het degustatiemenu krijg je een meer actuele gastronomie met verschillende bereidingen van één product: coquille, eend, peer... Door de democratische prijzen is dit een prijs-kwaliteittopper.

David Bertolozzi a appris le métier chez Peter Goossens au Hof van Cleve. Fort cette expérience inestimable, il crée une cuisine saisonnière sur un substrat franco-belge. Il propose des classiques comme la sole poêlée avec une purée et des champignons des bois frais ; ou encore ces ris de veau cuits croquant aux épinards, foie gras d'oie et pommes de terre frites. Le menu dégustation propose une gastronomie plus moderne avec des déclinaisons d'un même produit: Saint-Jacques, canard, poire, etc. Vu les prix démocratiques pratiqués, nous avons ici un rapport qualité/prix exceptionnel.

Kruishoutem

 Hof van Cleve

Riemegemstr. 1 - 9770 Kruishoutem
☎ 09 383 58 48   🖶 09 383 77 25
info@hofvancleve.com - http://www.hofvancleve.com
🔓 0:00   🔒 ma/lu zo/di   🔒 ma/lu zo/di
📅 1 sem. Pâques, 3 sem. août, Noël et Nouvel An / 1 week Pasen, 3 wek. aug., Kerst en Nieuwjaar
Ⓐ 95-215   Ⓑ 120-250   🍴 150

Met restaurant Hof van Cleve beschikt dit land over een uniek restaurant dat ook op mondiaal vlak hoge ogen gooit. De keuken van Peter Goossens staat immers nog steeds garant voor een buitengewone ervaring. Zijn geheim? Een cocktail van ingrediënten: een uitstekende productkennis en een netwerk om de beste oesters, coquilles, hazen en kazen ook aangeleverd te krijgen; buitengewone keuke-nexpertise; creativiteit die gedeeld wordt met een team van gedreven medewerkers; vindingrijkheid om blijvend het verschil te maken; nauwkeurige uitvoering; passie voor het keukenambacht; leiderschap en charisma. En we zouden het bijna vergeten, maar naast deze chef-buiten-formaat staat ook nog een uitzonderlijke vrouw die zijn keukenwerk onderbouwt met een uitstekende dienst. Lieve Goossens staat zelden in de schijnwerpers maar het internationale succes en de reputatie van Hof van Cleve zijn ook haar verdienste. En van haar zaalteam dat ze steeds elegant aanstuurt. Wat moet nog over de keuken van haar man verteld worden? Peter Goossens speelt steeds op Champions League-niveau. Meer nog, op het finaleniveau. Hij treedt niet op in het Theatre of Dreams noch in Camp Nou, maar in zijn 'Theater van Zinnen'. Zin voor smaak en finesse serveert hij er aan alle toeschouwers. Met zijn ranke signatuur en gevoel voor pure smaakdefinitie krijgen ingrediënten een uitermate hoge toegevoegde waarde die voor een unieke ervaring zorgt. Hij toont die natuurlijke zwierigheid trouwens even makkelijk met bereidingen die enkel groenten bevatten. Meer nog: minder evidente ingrediënten zoals rundkaken of kikkerbillen krijgen bij hem een ereplatform. Net zoals boter en brood trouwens. Of de ouderwetse smeuïge taartjes die aan het eind van elke feestmaaltijd op een rollend buffetje aan tafel worden gepresenteerd. Voor sommige klanten niet eens onterecht telkens opnieuw een kippenvelmoment. Het Hof van Cleve is immers naast een eigentijds culinair verwenoord buiten categorie vooral ook een nostalgische 'Hof van Plaisantie'.

Ce joyau unique en Belgique n'a rien à envier à l'élite mondiale. La cuisine de Peter Goossens est en effet toujours synonyme d'expérience extraordinaire. Mais quel est donc son secret ? Un cocktail d'ingrédients: une excellente connaissance des produits et un réseau pour obtenir les meilleures huîtres, Saint-Jacques, les meilleurs lièvres et fromages ; une expertise culinaire hors du commun ; une créa-

www.villemaurine.com

tivité partagée avec une brigade de collaborateurs passionnés ; l'ingéniosité pour continuer à faire la différence; une exécution micrométrique; la passion pour l'art culinaire ; le leadership et le charisme. Cependant, il convient également de souligner que ce chef hors norme est soutenu par une femme exceptionnelle qui assure un service de très grande classe. Lieve Goossens est rarement sous les feux des projecteurs, mais force est de reconnaître que le succès international et la réputation du Hof van Cleve sont également les fruits de ses efforts. Et de l'équipe de salle qu'elle orchestre toujours avec une élégance rare. Que peut-on encore dire de la cuisine de son époux ? Peter Goossens joue toujours dans la catégorie « Champions League » et il est surtout toujours en phase finale. Il ne se produit pas dans le Theatre of Dreams ni dans le Camp Nou, mais dans son « Théâtre des sens ». Il sert son sens du goût et du raffinement à tous les spectateurs. Sa signature gracile et son sens des définitions gustatives épurées métamorphosent les ingrédients qui se font or et diamants tout en créant une expérience unique. Cette grâce naturelle se retrouve d'ailleurs aussi dans ses préparations composées exclusivement de légumes. Et ce n'est pas tout. Il parvient aussi à mettre sur un piédestal des ingrédients moins évidents comme les joues de bœuf ou les cuisses de grenouille. Même le beurre et le pain prennent de l'altitude… Et que dire du cortège de tartelettes onctueuses de jadis à la fin de chaque repas de fête, sur leur buffet roulant. De quoi donner la chair de poule à des très nombreux convives. Un grand moment. Outre un temple culinaire contemporain hors catégorie, le Hof van Cleve est également un manoir de plaisance nostalgique en diable.

Sint-Eloois-Vijve

⊌ Bistro Desanto ☺ L

Gentseweg 558 - 8793 Sint-Eloois-Vijve
☎ 056 60 24 13   🖷 056 61 17 84
info@bistrodesanto.be - http://www.bistrodesanto.be
🍴 22:30   🔒 wo/me zo/di   🔒 wo/me zo/di
📅 1ère moitié d'août, dern. sem. de déc. / 1ste helft aug, laatste week dec
🍽 22   🍷 30-60

Wannegem-Lede

🍴15 't Huis Van Lede

Lededorp 7 - 9772 Wannegem-Lede
☎ 09 383 50 96   🖷 09 388 95 43
thuisvanlede@skynet.be - http://www.thuisvanlede.be
🍴 21:30   🔒 ma/lu zo/di   🔒 ma/lu zo/di
📅 1 - 12 janv., 3 - 13 avril, 17 juil. - 3 août, 18 - 31 déc. / 1 - 12 jan., 3 - 13 april, 17 juli - 3 aug., 18 - 31 dec.
🍽 39-80   🍷 19-70

't Huis van Lede van Frederick Dhooge en Joke Sulmon groeide in een paar jaar tijd uit tot een vaste waarde in de Vlaamse Ardennen. Dhooge heeft een zuivere, soepele stijl die respect toont voor smaak en textuur. Hij houdt ook van een originele aanpak en zoekt eveneens in de samenstelling van zijn kaart en menu's naar een eigen identiteit. Dat kunnen we alleen maar toejuichen. Zijn repertoire houdt diverse blikvangers in zoals terrine van speenvarken met huisgemaakte pickles of open ravioli van kikkerbillen en garnalen met lente-ui, tomaat en basilicum. En wat te denken van een piepkuiken met rozemarijn, jonge bladspinazie, frieten én bearnaise!

En l'espace de quelques années, Frederick Dhooge et Joke Sulmon sont devenus une valeur sûre des Ardennes flamandes. Dhooge a un style pur et souple, qui s'articule autour d'un grand respect des goûts et des textures. Il aime aussi les approches originales et recherche dans la composition de sa carte et de ses menus une identité propre. Nous ne pouvons qu'applaudir ! Son répertoire comprend différents incontournables comme la terrine de cochon de lait avec un pickels maison ou une raviole ouverte de cuisses de grenouille aux crevettes, cébettes, tomate et basilic. Et que penser du poussin au romarin, jeunes pousses d'épinards, frites et béarnaise !

Waremme

⑭ ↗ Le Petit Axhe

r. de Petit-Axhe 12 - 4300 Waremme
☎ 019 32 37 22   🖶 019 32 88 92
lepetit-axhe@skynet.be - http://www.lepetit-axhe.be
🕙 21:00   ma/lu di/ma za/sa   ma/lu di/ma wo/me
📅 1 sem en mars - 3 semaines en juil. et août, 1 sem en nov / 1 week in maart - 3 weken in juli en aug, 1 week in nov
🍴 50-60   🍷 60-65   ⏷ 75

Christian et Patricia tiennent cette discrète petite maison non loin de Waremme depuis de nombreuses années. L'expérience est là, et cela se goûte. Que ce soit dans les préparations classiques irréprochables mâtinées çà et là de notes plus modernes de Christian ou dans les belles suggestions, à prix doux, côté vin de Patricia qui veille agréablement sur la salle. L'on s'y sent bien, que ce soit dans l'une des confortables petites salles ou sur la terrasse ombragée à l'arrière. Pour débuter le repas, nous avons dégusté notamment un impeccable tartare de bœuf ainsi qu'une mousseline et un œuf de caille pour débuter le repas. Pour suivre, un cabillaud, chou-fleur et jus de crustacé avant une pintade juteuse à souhait. Le tout mérite clairement le point supplémentaire cette année.

Christian en Patricia baten al jarenlang die discrete huisje niet ver van Waremme uit. De ervaring is er, en dat is te proeven. Zowel in de onberispelijke klassieke bereidingen die hier en daar doorspekt zijn van modernere toetsen van Christian, als in de mooie wijnsuggesties tegen aantrekkelijke prijzen van Patricia die op een aangename manier over de zaal waakt. De klanten voelen zich hier goed, zowel in een van de comfortabele kleine zalen als op het schaduwrijke terras achteraan. Wij aten hier onder meer onberispelijke rundtartaar en mousseline en kwartelei om de maaltijd te beginnen. Vervolgens kabeljauw, bloemkool en schaaldieren-jus, gevolgd door heerlijk sappige parelhoen. Het geheel verdient dit jaar duidelijk een extra punt.

Waterloo

⑬ De Bouche à Oreille

ch. de Bruxelles 79 - 1410 Waterloo
☎ 02 351 40 73   🖶 02 351 52 28
deboucheaoreille@hotmail.com - http://www.deboucheaoreille.be
🕙 0:00   wo/me za/sa   wo/me zo/di
🍴 16-33   🍷 42-48   ⏷ 45

Cette charmante adresse fait les beaux jours des Waterlootois comme des clients de passage. On y vient pour découvrir une cuisine fort sympathique orchestrée de main de maître par le chef, tandis que Madame vous épaule avec le sourire pour le choix des vins. Faites votre sélection parmi le tartare de thon rouge aux champignons crus, le filet de daurade sur son risotto des bois ou le filet pur de bœuf sauce aux poivres. Formule menu alléchante.

Dit charmante adresje valt zowel bij de inwoners van Waterloo als bij passanten in de smaak. Hier ontdekt u een uiterst sympathieke keuken die met meesterhand in goede banen wordt geleid door de chef, terwijl Mevrouw u met de glimlach bijstaat om de wijnen te kiezen. Maak uw keuze uit de tartare van rode tonijn met rauwe champignons, goudbrasemfilet op risotto of runderhaas met pepersaus. Aantrekkelijke menuformule.

⑬ La Cuisine au Vert ☺

ch. de Bruxelles 200G - 1410 Waterloo
📞 02 357 34 94   📠 02 354 08 60
info@cotevert.be - http://www.cotevert.be
🍴 22:00   🔒 za/sa zo/di   🔒 za/sa zo/di
📅 23 déc - 8 janv., 21 juil. - 15 août / 23 dec - 8 jan., 21 juli - 15 aug.
🍽 18-30   🍷 33-50   🍴 28

On ne change pas une équipe qui gagne. On profite d'une cuisine de brasserie avec les classiques croquettes maison, américain frites ou jambonneau à la moutarde auxquels s'ajoutent quelques intitulés plus gourmands telles les Saint-Jacques 'a la plancha' mini courgette et effeuillé de jambon. Sans oublier les suggestions du moment typiquement belges.

Verander nooit een winnend team! Hier geniet u van een brasseriekeuken met klassieke huisbereide kroketten, americain met frietjes of hammetje met mosterd. Daarnaast ook enkele verfijndere gerechten, zoals de Sint-Jakobsnootjes 'a la plancha' met minicourgette en ham. Om nog maar te zwijgen van de typisch Belgische suggesties van het moment.

⑬ L' Opéra

ch. de Tervueren 178 - 1410 Waterloo
📞 02 354 86 43   📠 02 354 19 69
http://www.lopera.be
🍴 22:30   🔒 za/sa zo/di   🔒 zo/di
📅 août / aug.
🍽 30-50   🍷 42-55   🍴 40

Waterloo, ville cosmopolite et internationale se doit d'être ouverte aux cuisines du monde. L'Italie a pris possession de cette villa au décor flamboyant, sièges en cuir et murs rouges. Des assiettes s'échappent des effluves méditerranéennes. On hume et savoure entre autres: gratin d'aubergine alla parmigiana, ravioli aux truffes, ricotta et mascarpone, piccatina de veau au citron et vin blanc. La cave ne déroge pas à la règle, avec une sélection de la Botte qui peut se révéler onéreuse si on se laisse aller.

De kosmopolitische en internationale stad Waterloo moet openstaan voor de wereldkeuken. Italië heeft deze villa met zijn flamboyante decor, lederen stoelen en rode muren ingenomen. De borden geuren naar mediterrane dampen. We ruiken en proeven onder andere: gegratineerde aubergine alla parmigiana, ravioli met truffels, ricotta en mascarpone, piccatine van kalf met citroen en witte wijn. De kelder wijkt niet af van de regel, met een Italiaanse selectie die duur kan zijn als men zich laat gaan.

Pierre Romano

Rue de la Station 29 - 1410 Waterloo
📞 02 353 27 90
pierreromano@skynet.be - http://sites.resto.com/pierreromano
🕐 0:00　🔒 ma/lu　🔒 ma/lu zo/di

Rêve Richelle

Drève Richelle 96 - 1410 Waterloo
📞 02 354 82 24　🖨 02 354 82 24
restaurantreverichelle@hotmail.com - http://www.reverichelle.eu
🕐 21:00　🔒 ma/lu di/ma wo/me do/je vr/ve　🔒 ma/lu di/ma zo/di
📅 fin janv et mi sept / eind jan en midden sept
🍽 29-45　🍽 30-45　🍷 23

Cette adresse reste fidèle à elle-même, sympathique et accueillante au cœur d'une ville très BCBG. La carte se décline entre les plats gastronomiques et les classiques comme les croquettes aux crevettes. Après une mise en bouche très terroir, la nage de maigre aux salicornes est parfaite pour autant que l'on ne soit pas trop amateur d'assaisonnement marqué. Pour suivre, on a pu déguster une cassolette de langoustines à l'orange parsemée de basilic avant un carré d'agneau un rien trop saucé et son festival de légumes. Le tout s'arrose d'une sélection mûrement réfléchie.

Dit adresje blijft trouw aan zichzelf – leuk en gezellig in het hartje van een stad die heel BCBG is. Op de kaart staan zowel gastronomische gerechten als klassiekers zoals garnaalkroketten. Na een zeer streekgebonden aperitiefhapje is de nage van zeebaars met zeekraal perfect voor zover men niet te veel houdt van een uitgesproken kruiding. Daarna volgt een ovenschoteltje van langoustines met sinaasappel bestrooid met basilicum, gevolgd door lamsribstuk met een tikkeltje te veel saus, vergezeld van een groentekrans. Bij dat alles wordt een weldoordachte selectie wijnen geserveerd.

Yves Lemercier

ch. de Charleroi 72 - 1410 Waterloo
📞 02 387 17 78　🖨 02 387 17 78
info@yveslemercier.be - http://www.yveslemercier.be
🕐 20:30　🔒 ma/lu za/sa zo/di　🔒 ma/lu di/ma wo/me zo/di
📅 Noël et Nouvel An / Kerst en Nieuwjaar
🍽 16-35

En véritable bon vivant, Yves Lemercier ne cuisine que des produits dont il connaît la provenance et le pedigree. Ici, ce qui prime, c'est le produit et bien sûr de passer une agréable soirée. Amateurs de charcuteries, faites votre choix parmi le boudin noir, le filet de bœuf Simmenthal et autres gourmandises généreuses. Sinon, on peut se faire plaisir et dégustant un pigeonneau en cocotte, un onglet de veau flambé à l'armagnac et poivre vert. Possibilité d'acheter les produits au garde-manger, l'épicerie. Amateur de tables soignées et de service pédant, passez votre chemin.

Als echte bon vivant bereidt Yves Lemercier enkel producten waarvan hij de herkomst en de afstamming kent. Wat hier primeert is het product, en natuurlijk het feit een aangename avond door te brengen. Liefhebbers van charcuterie, maak uw keuze uit zwarte pens, filet van Simmenthal rund en andere weelderige lekkernijen. Anders kunt u ook genieten van jonge duif in cocotte of in armagnac geflambeerd longhaasje van kalf met groene peper. De producten in de provisiekast, de kruidenierswaren zijn te koop. Liefhebbers van verzorgde tafels en een pedante bediening zijn hier niet aan het juiste adres.

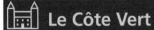 Le Côte Vert

ch. de Bruxelles 200G - 1410 Waterloo
📞 02 354 01 05   🖨 02 354 08 60
info@cotevert.be - http://www.cotevert.be
🕐 0:00   7⁄7
📅 23 déc. - 1 janv. / 23 dec. - 1 jan.
🛏 44   🍴 90-150

 Martin's Grand Hotel

ch. de Tervuren 198 - 1410 Waterloo
📞 02 35 21 81 5   🖨 02 35 21 88 8
mgh@martinshotels.com - http://www.martinshotels.com
🕐 0:00   7⁄7
🛏 73   🍴 130-275   🅿 30-50   50   6   320

Le Joli-Bois

r. Sainte Anne 59 - 1410 Waterloo
📞 02 353 18 18   🖨 02 353 05 16
info@waterloohotel.be - http://www.hoteljolibois.be
🕐 0:00   7⁄7
📅 23 - 31 déc. / 23 - 31 dec.
🛏 15   🛏 118   🍴 69-116

Watou

⑭ ↗ Gasthof 't Hommelhof   ☺

Watouplein 17 - 8978 Watou
📞 057 38 80 24   🖨 057 38 85 90
info@hommelhof.be - http://www.hommelhof.be
🕐 21:30   🔒 wo/me   🔒 ma/lu di/ma wo/me do/je
📅 1 sem. janv., 1 sem. juin, 1 sem. oct. / 1 week jan., 1 week juni,
1 week okt.
🍴 34-49   🍴 26-59   🍷 67

Chef Stefaan Coutteneye is een kenner van bier als ingrediënt in de keuken. Hij toont dat met verve. Wij proeven van carpaccio van rund gemarineerd in Cuvée 't Hommelhof met ganzenleverroom. Een bijzonder geslaagd gerecht. Hammetje in St.-Bernardustripel is lekker, maar zeer zwaar. Het beste wat wij krijgen, is filet en koteletje van lam met een aangename textuur en volle smaak in St.-Bernardus Abt, met tuin- en snijbonen. Dit restaurant verdient een punt meer. Prijs-kwaliteit is het top en de bediening is voortreffelijk.

Le chef Stefaan Coutteneye est un expert dans l'utilisation de la bière en cuisine. Et il le démontre avec quel panache ! Nous avons goûté un carpaccio de bœuf mariné dans la Cuvée 't Hommelhof avec une crème au foie gras d'oie. Un plat particulièrement réussi. Le jambonneau à la triple St.-Bernardus a tout pour plaire, mais s'avère trop lourd… Notre meilleur plat était sans conteste le filet et la côte-lette d'agneau, d'une texture très agréable, puissamment aromatisés à la trap-piste St.-Bernardus et accompagné de fèves et de haricots à couper. Ce restaurant mérite clairement un point de plus. Le rapport qualité/prix est exceptionnel et le service irréprochable.

Wavre

Le Bateau Ivre

ruelle Nuit et Jour 19 - 1300 Wavre
℡ 010 24 37 64   🖨 010 24 37 64
mattagnehugues@yahoo.fr - http://www.lebateauivre.be
🕐 22:00   🔒 ma/lu zo/di   🔒 ma/lu zo/di
🍽 35   💶 40-60

Le Caprice des Deux

r. de Bruxelles 25 - 1300 Wavre
℡ 010 22 60 65   🖨 010 24 43 65
capricedesdeux@skynet.be - http://www.lecapricedesdeux.be
🕐 0:00   🔒 ma/lu zo/di   🔒 ma/lu zo/di
📅 Pâques, 15 juil. - 3 août / Pasen, 15 juli - 3 aug.
🍽 28-49   💶 52-75   🍴 42

Dans une maison de maître de la rue de Bruxelles, on découvre un univers art déco aux colonnes de marbre et hautes portes boisées. Bertrand Noël exerce ici l'une des plus belles cuisine de la cité du Maca (et environs). Pourtant, cette an-née, nous ne pouvons que tirer la sonnette d'alarme. Ces derniers temps, s'il nous a généralement ravis, le chef a également démontré ci et là quelques petites irrégularités qui lui coûtent un point cette année. Cela n'en demeure pas moins un plaisir que d'aller savourer son impeccable et tendre filet de veau, ravioli de chou-fleur sauté à cru, chénopode à la crème et noisettes. Le homard grillé sur son quinoa à la citronnelle, la structure d'aubergine, avocat et champignons de saison confirment: saveurs, cuissons et textures étaient parfaits ce jour-là. Reste à ce que cela soit tous les jours pareils. Carte des vins intelligemment organisée par type de vin. Petite terrasse en été.

In een herenhuis in de rue de Bruxelles ontdekken we een art-decowereld met marmeren zuilen en hoge betimmerde deuren. Bertrand Noël serveert hier een van de mooiste keukens van de 'stad van de Maca' (en omstreken). Dit jaar kunnen we echter enkel aan de alarmbel trekken. De laatste tijd heeft de chef ons over het algemeen verrukt, maar hij heeft ook hier en daar blijk gegeven van enkele kleine onregelmatigheden die hem dit jaar een punt kosten. Dat neemt echter niet weg dat het een plezier blijft om te gaan proeven van zijn onberispelijke en malse kalfsfilet met ravioli van bloemkool, ganzenvoet met room en hazelnootjes. De gegrilde kreeft op quinoa met citroenkruid, de auberginestructuur, avocado en seizoenschampignons bevestigden het: de smaken, de cuissons en de texturen waren die dag perfect. Zo zou het alle dagen moeten zijn. Verstandig ingedeelde wijnkaart per wijntype. Klein terrasje in de zomer.

👍 La figuière

rue de la source 15 - 1300 Wavre
📞 010 24 21 58   📠 010 24 21 58
lortiauxcatherine@hotmail.com - http://www.lafiguiere.be
🔓 0:00   🔒 ma/lu za/sa zo/di   🔒 ma/lu zo/di
🍽 25-40   🍷 38-56

👨‍🍳 Happy's

ch. des Collines 106 - 1300 Wavre
📞 010 22 22 40   📠 010 22 22 60
info@restohappys.be - http://www.restohappys.be
🔓 23:00   🔒 za/sa   🔒
🍽 28-38   🍷 30-40   🥄 44

The place to be en Brabant wallon, pour tous les cadres branchés, le temps d'un lunch ou d'un after après le boulot. La formule du midi est bien rôdée proposant un choix sans cesse renouvelé entre trois entrées et trois plats. Poissons et viandes s'y partagent la carte avec une belle variation et une constance de plus en plus maintenue au niveau des préparations. Le maître 'es sushis' fait jouer de ses couteaux pour proposer un assortiment très frais de poisson cru. Quelques vins au verre pour le plaisir des petites soifs.

The place to be in Waals-Brabant, voor alle trendy kaderleden, om te lunchen of samen te komen na het werk. De middagformule werkt vlot: keuze uit drie voorgerechten en drie hoofdgerechten die constant hernieuwd worden. Op de kaart staat zowel vis als vlees, met een mooie variatie en een constantheid die steeds meer op peil wordt gehouden op het niveau van de bereidingen. De meester 'in de sushi' trekt zijn messen om een uiterst vers assortiment rauwe vis aan te bieden. Enkele wijnen zijn verkrijgbaar per glas, voor de kleine dorst.

👨‍🍳 Le Resto d'en Face ♥☺

r. Charles Sambon 14 - 1300 Wavre
📞 010 22 48 69
lerestodenface@skynet.be - http://www.lerestodenface.be
🔓 0:00   🔒 za/sa zo/di   🔒 zo/di
📅 23 fev. - 08 mars / 23 feb - 08 maart
🍽 25-35   🍷 35-45

Wavre, ses rues piétonnières, son marché et bien sûr, le Resto d'en Face. On vient à cette adresse, qui compte une clientèle fidèle d'habitués, pour sa cuisine roborative et son service toujours souriant. Outre le lunch très apprécié, on déguste les classiques croquettes aux crevettes, l'américain haché minute et ses frites allumettes ou encore les andouillettes à la mode de Caen. Le tout s'arrose de quelques bonnes bouteilles.

Waver, zijn voetgangersstraatjes, zijn markt en natuurlijk Le resto d'en face. Trouw aan een publiek van habitués die hier komen voor de opwekkende keuken en de altijd vriendelijke bediening. Naast de lunch die enorm op prijs wordt gesteld, kunt u hier klassieke garnaalkroketten, americain met frietjes of andouillette op de wijze van Caen eten. Bij dat alles worden enkele goede flessen geschonken.

⑭ ↗ Un Altro Mondo ♡ ☺

Chaussée de Louvain 406 - 1300 Wavre
℡ 010 24 35 95   🖷 010 24 30 94
http://www.unaltromondo.be/
🍴 22:00   🍷 za/sa zo/di   🍷 za/sa zo/di
📅 18 juil. - 8 août / 18 juli - 8 aug.
💶 13-25

Formidable adresse italienne, cette maison très discrète propose une cuisine à base de produits d'une qualité rare: truffes d'Alba en direct, burrata, poêlées d'artichauts et cèpes ou tagliata sont autant de préparations gorgées de soleil qui réjouissent les clients. Isabelle veille en salle à ce que chacun trouve son bonheur au tableau noir (il n'y a pas de carte) et puise le vin idéal. Celui-ci viendra indubitablement de la Botte, et sera en grande partie bio avec un rapport qualité-prix rare pour des vins italiens. Le point supplémentaire est acquis.

Een fantastisch Italiaans adresje. Dit uiterst discrete huis stelt een keuken voor op basis van producten met een opmerkelijke kwaliteit: truffels rechtstreeks uit Alba, burratta, gebakken artisjokken en eekhoorntjesbrood of tagliatta... Stuk voor stuk zonovergoten bereidingen die in de smaak vallen bij de klanten. Isabelle waakt er in de zaal over dat iedereen zijn gading vindt op het krijtbord (er is geen kaart) en de ideale wijn kiest. Dit zal ongetwijfeld een Italiaanse wijn zijn – voor het merendeel biologische wijnen met een prijs-kwaliteitverhouding die zeldzaam is voor Italiaanse wijnen. Een puntje bij.

🏨 At Home Hotel

pl. A Bosch 33 - 1300 Wavre
℡ 010 22 83 83   🖷 010 81 69 39
contact@at-gomehotel.be - http://www.at-homehotel.be
🍴 0:00   ⁷⁄₇
🛏 19   🛏 105   🛏 65-125

🏨 Best Western HNA Wavre Hotel

r. du Manil 91 - 1300 Wavre
℡ 010 24 33 34   🖷 010 24 36 80
reservation@wavre-hotel.be - http://www.wavrehotel.be
🍴 0:00   ⁷⁄₇
🛏 75   🛏 189   🛏 79-199   🅿 99-219   🍳 219

Limelette

👍 Le Saint Jean des Bois

r. Charles Dubois 87 - 1342 Limelette
℡ 010 42 19 99   🖷 010 41 57 59
info@chateau-de-limette.be - http://www.chateau-de-limette.be
🍴 21:30   ⁷⁄₇
📅 24 et 31 déc. / 24 en 31 dec.
💶 35-70   💶 46-59   🍴 45

Château de Limelette

r. Charles Dubois 87 - 1342 Limelette
℡ 010 42 19 99   010 42 19 99
info@chateau-de-limelette.be - http://www.chateau-de-limelette.be
0:00 ⁷/₇
🛏 88   ⓚ 200   ⓚ 105-220   ℗ 145-260   🍽 260

Ways ▷ Genappe

Wegnez ▷ Verviers

Wellin

⑬ La Papillote

r. de la Station 5 - 6920 Wellin
℡ 084 38 88 16   084 38 70 46
lapapillote@skynet.be - http://www.lapapillote.be
21:00   🔒 di/ma wo/me za/sa   🔒 di/ma wo/me zo/di
📅 1 - 7 janv., 1 - 14 mars, 15 juil. - 6 août / 1 - 7 jan., 1 - 14 maart,
15 juli - 6 aug.
🍽 21-45   28

Epices d'ici et d'ailleurs ou herbes aromatiques sont les éléments phares de cette cuisine champêtre. Les gambas en vapeur s'accompagnent de notes acidulées de fenouil, petit détour par l'Orient compris, tandis que la caille fait honneur aux Ardennes belges et à leurs girolles.

Specerijen van hier en elders of aromatische kruiden zijn de belangrijkste elementen van deze landelijke keuken. De gestoomde gamba's laten zich degusteren met zure accenten van venkel en een klein ommetje via het oosten, terwijl de kwartel hulde brengt aan de Belgische Ardennen en haar cantharellen.

Wemmel ▷ Bruxelles environs - Brussel omstreken

Wenduine ▷ De Haan

Wépion ▷ Namur

Westende

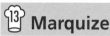 Marquize

Henri Jasparlaan 175 - 8434 Westende ⌂ ☂
℡ 059 31 11 11 ☏ 059 30 65 83
la.marquize@telenet.be - http://www.marquize.be
🍴 20:30 🔒 di/ma wo/me 🔒 di/ma wo/me
📅 10 jrs. déb. mars, 10 d. fin juin, 10 jrs. déb. oct., d'oct à mars
également fermé le lundi / 10 d. begin maart, 10 d. eind juni, 10 d.
begin okt., van okt tot maart ook gesloten op maandag
🍽 51-60 🍷 58-83

Patrick Noël serveert smaakbommen zoals gepletatte aardappel met garnalen, gepocheerd ei en mousselinesaus. Je vindt dat gerecht niet zo vaak meer op een
kaart. Het is nochtans subliem als het goed gemaakt is. De chef werkt graag met
producten van de zee (tong, tarbot, er is ook een kreeftenmenu), maar in zijn
marktmenu laat hij de keuze tussen vis en vlees. Geen probleem, het is allemaal
even lekker. Fraaie, gezellige inrichting.

Patrick Noël propose des bombes gustatives comme ces pommes de terre écrasées aux crevettes, œuf poché et sauce mousseline. Ce plat ne se retrouve plus
si souvent à la carte. Il est pourtant sublime quand il est bien exécuté. Le chef
travaille volontiers avec des produits de la mer (sole, turbot ; et il y a un menu
homard), quoique son menu du marché laisse le choix entre la viande et le poisson. Qu'importe, tout est délicieux. Aménagement élégant et convivialité sont
de mise.

🏠 Hostellerie Melrose

H. Jasparlaan 127 - 8434 Westende 🛏 ⌂ ❀
℡ 059 30 18 67 ☏ 059 30 18 67
hotel@melrose.be - http://www.melrose.be
🍴 0:00 7⁄7
🛏 10 🔑 82 🔑 82-96

🏠 Villahotel (ancien Roi Soleil)

Charles de Broquevillel. 17 - 8434 Westende 🛏 ⌂ ❀
℡ 0479 53 32 01
info@villahotel.be - http://www.villahotel.be
🍴 0:00 7⁄7
🛏 6 🔑 95-145

Westerlo

Geerts

Grote Markt 50 - 2260 Westerlo
℡ 014 54 40 17   🖨 014 54 18 80
info@hotelgeerts.be - http://www.hotelgeerts.be
🕐 21:15   🔒 wo/me   🔓 wo/me zo/di
📅 15 fév - 1er mars, 16 août - 6 sept. / 15 feb - 1 maart, 16 aug - 6 sept
🍴 32-80   🍷 50-100   🍽 42

't Kempisch Pallet

Bergveld 120 - 2260 Westerlo
℡ 014 54 70 97   🖨 014 54 70 57
info@kempischpallet.be - http://www.kempischpallet.be
🕐 21:00   🔒 ma/lu   🔓 ma/lu zo/di
🍴 35-55   🍷 45-65   🍽 45

Nieuwe kooktechnieken moeten ten dienste staan van product en smaak. Chef Bert Taels vindt dat ongetwijfeld ook, want hij gebruikt die technieken naargelang hij ze kan integreren in zijn gastronomische visie. Dat levert actuele, evenwichtige bereidingen op. Er is een driegangen lunch voor € 35 en het markt degustatiemenu begint ook al aan € 38.

Les nouvelles techniques de cuisson doivent être au service du produit et du goût. C'est incontestablement l'avis du chef Bert Taels, car il utilise ces techniques en fonction de leur intégration possible dans sa vision gastronomique. Il en résulte des plats actuels et équilibrés. Il existe un menu à trois plats pour 35 euros et le menu dégustation du marché commence déjà à 38 euros.

Het Komfoor   ☺

Gevaertlaan 199 - 2260 Westerlo
℡ 016 84 33 77
info@hetkomfoor.be - http://www.hetkomfoor.be
🕐 21:30   🔒 wo/me do/je za/sa   🔓 wo/me do/je
🍴 35-70   🍷 33-59   🍽 57

Chef Mario Aerts verwent met klassieke gerechten die hij inventief en persoonlijk interpreteert. De verwenning zit 'm ook in de scherpe prijzen. Het degustatiemenu (drie, vier of vijf gangen) wisselt elke maand en biedt bijvoorbeeld nobashigarnalen met avocadopudding, citroengras en gember; dan zeewolf met saffraan, mosseltjes en koriander, of piepkuiken met tomaat en dragon; en als dessert rabarber met rode vruchten en Brugse boterkletskop. Mooi tuinterras.

Le chef Mario Aerts régale ses invités avec des plats classiques qu'il interprète sur un mode inventif et personnel. Les convives sont également gâtés par des prix particulièrement bien étudiés. Le menu Dégustation (trois, quatre ou cinq plats) change chaque mois et propose, par exemple, des crevettes Nobashi accompagnées d'un pudding d'avocat, de mélisse et de gingembre. Ensuite, du loup au safran, moules et coriandre ou un poussin à la tomate et à l'estragon ; et dessert, rhubarbe aux fruits rouges et galette de pralin. Belle terrasse côté jardin.

 **Geerts**

Grote Markt 50 - 2260 Westerlo
📞 014 54 40 17   📠 014 54 18 80
info@hotelgeerts.be - http://www.hotelgeerts.be
🗝 0:00   7/7
🧳 10 - 25 fév., 16 aout - 9 sept. / 10 - 25 feb., 16 aug. - 9 sept.
🛏 18   🔑 108-130   📷 85-133   🍴 133

Westouter

Reverie

Rodebergstr. 26 - 8954 Westouter
📞 057 44 48 19   📠 057 44 87 40
hotel@reverie.be - http://www.reverie.be
🗝 0:00   7/7
🧳 1 - 15 juin / 1 - 15 juni
🛏 8   🔑 80-115   📷 70-90   🍴 90   S 130

Wevelgem

Ter Gracht

Wittemolenstr. 152 - 8560 Wevelgem
📞 056 41 12 70   📠 056 42 31 89
info@tergracht.be - http://www.tergracht.be
🗝 0:00   7/7
🛏 11   🔑 67-150   📷 87-170   🍴 170

Wibrin ▷ Houffalize

Wierde ▷ Namur

Wijnegem ▷ Antwerpen

Wilrijk (Antwerpen) ▷ Antwerpen

Wilsele ▷ Leuven

Wimmertingen ▷ Hasselt

Winterslag ▷ Genk

Wolvertem ▷ Bruxelles environs - Brussel omstreken

Wortegem-Petegem

Elsegem

 **Plein 25**

Elsegemplein 25 - 9790 Elsegem
℡ 056 60 25 25
http://www.plein25.be
⌂ 0:00   🔒 di/ma za/sa   🔒 di/ma za/sa

Jan en Martine serveren nog altijd de genereuze terroirkeuken die ze 25 jaar lang aanboden in De Hermelijn in Wannegem-Lede. Hun nieuwe zaak is kleinschaliger, bijna huiselijk. Wij proeven van zalm in de vorm van kroketje, rillettes en mousse. De hapjes zijn ongekunsteld, maar smaakvol. Het eerste gerecht zijn lekkere, sappig gefrituurde inktvisjes, en aan de andere kant van de tafel een 'eigen visie op' vitello tonnato, die qua saus wat achterblijft op de originele versie. Als tussengerecht smullen we van uitmuntend gebakken kalfshersentjes met tartaarsaus. Er komen twee hoofdgerechten: een speenvarkentje dat op zijn geheel in de oven gebakken wordt en succulent is van smaak. Het vlees smelt in de mond en wordt discreet opgepept door de jus. De tafelgenoot gaat voor tarbot met mousselinesaus, maar die haalt het niet van het speenvarken. De wijnkaart voldoet. De bediening is vriendelijk en efficiënt. Dit is een plezierig adres, dat een koksmutsje verdient voor de kwaliteit van de producten en de eerlijkheid van de bereidingen. Welkom in de gids!

Jan et Martine servent encore et toujours la généreuse cuisine de terroir qu'ils ont, 25 ans durant, proposée au Hemerlijn à Wannegem-Lede. Leur nouvelle maison est plus confidentielle, presque intime. Nous avons goûté le saumon en croquettes, rillettes et mousse. Sans être raffiné, cela se révèle savoureux. Le premier plat se compose de tendres poulpes frits tandis qu'en face, le vitello tonnato 'à ma façon' peinait un rien par rapport à l'original surtout côté sauce. En entremets, une cervelle de veau et sa tartare. Les deux plats principaux se révèlent être d'une part un délicieux cochon de lait cuit entier au four dont la viande fond littéralement en bouche et dont le goût est timidement mais justement relevé par un beau jus de cuisson. De l'autre, le turbot mousseline qui avait peine à rivaliser avec son camarade porcin. La carte des vins est…suffisante. Le service est cordial et efficace. Adresse de plaisir qui coiffe la toque grâce à la qualité des produits et à la justesse des préparations. Bienvenue dans le guide.

Zaventem ▷ Bruxelles environs - Brussel omstreken

Zedelgem ▷ Brugge

Zeebrugge (Brugge)

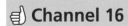 Channel 16

Werfkaai 16 - 8380 Zeebrugge (Brugge)
📞 050 60 16 16   📠 050 78 82 11
go@ch16.be - http://www.ch16.be
🕐 21:30   🔒 ma/lu di/ma zo/di   🔒 ma/lu di/ma
🗓 fin janv., fin juin - déb. juil. / eind jan., eind juni - beg. juli
💶 25-35   🍴 40-60   🍷 55

Lissewege

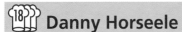 Danny Horseele

Stationsweg 45 - 8380 Lissewege
📞 050 32 10 32 / 050 31 50 36   📠 050 32 20 32
info@dannyhorseele.ne - http://www.dannyHorseele.be
🕐 21:15   🔒 wo/me zo/di   🔒 wo/me zo/di
💶 55-120   🍴 90-150   🍷 80

Danny Horseele staat borg voor een rijk versmolten keuken die tegelijk scherp in het bord wordt uitgetekend. Daardoor blijft zijn keuken ook na ettelijke decennia nog altijd bijzonder actueel. Horseele assimileert als geen ander innovatieve ideetjes om ze persoonlijk in zijn creaties te verweven. Zo houdt hij zijn oeuvre fris en jong. Nooit choqueert hij zijn trouwe klandizie, die hem voor topklassiekers graag opzoekt. Horseele kent veel culinaire evergreens immers blindelings uit het hoofd om ze meesterlijk, bijna speels vorm te geven. In dat opzicht is zijn restaurant ook een zorgeloze plaats om de betere wijnen met zijn loepzuivere repertoire te confronteren. Goede herinneringen hebben we weerom aan een creatie rond van oosterscheldekreeft gecombineerd met onder meer tandoorikruiden, trendy gepekelde groentjes en frisse groene kruiden. Ook zijn ode aan Frans lam verraadt een fijngevoelige hand die het juiste begrip toont voor de diversiteit van de diverse karkasstukken uit rug, buik en bout. Danny Horseele is net zoals zovele lekkerbekken gek op dame blanche. Hoe hij de spirit van deze lekkernij bewaart en tegelijk een eigentijdse decoratieve draai geeft, is een treffend voorbeeld van hoe een chef op een ludieke manier meerwaarde creëert.

Danny Horseele est le garant d'une cuisine fusion généreuse qui arbore dans le même temps une forte personnalité. Ce faisant, sa cuisine reste encore particulièrement actuelle après plusieurs décennies… Horseele assimile comme aucun autre des idées innovantes pour les tisser ensuite dans la trame de ses créations personnelles. Son art reste ainsi d'une grande fraîcheur et d'une jeunesse vivifiante… Cependant, il ne choque jamais sa clientèle fidèle qui raffole de ses grands classiques. Horseele peut en effet réaliser de nombreux incontournables les yeux fermés et leur donnant – et avec quelle maestria ! – forme dans une approche presque ludique. À cet égard, son restaurant est aussi l'endroit idéal pour confronter les meilleurs vins à son répertoire d'une très grande pureté. Nos papilles se souviennent encore d'une création autour du homard de l'Escaut oriental associé, entre autres, à des épices tandoori, de petits légumes et saumure, très tendance, et des herbes vertes d'une grande fraîcheur. Son ode à l'agneau français trahit aussi une très grande sensibilité qui permet de mettre en lumière la diversité des différents morceaux de carcasses du dos, de la poitrine et du gigot. À l'instar de très nombreux gourmets, Danny Horseele est accro à la Dame Blanche. La manière dont il conserve l'esprit de ce délice tout en lui donnant une interprétation et un décor contemporains est un exemple très parlant de la manière dont un chef peut créer une plus-value dans une perspective ludique.

Zelzate

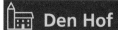 **Den Hof**

Stationsstr. 22 - 9060 Zelzate
℡ 09 345 60 48 📠 09 342 93 60
info@denhof.be - http://www.denhof.be
🕐 0:00
📋 1 sem. Pâques, 3 sem. juil., Noël et Nouvel-An / 1 week Pasen,
3 wek. juli, Kerstmis en Nieuwjaar
🚗 16 ♨K 100 ♨K↻ 90-120 🚗 2 ♨S 130

Zevergem ▷ De Pinte

Zillebeke ▷ Ieper

Zoersel

⑬ **Het waterhuis**

Raymond Delbekestraat 175 - 2980 Zoersel
℡ 03 293 06 40
info@hetwaterhuis.be - http://www.restaurantschilde.be
🕐 0:00 🍴 ma/lu di/ma 🛏 ma/lu di/ma
🍽 40-70 🍷 63

Dit huis profileert zich als visrestaurant met specialiteiten als gegrilde poten van kingkrab, zeevruchten en kreeft. Maar er is net zo goed plaats voor wild in het seizoen. De chef kiest voor kwaliteitsproducten, die hij met veel zorg voor garing en smaak bereidt. Zonder al te creatief te willen zijn, gebruikt hij vlot nieuwe technieken en integreert hij elementen uit de wereldkeuken. Bij het aperitief krijgen we drie mooi gepresenteerde hapjes, waaronder een gazpacho met drinkbaar zalfje van peterselie. Het voorgerecht is perfect gesneden tartaar van zalm van behoorlijke kwaliteit, sashimi van voortreffelijke tonijn, en juist gegaarde maar niet zo verse coquille. Frisse toetsen komen van wasabimayonaise, gember en wakamesalade. Hoofdgerecht is tonijn, correct gegrild maar onvoldoende warm, met beetgare paellarijst. Er hoort nog een stukje kingkrabpoot bij, wat het gerecht copieus maakt. Hier en daar ontbreekt smaakcoherentie in het bord, maar er zit duidelijk potentie in deze zaak. Uitgebreide wijnkaart met eerlijke prijzen. Het aangename terras ligt aan een drukke weg.

Cette maison se définit comme un restaurant de poisson. Ses spécialités: les pinces de crabe royal grillées, les fruits de mer et le homard. Cela ne l'empêche pas de réserver une place de choix au gibier en saison. Le chef sélectionne des produits de qualité, qu'il agrémente dans un grand souci des cuissons et des saveurs. Sans rechercher la créativité à outrance, il n'est pas contraire aux nouvelles techniques et intègre des éléments de cuisine fusion. L'apéritif se décline en trois amuse-bouche bien présentés, dont un gaspacho à la crème de persil. En entrée: tartare de saumon parfaitement tranché, sashimi de thon irréprochable et Saint-Jacques correctement poêlée, mais pas de première fraîcheur. La mayonnaise de wasabi, le gingembre et la salade de wakame se chargent de la touche rafraîchissante. En plat principal, nous dégustons du thon grillé comme il se doit, mais pas suffisamment chaud, ainsi que du riz croquant spécial paella. Sans oublier la pince de crabe royal, gage d'un plat copieux. L'assiette manque çà et là de cohérence gustative, mais le chef a du potentiel, cela ne fait aucun doute. Livre de cave étoffé, à des prix honnêtes. L'agréable terrasse borde une route fréquentée.

Heusden-Zolder

 ⌐ Prêt-à-goûter ♡

St. Jobstr. 83 - 3550 Heusden-Zolder
☏ 011 20 16 80   🖨 011 22 79 08
info@pretagouter.be - http://www.pretagouter.be
🕙 22:00   🔒 ma/lu zo/di   🔒 ma/lu zo/di
🍴 50-95   🍷 30-55   ⚊ 75

Vader en zoon Vandenhove timmeren elk jaar met meer succes aan de weg. Hun keuken is puur, mooi in balans en smakelijk. Wij starten met perfect gebakken sint-jakobsnootjes, ganzenleverkrullen en truffelolie. Eenvoudig en mooi, ook qua presentatie. Daarna komt traag gegaard boutje van Pyrenees lam, met seizoengroenten en jus. Het vlees is zeer sappig en intens van smaak. Je proeft de natuur! Minder enthousiast zijn we over het kaasassortiment. Ook de wijnkaart kan beter, al staan er enkele leuke ontdekkingen op. De bediening sputterde even maar verbeterde toen dochter Maaike in de zaal kwam. Dit neemt niet weg dat wij een verdiend punt bijgeven.

Chaque année, Vandenhove père et fils bâtissent leur réputation avec un succès renouvelé. Leur cuisine est authentique, bien équilibrée et savoureuse. Les noix de Saint-Jacques poêlées, copeaux de foie gras d'oie et huile de truffe ouvrent le bal. Simple et beau, pour le palais comme pour les yeux. Nous enchaînons sur de l'agneau des Pyrénées cuit à basse température, ses légumes de saison et son jus. La viande est succulente et riche en goût. C'est la nature qui s'invite dans l'assiette. Nous sommes moins conquis par l'assortiment de fromages. La carte des vins peut aussi mieux faire, même si elle recèle quelques découvertes intéressantes. Le service a un peu cafouillé, mais tout est rentré dans l'ordre quand la fille de la maison, Maaike, est arrivée en salle. Ce petit couac ne nous ont pas empêchés d'attribuer un point supplémentaire bien mérité.

👍 Spork - Foodcafé

Gildenstr. 1 - 3550 Heusden-Zolder
☏ 011 42 41 61   🖨 011 28 64 65
info@spork.be - http://www.spork.be
🕙 22:00   🔒 wo/me   🔒 wo/me
🍷 40-60

De Pits

Sterrenwacht 143 - 3550 Heusden-Zolder
☏ 011 85 82 82   🖨 011 85 82 83
zolder@lodge-hotels.be - http://www.lodge-hotels.be
🕙 0:00   7/7
🛏 25   🍴 90-150

⌂ Soete Wey

Kluisstr. 48 - 3550 Heusden-Zolder
✆ 011 25 20 66 🖷 011 87 10 59
info@soete-wey.be - http://www.soete-wey.be
🔓 0:00
☐ 1 - 15 janv. / 1 - 15 jan.
🚗 20 🅺 115 🅿 79-120 🛏 120

Zonhoven ▷ Hasselt

Zottegem

⑭ Two Cooks

Markt 15 - 9620 Zottegem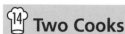
✆ 09 328 85 69
info@twocooks.be - http://www.twocooks.be
🔓 21:00 🔒 ma/lu za/sa 🔒 ma/lu zo/di
☐ 1 - 12 avr, 5 - 23 août / 1 - 12 apr, 5 - 23 aug.
🍽 41-52 🍷 20-30 🥄 52

Gunther Taelman en Olivier Jolie bereiden een lichte, klassieke keuken met creatieve toetsen. Beide chefs gingen in de leer bij klassiek geschoolde toppers namelijk Guy Van Cauteren en Philippe Vanheule. Ze brengen vlot moderniteit in hun
eigen repertoire dat ze ook betaalbaar willen houden en aarzelen niet om hun
gasten te verwennen. Er is al een lunch met wijn voor € 35.

Gunther Taelman et Olivier Jolie proposent une cuisine légère et classique rythmée de touches créatives. Les deux chefs ont appris les ficelles du métier chez de
grands chefs classiques comme Guy Van Cauteren et Philippe Vanheule. Ils intro-
duisent aussi harmonieusement de la modernité dans leur propre répertoire et ils
entendent garder les prix abordables. Ils n'hésitent pas à dorloter leurs invités.
Ainsi, il y a déjà un lunch à 35 euros.

Elene

👍 Bistro Alain ♡

Leopold III str. 1 - 9620 Elene
✆ 09 360 12 94 🖷 09 361 08 03
bistro-alain@telenet.be - http://www.bistroalain.be
🔓 21:15 🔒 di/ma wo/me 🔒 di/ma wo/me
☐ 15 août - 1ère sem sept / 15 aug - 1ste week sept
🍽 28-48 🍷 16-28 🥄 62

Zuienkerke ▷ Blankenberge

Zulte

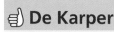 De Karper

Karperstr. 16 - 9870 Zulte

📞 09 380 42 62   📠 09 380 42 92

restaurantdekarper@hotmail.com -
http://www.restaurantdekarper.be

🕘 21:00   🔒 ma/lu di/ma wo/me do/je za/sa   🔒 ma/lu di/ma wo/me do/je

💶 38-44   🍽 33-44   🍷 50

Zwevegem

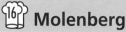 Molenberg

Kwadepoelstr. 51 - 8550 Zwevegem

📞 056 75 93 97   📠 056 75 93 97

rest_molenberg@hotmail.com -
http://www.molenbergrestaurant.be

🕘 20:30   🔒 wo/me za/sa   🔒 ma/lu wo/me zo/di

🗓 3 sem. fin juil. - déb. août / 3 wek. eind juli - beg. aug.

💶 45-90   🍽 64-120   🍷 55

Filip Bogaert heeft de klassieke keuken tot in de perfectie in de vingers. Zijn gerechten hebben een rijk smakenpatroon en worden tot in de puntjes bereid. Kraakverse producten liggen aan de basis van krokant gebakken langoustines, met een slaatje en rijk geparfumeerde basilicumdressing en even om en om gegrilde jakobsnootjes met een truffeldressing, begeleid met kort gestoomde prei en bieslook. Voor de hoofdgerechten houden we het opnieuw bij vis: gegrilde zeebaarsfilet met knapperige jonge bloemkool en verse zomertruffel en gebakken jakobsnootjes met gerookt spek in een krokant koekje, met wilde boschampignons en saus van erwtjes. Een minpunt: de bediening loopt iets te veel op automatische piloot en mist hartelijkheid.

Filip Bogaert connaît la cuisine classique sur le bout des doigts. Ses plats dévoilent une très grande diversité de goûts et font l'objet d'une préparation minutieuse. Des produits d'une très grande fraîcheur ont permis de réaliser les langoustines cuites croquantes accompagnées d'une petite salade et d'une vinaigrette au basilic très aromatique. C'est le cas aussi des noix de Saint-Jacques juste grillées des deux côtés avec leur petite sauce à la truffe et leur accompagnement de poireau juste cuit à l'étouffée et ciboulette. Pour les plats principaux, nous étions encore partis en mer avec un filet de bar grillé, secondé par un jeune chou-fleur croquant, de la truffe d'été fraîche, et avec des Saint-Jacques au lard fumé, dans un biscuit croquant, le tout accompagné de champignons des bois et d'une sauce aux petits pois. Un bémol toutefois, le service se retrouve un peu trop vite en « pilotage automatique » et manque de chaleur.

Zwevezele

Cuisine Kwizien

Bruggestraat 45 - 8750 Zwevezele
℡ 051 43 81 78
http://www.cuisinekwizien.be
🕐 0:00   🔒 wo/me do/je za/sa   🔒 wo/me do/je
🍴 16-45   🍷 12-50

Zwijnaarde ▷ Gent

A

INDEX HOTELS

LE FOIE GRAS
UPIGNAC

Le Fournisseur des Vrais Connaisseurs
De Leverancier van de Ware Fijnproevers

www.upignac.be - contact@upignac.be

Les Foies Gras de Strasbourg

Bruxelles • 1929 • Brussel

Le Fournisseur des Professionnels
De Leverancier van de Professionelen

Tel: 0032 (0) 81 51 20 05 • Fax: 0032 (0) 81 51 30 51

Starpack

All in one

Mobile   Tel

TV   Internet

Love   Work   Play   Mobistar

www.mobistar.be

RISTORANTE FAVARO
RUE DES REMPARTS 19
4303 ESCH-SUR-ALZETTE

RENATO FAVARO

CHEF DE L'ANNÉE
AU GRAND-DUCHÉ DE LUXEMBOURG

Forza gastronomia !

Dieu sait s'ils sont légion, dans notre pays, les restaurants italiens. Force est pourtant de constater qu'il existe une réelle dichotomie entre la qualité des produits italiens, leur saveur originelle et la finesse de leurs plats d'une part, et le niveau général que l'on rencontre dans la majorité des adresses italiennes de l'autre. Si l'on fait fi des pizzerias au sein desquelles nous avons renoncé depuis longtemps à faire le tri tant les plaisirs attablés y sont tantôt extrêmes tantôt totalement absents, il reste quelques maisons vantant les mérites, parfois avec succès, rarement avec brio, de la cuisine transalpine.

Pourtant, on pourrait proposer à l'ambassade italienne de se domicilier ici tant le chef parvient à élever au rang de gastronomie fine et élégante des produits au demeurant simples à la base tels que les pâtes ou les tomates. Entre ses mains, celles-ci prennent une dimension, une saveur et un relief qui font la différence. Après avoir bourlingué un peu partout - y compris sur les mers du monde entier -, Renato a ouvert cette adresse il y a vingt ans.

Fort d'un travail acharné, le restaurant a fait très vite des émules et se taille chaque jour un peu plus une place de choix dans le paysage culinaire. Loin de se reposer sur ses lauriers, Renato est toujours à la recherche de nouveautés et d'innovation car, selon ses propres dires, la cuisine évolue et il faut la suivre. Et pourtant, il est des irréductibles qui, tel Renato, s'accrochent à leur âme, à leur cuisine et, tout en la faisant évoluer, suivent un même fil rouge depuis toujours. C'est celui-ci qui nous a conduit, cette année, à saluer le talent et la régularité du chef en lui décernant le titre de chef de l'année.

LES GRANDS DE LUXEMBOURG
DE TOPCHEFS VAN LUXEMBURG

NOS COUPS DE CŒUR
ONZE LIEVELINGSADRESSEN

CARTE DE VINS REMARQUABLE
UITSTEKENDE WIJNKAART

PRIX-PLAISIR
PRIJS-PLEZIER

Ahn

Mathes

rte du Vin 37 - 5401 Ahn
📞 76 01 06   🖨 76 06 45
mathesah@vo.lu - http://www.restaurant-mathes.lu
🕘 21:30   🔒 ma/lu di/ma   🔒 ma/lu di/ma
📅 26 dec - 12 janv, 29 oct. - 8 nov. / 26 dec - 12 jan, 29 okt.- 8 nov.
🍽 35-82   🍷 64-80   🍴 95

Duo de choc pour adresse de charme au cœur du village d'Ahn. En cuisine, place au nouveau chef, Olivier Fuchs, prônant une cuisine créative et contemporaine relevée d'une petite touche luxembourgeoise. Côté mer, on pêche le filet de cabillaud rôti, jeunes pousses d'épinards et zestes de citron et le saint-pierre en version 'comme une soupe'. L'étal se compose du dos de chevreuil printanier et de sa fricassée de girolles ou du carré d'agneau en croûte d'herbes.

Alzingen ▷ Luxembourg

Bascharage

👍 Brasserie Beierhaascht   ☺

rte de Luxembourg 240 - 4954 Bascharage
📞 26 50 85 403   🖨 26 50 85 99
info@beierhaascht.lu - http://www.beierhaascht.lu
🕘 22:30   🔒 ma/lu   🔒 zo/di
📅 24 - 25 déc. au soir / 24 - 25 dec. s'avonds
🍽 20   🍷 8-23

Le Pigeonnier

av. de Luxembourg 211 - 4954 Bascharage
📞 50 25 65   🖨 50 53 30
info@lepigeonnier.lu - http://www.lepigeonnier.lu
🕘 21:00   🔒 ma/lu di/ma za/sa   🔒 ma/lu di/ma zo/di
📅 15 août - 15 sept. / 15 aug. - 15 sept.
🍽 38-78   🍷 70   🍴 45

Cette sympathique adresse propose une cuisine gourmande aux accents méditerranéens. Le cadre est rustique avec ces tomettes et poutres apparentes. La carte fait la part belle aux produits de saison magnifiés par le chef Ghislain.

🏨 Beierhaascht

av. de Luxembourg 240 - 4954 Bascharage
📞 265 08 550   🖨 265 08 599
info@beierhaascht.lu - http://www.beierhaascht.lu
🕘 0:00   7/7
🛏 30   🛏 67-100   🅿 11-21   🐕 21

Berdorf

Relais Du Silence Le Bisdorff

r. Heisbich 39 - 6551 Berdorf
☎ 79 02 08   📠 79 06 29
hotelbisdorff@pt.lu - http://www.hotel-bisdorff.lu
🗝 0:00 7/7
🛏 13 nov. - 5 avril / 13 nov. - 5 april
🚗 24   💤 53-80   🅿 70-115   🛏 115   🚕 1   💲 99

Bertrange

14 Windsor

Rue des Mérovingiens 5 - 8070 Bertrange
☎ 26 39 93 1   📠 26 39 93 93
info@windsor.lu - http://www.windsor.lu
🗝 21:30   🔒 za/sa   🔒 zo/di
🍽 18-68   🍷 18-44

C'est à un voyage autour des goûts et des saveurs que vous invitent Jan Schneidewind et sa brigade. Plats typiquement classiques et belles découvertes sont à la carte. Nous avons dégusté un saumon fumé artisanal, servi tout simplement mais de bonne facture. Belle composition que les Saint-Jacques sur un lit de légumes. La sauce était très goûteuse et la cuisson des Saint-Jacques parfaite. La bible vineuse regorge de flacons du monde.

Bourglinster

15 Côté cour

Rue du Château 8 - 6162 Bourglinster
☎ 78 78 78 1   📠 78 78 78 52
http://bourlingster.lu
🗝 0:00   🔒 ma/lu di/ma   🔒 ma/lu di/ma zo/di
🛏 1-10 nov, 24 déc. - 6 jan. / 1-10 nov, 24 dec. - 6 jan.
🍽 21-42   🍷 16-30

La petite sœur de la distillerie, le restaurant gastronomique dont elle partage la cuisine (et donc le talent du chef), n'a pas à rougir devant sa voisine: ici ce n'est pas parce que l'on se trouve dans une brasserie que l'on bâcle, comme c'est bien souvent le cas, la qualité de l'assiette. Au contraire, le niveau de l'assiette dépasse de loin ce que l'on a l'habitude d'attendre d'une brasserie, fut-elle bistronomique. Le tout sans être…astronomique côté prix. Au menu ce jour-là, l'œuf bio aux écrevisses et artichaut sur un gaspacho de petits pois et bisques avant une échine de cochon cuite au foin, ses légumes verts à l'huile de colza et la mousseline d'herbes fumées. Pour terminer, le gratiné au chocolat d'Equateur à la vanille, carpaccio de pêche et jus des noyaux à la verveine.

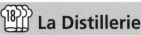 **La Distillerie**

Rue du Château 8 - 6162 Bourglinster
✆ 78 78 78 1
mail@bourglinster.lu - http://www.bourglinster.lu
🕐 21:00 🔒 ma/lu di/ma wo/me 🔒 ma/lu di/ma zo/di
📅 31 oct. - 11 nov., 21 déc. - 13 janv. / 31 okt. - 11 nov., 21 dec. - 13 jan.
🍽 85-120 🍷 62-80 🍴 115

Formidable adresse que ce château du 13ème siècle offrant, depuis sa très agréable salle à manger, une vue sur la vallée. En cuisine, René Mathieu semble ne jamais vouloir s'arrêter. Il n'a jamais autant été en forme et poursuit son ascension vers les sommets. Et tout l'art réside dans la créativité extraordinaire dont il fait preuve principalement au niveau visuel pour ses assiettes alors que dans l'assiette, les produits sont respectés et parfaitement accordés les uns aux autres. Le tout rehaussé de fleurs et d'herbes intelligemment utilisées. Cela donne une collection de tomates en archi'texture de couleurs, de goûts et de formes assortie de quelques fleurs et herbes du jardin avant la langoustine en déclinaison de textures et températures sur une variation faite de plantes, légumes et fruits de la mer et de la terre. Tout simplement formidable. Idem dito pour le foie gras de canard juste poêlé servi sur un carpaccio de roses sauvages et melon d'eau légèrement acidifiés par quelques condiments acidulés et une eau de fleurs citronnées. Magique ! En apothéose, un prélude au dessert tout en parfums. Décomposition des saveurs et senteurs inspirées par le parfum Daisy So Fresh de Marc Jacobs. En salle, une équipe très professionnelle désormais épaulée d'un sommelier breton expert en vins luxembourgeois. Sisi, ça existe…

Bourscheid-plage

 Cocoon Hotel Belair

Bourscheid-Plage z/n - 9164 Bourscheid-plage
✆ 263 03 51   🖶 269 59 42 6
hotelbelair@pt.lu - http://www.cocoonhotels.com
🕐 0:00 7/7
🛏 32 K 48-91 P 72-101 101 15

Cocoon Hotel La Rive

r. Buurschter-Plage z/n - 9164 Bourscheid-plage
✆ 99 00 20   🖶 99 07 34
rive@cocoonhotels.eu - http://www.cocoonhotels.com
🕐 0:00 7/7
🛏 17 K 48-62 P 72-90 90 2

Bridel ▷ Luxembourg

YOU'VE PERFECTED

YOUR TASTE IN ART.

YOUR TASTE IN MUSIC.

NOW PERFECT IT

IN SINGLE MALTS.

THE ORIGINAL ISLAY SINGLE MALT WHISKY.

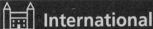

Canach

Mercure Kikuoka Golf Club

Scheierhaff z/n - 5505 Canach
📞 26 35 41   📠 26 35 44 44
H2898@accor.com - http://www.mercure.com
🏧 0:00 ⁷/₇
🛏 74   ⁣k 355   ⁣k♿ 155-387   ⓟ 26-35   35   2

Clervaux

International

Grand rue 10 - 9710 Clervaux
📞 352 92 93 91   📠 352 92 04 92
mail@interclervaux.lu - http://www.interclervaux.lu
🏧 0:00 ⁷/₇
🗓 24 - 25 déc. / 24 - 25 dec.
🛏 44   ⁣k♿ 105-159   ⓟ 155-209   -209   6   s 195

Koener

Grand'Rue 14 - 9710 Clervaux
📞 92 10 02   📠 92 08 26
mail@koenerclervaux.lu - http://www.koenerclervaux.lu
🏧 0:00 ⁷/₇
🗓 24 - 25 déc. / 24 - 25 dec.
🛏 48   ⁣k♿ 60-142   ⓟ 25-40   -40

Reuler

Saint-Hubert

Maison 3 - 9768 Reuler
📞 92 04 32   📠 92 93 04
sthubert@pt.lu - http://www.hotel-sthubert.lu
🏧 0:00 ⁷/₇
🗓 1 janv. - 15 mars, 15 - 31 déc. / 1 jan. - 15 maart, 15 - 31 dec.
🛏 22   ⁣k♿ 60-155   ⓟ 24

Echternach

 Le Jardin d'Epices

Oam Nonnesees / - 6474 Echternach
☎ 72 82 83 🖨 72 81 44
edenlac@pt.lu - http://www.edenaulac.lu
🍴 21:00 🔒 wo/me do/je 🔒 wo/me za/sa
💼 1 jan. - 23 mars, 11 nov. - 31 déc. / 1 jan. - 23 ma, 11 nov. - 31 déc.
🍽 79 🍷 67-75

Abrité dans le superbe hôtel Eden au Lac, au cœur de la Petite Suisse luxembourgeoise, le restaurant gastronomique vous accueille dans une ambiance feutrée.
Au rang des suggestions, le carpaccio de noix de Saint-Jacques et ses tomates
confites, la cuisse de canard confite ou l'escalope de foie gras et ses pommes de
terre grenaille.

 Les Jardins Gourmands

rte de Berdorf 1 - 6446 Echternach
☎ 72 93 83 🖨 72 86 94
belair@pt.lu - http://www.belair-hotel.lu
🍴 20:45 7/7
💼 2 - 15 janv. / 2 - 15 jan.
🍽 38-78 🍷 22-37

Un cadre enchanteur dans un parc de plus de 4 hectares, voilà une belle invitation
à explorer les lieux plus longuement. Le chef propose une cuisine gastronomique
classique fort appréciée. Vitello tonnato, lotte au chutney de mangue, dos de porc
Iberico et crème de petits pois composent, entre autres, une carte assez courte
mais goûteuse.

 Eden au Lac

Oam Nonnesees 0 - 6474 Echternach
☎ 72 82 83 🖨 72 81 44
edenlac@pt.lu - http://www.edenaulac.lu
🍴 0:00 7/7
💼 1 janv. - 23 mars, 11 nov. - 31 déc. / 1 jan. - 23 maart, 11 nov. -
31 dec.
🛏 53 🛏 146-224 🅿 100-152 🍽 152 🏊 7 🐕 305

 Bel Air

rte de Berdorf 1 - 6409 Echternach
☎ 72 93 83 🖨 72 86 94
belair@pt.lu - http://www.belair-hotel.lu
🍴 0:00 7/7
💼 2 - 11 janv. / 2 - 11 jan.
🛏 30 🛏 124-190 🅿 97-132 🍽 8 🍽 168-132

Hotel Des Ardennes

r. de la Gare 38 - 6401 Echternach
☎ 72 01 08   📠 72 94 80
ardennes@pt.lu - http://www.hotel-ardennes.lu
🕐 0:00   7/7
🛏 15 janv. - 1 avril / 15 jan. - 1 april
🛌 26   ⊕ 70

Steinheim

Gruber,

rt. d'Echternach 36 - 6585 Steinheim
☎ 72 04 33   📠 72 87 56
info@hotelgruber.com - http://www.hotelgruber.com
🕐 0:00   7/7
🛏 mi-déc - fin mars / 1 jan. - 31 maart, 20 - 31 dec.
🛌 18   🍴 90   🍴 55-100   ⊕ 60-80   80

Ellange-Gare

⑭ La Rameaudière

rue de la Gare 10 - 5690 Ellange-Gare
☎ +352 23 66 10 63   📠 +352 23 66 10 64
contact@larameaudiere.lu - http://www.larameaudiere.lu
🕐 21:00   🔒 ma/lu di/ma   🔒 ma/lu di/ma
🛏 1 - 25 janv., 26 juin - 5 juil., 28 août - 6 sept., 30 oct. - 8 nov. /
1 - 25 jan., 26 juni - 5 juli, 28 aug. - 6 sept., 30 okt. - 8 nov.
🍽 44-75   🍽 65-95   🍷 77

La restauration, c'est une histoire de famille chez les Rameau. Daniel, Vosgien de souche et adopté par la Moselle luxembourgeoise, distille une cuisine gourmande dans cette ancienne gare. Honneur aux produits français avec le foie gras en différentes déclinaisons ; chaud, froid, fumé ou en carpaccio. Noisettes d'agneau à l'ail doux et basilic et, en vis-à-vis, dos de bar poêlé au pistou. Cadre raffiné et service à l'avenant.

Ellange-Gare ▷ Ellange

Erpeldange

Dahm

r. Porte des Ardennes 57 - 9145 Erpeldange
☎ 816 25 51   📠 816 255 210
dahm@pt.lu - http://www.hotel-dahm.com
🕐 0:00   7/7
🛌 25   🍴 70-105   ⊕ 78-98   98

Esch-sur-alzette

⑭ Bec Fin

pl. Norbert-Metz 15 - 4239 Esch-sur-alzette
☏ 54 33 22   🖷 54 00 99
becfin@pt.lu - http://www.becfin.lu/
🕐 21:00   🔒 ma/lu   🔒 ma/lu zo/di
💼 Carnaval, 2 sem. août / Krokus, 2 wek. aug.
🍴 23-33   🍷 26-35   🥄 36

Les fins becs connaissent l'adresse par coeur. Et pour cause, Marc Schug sait y faire pour les séduire d'un tour de fouet. Sans faire mal pour autant. Le dernier coup de coeur de sa clientèle fidèle ? La brasade de la pin alsacien aux tagliatelles d'épeautre et fines herbes du parc naturel de la Haute-Sûre. Pour accompagner le tout, une courte carte de vins arrose d'un panel géographique varié les convives ainsi rassasiés.

⑰ ↗ Ristorante Favaro

r. des Remparts 19 - 4303 Esch-sur-alzette
☏ 54 27 231   🖷 54 27 23 40
reservation@favaro.lu - http://www.favaro.lu
🕐 22:00   🔒 ma/lu za/sa   🔒 ma/lu zo/di
💼 1 - 3 janv., 19 - 27 fév., 28 mai - 5 juin, 30 juil. - 22 août / 1 - 3 jan.,
19 - 27 feb, 28 mei - 5 juni, 30 juli - 22 aug.
🍴 40-130   🍷 80-127   🥄 100

En tout bon italien, Renato a suivi le mouvement « Slow Food » qui puise, comme lui, sa source en Italie, depuis plus de 20 ans. Le plaisir est donc intact, tant pour les clients que pour Renato qui, malgré ses 34 années de fourneaux au compteur ne compte pas pour autant s'arrêter en si bon chemin. « Tant que la passion est présente, je continue ». Et nous on ne demande pas mieux. Dans son élégante maison, le décor est épuré et fleuri chaque jour de belles créations odorantes et colorées. Dans l'assiette, on débute avec un carpaccio de langoustines bretonnes puissant et haut en saveurs grâce, notamment à une petite gelée d'herbes. Le tout en harmonie avec un suprême de tomates ainsi qu'une bruscetta et tapenade. Ensuite, le saint-pierre surnage sans couler en compagnie d'une raviole de homard dans une infusion de gingembre et jeunes épinards relevés à l'ail d'Aomori. Le tout est élégamment construit et se marie parfaitement en bouche. En finale, le vacherin glacé à la vanille et aux fraises peut sembler classique mais se révèle tout simplement exceptionnel. La brigade de salle est accueillante, cordiale et professionnelle tandis que la cave fait le plein d'Italie et de quelques ambassadeurs français. L'ensemble magnifie la cuisine de belle manière. Le tout mérite clairement la troisième toque. Bravissimo !

🏠 Acacia

r. de la Libération 10 - 4210 Esch-sur-alzette
☏ 54 10 61   🖷 54 35 02
hacacia@pt.lu - http://www.hotel-acacia.lu
🕐 0:00   ⁷⁄₇
💼 24 déc. - 1 janv. / 24 dec. - 1 jan.
🛏 23   🍴 65-120   🅿 85-152   🏠 152

Bru laat het smaken.
Bru donne vie aux repas.

www.bru.be

 Mercure Esch-sur-Alzette

pl. Boltgen 2 2 - 4044 Esch-sur-alzette
📞 54 19 91　🖨 54 19 90
H2017@accor.com - http://www.mercure.com
🔓 0:00　⁷⁄₇
🛏 36　♦ₖ 120　♦ₖ♿ 70-130　🚗 5　💲 140

Esch-sur-Sûre

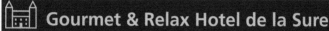 Gourmet & Relax Hotel de la Sure

r. du pont 1 - 9650 Esch-sur-Sûre
📞 83 91 10　🖨 89 91 01
info@hotel-de-la-sure.lu - http://www.hotel-de-la-sure
🔓 0:00　⁷⁄₇
🗓 12 déc. - 27 janv. / 12 dec. - 27 jan.
🛏 23　♦ₖ♿ 33-70　⊖P 69-95　🍽 95　🚗 1　💲 78

Fischbach

Reiff

Hauptstrooss 4 - 9749 Fischbach
📞 92 15 01　🖨 92 95 34
info@hotel-reiff.lu - http://www.hotel-reiff.lu
🔓 0:00
🗓 1 - 4 janv., 21 - 28 juin, 2 - 23 août, 24 - 31 déc. / 1 - 4 jan.,
21 - 28 juni, 2 - 23 aug., 24 - 31 dec.
🛏 11　♦ₖ♿ 70-84　⊖P 26

Frisange

🍴18 Lea Linster

rte de Luxembourg 17 - 5752 Frisange
📞 23 66 84 11　🖨 23 67 64 47
info@lealinster.lu - http://www.lealinster.lu
🔓 21:30　🔒 ma/lu di/ma wo/me do/je vr/ve　🔒 ma/lu di/ma
🗓 1 - 21 janv. / jan. / 1 - 15 sept.
🍽 115-135　🍷 120-130　🍴 180

Léa, c'est avant tout l'histoire d'une femme de cœur, amoureuse de la bonne chair et de la vie. Dynamique brin de femme, on la voit et l'entend partout. Pourtant, jamais sa cuisine n'a été prise en défaut et c'est un exemple de régularité et de constance. Il faut dire qu'elle jongle sur des préparations classiques qui font le succès de la maison depuis de nombreuses années. Pour cette lady chef, rien ne vaut une cuisine simple mais préparée à la perfection et surtout savoureuse. On retrouve sa célèbre selle d'agneau en croûte de pommes de terre d'une cuisson irréprochable, un risotto aux champignons des bois, le demi homard aux herbes et, bien sûr, les madeleines de Léa pour terminer tout en douceur. On profite de la vue magnifique qu'offrent les lieux.

Gaichel

 La Gaichel

Maison 5 - 8469 Gaichel
📞 39 01 29   🖨 39 00 37
gaichel@relaischateaux.com - http://www.lagaichel.lu
🕑 21:00   🔒 ma/lu di/ma   🔒 ma/lu zo/di
📅 1 janv. - 2 fév. / 1 jan. - 2 feb.
🍴 41-95   🍷 74-107   🍽 60

Havre de paix, cet hôtel-restaurant de charme vous offre un dépaysement total et ce, à quelques kilomètres seulement de la frontière belgo-luxembourgeoise. Maison de tradition, la cuisine est affaire de savoir et de rigueur que distille le chef au gré des envois. Nos papilles sont mises en appétit avec ce tartare de thon rouge sur son lit de poireaux avant d'entamer les festivités d'un saumon cuit en basse température accompagné de son risotto au parmesan ou le filet d'agneau en panure de poivrons doux et épices et son couscous revisité.

🏛 La Gaichel

Maison 5 - 8469 Gaichel
📞 39 01 29   🖨 39 00 37
gaichel@ot.lu - http://www.lagaichel.lu
🕑 0:00   7/7
📅 1 janv. - 2 fév. / 1 jan. - 2 feb.
🛏 12   🔑 165-250   🅿 60

🏛 Auberge de la Gaichel

Maison 7 - 8469 Gaichel
📞 39 01 40   🖨 39 00 37
gaichel@pt.lu - http://www.lagaichel.lu
🕑 0:00   7/7
🛏 17   🔑 75-125   🅿 29

Grundhof

 Brimer

route de Beaufort 1 - 6360 Grundhof
📞 26 87 87 1   🖨 26 87 63 13
info@hotel-brimer.lu - http://www.hotel-brimer.lu
🕑 20:30   7/7
📅 20 nov. - 1 mars / 20 nov. - 1 maart
🍴 35-50   🍷 25-50

L'hôtel-restaurant Brimer bénéficie d'un environnement propice à la détente et au calme. On déguste une cuisine classique autour des produits locaux. Foie gras maison, pieds de cochon sauce rémoulade, médaillons de lotte et ses tranches de bacon grillé en sont les dignes représentants.

L' Ernz Noire

Route de Beaufort 2 - 6360 Grundhof
℡ 83 60 40   🖨 86 91 51
lernznoire@pt.lu - http://www.lernznoire.lu
🕐 21:00   🔒 di/ma   🔒 di/ma
📅 15 déc. - 12 mars / 15 dec. - 12 maart
🍽 35-78   🍷 30-60

David Albert a fait de son hôtel-restaurant une étape gourmande au cœur du Müllerthal. En saison, le gibier est proposé en différentes préparations. Noisette de chevreuil sauce au sureau, tournedos de râble et son jus foie gras et truffe ou civet de lièvre à la luxembourgeoise font honneur à la carte. Le tout dans un décor lumineux.

Brimer

rte. de Beaufort 1 - 6360 Grundhof
℡ 26 87 87 1   🖨 26 87 63 13
info@hotelbrimer.lu - http://www.hotelbrimer.lu
🕐 0:00   7/7
📅 20 nov. - 1 mars / 20 nov. - 1 maart
🛏 30   🔑 110-135   🅿 83-95   ▮ 10   🏠 136-95

L'Ernz Noir

rte. De Beaufort 2 - 6360 Grundhof
℡ 352 83 60 40   🖨 352 86 91 51
lernznoire@pt.lu - http://www.lernznoire.lu
🕐 0:00   7/7
📅 15 déc. - 15 mars / 15 dec. - 15 maart
🛏 11   🔑 88-105   🅿 78-86   🏠 86

Huldange

K Restaurant

rue de Stavelot 2 - 9964 Huldange
℡ 979 05 61   🖨 99 75 16
info@krestaurant.lu - http://www.krestaurant.lu
🕐 21:00   🔒 ma/lu di/ma   🔒 ma/lu di/ma
📅 20 - 28 fév., 3 - 18 sept. / 20 - 28 feb., 3 - 18 sept.
🍽 30-95   🍷 12-40   🍴 50-50

Cette magnifique maison accueille un restaurant, une brasserie et une vinothèque. Le décor est sobre et épuré avec vue sur le jardin et ses quelques tables. Côté cuisine, foie de canard en trois préparations et sa brioche, poularde de Bresse sauce Albuféra et bouillabaisse façon K figurent parmi les suggestions.

Junglinster ▷ Junglister

Junglinster

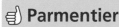 Parmentier

Rue de la Gare 7 - 6117 Junglinster   ⌂ ё ✻ ☂
☎ 78 71 68   🖷 78 71 70   VISA
info@parmentier.lu - http://www.parmentier.lu
🕙 22:00   🛏 di/ma wo/me   🛏 di/ma wo/me
🗁 2 sem. fev., 3 sem août / 2 sem. feb., 3 sem. aug.
Ⅱ⌖ 33-57   ⌖ 35-65   ♨ 55

Kleinbettingen

Jacoby

r. de la Gare 11 - 8380 Kleinbettingen   🛏 ⌂ ё 🏚
☎ 390 19 81   🖷 397 71 7   MasterCard VISA ◇
info@hoteljacoby.lu - http://www.hoteljacoby.lu
🕙 0:00   7/7
🍴 13   ©k⌄ 80-102

Larochette

Auberge op der Bleech

pl. Bleech 4 - 7612 Larochette   🛏 ⌇
☎ 87 80 58   🖷 87 97 25   MasterCard VISA
bleech@vo.lu - http://www.opderbleech.lu
🕙 0:00   7/7
🗁 30 août - 15 sept., 23 - 31 déc. / 30 aug. - 15 sept., 23 - 31 dec.
🍴 9   ©k⌄ 65-90

Lauterborn

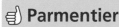 Au Vieux Moulin

Lauterborn 6 - 6562 Lauterborn   🛏 ☂
☎ 720 06 81   🖷 72 71 25   MasterCard VISA AMERICAN EXPRESS
amoulin@pt.lu - http://www.hotel-au-vieux-moulin.lu
🕙 20:30   🛏 ma/lu di/ma   🛏 ma/lu
🗁 12 déc. - 31 janv. / 12 dec. - 31 jan.
Ⅱ⌖ 44-65   ⌖ 49   ♨ 94

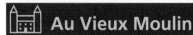 Au Vieux Moulin

Lauterborn 6 - 6562 Lauterborn

✆ 720 06 81   🖷 72 71 25
amoulin@pt.lu - http://www.hotel-au-vieux-moulin.lu
🕐 0:00   ⁷∕₇
📅 12 déc.-31 janv. / 12 dec.-31 jan.
🛏 11   🛏 85-130   🅿 76-96   🛏 170-96   🚗 2   💲 170

Luxembourg

👍 Am Inter

pl. de la Gare 20 - 22 - 1616 Luxembourg
🏠 ♿ ❄
✆ 48 59 11   🖷 49 32 27
info@hotelinter.lu - http://www.hotelinter.lu
🕐 22:00   🔒 za/sa zo/di   🔒 za/sa zo/di
🍽 20-40   🍷 24-60   🍴 24

⑬ Arpège

r. Sainte Zithe 29 - 1276 Luxembourg
🏠 ❄ ⛱
✆ 48 88 08   🖷 48 88 20
🕐 21:30   🔒 za/sa zo/di   🔒 za/sa zo/di
📅 24 déc. - 5 janv. / 24 dec. - 5 jan.
🍽 20-50   🍷 32-49   🍴 36

Cette adresse se niche au détour d'une rue piétonnière de Luxembourg ville. Le chef, Laurent Dewever, y distille une cuisine de bonne facture dans un décor moderne et décontracté. Croustade de ris de veau aux écrevisses et râble de lapereau farci au basilic sont à la carte.

⑮ Bouquet Garni 🍇 ♡

r. de l'Eau 32 - 1449 Luxembourg
🏠 🏠 ⛱
✆ 26 20 06 20   🖷 26 20 09 11
reservation@lebouquetgarni.lu - http://www.lebouquetgarni.lu
🕐 21:30   🔒 za/sa zo/di   🔒 zo/di
🍽 40-95   🍷 80-100

Les vieilles pierres et les poutres apparentes imprègnent les lieux de la nostalgie du passé, le tout dans une ambiance tamisée. En cuisine, le chef, Thierry Dhur y, distille une cuisine française gastronomique alliant finesse et saveurs. On commence tout en fraîcheur avec ce bar de ligne en carpaccio et son comparse iodé, l'huître à la coriandre, pour suivre avec une côte de veau de l'Aveyron au sautoir et sa poêlée de champignons des bois ou son pendant, le filet de bar sauvage cuit sur peau et févettes. Le tout s'arrose d'une sélection française.

 Chiggeri

r. du nord 15 - 2229 Luxembourg
📞 22 99 36 📠 22 81 35
chiggeri@pt.lu - http://www.chiggeri.lu
🕐 22:00 7/7
🍽 24-72 🍷 19-35 🍴 60

Maison de maître située dans la vieille ville où l'on peut déguster une cuisine inventive. Le chef met un point d'honneur à vous trouver des produits uniques au goût comme ce carré de porc de Bigorre, le lard de Colonnata, les cuisses de grenouilles en tempura et risotto. Quant aux vins, la maison propose une sélection assez impressionnante du monde entier.

 Clairefontaine

pl. de Clairefontaine 9 - 1341 Luxembourg
📞 46 22 11 📠 47 08 21
clairefo@pt.lu - http://www.restaurantclairefontaine.lu
🕐 21:30 🔒 za/sa zo/di 🔒 za/sa zo/di
📅 1 - 7 janv., 10 jrs. Pâques, 15 août - 8 sept., 23 - 31 déc. / 1 - 7 jan., 10 d. Pasen, 15 aug. - 8 sept., 23 - 31 dec.
🍽 53-100 🍷 24-46 🍴 67

Située en plein cœur du quartier gouvernemental, cette imposante demeure fait les beaux jours de la cuisine gastronomique depuis 10 ans, sous le regard attentif d'Arnaud et Edwige Magnier. Un service à l'image de cette maison, prévenant et avisé, le tout dans un décor chaleureux aux sièges en cuir rouge. Dans l'assiette, les saveurs se mélangent subtilement comme ces langoustines en carpaccio et tartare accompagnées d'une touche de fraîcheur avec une panna cotta au citron, le chevreuil gratiné au beurre de spéculoos et son petit chou farci ou encore le millefeuille d'Arlette sur son sorbet framboise. La bible fait le bonheur des œnophiles avertis.

 La cristallerie

Places d'Armes 18 - 1136 Luxembourg
📞 27 47 37
🕐 22:00 🔒 ma/lu za/sa zo/di 🔒 ma/lu zo/di
🍽 36-85

Dans ce splendide palace au cœur de la capitale, on accède au première étage à une salle à manger digne d'un château. Plafonds hauts, boiseries, vitraux et chaises de style confèrent au lieu un aspect un rien suranné mais élégant. Une brigade guindée y distille un service professionnel tandis qu'en cuisine, si les envois sont maîtrisés, on regrette un rien de surclassicisme. Noix de Saint-Jacques aux cèpes pour débuter, maigre sauvage rôti et sa mitonnée de cocos de Paimpol aux moules Bouchot pour suivre avant un millefeuille de poire Williams pochée à la vanille, parfait glacé au caramel salé en témoignent. Le tout est bien fait mais le chef peut évoluer. Du moins sa carte y gagnerait.

Kamakura

r. Münster 4 - 2160 Luxembourg
℘ 47 06 04   🖨 46 73 30
kamakura@pt.lu - http://www.kamakura.lu
🕘 21:30   🔒 za/sa zo/di   🔒 zo/di
📅 10 jrs. fin déc - début jan 2012, 10 jrs. Pâques, 20 jrs. fin août / 10 d.
eind dec - begin jan 2012, 10 d. Pasen, 20 d. eind aug.
🍽 29-68   🍷 37-68   🔪 41

Notre chef de l'année 2011 a su nous démontrer toute l'étendue de son talent en matière de gastronomie asiatique. Bien plus que les sushis et sashimis, cette culture offre de belles découvertes en matière de saveurs. Akira Yasuoka sublime des produits tels que la caille, le magret de canard ou le waguy - que ce soit en tempura, grillé ou en carpaccio. Le tout se déguste dans une ambiance zen au service avenant.

 # Lagura Next Door

av. de la Faïencerie 18 - 1510 Luxembourg
℘ 26 27 67   🖨 26 27 02 97
info@lagura.lu - http://www.lagura.lu
🕘 22:00   🔒 za/sa   🔒
📅 24 - 26 déc. / 24 - 26 dec.
🍽 15-39   🍷 14-32

 # The Last Supper

av. JF Kennedy 33 - 1855 Luxembourg
℘ 27 04 54   🖨 27 04 54 54
info@thelastsupper.lu - http://www.thelastsupper.lu
🕘 22:00   🔒 za/sa zo/di   🔒 zo/di
🍽 26-69   🍷 49-59   🔪 40

 # La Lorraine

pl. d'Armes 7 - 1276 Luxembourg
℘ 47 14 36   🖨 47 09 64
reservation.lorraine-luxembourg@blanc.net -
http://www.lalorraine-restaurant.lu
🕘 22:30   7/7
🍽 26-34   🍷 60-70

La Lorraine joue sur le registre de la carte brasserie. Et cela sonne juste. L'établissement fait en effet partie d'un groupement de brasseries qui compte une dizaine de représentants à Paris. Les exemples à suivre sont légion. Et l'on n'est pas déçu. Les plats servis font la fête aux papilles, sans fioritures. Les ingrédients sont bien mis en valeur et constituent une belle unité. En témoignent la soupe de poissons, son toast et sa rouille, ainsi que le cabillaud au riz long grain. Le chorizo finement tranché et juste poêlé apporte un peu de relief. Le soufflé glacé au Grand-Marnier est de belle facture, ferme et onctueux, jusqu'à la dernière bouchée. Il donne envie de passer souvent par la Lorraine.

La Mirabelle

pl. d'Argent 9 - 1413 Luxembourg
℡ 42 22 69   🖶 42 22 69
restaurant.lamirabelle@gmail.lu - http://www.espaces-saveurs.lu
🕐 22:30   🔒 za/sa zo/di   🔒 zo/di
🍴 45-75   🍷 17-35   ⚬ 50

Décor simple pour cette adresse à l'atmosphère gastronomique. Ici, pas de carte le soir mais un serveur vous indique de vive voix les suggestions du moment. Nous avons commencé notre dégustation par un classique mais néanmoins toujours savoureux, foie gras en tranche avec un confit de figue et son pain brioché suivi d'une tranche d'agneau et ses légumes croquants avec une très surprenante sauce au Cola. Le tout est bien ficelé. On puise parmi une sélection de 500 bouteilles internationales.

Mosconi

r. Münster 13 - 2160 Luxembourg
℡ 54 69 94   🖶 54 00 43
mosconi@pt.lu - http://www.mosconi.lu
🕐 22:00   🔒 ma/lu za/sa zo/di   🔒 ma/lu zo/di
🗓 1 sem. Pâques, 8 - 31 août, 1 sem. Noël et Nouvel an /
1 week Pasen, 8 - 31 aug., 1 week Kerst en Nieuwjaar
🍴 44-120   🍷 120-150

Ce Relais et Châteaux qui borde la rivière Alzette abrite depuis plus de 11 ans le couple Mosconi. Le chef Illario, originaire de Lombardie, sublime les produits de la Botte pour le bonheur des fins gastronomes. Des antipasti aux ravioli de ricotta, agnoletti à la truffe blanche,en passant par une influence française dans ses envois comme son turbotin en croûte de sel et sauce légère marjolaine et tomates ou l'entrecôte de veau pané et son gâteau de poireaux. Le décor somptueux de la salle et le service souriant et professionnel de la maîtresse des lieux complètent le tableau.

🖒 Patin d'Or

rte de Bettenbourg 40 - 1899 Luxembourg
℡ 22 64 99   🖶 40 40 11
http://www.patin-dor.lu
🕐 21:00   🔒 za/sa zo/di   🔒 za/sa zo/di
🗓 1 - 10 janv., 17 - 20 mai, 26 mai -5 juin, 1 - 10 sept., 22 déc. - 7 janv. /
1 - 10 jan., 17 - 20 mei, 26 mei - 5 juni, 1 - 10 sept., 22 dec. - 7 jan.
🍴 55-85   🍷 60-93

Plëss

Place d'Armes 10 - 1136 Luxembourg
℡ 27 47 37   🖶 27 47 38
http://www.hotel-leplacedarmes.com
🕐 0:00   7/7
🍴 26   🍷 30-45

Installé sur la Place d'Armes, l'hôtel éponyme 5 étoiles propose, en plus de son restaurant gastronomique, une brasserie au design très trendy. La carte fait le tour des grands classiques dont la salade Caesar et le tartare de bœuf et ses frites. Quelques suggestions vous sont proposées: maatjes en tartare et crème de raifort suivis de la daurade royale rôtie et ses légumes du soleil ce jour-là.

(14) La Pomme Canelle

bd. Royal 12 - 2449 Luxembourg
℘ 241 61 67 36   📠 22 29 85
pcannelle@leroyalluxembourg.com -
http://www.leroyalluxembourg.com
🕐 22:00   🔒 za/sa zo/di   🔒 za/sa zo/di
🧳 2 - 8 janv., 6 - 31 août / 2 - 8 jan., 6 - 31 aug.
🍴 44-79   🍷 76-89

Dans le prestigieux hôtel Le Royal, ce restaurant élégant et confortable accueille les hommes d'affaires et autres voyageurs le temps d'une pause gourmande à midi ou pour une soirée détendue. Un personnel courtois et bien drillé circule entre les tables les bras chargés d'assiettes bien dressées. Un récent changement de chef n'a eu, pour l'instant que peu de conséquences sur une carte dont la réalisation par une équipe efficace se poursuit malgré tout. La pâtisserie et les desserts demeurant un des points fort de la carte.

(13) Roma

r. Louvigny 5 - 1945 Luxembourg
℘ 22 36 92   📠 26 20 34 70
http://www.roma.lu
🕐 22:00   🔒 ma/lu   🔒 ma/lu zo/di
🧳 jours fériés / feestdagen
🍷 39-54

Cette adresse a pignon sur rue depuis plus de 60 ans au cœur de la cité luxembourgeoise. Le chef propose une visite dans la Botte au gré de ses envies. Cela donne dans l'assiette un pavé de thon légèrement grillé et sa courgette farcie aux légumes, un gigotin d'agneau à la romaine, pommes de terre à la diable et bien sûr, les grands classiques, osso bucco, carpaccio et plats de pâtes.

(14) Speltz

r. Chimay 8 - 1333 Luxembourg
℘ 47 49 50   📠 47 46 77
resa@speltzluxembourg.com - http://www.speltzluxembourg.com
🕐 22:00   🔒 ma/lu zo/di   🔒 ma/lu zo/di
🧳 24 - 31 déc. / 24 - 31 dec.
🍴 18-35   🍷 23   🥂 23

Carlo et Isabelle Speltz fêtent les 20 ans de la maison Speltz. A quelques pas du palais grand-ducal, cette brasserie soigne ses clients à coups de pot-au-feu de lotte, risotto aux champignons des bois ou encore la spécialité luxembourgeoise: le tartare de bœuf national et pommes sautées. 150 références sont chouchoutées par le sommelier des lieux.

 Le Place d'Armes

Place d'armes 16 - 1136 Luxembourg
℡ 27 47 37   🖷 27 47 38
🕐 0:00 7/7
🍴 28 🛏 420 💲 1250

 Le Royal

bld. Royal 12 - 2449 Luxembourg
℡ 241 61 61   🖷 225 94 8
reservations@leroyalluxembourg.com -
http://www.leroyalluxembourg.com
🕐 0:00 7/7
🍴 190 🛏 530 🚗 20 💲 2900

 Carlton

r. de Strasbourg 7 - 9 - 2561 Luxembourg
℡ 299 660   🖷 299 664
carlton@pt.lu - http://www.carlton.lu
🕐 0:00 7/7
🍴 48 🛏 120-150

Christophe Colomb

r. d'Anvers 10 - 1130 Luxembourg
℡ 40 84 14 1   🖷 40 84 08
hogalux@pt.lu - http://www.christophe-colomb.lu
🕐 0:00 7/7
🍴 24 🛏 75-200

City

r. de Strasbourg 1 - 2561 Luxembourg
℡ 29 11 22   🖷 29 11 33
mail@cityhotel.lu - http://www.cityhotel.lu
🕐 0:00 7/7
🍴 29 🛏 90-185 🚗 6 💲 220

Grand Hôtel Cravat

bld. Roosevelt 29 - 2450 Luxembourg
℡ 22 19 75   🖷 22 67 11
contact@hotelcravat.lu - http://www.hotelcravat.lu
🕐 0:00 7/7
🗓 août / aug.
🍴 60 🛏 120-395 🅿 35-45 🍽 45 🚗 1 💲 450

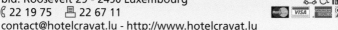

Hostellerie du Grünewald

rt. d'Echternach 10 - 16 - 1453 Luxembourg
℡ 43 18 82 — 🖷 42 06 46
hostgrun@pt.lu - http://www.hotel-romantik.com
🔓 0:00 ⁷⁄₇
🛏 20 🔑 90-155 🔑 5 🍽 185

Novotel Luxembourg Kirchberg

r. du Fort Niedergruengwald 6 - 2226 Luxembourg
℡ 42 98 481 — 🖷 43 86 58
H1930@accor.com - http://www.novotel.com
🔓 0:00 ⁷⁄₇
🛏 260 🔑 265 🔑 1

Parc Beaux Arts

r. Sigefroi 1 - 2536 Luxembourg
℡ 26 86 76 1 — 🖷 26 86 76 36
reception.beauxarts@goeres-group.com -
http://www.goeres-group.com
🔓 0:00 ⁷⁄₇
🛏 10 🔑 430 🔑 169-480 🍽 480

Parc Belair

av. du X Septembre 111 - 2551 Luxembourg
℡ 44 23 23 1 — 🖷 44 44 84
reception.belair@goeres-group.com - http://www.goeres-group.com
🔓 0:00 ⁷⁄₇
🛏 46 🔑 325 🔑 139-375 🅿 28-65 ▌1 🅱 400-65 🔑 6
🍽 415

Parc Belle-Vue

av. Marie-Thérèse 5 - 2132 Luxembourg
℡ 45 61 41 — 🖷 45 61 41 22 2
reception.bellevue@goeres-group.com -
http://www.goeroes-group.com
🔓 0:00 ⁷⁄₇
🛏 58 🔑 190 🔑 79-210 🅿 19-35 🅱 35

Parc Plaza

av. Marie-Thérèse 5 - 2132 Luxembourg
℡ 45 61 411 — 🖷 45 61 41 222
reservation@goeres-group.com - http://www.goeres-group.com
🔓 0:00 ⁷⁄₇
🛏 89 🔑 230 🔑 109-270 🅿 19-35 🅱 35

 Sieweburen

r. des Sept Fontaines 36 - 2534 Luxembourg
📞 44 23 56   🖨 44 23 53
siewebur@pt.lu
🕐 0:00 7/7
🧳 22 déc. - 3 janv. / 22 dec. - 3 jan.
🚗 14   🔑 105-145

Alzingen

Opium

Route de Thionville 427 - 5887 Alzingen
📞 26 360 160   🖨 26 361 606
info@opium.lu - http://www.opium.lu
🕐 22:00 🔒 za/sa zo/di 🔒
🍽 12-23   💶 42-67

Ici, on fusionne les styles et les saveurs, que ce soit dans les assiettes ou le décor. Ambiance lounge exotique à la lueur des bougies pour déguster les sushis et sashimis revisités, un tartare de bœuf aux graines de sésame et citronnelle ou le wok de poulet et lait de coco, plus classique.

Bridel

Le Rondeau

r. de Luxembourg 82 - 8119 Bridel
📞 33 94 73   🖨 33 37 46
ochemjp@pt.lu - http://www.rondeau.lu
🕐 21:45 🔒 ma/lu di/ma 🔒 ma/lu di/ma
🧳 août / augustus
🍽 25-70   💶 40-65   🍷 40

Une institution qui a su gagner ses galons grâce au talent de son chef, Jean-Paul Ochem, depuis plus de 44 ans. De simple facture, la carte fait la part belle aux produits classiques ; salade de homard au vinaigre de Banyuls, saumon fumé maison, rognons de veau à la moutarde en grains et dos de cabillaud à la meunière.

Sandweiler

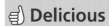 Delicious

r. Principale 21 - 5240 Sandweiler
📞 35 01 80   🖨 35 79 36
info@delicious.lu - http://www.delicious.lu
🕐 21:30 🔒 ma/lu 🔒 ma/lu zo/di
🍽 10-65   💶 38-67   🍷 50

Strassen

Cime

rte d'Arlon 140A - 8008 Strassen
📞 31 36 66   📠 31 36 27
contact@hotel-olivier.com - http://www.hotel-olivier.com
🕙 22:00   🔒 za/sa   🔒 za/sa zo/di
📅 23 déc - 3 janv. / 23 dec - 3 jan
🍽 23-35   🍷 40-64

Un cadre joliment décoré où les couleurs se succèdent pour une ambiance chaleureuse. Côté cuisine, des classiques revisités avec cet américain à la purée de truffe, carpaccio de bœuf à l'orientale et, bien sûr, les solettes meunières, entrecôte grillée et béarnaise pour les plus terre à terre.

Two6Two

Route d'Arlon 262 - 8010 Strassen
📞 26 11 99 97   📠 31 95 30
🕙 22:00   🔒 ma/lu zo/di   🔒 ma/lu zo/di

Située à Strassen, cette adresse met en avant une ambiance détendue dans un décor très moderne. Niveau cuisine, une carte simple où langoustines de Guilvinec, tartare de thon rouge au citron et jambon Iberico se côtoient. Quelques bouteilles pour accompagner votre repas.

Olivier Hotel

rte d'Arlon 140A - 8008 Strassen
📞 31 36 66   📠 31 36 27
contact@hotel-olivier.com - http://www.hotel-olivier.com
🕙 0:00
🛏 13   🔑 121   🔑 102-221   🅿 45   ▮ 29   ◑ 4   💲 168

Martelange (Lux.)

La maison Rouge

Route d'Arlon 5 - 8832 Martelange
📞 23 640 006   📠 23 649 014
rougem@pt.lu - http://www.resto.lu/maisonrouge
🕙 21:00   🔒 wo/me do/je   🔒 wo/me do/je
📅 1 - 6 janv., 16 fév. - 18 mars, 16 - 29 sept. / 1 - 6 jan., 16 feb. - 18 maart, 16 - 29 sept.
🍽 36-54   🍷 16-28

Un décor dans les tons gris et rouge pour cette sympathique maison des époux Gaul Kunsch. Le chef distille une cuisine classique où l'on déguste un waterzooï de volaille à la gantoise, une cassolette de rognons de veau à la dijonnaise et quelques spécialités de brasserie comme le filet américain et ses frites. Le tout tient la route et réjouit les amateurs de passage sur cette chaussée très fréquentée par les frontaliers et les touristes.

Mersch

 **Hostellerie Val Fleuri**

r. Lohr 28-34 - 7545 Mersch
📞 32 98 910 🖨 32 61 09
kops@pt.lu - http://www.hostellerie.eu
🔓 0:00
🧳 29 sept. - 4 oct. / 29 sept. - 4 okt.
🛏 13 🍴 115 🍴 78-125 🅿 32 📶 7

Mondorf-les-bains

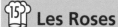 **De Jangeli** 🍇

av. des Bains P.B. 52 - 5640 Mondorf-les-bains
📞 23 66 65 25 🖨 23 66 10 93
domaine@mondorf.lu - http://www.mondorf.lu
🔓 22:00 ⁷⁄₇
🧳 22 déc. - 3 janv. / 22 dec. - 3 jan.
🍽 33-38 🍷 13-23

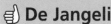 **Les Roses** 🍇

r. Th. Flammang 0 - 5618 Mondorf-les-bains
📞 26 678 410 🖨 26 678 229
info@casino2000.lu - http://www.casino2000.lu
🔓 21:30 🔒 di/ma wo/me 🔒 di/ma wo/me
🧳 3 - 11 janv., 7 août - 5 sept, 24 déc. / 3 - 11 jan., 7 aug - 5 sept,
24 dec.
🍽 42-82 🍷 62-82

Alain Pierron officie dans le restaurant gastronomique du Casino 2000 à Mondorf-les-Bains depuis près de 2 ans maintenant. C'est dans un cadre luxueux que le chef et sa brigade travaillent les plus beaux produits pour composer un foie gras et gésiers de volailles confits sur un millefeuille de racines acidulées, une flambée de homard bleu au cognac et son pendant, le filet de chevreuil au beurre de tonka. La cave vient principalement de l'Hexagone.

 Casino 2000

r. Theodore Flammang 5 - 5618 Mondorf-les-bains
📞 26 67 82 13 🖨 26 67 82 59
info@casino2000.lu - http://www.casino2000.lu
🔓 0:00 ⁷⁄₇
🧳 23 - 24 déc. / 23 - 24 dec.
🛏 31 🍴 123-157 🅿 16 🛏 3 💲 299

 Mondorf Parc Hôtel

av. des Bains 52 - 5640 Mondorf-les-bains
✆ 23 66 60   🖷 23 661 093
domaine@mondorf.lu - http://www.mondorf.lu
0:00 7/7
134   97-165   28/30   205

Beau-Sejour

av. Dr. Klein 3 - 5630 Mondorf-les-bains
✆ 26 67 75   🖷 23 66 08 89
info@beau-sejour.lu - http://www.beau-sejour.lu
0:00 7/7
15 - 31 déc. / 15 - 31 dec.
10   105   85-110   101-142   2   81-142

Mullerthal

🍴14 Le Cigalon

r. de l'Ernz Noire 1 - 6245 Mullerthal
✆ 79 94 95   🖷 79 93 83
lecigalon@internet.lu - http://www.lecigalon.lu
21:00   di/ma   di/ma
15 déc - début mars / 15 dec - begin maart

Tout ici chante le Sud ; que ce soit le décor aux couleurs ocre ou dans les assiettes. Le chef, apporte un soin tout particulier aux légumes comme avec notre filet de bar cuit sur peau au goût magnifié par un coulis de poivron venait magnifier le goût. Pour la suite, nous avons pu tester des côtelettes d'agneau rosé, en croûte de thym et un petit farci aux légumes croquants et savoureux. Auparavant, un foie gras d'oie au sel de Camargue et sa marmelade de tomates, tout à fait plaisants. La cave se décline principalement en Bordeaux-Bourgogne plus quelques fonds de loges très intéressants.

Le Cigalon

r. de l'Ernz Noire 1 - 6245 Mullerthal
✆ 79 94 95   🖷 79 93 83
lecigalon@internet.lu - http://www.lecigalon.lu
0:00 7/7
15 déc. - 15 mars / 15 dec. - 15 maart
11   85-105   105   2   158

Oetrange ▷ Luxembourg

Osweiler

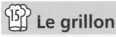 Le grillon

Rue principale 22 - 6570 Osweiler
℡ 72 04 02   🖶 72 97 73
info@legrillon.lu - http://www.legrillon.le
🛋 0:00   🔑 ma/lu di/ma wo/me   🛏 ma/lu di/ma wo/me zo/di
📅 / Noël, Nouvel An, Carnaval, 15 aout- 1er sept., Toussaint
🍴 65-75   🍷 22-32   ♨ 95

Avec sa « gueule d'ange » et sa gentillesse légendaire, Tom Weidert aurait pu figurer en bonne position des castings de concours gastronomiques version télé-réalité. Pourtant, c'est dans une maison élégante qui se dresse majestueusement au bord de la route, avec sa terrasse accueillante à l'entrée, qu'on le retrouve à la baguette d'une affaire familiale. Les tables sont élégantes, le service soigné et stylé, et la maîtresse de maison prévenante, virevoltant d'une table à l'autre. En cuisine, Tom s'est adjoint les services de deux générations de chefs. Que ce soit le homard bleu breton et ses fruits, le turbot aux chanterelles et son jus de sésame torréfié en passant par la canette de Challans aux fèves des marais, jus de cassis et fleur de courgette en tempura, on déguste et savoure une cuisine bien maîtrisée. Le tout basé sur des produits non seulement frais mais aussi de qualité irréprochable. En finale, une apothéose sucrée orchestrée par un jeune pâtissier (ex-Mosconi) qui n'a pas grand chose à envier à ses pairs. La combinaison des fruits, du chocolat blanc et des senteurs de pétales de roses ce jour-là, consiste en du grand art et ravit les papilles. C'est sûr, le grillon déploie ses ailes sans pour autant les frotter l'une contre l'autre. Cela n'empêche, il va faire du bruit. Du moins pour ceux qui savent apprécier la musique…

Remich

Domaine la Forêt

rte de l'Europe 36 - 5513 Remich
℡ 23 69 99 99 9   🖶 23 69 98 98 8
laforet@pt.lu - http://www.hotel-la-foret.lu
🛋 21:00   🔑 ma/lu di/ma   🛏 ma/lu
📅 16 févr. - 4 mars, 18 juil. - 5 août / 16 feb. - 4 maart, 18 juli - 5 aug.
🍴 38-65   🍷 55-66   ♨ 60

Au cœur des vignes de la Moselle, ce charmant hôtel-restaurant tenu par la famille Wallerich fait les beaux jours d'une clientèle locale et touristique. Tout est fait pour s'y sentir comme chez soi. La carte oscille entre les spécialités et ses produits locaux tout en proposant quelques détours. La terrine de caille au foie gras et sa gelée au Gewurztraminer, la marmite de poissons nobles de l'Océan atlantique et le tournedos de bœuf charolais des plaines luxembourgeoises en sont quelques exemples.

👍 Du Pressoir des Vignes

rte. de Mondorf 29 - 5552 Remich
℡ 23 69 91 49   🖶 23 69 84 63
info@hotel-vignes.lu - http://www.hotel-vignes.lu
🛋 21:30   7/7
📅 1 - 15 janv., 20 - 31 déc. / 1 - 15 jan., 20 - 31 dec.
🍴 27-69   🍷 38-59   ♨ 49

Domaine de la Forêt

rte de l'Europe 36 - 5531 Remich
📞 236 99 999   📠 236 99 898
laforet@pt.lu - http://www.hotel-la-foret.lu
🔓 0:00 7/7
📅 20 févr. - 2 mars, 16 juil. - 3 août / 20 feb. - 2 maart, 16 juli - 3 aug.
🛏 16   ⓚ 120-140   ⓟ 85-105   🛏 105   🛏 4   💲 170

Saint-Nicolas

Esplande 31 - 5533 Remich
📞 26 66 3   📠 26 66 36 66
hotel@pt.lu - http://www.saint-nicolas.lu
🔓 0:00 7/7
🛏 36   ⓚ 95-155   ⓟ 93-136   🛏 136

Des Vignes

rte de Mondorf 29 - 5552 Remich
📞 23 69 91 49   📠 23 69 84 63
info@hotel-vignes.lu - http://www.hotel-vignes.lu
🔓 0:00 7/7
🛏 24   ⓚ 90-112   ⓟ 83-117   🛏 117

Reuler ▷ Clervaux

Roder

Manoir Kasselslay

Maison 21 - 9769 Roder
📞 95 84 71   📠 26 95 02 72
contact@kasselslay.lu - http://www.kasselslay.lu
🔓 20:30 🔒 ma/lu di/ma 🔒 ma/lu di/ma
📅 1 - 7 janv., 15 fév. - 2 mars, 27 août - 18 sept., 27 - 31 déc. /
1 - 7 jan., 15 fev. - 2 maart, 27 aug. - 18 sept., 27 - 31 dec.
🍽 40-59   🍷 50-82   🍴 89

Cette magnifique demeure est une halte idéale pour se reposer dans une ambiance clame et chaleureuse. Côté cuisine, le chef propose à sa carte le menu du terroir en mettant en avant les produits locaux tels que la volaille fermière en fricassée de Riesling et la truite saumonée à l'estragon.

Sandweiler ▷ Luxembourg

Schengen

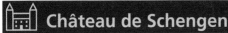 Château de Schengen

r. Beim Schlass 2 - 5444 Schengen
℡ 23 66 38
reception.schengen@goeres-group.com -
http://www.goeres-group.com
🕐 0:00   ⁷/₇
🛏 35   ⬥ₖ 150   ⬥ₖ 65-180   ℗ 200-240   🛏 240   🍴 1

Schouweiler

👍 Guillou Campagne

rue de la résistance 17 - 4998 Schouweiler
℡ 37 00 08   📠 37 11 61
🕐 0:00   🔒 ma/lu di/ma za/sa   🔒 ma/lu di/ma zo/di
🍽 25-29   🍽 30-55

Toit pour Toi

r. du 9 Septembre 2 - 4998 Schouweiler
℡ 26 37 02 32   📠 26 37 02 22
http://www.toitpourtoi.lu/
🕐 23:00   🔒 ma/lu di/ma wo/me do/je vr/ve za/sa zo/di   🔒 do/je
🗓 3 dern. sem. août, Noël - Nouvel-an / 3 laatste weken aug.,
Kerst - Nieuwjaar
🍽 50-75   🍽 50-80

Carte de brasserie revisitée et ambiance décontractée dans cette superbe demeure. On y vient pour siroter une coupe de champagne au bar ou confortablement
installé dans les grands divans avant de passer à table pour choisir parmi les suggestions du moment. Tarte fine aux tomates, poulet de Bresse et ses frites, poêlée
de chipirons sous une fondue de tomates composent la carte. Quelques flacons
luxembourgeois et d'ailleurs pour vous abreuver. A l'heure où nous écrivons ces
lignes, le restaurant est en rénovation. Vivement la réouverture.

Senningerberg

Campanile

rte de Trèves 22 - 2633 Senningerberg
℡ 34 95 95   📠 34 94 95
luxembourg@campanile.com - http://www.campanile.com
🕐 0:00   ⁷/₇
🛏 108   ⬥ₖ 105   ⬥ₖ 75-95   ℗ 95-130   🛏 130

Soleuvre

👍 La Petite Auberge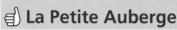

r. Aessen 1 - 3 - 4411 Soleuvre
📞 59 44 80   🖨 59 53 51
hweiler@pt.lu -
🕐 21:30   🔒 ma/lu zo/di   🔒 ma/lu zo/di
💼 1 - 15 janv., 28 mai - 03 juin, 13 août - 2 sept., 24 - 31 déc. /
1 - 15 jan., 28 mei - 06 juni, 13 aug - 2 sept., 24 - 31 dec.
🍽 20-46   🍷 53-73   🍴62

Steinheim ▷ Echternach

Vianden

⑬ Le Châtelain

Grand'Rue 126 - 9411 Vianden
📞 83 41 53 1   🖨 83 43 33
info@hoteloranienburg.com - http://www.hoteloranienburg.com
🕐 21:00   🔒 ma/lu di/ma   🔒 ma/lu di/ma
💼 3 janv. - 1 avril, 15 nov. - 15 déc. / 3 jan. - 1 april, 15 nov. - 15 dec.
🍽 46-74   🍷 50-75

La vue est imprenable depuis l'hôtel-restaurant Oranienburg à Vianden. Détenu
par la famille Hoffmann depuis de nombreuses années, le restaurant propose une
cuisine classique. A la carte, tartare de thon rouge aux saveurs asiatiques, carré de
veau rôti à l'ancienne, cabillaud rôti sur peau et moules bouchot font le bonheur
des convives.

🏰 Belle-Vue

r. de la Gare 3 - 9420 Vianden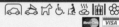
📞 83 41 27   🖨 84 91 91
info@hotelbv.com - http://www.hotelbv.com
🕐 0:00   7/7
💼 janv. - déb. fév. / jan. - beg. feb.
🛏 46   🛏 68-101   🛏 57-85   🛏 85   🚗 4   ♨ 124

🏰 Heintz

Grand-Rue 55 - 9410 Vianden
📞 83 41 55   🖨 83 45 59
hoheintz@pt.lu - http://www.hotel-heintz.lu
🕐 0:00   7/7
💼 fin sept. - 27 avril / eind sept. - 27 april
🛏 29   🛏 90   🛏 60-106   🚗 1   ♨ 100

🏠 Oranienburg

Grand'Rue 126 - 9411 Vianden
📞 83 41 531   📠 83 43 33
info@hoteloranienburg.com - http://www.hoteloranienburg.com
🔒 0:00 ⁷⁄₇
🛏 3 janv. - 30 maart, 15 nov. - 10 déc. / 3 jan. - 30 maart, 15 nov. - 10 dec.
🛏 24   🔑 75-110   💳 65-95   🅿 95   🚗 2

Walferdange ▷ Luxembourg

Wiltz

👍 Aux Anciennes Tanneries

r. Jos Simon 42A - 9511 Wiltz
📞 95 75 99   📠 95 75 95
tannerie@pt.lu - http://www.auxanciennestanneries.com
🔒 21:00   🔒 za/sa   🔒
🍽 18-50   🍷 10-25

⑬ Du Vieux Château   🍇

Grand'Rue 1-3 - 9530 Wiltz
📞 95 80 18   📠 95 77 55
vchateau@pt.lu - http://www.hotelvchateau.com
🔒 21:00   🔒 ma/lu di/ma   🔒 ma/lu di/ma
🛏 1 - 15 janv., 1 - 21 août / 1 - 15 jan., 1 - 21 aug.
🍽 34-55   🍷 14-31   🔧 48

Depuis plus de 19 ans, Gaby et Jang ont fait de leur hôtel-restaurant une halte gastronomique reconnue. Entre les spécialités luxembourgeoises et françaises, on pioche entre autres un jambon fumé dont il détient la recette familiale et son capuccino de petits pois, turbot sauvage et poireaux ou le filet de bœuf et chartreuse de queue de bœuf.

Bru laat het smaken.
Bru donne vie aux repas.

www.bru.be

INDEX RESTAURANTS

INDEX HOTELS

J

K

L

M

N

O

P

R

S

Votre guide est désormais tout à fait neutre en CO2.

Un résultat auquel notre imprimerie, Albe De Coker, neutre en CO2
depuis le printemps 2011, n'est pas étrangère.
Le papier FSC (Forest Stewardship Council) utilisé est issu de forêts gérées dans
l'optique du développement durable. L'imprimerie de GaultMillau a également
obtenu le certificat ISO 14001 pour la réduction et le contrôle
des déchets et de la consommation d'énergie.

Le guide que vous tenez en mains a été imprimé avec de l'encre végétale (encre bio).
Les presses utilisées sont, elles aussi, respectueuses de l'environnement.
En effet, elles ont ceci de remarquable qu'elles nécessitent moins de temps avant de
lancer l'impression, les essais pour arriver au calibrage des couleurs souhaité sont
considérablement réduits. Résultat? Jusqu'à 60% de gaspillage de papier en moins !

En outre, ces machines consomment 30% d'énergie en moins que les presses
antérieures. Mais il y a mieux encore : l'énergie fournie est 100% verte !
Albe De Coker a en effet investi dans 2.640 panneaux solaires
disposés sur le toit de l'entreprise !

Le tout pour que votre guide gastronomique ait encore meilleur goût :
celui d'une nature sans Co2.

Uw Gids is nu volledig CO2 neutraal.

Onze drukkerij Albe De Coker, dat sinds het voorjaar 2011 CO2 neutraal is, speelt
daar een grote rol in. Het FSC papier (Forest Stewardship Council")
is afkomstig van duurzame bosbouw. De GaultMillau drukker behaalde ook het
ISO 14001-certificaat voor het verminderen en beheersen van afvalstoffenstroom
en het energieverbruik.

De gids dat u in uw handen hebt, wordt gedrukt met inkt van plantaardige
stoffen (bio-inkt). Ook de gebruikte drukpersen zijn milieuvriendelijker.
Opmerkelijk aan deze persen is dat ze minder tijd nodig hebben om de druk
te lanceren, de zogenaamde "inschiet" die nodig is om te komen tot de gewenste
kleurenmix is veel korter. Resultaat is tot 60% minder papierverspilling.

Deze machines gebruiken 30 % minder energie dan de vorige persen. En er is meer,
want de geleverde energie is 100% groen. Albe De Coker investeerde immers in
2.640 zonnepanelen op het dak van het bedrijf! Albe De Coker investeerde immers
in 2.640 zonnepanelen op het dak van het bedrijf!

Zo heeft uw gids een nóg betere smaak: die van de pure natuur... zonder CO2.

Gault&Millau

MAKES LIFE TASTY

2012

Afgevaardigd Bestuurder - Administrateur Délégué
JUSTIN ONCLIN

Directeur des publications - Directeur van de uitgaven
PHILIPPE LIMBOURG

Deze gids werd uitgebracht door GaultMillau Benelux NV
Runksterdreef 16 - 3500 Hasselt
© GaultMillau Benelux

Ce guide est édité par GaultMillau Benelux SA
Runksterdreef 16 - 3500 Hasselt
© GaultMillau Benelux
info@gaultmillau.be
www.gaultmillau.be

ISBN-NUMMER: 9789079273041
EAN: 9789079273041

Drukkerij - Imprimerie
Albe De Coker

Deze gids wordt gemaakt zonder CO$_2$-emissie
Ce guide est produit avec zéro émission de CO$_2$

Le papier est fourni par Antalis / Het papier wordt geleverd door Antalis